KB055495

가족치료이론

개념과 방법들 ———— | 김용태 저 |

FAMILY THERAPY THEORIES
-CONCEPTS AND METHODS-

학지사

2판 머리말

『가족치료이론』이 출판된 지 벌써 20년 가까이 되었다. 그동안 이 책은 대학이나 대학원에서 교재로 사용되면서 많은 상담 전문인이 가족의 문제를 이해하도록 돕는 역할을 하였다. 또한 가족에 관심을 가지고 있는 일반인들이나 상담 전문인이 되기 위해서 준비하는 사람들에게도 많은 도움을 주었다. 그러나 시간이 지나면서 가족에 대한 좀 더 다양한 이해를 원하는 사람들이 많아졌다. 이 책에서 소개하고 있는 이론들은 모두 전통적 가족치료의 영역에 있는 개념들이다. 가족에 대한 새로운 이해를 하려고 하는 사람의 욕구를 충족하는 데 전통적 가족치료이론만으로는 일정한 한계가 있다. 필자는 이러한 한계를 극복하기 위해서 이 책의 개정판을 내기로 하였다. 개정판은 현대 가족치료이론을 포함한 새로운 이론들을 소개하고 있다.

『가족치료이론』1판은 제1부와 제2부로 구성되어 있다. 제1부는 가족치료의 역사적 · 철학적 배경을 다루고 있고, 제2부는 가족치료이론을 소개하고 있다. 제1장에서는 가족치료 영역의 탄생 배경을 다루고 있다. 제2장에서는 가족치료와 개인치료의 차이점을 철학적 관점에서 다루고 있다. 제3장에서는 가족치료이론들의 배경이 되는 메타이론을 다루고 있다. 제2부는 전통적 가족치료이론을 소개하고 있는데, 구체적으로 순수체계이론으로 구별되는 대화이론, 전략이론, 구조이론과 심리역동이론으로 분류되는 대상관계이론, 맥락이론, 보웬이론을 소개하고 있다.

『가족치료이론』2판은 기존의 제1부와 제2부에 새롭게 구성한 제3부를 덧붙인 형태의 책이다. 제3부의 첫 부분에서는 철학적 경향에 따른 가족치료이론의 차이를 다루고 있다. 전통적 가족치료이론은 근대주의와 후기 근대주의 모두를 반영하는 철학적 경향을 가지고 있다. 제2부에서 소개하고 있는 전통적 가족치료이론들은 가족의 상호작용을 구성주의 철학에 근거하여 바라보고 있다. 이러한 철학적 입장은 이론적 개념 속에 반영되어 있다. 그러나 실제 임상현장에서는 근대주의 철학인 경험적 현실주의 입장의 전문적 방식의 상담을 진행하고 있다. 가족의 역동을 이해하는 개념들은 구성주의 철학에서 가져오고, 가족의 역동을 치료하는 방식은 경험적 현실주의 철학을 반영하고 있다. 이에 반해서 현대 가족치료이론은 이론적 개념과 상담 방법 모두 철저하게 구성주의 철학에 근거하고 있다. 가족의 상호작용은 가족이 만들어 낸 현실이며, 이러한 현실을 새롭게 만들기 위해서 가족치료자와 가족이 협력하는 방식의 상담을 진행하고 있다. 제3부의 마지막에 소개되는 이야기치료는 사회구성주의 철학에 입각한 통합적 가족치료이론이다. 이 이론은 가족이 가지고 오는 이야기를 해결 관점에서 새롭게 만들어 가는 방식의 상담 방법이다. 개인치료와 가족치료를 한꺼번에 고려하는 통합적 가족치료이론들은 모두 비판적 현실주의라는 철학적 경향을 반영하고 있다. 개인치료의 사실과 가족치료의 관념을 모두 고려하여 사실은 사실대로, 관념은 관념대로 다루는 방식이 비판적 현실주의에 입각한 상담이다. 제3부의 첫 부분은 이렇게 가족치료이론들이 어떤 철학적 경향을 반영하고 있는지를 분명하게 보여 주고 있다. 이 부분은 앞으로 가족치료를 공부하는 모든 분에게는 자신이 이해하고 있는 이론이 어떤 철학적 경향을 가지고 있는지를 알게 함으로써 자신들의 입장을 분명히 알 수 있도록 하는 역할을 한다. 가족치료를 공부하는 분들은 자신이 가지고 있는 가치관과 이러한 철학적 경향의 관계를 살피면서 이론을 공부하고 적용하면 더 도움이 될 것이다.

제3부는 현대 가족치료이론인 해결중심이론과 이야기치료이론을 소개하고 있다. 이 이론들은 사회구성주의 철학을 대변하는 후기 근대주의 입장에 서 있는 가족치료이다. 가족의 상호작용은 가족이 만들어 내는 현실적 산물이다. 그리고 상담 방법 역시 사회구성주의적이기 때문에 가족치료자는 가족과의 상호작용을 통해서 새로운 현실을 만들어 낸다. 이렇게 만들어진 새로운 현실은 가족으로 하여금 자신들의 문제를 해결할 수 있는 길이다. 가족치료자는 상담을 진행할 때 전문가로서 이미 알고 있다는 입장을 지양하고 아무것도 모르는 입장을 취하고 가족을 통해서 알아 가는 입장을 취한다. 이렇게 함으로써 가족치료자는 가족의 구성원과 마찬가지로 새로운 현실인 치료적 상호작용을 만들어 간다.

그리고 제3부의 마지막에는 최근 가족치료이론의 중요한 동향 중 하나인 통합적 가족치료이론을 소개하고 있다. 임상을 하는 가족치료자들은 하나의 이론에 입각해서 임상을 하는 사람들도 있지만 많은 가족치료자는 여러 이론을 사용하면서 가족을 돕는 상담을 진행하고 있다. 이러한 현장의 목소리가 이론적 영역에 반영되면서 여러 이론을 하나로 묶는 통합적 시도가 많은 학자 그리고 가족치료 전문가에 의해서 이루어지고 있다. 여기에서 소개하는 통합적 이론들은 이러한 시도들 중 일부를 소개하고 있다. 지면의 제약으로 많은 통합이론을 소개하지는 못하지만 독자들은 여기에서 소개한 통합적 가족치료이론을 공부하면서 많은 새로운 아이디어를 얻을 수 있다. 이러한 아이디어를 바탕으로 자신들의 통합적 가족치료이론을 만들어 낼 수도 있다.

　이 책이 개정판으로 거듭날 수 있도록 많은 도움을 준 학지사에 감사를 전한다. 가족치료에 대한 새로운 생각 그리고 이를 통해서 많은 가족에게 도움을 주고 싶어 하는 사람들에게 이 책을 바친다.

사계절을 볼 수 있는 곳에서
저자 김용태

1판 머리말

　최근 한국 사회에서는 심리치료에 대한 인식은 물론이고 그 중요성이 점차로 부각되고 있다. 심리치료와 관련된 내용을 가르치거나 실제로 심리치료 서비스를 제공하는 여러 전문 학회가 생기고, 심리치료를 가르치는 대학원들이 점차로 늘어나고 있으며, 심리치료 전문가들과 관련된 인구도 많이 증가하고 있다. 심리치료가 양적으로 증가하면서 심리치료에 대한 전문화와 분화 현상이 점차로 나타나고 있다. 주제를 중심으로 하는 심리치료의 방법들이 생겨나면서 약물 남용을 주로 치료하는 사람들과 기관들이 생기는가 하면, 청소년들의 비행을 중점으로 다루는 전문가들과 기관들도 있다. 부부간의 문제를 중점으로 다루는 전문가들, 자녀문제를 주로 다루는 전문가들이 있다. 이론의 경향에도 다양성이 나타나고 있다. 정신분석의 입장에서 치료를 하는 사람들은 상당히 오랫동안 서비스를 제공해 오고 있으며 게슈탈트의 심리치료 입장에서 서비스를 제공하는 전문가들, 로저스의 입장에서 서비스를 제공하는 전문가들, 글래서의 입장에서 문제를 해결하고자 하는 전문가들, 대상관계이론의 입장에서 문제를 해결해 가는 전문가들이 있다. 이들은 하나의 이론을 가지고 심리치료를 하고 있다. 한편으로는 대상을 중심으로 하는 심리치료의 경향도 생기고 있다. 개인을 대상으로 하는 개인치료의 전문가들, 가족을 대상으로 하는 가족치료의 전문가들, 집단을 대상으로 하는 집단치료의 전문가들이 대상을 통해서 전문화를 꾀하는 사람들이다.

　심리치료에 대한 전문화와 분화가 이루어지는 상황에서, 각각의 활동들이 어떻게 서로 구분되고 독특한 자리를 잡을 수 있는가 하는 점은 매우 중요한 질문이다. 필자는 가족치료 전문가로서 가끔씩 여러 사람이 가족치료를 오해하고 있다는 느낌을 받는다. 필자의 눈에 가족치료에 대한 오해는 두 가지로 나타난다. 하나는 가족치료를 개인치료의 영역으로 보려는 시도이고, 다른 하나는 개인치료의 방법으로 보려는 시도이다. 심리치료에 종사하는 전문가들이 개인치료의 여러 영역 중 하나로 가족치료를 대중에게 또는 심리치료를 전공하는 사람들에게 소개하고 있는 상황을 필자는 종종 접하게 된다. 예를 들면, 면접의 방법, 정신분석, 인지·행동주의 방법, 심리검사, 치료를 종결하는 방법, 가족치료의 이론 및 기법 등으로 소개를 하고 있다. 이 경우에 가족치료는 정신분석이나 인지·행동주의 방법과 같은 범주로 분류되고 있다. 또한 치료의 실제에 관한 여러 가지 영역 중 하나로 이해되기도 한다. 가족치료가 개인치료를 하는 데 있어서 하나의 영역으로 이해되고 단지 몇 시간을 할애함으로써 가족치료를 할 수 있다고 생각하는 것으로 보인다. 가족치료를 개인치료의 방법으로 생각하는 경우가 또 다른 오해이다. 개인을 치료하는 데 있어서 가족 구성원들을 동원하는 방식으로 치료는 이루어진다. 예를 들면, 조현병 환자에게는 스트레스가 발작을 일으키는 중요한 원인이 된다. 조현병 환자의 스트레스를 줄이기 위해서 치료자는 가족 구성원들에게 조현병이 무엇인지 교육시킨다. 뿐만 아니라 조현병 환자와 어떻게 대화를 하며 어떤 점들을 조심해야 하는가 하는 점을 가르쳐 준다. 가족들에게 교육을 시키는 목적은 조현병 환자의 발작을 막기 위해서이다. 즉, 가족치료는 마치 조현병 환자를 돕기 위한 수단 또는 방법으로서 활용되는 분야로 인식된다. 마찬가지로 개인이 가지고 있는 여러 가지 문제를 치료하기 위한 수단으로서 또는 방법으로서 가족치료가 활용된다.

　학문을 하는 입장에서 보면 심리치료 영역은 크게 두 가지로 나뉜다. 하나는 가족치료이고 다른 하나는 개인치료이다. 어떤 분야가 학문으로 인정을 받기 위해서는 독자적 영역을 가지고 있어야 한다. 독자적 영역뿐만 아니라 독자적 방법을 가지고 영역을 탐구할 수 있어야 한다. 독자적 영역과 방법을 통해서 이론들이 일정하게 개발된다. 이러한 이론들은 다른 학문의 이론들과 구분되어야 한다. 가족치료는 개인치료와 다른 독특한 영역을 가지고 있고 또한 독자적 이론을 가지고 있는 학문이다. 개인치료는 개인의 자유와 해방이라는 학문 흐름을 가지고 있다. 개인의 내면 세계를 다룸으로써 개인의 자유와 해방을 이루고자 한다. 개인치료의 학문적 관심사는 일차적으로 개인의 내면 세계이다. 개인치료의 이론들은 개인의 내면 세계를 대상으로 만든 학문이다. 예를 들면, 정신분석은 개인의 내면 세계를 성과 갈등이라는 측면에서 이론화한 분야이다. 인지이론은 개인의 내면 세계를 생각이라는 측면에서 이론화한 노력이다. 행동주의는 개인의 행동과 기술이라는 측면에서 이론화한 노력이다. 내담자 중심이론은 개인의 정서라는 내면 세계를 대상으로 이론화한 분야이다. 개인치료는 내면 세계를 이해하는 데 있어서 분석이라는 방법을 사용하고 있다. 분석을 통해서 내면 세계에 깊이 들어가며 이를 통해서 개인의 내면 세계를 치료하고자 하는 학문이다.

　가족치료는 사람과 사람이 가지고 있는 관계 세계를 학문의 대상으로 삼는다. 가족치료는 개인이 어떻게 개인으로서 존재할 수 있는가 하는 학문적 흐름과 그 맥을 같이한다. 가족치료는 개인이 개인으로 존재할 수 있는 까닭은 개인이 다른 사람과의 연관성으로 인해서 존재할 수 있다는 철학적 가정을 가지고 있다. 개인과 개인이 만나면 일정한 관계와 형태들이 존재한다. 이러한 관계 형태들은 개인의 행동을 촉진하는 역할을 할 수도 있고 개인의 행동을 억제하는 역할을 할 수도 있다. 사람들이 가지고 있는 관계 영역은 무한히 넓다. 가족치료는 관계의 모든 영역을 다루기보다는 사람들의 마음과 마음이 만나는 영역을 다룬다. 예를 들면, 대화이론은 사람들이 대화라는 관계 영역을 통해서 만나는 현상을 다루는 노력이다. 구조이론은 사람들이 구조라는 관계 영역을 통해서 만나는 현상을 다루는 노력이다. 맥락이론은 사람들이 공정성이라는 관계 영역을 어떤 방식으로 다루고 있는가 하는 점을 다루는 시도이다. 사람들과 관계를 다루는 데 있어서 가족은 가장 강력한 장이 된다. 가족치료는 가족이라는 영역으로 국한되는 학문이기보다는 가족이라는 영역이 중요하게 부각되는 관계의 세계를 대상으로 하는 학문이다. 가족치료는 발생 배경부터 개인치료와 구분된다. 가족치료는 독자적으로 일정한 역사를 가지고 있다. 가족에 대한 관심을 가지고 있는 사람들에 의해서 독자적으로 발전해 온 학문이다. 또한 가족치료는 개인치료와 다른 철학적 배경을 가지고 있다. 개인치료가 물리학적 배경을 가진 학문이라면 가족치료는 생물학적 배경을 가진 학문이다. 개인치료가 실체론의 입장에서 이론을 전개하고 있다면 가족치료는 기능론의 입장에서 이론을 전개하고 있다. 가족치료는 현상을 보는 방법이나 현상을 이해하는 독특한 방식을 가지고 있다.

　이 책은 가족치료를 이론의 입장에서 소개하고 있다. 한국에서도 이미 가족치료라는 제목을 가지고 있는 책들이 더러 있다. 그러나 이러한 책들은 가족치료의 이론적 입장을 충분히 대변하지 못하고 있다. 가족치료를 단지 심리치료의 한 영역으로 접근하고 있기 때문에 가족치료가 어떤 위상을 가지고 있어야 하는지를 충분히 밝히는 데는 미흡하다. 어떤 책은 가족치료에 대한 여러 다른 접근을 소개하는 데 그치고 있고, 어떤 책은 가족치료의 이론과 실제를 한꺼번에 다룸으로써 이론이 충분히 전달되지 못하고 있다는 인상을 준다. 이 책은 가족치료에 대한 오해를 불식시키고 가족치료의 이론들을 충분히 부각시킴으로써 가족치료를 하는 사람들에게 분명한 그림을 제공해 주고자 한다.

　이론은 지도와 같은 역할을 한다. 심리치료의 구체적 활동들이 무엇 때문에 그러한 방식으로 이루어지는가 하는 점은 학문을 하는 입장에서 매우 중요한 질문이다. 각각의 활동들이 어떤 이론의 토대를 가지고 있으며 어떤 방식으로 서로 구분될 수 있는가 하는 점을 밝히는 일은 중요하다. 만일 여러 가지 활동이 이론에 의해서 뒷받침되지 않는 상태에서 이루어진다면 그러한 활동들은 방향성을 상실하거나 활동들에 정당성을 부여하기가 어려워질 것이다. 즉, 지도도 없이 길을 찾아가는 사람이거나 해도를 가지지 않고 바다를 여행하는 사람과 같게 된다. 물론 지도가 모든 자세한 길과 길에 있는 모든 위치나 사물들을 다 제시하지는 못한다. 그러나 지도는 길을 가는 데 있어서 방향성과 위치들을 알려 줌으로써 길을 찾아가는 사람으로 하여금 안전하게 제한된 시간 내에 목표에 도달하도록 만든다. 방향성을 가지고 길의 위치를 큰 그림으로 가지고 있는 사람이라 할지라도 실제로 길을 찾는 데 있어서는 어느 정도 방황과 시행착오를 하게 마련이다. 그러나 지도는 이러한 방황과 시행착오를 줄여 주는 역할을 한다. 좋은 지도를 가지게 될수록 짧은 시간 내에 효과적으로 목표에 도달하게 된다.

　이론서로서 이 책은 전통적 가족치료이론들을 소개하고 있다. 그동안 가족치료 전문가들이 활용해 왔던 이론들을 소개하고 있다. 가족치료가 1950년대와 1960년대를 거치면서 급성장을 할 수 있었던 하나의 계기는 이론의 역할이었다. 가족치료가 독자의 영역을 가지면서 발전할 수 있었던 것은 독자의 이론을 가지고 있었던 까닭이다. 이런 의미에서 전통적으로 소개되고 이해되면서 실제 가족치료를 가능하도록 만든 여러 이론을 소개하고 있다. 가족치료이론은 전통의 이론 이외에도 여러 가지 접근과 관점에서 발전하고 있다. 이 책은 여러 이론과 접근을 포괄적으로 소개하는 종합서가 아니다. 또한 이 책은 가족치료의 최근 이론들을 포함하고 있지 않다. 이러한 이론들을 소개하는 일은 차후로 미루기로 한다. 전통 가족치료이론들을 소개하는 목적은 가족치료에 대한 기본 이해를 위해서이다. 가족치료의 기본이 되는 이론들을 이해하는 일은 가족치료의 입장을 이해할 수 있을 뿐만 아니라 앞으로 가족치료이론들이 어떻게 발전해 나가는가를 이해하는 데 중요한 초석이 된다.

가족치료에 대한 입장에 따라서 이론을 소개하는 방식이 달라진다. 가족치료에 대한 입장은 크게 세 가지로 나누어 볼 수 있다. 순수체계이론의 입장, 내면 세계를 고려하는 심리역동의 입장, 개인치료와 가족치료를 동시에 고려하는 통합의 입장으로 나뉜다. 순수체계이론의 입장에 있는 사람들은 대화, 전략, 구조 이론들을 중시하면서 가족치료를 소개한다. 상대적으로 대상관계, 맥락, 보웬의 이론들은 덜 중요한 입장에서 소개하게 된다. 심리역동의 입장에 있는 사람들은 맥락, 대상관계, 보웬의 이론들을 중요하게 다루면서 먼저 소개를 한다. 통합의 입장에 있는 사람들은 개인치료를 원용하는 이론들을 전통적 가족치료이론들과 같이 소개를 한다. 행동가족치료, 정신분석 가족치료들을 순수체계이론들과 심리역동의 이론들과 같이 소개를 한다. 필자는 순수체계와 심리역동의 입장에서 이론들을 소개한다. 두 가지 이론을 같은 비중을 가지고 다루고 있다. 개인치료를 원용하는 방법으로서 가족치료이론들은 이 책에서 제외되었다. 이론을 소개함에 있어서는 역사성을 고려하면서 제시되었다. 대화이론은 가족치료를 형성하는 데 있어서 초기이론으로서 맨 먼저 소개되었다. 다음으로 전략이론 그리고 구조이론이 소개되었고 심리역동의 이론들은 나중에 소개되었다.

이론을 소개하면서 동시에 이론들이 사용하고 있는 치료의 방법들을 같이 소개하였다. 각각의 이론들은 나름대로 가족을 변화시키는 원리를 가지고 있다. 원리를 가지고 있으면 이러한 원리들에 맞게 치료의 방법들이 개발된다. 사람들이 먼저 원리를 이해함으로써 그러한 치료의 방법들이 나왔는지를 알 수 있도록 각각의 이론들을 소개하였다. 어떤 이론은 가족을 변화시키는 원리가 대단하게 소개되었음에도 불구하고 치료의 방법은 단순하다. 어떤 이론은 변화시키는 원리는 간단하지만 치료의 방법은 상당히 풍부하다. 이론을 만든 사람의 목적에 따라서 원리에 치중한 이론도 있고 방법에 치중한 이론도 있다. 예를 들면, 대상관계이론은 많은 원리를 가지고 있음에도 불구하고 상대적으로 방법은 간단하게 제시한다. 반면 전략이론은 간단한 원리를 가지고 있음에도 불구하고 많은 방법을 제시한다. 대상관계이론이 이해에 목적이 있다면 전략이론은 변화 자체에 목적을 두고 있기 때문이다.

이 책은 일정한 틀을 가지고 이론을 제시하였다. 모든 이론은 기원 및 주요 인물, 이론의 기초, 주요 개념 및 원리들, 역기능의 가족관계, 치료의 목표 및 방법들이라는 순서를 따라서 이론을 제시하였다. 이러한 틀을 제시하는 목적은 독자로 하여금 전체 이론을 쉽게 이해할 수 있도록 하기 위함이다. 하나의 이론을 읽고 나면 다른 이론들을 읽지 않아도 머릿속에서 이론에 대한 그림을 그릴 수 있게 된다. 읽지 않은 이론의 내용은 모른다 하더라도 이론의 모양을 전체적으로 그릴 수 있다는 점에서 일정한 틀은 도움이 된다. 그러나 일정한 틀은 각 이론이 가지고 있는 특성을 제대로 살리지 못하는 면도 있다. 예를 들면, 전략이론은 이러한 형식에 잘 들어맞지 않는 이론이다. 그럼에도 불구하고 전체적으로 독자들이 쉽게 이해할 수 있고 예상할 수 있도록 하기 위해서 이러한 방식에 따라 이론을 소개하였다.

이 책은 심리치료를 전공하는 대학원 학생들의 교재용으로 적당하다. 가족치료를 처음 접하는 학생들은 가족치료에 대한 표준지식이 필요하다. 표준지식이 없이는 나름대로 가족치료에 대한 이론을 개발하거나 다른 방향에서 가족치료에 대한 접근을 하기 어렵게 된다. 가족치료를 처음 배우는 학생들에게 전통적 가족치료이론들에 대한 표준지식을 전달함이 이 책의 목적이다. 학생들이 제대로 개념을 이해하고 치료방법을 이해할 수 있도록 하기 위해서 가능하면 자세하게 개념이나 방법들을 설명하고 있다. 이러한 개념들이나 방법들은 예를 들어서 이해하기 쉽게 써 놓았다. 독자들은 자신이 가지고 있는 예들이나 또는 자신의 경험을 상상하면서 개념이나 방법들을 이해하여도 좋을 것이다. 자신이 가지고 있는 예나 경험들은 개념이나 방법들을 생생하게 이해하도록 하는 데 많은 도움을 준다.

이 책은 두 부분으로 구성되어 있다. 첫 번째 부분은 가족치료의 형성에 대한 배경을 다루고 있고 두 번째 부분은 가족치료이론들을 소개하고 있다. 제1부에서는 가족치료를 형성하도록 한 역사의 맥락을 여러 관점에서 제시하고 있다. 제1장은 가족치료를 형성하도록 한 역사적 사실들을 다루고 있다. 전반부는 여러 가지 자세한 활동과 사건 그리고 인물을 다루고 있다. 후반부는 가족치료의 형성에 결정적 계기를 제공한 1950년대 연구들을 제시하고 있다. 제2장은 가족치료가 개인치료와의 관계에서 어떤 위치를 차지할 수 있는가 하는 점을 다루고 있다. 개인치료가 먼저 발전하고 가족치료가 나중에 발전하였기 때문에 독자들은 가족치료에 대해서 독자성을 의심할 수 있다. 그러나 이 장에서는 개인치료와 가족치료가 가지고 있는 차이점을 여러 가지 측면에서 기술함으로써 가족치료의 독자성과 학문성을 이해할 수 있도록 돕는다. 제3장은 가족치료의 배경이 되는 일반체계이론을 소개하고 있다. 일반체계이론을 이해함으로써 가족치료가 역사적으로 생물학적 기반을 가지고 있음을 이해하게 된다. 또한 가족치료이론들이 공통으로 가지고 있는 특징들을 일반체계이론을 통해서 이해할 수 있게 된다.

제2부에서는 가족치료이론들을 소개하고 있다. 제4장에서는 대화 가족치료이론을 소개하고 있다. 대화 가족치료이론은 가족의 기능성을 대화라는 영역을 통해서 설명하고 있다. 사람들 사이에 이루어지는 대화에 대한 기본 원리가 무엇이며 기본 원리들이 어떻게 역기능의 관계를 만드는가 하는 점을 소개하고 있다. 제5장은 전략 가족치료이론이다. 전략 가족치료이론은 네 가지 주류를 가지고 있으며 이러한 주류들이 기능성과 역기능에 어떤 방식으로 관련이 있는지를 밝히고 있다. 제6장은 구조 가족치료이론이다. 이 이론은 핵가족이 가지고 있는 구조를 밝히고 있다. 가족구조가 경계선에 의해서 어떻게 만들어지는지를 이해할 수 있다. 제7장은 대상관계 가족치료이론이다. 여러 사람의 기여에 의해서 이론이 만들어졌다. 특히 부모와 자녀 사이의 초기관계를 밝혀 주는 이론이다. 이러한 초기관계가 어떻게 나중의 관계에 영향을 미치는가를 알 수 있게 된다. 제8장은 맥락 가족치료이론이다. 공정성을 중시하는 이론으로서 가족들 간의 윤리적 맥락에 일차적으로 초점을 맞춘다. 윤리적 맥락이 어떻게 되어야 가족들이 건강한 관계를 유지할 수 있는가 하는 점을 밝히고 있다. 제9장은 보웬 가족치료이론이다. 세대 간 또는 다세대 간 이론으로 불리기도 한다. 분화가 이론의 핵심 개념으로써 관련된 여러 가지 개념을 다루고 있다. 인간이 가지고 있는 역기능은 분화의 정도에 따라서 달라진다.

이 책이 현재의 모양을 갖도록 하는 데 많은 사람이 기여를 하였다. 무엇보다도 하나님께 감사를 드린다. 때로 집필을 하면서 생각이 막히고 진척이 없을 때 위로와 사랑을 해 주신 하나님 그리고 지혜를 주신 하나님께 감사와 사랑을 드린다. 거의 1년 동안 이 책을 집필하는 과정에서 보여 준 아내 김은옥의 사랑에 감사를 드린다. 많은 시간을 컴퓨터 앞에 앉아서 아이들도 돌보지 못하고 책만을 집필하는 데에도 불평은커녕 늘 격려의 말을 아끼지 않았던 아내의 사랑에 깊은 감사를 표하고 싶다. 우리 아이들 현준이와 현경이는 아버지를 책에 빼앗긴 채로 많은 시간을 살았다. 많은 관심을 가지고 집필의 과정을 지켜보면서 책을 빨리 완성하도록 사랑과 관심을 보여 주었다. 마음속에 미안함과 감사함을 동시에 가지고 있다. 이 책이 나올 수 있도록 직접적 계기를 마련해 준 분은 학지사의 김진환 사장님이다. 책이 머릿속에서 구상의 단계에 있을 때부터 관여를 하시고 간간이 전화를 해서 집필의 상황을 점검하면서 보여 준 관심과 배려에 깊은 감사를 드린다. 책을 교정하는 데는 횃불트리니티신학대학원 학생들이 많이 수고를 하였다. 조은혜를 비롯한 여러 기독교상담 전공 학생은 책을 읽고 교정을 하였다.

1999년 12월
사계절이 보이는 양재동 연구실에서
김용태

차례

제1부 가족치료의 형성 및 배경

제2부 가족치료이론들

제3부 후기 가족치료

제 **1** 부

가족치료의 **형성 및 배경**

프 로이트(Freud)에 의해서 개발된 개인치료가 점차적으로 발전을 하고 있었을 때 가족을 단위로 하는 활동들이 있었다. 가족을 단위로 하는 활동들이 있었음에도 불구하고 가족치료라는 전문 영역은 심리치료에서 자리를 잡을 수 없었다. 이러한 이유는 심리치료의 전반적 흐름을 형성하고 있었던 개인치료의 영향 때문이었다. 그럼에도 불구하고 가족치료와 관련된 인접활동들이 나름대로 계속 맥을 이어 오고 있었다. 여기저기 산발적으로 맥을 이어 오던 가족과 관련된 치료활동들은 점차로 하나의 흐름으로 엮이게 된다. 가족치료의 흐름을 하나로 묶게 만들었던 결정적 계기는 1950년대 있었던 조현병 환자의 가족에 대한 연구들이었다. 각각 따로 따로 진행되었던 연구들이 비슷한 결론을 발표하였다. 즉, "인간이 가지고 있는 증상은 가족들이 가지고 있었던 상호작용의 결과들이다."라는 결론은 가족치료를 형성하도록 하는 데 결정적 역할을 하였다. 기존의 개인 중심의 심리치료이론에 대한 생각을 근본적으로 전환하게 하는 역할을 하였다.

가족치료는 형성 배경부터 개인치료와 그 맥을 달리하고 있다. 가족치료는 생물학의 원리들에 많은 영향을 받았다. 일반체계이론은 가족치료의 여러 이론이 사용하고 있는 기본 개념들을 제공하는 역할을 한다. 체계라는 개념은 다른 사람들과의 상호작용을 통해서 만들어진다. 상호작용의 형태는 사람들의 개인 행동들을 통제하고 지배하는 역할을 한다. 가족치료는 개인들이 가지고 있는 문제나 증상들을 개인의 내면 세계로 접근하는 방법을 가지고 있지 않고 오히려 개인들이 다른 사람들과 상호작용을 하는 방식을 변화시키는 접근을 가지고 있다. 생물학의 원리들을 받아들이면서 가족치료는 개인치료와 다른 독특한 방법들을 가지고 인간의 문제를 접근하고 해결해 나가고 있다.

체계를 근거로 하는 가족치료는 독특한 인식론적 방향성을 가지고 문제를 지각하고 해결해 나간다. 가족치료는 체계와 관련된 여러 가지 원리를 가지고 있다.

제1장에서는 가족치료가 형성된 역사적 사실들을 다루고 있다. 역사적 사실들을 연대기 방식으로 그리고 여러 인접활동과의 관련 속에서 다루고 있다. 그러나 역사적 사실들을 다룸에 있어서 종합서와 같은 방식을 취하지 않았다. 그 이유는 이 책은 역사서가 아니고 이론서이기 때문이다. 이론을 이해하는 데 있어서 도움이 될 수 있는 범위 내에서 역사적 사실들을 접근하고 있다. 제2장에서는 가족치료가 개인치료와 어떻게 다른가 하는 점을 이론의 거시 수준에서 다루었다. 전체 가족치료를 개관하는 입장에서 개인치료와 다른 점을 기술하였다. 따라서 아주 자세하고 구체적인 수준에서의 차이는 제시하고 있지 않다. 제3장에서는 가족치료의 배경을 형성하고 있는 일반체계이론을 소개하고 있다. 일반체계이론들이 가지고 있는 개념들을 이해하면 다음에 소개되고 있는 여러 가족치료이론을 이해하는 데 도움이 된다. 여러 가족치료이론이 일반체계이론의 철학적 생각들과 개념들을 빌려서 사용하고 있기 때문이다.

제1장

가족치료 형성의 역사적 배경

1. 전반적 배경

심리치료가 프로이트에 의해서 이론화되고 시작된 이래 지금까지 많은 학파와 입장이 생겨나고 유지되어 왔다. 개인치료로 분류되는 이론들은 크게 세 방향에서 발달의 역사를 가지고 있다. 전통적으로 프로이트의 입장에 많은 근거를 두고 치료를 하는 분석 전통, 환경과 자극이라는 입장에서 치료를 하고 있는 행동주의 전통과 인간의 가치를 최대한 존중하고 받아들이는 입장에서 치료를 하고 있는 인본주의 전통, 곧 이 세 가지 방향이다. 각각의 입장은 이론들이 가지고 있는 철학적이고 역사적인 맥락을 달리한 채 나름대로 발달해 오고 있다. 예를 들면, 분석의 전통은 주로 물리생물학적 철학의 역사적 맥락에서 발전을 하고 있고, 행동주의 전통은 주로 자극과 반응이라는 철학의 역사적 맥락에서 그리고 인본주의 전통은 현상학과 실존주의 철학의 역사적 맥락에서 발전해 오고 있다.

가족치료는 역사적으로 초기부터 독특한 역사적 배경을 가지고 있다. 프로이트에 의해서 개발된 심리치료이론이 발전하던 심리치료의 초창기에 이미 가족치료는 여러 가지 운동의 형태를 가지고 있었다. 가족치료의 역사는 브로데릭과 슈레더(Broderick & Schrader, 1991)의 논문 「가족치료의 역사(The history of professional marriage and family therapy)」를 많이 참고하였음을 밝혀 둔다. 사회사업을 하는 사람들은 실제로 훈련을 하기 위해서 가족들의 사례를 임상적으로 사용하였다(Broderick & Schrader, 1991). 예를 들면, 메리 리치몬드(Mary Richmond)는 1908년에 『어느 한 가족의 진짜 이야기(A Real Story of a Real Family)』라는 임상사례집을 발간하였다. 또한 1911년경에 여러 사업센터는 결혼과 가족을 하나의 중요한 사업으로 확정하고 미국의 가족봉사연합(The Family Service Associations of America)을 형성하기도 하였다. 사회사업가들을 훈련시키기 위해서 1940년대에서부터 1950년대까지 결혼과 가족의 사례들이 임상적으로 사용되었다. 이 당시에 가족사례는 사회사업을 하는 사람들을 훈련시키는 데 가장 중요한 자료였다(Nichols & Schwartz, 1991, p. 21). 물론 이들은 실제로 가족치료를 직접적으로 할 수 있는 이론적 기반이나 개념적 근거들을 제시하지는 못하고 있다. 그러나 가족이라는 하나의 단위를 임상훈련을 하기 위하여 사용하고 있는 점은 전통적으로 이루어지고 있었던 개인치료와는 그 맥락을 크게 달리하고 있었다.

성개혁운동을 하였던 사람들은 성과 결혼을 연계하면서 부부를 하나의 단위로 하여 여러 가지 활동을 하였다(Broderick & Schrader, 1991). 매그너스 허쉬펠드(Magnus Hirschfeld)는 1918년 베를린에 성문제연구소를 개원하였고 1921년에서 1932년 사이에 헤이브룩 엘리스(Havelock Ellis)와 어거스트 포렐(August Forel)과 더불어 성개혁을 위한 세계대회를 다섯 번이나 개최하였다. 또한 그는 독일에서 처음으로 결혼상담국(Marriage Consultation Bureau)을 설립하여 운영하였다. 성개혁운동을 통해서 성에 관한 정보나 피임의 방법 또는 성에 대한 정상성 등을 강조하는 활동을 하였다. 그러나 이러한 활동들은 직접적으로 결혼 및 가족치료를 하는 치료의 활동으로 이어지지 못한 채 이루어졌다.

가족생활 교육운동은 가족치료에 대한 관심을 가지고 있었던 또 다른 증거라고 할 수 있다(Broderick & Schrader, 1991). 바사(Vassar) 대학은 1923년 처음으로 초급대학 수준에서 부모 되기를 주제로 한 강좌를 개설하였다. 대학에서 또는 개인적으로 가족에 대한 생활을 전반적으로 개선하는 교육과 훈련(workshop)을 제공하는 활동들이 폴 포피노(Paul Popenoe)와 어니스트 그로브스(Ernest Groves)를 중심으로 1900년대 초기에 많이 있었다. 포피노는 1930년대 초반 남가주 일대의 교회와 대학을 순회하면서 전일 훈련(all day workshops)을 실시하였다. 그로브스는 1934년에 결혼과 가족을 유지하기 위한 그로브스 회의를 개최하였다. 그는 1937년 듀크(Duke) 대학교에서 4년제 대학 수준에서는 처음으로 결혼상담에 대한 강의를 하였다. 가족생활 분야는 1946년경 전국 가족관계협의회에 속하는 전문 영역이 되었고 독자적으로 학술지『결혼과 가족생활(Marriage and Family Living)』을 보유하게 되었다.

심리치료를 하는 사람들이 초기부터 많은 관심을 가지고 있었음에도 불구하고 가족치료가 무엇 때문에 독자적 심리치료의 영역으로 구축될 수 없었는가 하는 의문점이 떠오른다. 니콜스와 슈워츠(Nichols & Schwartz, 1991)는 위의 의문에 대해서 두 가지 이론의 영향이 컸음을 말하고 있다(pp. 2-5). 하나는 정신분석이론이다. 프로이트는 개인의 내면 세계에서 발생되는 여러 가지 신경증의 증상은 가족이라는 맥락에서 형성된다는 생각을 가지고 있었다. 부모와 자녀의 갈등들이 자녀의 마음속에 많은 좌절과 공격성 그리고 분노를 만들어 내는 역할을 하고 있기 때문에 개인을 치료하기 위해서는 가족이라는 맥락으로부터 분리해서 그 개인을 심리치료 전문가가 집중적으로 분석하고 치료하는 활동을 하였다. 또 다른 하나는 내담자 중심 심리치료이론이다. 칼 로저스(Carl Rogers)는 한 개인의 내면 세계에 생기는 불일치는 곧 가족 구성원들이 허용적이고 따뜻한 분위기를 만들어 주지 못하기 때문이라고 말하고 있다. 한 개인이 내면적 불일치를 줄이고 자아실현을 하도록 하기 위해서 치료자는 가족 구성원들로부터 그 개인을 분리시켜야 했다. 한 개인을 치료하기 위해서는 문제를 발생시키는 가족 구성원들로부터 분리시켜서 치료하도록 하는 이론적 모델을 전개하였다. 이러한 치료에 대한 모델은 곧 가족을 전체적으로 치료에 참여시키는 생각을 하도록 하는 데 많은 시간이 걸리게 하였다.

전통적 심리치료이론들이 가족을 전체적으로 보는 가족치료의 출현을 막는 역할을 했음에도 불구하고 가족치료는 여러 가지 분야의 운동들 또는 치료의 경향을 통해서 형성되었다. 가족치료의 태동과 발전에 많은 기여를 하고 있는 분야는 크게 세 가지로 요약된다. 첫째는 결혼상담이고, 둘째는 소집단활동, 셋째는 아동지도 운동 그리고 넷째는 본격적 가족치료운동(family therapy movement)이다. 결혼상담 (marriage counseling)이 가족치료의 형성과정에 역사적으로 기여를 하고 있는 점은 여러 문헌을 통해서 확인되고 있다(Broderick & Schrader, 1991; Nichols & Schwartz,

1991). 결혼상담은 1900년대 초기에는 주로 결혼상담을 하는 주요 인물들에 의해서 이루어졌다. 이들은 포피노, 에이브러햄 스톤(Abraham Stone) 그리고 에밀리 머드(Emily Mudd)에 의해서 주도되었다. 이들은 결혼상담소를 개설하거나 결혼상담이라는 용어를 처음 사용하는 등 결혼상담이 발전하는 기초를 만든 사람들이다. 특히 머드는 결혼상담의 과정에 대해서 최초로 연구하였다. 이후 결혼상담은 심리치료의 전문 영역으로 발전하기 위해서 많은 과정을 거쳤다. 미국에서 전문학회가 설립되거나 결혼상담에 대한 교재가 발간되고 캘리포니아 의회에서 결혼 및 가족치료에 대한 자격법이 통과됨으로 인해 하나의 심리치료 전문 영역으로 그 자리를 잡게 되었다. 성상담운동이 결혼상담이 번성하도록 하는 데 중요한 기여를 함으로써 성상담에 관한 많은 지식이 결혼상담에 흡수되었다. 결혼상담은 그 관점과 영역을 확장하여 결혼과 가족치료라는 전문 영역으로 성장하게 되었다.

소집단운동(group dynamics)은 가족치료의 형성에 여러 가지로 기여를 하였다(Nichols & Schwartz, 1991, pp. 7-17). 내용의 측면에서 볼 때 집단을 전체로 보고 치료활동을 하는 집단치료의 관점이 가족치료에 영향을 미치게 되었다. 집단을 전체로 보고 치료를 하는 집단치료는 치료의 단위라는 측면에서 개인치료와 구분된다. 개인치료에서는 기본 단위가 개인 한 사람으로 국한되는 반면 집단치료에서는 치료의 단위가 집단으로 규정된다. 집단을 하나의 단위로 치료하는 방식은 가족을 하나의 단위로 치료할 수 있도록 하는 가족치료의 형성에 기여를 하였다. 이런 의미에서 집단치료를 가능하도록 한 이론적 배경으로서 쿠르트 레빈(Kurt Lewin)의 장이론(field theory)을 빼놓을 수 없다. 부분과 전체의 관계에 대해서 강조를 한 레빈의 생각은 윌프레드 비온(Wilfred Bion)에 의해서 계승되고 발전되었다. 비온은 집단을 하나의 전체로 놓고 생각하면서 집단 전체의 역학과 숨겨진 구조에 많은 관심을 기울이게 되었다. 이러한 집단 전체의 역학과 숨겨진 구조는 곧 가족 전체의 구조와 가족 구성원들의 관계적 역학을 이해하도록 하는 데 많은 도움을 주게 되었다. 가족의 구조를 이해하는 측면에서 생각할 때 역할이론은 가족치료를 형성하도록 하는 데 많은 기여를 하였다. 집단치료를 하는 데 있어서 집단 구성원들은 일정한 역할을 수행한다. 집단 구성원들은 집단치료의 과정에 따라서 일정한 역할을 수행하면서 자신의 역할을 찾아가는 과정을 겪는다. 역할을 찾는 과정에서 발생하는 역할 충돌 또는 집단 내의 소그룹 및 관계들은 집단치료를 하는 데 있어서 핵심적 역할을 한다. 가족들이 치료의 장면에 올 때는 일정한 역할들을 가지고 오며 이러한 역할들은 고정화되어 있다. 가족의 구조와 역할을 이해하는 데 있어서 역할이론은 중요한 기여를 한다.

아동지도운동(child guidance movement)은 아동들이 문제를 발달시키는 데 있어서 가족의 영향이 얼마나 중요한지를 역사적으로 보여 주고 있다. 아동의 문제를 이해하는 데 있어서 진짜 문제는 아동 자신에게 있는 것이 아니라 가족이라는 체계 속에 있음을 알게 하는 관점을 제공하였다. 특히 어머니와 아동의 관계 속에서 많은 문제가 발생한다는 생각을 임상적으로 하게 되었다. 프리다 프롬 리히만(Frieda Fromm-Reichmann)은 **조현병을 일으키는 어머니**(schizophrenogenic mother)라는 유명한 개념을 발표하였다(Nichols & Schwartz, 1991, p. 19). 아동을 지배하려고 하고 공격적이며 거부하는 불안정한 어머니는 아동에게 조현병을 일으킨다는 개념이다. 부모에게 문제가 있다는 생각은 점차적으로 그 관점을 확장하여서 가족 전체의 체계 또는 관계양식에 초점을 두려는 생각으로 발전하였고, 이는 나중에 핵가족의 영역을 넘는 확대가족과의 관계양식까지 보려는 생각으로 발전하게 되었다. 아동지도운동은 가족치료가 치료 대상을 가족 전체로 확장시켜 보는 관점을 형성하는 데 많은 기여를 하였다.

가족치료가 본격적으로 심리치료의 전문 영역으로 자리를 잡기 시작한 것은 1950년대의 일이다. 이때 가족치료는 여러 연구를 통해서 가족치료가 본격적으로 발달하도록 하는 중요한 계기를 맞이하게 된다. 팔로 알토(Palo Alto) 집단의 이중구속(double binding)에 대한 의사소통 연구, 리먼 와인(Lyman Wynne)의 가짜 친밀성(pseudomutuality)에 대한 연구, 시어도어 리츠(Theodore Lidz)의 부부균열(marital schism)에 대한 연구 그리고 보웬의 분화(differentiation)에 대한 프로젝트들이 바로 유명한 네 연구이다. 이 연구들은 가족치료가 발전하도록 하는 데 직접적이고 확실한 이론적 근거를 마련해 주었다. 이후 가족치료는 미국의 여러 주요 도시를 중심으로 급속도로 발전과 번성을 하였다. 뉴욕의 네이선 애커먼(Nathan Ackerman) 그리고 즈월링(Zwerling)의 가족연구센터, 필라델피아의 미누친(Minuchin)에 의한 아동지도 상담소, 보스턴의 덜(Duhl)과 켄터(Kantor)에 의한 가족연구소, 팔로 알토의 MRI(Mental Research Institute) 그리고 밀란의 단기가족치료 연구소, 텍사스 갤버스턴의 맥그리거(McGregor)와 리치(Ritchie)의 다중영향가족치료 등이 그 대표적 예들이다(Broderick & Schrader, 1991). 가족치료의 본격적 운동은 나중에 결혼상담의 영역과 합해서 결혼과 가족치료라는 오늘날의 심리치료의 전문 영역을 만들어 냈다. 가족치료라는 전문 영역은 다른 전문 영역에 비해서 상대적으로 젊은 역사를 가지고 있다.

2. 조현병 환자 가족의 연구

가족치료가 전문 영역으로 발전을 할 수 있게 된 직접적 계기를 마련해 준 일은 1950년대 조현병 환자의 가족을 대상으로 연구를 한 네 가지 프로젝트이다. 이들 연구는 서로 관련을 갖지 않고 따로따로 연구되었음에도 불구하고 가족의 구조 및 관계에 대해서 공통된 견해를 피력하게 되었다. 조현병이라는 정신병은 가족이라는 환경에 의해서 지배를 받고 영향을 받는다는 사실이었다. 그레고리 베이트슨(Gregory Bateson)의 지도 아래 이루어진 연구에서는 가족의 이중구속(double binding)의 대화 형태가 조현병을 유발한다고 발표하였고, 시어도어 리츠의 연구에서는 부부간의 균열과 불균형(marital schizm and skew)이 조현병을 유발한다고 발표하였다. 리먼 와인의 연구에서는 부부간의 가짜 친밀성(pseudomutuality)과 가족들의 현실을 지배하는 고무 울타리(rubber fense)가 조현병을 유발한다고 발표하였고, 마지막으로 머레이 보웬(Murray Bowen)은 분화(differentiation)의 정도가 가족들의 삼각관계를 유발하여 가족 구성원 중의 한 사람이 희생양이 되어서 조현병을 유발한다고 발표를 하였다.

1) 이중구속이론

이중구속이론(double bind theory)은 캘리포니아에 있는 팔로 알토(Palo Alto) 병원의 그레고리 베이트슨 대화연구팀과 정신건강연구소(Mental Research Institute)의 참여자들의 연구에 의해서 만들어졌다. 그레고리 베이트슨의 대화연구소는 1952년부터 1962년까지 활동하였고 MRI연구소는 1959년부터 현재까지 활동을 계속하고 있다. 이중구속이론의 연구에 대화연구소에서 제이 헤일리(Jay Haley), 존 위클랜드(John Weakland), 윌리엄 프라이(William Fry Jr.), 폴 와츨라윅(Paul Watzlawick),

리처드 피셔(Richard Fisch), 안토니오 페레이라(Antonio Ferreira), 아서 보댕(Arthur Bodin), 칼로스 슬러츠키(Carlos Sluzki)가 처음에 참여를 하였고 나중에 MRI의 사람들인 돈 잭슨(Don Jackson), 버지니아 사티어(Virginia Satir), 줄스 리스킨(Jules Riskin)이 합류를 하였다(Bateson, Jackson, Haley, & Weakland, 1981, p. 39). 이중구속이론은 조현병이 무엇인가에 대한 체계의 관점을 제공하고 있다.

이중구속이론은 버트런드 러셀(Bertrand Russell)의 **논리형태이론**(theory of logical types)에 근거를 두고 있다(Bateson et al., 1981, p. 42; Watzlawick, Weakland, & Fisch, 1974, pp. 1-28). 논리형태이론은 한 계층(class)과 그 계층을 구성하는 원들(members)이 논리적으로 불연속선상에 있다는 주제를 가지고 있다. 예를 들면, 가족은 하나의 계층이고 가족의 개개인들은 계층의 구성원들이다. 가족을 전체 차원으로 생각하는 논리는 가족 구성원 개인 차원의 논리와는 서로 다르며 연속적으로 연결하여 생각할 수 없게 된다. 구성원들이 가족이라는 계층의 논리를 수용하기 위해서는 가족 개개인들의 논리적 구조를 버리거나 질적으로 다른 논리적 생각을 할 때만 가능하다. 사람들은 종종 또는 계속해서 이러한 논리적 불연속을 깨트리는 방식으로 대화를 하며 이러한 대화의 형태가 지속적으로 이루어질 때 문제가 발생한다.

이중구속의 여러 가지 요소를 베이트슨 등(Bateson et al., 1981)은 다음과 같이 말하고 있다(pp. 46-47). ① 두 사람 또는 그 이상의 사람들이 있어야 한다. 가해자는 어머니 또는 가족 구성원 하나로만 구성되는 것이 아니며, 때로는 가족 전체 또는 가족 중 몇 사람이 가해자가 된다. 가족 구성원 중 한 사람은 피해자가 된다. ② 반복된 경험이 있어야 한다. 피해자는 단지 한 번의 충격적 경험으로 인해서 조현병을 가지게 되는 것이 아니라 이중구속이라는 구조 속에 지속적이고 반복적으로 노출되어야 한다. 피해자는 이중구속이라는 대화의 구조를 반복적으로 경험하게 된다. ③ 일차적으로 부정금지가 있다. **일차부정금지**(primary negative injunction)는 언어를 통해서 피해자에게 전달된다. 한국 사람들이 많이 말하는 일차부정금지는 다음과 같다. "당장 나가! 안 나가면 나한테 혼날 줄 알아!" 이 문장을 보면 나가라는 명령을 하고 이를 수행하지 않으면 벌을 받는다는 구조를 가지고 있다. 일차부정금지는 언어적 명령과 그렇게 하지 않을 경우에는 벌이라는 논리적 구조를 가지고 있다. 물론 반대의 경우도 일차부정금지에 해당된다. "나가지 마라! 나가면 혼날 줄 알아!" 이 경우는 위의 예와 방향은 반대의 경우이지만 논리적 구조는 여전히 명령과 벌의 형태를 가지고 있다. ④ 이차적으로 부정금지가 있다. **이차부정금지**(secondary negative injunction)는 일차부정금지와 추상적 수준이 다르다. 일차부정금지는 언어적으로 이루어지는 반면, 이차부정금지는 주로 비언어적으로 이루어지며 오랜 경험을 통해서 아는 그러한 명령을 의미한다. 비록 일차부정금지에 나가라고 하더라도 피해자는 오랜 경험으로 미루어 보아서 나가게 되면 벌을 받게 될 것이라는 것을 안다. 이차부정금지는 주로 비언어적으로 이루어지며 좀 더 추상적 수준에서 이해되는 명령을 의미한다. 그러나 여전히 논리적 구조는 마찬가지이며 명령과 벌의 구조를 가지고 있다. 단지 일차부정금지와 방향이 다른 논리를 가지고 있어서 피해자는 일차부정금지를 따라야 할지 또는 이차부정금지를 따라야 할지 모르는 논리적 모순에 빠지게 된다. 다시 말하면, 피해자는 명령을 수행해도 벌을 받고, 수행하지 않아도 벌을 받게 되는 모순된 상황에 빠진다. 이런 모순된 상황만 있으면 피해자는 대체로 이러한 모순된 상황에 대해서 지적하는 행동을 해서 모순으로부터 빠져나갈 수 있게 된다. 조현병 환자의 가족은 삼차부정금지를 가지고 있다. ⑤ 삼차적으로 부정금지를 가지고 있다. 피해자는 자신이 모순된 상황에 빠져 있음을 의식하지 못하는 경우도 있고 의식한다 하더라도 그 상황에서부터 빠져나오지 못하는 **삼차부정금지**(tertiary negative injunction)를 가지고 있다. 예를 들면, 만일 어떤 피해자가 유아 시절부터 이러한 모순의 상황 속에서 살아왔다면 그 피해자는 자동적으로 그 상황으로부터 벗어나지 못하게 된다. 모순이 존재하는 세계가 이미 그 피해자의 현실이 되었기 때문에 그 세계에 대해서 지적하는 행동을 할 수 없게 된다. 의식하는 경우라 할지라도 그 상황 속에 머물러 있을 수밖에 없는 삼차부정금지를 가지고 있다. 예를 들면, 한국의 경우에 부모가 자녀들에게 모순된 행동을 하더라도 그 자녀들은 부모의 말을 일차적으로 듣고 따라야 하는 유교적 문화를 가지고 있다. 그리고 문화 전체의 힘을 빌리지 않더라도 부모들이 어렸을 때부터 자녀들에게 부모의 행동에 대해서 지적하거나 말을 하는 경우에 벌을 주었다면 자녀들은 모순된 상황에 있음에도 불구하고 계속 그 상황 속에 있을 수밖에 없게 된다. 또는 직장에서 부하 직원이 상사의 모순된 명령을 들었음에도 불구하고 직장을 떠날 수 없다면 그 부하 직원은 이중구속 상황에 있다.

조현병은 계층의 논리와 구성원의 논리가 서로 뒤엉켜 있을 때 생기는 병리 현상이다. 이중구속은 계층과 계층 구성원들의 논리가 뒤엉킨 병리적 대화의 형태를 의

가족

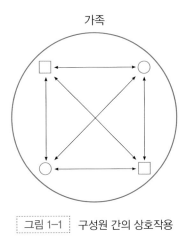

그림 1-1 구성원 간의 상호작용

미한다. 일차부정금지는 집단원들 간의 상호작용을 의미한다. 어머니가 아들에게 말하는 일차부정금지는 어머니와 아들이 가족 구성원으로서 행하는 일대일의 상호작용이다. 즉, 구성원들 간의 일대일 대응을 의미한다. 개개인으로서 상호작용을 하는 어머니와 아들은 가해자와 피해자라는 관계인 하나의 계층(class)을 형성한다. [그림 1-1]은 가족 구성원 개개인들이 하는 개인 간 상호작용을 보여 주고 있다.

이차부정금지는 피해자로 하여금 구성원이 관계 전체라는 계층과 상호작용을 하도록 압력을 가한다. 이때의 상호작용은 구성원과 계층 간의 상호작용을 의미한다. 일차부정금지와 이차부정금지를 같이 생각하면 구성원 간의 상호작용과 구성원과 계층 간의 상호작용이 서로 엉켜지게 된다. 피해자는 혼돈에 빠지게 되고 불안과 공포가 생기는 정서적 반응을 보이게 된다. 이러한 정서적 반응은 피해자로 하여금 가

가족

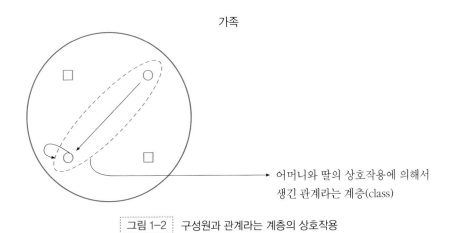

어머니와 딸의 상호작용에 의해서
생긴 관계라는 계층(class)

그림 1-2 구성원과 관계라는 계층의 상호작용

해자와 상호작용이 일어나는 상황 자체로부터 떠나도록 하는 마음을 가지게 한다.
[그림 1-2]에서 딸은 딸과 어머니의 관계라는 계층과 상호작용을 한다.

삼차부정금지는 피해자로 하여금 더 추상화된 계층인 가족이라는 계층 전체와
상호작용을 하도록 만든다. 가족 전체의 계층 속에 존재하는 분위기와 맥락은 피해
자로 하여금 그 상황 자체를 떠나도록 허용하지 않는다. 피해자에게 가족이라는 계
층이 가지고 있는 규범들이나 생각 또는 신화들을 받아들이도록 하여 피해자가 상
황으로부터 벗어나지 못하도록 한다. 가해자는 이번에도 피해자에게 좀 더 추상화
된 계층과 상호작용을 하도록 압력을 넣고 피해자는 몹시 혼란스러운 상황 속에서
불안하고 공포의 마음을 가지고 살게 된다. 피해자 자신이 이러한 상황에서 견딜 수
있는 오직 하나의 길은 환각과 환청 현상을 갖는 일이다. [그림 1-3]은 한 가족 구성
원이 가족이라는 계층과 상호작용을 하는 방식을 보여 주고 있다.

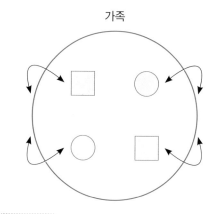

그림 1-3   구성원과 가족이라는 계층의 상호작용

2) 부부균열이론

부부균열의 개념은 시어도어 리츠, 스티븐 플렉(Stephen Fleck), 앨리스 코넬리슨
(Alice Cornelison)과 루스 리츠(Ruth Lidz)에 의해서 1950년대 초에 수행된 조현병 환
자의 가족에 대한 연구에서 만들어졌다. 리츠(1981)는 조현병 환자의 가족의 특징
을 다음과 같이 요약하였다(p. 155). ① 부모들 중 한 사람 또는 두 사람 모두가 원가
족에 붙어 있기 때문에 적절한 경계선을 만드는 데 실패한다. ② 부부균열과 역할의

상호성 결여 또는 부부 중 한 사람의 지배성과 비합리성에 다른 배우자가 모든 것을 양보하는 부부불균형이 있다. ③ 부모로서 역할 동맹을 만드는 데 실패하여 부모와 자녀 사이에 있는 세대 간의 경계를 흐려 놓는다. ④ 가족의 분위기는 지적 혼란과 대화의 불분명, 편집증의 생각들, 근친 상간에 대한 집착들, 성역할의 혼동 등에 의해서 지배된다. ⑤ 어른이 되어서도 자녀들이 부모들로부터 독립하는 데 실패한다. ⑥ 지역사회로부터 가족들이 고립된다. ⑦ 부모의 자기중심성으로 인해서 부모들은 자녀들의 욕구와 부모 자신들의 욕구를 구분하는 데 실패한다.

부부균열과 부부불균형은 이론의 핵심적 개념이다. **부부균열**(marital schism)은 부부가 거의 모든 중요한 영역에서 서로 의견을 달리할 뿐만 아니라 다툼을 일으키는 관계를 말한다(Lidz, Fleck, & Cornelison, 1965, p. 137). 그들은 자기중심적이고 너무 차갑고, 엄격하며 자신들의 욕구에 지나치게 사로잡혀 있기 때문에 상대방의 요구나 욕구를 공개적으로 무시한다. 그들은 감정적으로 너무 차갑고 성적으로도 서로에 대해서 무관심하거나 뚱한 상태를 보이고 있다. 이들의 대화는 서로에게 강요하거나 강제적으로 무엇을 하도록 하는 명령식이고 서로의 생각을 흩트리기 위한 대화를 하기 때문에 무엇을 말하려고 하는지 잘 알기가 어렵다. **부부불균형**(marital skew)은 배우자 한쪽은 다른 쪽에 극단적으로 의존적이고 자학적 경향을 가지고 있으며 다른 쪽 배우자는 아버지의 상과 같이 강하고 보호하는 기능을 강하게 가진 사람처럼 보이는 관계를 말한다(Lidz et al., 1965, pp. 142-143). 강한 쪽의 부모는 비정상의 분위기를 만들어 내고 약한 쪽의 부모로 하여금 자녀에게 비정상의 분위기를 정상으로 만들도록 한다. 만일 이로 인해서 문제가 발생하는 경우에는 강한 쪽의 부모는 약한 쪽의 부모에게 전에 있었던 일은 사실이 아니라고 부정하도록 만든다. 이로 인해서 자녀는 몹시 혼란스럽게 되고 무엇이 진실이고 현실인지 이해할 수 없게 되는 상태에 빠지게 된다.

조현병은 부부균열과 부부불균형으로 인해서 부모와 자녀 간에 적절한 경계선을 만들지 못하기 때문에 생기는 현상이다. 부부균열의 경우에는 부부가 거의 모든 영역에서 경쟁적이고 의견 충돌이 생기기 때문에 자녀들은 쉽사리 부부갈등에 끼어들게 된다. 부부 두 사람 모두 누가 옳은지에 대해서 예민해지고 자녀들의 인정과 애정을 바라는 마음이 많아지게 된다. 자녀들은 부부갈등으로 인해서 가정이 깨지는 현상을 피하기 위해서 부부간의 중재자의 역할을 한다. 부부관계는 자녀의 역할

중재에 의해서 유지되고 지탱되는 셈이 된다. 이런 경우에 자녀들은 지나치게 일찍부터 부모들의 욕구에 민감하게 반응을 해야 하는 힘든 짐을 진 상태로 산다. 부부불균형의 경우에는 힘이 강한 쪽의 부모가 힘이 약한 쪽의 부모를 통해서 전에 말하였던 사실들을 뒤집어엎기 때문에 자녀들은 일관성 있는 관점을 갖기 어렵게 된다. 자녀들은 현실에 대해서 혼란과 혼동의 상태로 살게 된다.

부부균열과 부부불균형은 두 가지 측면에서 조현병과 관련이 된다(Lidz, 1981, pp. 163-166). 첫째로 자녀들은 자신들의 정체성을 잃어버리게 된다. 부모들의 부부관계를 지탱하기 위해서 부모들의 욕구에 민감하게 반응을 함으로써 부모들의 왜곡된 관점들과 욕구들이 내면화된다. 부부불균형의 경우에도 자녀들은 강한 부모의 관점을 약한 부모를 통해서 내면화하는 과정을 갖는다. 자녀들이 정신세계 안에서 일관성과 연속성을 가지고 통합할 수 있는 능력을 잃어버리게 된다. 둘째로 자녀들은 자신의 내면 세계 안에서 분류할 수 있는 능력을 잃어버리게 된다. 인간은 수없이 많은 경험을 하면서 살아간다. 그러한 경험들은 언어라는 상징화의 과정을 거쳐서 인간의 내면 세계 속에서 일정하게 분류되고 구분된다. 이렇게 구분과 분류는 인간의 내면 세계 안에서 일정한 형태를 가지고 자신에게 의미가 있는 방식으로 어떤 형태를 갖는다. 이러한 내면의 형태를 가리켜서 정체성이라고 부른다. 부부 균열이나 불균형의 자녀들은 부모들의 관점과 생각들이 내면 세계 속에서 파편화된 채로 내면화된다. 파편화된 경험들은 자녀들의 마음속에서 의미가 있는 체계를 갖추는 데 실패를 하게 된다. 의미가 있는 체계를 만드는 데 실패한 자녀들은 통합성을 잃어버리는 결과를 갖는다. 결과적으로 자녀들의 마음속에는 통합되지 못한 여러 종류의 경험들이 파편으로 존재하게 된다. 파편화된 경험들은 현실 검증력을 떨어뜨리게 되고 자녀로 하여금 환상의 세계에 살게 한다. 환상의 세계들은 조현병의 환청과 환각 현상과 밀접한 관련을 가지고 있다. 이들은 결국 조현병을 가지게 된다.

3) 가짜 친밀성이론

리먼 와인과 동료들은 1950년대부터 조현병의 가족관계를 연구하였다. 이들은 국립정신보건원(National Institute of Mental Health)에서 일하면서 생각장애를 가진 사람들의 부모들의 대화 형태를 연구하였다. 연구의 결과로 가짜 친밀성의 이론을 발표하였다. 가짜 친밀성의 이론은 세 가지 기본 가설에 근거를 두고 있다(Wynne, Ryckoff, Day, & Hirsch, 1981). 세 가지 기본 가설에는 리먼이론의 핵심 개념인 가짜 친밀성과 고무 울타리의 생각이 들어 있다. 또한 그 가설들에는 가짜 친밀성과 고무 울타리의 개념이 가족 구성원의 마음속에 내면화되는 과정이 포함되어 있다.

■첫 번째 가설은 가짜 친밀성(pseudomutuality)에 관한 생각이다.
가설 1: 급성 조현병을 일으키는 사람들의 가족들은 강력하고도 오래 지속되는 가짜 친밀성의 관계를 가지고 있다.

가짜 친밀성은 **양분된 역할 구조**와 관련이 있다. 가족 구성원들의 역할은 완전히 구분될 수 있는 두 가지 구조로 나뉜다. 두 가지 역할 구조 중 하나만 겉으로 드러나 가족 구성원들에게 분명하게 이해되고 받아들여지고 있는 상태이고 다른 하나는 드러나 있지 않다. 드러난 하나의 구조는 가족 구성원들 모두에게 바람직하고 좋은 상태로 받아들여지고 있으나 다른 하나는 바람직하지 않고 위험한 구조로 은연중에 받아들여지고 있다. 예를 들면, 가족들이 서로 동의하고 돕는 행동들을 하는 역할 구조는 바람직하다고 공개적으로 받아들여지는 반면, 도전하고 의견의 불일치를 가져오는 생각이나 행동들은 위험하다고 은연중에 받아들여지고 있다. 자신의 의견이 다른 가족 구성원들의 생각과 다름에도 불구하고 겉으로는 동의하고 일치하는 행동을 해야만 한다. 가족들이 서로 동의하고 함께 지내는 관계는 곧 가족 구성원 개개인들의 정체성을 희생하는 대가를 치르게 된다. 가족 구성원들이 자신의 정체성을 유지하지 못하는 상태로 서로 친밀하게 지내는 가족의 관계를 가짜 친밀성이라고 부른다.

양분된 가족의 역할 구조는 가족 구성원들에게 **환상의 삶**을 살도록 한다. 자신이 가지고 있는 의견이나 생각이 다른 가족 구성원들에 의해서 검증되고 타당화되는 과정을 전혀 가질 수 없기 때문에 자신만의 환상의 세계를 가지게 된다. 부모들은 자녀들이 태어나기 훨씬 이전부터 이런 환상의 삶을 가지고 있다. 어린 시절부터 고정된 역할과 부모들의 환상에 의한 기대로 인해서 아이들의 성격은 정상적으로 발달하기 어렵게 된다. 아이들이 성장함에 따라서 가족의 역할과 기대들은 달라지게 마련이다. 조현병의 가족에서는 이러한 역할과 기대가 달라지는 것이 아니라 고정되고 강화되는 과정을 거친다. 자녀들은 현실에 근거한 친밀한 관계의 특성을 갖는 것이 아니라 환상에 근거한 가짜 친밀성의 특성을 갖는다.

가짜 친밀성은 다음과 같은 특성을 가지고 있다. ① 가족 구성원들의 삶의 여건이나 상황의 변화에도 불구하고 지속적이고 항상 같은 역할 구조를 갖는다. ② 변하지 않는 역할 구조에 대해서 적절하고 바람직하다고 주장한다. ③ 변하지 않는 역할 구조로부터 독립을 하려고 하거나 달라지려고 하는 행동에 대해서 지대한 관심을 갖는다. ④ 가족들이 함께 지낼 때 가족 구성원들의 열정, 즐거움, 유머, 자발성 그리고 상호 간의 존중 등을 찾아보기 어렵다. 가짜 친밀성이란 가족들이 가지고 있는 역할 구조에 의해서 어쩔 수 없이 친밀한 관계를 유지하는 것처럼 행동하는 관계를 의미한다. 이러한 관계에서는 가족 구성원들이 자기 자신이 되려는 노력을 할 때 위험에 직면하게 된다.

■ 두 번째 가설은 고무 울타리(rubber fence)에 대한 생각이다.

가설 2: 조현병을 만들어 낼 수 있는 가족은 가짜 친밀성이 오랫동안 강하게 지속되면서, 고정된 가족 역할로부터 벗어나려는 어떤 시도도 무시되거나 또는 망상적으로 해석되는 가족들이 공동으로 갖는 기제들(shared family mechanisms)이 발달하게 된다. 가족들의 공동기제는 한 가족 구성원이 가족 내에서 또는 가족 밖에서 자신을 고정된 가족의 역할 구조로부터 분화하기 위한 의미들을 끌어내거나 표현하는 행동을 막는 방어의 역할을 일차적으로 한다. 자신을 분화하기 위한 의미들과 대화들은 왜곡되거나 산만해지거나 흐려지거나 이중적이 된다.

만일 한 가족 구성원이 자신의 정체성을 확립하기 위해서 관심사나 생각들을 표현하게 되면 조현병의 가족들은 가족의 경계선을 흐리거나 모호하게 만든다. 가족 구성원들은 자신의 정체성을 찾으려는 생각이나 의미들은 일부러 제외하고 가족이 같이 있어야 한다는 필요성이 있는 곳이면 모호한 경계선을 어디까지도 확장해 나간다. 마치 찐득찐득한 고무줄이 한번 붙으면 어디든지 따라가듯이 가족의 경계선도 외부의 세계와 구별되지 않은 상태로 가족 구성원들을 따라다니게 된다. 이를 고무 울타리라고 한다.

■ 세 번째 가설은 내면화의 과정에 대한 생각이다.

가설 3: 가족 구성원들이 가족 내에서 사회화될 때 내면화의 과정을 통해서 경험이 파편화되고, 정체성이 산만해지며, 지각이 혼란스러워지고, 대화는 불분명해지는 등 조현병 환자의 성격 특성들을 가지게 된다.

분열된 가족의 구조는 분화하려는 가족 구성원에게 초자아의 역할을 한다. 개별화된 충동들이나 욕구들은 기존의 가족구조를 깨뜨리는 위협감을 제공하게 된다. 분화하려는 가족 구성원은 위협감과 불안에 의해서 비밀스럽게 다른 가족 구성원과 하위 공동체를 형성하게 된다. 비밀스러운 하위 공동체는 결코 수면 위에 모습을 드러내지 않고 모든 행동을 비밀스럽게 진행하게 된다. 즉, 분화하려는 생각이나 행동들은 결코 공개적으로 검증이나 타당화의 과정을 거치지 못한다는 뜻이다. 공유된 비밀 기제(shared secret mechanism)는 개인의 마음속에서 억압되고 왜곡된다. 공개된 삶의 모습과 마음속에 비밀스럽게 존재하는 삶 사이에는 언제나 격차가 있다. 따라서 불편함과 불안 그리고 여러 가지 정서적 어려움을 경험하게 된다. 인지적으로도 늘 명료하지 않고 혼돈된 상태로 살아간다. 자아가 독자적으로 기능을 하기가 힘들어지고 통합된 자아의 모습을 갖기 어렵게 된다. 즉, 자아의 황폐화 현상이 나타나고 조현병의 특징을 갖는다.

가짜 친밀성이론은 개인의 독특성과 분화를 인정하지 못하는 데서 시작된다. 양분된 가족의 구조는 개인이 가족으로부터 자신의 정체성을 확립하고자 할 때 이를 허용할 수 없게 된다. 개인의 독특한 정체성은 가족들이 유지하고 있는 가짜 친밀성을 위협하고 가족 구성원들은 많은 불안과 두려움에 직면한다. 분화와 개별성을 막기 위해서 가족 구성원들은 비밀스럽게 하위 공동체를 형성하고 그 가족 구성원에 대한 은밀한 조사에 착수하게 된다. 은밀한 조사에 착수한 가족 구성원들은 가족의 외부에서 매개자를 끌어들이고 그 매개자를 통해서 분화하려는 가족 구성원이 틀렸다는 점을 확인하는 절차를 밟는다. 외부의 매개자는 특별한 목적을 가지고 가족에 들어왔기 때문에 가족을 전체적으로 검증하려는 생각을 하지 못한다. 그 매개자는 결국 분화하려는 가족 구성원을 설득하고 다시 가족의 역할 구조로 들여보내는 역할을 한다. 개별화를 시도하는 사람은 자신의 생각이 외부의 사람에 의해서도 틀렸다고 확인됨으로써 더 이상 새로운 시도를 하지 않게 된다. 이러한 가족의 경계선을 고무 울타리라고 하였다. 다음번에 개별화된 충동과 욕구가 생기게 되면 이러

한 욕구들과 충동들은 억압 또는 왜곡의 방어기제를 통해서 수면 아래로 가라앉고
다른 가족 구성원들과 비밀스러운 하위 문화를 형성한다. 결국 분화하려는 가족 구
성원은 서로 통합되지 않은 두 개의 역할 구조가 따로따로 내면화되는 과정을 가지
게 된다.

4) 분화이론

가족치료의 선구자 중 한 사람인 머레이 보웬은 1950년대에 조현병 환자의 가족
을 연구하였다. 그의 연구는 나중에 세대 간 가족치료 또는 보웬 가족치료로서 가족
치료이론의 한 축을 담당하고 있다. 세대 간 가족치료이론은 나중에 가족치료이론
을 소개할 때 자세히 소개된다. 여기서는 분화라는 핵심적 개념을 간단히 설명하는
선에서 연구의 이론을 소개하고자 한다.

분화이론(differentiation theory)의 핵심 개념은 분화되지 않은 가족의 자아 덩어리
이다(Bowen, 1981, p. 281). 살아 있는 체계로서 가족은 하나로 뭉쳐진 자아 덩어리
와 같다. 보웬은 한 개인이 성장을 통해서 자아의 덩어리로 뭉쳐 있는 가족으로부터
분화해 나갈 때 가족 구성원들은 건강해진다고 보고 있다. 자아의 덩어리는 감정반
사에 의해서 주로 이루어진다. **감정반사**(emotional reaction)는 가족들을 관계 속에 더
욱 끌어들이는 역할을 한다. 관계 속에 매여 있는 사람들은 인간관계를 할 때 주로
감정반사를 통해서 한다. 감정반사를 하지 않기 위해서 개개인들은 노력해야 한다.

지적 반응을 할 수 있는 사람들은 분화가 된 사람들이다. 인간에게는 세 가지 체
계가 존재하는데 **지적 체계, 느낌체계** 그리고 **감정체계**이다. 자연 상태에서 인간은 감
정체계를 사용하도록 되어 있으나 인간은 노력에 의해서 느낌체계와 지적 체계를
사용해야 한다. 느낌 또는 지적 체계가 감정체계와의 비교를 통해서 나타나는 지수
를 분화의 지수라고 한다. 분화가 가장 잘된 사람은 분화지수 100으로 표현을 하는
데 이는 모든 행동을 지적 체계에 의해서 한다. 분화의 지수가 0인 사람은 모든 행
동을 감정적으로 반사하고 전혀 지적으로 행동하지 않는 사람이다. 분화의 지수가
높을수록 목표지향행동을 한다. 불안과 초조 그리고 여러 가지 감정 대응의 상황 속
에서도 지적 체계를 사용하여서 일정한 목표를 만들고 이를 달성하기 위해서 노력
하는 사람이 분화가 된 사람이다.

조현병 환자는 만성적으로 증상을 가지고 있는 사람으로서 감정반사를 하는 사람이다. 이들은 분화의 지수가 25 이하인 사람으로서 목표지향활동을 할 수 없는 사람이다. 감정적 불안과 초조 또는 두려움에 의해서 행동하는 사람으로서 느낌 또는 지적 체계를 사용하기 힘든 사람을 의미한다. 이들은 어떤 행동들을 스스로 책임지기 힘들어하는 사람들이며 다른 사람의 탓으로 돌리는 사람이다. 만일 마음속에 상처를 입게 되면 상처 난 마음 때문에 다른 여러 가지 행동을 하기 힘든 사람으로서 상처로 인한 감정반사를 하는 사람을 말한다. 자아의 기능이 다른 사람들과 융해 (fusion)되어 있기 때문에 감정적으로 소외되고 거리를 유지하며 때로는 갈등을 일으키는 행동을 한다. 때로는 폭력을 사용하게 되고 신체적으로도 자주 아픔을 호소하는 경우가 많다. 자아가 관계에 융해되면 될수록 조현병의 증상을 더 심하게 호소하게 된다.

조현병을 일으키는 가족구조를 갖는다. 삼각관계는 자아가 융해되도록 하는 중요한 역할을 한다. 가족 중 두 사람이 관계가 불편해져서 불안이 관계 속에 들어가게 될 때 분화의 수준이 낮은 사람은 다른 가족 구성원을 두 사람의 관계에 끌어들이게 된다. 이때 대체로 아이들이 두 가족 구성원의 관계에 끼어들어 가면서 삼각관계가 형성된다. 형성된 삼각관계는 관계 속에 불안이 생길 때마다 불안을 해소하는 역할을 한다. 마지막에 삼각관계를 형성하게 된 가족 구성원은 두 사람의 불안한 관계의 표적이 되고 이로 인해서 많은 불안과 마음의 고통을 경험하게 된다. 이를 희생양이라고 부른다. 희생양이 되는 가족 구성원은 더욱 관계에 매이게 되고 자신의 정체성을 찾아가는 데 실패하게 된다. 자아의 덩어리인 관계에 매어서 살게 되는 과정을 가지게 된다. 보웬은 희생양이 되는 과정에 대한 여러 가지 개념을 제시하고 있으나 이러한 개념들은 보웬 가족치료이론을 설명할 때 자세히 소개하도록 한다.

요약

가족을 대상으로 하는 여러 가지 훈련 프로그램과 가족을 직접 다루는 여러 가지 활동이 가족치료를 발달시키는 효시가 되었다. 가족을 대상으로 하는 활동들은 주로 사회사업을 하는 사람들의 필요에 의해서 이루어졌다. 사회사업을 하는 사람들을 훈련시키기 위해서 가족을 대상으로 하는 임상실습교본을 만들어 내거나 가족들을 변화시키는 활동들을 하였다. 그러나 가족을 대상으로 하는 활동들은 가족치료라는 전문 영역으로 발전하지 못했다. 단지 훈련을 위한 대상이나 가족들의 가벼운 주제를 다루는 정도에서 머물러 있었다. 가족생활 교육운동, 성개혁운동 등 다른 여러 가지 관련 분야는 가족치료를 형성하도록 기초를 만드는 일에 기여하였다. 가족생활 교육운동에서는 가족을 대상으로 하는 강연이나 회의를 통해서 자연스럽게 가족을 전체로 보는 시각이 발달하였다. 성개혁운동을 하는 사람들은 부부문제를 성이라는 측면에서 접근하였다. 성이라는 측면에서 부부문제는 자연스럽게 하나로 통합되어 접근되었다. 이 두 가지 운동은 사람들에게 결혼을 하나로 묶고 가족을 전체로 보는 관점을 심어 줌으로써 가족치료를 형성하는 데 기여하였다.

　가족치료의 형성은 결혼상담, 소집단운동, 아동지도운동을 통해서 점차로 이루어졌다. 결혼상담을 하는 사람들은 부부관계에 대한 주제들을 결혼이라는 하나의 틀 속에서 해결하기 위해서 결혼상담이라는 용어를 사용하면서 접근하기 시작하였다. 나중에 이들은 결혼상담이라는 전문 영역을 형성하게 된다. 소집단운동을 하는 사람들은 집단을 전체로 보는 관점을 가지고 있었다. 집단을 전체로 보는 관점은 가족을 집단으로 생각하면서 전체로 보도록 하는 생각을 갖도록 하였다. 자연스럽게 가족을 하나로 묶어서 문제를 해결하는 생각들이 자리를 잡게 되었다. 아동지도운동은 아동의 문제가 아동 자신들만의 문제가 아니라 부모들의 문제와 밀접한 관계를 가지고 있음을 알게 해 주었다. 이들은 자연스럽게 아동의 문제를 다루면서 가족들이 가지고 있는 체계에 대해서 관심을 가지게 되었다.

　가족치료가 획기적으로 전기를 마련한 일은 1950년대에 있었던 조현병 환자의 가족에 대한 연구들이었다. 조현병 환자의 가족들에 대한 연구는 서로 독립적으로 진행되었음에도 불구하고 비슷한 결론을 내게 되었다. 그레고리 베이트슨을 중심으로 이루어신 연구팀은 조현병 환자의 가속에게서 이중구속이라는 역기능 대화의 형태를 발견하였다. 리먼 와인은 가짜 친밀성과 고무 울타리라는 개념을 발견하였다. 시어도어 리츠는 부부간에 균열과 불균형 현상을 발견하게 되었다. 보웬은 조현병이 가족들로부터 개인을 분화해 내는 과정과 관련이 있음을 발표하였다. 이들 네 가지 연구 결과는 가족치료를 형성하도록 하는 데 기폭제의 역할을 하게 되었다. 즉, 가족치료라는 전문 영역에 대해서 이론적으로 기초를 놓도록 하는 데 결정적으로 기여하였다. 후에 이러한 연구에 참여하였던 여러 사람이 가족치료이론을 만들어 냈다.

그레고리 베이트슨과 그의 연구팀은 연구를 통해서 조현병 환자의 가족에게서 대화이론의 효시가 되는 이중구속이라는 개념을 밝혀냈다. 조현병은 이중구속이라는 대화 형태의 산물이다. 이중구속은 가족 구성원으로 하여금 긍정을 할 수도 없고 부정을 할 수도 없게 만들면서 동시에 그러한 상황에 대해서 언급조차 하지 못하도록 만든다. 이러한 상황에 오랫동안 노출되면 그 가족 구성원은 조현병을 가지게 되고 조현병은 이중구속의 상황에 가장 잘 적응할 수 있는 기제가 된다. 리먼 와인은 가짜 친밀성과 고무 울타리라는 개념을 통해서 가족들이 가지고 있는 이중 구조를 밝혀냈다. 표면적으로는 서로 갈등이 없지만 내면적으로는 갈등을 가지고 있어서 가족 구성원들의 행동이 역기능적으로 이루어진다. 이중 구조로 인해서 가족 구성원들은 비현실성을 갖는다. 그러나 이러한 비현실성은 가족 밖에서도 계속 유지된다. 다른 사람들의 말들이나 도전들에 대해서 이미 방어할 수 있는 기제를 가지고 있기 때문에 가족들이 가지고 있는 비현실성은 유지되고 지속된다. 조현병은 곧 이러한 비현실성에 근거를 두고 있게 된다. 시어도어 리츠는 부부가 서로 전혀 다른 방식으로 현실을 바라본다는 부부균열과 부부불균형이라는 개념을 소개하고 있다. 부부가 서로 힘이 거의 동등한 경우에는 부부균열 현상이 생기고, 어느 한쪽이 힘이 많은 경우에는 부부불균형 현상이 생긴다. 정반대되는 관점을 가지고 있음으로써 가족 구성원들은 현실에 대해서 분열된 상태로 지각한다. 조현병은 현실에 대해서 정반대로 지각하는 방식과 관련을 가지고 있다. 마지막으로, 보웬은 분화라는 개념을 설명하고 있다. 분화는 개인이 가족이라는 감정체계로부터 자신을 얼마만큼 구분할 수 있는가 하는 정도를 나타내는 개념이다. 자신을 감정체계로부터 분화해 내고 목표지향의 활동을 할 수 있을 때 정신적으로 건강해진다. 그러나 분화를 하지 못할수록 만성 증상을 가지게 되고 아주 분화를 하지 못하는 경우에는 조현병을 갖는다.

연습문제

1 가족치료를 형성하는 데 여러 분야가 독자적으로 독특한 점을 가지고 기여하였다. 그 분야들의 이름을 쓰고 이 분야들이 어떻게 가족치료 형성에 기여했는지 밝히시오.

2 이중구속의 개념에 대해서 설명하고 어떻게 이 개념이 조현병과 관련이 있는지 설명하시오.

3 부부균열과 부부불균형이라는 개념들을 설명하고 조현병과 어떻게 관련이 있는지 설명하시오.

4 가짜 친밀성과 고무 울타리라는 개념을 설명하고 조현병의 형성에 어떻게 기여하는지 설명하시오.

5 분화의 개념을 설명하고 어떤 점에서 조현병과 관련이 있는지 말하시오.

제 **2** 장

가족치료의 의미

현재 많은 전문가가 하고 있는 심리치료는 대상에 의해서 구분된다. 개인치료는 개인의 변화를 대상으로 하는 활동이다. 개인이 가지고 있는 문제들을 해결하기 위해서 치료자는 개인 내에서 여러 가지 변화를 시도한다. 이론과 여러 가지 기술 그리고 접근방법은 개인의 변화를 이끌어 내기 위해서 개발된 방법들이다. 집단치료는 집단을 대상으로 하는 치료활동이다. 치료자는 집단의 역동을 통해서 개인의 변화를 꾀하며 개인들의 참여를 통해서 집단의 역동을 만들어 낸다. 변화를 원하는 개인들의 참여를 통해서 집단을 형성하고 집단의 역동을 통해서 개인들의 문제를 해결하고자 하는 치료의 활동이다. 가족치료는 가족을 대상으로 하는 치료의 활동이다. 치료자는 가족 구성원들의 문제를 가족이라는 전체를 통해서 해결하고자 한다. 가족 전체를 만나서 문제를 해결하고 있는 한 가족치료이다.

대상에 의한 구분은 각 영역의 한계를 분명히 하지 못한다. 개인을 대상으로 한다 하더라도 개인의 무엇을 다룰 것인가 하는 주제는 분명히 중요하게 보아야 한다. 개인의 내면 세계의 변화를 일차적 초점으로 다룰 것인가 아니면 개인의 관계의 세계를 일차적으로 다룰 것인가 하는 점은 치료자의 입장에서 보면 중요한 질문이다. 개인의 내면 세계를 대상으로 하는 치료는 한 개인이면 충분할 것이다. 개인의 내면 세계에 대한 여러 가지 이해와 변화의 방법들을 이해하고 이를 실행하는 기술들을 배우면 된다. 그러나 관계의 세계를 다루는 데 있어서 효과적 방법은 이해 당사자가 같이 있을 때 문제를 해결하는 것이다. 이런 측면에서 보면 개인을 치료할 때 개인이 가족의 주제를 가지고 있으면 자연스럽게 가족을 대상으로 하는 활동을 하게 된다. 개인의 변화를 위해서 가족이 필요한 셈이다. 같은 방식의 논리는 정확하게 집단치료의 경우에도 적용된다. 대상 자체에 의해서만 치료의 활동을 구분하는 경우에 각 치료의 활동은 제대로 구분되기 어렵다.

가족치료에 대한 오해는 이러한 맥락에서 발생한다. 대상으로서 치료활동을 하는 경우에 가족치료는 개인치료의 연장선상에서 이해될 수 있다. 가족치료는 개인치료의 영역이 될 수 있고 방법으로도 생각될 수 있다. 개인치료의 방법으로서 가족치료는 개인의 내면 세계의 주제를 다루는 데 있어서 가족을 방법으로 동원할 수 있다. 개인의 내면 세계에서 일어나는 문제들을 해결하기 위해서 가족들을 치료 장면에 참여시킨다. 치료에 참여한 가족들은 개인의 내면 세계에서 일어나는 현상에 대해서 이해하도록 치료자로부터 교육받는다. 교육을 받는 방법은 설명을 통해서 또는 관찰을 통해서, 때로는 내담자와 대화를 통해서 이루어질 수 있다. 교육의 목적은 그 개인의 문제를 해결하기 위해서 가족들이 할 수 있는 방법들을 찾고 이를 통해서 그 개인을 돕는 일이다. 가족들은 한 개인이 문제를 해결하도록 돕는 보조자 또는 협조자로서의 역할을 한다.

개인치료의 영역으로서 가족치료는 한 개인의 문제들 중에 가족을 주제로 하는 경우에 발생한다. 한 개인이 호소하는 주제들은 수없이 많다. 학업의 주제, 발달의 주제, 진로의 주제, 신경증의 주제, 정신병의 주제 등 다양한 주제가 있다. 이러한 주제 중에 가족과 관련된 주제를 내담자가 호소하는 경우에 치료자는 가족이라는 영역을 중심으로 문제를 해결하고자 한다. 치료자는 가족들 간의 상호관계 또는 개인의 내면 세계와 가족들의 주제의 관련성 그리고 개인이 가족 내에서 원하는 방식 등을 다룬다. 개인의 내면 세계의 주제를 해결하기 위한 주된 영역은 곧 가족이 된다. 가족들은 개인의 내면 세계 주제를 해결하기 위한 협조자의 위치에 서게 된다. 치료자는 가족의 영역을 탐색하면서 내담자의 문제를 해결하게 되는데, 때로는 가족의 도움을 필요로 하는 경우도 있고 가족을 치료의 장면에서 제외시키는 경우도 있다.

개인치료가 가족치료와 어떻게 다른가 하는 점은 중요한 주제로 부각된다. 여러 가지 측면에서 가족치료와 개인치료가 다른 점을 논의할 수 있다. 김유숙(1998)은 가족치료와 개인치료의 다른 점을 다음 몇 가지로 요약하고 있다(pp. 19-23). 병리 초점의 차이, 치료 개입의 대상의 차이, 치료 단위의 차이, 치료 기간의 차이 등이다. 김유숙의 개인치료와 가족치료의 차이는 포괄적 측면에서 논의되고 있다. 가족 치료와 개인치료의 이론적 차이와 실제적 차이를 모두 포함한다는 점에서 포괄 차이라고 부를 수 있다. 이 책은 이론서이므로 가족치료와 개인치료의 차이를 이론의 측면에 국한시켜서 논의하고자 한다. 개인치료의 이론적 근거와 틀을 먼저 논의한 다음 가족치료의 이론적 근거와 틀을 논의하고자 한다.

1. 개인치료의 이론적 근거와 틀

프로이트는 개인치료의 발전에 지대한 영향을 미쳤다. 프로이트는 자신의 경험과 임상 관찰을 통해서 정신분석이라는 개인치료이론을 만들어 냈다. 정신분석의 여러 철학적 생각과 가정은 다른 여러 개인치료이론의 형성에 직접적으로 또는 간접적으로 영향을 미쳤다. 존스와 버트먼(Jones & Butman, 1991)은 정신분석의 철학적 가정을 다음과 같이 요약하고 있다. ① 위상 가정, ② 발생 가정, ③ 역동 가정, ④ 구조 가정, ⑤ 경제 가정(pp. 67-68). 위상(topographical) 가정이란 인간의 마음은 세 층으로 이루어져 있다는 생각이다. 의식은 맨 위에, 전의식은 의식 아래 그리고 무의식은 전의식 아래에 위치하고 있다. 각각의 의식은 마음속에서 일정한 위상을 점유하고 있다. 발생(genetic) 가정이란 현재의 모든 행동은 과거의 사건들의 산물이라는 생각이다. 현재 경험하고 있는 갈등은 과거의 갈등이 해결되지 않은 상태에서 나타난 과거의 산물이다. 그러므로 치료자는 현재의 갈등을 과거 속에서 찾아야 한다. 역동(dynamic) 가정이란 인간의 모든 행동은 생의 본능이라고 일컬어지는 성적 에너지와, 죽음의 본능이라고 일컬어지는 공격성의 상호작용에 의해서 이루어진다는 것이다. 구조(structural) 가정이란 인간의 마음은 세 가지 실체로 이루어져 있다는 생각이다. 세 가지 실체는 원욕(id), 자아(ego), 초자아(superego)이다. 이들 세 실체는 서로 분리되어 있지만 연결되고 의존 상태로 존재한다. 서로 균형과 조화 또는 갈등을 통해서 인간의 마음에 일정한 구조를 형성하고 있다. 경제(economic) 가정이란 인간의 성격은 **폐쇄된 수압식 체계**(closed hydraulic system)를 가지고 있다는 것이다. 일정한 양의 심리 에너지는 원초적 본능의 형태로 마음속에 존재하며 그 에너지는 분출되거나 승화되는 과정을 거친다. 이 과정에서 전체 에너지의 양은 변하지 않으며 항상 균형을 유지한다. 일정하게 균형을 유지하면서 잃거나 얻지 않는다는 의미에서 경제적이라고 부른다.

개인치료이론들은 크게 세 학파로 나뉜다. 분석학파, 행동학파 그리고 인본학파이다. 세 학파들은 형성 배경과 기본 철학이 상이하게 다름에도 불구하고 정신분석의 기본 철학이 없으면 이론으로서 성립할 수 없는 부분들이 많다. 분석학파의 경우에는 정신분석의 기본 철학을 대부분 수용하고 있다. 예를 들면, 융(Jung)의 이론은 프로이트의 위상적 생각과 구조적 생각을 받아들이고 있다. 프로이트의 의식, 무의식, 전의식은 융에게 있어서 의식, 개인의식 그리고 집단의식의 형태로 나타난다. 이들 각각 마음의 위상 속에는 여러 가지 실체가 들어 있으며 이러한 실체들은 원형의 형태로 존재한다. 또한 신 프로이트 학파들은 프로이트의 생각 가운데 자아라는 요소를 마음의 가장 중요한 요소로 보고 있다. 에릭 에릭슨(Erik Erikson)의 자아심리학(ego psychology)과 코헛(Kohut)의 자기심리학(self psychology) 그리고 대상관계이론은 그 대표적 예들이라고 볼 수 있다.

행동학파는 환원주의와 환경결정주의가 주된 철학적 생각이다(Jones & Butman, 1991, p. 147). **환원주의**(reductionism)란 인간의 마음이 여러 가지 요소로 쪼개진다는 철학적 가정이다. **환경결정주의**(environmental determinism)는 인간은 환경에 의해서 결정되는 존재라는 철학이다. 인간의 마음이 여러 가지 요소로 구분되어 있다는 생각은 정신분석의 구조적 생각과 밀접한 관련을 가지고 있다. 구조적 생각은 세 가지 요소가 인간의 마음을 이루고 있으므로 환원주의 생각과 그 맥을 같이한다. 발생결정주의는 환경결정주의와 그 맥을 같이하고 있다. 인간이 환경에 의해서 그리고 과거의 사건에 의해서 결정된다는 결정주의 입장을 가지고 있다.

인본학파는 인간을 전체로서 존중하는 입장을 가지고 있다. 전체로서 인간을 존중하는 방식은 각 개인이 가지고 있는 욕구를 존중한다는 생각이다. 기본적 욕구에 대한 대표적 생각은 곧 자아실현을 위한 욕구라고 말하고 있다. 자아실현의 욕구는 생물학적 관점에서 이해되는 개념이다. 한 인간은 여러 가지 생물학적 욕구들을 가지고 있는데, 자아실현이라는 욕구는 그러한 욕구 중의 하나이다. 생물학적 욕구라는 생각은 정신분석이 가지고 있는 본능이라는 개념에서 출발한다. 인간의 본능(drive)은 자극에 의해서 흥분된 상태(Arlow, 1984, p. 24)라고 정의된다. 정신분석의 경제적 가정은 인간의 본능이라는 생물학적 충동에 근거한 생각이다. 자아실현 욕구도 결국 이러한 생물학적 충동의 일환으로 이해된다. 정신분석의 심리 에너지라는 생각은 인본학파의 욕구라는 핵심적 개념에 영향을 미친다.

개인치료를 이해하는 데 있어서 프로이트의 생각은 중요한 위치를 차지한다. 프로이트의 이러한 생각들이 어디서 어떻게 왔는지를 밝히는 일은 개인치료의 이론적 근거를 밝히는 데 중요한 역할을 한다. 프로이트의 철학에 영향을 준 생각을 밝히는 일과 개인치료의 공통적 이론의 근거를 밝히는 일이 이 절의 핵심 역할이다. 프로이트의 생각과 개인치료의 이론적 근거를 밝히는 일은 곧 가족치료의 이론적 근거를 이해하는 데 중요한 역할을 한다. 가족치료의 생성 배경과 철학들이 개인치료와 어떻게 다른가 하는 점을 이해하는 것은 가족치료의 위상을 제대로 세울 수 있고 또한 가족치료의 학문적 위치를 공고히 하는 일이다.

1) 프로이트와 개인치료

인간의 생각은 그 사람이 살고 있던 그 당시의 철학적 생각의 커다란 흐름에 많은 영향을 받는다. 어떤 사람의 사상과 철학을 이해하기 위해서 그 사람이 살고 있던 당시의 시대적 사고의 조류를 이해하는 일은 중요하다. 인류에게 많은 업적을 남긴 사람들의 생각들도 기실 알고 보면 그 당시 사람들이 가지고 있던 생각들과 철학들을 다른 언어로 또는 집약된 학문의 형태로 표현한 시대적 사상이다. 프로이트도 이러한 점에서 예외가 될 수 없다. 그가 살던 시대에는 지배적으로 많은 사람이 믿었던 철학적 사상들이 있었다. 그는 그러한 사상과 철학들을 인간의 마음이라는 심리의 세계에 적용하였고 이를 통해서 새로운 학문의 흐름을 만들어 냈다.

프로이트가 살던 시대에는 자연철학운동과 물리주의라는 두 가지 강력한 시대적 철학이 있었다(Griffin, 1993, pp. 14-15). **자연철학운동**(nature philosophy movement)은 19세기 초반에 있었던 시대적 철학으로서 세상이 무엇인가에 대해서 나름대로 생각을 가지고 있었다. 자연철학운동은 철학적이고 신학적 관점에서 세상에 대한 이해를 가지고 있었다. 세상은 자체적으로 거대한 에너지를 가진 체계이다. 내적 에너지들은 끊임없이 발생하고 소멸하면서 서로 충돌한다. 충돌을 통해서 형태를 바꾸고 바꾸어진 형태들은 소멸되거나 또는 다른 내적 에너지들과 또 다른 충돌을 일으킨다. 자연철학의 관점에서 보면 세상은 끊임없는 갈등의 관계에 있다. 프로이트는 자연철학운동으로부터 갈등이라는 개념을 빌려서 이를 인간의 심리적 세계에 적용하였다. 프로이트는 인간의 본능을 두 가지로 표현하고 있는데 생의 본능과 사의 본능이다. 생의 본능은 "생명을 유지하고 종족을 보존하려는 모든 힘을 포함하는 개념이다"(박성수, 1989, p. 9). 생의 본능은 성의 에너지를 말하는데 인간에게 주는 모든 쾌락을 말한다. 사의 본능은 "잔인성, 공격성, 자살, 살인 등에서 나타나는 것과 같이 파괴적인 것을 지배하는 힘을 가리킨다"(박성수, 1989, p. 10). 인간의 행동은 이 두 가지 본능에 의해서 지배된다. 두 가지 본능의 힘은 서로 대립된 상태로서 존재하면서 인간의 행동을 지배한다. 생의 본능은 자신을 유지하고 지키려는 방향으로 힘이 작용하는 반면에, 사의 본능은 자신을 파괴하고 무너뜨리려는 방향으로 힘이 작용한다. 인간의 행동은 두 가지 모순되고 대립되는 힘들로 인해서 결정된다. 이 두 가지 힘은 마음속에서 충돌하면서 변형되는 과정을 겪는다. 생의 본능과 사의 본능의 충돌과 대립은 곧 자연철학운동의 세계관과 일치한다. 여러 에너지의 충돌로 인한 변형과 소멸은 인간의 마음속에서 생과 사라는 두 가지 힘의 충돌의 모습으로 나타난다. 인간의 마음속에는 서로 양립할 수 없는 갈등의 힘이 존재하게 된다. 자연철학의 세계관인 갈등의 철학이 그대로 인간의 마음속에 적용된 것이다.

정신분석에서 갈등이 적용되는 다른 영역들도 생각할 수 있다. 정신분석이 가지고 있는 구조적 생각은 세 요소, 즉 원욕, 자아, 초자아라는 실체로 구성되어 있다. 이러한 세 실체는 조화와 균형을 유지하면서 일정한 구조를 이룬다. 조화와 균형이란 갈등을 내포하는 개념이다. 갈등이 전제되지 않으면 이해할 수 없는 개념이 곧 조화와 균형이다. 남자라는 개념을 이해하기 위해서는 반드시 여자라는 개념을 이해해야만 한다. 남자와 여자는 서로 쌍을 이루는 개념들로서 반드시 같이 이해되어야 한다. 마찬가지로 조화와 갈등이 그러한 쌍의 개념이다. 세 실체는 언제든지 갈등의 상태로 넘어갈 수밖에 없으며 갈등은 다시 조화를 이루는 활동을 하게 하는 역할을 한다. 인간은 마음의 구조적 가정이라는 측면에서 보면 언제나 갈등의 상태에 있다고 볼 수 있다. 대인관계에서도 갈등은 그대로 적용된다. 프로이트의 오이디푸스 콤플렉스(Oedipus complex)와 엘렉트라 콤플렉스(Electra complex)라는 개념은 대인관계의 갈등을 보여 주는 단적인 예이다. 남자아이는 어머니를 성적으로 차지하려는 환상을 가지고 있다가 힘이 센 아버지로부터 자신이 거세당하지 않을까 하는 불안에 휩싸이게 된다. 여자아이는 아버지를 성적으로 차지하려는 생각 때문에 어머니로부터 거세당하지 않을까 하는 불안에 휩싸이게 된다. 프로이트의 이 두 개념은 갈등을 전제로 하는 세계관을 가지고 부모와 자녀 사이의 관계를 조명하고 이를 통해서 생겨난 현상이다. 자연철학의 세계관인 갈등은 프로이트의 이론의 여기저기에 깊숙하게 자리를 잡고 있다.

다른 하나의 철학은 **물리주의**(physicalism)이다. 물리주의는 에너지 보존의 법칙에 근거를 두고 있다. 물질 세계에서 각 물질들은 일정하게 에너지를 가지고 있다. 물질이 가지고 있는 에너지의 양이 일정하다는 법칙이다. 만일 일정한 에너지를 가지고 있는 물질이 에너지를 얻게 되면 물질은 얻어진 에너지로 인해서 불안정 상태로 들어간다. 부가적으로 얻어진 에너지가 방출될 때까지 그 물질은 불안정 상태를 유지하게 된다. 예를 들면, 물을 높이 들어 올리면 물은 위치를 이동함으로써 생기는 위치 에너지를 올린 만큼 얻게 된다. 위치가 변화됨으로써 생긴 에너지를 갖는 물은 그 에너지를 잃을 때까지 불안정 상태에 들어가게 된다. 만일 물을 제자리에 돌려놓으면 물이 가졌던 위치 에너지는 모두 방출되고 물은 다시 원래의 안정된 상태를 유지하게 된다. 물질이 에너지를 잃어도 같은 현상이 일어나게 된다. 흐르는 물의 통로를 좁히면 물의 흐름은 빨라지게 된다. 좁은 통로로 인해서 에너지를 잃어버린 물은 빠른 물살을 통해서 잃은 만큼 에너지를 보충하게 된다. 느린 물살과 넓은 통로에 있는 물의 에너지와 빠른 물살과 좁은 통로에 있는 물의 에너지는 같게 된다. 통로가 좁아짐으로써 잃은 에너지는 물의 빠르기를 통해서 얻어지게 된다. 프로이트는 물질이 가지고 있는 에너지의 양이 일정하다는 **에너지 보존의 법칙**을 인간의 마음속에 적용하였다. 물질 세계의 개념인 에너지를 마음에 적용하여 심리 에너지라는 개념으로 인간을 이해하였다. 정신분석에서 인간을 정의하면서 "인간이란 복잡한 에너지 체계라는 입장"(박성수, 1989, p. 9)를 보이는 이유는 물리주의 철학인 에너지 보존의 법칙이 적용된 생각이다. 물리적 세계의 에너지라는 개념은 프로이트에 의해서 신경생리 개념으로 적용되고 이를 통해서 인간의 심리 세계를 이론화하였다.

물리주의와 자연철학운동의 세계관은 프로이트로 하여금 인간의 행동은 수압식으로 결정된다는 철학을 만들어 낸 이론적 근거를 가지게 하였다. 수압식 생각(hydraulic notion)이란 에너지 보존의 법칙을 통해서 이해되는 개념이다. 물이 일정하게 들어 있는 그릇에 물이 계속해서 들어오면 물은 넘쳐나기 마련이다. 즉, 인간의 마음속에 에너지가 쌓이면 에너지는 넘쳐서 흘러나오기 마련이다. 프로이트의 수압식 생각은 치료의 장면에서 에너지를 방출하도록 하는 여러 가지 기법과 관련이 있다. 치료 장면에서 내담자가 우는 행동은 에너지를 방출하는 현상이며 치료자는 내담자로 하여금 충분히 울도록 하는 상담의 기법을 사용한다. 치료의 장면에서 자기표현을 위한 치료자의 기법도 역시 프로이트의 수압식 생각에 근거를 두고 있다. 자기표현을 통해서 마음속에 쌓여 있는 심리 에너지를 방출하게 한다. 대표적으로 적용되는 영역은 분노를 표현하도록 돕는 치료의 활동이다. 분노가 마음속에 쌓이면 에너지가 넘쳐나야 하기 때문에 치료자는 내담자로 하여금 분노를 치료 장면에서 표현하도록 하는 기법을 사용한다. 내담자가 승화하는 방법 그리고 정화의 방법들은 모두 수압식 생각에 근거한 치료의 활동이다. 이러한 치료의 방법을 가리켜서 증기를 빼는 방법(steam off approach)이라고 부른다(Griffin, 1993, p. 15).

심리역동 개인치료의 이론들과 게슈탈트이론은 프로이트의 수압식 생각에 많은 영향을 받았다(Griffin, 1993, p. 15). 증기를 빼는 방법은 게슈탈트 개인치료이론의 빈 의자 기법에서 찾아볼 수 있다. 치료 장면에서 치료자는 내담자의 앞에 빈 의자를 갖다 놓고 자신이 표현하고 싶은 말들을 하도록 돕는 치료활동을 한다. 빈 의자에 있는 가상의 인물에게 내담자는 마음속에 쌓아 두었던 말들을 하게 되고 이를 통해서 마음의 시원함을 얻도록 한다. 빈 의자 기법을 사용하여서 마음속의 에너지를 방출하도록 하는 치료의 방법이다. 심리역동치료의 이론들은 그 핵심을 마음속의 갈등에서 찾고 있다. 마음속의 갈등들은 에너지의 이동과 변화를 의미하며 이러한 갈등으로 인해서 많은 에너지가 마음속에 쌓이게 된다. 에너지가 쌓이면 방출해야 하므로 내담자들은 치료의 장면에서 여러 가지 감정을 정화하는 방법들을 경험하게 된다. 감정의 표현을 통한 정화는 프로이트의 수압식 생각을 구체적으로 보이는 증거를 의미하며 이 방법은 개인치료를 하는 데 있어서 핵심활동 중의 하나이다. 프로이트의 사고와 철학은 개인치료의 다른 여러 영역에 직접적으로 그리고 간접적으로 영향을 미치고 있다. 그의 철학을 이해하는 일은 개인치료의 기저에 흐르고 있는 커다란 생각의 흐름을 이해하는 일이며 그러한 이해를 바탕으로 해서 개인치료의 이론적 근거와 틀을 좀 더 정확하게 그리고 분명히 이해할 수 있다.

2) 선형의 사고

개인치료가 가지고 있는 기본 가정은 선형의 사고이다. 뉴턴(Newton)의 물리학은 당구공 모델로 알려진 선형의 원칙을 가지고 있다(Hoffman, 1981, p. 7). 선형의 사고 (linear thinking)는 두 가지 측면에서 중요한 특징을 가지고 있다. 첫째는 일직선상을 움직인다는 사고의 구조이고, 둘째는 한 방향에서 원인과 결과를 바라보는 생각이다. 직선상의 사고는 수학적으로 그리고 물리학적으로 설명된다. 점과 직선은 수학의 세계에서 일차원을 구성하고 있다. 일차원의 개념은 방향만 있고 넓이가 없는 개념이다. 직선은 일차원의 특성을 가지고 있기 때문에 넓이의 개념이 아닌 방향의 개념이다. 선형의 생각이란 직선상의 생각으로서 방향성만을 가지고 있는 사고의 구조이다. 예를 들면, 진공의 상태에서 어떤 물체에 힘을 가하면 그 물체는 힘이 가해진 방향으로 한없이 움직이게 된다. 이 물체는 다른 힘이 가해지지 않는 한 원래 받았던 힘의 방향으로 직선상을 움직이게 된다. 즉, 물체의 움직임은 가해진 힘의 방향이라는 선상에서 이해되며 오직 하나의 방향만을 갖는다. 둘째로, 하나의 방향을 이루는 또 다른 특징은 원인과 결과이다. 물체에 가해진 힘은 물체를 움직이게 하는 원인으로써 작용한다. 물체의 움직임은 가해진 힘의 결과로서 나타난 현상이다. 물리적 세계에서 물체의 움직임은 원인을 가지고 있으며 이러한 원인에 의해서 움직임이 생기고 이러한 원인과 결과가 하나의 방향성을 가지고 있다. 물리적 세계는 선형의 인과관계의 특성에 의해서 움직여지는 원리를 가지고 있다.

선형의 인과관계는 이분법의 구조를 가지고 있다. 이분법의 구조란 주체와 객체의 구분이다. 물체가 이동을 할 때 물체에 가해진 힘과 그 결과로 나뉘게 된다. 물체에 가해진 힘은 주체이고 물체의 이동은 곧 객체가 된다. 주체와 객체 사이에는 엄격한 구분이 존재한다. 주체는 자동적이고 능동적이며 객체는 피동적이고 수동적이다. 선형 사고의 일방성이란 바로 주체와 객체의 엄격한 구분에서 비롯된다. 힘의 방향은 주체에서 객체로만 전달되며 그 역은 성립되지 않는다. 주체는 물체를 움직이게 하는 원인의 역할을 하고 객체는 움직임을 당하는 물체의 역할로 나뉜다. 주체에서 객체로만 힘이 전달된다는 점에서 직선적이며, 주체의 원인행위와 객체의 결과행위로 나뉜다는 점에서 인과관계를 가지고 있다.

선형의 인과관계의 특징은 여러 측면에서 찾아볼 수 있다. 첫째, 내담자들과 내담자를 둘러싼 사람들과의 관계에서 살펴볼 수 있다. 내담자의 가족관계 차원에서 보면 내담자와 내담자의 가족들은 주체와 객체로 구분된다. 내담자의 입장에서 보면 문제의 원인은 가족들이 제공하고 자신은 피해자라는 내담자와 가족이라는 인과 구조를 가지고 있다. 반면 가족 구성원들의 입장에서 보면 내담자가 문제의 원인이고 가족들은 피해자라는 입장을 가지고 있다. 가족의 입장에서는 가족과 내담자라는 인과 구조를 가지고 있다. 내담자의 입장에서는 가족에서 내담자로의 일방적 방향성을 가지고 있고 가족의 입장에서는 내담자에서 가족이라는 일방적 방향성을 가지고 있다. 즉, 입장에 따라서 주체와 객체가 바뀌면서 일방적으로 직선의 구조를 가지고 있다. 청소년과 부모가 치료를 받으러 오는 경우에 청소년들은 자신은 문제가 없으니까 부모를 치료해 달라고 요청을 하고 부모들은 그 반대로 치료자에게 요청하는 상황을 임상 장면에서 자주 경험하게 된다. 부모와 청소년 모두가 선형의 인과관계를 가지고 있는 대표적 예라고 할 수 있다. 부부가 치료를 받으러 오는 경우에도 남편과 부인은 각각 자신의 입장에서 선형의 인과관계를 가지고 있으면서 치료자의 도움을 요청하는 경우가 임상적으로 많다.

둘째, 다른 사회 장면에서도 찾아볼 수 있다. 의학의 경우가 좋은 예를 제공해 준다. 의사들은 환자가 병원을 찾아오는 경우에 진찰을 한다. 진찰을 통해서 환자의 병의 원인이 무엇인가를 말해 주고 이를 처방하는 방식을 갖는다. 의학적 진단이란 병의 원인이 무엇인지를 의학적으로 설명한 방식이다. 원인을 이해한 의사는 원인을 제거하는 처방을 하는데, 약을 통해서 또는 수술을 통해서 또는 예방 처방을 통해서 병의 원인을 제거하고자 한다. 인간의 몸의 병의 원인이 무엇인지를 하나의 방향에서 생각한다. 전문적 지식을 가지고 있는 의사는 과학적으로 인간의 몸을 진찰 또는 검사하고 이를 통해서 환자의 몸의 병의 원인을 밝히는 행동을 한다. 전문 의사는 주체의 역할을 하고 환자는 객체의 역할을 한다. 주체인 의사의 말은 병의 원인을 진단하는 역할을 하고 객체인 환자는 의사의 말대로 처방을 받아야 하는 입장에 있게 된다. 의사와 환자라는 직선적 방향성을 가지고 있다는 점에서 선형의 구조를 가지고 있고, 의사는 원인을 찾는 주체의 역할을 하고 환자는 처방을 따르는 객체의 역할을 한다는 점에서 인과적 구조를 가지고 있다.

셋째, 치료의 장면에서도 찾아볼 수 있다. 치료는 치료자와 내담자 사이에서 이루어진다. 내담자는 자신의 문제를 치료자에게 말하고 치료자는 자신의 전문적 지식에 따라서 내담자의 문제의 성격을 파악한다. 문제 파악은 면접을 통해서 또는 검사를 통해서 이루어진다. 치료자는 내담자의 문제를 진단하고 문제의 원인을 제공하는 치료활동을 하게 된다. 문제의 진단의 과정에 내담자는 전문적이고 과학적 지식이 없기 때문에 참여할 수 있는 근거를 상실하게 된다. 문제의 진단은 전문가에 의해서 일방적으로 이루어지고 치료의 활동도 치료자가 가지고 있는 전문적 방식으로 제공된다. 치료자는 치료의 활동에서 주체의 역할을 하고 내담자는 객체의 역할을 하게 된다. 치료자의 전문적 활동은 내담자에게 영향을 주고 이를 통해서 내담자는 문제의 해결을 받는 방식으로 치료활동이 전개된다. 치료의 활동은 직선적이며 인과적으로 진행되는 방식을 갖는다. 정신분석가가 내담자와의 관계에서 객관적이고 중립적인 위치를 가지고 있어야 한다는 생각은 바로 선형의 사고의 결과이다. 치료자는 객관적으로 내담자를 진단하고 분석할 수 있을 때 주체와 객체가 확연히 구분되며 인과적 활동을 분명히 할 수 있기 때문이다.

3) 합산의 원칙

물리주의에서 물질을 이해하기 위해서 분석의 방법을 사용하고 있다. 물질이 무엇인가를 이해하기 위해서 물질을 작은 단위로 쪼갠다. 작은 단위는 더 작은 단위로 쪼개지고 이러한 나눔의 과정은 반복된다. 쪼갬을 통해서 물질은 아주 작은 단위들로 구성되어 있음이 밝혀졌다. 이러한 작은 단위들은 흔히 알려진 전자, 양자, 중성자와 같은 물질들이다. 물질은 전자, 양자, 중성자들이 수없이 많이 합쳐져서 일정한 형태를 이루고 있다. 작은 단위들은 물질을 구성하는 요소로서, 물질은 요소들의 합이라고 정의할 수 있다. 어떤 하나의 물질은 여러 작은 요소로 쪼개지고 이러한 작은 요소들을 합하면 다시 원래의 모습을 되찾는다는 의미에서 물리적 세계의 물질은 합산의 원칙을 가지고 있다.

개인치료의 여러 이론적 접근은 인간의 마음을 이해하기 위해서 **분석**의 **방법**을 사용하고 있다. 분석학파로 불리는 이론적 접근들은 인간의 마음을 이해하기 위해서 마음을 여러 가지로 쪼개어 보는 방법을 사용하고 있다. 예를 들면, 정신분석에서 낙서의 의미를 이해하기 위해서 낙서가 인간의 무의식의 세계와 어떤 관련이 있는지를 계속적으로 분석해 들어간다. 분석해 들어가면 낙서는 인간의 마음속에 있는 여러 요소의 상호작용에 의해서 이루어진 현상이라는 점을 이해할 수 있다. 낙서라는 인간의 마음의 작용은 인간의 마음속에 있는 여러 가지 요소를 알면 이해할 수 있는 현상이다. 요소들은 언제든지 합쳐서 생각할 수도 있고 쪼개서 생각할 수도 있다. 요소의 합은 결국 쪼갬, 즉 분석의 역순으로써 똑같은 방식으로 이해될 수 있는 현상이다. 인간의 마음도 물리적 세계의 물질과 같이 일정한 요소들로 쪼개질 수 있으며 이를 다시 합하여 전체 마음으로 되돌릴 수 있다는 가정을 가지고 이해되고 있다.

합산의 원칙(summation principle)에 근거를 두고 있는 요소주의 방법은 여러 심리치료의 이론들에서 찾아볼 수 있다. 정신분석에서는 인간의 마음의 구성을 세 가지 요소라는 측면에서 이론화하고 있다. 그 세 가지 요소는 원욕(id), 자아(ego), 초자아(superego)이다. 세 가지 기본 요소는 인간의 마음의 구조를 이루고 있다. 서로 상호작용을 통해서 일정한 형태를 만들고 그 형태는 지속적이고 안정된 모습으로 인간의 마음속에 존재한다. 지속적이고 안정된 모습이 곧 마음의 구조이며 인간의 마음의 구조는 요소들의 합에 의해서 존재한다. 분석심리학의 입장도 정신분석과 비슷한 입장을 가지고 있다. 인간의 마음속에는 여러 가지 원형의 실체들(entities of archetypes)이 존재한다. 인류 문화의 유산이라고 할 수 있는 여러 가지 원형의 실체들은 개인 무의식과 집단 무의식의 세계 속에 존재하면서 마음의 구조를 이루고 있다. 인간의 마음은 원형의 실체들의 합으로 이해된다. 행동주의 입장에서는 인간의 마음은 여러 가지 많은 기술(skills)로 구성되어 있다. 여러 가지 기술은 관찰 가능하며 더 많은 작은 기술들로 쪼개질 수 있다. 인지주의 입장에서는 생각이라는 요소를 기본적으로 가정하고 있다. 생각들은 또다시 다른 작은 생각들로 쪼개질 수 있고 이러한 생각들이 합하여지면 다시 원래 인간의 마음을 구성할 수 있다.

요소주의 방법은 전체를 요소로 그리고 요소를 전체로 환원하는 입장을 가지고 있다. 전체를 요소들로 쪼개서 그 요소들 간의 관계를 이해하고 요소들을 지배하는 원리를 발견할 수 있으면 전체를 통제하는 원리를 발견할 수 있다고 생각하는 방식이다(Beavers, 1977, p. 11). 전체를 이해하는 일은 전체를 구성하고 있는 작은 단위들을 이해하는 일에 불과하다. 요소들의 특성을 충분히 이해하면 전체를 따로 이해할 필요가 없게 된다. 역으로 전체를 자세히 들여다보면 여러 가지 요소의 특성을 이해할 수 있다. 요소는 전체로 환원되고 전체는 다시 요소로 환원되는 특성을 가지고 있다. 개인치료의 여러 이론은 이러한 환원주의 입장에 서 있기 때문에 심리치료는 곧 요소의 치료를 의미한다.

개인치료는 심리적 요소의 결함 모델(Griffin, 1993, p. 14)로 이해된다. 인간의 마음이 요소들로 환원되기 때문에 내담자가 증상을 가지고 오는 경우에 치료자는 자연히 마음속의 어떤 요소가 잘못되었는가를 상정하게 된다. 증상은 이러한 요소의 결함으로 인해서 발생한 현상이다. 완벽주의 경향을 가진 내담자가 치료를 받으러 왔다고 생각해 보자. 정신분석의 입장에서는 원욕, 자아 그리고 초자아의 균형이 잘못되었음을 이론적으로 상정한다. 초자아가 다른 요소들보다 많은 에너지를 가지고 있으므로 자아의 현실검증력이 떨어지고 원욕의 자유로운 표현이 억압되는 심리적 구조를 가지고 있다. 따라서 치료는 초자아의 에너지를 낮추고 활동을 제한하는 쪽으로 이루어진다. 초자아라는 요소의 에너지가 너무 많은 것이 문제이다. 행동주의 입장에서 보면 완벽주의는 현실 세계에서 여러 가지 기술의 부족함에 불과하다. 현실 세계를 적절하게 살아가기 위해서는 많은 적응기술이 필요하다. 기술들이 부족하거나 잘못된 기술들을 가지고 있으면 잘못된 기술들은 고치고 부족한 기술들은 채우면 되는 일이다. 기술이라는 요소의 결함을 이미 가정하고 치료를 하게 된다. 인지주의 입장에서는 잘못된 생각을 가지고 있다고 가정한다. 지나치게 높은 비현실적 생각을 하거나 현실과 맞지 않는 생각들을 하면 내담자는 현실의 세계에서 발을 붙이고 살기 어렵게 된다. 이때 현실의 세계에 알맞은 생각을 하도록 잘못된 생각을 바로잡아 주거나 기대의 수준을 낮추는 치료를 하게 된다. 생각이라는 요소가 잘못되어 있음을 가정한다.

4) 개인심리

인본학파는 전체로서 한 개인을 중요시한다. 일반적으로 인본학파는 네 가지 다른 이론을 가지고 있다. 이들 이론은 내담자 중심이론, 게슈탈트이론, 실존주의이론, 교류분석이론으로, 각각 다른 전통을 가지고 있음에도 불구하고 전체로서 개인을 중시한다는 점에서 공통점을 가지고 있다. 자아실현이라는 인간의 욕구는 내담자 중심이론에서 가장 핵심 개념이다. 인간은 주관적 경험을 통해서 자신의 자아를 실현하도록 되어 있다. 한 개인의 주변 환경이 자아를 충분히 실현하도록 되어 있지 않으면 그 개인은 자아를 실현하기 어렵게 된다. 한 개인은 자아를 실현하는 데 있어서 조각난 인간의 실체들이 합쳐지는 과정을 겪는 것이 아니라 한 개인이 전체로서 경험하는 총체적 느낌이 중요한 위치를 차지한다. 전체로서 한 개인의 경험을 통해서 그 개인은 자아를 실현해 나간다. 게슈탈트이론도 전체로서 한 개인의 경험 또는 인식을 중요시한다(Simkin & Yontee, 1984, p. 280). 마음과 신체 그리고 감정의 통합은 이 이론의 가장 중요한 개념이다. 이 이론은 한 개인을 전체로서 보는 전체적 관점을 가지고 있다. 실존주의이론은 한 개인이 가지고 있는 실존적 의미에 근거를 두고 있다. 한 개인이 느끼는 슬픔, 소외, 외로움, 절망 등의 본질 그리고 그러한 인간은 어떤 존재인가 하는 질문을 깊이 있게 던진다(May & Yalom, 1995, p. 262). 한 개인의 자아를 실현하는 데 있어서 의미의 추구는 이 이론이 가지고 있는 핵심 생각이다. 한 개인의 유일성과 독자성은 실존주의이론이 가지고 있는 중심사상이다. 교류분석은 한 개인이 가지고 있는 여러 가지 실체의 관계와 역동을 중요시한다. 부모와 어른 그리고 아이로 대표되는 세 자아들의 관련성과 역동성은 한 개인의 독특함을 구성한다.

분석학파와 행동학파는 한 개인의 마음에 존재하는 여러 가지 실체를 중요시한다. 분석학파의 이론들은 이러한 입장에서 이론을 전개하고 있다. 정신분석은 자아, 원욕 그리고 초자아라는 실체들을 통해서 한 개인의 존재 근거를 말하고 있다. 분석심리학은 개인 무의식과 집단 무의식의 세계 속에 존재하는 여러 가지 실체가 한 개인을 구성하고 있다고 이론을 전개하고 있다. 분석학파는 전체적으로 한 개인의 범주를 벗어나는 이론을 전개하고 있지 않다. 분석학파의 이론들은 실체로 구성된 개인의 심리에 대한 이론이나. 행동학파의 여러 이론 역시 여러 실체의 합으로 한 개인에 대해서 말하고 있다. 행동주의 심리학은 인간은 행동의 집합체라는 생각을 가지고 있으며 RET는 한 개인의 마음속에 존재하는 여러 가지 생각의 합이 그 개인을 구성한다고 보고 있다. 행동학파는 행동과 생각이라는 한 개인의 범주를 벗어나지 않는 개인 행동 또는 개인심리에 대한 이론이다.

개인치료는 개인심리(individual psychology)라는 용어로 재정의될 수 있다. 한 개인의 내면 세계에 대한 여러 가지 개념을 가지고 이론을 전개하고 있다. 내면 세계가 잘못되어 있음을 가정하거나 내면 세계의 성장이라는 관점을 가지고 개인치료를 하고 있다. 한 개인을 그 맥락과 관계없이 따로 떼어서 전체 또는 쪼개진 실체들의 합을 들여다보고, 잘못된 부분을 고치거나 아니면 재경험을 통해서 원래대로 돌려놓아 더 나은 사람으로 변화되도록 한다. 개인치료가 개인심리로 정의되는 이유는 두 가지 생각에 근거를 두고 있다. 하나의 생각은 개인치료는 개인이라는 범주를 벗어나지 않는다는 의미를 지니고 있다. 개인을 가장 크게 본다 하더라도 개인을 전체로 보는 통합 입장이 전부이다. 다른 하나는 개인의 내면 세계에 들어 있는 여러 가지 실체를 본다는 의미를 지니고 있다. 개인의 내면 세계에 들어 있는 여러 가지 요소를 고치거나 바로잡는 일을 하는 활동이 곧 개인치료라는 의미이다. 개인치료에서 한 개인의 가족 또는 주변의 사람들을 활용하는 치료의 활동을 한다. 이 경우에도 가족 또는 주변의 사람들은 개인을 치료하는 데 있어서 보조의 역할을 한다. 개인의 내면 또는 전체로서 개인이 좋아지기 위해서는 주변 사람들의 도움이 필요하다는 입장을 가지고 있다. 가족 또는 주변 사람들과의 관계는 개인의 내면 세계를 돕는 보조적 입장에 머무르며 결코 개인치료의 일차 대상이 아니다. 이런 의미에서 개인의 내면 세계라는 개념은 개인의 관계 세계와 대비되는 말로 사용될 수 있다고 생각된다. 개인 또는 개인의 내면 세계는 가족(집단) 또는 개인의 관계라는 용어를 대비함으로써 좀 더 명확하게 이해할 수 있다고 본다.

2. 가족치료의 이론적 근거와 틀

살아 있는 세포들은 외부의 영향을 받기는 하지만 자체적으로 자신을 통제하는 기능을 가지고 있다. 이러한 기능을 자율통제기능이라고 부른다. 살아 있는 세포는 외부의 자극을 스스로 소화하고 외부의 자극이 미치는 영향을 감안하여 스스로 변화하는 특성을 보이고 있다. 세포의 자율통제기능은 다른 세포들과의 연관성에도 찾아볼 수 있다. 다른 세포들이 옆에 있어서 더 이상 증식이 가능하지 않은 경우에는 증식을 중단한다. 증식을 중단했다가 공간이 생기면 세포는 다시 증식활동을 하여 성장하게 된다. 살아 있는 세포는 다른 세포들과의 연관성 속에서 자신의 위치를 확보하는 기능을 가지고 있다. 한 세포의 성장과 크기는 다른 세포들의 성장과 크기와 밀접한 관련을 가지게 된다. 살아 있는 세포들이 다른 세포들과 관련성을 가지면서 성장과 증식을 하는 중요한 이유는 세포가 자체적으로 스스로를 통제하는 기능이 있기 때문이다.

가족치료는 세포의 자율통제기능을 가족 구성원들의 관계에 적용하여 만들어 낸 치료의 분야이다. 가족은 세포와 같이 스스로를 통제하는 기능을 가지고 있는 사람의 집단이다. 한 가족이 하나의 세포와 같이 스스로 통제하는 기능을 가지고 있다. 다른 가족들과 관계를 가질 때 가족들은 스스로 가족 구성원들의 행동을 통제하여 적절한 관계를 유지한다. 한 가족 내에 다른 사람들의 행동을 검증하고 이를 소화 또는 변화시키는 능력을 가지고 있다. 한 가족이 만일 이렇게 자율적으로 행동을 통제하는 능력을 가지고 있지 못하다고 한다면 한 가족은 다른 가족과 구분되는 독특성과 유일성을 지니지 못하게 된다. 세포의 자율통제기능과 같이 가족의 자율통제기능은 여러 가지 원리를 가지고 있다. 가족치료를 이해하는 데 있어서 이러한 원리를 이해하는 일은 매우 중요하다.

1) 순환의 사고

가족치료의 자율통제기능을 설명하는 가장 기본이 되는 원리는 순환의 사고이다 (Hoffman, 1981, p. 5). 호프먼(Hoffman, 1981)은 순환의 원리를 예를 통해서 다음과 같이 설명하고 있다(p. 7). 순환의 사고(circular thinking)는 사람과 개 사이에 일어나는 관계를 통해서 이해할 수 있다. 만일 사람이 개를 발로 차는 장면을 상상해 보자. 한 사람이 개를 발로 차면 개의 행동은 여러 가지로 나타난다고 생각할 수 있다. 개는 사람을 향해서 물기 위해서 덤빌 수도 있고 오른쪽으로 또는 왼쪽으로 도망갈 수도 있다. 또한 사람과 정반대의 방향으로 도망을 갈 수도 있다. 만일 사람이 개를 발로 아주 세게 차면 개는 급소를 맞고 죽을 수도 있을 것이다. 발로 채인 개는 다음에 사람을 보면 슬슬 피하는 행동을 보이게 되거나 사람을 향해서 공격하는 행동을 보일 수 있다. 발로 채인 개만 사람에 의해서 영향을 받는 것이 아니라 발로 찬 사람도 개에 의해서 영향을 받게 된다. 발로 채인 경험이 있는 개는 사람을 피하는 행동을 하거나 사람에게 공격행동을 하여서 사람의 행동에 영향을 준다. 사람도 위협감을 느끼거나 때로는 개에 대해서 측은한 마음도 생겨 행동에 영향을 받는다. 사람과 개 사이에 일정한 형태의 관계가 형성되고 이러한 관계는 앞으로 개와 사람 사이의 관계를 규정하는 하나의 원리로써 작용하게 된다.

물리적 세계의 원리인 선형의 생각은 순환 원리의 하나에 해당한다. 사람과 개 사이에는 물리적 법칙이 엄격하게 적용되지 않는다. 개는 사람이 힘을 가한 방향으로만 움직이지 않는다. 사람이 개에게 힘을 가한 방향은 개가 움직일 수 있는 하나의 방향에 불과하다. 개의 움직임은 일정하게 예측된 궤적 또는 궤도를 움직이기보다는 개의 본능에 더 많이 의존하게 된다. 이러한 현상이 곧 움직이는 동물과 무생물 또는 움직이지 못하는 생물의 차이이다. 무생물 또는 움직이지 못하는 생물의 경우에는 물리적 법칙인 선형의 원리가 적용된다. 마찰력이 없다는 가정을 한다면 힘을 가한 주체와 힘을 받는 객체 사이에는 일정한 궤도 또는 궤적을 움직이게 된다. 그러나 움직이는 생물은 자신이 스스로 자신의 움직임을 자유롭게 통제할 수 있기 때문에 움직임을 예측하기 어렵게 된다. 움직이는 생물의 경우에 움직임의 궤적은 여러 갈래가 생기며 선형의 원리는 이러한 움직임의 하나에 불과하다.

순환성의 원리는 구성원들의 관계의 **흐름** 또는 **맥락**을 만들어 주는 근거로서 역할을 한다. 한 구성원의 행동은 다른 구성원들의 행동에 일정한 파장을 미치며 다른 구성원들이 만들어 내는 일정한 파장은 원래 행동을 만들어 낸 구성원에게 영향을 미친다. 이러한 파장의 겹침 또는 충돌 그리고 증폭은 다른 구성원들의 행동에 영향을 미쳐서 일정하게 행동의 흐름을 만들어 낸다. 일정한 행동의 흐름은 나머지 구성원의 행동에 영향을 미쳐서 자신이 가지고 있는 생각 또는 느낌대로 행동하지 못하게 하는 역할을 한다. 일정한 행동의 흐름은 일종의 대세를 형성하고, 대세를 형성한 행동의 흐름은 구성원들의 행동을 지배하는 역할을 하게 된다. 행동의 흐름이 일정한 대세를 형성하게 되면 이러한 대세는 맥락으로서 자리를 잡는다. 여러 사람이 모인 곳에서는 이러한 행동의 맥락들이 존재하며 맥락은 역으로 구성원들의 행동을 통제하고 지배하는 역할을 한다. 행동의 흐름은 여러 가지 요인으로 나누어서 생각해 볼 수 있다. 하나의 요인은 감정의 흐름이다. 구성원들은 그 집단에서 주요하게 흐르는 감정의 흐름을 가지게 되며 이러한 감정의 흐름은 구성원들의 정서에 영향을 준다. 예를 들면, 한 구성원이 강하게 분노의 감정을 흘려보내면 다른 구성원들이 분노에 대해서 어떤 역할을 하느냐에 따라서 분노의 감정의 흐름은 달라지게 된다. 다른 구성원들이 분노에 대해서 증폭하는 역할을 하는 경우에는 분노의 감정은 커다란 흐름을 만들어 내고, 이러한 분노의 흐름은 전체 구성원의 행동 또는 사고를 지배하는 커다란 대세로 자리를 잡는다. 그러나 구성원들이 분노를 줄이는 역할을 하면 분노의 감정의 흐름은 약세로 돌아서게 되고, 구성원들의 행동을 지배하는 주된 흐름으로 자리를 잡지 못하게 된다. 생각의 흐름 역시 행동의 흐름을 지배하는 또 하나의 요인이다. 구성원들이 서로 공유하고 있는 지배적 생각은 구성원들의 행동을 통제하는 하나의 흐름을 구성한다. 구성원들이 공유하는 생각이 많아지면 많아질수록 공유된 생각은 구성원들의 행동을 통제하는 커다란 물결을 만들어 낸다. 생각 또는 감정의 흐름들은 그 집단이 가지고 있는 맥락으로써 작용한다.

2) 관계와 체계의 생각

가족치료는 관계하는 방식(Green, 1981, p. 15)에 일차적으로 관심을 갖는 활동이다. 어떤 한 집단에서 감정, 사고 또는 생각의 흐름은 그 집단 구성원들이 관계하는 양식에 의해서 이루어진다. 가족의 경우에는 가족 구성원들 사이에 관계하는 양식이 가족 전체의 모양과 형태를 만들어 간다. 볼스윅과 볼스윅(Balswick & Balswick, 1989)은 그들의 책 『가족(The Family)』에서 가족의 상호작용을 전체적으로 관련을 가지고 있는 단위로 정의한다. 한 가족을 전체적으로 하나의 단위로 생각될 수 있는 근거는 그 가족 구성원들 상호 간에 관계하는 방식이 다른 가족 구성원들의 상호작용하는 방식과 다르다는 생각이다. 한 가족 내에서도 상호작용의 방식에 따라서 또 다른 전체를 구성할 수 있다. 예를 들면, 부부관계는 또 다른 하나의 전체로 이해될 수 있다. 가족 내에서 부부의 상호작용, 즉 관계하는 양식은 다른 가족 구성원들의 관계하는 양식과 구분된다. 형제와 자매간의 관계하는 양식은 부부가 관계하는 양식과 같을 수 없으며 이렇게 관계하는 방식의 차이는 구성원 상호 간의 독특한 양식과 모양을 만들어 낸다. 부부는 가족 내에서 또 하나의 전체로서 존재한다. 부부의 상호작용 방식 또는 가족 구성원들의 상호작용 방식은 다른 가족 또는 다른 집단들과 구분되는 전체의 특성을 만들어 내기 때문에 곧 가족치료에서 관심을 갖는 일차적 대상이다.

집단 구성원들의 상호작용 방식은 일정한 **체계**를 만들어 낸다. 가족 구성원들은 자체의 상호작용에 의해서 하나의 체계를 만들어 낸다. 이 체계는 스스로 변화와 통제를 할 수 있는 순환성의 원리에 의해서 움직여지는 살아 있는 형태이다. 가족은 자체적으로 관계양식을 조절하며 체계를 변화시키는 기제를 가지고 있다(Beavers, 1977; Guttman, 1991; Hoffman, 1981). **사이버네틱 통제**(cybernetic control)는 스스로 변화하는 기제로써 일상생활의 여러 장면에서 이미 사용되고 있다. 예를 들어, 냉방 온도조절 장치를 설치한 경우를 살펴보자. 실내의 온도를 22도에서 28도로 설정했다고 한다면 22도에서 온도조절 장치는 스스로 작동을 멈추고 찬 바람을 내보내지 않는다. 그러나 온도가 28도로 올라가면 다시 기계는 작동을 하게 되고 찬 바람을 실내로 내보내어서 온도를 조절하게 된다. 이러한 원리를 항상성의 원리라고 부른다. 가족 구성원들은 자체적으로 전체 구성원들의 행동과 관계하는 양식을 통제하고 조절하는 일종의 사이버네틱 통제의 기능을 가지고 있다. 예를 들면, 한 가족 구성원이 지나치게 많은 말을 하려고 하면 다른 가족 구성원의 눈치를 보게 되고, 다른 가족 구성원의 반응이 좋지 않은 경우에는 스스로 자신의 말 많은 행동을 조절한다. 이 경우에 한 개인이 자신의 행동을 스스로 조절하는 것처럼 보이지만 사실 가족 구성원들이 이미 가지고 있는 관계양식은 말 많은 가족 구성원으로 하여금 전체 가족의 체계에 맞춰서 행동하도록 하는 기능을 하게 한다. 한 가족 내에서 다른 집단들도 이러한 사이버네틱 통제의 조절기능을 갖는다. 부부는 서로 맞물려 있는 체계(Lederer & Jackson, 1968, p. 177)로 정의되며 부부간의 관계도 여전히 가족의 체계와 관계에 의한 원리들을 적용할 수 있다. 부부 중 한 사람의 행동은 배우자의 반응과 행동에 의해서 민감하게 영향을 받는다. 지나치게 자신의 마음대로 행동을 하고 싶은 경우에도 다른 배우자와의 관계양식이 행동의 범위와 수위를 조절하는 역할을 한다. 부부는 서로 간에 견제와 협동이라는 관계양식을 통해서 서로의 행동을 조절하는 일정한 체계를 만들어 간다. 나중에는 이러한 체계가 부부의 행동을 조절하는 역할을 하게 된다.

가족이 살아 있는 체계로서 일정한 역사를 가지게 되면 그 체계는 **일정한 형태와 구조**를 갖는다. 역사적으로 만들어진 일정한 형태와 구조는 가족 구성원들의 행동을 일정한 방식으로 행동하도록 하는 관계의 양식을 만들어 낸다. 한 개인의 행동양식은 곧 이러한 가족구조가 가지고 있는 형태를 반영한다. 따라서 만일 내담자가 치료의 장면에 일정한 증상을 가지고 온다는 점은 그 내담자는 가족의 구조와 형태를 가지고 옴을 의미한다. 내담자의 증상은 가족의 구조와 형태라는 면에서 이해되고 해석되어야 한다. 가족이 오랜 역사를 통해서 발전시킨 상호작용의 결과인 구조와 형태가 병리적 모습을 가지고 있을 때 가족 구성원 중에 누군가는 증상을 들고 치료의 장면에 나타난다. 내담자의 증상은 가족 구성원들이 발달시켜 온 병리적 구조에 의해서 나타난 현상이며 병리적 구조는 증상에 의해서 유지되는 순환과정을 겪는다. 가족치료자는 내담자의 증상의 뒤에 숨겨져 있는 가족의 구조와 형태를 밝히는 일을 일차적으로 해야 한다. 증상을 통해서 확인된 가족의 병리적 체계와 상호작용을 변화시키는 일이 가족치료자의 일차적 관심이다. 가족의 병리 구조를 파악하기 위해서 가족치료자는 내담자가 증상을 통해서 어떤 역할을 하고 있으며 무엇을 얻으려고 하는가 하는 점을 파악하여야 한다. 증상이 가지고 있는 역할은 가족의 병리 구조와 형태를 반영하는 중요한 요인이다.

3) 비합산의 원칙

전체는 부분들로 환원되지 않는다는 명제가 곧 비합산의 원칙(nonsummation principle)이다. 합산의 원칙에 의하면 전체는 부분들의 합으로 이해되며 또 부분들은 전체로 다시 환원되는 관련성을 갖는다. 가족치료의 입장에서 보면 전체는 단지 부분들의 합이 아니라 부분들의 합보다 더 커질 수도 있고 작아질 수도 있다. 예를 들면, 가족을 이해하는 데 있어서 가족은 가족 구성원 개개인들의 합으로만 이해되지 않는다. 가족 구성원들 개개인과 그들의 상호작용에 의해서 가족은 구성된다. 가족 구성원들의 상호작용이 어떤 방식으로 이루어지느냐에 따라서 가족의 전체 모습은 달라진다.

[그림 2-1]에서 보는 바와 같이 한 가족이 네 명으로 구성되어 있는 경우를 생각해 보자. 만일 합산의 원칙에 의해서 본다면 그 가족은 네 명을 개별적으로 이해하면 가족 전체의 모습을 이해할 수 있다. 그러나 [그림 2-1]에서는 비록 네 명이라는 개별의 사람들이 있지만 이들이 만들어 내는 관계는 여섯 가지의 형태가 존재한다. 여섯 가지 관계 형태는 네 명이라는 개별 사람들과 더불어 가족의 전체 모습을 보여 주고 있다. 네 명의 가족 구성원이 어떤 형태의 관계를 가지고 있는가에 따라서 가족의 전체 모습은 달라진다. 만일 네 사람이 활발한 상호작용을 하는 경우와 네 사

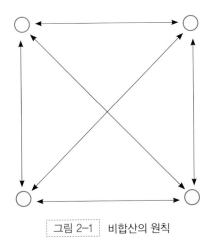

그림 2-1 ┆ 비합산의 원칙

람이 최소한의 상호작용 또는 그중 한 사람이라도 상호작용을 하지 않는다고 한다면 전체 가족의 모습은 커질 수도 있고 작아질 수도 있다. 가족 구성원의 상호작용의 유형에 따라서 전체라는 가족의 모습은 여러 가지로 변화된다. 가족 전체의 모습은 가족 구성원들 네 명을 이해하는 방식으로는 이해할 수 없다. 가족 전체의 모습은 가족 구성원 개개인들의 합으로 환원될 수 없는 특징을 가지고 있다.

월드컵 축구를 중계하는 해설가들의 말을 분석해 보자. 많은 축구 해설가는 각 축구팀들의 특징을 여러 가지로 설명하고 있다. 어떤 팀은 개인기는 좋은데 조직력이 약하다. 어떤 팀은 조직력은 좋은데 개인기가 부족하다. 어떤 팀은 순발력이 뛰어나다. 어떤 팀은 속도에 있어서 다른 팀을 추월한다. 여러 가지 종류의 축구팀에 대한 설명은 정확하게 가족치료의 특징을 보여 주고 있는 예들이다. 모든 축구팀이 모두 열한 명의 축구 선수를 가지고 있음에도 불구하고 각 축구팀들은 색깔과 모양이 다르다. 이러한 색깔과 모양은 곧 각 선수들이 서로 상호작용을 하는 방식에 따라서 달라진다. 조직력, 순발력, 속도감이라고 표현되는 각 축구팀들은 열한 명이라고 하는 축구 선수 개개인들만을 이해해서는 도저히 불가능한 모양을 가지고 있다. 각 축구팀들이 가지고 있는 이러한 모양은 곧 전체가 부분으로 환원될 수 없는 비합산의 원칙을 보여 주는 대표적 예라고 생각된다. 마찬가지로 가족들도 각 가족들이 가지고 있는 독특한 모양과 구조를 가지고 있으며 이러한 독특한 구조와 모양은 부분, 즉 가족 구성원 개개인들만을 이해하는 합산의 원칙으로는 설명되지 않는다.

4) 구성에 의한 현실

가족들이 가지고 있는 구조와 형태가 무엇 때문에 이렇게 다른가 하는 점은 가족치료가 밝혀야 하는 중요한 점이다. 가족들의 구조와 형태는 가족 구성원들에게 일정한 현실을 제공하는 역할을 한다. 가족의 구조와 형태가 다르면 가족 구성원들이 소유하고 있는 현실은 가족마다 다르다고 할 수 있다. 가족들의 현실이 무엇 때문에 다른가 하는 점은 철학의 하나인 **구성주의**(constructivism)에 의해서 밝혀질 수 있다. 구성주의는 모든 경험으로부터 독립적으로 존재한다고 생각되는 절대적이고 객관적 현실과 그 현실에 대한 지식 사이의 관계를 다루는 철학적 생각(Glasersfeld, 1984, p. 18)이다. 전통성에 입각하고 있는 철학자들은 객관에 의한 현실 그리고 절대로 변하지 않는 그대로 존재하는 현실이 있다고 믿고 있다. 이러한 현실은 객관에 의한 현실로 불리며 모든 경험연구들 또는 과학에 근거를 둔 연구들은 이러한 객관에 의한 현실이라는 철학적 생각에 근거를 두고 있다. 객관적으로 존재하는 현실을 편견이나 치우침이 없이 관찰하고 기술하게 되면 객관적으로 존재하는 현실에 대해서 정확한 지식을 얻을 수 있다는 생각이다. 지식을 얻는 데 있어서 객관적 자세는 대단히 중요하며 객관적 자세를 유지하는 여러 가지 방식의 절차들을 연구의 과정에서 보여 주어야 한다.

구성주의자들은 지식을 얻는 방식에 관심을 갖는다. 절대적으로 변하지 않는 객관에 의한 현실이 존재하는가 하는 점은 구성주의자들의 관심이 아니다. 구성주의자들은 어떻게 절대에 의한 현실이 존재하는가 하는 점을 밝힐 수 있는 실마리가 없다고 생각한다. 인간이 가지고 있는 지식은 객관적 현실과 일대일 대응이 아니다. 구성주의자들은 인간이 가지고 있는 지식은 발견되기보다는 만들어진다는 입장을 가지고 있다. 객관적 현실을 믿는 사람들은 인간이 가진 지식은 발견에 의해서 가지게 된다고 주장한다. 객관적으로 현실이 존재하기 때문에 인간이 여러 가지 방법을 통해서 객관적으로 존재하는 현실에 가까이 갈 수 있을 때 인간이 가진 지식은 완전해진다. 즉, 진리로 인정을 받을 수 있게 된다. 구성에 의한 지식이라는 입장을 가지고 있는 사람들의 논리는 전혀 달라진다. 객관에 의한 현실이 존재한다고 믿기보다는 현실은 인간의 마음에서 적극적으로 구성되어 간다는 입장이다. 인간은 마음속에서 일정한 작용에 의해서 현실 세계를 만들어 내며 이렇게 만들어진 현실 세계를 다른 사람들과 공유함으로써 객관적 형태를 유지하고자 한다. 이런 의미에서 객관적으로 주어진 세계에 대한 지식은 곧 여러 사람이 마음속에서 일정한 현실을 만들어 내고 이를 공유하는 지식에 불과하다.

지식을 마음속에서 만들어 낼 때 인간은 **인지적 조작**(cognitive operation)을 통해서 일정한 지식을 갖는다. 인지적 조작은 인간의 경험을 지식으로 생성하는 과정에 관여한다. 인지적 조작에 의해서 어떤 경험들은 지식의 생산과정에 포함되고 어떤 경험들은 지식의 생산과정에서 제외된다. 인지적 조작은 경험을 선별하는 과정을 거쳐서 지식의 생산과정에서 일차적으로 기능한다. 이런 의미에서 객관적이고 절대적인 현실을 반영하는 지식은 불가능하며 단지 인간의 인지적 조작을 거친 지식을 객관적이고 절대적인 현실이라고 부른다. 인간은 인지적 조작을 통해서 경험을 객관화시키는 과정을 거친다. 인간이 가지고 있는 인지적 조작 사이의 규칙과 법칙은 객관화의 과정을 설명하고 있다.

[그림 2-2]에서 보는 바와 같이 첫 번째 경험, 두 번째 그리고 세 번째 경험들은 각기 다른 경험의 요소들을 담고 있다. 세 번의 경험을 통해서 비슷하거나 같은 경험이 아닌 요소들은 지식의 생산과정에서 누락된다. 두 번째 경험과 세 번째 경험에서 첫 번째 경험의 c, f, g의 요소들은 x 또는 y, v 또는 w, r 또는 p의 요소로 대치된다. 따라서 세 번의 경험 속에서 동일하거나 비슷한 경험의 요소가 아닌 c, f, g는 인지적 조작에 의해서 지식의 생산과정에 포함되지 않는다. 반면에 a, b, d, e, h는 두

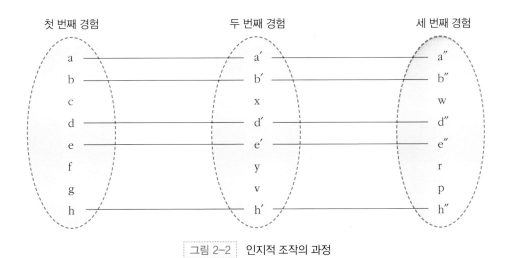

그림 2-2 인지적 조작의 과정

번째와 세 번째의 경험에서도 비슷한 경험으로 나타나고 이러한 요소들은 인지적 조작에 의해서 객관적으로 존재하는 지식으로 인식하게 된다. 객관적 지식이란 경험의 일관성과 반복성을 의미한다. 경험 세계에 존재한다고 믿는 규칙성들은 사실 인지적 과정에 의한 경험의 규칙성이다.

임상 장면에서 치료자들은 가족들이 가져오는 현실을 그대로 믿기보다는 가족들이 가지고 있는 현실에 대한 믿음들 또는 가정들 그리고 생각들을 일차적으로 보아야 한다(Nichols & Schwartz, 1991, p. 142). 가족들이 가지고 있는 기본 가정들과 인지적 생각들이 달라지면 가족들이 공유하는 문제에 대한 생각들도 달라진다. 가족치료자는 가족이 들고 오는 현실을 적극적으로 재구성하는 입장에 선다. 이런 의미에서 가족치료는 치료자 중심이며 치료자의 적극적 개입에 의해서 이루어지는 치료의 활동이다. 치료자는 가족들과 더불어서 새로운 현실을 만들고 창조해 가는 과정을 제공하며 새로운 현실에 의해서 기존의 문제에 대한 인식 또는 믿음들이 바꾸어지면 치료는 성공적으로 일어난다. 치료자는 가족들이 어떤 방식으로 상호작용을 하고 어떤 관계 유형을 갖는가에 대해서 일정한 기준과 관점을 가지고 있어야 한다. 이러한 일정한 기준과 관점들은 주로 가족치료의 이론들에 의해서 주어지고 가족치료자들은 이론을 통해서 가족들의 모습에 대한 전문적 입장을 갖는다.

최근 가족치료에 대한 동향에서는 구성주의가 가족치료 전문가들의 전통적 현실에 도전을 하고 있다. 가족치료의 전통적 현실이란 가족치료자가 가족의 병리적 구조에 대해서 권위를 가지고 가족을 치료의 대상으로 삼는 원리를 의미한다. 치료자 중심의 가족치료는 구성주의 철학을 오직 하나의 대상, 곧 가족에게만 적용한 결과이다. 가족들이 가지고 오는 현실은 구성주의 관점에서 볼 때 재구성의 필요성을 느끼나 치료자와 가족들이 만들어 내는 현실에 대해서는 구성주의 관점에서 제대로 반영을 하지 못하였다. 구성주의라는 철학을 치료자와 가족의 관계에서 생기는 치료 현실에 적용을 하면 치료자의 권위와 평가는 어디에서 부여를 받았는가 하는 점이 비판의 대상이 된다. 가족치료에 대한 여러 문헌은 가족치료 전문가들의 오만과 지나친 권위에 대해서 지적하고 있다(고미영, 1998; 송성자, 1998; Nichols & Schwartz, 1991). 치료자들이 가지고 있는 가족의 이상적 상호작용과 건강한 모습은 치료자들이 만들어 낸 현실에 근거하고 있다. 치료자들은 자신들의 생각이나 가족에 대한 건강한 모습 역시 편견 또는 선입관에 의해서 지배될 수 있음을 수용하는 태도가 필요하다. 이러한 구성주의에 의한 비판은 가족치료에 대해서 새로운 관점을 불러일으켰다. 가족 구성원들의 현실을 언어 속에서 또는 이야기 속에서 찾으려는 경향을 낳았다(Nichols & Schwartz, 1991, pp. 144-146). 이러한 예는 마이클 화이트(Michael White)의 **이야기 가족치료**(narrative family therapy)에서 그 단적인 예를 찾아볼 수 있다.

구성주의는 가족치료의 철학적 배경으로서 중요한 역할을 하고 있다. 치료자 중심의 모델에서는 가족들이 가지고 오는 현실이 객관적으로 주어진 현실이 아니고 가족들이 역사를 통해서 구성하고 만들어 낸 현실이라는 점에서 치료자의 역할의 중요성을 강조하고 있다. 치료자는 가족들의 현실을 적극적으로 재구성하는 입장에서 치료의 활동에 들어간다. 구성주의 입장을 치료자와 가족이라는 관계 차원으로 확장을 한다면 치료자 자신도 현실을 구성하는 입장에 있음을 인정하고 받아들이는 태도가 필요하다. 치료자가 좀 더 구성주의 생각에 의한 비판을 받아들인다면 치료자는 가족들과 함께 어떤 현실을 만들어 간다는 의미에서 치료의 활동은 좀 더 협력적이고 협동적인 분위기에서 이루어진다. 어떤 형태의 입장을 치료자가 취하든지 간에 구성주의 철학은 이미 가족치료자들의 배경 철학으로 깊이 자리를 잡고 있다.

5) 가족심리와 관계심리

가족을 하나의 전체로서 생각하고 치료하는 입장에서 가족치료는 **가족심리**로 생각된다. 가족심리란 **가족의 이론**이라는 입장이다. 폴리(Foley, 1984)는 가족치료란 가족들의 이론으로서 가족들 간의 조화로운 관계를 유지하기 위해서 관계를 수정하는 시도라고 정의한다(p. 447). 가족을 하나의 전체로서 치료 단위로 생각하는 입장은 자연스럽게 느껴진다. 순환성의 원리에 의해서 가족치료는 집단 구성원들 내에서 일정한 흐름이 생기고 이러한 흐름은 하나의 단위라는 측면에서 이해된다. 집단 구성원들이 모두 가족 구성원인 경우에 자연스럽게 가족이라는 하나의 단위에 국한된다. 가족치료는 이런 면에서 가족심리라는 특성을 가지고 있다. 가족 구성원들의 마음이 서로 관계를 통해서 만나며 이러한 만남은 일정한 형태와 구조를 만들어 내고 가족이라는 단위에서 국한된다.

최근의 가족치료 연구의 하나의 동향은 가족의 순환성이 가족 내에서만 국한되지 않는다는 점이다. 가족들의 상호작용과 구조는 가족 이외의 여러 가지 요인에 의해서 영향을 받고 있다는 점을 많은 학자가 밝히고 있다(Kim, 1995; Lee, 1986) 이러한 연구의 경향은 곧 생태학의 입장이다. 인간발달에 대한 생태학의 입장은 유리 브론펜브레너(Urie Bronfenbrenner, 1979)에 의해서 발표된 이론이다. 그는 『인간발달의 생태학(The Ecology of Human Development)』이라는 책에서 인간발달에 영향을 미치는 네 가지 체계를 말하고 있다. 이들은 미시체계(microsystem), 중첩체계(mesosystem), 외부체계(exosystem) 그리고 거시체계(macrosystem)이다. 미시체계는 얼굴을 맞대고 상호작용을 하는 체계를 의미한다. 중첩체계는 여러 미시체계가 중첩되어서 일어나는 체계이다. 외부체계는 상호작용과 직접적으로 관련이 없지만 외부에서 영향을 미치는 체계를 말한다. 거시체계란 한 나라의 문화나 관습들이 상호작용에 영향을 미치는 체계를 말한다. 생태학의 입장이 가지고 있는 특징은 가족 구성원들의 일대일 관계에만 관심을 갖는 생각이 아니라 가족 구성원의 일대일 생각에 영향을 미치는 여러 가지 요인을 고려하는 생각이다. 돌을 호수에 던지면 물결이 방사형을 이루면서 멀리 번지는 현상과 같이 가족을 중심에 두고 방사형으로 이해하고자 하는 노력이다. 가족을 하나의 단위로 생각하는 입장에서 볼 때 방사형으로 생각을 넓히는 일은 자연스럽게 보인다. 가족이라는 범주에서 사회라는 범주로 그리고 한 나라라는 범주로 사고의 범주를 넓히는 생각이다.

생각의 방향을 약간만 바꾸면 가족심리로 생각되는 가족치료는 다른 방식으로 정의될 수 있다. 가족 내에서 순환성 그리고 생태학적 입장의 포괄성은 결국 관계라는 측면에서 조명될 수 있다. 가족 간의 순환원리에 의한 구조는 결국 가족 구성원들의 관계와 상호작용을 통해서 만들어진다. 생태학이라는 측면에서 볼 때도 네 가지 중요한 체계는 직접 또는 간접에 의한 상호작용에 의해서 만들어진 것이다. 가족 구성원의 상호작용에 영향을 미치는 요인들을 관계라는 측면에서 얼굴을 맞대는 관계에서부터 한 민족의 문화적 신념이라는 측면까지 확장을 해 나가는 셈이 된다. 인간과 인간의 마음이 부딪칠 때 가까이 직접적으로 부딪치는가 또는 멀리서 간접적으로 부딪치는가 하는 관점으로 본다면 가족심리 그리고 생태학이라고 구분을 하지 않아도 된다. 즉, 관계심리라는 측면에서 본다면 가족심리와 생태학이라는 구분은 단지 범주 또는 직접 그리고 간접에 의한 관계라는 측면에서 한꺼번에 이해될 수 있다.

가족치료가 단지 가족심리라는 범주로만 국한될 필요가 없는 또 다른 논리가 있다. 가족치료의 순환의 원리는 가족이라는 범주에서만 국한되어 일어나지 않는다. 순환의 원리는 학교 장면에서도 일어난다. 예를 들어, 학교 교사가 아이를 부당하게 야단치면 아이는 집에서 학부모에게 이르고 학부모는 다시 교장에게 전화를 걸어서 부당함을 호소한다. 교장은 다시 교사를 불러서 주의를 주는 순환의 관계가 형성된다. 수퍼바이저와 치료자 그리고 내담자 사이에도 순환의 관계는 형성된다. 수퍼바이저가 치료자에게 공감을 제대로 하지 못했다고 야단치면 치료자는 공감이 무엇인지 알기 어려우며 내담자의 잘못이 생각될 때마다 야단을 치고 싶은 마음이 생긴다. 이러한 마음은 내담자에게 전달되고 내담자는 치료의 효과를 제대로 보지 못하며 치료를 구하는 사람들이 점점 줄어들면서 수퍼바이저의 입지는 그만큼 좁아진다. 학교 장면에서 일어나는 야단의 효과 그리고 치료를 지도하는 장면에서 나타나는 야단의 효과는 모두 **동형의 관계**(isomorphic relation)라는 용어로 설명된다. 동형의 관계란 한 사람과 다른 사람과의 관계가 다른 사람과 또 다른 사람과의 관계에서 동일하게 또는 비슷한 방식으로 일어나는 관계 현상을 말한다. 동형의 관계는 단지 가족이라는 범주에만 국한되어 나타나는 현상이 아니기 때문에 가족치료가 가지고 있는 원리들을 가족이라는 범주에만 국한시킬 필요는 없다. 만일 가족치료를 관계심리라는 용어로 다시 정의를 하게 되면 가족치료의 범주는 상당히 넓어지게 된다.

요약

개인치료는 여러 가지 이론의 경향이 있음에도 불구하고 여러 가지 점에서 공통점을 가지고 있다. 개인치료는 크게 분석학파, 행동학파, 인본학파의 세 학파로 나뉘며, 이들이 개인치료의 세 가지 주류를 이루고 있다. 이들 세 학파는 서로 생성 배경과 기본 철학들이 다름에도 불구하고 여러 가지 공통점을 가지고 있다. 첫째, 이들 모든 학파는 개인심리라는 범주를 공통의 특징으로 가지고 있다. 개인을 전체로 보는가 또는 쪼개지는 요소들의 합으로 보는가 하는 점은 다르지만 모두 개인이라는 범주를 벗어나지 않는다. 둘째, 이들 모두는 선형의 생각이라는 기본 가정을 가지고 있다. 선형의 생각은 원인과 결과라는 물리학의 모델이다. 원인과 결과를 일정한 선상에 놓고 생각하는 방법이다. 셋째, 행동학파와 분석학파는 합산의 원리라는 기본 가정을 공통점으로 가지고 있다. 사람의 마음은 여러 가지 요소로 쪼개질 수 있으며 이렇게 쪼개진 요소들을 모아 놓으면 다시 원래의 상태로 돌아간다는 생각이다. 마지막으로, 이들 모두의 학파는 프로이트의 생각에 많은 빚을 지고 있다. 프로이트의 생각을 이론들에서 빼어 버린다면 아마도 이론으로서 자리를 잡기 어려울 것이다.

프로이트는 자신이 살던 시대에 있던 커다란 이데올로기의 영향을 받았다. 프로이트가 살던 당시에는 물리주의라는 시대철학과 자연철학운동이라는 사상이 커다란 주류를 형성하고 있었다. 프로이트는 물리주의로부터 에너지 보존의 법칙을 빌려서 개인의 심리에 적용하게 되었다. 사람의 마음에는 심리 에너지라는 실체가 있다. 심리 에너지는 에너지 보존 법칙에 의해서 일정한 양을 가지고 있으며 일정한 방식으로 유지되고 보존된다. 심리 에너지의 흐름에 의해서 인간의 발달이 이루어지고 여러 가지 병리 현상이 생겨난다. 에너지의 흐름이 막히지 않고 자유롭게 흐르도록 하는 방식이 인간의 정신건강을 결정하게 된다. 인간은 살아가면서 환경과의 상호작용을 통해서 에너지의 흐름이 방해를 받고 이로 인해서 많은 문제가 생긴다. 자연철학운동으로부터 프로이트는 에너지의 생성과 소멸이라는 생각을 빌려오게 되었다. 에너지의 생성과 소멸은 갈등을 통해서 이루어진다. 이 세상은 거대한 에너지 체계인데 끊임없이 갈등 상태에 있기 때문에 서로 부딪치기도 하고 조화를 이루기도 한다. 인간의 심리도 마찬가지로 여러 가지 심리요소가 갈등의 상태에 있다. 원욕, 자아와 초자아의 조화는 곧 갈등을 상정하고 있다. 조화는 갈등을 상정하지 않으면 이해될 수 없는 개념으로서 이들 요소가 갈등을 일으키지 않으려면 조화를 이루어야 한다. 갈등의 이론은 다른 영역에서도 찾아볼 수 있다. 오이디푸스 콤플렉스와 엘렉트라 콤플렉스라는 개념은 갈등이론을 보여 주는 대표적 예이다. 아버지와 아들의 관계를 그리고 어머니와 딸의 관계를 성 에너지의 갈등이라는 측면에서 표현함으로써 프로이트는 자연철학의 갈등의 개념을 적용하였다. 결국 프로이트는 물리 세계가 가지고 있는 여러 가지 원리를 원용함으로써 자신의 이론을 구축하였다. 행동학파와 인본학파도 역시 프로이트가 가지고 있는 물리 세계의 원리와 깊은 관련을 가지고 있다.

가족치료는 물리 세계가 가지고 있는 원리보다는 생물 세계가 가지고 있는 원리들이 적용되었다. 세포가 가지고 있는 여러 가지 원리를 통해서 가족치료의 기본 틀이 형성되었다. 세포들이 어떤 방식으로 움직이고 어떤 원리에 의해서 성장하고 조화를 이루는가 하는 점은 가족치료를 이해하는 데 중요한 시사점을 주고 있다. 가족은 세포와 마찬가지로 하나의 단위로 움직인다. 가족이 하나의 단위로서 이해된다는 점은 가족이 전체로서 움직이는 원리들을 가지고 있다는 점을 시사하고 있다. 이러한 전체를 이해하는 데 있어서 체계라는 개념이 도입된다. 가족은 전체로서 하나의 체계를 이루고 있다. 전체로서 체계는 여러 가지 일정한 원리를 가지고 있다. 이러한 원리들은 순환성, 비합산의 원칙, 구성주의 철학, 가족심리 또는 관계심리라는 원리들로 표현된다.

순환성의 원리는 개인치료의 선형성과 대비되는 개념이다. 한 가족 구성원의 행동은 다른 가족 구성원의 행동에 영향을 미치고 이러한 영향은 다시 원래 행동을 한 사람에게로 돌아오는 원리를 순환성이라고 부른다. 가족 구성원들의 행동은 일종의 고리와 같이 연결되어 있어서 어느 한쪽만을 건드려도 전체가 움직이고 영향을 받는 거대한 체계이다. 이 체계는 상호작용, 가족들이 가지고 있는 믿음들, 전통적으로 가지고 있는 가족 의식 등으로 연결되어 묶여 있다. 반면 선형성은 원인과 결과를 일직선으로 이해하는 원리이다. 어떤 행동을 한 사람은 그 행동으로 인한 파장이 다시 자신에게로 돌아오지 않는다고 생각하는 원리이다. 따라서 행동을 시작한 사람은 객관적 입장을 유지할 수 있게 된다. 순환성의 원리는 행동을 하게 되면 자신에게로 다시 돌아오기 때문에 객관적 입장을 유지할 수 없게 된다. 어떤 행동을 이해할 때 반드시 자신이 포함된 커다란 범주로 이해를 한다.

비합산의 원칙은 몇 가지 조각을 합하여 놓으면 조각들과 전혀 다른 모습이 나타난다는 원리이다. 합산의 원칙을 가지고 있는 사람들은 사람의 마음은 몇 가지 조각으로 나뉠 수 있고 이러한 조각들을 충분히 이해하면 전체 마음을 이해할 수 있다고 믿는다. 그러나 비합산의 원칙에서는 전체가 부분으로 환원될 수 없으며 부분은 전체로 환원될 수 없다고 믿는다. 예를 들면, 가족이라는 전체는 가족 개개인들만을 이해하는 방식으로는 이해할 수 없다. 개개인들을 아무리 이해한다고 하더라도 전체 가족은 이해할 수 없게 된다. 마찬가지로 가족 전체를 이해한다고 하더라도 개개인들을 이해하기 어렵다는 뜻이 된다. 개개인과 전체는 동시에 또는 각각 이해해야 한다. 비합산의 원칙은 이렇게 가족을 이해할 때 전체와 개인을 동시에 포괄하면서 따로따로 이해하도록 한다.

    가족심리는 가족들 간에 발생하는 심리 현상만을 생각하는 개념인 데 반하여 관계심리는 가족들 간의 관계뿐만이 아니라 여러 다른 관계도 같이 고려하는 개념이다. 가족심리를 생각하는 사람들은 가족들이 공동으로 가지고 있는 현실 또는 믿음을 중요한 요인으로 본다. 즉, 가족들은 자신들이 가지고 있는 현실들을 일정한 방식으로 만들고 이를 공유하게 된다. 구성주의 철학의 입장에서 보면 가족들은 스스로 어떤 현실을 만들어 내고 이를 공유함으로써 일정한 공동체를 형성하게 된다. 가족이라는 범주 안에서만 보면 가족심리를 지탱하는 구성주의 철학은 일리가 있다. 그러나 가족의 현실과 구성은 사회 또는 인류가 가지고 있는 현실과 구성들과 무관하지 않다. 이렇게 본다면 가족들이 가지고 있는 현실 또는 구성들은 여러 다른 사회 및 문화와 연결되어 있는 관계를 생각하지 않을 수 없다. 이런 의미에서 가족치료는 관계심리의 성격을 갖는다. 가족들 간의 관계는 사회의 여러 다른 관계와 관련을 가지고 있고, 이러한 관련은 나아가서는 인류의 여러 가지 현상과 밀접한 관계를 가지고 있다. 가족심리가 가족이라는 좁은 범주를 생각하는 개념이라면, 관계심리는 여러 다른 현상을 고려하는 넓은 범주라고 할 수 있다.

연습문제

1 개인치료는 여러 다른 학파가 있음에도 불구하고 몇 가지 공통점을 가지고 있다. 이러한 공통점들에 대해서 여러 다른 학파와 관련성을 들어서 설명하시오.

2 개인치료는 개인심리라는 말로 표현될 수 있다는 주장이 있다. 이 주장이 가지고 있는 근거를 밝히고 이 근거를 자신들의 입장에서 비판하시오.

3 가족치료는 개인치료로 다른 여러 가지 철학을 가지고 있다. 가족치료가 가지고 있는 철학적 근거를 설명하시오.

4 가족치료에 대한 오해에 대해서 설명하시오. 개인치료가 가지고 있는 특징들과 가족치료가 가지고 있는 특징들을 열거하고 어떻게 서로 다른지 비교 분석하시오.

5 가족치료에 대해서 가족심리라는 입장과 관계심리라는 두 입장이 있다. 이들 입장에 대해서 각각 독특한 점과 유사점을 여러 가지 방식으로 논의하시오.

가족치료의 배경이론

가족치료이론들은 서로 다른 철학적 생각들과 개념들을 가지고 있음에도 불구하고 여러 가지 공통점을 가지고 있다. 공통된 생각들과 개념들은 가족치료이론들의 배경을 이루는 환경으로 작용하고 있다. 가족치료이론들이 공통으로 가지고 있는 생각은 체계(system)이다. 사람들의 관계는 상호작용으로 인한 체계에 의해서 일정한 형태를 지니게 된다. 가족들은 상호작용을 통해서 일정한 형태의 체계를 만들어 낸다. 가족 내에서는 가족체계를 형성하게 되고 학교 내에서는 학교체계를 형성하는 등 각각의 영역에 따라서 독특한 체계를 형성하게 된다. 체계를 나타내는 이론은 일반체계이론이다. 일반체계이론은 체계에 대한 정의와 체계들이 어떻게 구조를 이루고 있으며 어떻게 변화하는가에 대한 과정 및 결과를 말해 준다. 체계를 이해하는 데 필요한 여러 중요한 개념이 이 이론 속에 나타나 있다. 가족치료이론들의 다른 여러 측면과 방향성에도 불구하고 일반체계이론은 가족치료이론들을 받치고 있는 커다란 배경을 형성하고 있다. 가족치료의 이론들은 일반체계이론이 가지고 있는 여러 가지 개념을 명시적으로 그리고 은유적으로 가지고 있다.

가족치료의 이론들은 체계의 여러 가지 측면을 이론화한 노력이다. 대화 가족치료이론은 가족이 가지고 있는 체계를 대화라는 영역을 통해서 이론화하고 있다. 가족들은 대화를 하는 데 일정한 형태를 가지고 있다. 이러한 형태들은 가족들의 행동을 제한한다. 구조 가족치료이론은 체계의 구조라는 영역을 이론화한 노력이다. 전략 가족치료이론은 체계의 변화에 초점을 맞춘 노력이다. 정신분석적 대상관계, 맥락, 보웬 가족치료이론들은 모두 개인의 내면이라는 주제와 가족의 체계를 같이 생각하는 이론들이다. 체계가 어떻게 개인의 내면 세계와 상호작용을 하는가에 대해서 각각의 영역들을 통해서 이론화하고 있다. 이론의 경향이 다르지만 가족치료이론들은 모두 체계라는 일정한 개념을 공유하고 있다. 체계와 관련된 여러 다른 개념도 역시 이론의 경향에 관계없이 공유하고 있다. 일반체계이론이 가지고 있는 여러 특성이 가족치료이론들의 배경을 이루고 있다.

1. 일반체계이론

1) 배경

여러 사람의 생각과 연구들이 **일반체계이론**(general systems theory)의 형성에 영향을 미쳤다. 이론의 형성에 영향을 미친 갈래는 크게 세 가지로 나뉜다. 하나의 갈래는 이공계통의 학자들의 생각이다. 수학, 물리학, 공학의 원리에서 사용되는 여러 가지 개념이 가족이라는 체계를 이해하는 데 사용되었다. 다른 하나의 갈래는 환경과 체계 사이의 상호작용을 연구하는 학자들의 생각이다. 체계는 환경과 상호작용을 하는 데 있어서 일정한 정보를 주고받는다. 정보를 주고받는 과정들이 연구되고 이해되면서 가족이라는 체계가 어떻게 환경과 상호작용을 하는지 이해하게 되었다. 마지막으로는 생물학자들의 생각이다. 생물학자들은 세포가 가지고 있는 여러 가지 특징과 원리를 독특한 개념들과 이론으로 설명하고 있다. 세포의 특징을 나타내는 원리와 개념들은 체계라는 특성을 이해하는 배경으로 자리를 잡고 있다. 세 가지 갈래의 생각들은 각각 다른 사람들에 의해서 다른 시기에 개발된 이론들이지만 이러한 이론들은 나중에 가족치료를 연구하는 사람들에 의해서 하나의 이론체계로 발전하게 된다. 하나의 이론체계는 곧 일반체계이론이다.

MIT 수학자인 노버트 위너(Norbert Wiener)는 1940년대 제2차 세계대전 당시 미국 정부의 연구사업의 일환으로 **사이버네틱스**(cybernetics)라는 이론을 개발하였는데 이 이론의 중요한 개념 중의 하나인 피드백 망이라는 개념이 가족치료자들에 의해서 사용되었다(Griffin, 1993, p. 18). **피드백 망**은 체계의 특성을 표현하는 용어이다. 하나의 체계는 환경과 상호작용을 함에 있어서 스스로 통제하는 기능을 가지고 있다. 환경에 적응하거나 또는 환경을 변화시키는 과정에서 체계는 스스로 자신을 변화시키거나 또는 환경을 변화시키는 기능을 가지고 있다. 이러한 기능을 피드백 망이라고 부른다. 피드백 망은 가족이라는 체계를 이해하는 데 중요한 개념으로 사용된다. 예를 들면, 청소년이 집에서 가출을 한 경우나 발달상에서 생기는 여러 가지 위기는 가족이라는 체계가 가지고 있는 피드백 망에 의해서 조절되고 통제된다. 청소년의 일탈행동을 줄이기 위해서 가족은 여러 가지 피드백을 사용한다. 이러한 피드백은 청소년의 행동을 통제 또는 조절하는 기능을 하게 된다.

일반체계이론의 또 하나의 기원으로 **정보이론**(information theory)을 들 수 있다. 정보이론은 클로드 섀넌(Claude Shannon)에 의해서 1940년대에 개발된 이론이다(Griffin, 1993, p. 20). 이 이론은 오류가 없는 대화의 과정과 확률성에 대해서 기술하고 있다. 이 이론은 나중에 그레고리 베이트슨의 연구와 더불어 초기 가족치료의 이론가들에게 많은 영향을 주었다. 인류학자인 베이트슨은 인간의 행동은 스스로 통제하는 기능을 가진 문화 속에서 다양성과 일치성을 가지고 있음에 관심을 가지게 되었다(Guttman, 1991, p. 42). 인간 행동의 다양성과 일치성은 문화와 각 개인들이 가지고 있는 체계들 간의 상호작용으로 인해서 생겨나는 현상이다. 상호작용은 체계와 문화 사이의 대화를 통해서 일어난다. 체계와 환경 사이의 상호작용이 일어날 때 정보를 주고받게 된다. 이러한 정보들은 체계와 환경에 피드백으로서 작용하고 피드백은 체계의 자율통제기능에 의해서 조절되고 변화되는 과정을 거치게 된다. 베이트슨의 연구와 정보이론은 가족치료의 대화학파에 많은 영향을 미치게 된다. 정보이론 역시 체계의 일정한 기능을 설명하고 있다. 체계가 가지고 있는 특성을 정보의 상호작용이라는 관점에서 설명하고 있다.

생물학자인 루트비히 폰 버탈란피(Ludwig von Bertalanffy)는 1940년대에 일반체계이론을 발표하였다. 살아 있는 생물들은 자체적으로 통제할 수 있는 원리들을 가지고 있다. 예를 들면, 세포들은 세포 스스로 자신을 통제할 수 있는 특성을 가지고 있다. 만일 한 세포가 성장하다가 옆의 다른 세포를 만나게 되면 그 세포는 증식을 멈추고 다른 세포와 균형과 조화를 이루게 된다. 세포의 증식과 멈춤은 세포 자체가 가지고 있는 득성을 통해서 스스로 조절된다. 세포의 이러한 특성은 결국 한 조직을 체계라는 측면에서 이해하는 데 중요한 역할을 하게 된다. 어떤 하나의 조직은 일정한 목표를 가지고 조직 안에서 여러 다른 부분이 상호작용을 통해서 일정하게 체계를 유지하게 된다. 조직은 스스로 살아 있는 체계로서 환경의 변화에 능동적으로 대처한다. 자율통제기능이 없이는 조직은 스스로를 통제할 수 없게 된다. 조직의 이러한 자율통제기능은 사회의 어떤 조직에도 적용될 수 있다.

앞에서 논의된 세 갈래 학자들의 생각은 일반체계이론으로 수렴된다. 정보이론은 환경과 체계 간에 정보를 주고받는 과정을 체계의 관점에서 생각하였다. 정보를 주고받는 과정은 체계 또는 환경 하나로만 그 성격을 이해할 수 없으며 체계와 환경이라는 양방의 상호작용이라는 일정한 형태에 근거를 두고 있다. 정보를 주고받는 과정은 체계의 자율통제기능에 의해서 조절되고 통제된다는 점에서 체계이론의 근거를 이루고 있다. 사이버네틱스라는 원리는 피드백 망에 의해서 체계가 스스로 자신을 조절하고 통제하는 기능을 가지고 있다. 자신을 통제하는 원리들은 모두 기계어로 표현되어 있다. 표현은 다르지만 그 내용은 일반체계이론의 개념 및 원리와 비슷하다. 정보이론이 일반체계이론의 환경과 상호작용의 내용을 담고 있고 사이버네틱스는 피드백 망이라는 체계의 원리를 담고 있는 점에서 모두 일반체계이론과 그 맥을 같이하고 있다. 이런 점에서 앞의 두 생각을 일반체계이론에 포함시켜서 하나의 이론적 틀과 원리로 소개한다.

2) 체계

버탈란피에 따르면 체계란 상호작용을 하는 요소들의 합으로 정의된다(Nichols & Everett, 1986, p. 69). 체계(system)는 요소라는 부분과 상호작용이라는 부분으로 구분된다. 요소는 체계 속에 있는 대상들을 의미한다. 대상이란 체계 속에 존재하는 개체들을 지칭한다. 개체들은 체계 속에서 일정한 속성을 가지고 다른 개체들과 상호작용을 한다. 체계란 개체들 간의 상호작용과 개체들이 가지고 있는 속성들의 상호작용 모두를 합하는 전체를 의미한다(Miermont & Jenkins, 1995, p. 175). 가족은 하나의 체계로서 이해된다. 가족 구성원들은 개체로서 작용하며 일정한 속성을 가지고 서로 상호작용을 한다. 예를 들면, 아버지와 어머니는 전체의 개체로서 상호작용을 하는 동시에 이들의 성격 특성들도 서로 상호작용을 한다. 이러한 상호작용들의 모든 합은 가족이라는 독특한 전체를 만들어 낸다.

　전체체계는 그 체계 안에 하위체계(subsystem)들을 가지고 있다. 전체 속에 있는 각각의 개체들은 상호작용의 유형과 각각의 개체들이 가지고 있는 속성에 따라서 여러 단위로 나뉜다. 여러 단위는 또 하나의 전체로서 기능한다. 각각의 단위들은 그 자체로서 완전한 체계를 형성하고 있다. 즉, 각 단위들은 자체로서 개체들, 개체들의 속성들과 그들의 상호작용으로 이루어져 있다. 하위체계들은 전체체계들과 똑같은 방식으로 존재하며 전체체계들이 가지고 있는 요소들과 그들의 상호작용을 갖는다. 하위체계는 전체체계를 유지하는 기능을 한다. 전체체계는 하위체계들을 가지고 있으며 하위체계가 없이는 전체체계는 그 전체를 유지할 수 없다. 하위체계는 전체체계의 하부구조의 역할을 하면서 전체를 유지하는 기능을 한다. 한 국가라는 전체체계는 여러 사회체계를 갖는다. 여러 사회체계는 그 자체로서 하나의 전체를 이루면서 동시에 한 국가를 이루는 하부구조로서 존재한다. 하나의 사회체계는 결국 전체 국가를 유지하는 하나의 단위로서 역할을 한다. 마찬가지로 핵가족이라는 전체는 여러 하위체계를 갖는다. 부부라는 하위체계, 부모라는 또 다른 종류의 하위체계, 자녀라는 하위체계로 구성되어 있다. 이러한 하위체계들은 가족이라는 전체체계의 단위로 존재하면서 그 자체로서 전체를 이루고 있다. 가족이라는 전체체계는 각각의 하위체계가 없이는 존재할 수 없다.

　전체체계는 하위체계와 위계질서를 가지고 있는데 이를 체계 간의 위계질서라고 한다. 어떤 체계들은 다른 체계들보다도 상위의 규칙과 질서를 가지고 있어서 하위체계들을 통제하고 조정하는 역할을 한다. 전체체계는 하위체계들에 비해서 상위체계이다. 체계들 간에 위계질서가 있고 또한 체계들이 가지고 있는 행동들도 위계질서를 가지고 있다. 상위체계의 어떤 행동들은 하위체계의 어떤 행동들보다도 위계질서상에서 우선순위를 갖는다. 예를 들면, 부모의 행동이 자녀의 행동들보다도 우선순위를 갖는 이유도 이러한 체계들의 행동 간 위계질서 때문이라고 할 수 있다. 부모의 체계는 자녀의 체계보다도 우위에 있는 체계이고 부모의 체계 내에 있는 어떤 행동들은 자녀체계 내에 있는 어떤 행동들보다도 우선순위를 갖는다.

3) 경계선

체계와 환경을 구분하거나 체계와 체계를 구분하는 개념이 경계선이다. 경계선 (boundary)이라는 개념은 어떤 개체들과 상호작용들이 체계 안에 존재하는가 아니면 체계 밖에 존재하는가 하는 점을 밝혀 준다. 전체체계와 하위체계들 간의 구분도 경계선에 의해서 이루어진다. 경계선은 체계와 체계 간의 상호작용의 특징을 구분하고 이러한 상호작용이 그 체계 내에 머물도록 하는 역할을 한다. 즉, 체계는 경계선을 통해서 그 자체의 독특성을 유지할 수 있게 된다. 경계선을 통해서 환경으로부터 정보가 들어오며 경계선을 통해서 환경으로 정보가 나간다. 체계와 체계 간의 상호작용도 경계선을 통해서 이루어진다. 한 체계가 내보내는 정보는 다른 체계의 경계선에 의해서 걸러져서 받아들여지게 된다. 경계선은 환경과 체계 간 또는 체계들 간의 정보의 흐름과 피드백을 조절하거나 통제하는 역할을 한다(Nichols & Everett, 1986, p. 70). 정보의 흐름과 피드백은 경계선의 모양에 따라서 달라진다.

경계선의 모양은 여러 가지 형태로 구분될 수 있다. 경계선이 보이는가의 여부, 투과 여부, 유동성 여부, 기능성 여부, 병리 여부 등으로 구분된다(Miermont & Jenkins, 1995, p. 45). 경계선은 눈에 보일 수도 있고 보이지 않을 수도 있다. 예를 들면, 물리적 의미로 생각하면 경계선은 눈에 보인다. 건물의 안과 밖은 건물의 벽과 문에 의해서 구분된다. 벽과 문은 눈에 보이는 경계선으로서 역할을 한다. 반면에 추상적 의미의 체계는 눈에 보이지 않는 경계선을 가지고 있다. 한 가족은 규칙에 의해서 다른 가족들과 구분된다. 이때 규칙은 눈에 보이지 않는 경계선이다. 경계선은 투과 여부에 따라서 완전투과성, 반투과성 그리고 불투과성으로 구분된다. 완전투과성은 환경으로부터 정보가 아무런 거름이 없이 체계 안으로 들어오도록 허용하는 경계선을 말한다. 반투과성은 체계가 규칙에 따라서 정보를 선택적으로 받아들이는 경계선이다. 불투과성은 환경으로부터 정보가 체계 인으로 들어올 수 없도록 하는 경계선이다. 경계선은 기능의 여부에 따라서 기능을 잘하는 경계선과 기능을 잘하지 못하는 경계선으로 구분된다. 기능을 잘하는 경계선은 체계의 규칙에 따라서 정보의 흐름을 적절하게 조절하는 경계선을 말한다. 기능을 잘하지 못하는 경계선은 체계의 규칙에 관계없이 정보가 유입되거나 거부되는 경계선을 의미한다. 기능을 잘하지 못하는 병리성 경계선은 아주 산만한 상태나 엄격한 상태를 유지한다. 산만한(enmeshed) 상태의 경계선은 환경과 체계가 제대로 구분되지 못해서 체계의 독특성을 유지하지 못한다. 반면에 **엄격한(rigid)** 경계선은 환경으로부터 정보의 유입이나 체계에서 정보를 내보내는 일이 거의 불가능해진다. 체계는 환경으로부터 아주 고립되고 격리되는 현상을 초래한다.

경계선의 모양에 따라서 체계는 그 성격이 달라진다. 경계선이 기능을 잘하여 환경과 체계가 상호작용을 활발하게 하는 체계를 열린 체계라고 부른다. **열린 체계(open system)**는 체계 안의 개체들이 환경 또는 다른 체계들과 상대적으로 높은 상호작용을 가지고 있으면서 정보의 유입과 방출이 자유로운 상태를 의미한다. **닫힌 체계(closed system)**는 체계 안의 개체들이 체계 안에서 상호작용을 하고 체계 밖의 환경 또는 다른 체계와 상호작용을 하지 않는 상태를 의미한다. 체계 안의 정보는 환경 또는 다른 체계로 나갈 수 없고 환경 또는 다른 체계의 정보는 체계 안으로 들어올 수 없는 상태가 닫힌 체계이다. 모든 체계는 열린 체계와 닫힌 체계의 연속선상에 존재한다. 체계가 외부로부터 정보를 얼마나 체계 안으로 투과하도록 하는가의 정도에 따라서 체계의 열려 있는 정도가 달라진다. 체계가 가지고 있는 특성에 따라서 체계는 환경과 상호작용을 적절하게 할 필요가 있다. 때문에 체계의 열림의 정도는 일정하게 결정되기보다는 체계가 가지고 있는 특성에 따라서 이해될 필요가 있다. 필요에 따라서는 경계선을 많이 열어서 정보를 많이 유입하고 유입된 정보가 소화될 때까지 시간이 필요하기 때문에 당분간 환경과 최소한의 상호작용만을 하는 방식이 필요하다. 경계선의 투과성은 때와 시기에 따라서 적절하게 기능해야 하는 기능성과도 밀접하게 관련을 갖는다. 경계선이 기능적으로 유동성의 성격을 가지고 있으면 체계는 필요에 따라서 적절하게 경계선을 활용하여서 환경으로부터 정보의 유입을 조절하고 통제할 수 있다. 체계는 열린 체계와 닫힌 체계 사이의 연속선상에서 기능성과 유동성을 발휘하여 체계의 특성을 유지하면서 동시에 체계의 상호작용을 원활하게 하는 경계선을 가질 필요가 있다.

4) 피드백과 통제의 위계

체계는 환경의 변화에 따라서 여러 가지 기능을 가지고 변화에 대처하려고 한다. 그 기능은 크게 두 가지로 나뉜다. 외부의 정보를 통제함으로써 체계의 일관성을 유지하려는 기능이 있는가 하면 외부의 정보에 따라서 체계가 스스로 자신을 변화시키는 기능을 가지고 있다(Guttman, 1991, p. 49). 체계가 일관성을 유지하는 기능을 **항상성**이라고 부른다. 항상성의 기능은 체계에 안정성을 준다. 외부의 정보를 통제함으로써 체계는 혼란과 무질서를 방지할 수 있다. 미래에 대해서 예측이 가능하도록 함으로써 체계 안의 구성원들에게 안정감과 편안함을 준다. 체계가 자신의 일관성을 유지할 수 없는 외부의 정보를 접하게 되는 경우에는 스스로 변화한다. 체계의 변화를 **변형성**이라고 부른다. 변형성은 체계로 하여금 변화를 통해서 생존할 수 있도록 하는 체계의 기능이다. 체계는 자체적으로 여러 가지 구조와 규칙을 변화시킴으로써 환경의 변화에 적응해 나간다.

체계의 항상성과 변형성은 서로 위계를 가지면서 관련을 가지고 있다. 체계의 변형성은 항상성 다음에 오는 체계 변화의 특성이다. 체계는 변화를 하기 이전에 항상 먼저 체계 자체를 유지하려는 노력을 한다. 체계 자체의 노력에 의해서 외부의 정보가 효과적으로 통제되어서 체계 자체가 변화할 필요가 없는 경우에 체계는 항상성을 유지하게 된다. 그러나 체계의 항상성의 노력이 실패하는 경우에 체계는 변화를 향해서 노력하게 된다. 체계의 변화는 항상성을 위해 노력한 후에 생겨나는 체계의 기능이면서 동시에 체계의 모습이다. 기능의 측면에서 체계는 언제나 항상성과 변형성의 기능을 갖는다. 체계의 변화는 기능 자체의 변화 측면에서 논의되는 것이 아니라 모양의 측면에서 논의된다. 모양의 측면에서 보면 체계의 변화는 언제나 항상성에서 변형성으로 변화한다. 역은 성립되지 않는다. 체계가 변화를 통해서 새로운 모습을 가지게 되면 원래의 모습을 유지하도록 할 수 없게 된다. 변형성이 일어나면 체계는 이전의 모습을 유지하려는 항상성의 노력을 할 수 없다. 변화 후에 나타나는 체계의 항상성은 이미 전에 있던 항상성과는 다르게 된다. 즉, 변화 후의 체계 항상성은 이전의 체계 항상성과 그 특징 그리고 규칙 등 모든 면에서 다른 모양과 모습을 가지게 된다.

체계가 위계를 가지고 변화되는 모양은 네 가지 형태로 나타난다. 단순 피드백은 가장 낮은 수준의 변화의 과정이다. 그다음으로 사이버네틱 통제이다. 단순 피드백과 사이버네틱 통제는 항상성의 원리에 따라서 움직이는 체계의 특성이다. 외부의 정보만을 변화시키고 체계 자체는 변화하지 않는 체계의 특성이다. 세 번째 변화의 질서는 변형성이고 마지막 단계는 재방향성이다. 변형성과 재방향성은 체계가 변화하고자 하는 특성이다. 재방향성을 통해서 체계는 변화를 완성하게 된다. 체계는 단순 피드백에서부터 재방향성으로 위계를 가지고 변화한다. 이러한 위계질서를 **일반체계이론의 위계**(the hierarchies of general systems theory)라 부른다.

단순 피드백(simple feedback)은 환경으로부터 오는 정보에 의해서 체계 내의 행동들이 단순히 활발해지거나 또는 줄어드는 과정 전체를 말한다. 외부의 정보가 체계 안에 들어옴에 따라서 체계가 가지고 있는 변화의 규칙들은 전혀 변화되지 않는다. 체계가 변화의 규칙을 바꾸지 않음으로 인해서 외부로부터 들어온 정보는 그 근본이 변화되지 않은 상태에서 다시 체계 밖으로 나가게 된다. 환경으로부터 정보가 들어오는 과정을 유입(input)이라고 하고 체계가 환경으로 정보를 내보내는 과정을 분출(output)이라고 한다. 환경으로 나간 정보는 다시 체계 안으로 들어올 수 있다. 이를 브로데릭과 스미스(Broderick & Smith, 1979)는 [그림 3-1]과 같이 표현하고 있다 (p. 116).

환경으로부터 들어오는 정보는 체계 내의 활동에 따라서 두 가지 양상으로 나타난다. 하나의 양상은 긍정 피드백 현상이다. **긍정 피드백**(positive feedback)은 체계 안에서 변화의 규칙이 외부의 정보를 더 확장하거나 활동을 강화하는 방향으로 움직이는 현상을 의미한다. 체계 안에서 정보에 관한 활동을 강화하는 방향으로 체계가 피드백을 주는 현상을 의미한다. 예를 들면, 아이가 학교에서 좋은 성적을 받아가지고 왔다고 하자. 아이의 부모들은 아이에게 칭찬을 하거나 머리를 쓰다듬어 주는 행동을 한다. 이러한 부모의 행동은 아이로 하여금 다음에 더 좋은 성적을 받아오도록 하는 체계 내의 규칙 중의 하나이다. 부모의 칭찬을 통해서 아이가 더욱 성적을 잘 받아 온다면 체계는 긍정 피드백을 통해서 아이의 성적이 더 좋아지도록 한

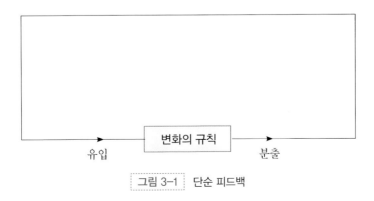

그림 3-1 단순 피드백

결과를 낳게 된다. 외부의 유입이 체계 내의 피드백을 통해서 분출될 경우에는 더 큰 또는 더 부풀려진 분출로 변화될 때 이를 긍정 단순 피드백이라고 한다. 유입이 더 작은 또는 더 줄어든 분출로 이어지도록 하는 체계의 활동을 **부정 피드백**(negative feedback)이라고 한다. 유입된 행동은 부정 피드백을 통해서 그 활동이 줄어들거나 또는 감소한다. 예를 들면, 아이가 저녁에 밖에서 놀다가 늦게 들어오는 행동을 했다고 하자. 이 경우에 부모는 아이를 야단쳐서 다음에는 늦게 들어오지 않게 하려고 한다. 야단을 맞은 아이가 다음 날에는 일찍 집에 들어왔다고 한다면 부모는 성공적으로 아이의 늦게 들어오는 행동을 감소시킨 셈이 된다. 이 경우에 부모가 야단을 치는 행위는 부정 피드백의 역할을 한다. 부정 피드백을 통해서 원래 아이의 행동이 줄어들게 된 것이다. 부정 피드백이든 긍정 피드백이든 이 두 가지 체계의 활동은 체계 자체가 가지고 있는 근본적 변화의 규칙을 전혀 건드리지 않았다. 만일 근본적으로 체계의 활동을 생각하는 경우에는 여러 가지 다른 종류의 질문에 대답하려고 애를 쓰거나 이러한 질문들을 해결하기 위한 시도들이 필요하다. 예를 들면, '무엇 때문에 공부를 하는가?' 또는 '무엇 때문에 일찍 들어와야 하는가?' 하는 질문들에 대해서 성의를 가지고 대답하려고 애쓰는 활동이 필요하다. 이러한 질문에 대해서 가족 구성원들이 모두 참여하여서 대답하려고 애를 쓴다면 이는 가족체계 안에 있는 규칙을 점검할 수 있게 된다.

사이버네틱 통제(cybernetic control)는 단순 피드백보다 한 단계 수준이 높은 체계의 활동이다. 체계에 들어온 정보들은 어떤 형태로든지 체계 자체에 영향을 미친다. 체계에 대한 외부 정보의 영향에 대해서 체계는 자체가 가지고 있는 규칙들에 의해서 정보를 탐색하고 그 정보들에 대한 반응을 한다. 반응을 할 때 제일 먼저 체계는 그 자체를 유지하려는 방향에서 대응하게 된다. 체계의 이러한 특성을 항상성(homeostasis)이라고 부른다. 항상성은 체계의 일관성을 유지하려는 체계 자체의 특성이다. 체계는 일관성을 유지하기 위해서 일정한 범위 내에서 체계를 변화시킨다. 이러한 범위를 항상성 범위라고 부를 수 있겠다. 항상성 범위는 체계가 자신의 모습을 일정하게 유지하기 위해서 필요한 체계 자체의 변화의 폭을 의미한다. 예를 들면, 냉방기의 경우에 온도의 범위를 섭씨 25도에서 30도로 맞추어 놓았다고 하면 이 냉방기는 25도에서 30도의 범위 내에서 자율적으로 변화하게 된다. 이러한 변화의 폭이 항상성 범위이다. 항상성의 원리를 브로데릭과 스미스(1979)는 [그림 3-2]와

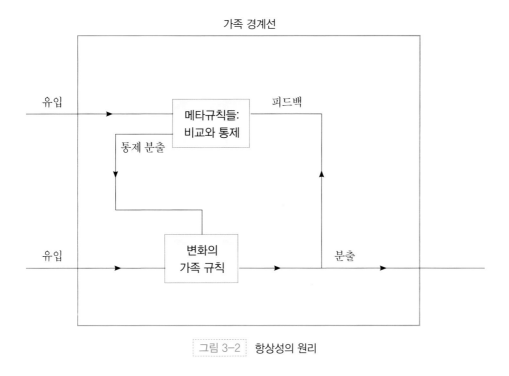

가족 경계선

유입

메타규칙들:
비교와 통제

피드백

통제 분출

변화의
가족 규칙

유입

분출

그림 3-2 │ 항상성의 원리

같이 표현하고 있다.

[그림 3-2]를 보면 외부로부터 유입된 정보는 단지 체계가 가지고 있는 변화의 규칙만을 통과하고 다시 외부로 나가는 절차를 밟지 않는다. 외부의 정보가 체계의 변화의 규칙 또는 메타규칙체계에 접수되면 메타규칙체계는 정보를 비교하고 분석하는 활동을 한다. 정보를 비교하고 분석하는 활동을 통해서 그 정보가 체계와 어떤 방식으로 관련을 가지고 있으며 체계가 어떻게 대응해야 하는지를 판단한다. 항상성의 원리에 의해서 체계는 일정한 범위 내에서만 변화하기 때문에 만일 정보가 이러한 변화의 범위 내에 존재한다면 이러한 정보는 체계에 위협을 가하지 않는 정보가 된다. 이러한 정보는 체계가 받아들이게 된다. 반면에 체계의 변화의 폭을 넘어서는 정보인 경우에 체계는 그 정보를 다시 환경으로 내보내게 된다. 항상성의 원리는 체계가 자체적으로 정보를 검색하고 비교 분석하는 메타체계를 갖는다는 점에서 단순 피드백보다도 상위의 수준에서 기능한다. 가족이 가지고 있는 변화의 규칙이라는 체계는 메타체계와 활발한 정보의 교환을 하게 된다. 외부로 나가는 정보는 단순히 정보의 내용이나 성격이 커지거나 줄어드는 것이 아니라 때로는 정보의 내용이 바뀌기도 한다. 체계의 특성에 알맞은 내용들이 더 붙어서 나가거나 또는 어떤

정보들은 그 내용의 일부가 빠지기도 한다.

어떤 가정에서 잠자는 시간에 대해서 일정한 범위의 시간을 가지고 있다고 가정해 보자. 예를 들면, 저녁 10시부터 11시 사이에 잠을 자는 규칙이 있다. 어느 날 자녀 중 한 사람이 자신이 12시에 잠을 자겠다고 하면 항상성 범주를 벗어나는 행동이 된다. 이 경우에 부모는 12시에 잠을 자는 행동에 대해서 의논을 하게 되고 이를 허락할 것인지 아니면 11시에 자도록 할 것인지에 대해서 결정을 내려야 한다. 항상성의 원리에 의해서 부모는 12시에 잠을 자려는 자녀를 설득하여 11시에 자도록 한다. 만일 이 경우에 부모가 자신들의 규칙을 확인하거나 조정하려는 노력이 없이 자동적으로 자녀의 행동에 대해서 야단을 치거나 혼을 내는 경우에는 단순 피드백이라고 볼 수 있다. 항상성의 원리는 단순 피드백보다는 자체의 체계를 검토한다는 측면에서 상위 수준의 행동이다. 자녀를 설득하는 방법에 있어서 가족회의를 통해서 충분히 가족의 규칙을 설명하고 이를 자녀가 받아들이도록 한다면 자녀는 가족의 규칙을 이해하고 이를 내면화하려는 노력을 한다. 항상성의 원리는 가족의 규칙에 대해서 일정한 행동과 논의를 하는 과정을 거치는 점에서 단순 피드백보다도 복잡한 활동이다.

외부로부터 들어오는 어떤 정보들은 체계가 수용할 수 있는 항상성의 범위를 넘어서는 경우가 있다. 이런 경우에 체계는 그 정보들로 인해서 체계 자체를 변화하려는 노력을 하게 된다. 이러한 노력으로 인해서 체계는 자체의 기존체계를 변화시키게 된다. **변형성**(morphogenesis)은 체계의 이러한 노력을 통해서 발생되는 체계의 변화를 통칭하는 개념이다. 변형성은 체계 변화의 과정과 결과를 한꺼번에 지칭하는 개념이다. 환경의 요구에 반응하고 적응을 하기 위해서 체계가 스스로 자신을 변화시키는 특성을 변형성이라고 말한다. 체계가 변화를 하기 위해서 체계는 기존의 체계가 가지고 있는 항상성의 원리를 검토하고 평가한다. 항상성에 의한 체계의 특성에 대해서 체계는 평가를 통해서 스스로 변화해 나간다(Broderick & Smith, 1979, p. 122). 항상성의 원리에 의해서 체계는 일정한 시간 또는 범주까지는 생존을 하게 된다. 어떤 정보는 체계가 가지고 있는 기존의 틀을 유지할 수 없도록 만든다. 이런 경우에 체계가 계속해서 항상성의 원리를 가지고 살아가려고 한다면 체계는 기능적으로 움직이지 못하고 역기능을 가지게 된다. 즉, 항상성의 원리에 의해서 움직이는 체계는 환경의 요구에 제대로 반응하지 못하면서 실패를 거듭한다. 실패를 거듭하는 체계는 이미 정상적으로 기능을 하는 체계라고 보기 어렵다. 예를 들면, 자녀가 어른이 되었음에도 불구하고 기존의 체계대로 아버지가 모든 것을 결정하려고 하면 어른이 된 자녀는 이에 반발한다. 아버지 혼자서 의사결정을 하는 기존의 항상성 체계는 달라진 환경의 요구를 수용하지 못하게 된다. 달라진 환경의 요구에 적응을 하기 위해서 체계는 한 사람 결정체계에서 두 사람 또는 여러 사람의 결정체계로 넘어간다. 이러한 변화를 거부하는 체계는 결국 체계 자체의 붕괴를 가져온다. 체계의 붕괴를 막기 위해서 체계는 스스로 변화해 나간다. 변화해 나가는 과정을 변형성이라고 한다. 브로데릭과 스미스(1979)는 [그림 3-3]과 같이 변형성의 원리를 그림으로 표현하고 있다(p. 123).

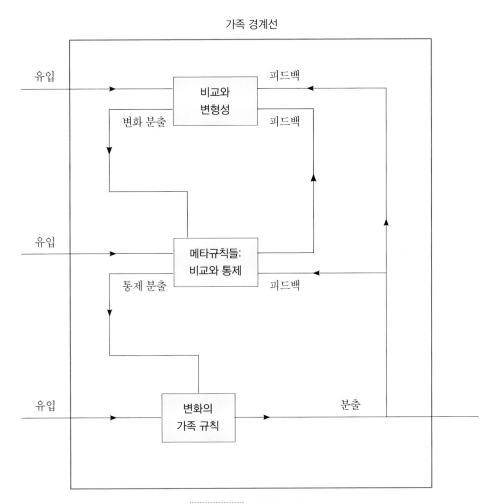

그림 3-3 변형성의 원리

[그림 3-3]에서 보면 변형성의 원리는 항상성의 원리와 달리 체계 안에서 메타규칙을 확인하는 과정을 갖는다. 지금까지 체계가 자신을 유지하기 위해서 노력해 온 과정에 대해 비교하고 평가하는 절차를 체계 안에 만들어 둠으로써 체계가 붕괴되는 현상을 방지한다. 기존의 체계가 가지고 있던 규칙이나 규칙을 유지하는 신념들 그리고 이를 유지하는 과정들을 전반적으로 검토하고 이를 바꾸거나 수정하는 작업을 한다. 이러한 수정과 변화의 노력을 통해서 체계는 규칙을 새로 만들거나 체계 자체의 구조를 바꾸는 일을 한다. 변형성은 규칙을 바꾸거나 구조를 바꾸는 현상을 의미한다.

변형성의 예는 여러 장면에서 경험된다. 만일 청소년인 자녀가 가출한 사건이 발생하였다고 가정해 보자. 청소년의 가출행동은 가족체계가 자신의 체계를 현상대로 유지할 수 없는 정보가 된다. 만일 권위의 방식으로 통제 위주의 자녀교육을 하는 체계를 가지고 있었다고 한다면, 변형성의 원리에 의해서 권위에 의한 통제 위주의 자녀교육 방법을 근본적으로 변화시켜야 하는 시점에 이르게 된다. 따라서 가족들은 기존의 권위에 의한 통제 위주의 자녀교육 방법으로부터 대화와 타협에 의한 자녀교육 방법으로 변화해 나가야 한다. 지금까지 유지되던 가족의 규칙은 일대 변혁을 경험하면서 체계는 다른 모양으로 변화해 나간다. 만일 이러한 경우에 부모 두 사람이 모두 직장생활을 하고 있었다면 부모 중 한 사람이 직장을 그만두는 일도 발생한다. 대체로는 자녀의 어머니가 직장을 그만두게 된다. 이러한 경우에 이 가족은 가족의 구조까지 바꾸는 변화를 경험한다. 양 부모 직장생활이라는 구조에서 한 부모 직장생활이라는 가족구조를 가지고 청소년의 가출행동에 대처하고자 한다. 변형성은 이처럼 가족의 규칙의 변화 또는 구조의 변화를 통해서 환경의 요구에 대처하고자 한다.

변형성의 완성은 가치관의 변화를 통해서 이루어진다. 가치관의 변화를 재방향성(reorientation)이라고 한다. 체계가 변화하게 되는 경우에 체계는 새로운 구조와 목표를 가지게 된다. 새로운 구조와 목표를 유지하기 위해서 체계는 새로운 가치관을 필요로 한다. 기존의 체계가 그 체계에 알맞은 가치관을 가지고 있었기 때문에 유지될 수 있었듯이 새로운 체계도 역시 새로운 체계에 알맞은 가치관을 필요로 한다. 재방향성은 새로운 가치관을 만들고 이를 통해서 체계의 새로운 구조와 목표를 유지하려는 체계의 특성을 의미한다. 변형성의 원리의 예에서 보듯이 통제 위주의 교육에서 대화와 타협을 통한 교육으로 변화하기 위해서는 이에 알맞은 가치관의 확립이 반드시 필요하다. 무엇 때문에 대화와 타협이 필요한가에 대한 깊은 이해가 있어야 한다. 여러 가지 차원과 방향에서 이러한 가치관은 생각되고 논의될 수 있다. 발달 차원에서 생각한다면 청소년 시기는 어른이 되는 막바지 발달단계에 와 있다. 따라서 기존의 부모와 자녀의 관계가 이제 동일한 성인의 관계로 변화되는 시점이다. 동일한 두 어른의 관계인 경우에는 서로 대화와 타협을 통해서 관계를 이끌어가야 한다. 청소년들에게 부모들은 발달상에서 이러한 기회를 실험하는 시점에 있다. 이제 청소년들은 부모의 통제에서 서서히 벗어나서 한 사람의 어른으로 독립하는 전이의 단계에 있으므로 부모들은 새로운 시각과 가치관을 가지고 자신들의 청소년을 보아야 한다.

5) 일반체계이론의 한국 가족에의 적용

한국 가족의 변화는 두 가지 측면에서 살펴볼 수 있다. 하나의 변화는 성과 관련된 변화이고 다른 하나의 변화는 가족의 수와 관련된 변화이다. 성이라는 측면에서 보면 전통 한국 사회는 일부다처제의 사회였다. 한 사람의 남편이 여러 명의 부인과 사는 부부체계를 가지고 있었다. 일부다처제의 한국 사회는 근대로 들어오면서 일부일처제로 바뀌어 한 사람의 남편과 한 사람의 부인이 사는 체계가 되었다. 가족의 수라는 측면에서 보면 전통사회에서는 많은 사람이 한 울타리에서 사는 대가족을 가지고 있었다. 대가족에서는 수십 명이 한 울타리에서 사는 방식을 가지고 있었다. 산업화의 발달로 인해서 대가족은 중가족으로 바뀌었고, 중가족은 다시 소가족으로 그리고 소가족은 다시 핵가족으로 바뀌었다. 점차로 가족의 수는 줄어들고 있다. 최근에는 아이가 없는 부부만의 가족도 많이 늘고 있다. 가족의 변화는 일반체계이론에 의하면 변형성을 의미한다. 가족은 환경의 변화에 따라서 여러 가지 모양으로 변화를 거듭하고 있다. 한국 가족은 지난 100년 동안에 많은 변형성을 경험하게 되었다. 변형성을 통해서 한국 가족은 여러 가지로 변화하게 되었다.

가족의 변형성은 가치관을 다시 만드는 재방향성에 의해서 완성하게 된다. 예를 들면, 일부다처제는 그 체계에 맞는 가치관을 가지고 있었다. 가계계승이라는 절대절명의 가치관은 부부관계를 일부다처제로 만들 수밖에 없었다. 만일 남편이 부인을 통해서 남자아이를 낳지 못하게 되면 남편은 가계를 계승해야 하는 커다란 책임을 하지 못하게 된다. 부인이 남자아이를 낳지 못하는 경우에는 다른 여자를 통해서라도 남자아이를 낳아야만 한다. 가계계승이라는 가치관은 조상숭배 사상과 밀접한 관련을 가지고 있다. 조상을 숭배하고 섬기는 삶의 방식은 아래로는 가계를 계승하는 생각과 밀접한 관련을 가지고 있다. 이런 의미에서 일부다처제라는 가족제도는 수직적 사고를 하는 한국 사회에 적합한 제도였다. 수직적 사고는 곧 연장자를 우대하는 사상을 가지게 되었다. 그러나 근대와 현대에는 일부일처제의 부부관계를 가지고 있다. 가족의 중심이 연장자에서 부부로 옮겨 왔다. 부부가 가족의 중심이 되면서 가족의 중요한 일들을 부부가 결정하는 체계가 곧 일부일처제이다. 따라서 일부다처제에서 일부일처제가 되는 변형성은 일부일처제에 맞는 가치관을 확립함으로써 완성된다. 일부일처제에 맞는 가치관을 형성하지 못하게 되면 변형성은 완성되지 못한다.

한국 가족이 가지고 있는 많은 문제는 변형성과 재방향성이 맞지 않아서 발생한다. 성이라는 측면에서 보면 일부다처제에서 일부일처제로 변형성이 일어났음에도 불구하고 많은 한국 사람은 아직도 일부다처제의 가치관을 가지고 산다. 예를 들면, 남편이 외도를 하는 경우에 부인은 남편의 외도에 대해서 따지게 된다. 부인이 남편에게 "당신 어떻게 바람을 피울 수 있어요?" 하고 화가 나서 묻는 경우에 남편이 "나만 바람을 피냐?" 또는 "남자가 그럴 수도 있지."라고 대답을 했다고 하자. "나만 바람을 피냐?" 또는 "남자가 그럴 수도 있지."라는 남편의 대답은 일부다처제가 가지고 있는 가치관 측면에서 해석될 수 있다. "남자가 그럴 수도 있지."라는 말은 일부다처제의 제도에서 "남자들이 다른 여자들과 성관계를 할 수 있지."라는 뜻으로 해석될 수 있다. 이 경우에 남편은 일부일처제라는 제도에 살면서 일부다처제의 가치관을 가지고 살게 된다. 남편의 외도는 변형성의 완성이 일어나지 않은 측면에서 해석될 수 있게 된다. 마찬가지로 많은 사람이 모여 사는 대가족제도에서는 명령과 복종이라는 방법이 교육의 중요한 수단이었다. 명령과 복종이라는 교육은 곧 통제 중심의 교육이고, 통제 중심의 교육은 전통의 가치관을 유지하는 데 중요한 역할을 한다. 즉, 조상이 중요하고 조상의 방법을 후대에게 전하기 위해서는 통제 중심의 교육이 필요하다. 통제 중심의 교육은 대가족제도가 가지고 있는 산물이다. 그러나 현대 사회에서는 가족의 수가 아주 적다. 가족의 수가 적은 경우에는 가족 한 사람,

한 사람의 능력과 이해가 중요한 역할을 한다. 사람의 수가 적기 때문에 각각의 협력과 능력은 전체 가족에게 중요한 영향을 미친다. 즉, 가족들은 통제 중심의 교육이기보다는 개인의 능력을 최대한 발휘할 수 있는 방향으로 교육이 이루어져야 한다. 능력 배양은 핵가족에서 사는 사람들에게 적절한 교육의 방법이 된다. 그럼에도 불구하고 한국의 많은 부모는 여전히 통제 중심으로 교육을 하고 있다. 최근에 한국 사회에서 나타나는 많은 청소년 문제는 이러한 측면에서 점검하고 살펴볼 필요가 충분히 있다. 핵가족에서 살면서 여전히 대가족에서 필요한 교육의 방법을 사용하는 부모들로 인해서 청소년들은 많은 고통을 당하고 있다.

요약

일반체계이론은 가족치료이론들의 배경이론으로서 작용한다. 일반체계이론이 가지고 있는 여러 가지 개념은 모든 가족치료이론에서 발견할 수 있다. 예를 들면, 체계라는 개념이 없이는 가족치료의 이론들은 자리를 잡을 수 없다. 체계는 요소들과 요소들의 상호작용으로 이루어진다. 요소들이 가지고 있는 개별 특성들은 상호작용을 하면서 일정한 형태를 만들어 낸다. 만일 어떤 요소들이 오랫동안 그 요소들 간에 상호작용을 한다면 이 요소들은 다른 요소들의 상호작용과 다른 형태를 만들게 된다. 가족들은 가족 구성원들이 각각 독특한 특징들을 가지고 있으면서 오랫동안 상호작용을 하기 때문에 고유한 형태를 가지게 된다. 가족치료이론들은 가족들이 가지고 있는 여러 가지 형태를 일정한 측면에서 이론화한 노력의 결과로 만들어졌다. 즉, 가족치료이론들은 체계가 가지고 있는 특성들을 여러 다른 측면에서 이론으로 만들어 놓았다. 따라서 체계가 가지고 있는 특성을 이론화한 일반체계이론은 가족치료이론들의 배경이론이 된다.

일반체계이론은 체계의 여러 가지 특성을 설명하고 있다. 체계는 경계선을 갖는다. 경계선을 가짐으로써 체계는 체계의 안과 밖을 구분하게 된다. 체계가 밖에 있는 환경의 요소들과 활발하게 상호작용을 하는 경우에 열린 체계라고 부른다. 반면에 체계가 환경과 상호작용을 하지 않는 경우에 닫힌 체계라고 부른다. 경계선이 어떻게 설정되어 있는가에 따라서 체계가 열린 체계인지 또는 닫힌 체계인지로 구분된다. 경계선이 너무 딱딱하면 체계는 닫힌 체계가 되고 경계선이 적절하게 설정되어 있으면 열린 체계가 된다. 체계는 변화를 하는 데 있어서 일정한 위계질서를 가지고 있다. 맨 먼저, 체계는 단순 피드백을 하게 된다. 단순 피드백은 외부의 정보가 근본적으로 변화하지 않은 상태에서 단순히 증폭되거나 줄어들어서 외부로 나가는 경우이다. 이 경우에 체계가 하는 일은 외부의 정보에 덧붙이거나 줄이는 방식으로 변화하는 반응이다. 그다음 수준은 항상성의 원리이다. 체계는 자신의 형태를 유지하기 위해서 외부의 정보를 검색하게 된다. 외부의 정보를 검색하면서 자신의 체계를 살펴보는 일도 같이 한다. 체계는 자신의 체계를 스스로 탐색하고 검색하는 방식으로 변화하면서 자신의 체계를 유지하게 된다. 외부의 환경에 더 이상 항상성의 원리로 적응할 수 없는 경우에 체계는 스스로 변화한다. 이를 변형성의 원리라고 한다. 체계는 자신의 기존 형태를 바꿈으로써 환경의 변화에 대응한다. 마지막으로, 체계는 새로운 가치관을 확립함으로써 변화를 완성한다. 이를 재방향성이라고 한다.

한국의 가족은 체계의 변화에도 불구하고 아직도 새로운 체계에 맞는 가치관을 확립하지 못함으로써 많은 문제를 만들어 내고 있다. 일부다처제에서 일부일처제로 변화했음에도 불구하고 일부일처제에 맞는 가치관을 제대로 확립하지 못하고 있다. 이러한 현상은 곧 남편들의 외도로 이어지고 이로 인해서 많은 문제가 가족에서 발생하고 있다. 대가족에서 핵가족으로 급격하게 가족의 수가 변화되었음에도 불구하고 여전히 많은 한국의 부모는 대가족의 교육방법을 사용하고 있다. 통제 중심의 교육은 대가족의 산물이기 때문에 핵가족의 개인을 중시하는 시대에는 제대로 적용되지 않는다. 따라서 핵가족에 알맞은 새로운 교육방법을 만들어 내는 일이 매우 중요하다.

연습문제

1 일반체계이론은 세 가지 생각의 주류가 합하여진 이론이다. 이 세 가지 주류에 대해서 간략히 설명하고 이들 세 가지 주류가 어떻게 가족치료의 형성에 기여했는지 설명하시오.

2 체계의 정의에 대해서 설명하고 열린 체계와 닫힌 체계가 경계선과 어떻게 관련이 되는지 설명하시오.

3 체계의 통제와 변화라는 관점에서 한국 사회의 가족에 대해서 여러 가지 현상을 이해할 수 있다. 어떤 현상들을 이해할 수 있는지에 대해서 생각해 보시오.

4 한국 가족의 문제를 변형성과 재방향성이라는 측면에서 생각해 보시오.

5 단순 피드백과 사이버네틱 원리인 항상성의 개념들에 대해서 설명하고. 이 두 가지 원리가 서로 어떤 점에서 다르고 비슷한지 비교하면서 설명하시오.

6 변형성의 개념이 항상성과 어떻게 다른지 설명하고 재방향성과 어떤 방식으로 관련이 되는지 설명하시오.

제 2 부

가족치료이론들

가족치료의 이론들은 관점에 따라서 여러 가지 방식으로 분류될 수 있다. 전통과 현대라는 관점, 과거와 현재라는 관점, 내면의 역동과 체계의 역동이라는 관점, 순수체계와 통합이라는 관점 등 여러 가지 입장에서 가족치료이론들은 정리되고 분류될 수 있다. 이 책에서는 가족치료의 이론들을 과거와 현재라는 관점에서 분류하고자 한다. 현재를 중시하는 이론들은 대화이론, 전략이론, 구조이론 등을 들 수 있다. 이들 이론은 역사성을 배제한 상태로 현재의 기능을 중심으로 가족체계를 이해하고자 노력한다. 과거라는 역사의 관점을 배제한 상태에서 '지금-여기서(here and now)' 일어나는 여러 가지 상호작용을 중심으로 가족체계를 이해한다. 현재 일어나고 있는 가족 구성원들의 상호작용을 기능 중심으로 이해한다. 예를 들면, 인간의 마음은 검은 상자와 같아서 검은 상자를 열고 안으로 들어간다 하더라도 무엇이 있는지 알 수 없다. 컴퓨터를 열고 안을 들여다보면 컴퓨터 속에는 많은 칩(chips)만으로 구성되어 있음을 알 수 있다. 칩들만으로 컴퓨터를 이해한다면 이는 매우 어리석은 일이 된다. 컴퓨터를 이해하기 위해서는 컴퓨터가 어떻게 기능하는지 알아야 한다. 컴퓨터의 기능을 이해할 때 컴퓨터의 실체를 이해할 수 있게 된다. 인간의 마음은 이러한 컴퓨터와 같아서 인간의 마음의 세계로 들어가면 인간을 이해할 수 없게 된다. 인간의 마음속에 들어 있는 실체를 이해하기보다는 인간의 마음의 기능이 무엇인가를 이해하는 일이 중요하다. 가족은 이렇게 가족 구성원들의 마음속에 있는 어떤 실체들의 만남이기보다는 현재 일어나고 있는 상호작용을 중심으로 이해하게 된다. 현재를 중시하는 가족치료이론들은 인간의 마음속에 있는 어떤 실체들을 인정하지 않기 때문에 실체들이 발달하고 발전한다는 생각들을 할 수 없게 된다. 따라서 자연스럽게 가족은 현재 일어나고 있는 상호작용을 통해서 이해하게 되고

잘못된 상호작용을 바로잡는 일이 곧 가족을 치료하는 일이 된다.

　과거를 중시하는 이론들은 정신분석적 대상관계이론, 맥락이론, 보웬이론 등이 있다. 이 이론들은 인간의 내면 세계에서 일어나는 실체들과 가족이라는 환경의 상호작용을 중요하게 본다. 인간의 마음속에 있는 어떤 실체들은 시간이 지남에 따라서 성장 또는 발전한다. 현재 한 사람이 가지고 있는 실체들은 과거에서 현재까지의 역사 속에서 만들어진다. 현재 가족 구성원들의 상호작용은 이러한 실체들이 서로 만나고 부딪히는 과정이라고 할 수 있다. 이러한 입장에 있는 이론들은 현재만 중시하는 순수체계이론들에게 다음과 같은 질문을 던진다. 과거를 중시하는 이론가들은 현재 가족들이 가지고 있는 병리체계는 어떻게 해서 생겼는가 또는 무엇으로 인해서 현재와 같은 체계가 만들어졌는가에 대해서 순수체계이론들은 대답할 수 없다고 생각한다. 순수체계이론들은 이러한 맹점을 가지고 있기 때문에 무엇 때문에 가족들이 메타대화(metacommunication)를 실패하는지 그 이유를 설명할 수 없게 된다. 과거를 중시하는 이론들은 개인들이 가지고 있는 내면의 실체들과 가족이라는 맥락이 가지고 있는 체계들의 상호작용을 중요하게 본다. 체계라는 맥락 속에서 개인의 내면 세계에서 일어나는 주제들을 이해한다. 개인들에게 주어진 일정한 실체들의 범위 내에서 가족은 일정한 체계의 형태를 만들어 낸다. 또 한편으로 개인들은 체계를 유지하기 위해서 체계와 밀접하게 상호작용을 한다. 가족은 개인들이 발달하고 기능하는 일차적 맥락체계이다(Nichols, 1988, p. 43). 가족을 변화시키기 위해서는 최소한 가족 구성원들 중의 한 사람을 변화시켜야 한다. 환경은 개인이 가지고 있는 잠재성의 범위 내에서 영향을 미칠 수 있다.

제**4**장

대화 가족치료이론

1. 기원 및 주요 인물

대화이론은 그레고리 베이트슨의 조현병 환자의 가족을 연구한 사람들과 돈 잭슨의 정신세계연구소의 사람들에 의해서 만들어졌다(Hansen & L'Abate, 1982, p. 85). 이들은 모두 조현병 환자의 가족을 연구하는 프로젝트에 참여하였다. 베이트슨은 이 연구를 지도하는 입장에 있었고 정신세계연구소의 사람인 돈 잭슨, 버지니아 사티어, 줄스 리스킨이 연구에 참여하였다. 나중에 제이 헤일리, 폴 와츨라윅, 존 위클랜드 등이 이 연구에 참여하게 되었다(Nichols & Schwartz, 1998, p. 69). 이들은 1950년대에 조현병 환자의 가족에게 이중구속이라는 대화의 형태가 있음을 발견하였고, 조현병은 가족들이 가지고 있는 **역기능** 대화의 형태에서 기인한다는 연구를 발표하였다. 이 연구에 참여했던 폴 와츨라윅은 1960년대에 인간의 변화를 대화 형태라는 측면에서 더욱 연구하게 되었다(Hansen & L'Abate, 1982, p. 85). 대화이론은 조현병 환자의 가족을 연구한 사람들의 기여와 폴 와츨라윅의 인간 변화에 대한 연구를 토대로 만들어졌다. 특히 버지니아 사티어와 제이 헤일리의 초기 생각은 대화이론을 형성하는 데 많은 영향을 주었다. 여기서 소개되는 대화이론은 주로 폴 와츨라윅의 생각에 많은 근거를 두고 있다. 폴 와츨라윅은 이탈리아에 있는 베니스(Venice) 대학교에서 언어, 대화, 문학의 영역을 공부하였고 박사학위를 받았다(Hansen & L'Abate, 1982, p. 85). 그는 수년간을 베이트슨의 연구팀에 합류하여서 조현병 환자의 가족이 가지고 있는 대화의 형태를 연구하였다. 리처드 피셔의 제안에 의해서 1966년에 단기치료 센터가 MRI(Mental Research Institute)에 세워졌고 와츨라윅은 여기서 그의 동료들과 함께 대화의 관점에서 인간의 변화를 연구하였다(Hansen & L'Abate, 1982, p. 85).

2. 이론의 기초

인간의 대화는 세 가지 영역으로 나뉜다. 신텍스(syntax)로 불리는 대화의 구조, 시맨틱스(semantics)로 불리는 대화의 의미, 프래그머틱스(pragmatics)로 불리는 대화의 행동 측면이 그 세 가지 영역이다(Hansen & L'Abate, 1982, p. 86). 대화는 언어가 가지고 있는 구조를 통해서 정보를 전달한다. 언어의 구조는 누가 어떤 내용을 말하고 싶어 하는지, 어떻게 그 정보가 전달되는지를 담고 있다. 대화를 통해서 인간은 의미를 전달한다. 언어는 각각의 단어가 가지고 있는 사회 속에서의 일상적 의미들 그리고 인간이 가지고 있는 철학적 생각들을 대화를 통해서 전달한다. 마지막은 대화의 행동 측면으로서, 언어를 통해서 인간은 서로의 행동을 통제하고 조절하는 기능을 하게 된다. 언어는 명령 또는 부탁, 금지, 요청 등 여러 가지 행동의 측면들을 담고 있고 이를 대화를 통해서 전달하게 된다. 대화이론에서 관심을 가지고 있는 영역은 곧 대화의 행동 측면이다. 대화의 구조와 의미 측면은 언어학자들에 의해서 지직으로 연구된다. 대화의 행동 측면은 가족치료를 할 때 가상 깊이 있게 다루어져야 하는 측면이다. 대화이론은 이러한 대화의 행동 측면에 대한 이론을 말한다.

1) 공리 모델

행동 차원에서 대화를 본다면 인간은 대화를 하지 않을 수 없다(Watzlawick, Beavers, & Jackson, 1967, p. 49). 인간으로서 사회생활을 하는 한 인간은 대화하지 않을 수 없다는 생각은 누구나 동의할 수 있는 자명한 이치이다. 이러한 자명한 이치를 공리라고 부른다. 대화이론은 이러한 공리들을 바탕으로 만들어진 이론이다. 인간이 대화를 하지 않을 수 없다는 말은 인간의 모든 행동은 대화라는 의미를 지닌다. 모든 행동은 언어를 통한 대화와 언어가 아닌 행동을 통한 대화 모두를 포함한다. 언어를 통한 대화는 언어라는 수단을 통해서 사람들이 가지고 있는 마음을 전달하는 행동을 의미한다. 언어가 아닌 행동은 몸짓을 통해서 전달되는 신체 언어를 지칭하는 말이다. 인간이 대화를 하지 않을 수 없다는 말은 언어 대화와 신체 언어 대화를 모두 포함하는 포괄 개념이다.

2) 표현 모델

인간의 마음을 이해하고자 하는 일은 현재 표현된 대화를 이해하는 일이다. 인간의 마음의 기능은 사람들과의 관계 속에서 대화를 통해서 표현된다. 대화는 한 사람이 가지고 있는 마음을 표현하는 수단이며 이러한 수단을 이해할 때 그 사람의 마음은 충분히 이해된다. 대화이론은 대화가 마음의 어디에서 나오는가 하는 점은 관심을 두지 않는다. 정신분석에서는 인간의 마음은 의식, 전의식, 무의식이 있어서 마음속에 있는 자리와 위치를 중요하게 다룬다. 대화이론에서는 의식, 전의식 또는 무의식이든 관계없이 표현된 대화만이 유일하게 인간의 마음을 이해할 수 있는 것이므로 마음의 위치는 전혀 관심을 두지 않는다. 대화이론에서는 대화의 역사를 중요하게 생각하지 않는다. 한 사람의 대화의 과거의 기원을 밝히는 일은 별로 의미가 없는 일이다. 한 사람이 쓰는 언어는 과거를 통해서 발달을 했든 아니면 현재 배운 그 무엇이든 관계없이 표현된 형태로 존재한다. 현재 그리고 지금 표현된 대화의 형태를 이해하는 일이 그 사람의 마음을 이해하는 일이 되기 때문에 과거를 밝히는 일은 의미가 없는 일이 된다. 대화이론에서는 표현된 대화의 형태만이 중요하기 때문에 대화의 형태를 이해하고 밝히는 일이 대화이론의 주된 작업이다.

3) 흐름 모델

대화의 형태는 끊임없이 연속되는 흐름으로 존재한다. 대화의 시작과 끝은 알 수 없다. 단지 사람들이 자신들의 목적에 따라서 연속된 흐름을 끊어서 이해할 뿐이다. 만일 대화를 끊어서 이해한다면 대화는 원인과 결과라는 고리에 의해서 연결된다. 원인과 결과는 연속된 대화를 끊는 사람의 생각이며 만일 시작 지점과 끝 지점이 다르면 원인과 결과는 대단히 다르게 된다. 일정한 형태로만 대화의 흐름을 끊어서 받아들일 때 대화의 병리성은 시작된다. 어떤 형태의 대화라 하더라도 그 사람에게는 그러한 방식으로만 대화가 끊어지며 이로 이해서 원인과 결과는 고정된다. 예를 들어, 어떤 사람이 대화를 할 때 자신이 늘 피해를 보는 방식으로 대화의 흐름을 끊는 사람인 경우에는 어떤 대화를 하더라도 이 사람은 자신이 피해를 본다는 입장에서 대화를 끊게 될 것이다. 따라서 자신을 제외한 다른 사람들은 다 자신에게 피해를 입히는 사람으로 결과를 만들어 갈 것이다. 일정한 방식으로 원인과 결과를 찾아내는 사람들은 병리 대화를 강화하고 유지하는 행동을 하게 될 것이다. 대화가 연속된 흐름이라는 말은 인간의 대화는 순환성을 가지고 있다는 의미이다. 대화의 원인과 결과는 일정한 선형의 사고 속에서 존재하기보다는 원인과 결과가 순환된다. 원인이 결과가 되고 결과는 단지 원인이 되는 순환의 원리를 이해할 때 병리 대화의 고리는 끊어지고 대화의 고정된 형태가 바뀌게 된다. 대화이론은 이러한 병리 대화를 연속되는 대화의 흐름으로 이해할 수 있도록 돕는 가족치료이론이다.

3. 주요 개념 및 원리들

대화이론은 폴 와츨라윅의 다섯 가시 공리에 그 이론의 근거를 가지고 있다. 다섯 가지 공리는 사람들이 대화를 함에 있어서 피할 수 없는 행동의 측면들을 담고 있다. 다섯 가지 공리는 인간의 대화행동에 있어서 보편성을 담고 있고 이러한 보편의 원리를 이해할 때 대화는 물이 흐르듯이 이어지게 된다. 다섯 가지 공리는 인간의 대화행동에 있어서 독특한 원리들을 가지고 있다. 첫 번째 공리는 인간이 대화를 하지 않을 수 없다는 원리를 말하고 있다. 두 번째 공리는 인간이 대화를 함에 있어서 내용과 관계로 구분된다는 원리이다. 세 번째 측면의 공리는 인간의 대화는 사람들이 구두점을 찍음으로써 나뉜다는 원리이다. 네 번째 공리는 사람의 대화는 디지털 방식과 아날로직 방식으로 구분될 수 있다는 원리이다. 다섯 번째 공리는 사람의 대화는 상보적일 수 있고 대칭적일 수 있다는 원리이다.

1) 모든 행동은 대화라는 원리

첫 번째 공리는 사람은 대화를 하지 않을 수 없다는 것이다. 사람의 모든 행동은 대화이다. 언어를 통한 대화를 하지 않는다 하더라도 사람은 신체를 통해서 많은 대화를 하고 있다. 사람들은 자신이 신체를 통해서 많은 대화를 하고 있다는 사실을 인식하지 못하고 있다. 예를 들면, 엘리베이터 안에서 두 사람이 아무 말을 하지 않고 엘리베이터의 천장을 보고 있다고 하자. 두 사람은 언어를 통한 대화를 하고 있지 않다. 그러나 두 사람은 신체를 통해서 대화하고 있다. 엘리베이터의 천장을 바라보는 두 사람은 신체행동으로 서로 마주보고 싶지 않으며 언어를 통해서 대화하고 싶지 않다는 대화를 하고 있다. 두 사람이 서로 인식을 하든 하지 않든 간에 대화를 하지 않을 수 없다. 두 사람은 대화에서 언어를 통한 대화만 생각하기 때문에 서로 대화하지 않는다고 생각한다. 대화를 신체행동을 통한 대화까지 확장한다면 인간은 대화를 피할 수 없게 된다. 대화는 언어를 통한 언어 대화와 신체를 통한 비언어의 대화, 즉 신체 대화를 모두 포함하는 포괄의 개념이다.

2) 내용과 관계의 원리

두 번째 공리는 대화는 내용과 관계로 이루어진다는 것이다. 내용(content)은 정보를 전달하는 차원의 대화이고, 관계(relationship)는 정보를 전달하는 방식에 관한 차원의 대화이다(Watzlawick et al., 1967, pp. 51-54). 화자는 상대방과 대화를 하는 경우 상대방에게 대화의 내용을 일차로 전달한다. 그러나 화자는 상대방에게 대화의 내용만을 전달하기보다는 내용이 전달되는 방식을 함께 전달한다. 내용이 전달되는 방식을 관계라고 부른다. 예를 들면, 남편이 아내에게 "밥 줘!"라고 말을 했다고 하자. 이 경우에 남편은 내용의 차원에서 '밥을 달라'는 정보를 아내에게 전달하고 있다. 관계의 차원에서 볼 때 남편은 아내에게 명령의 방식으로 내용을 전달하고 있다. 남편은 아내와의 관계를 명령과 복종의 관계, 즉 수직관계로 규정하면서 내용을 전달하고 있다. 관계 차원에서 아내와 대화를 할 때, 남편은 "내가 당신에게 명령하는 것은 무엇이나 다 들어주어야 한다."는 관계를 규정하면서 말을 하고 있다. 정보를 전달하는 사람은 곧 듣는 사람과의 관계를 규정하는 방식을 또한 전달하게 된다.

3) 구두점의 원리

세 번째 공리는 사람들은 대화를 **구두점**(punctuation)을 찍어서 구분한다는 것이다. 대화는 계속 이어지는 흐름으로서 시작과 끝이 어디에 있는지 알 수 없게 된다. 그러나 사람들은 대화를 자신들이 가지고 있는 입장과 이해관계에 따라서 끊어서 이해한다. 계속 이어지는 흐름의 대화는 토막토막 잘리게 된다. 이러한 토막들은 자신들의 입장을 강화하거나 자신의 이해관계에 따라서 유리한 방향으로 사용된다. 예를 들어 보자. 술을 마시는 남편과 바가지를 긁는 부인을 생각해 보자. 부인은 남편이 술을 마시니까 자신이 바가지를 긁는다고 주장한다. 남편은 아내가 바가지를 긁으니까 술을 마신다고 주장을 한다. 사실 두 사람의 술을 마시고 바가지를 긁는 현상은 연속되어 온 흐름이다. 마치 닭과 달걀의 게임과 같이 두 사람은 서로 상

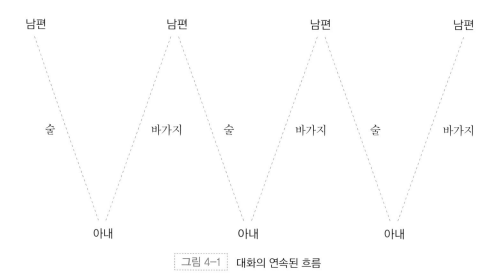

그림 4-1 대화의 연속된 흐름

대방으로 인해서 자신들의 행동이 이루어진다고 주장한다. [그림 4-1]에서 보면 남편의 술과 아내의 바가지는 연속된 흐름을 이루고 있다. 어디서 먼저 시작을 했고 어디에서 끝이 나는지 알 수 없다. 그럼에도 불구하고 남편과 부인은 각각 자신의 입장에서 이 연속된 흐름을 끊으려고 한다.

부인은 남편이 술을 마시고 바가지를 긁는 행동을 하는 데까지 점을 찍고 남편은 부인이 바가지를 긁고 자신이 술을 마시는 행동을 하는 데까지 점을 찍는다. [그림 4-2]에서와 같이 아내는 자신의 입장에서 양쪽에 점을 찍는다. 남편이 술을 마시기 때문에 자신이 바가지를 긁는다고 믿는다. 한편으로 남편은 [그림 4-3]과 같이 자신의 입장에서 양쪽에 점을 찍는다. 부인이 바가지를 긁으니까 술을 마신다고 한다.

이렇게 자신들의 입장에서 대화의 흐름에 점을 찍어서 대화를 토막 내는 현상을 구두점 원리라고 한다. 구두점의 원리에 의해서 대화는 연속된 흐름에서 잘린 토막으로 분리된다. 대화를 하는 사람들은 각기 자신들의 토막을 가지고 있으면서 대화를 한다. 또한 잘린 토막들은 각각 대화를 하는 사람들의 현실을 규정하게 된다. 잘린 토막만큼 대화를 하는 사람들은 토막난 현실을 인식하게 되고 다른 토막을 가지고 있는 사람들의 현실 세계를 제대로 이해하지 못하게 된다. 각각의 토막이 난 대화는 대화를 하는 사람을 가운데 두고 생각하는 방식이다. 대화를 하는 사람을 가운데 두고 양쪽으로 대화를 자름으로써 토막이 난 현실을 가지게 된다.

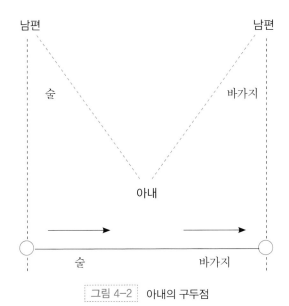

그림 4-2 　아내의 구두점

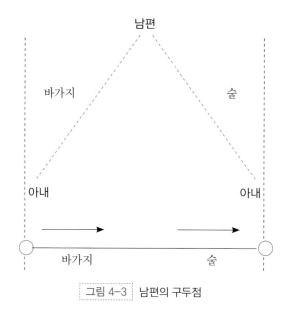

그림 4-3 남편의 구두점

4) 디지털과 아날로직의 원리

네 번째 공리는 대화는 디지털과 아날로직의 원리에 의해서 전달된다는 것이다. 디지털(digital) 대화는 언어에 의한 대화이며 이러한 대화는 논리를 통해서 상대방에게 전달된다. 반면 아날로직(analogic) 대화는 신체를 통해서 전달되는 대화이며 상징을 많이 수반한다. 사람들은 정보를 전달하는 데 있어서 디지털 대화의 방식을 사용한다. 정보의 전달은 일정한 규칙을 통해서 이루어지며 일정한 규칙들이 논리를 구성하여 다른 사람에게 전달된다. 따라서 다른 사람들은 이미 알려진 규칙에 의해서 정보를 이해한다. 언어는 일정한 규칙을 수반하는 단어들의 연결이고 이러한 단어의 연결은 논리에 의해서 뒷받침된다. 아날로직 대화는 일정한 규칙을 가지고 있지 않으며 특수한 상황에 적용되는 경우가 많다. 특수한 상황에서 상징성을 가지고 상대방에게 전달된다. 상징성은 주로 언어로 표현되기보다는 신체를 통해서 전달된다. 또는 전체의 상황을 통해서 전달되기도 한다.

5) 대칭과 상보의 원리

다섯 번째 공리는 대화는 대칭과 상보의 관계를 가지고 있다는 것이다. 대칭과 상보의 관계는 힘이라는 관점에서 사용되는 관계이다. 힘의 관점에서 보면 대화를 하는 두 사람이 힘을 비슷하게 나누어 가지고 있는 관계를 상정할 수 있고, 두 사람이 힘의 차이가 많이 나는 경우를 상정할 수 있다. 두 사람이 힘의 차이가 별로 나지 않아서 힘이 서로 비슷한 경우에는 두 사람의 관계를 대칭(symmetry)관계라고 부른다. 다른 한편으로 두 사람이 힘의 차이가 많이 나서 한 사람이 다른 사람보다 우위(one-up position)에 있고 다른 사람은 하위(one-down position)에 있는 경우가 있다. 이때 두 사람의 관계에서 두 사람의 힘이 차이가 극대화되는 경우를 상보(complementary)관계라고 부른다. 상보관계의 경우에는 우위에 있는 사람이 규정하는 관계를 하위에 있는 사람이 수용하고 받아들이면서 관계가 이루어진다. 대칭관계인 경우에는 한 사람에 의해서 규정된 관계로 고정되기보다는 서로 자신들의 의견을 내놓고 절충하는 방식으로 관계가 이루어진다.

4. 역기능 대화의 형태들

대화이론은 일반체계이론이 말하는 **가족평형**(family homeostasis)에 근거를 두고 있다. 가족 구성원들의 대화는 체계 유지나 변화를 위한 기능을 한다. 가족체계가 기능을 잘하는 경우에 가족 구성원들의 대화는 체계의 유연성과 가능한 변화들을 반영한다. 그러나 가족체계가 역기능일 경우에는 대화는 체계의 **고정성**(rigidity)을 반영한다. 대화이론에서 말하는 역기능 대화의 형태들은 잘못된 가족평형을 나타내는 가족의 대화기능이다(Nichols & Schwartz, 1991, p. 198). 역기능의 대화 형태들은 가족체계의 고정성을 반영하는 일종의 증상이다. 역기능의 대화를 하는 가족들은 체계가 변화해야 하는 시점을 성장과 발전의 기회로 인식하기보다는 도전과 위협으로 지각하게 된다. 위협과 도전으로 인식될 때 대화는 역기능의 체계를 유지하기 위해서 비판, 비난, 설교 또는 협박의 형태로 나타난다.

역기능의 대화는 일련의 대화의 고리들이 연결되어 발생하는 현상이다. 단기간에 한두 번의 역기능 대화로 인해서 고정된 형태의 역기능 대화가 발생하지 않는다. 연속된 일련의 행동의 상호작용이라는 맥락을 통해서 이해해야 한다. 대화는 일종의 상호작용의 연속이기 때문에 이러한 연속의 흐름에 사람들이 들어가게 되는 경우에 연속된 흐름을 반영하는 체계의 역기능을 대화 속에서 발견하게 된다(Nichols & Schwartz, 1991, p. 200). 연속된 대화의 흐름을 단절시키거나 대화 속에 들어 있는 요소들을 부정함으로써 대화의 역기능이 발생한다.

1) 대화를 부정하는 역기능

사람들은 대화를 하지 않으려는 노력을 한다. 사람들이 하는 대화는 네 가지 요소를 통해서 이해될 수 있다. 네 가지 대화의 요소들은 원천, 내용, 대화를 받는 사람 그리고 맥락이다. 사람들이 대화를 하지 않으려는 노력은 대화의 네 가지 요소 중 어느 것을 부정함으로써 나타난다. 대화의 어느 요소를 부정하게 될 때 대화는 역기능이 된다.

원천의 부정(denial of source)은 역기능을 초래한다. 대화를 하는 사람 자신이 그 대화를 하는 원천임을 부정하는 경우를 말한다. 대화는 대화를 이끌어 가는 주체와 그 대화를 듣는 객체로 구분될 수 있다. 대화를 하는 주체가 어떤 이유로 자신이 대화의 주체임을 부정하는 경우를 원천의 부정이라고 부른다. 비록 다른 사람들의 내용을 전달하는 입장에 있는 주체라 하더라도 자신이 대화를 주도하는 주체임은 틀림없다. 그러한 주체임을 부정하는 대화를 할 때 대화는 병리 현상을 가지게 된다. 예를 들면, 조현병인 아들이 어머니에게 어머니의 대화의 모순을 지적하는 상황을 가정해 보자. 조현병 아들이 어머니에게 "아니, 집을 나가라고 하면서 막상 나가려고 하면 왜 화를 내요?"라고 말을 했다고 하자. 어머니는 아들의 이 말을 듣고 아들에게 "내가 인제 화를 냈어. 네가 환자니까 내가 늘 화나 있는 것으로 보이는 거야."라고 말을 한다면 어머니는 자신이 아들에게 화를 내고 있는 신체 언어를 부정하게 된다. 어머니는 자신이 아들에게 모순된 대화를 하고 있다는 모순의 원천을 부정함으로써 자신을 정당화하려고 한다. 자신을 정당화함으로써 아들의 사고에 모순이 있음을 오히려 부각시켜 조현병인 아들이 자신을 이상하다고 생각하게 한다. 또 다른 예를 들어 보자. 치료자와 조현병 환자가 대화를 하는 도중에 조현병 환자가 "내가 하는 말은 내가 하는 것이 아니라 신들이 또는 외계인들이 나를 통해서 대화를 하는 겁니다."라고 말을 했다고 하자. 이 경우에 조현병 환자는 자신이 하는 말을 자신이 주체가 되어 하는 것이 아니라 외계인의 소행으로 돌림으로써 자신이 대화의 주체임을 피하게 된다. 다른 예를 하나 더 들어 보자. 만일 기독교인 남편이 아내와 대화를 하는 도중에 "아내들은 남편에게 복종해야 해."라는 말을 했다고 하자. 이 경우에 부인이 남편에게 따지면서 "당신이 정말로 나한테 그렇게 말을 하는 거예요?"라고 말을 했다. 이 경우에 남편이 자신이 그렇게 말을 하는 것이 아니라 성경에 그렇게 쓰여 있다고 말한다면 남편은 자신이 대화의 주체로서 대화의 원천임을 부정하고 있다. 어머니의 경우나 조현병 환자 그리고 남편의 경우 모두 자신들이 대화의 주체임을 부정함으로 인해서 대화를 하지 않으려는 시도를 한다. 대화를 듣고 있는 객체의 경우에는 주체가 대화의 원천을 부정하게 될 때 혼란이 생기며 마음속에 의문이 남게 된다. 이런 대화를 장기간 하는 경우에는 객체는 병리 현상을 지속적으로 경험하는 상황에 놓이게 된다.

내용의 부정(denial of message)의 경우에 역기능이 초래된다. 화자가 상대방에게 말을 하면서 대화의 내용을 부정하는 현상을 말한다. 대화를 하는 사람이 자신이 말한 내용을 부정하기 위해서 대화의 내용을 얼버무리거나 알아들을 수 없을 정도로 비논리의 상태로 만드는 경우를 말한다. 대화의 내용을 아주 간접적으로 만드는 경우에도 내용을 부정하게 된다. 예를 들면, 엄마가 자녀에게 "너 요즘 어떻게 지내니?"라고 물어보았을 때 자녀가 엄마에게 "나는 요즘 슬퍼요."라고 대답을 했다. 만일 엄마가 자녀에게 "기운 내! 심각하게 생각하지 말고!"라고 말을 한다면 이는 엄마가 대화의 내용인 슬픔을 부정하고 있는 것이다. 엄마가 자녀에게 "어떻게 지내니?"라고 물어보는 것은 자녀의 마음 또는 자녀가 말하는 내용을 알고 싶은 대화이다. 그러나 막상 자녀가 대화를 통해서 슬픔이라는 내용을 전달하려고 하는 경우에는 엄마는 자녀의 슬픔이라는 대화의 내용을 더 알아보고자 하는 대화를 하는 것이 아니라 단지 아이로 하여금 빨리 기운을 내라고 함으로써 아이가 말하는 슬픔이라는 내용을 부정하고 있다. 또 다른 예를 들어 보자. 남편이 아내에게 "당신은 너무 뚱뚱해."라고 말을 했는데, 아내가 남편에게 따지면서 "뭐라고요? 다시 한 번 말해 봐요. 내가 뚱뚱하다고?"라고 말했다고 하자. 남편이 아내에게 "당신이 뭐 그렇게 꼭 뚱뚱하기보다는 약간 통통하다는 말이지."라고 말을 한다면 남편은 자신이 말한 내용을 얼버무림을 통해서 부정하고 있다. 아내의 입장에서는 남편이 자신을 정말로 뚱뚱하다고 말하는지 아니면 뚱뚱하지 않다고 말하는지에 대해서 분명하게 이해하지 못하게 된다. 내용의 부정은 대화를 하는 주체인 화자가 자신이 하고자 하는 내용을 부정하거나 대화를 듣는 사람이 말하고자 하는 내용을 부정하게 된다.

대화를 받는 사람의 부정(denial of receiver)의 경우에 역기능이 생긴다. 대화를 하고 있는 주체자인 화자가 대화를 받는 상대방을 부정하는 경우를 말한다. 이 경우는 대화를 받는 사람을 구체적으로 부정함으로써 대화의 요소를 부정하고자 한다. 예를 들면, 조현병 환자가 치료자와 대화를 하는 도중에 "당신은 국가정보원 요원이지!"라고 말을 했다고 하자. 조현병 환자는 치료자를 대화의 상대방으로 인정하지 않는 대화를 하고 있다. 다른 예를 들어 보자. 남편과 부인이 서로 대화를 하는 장면을 생각해 보자. 부인이 남편에게 "당신은 나를 배려하거나 이해하려는 행동을 하지 않아요."라고 말을 했다고 하자. 남편이 부인에게 화를 내듯이 "내가 당신에게 배려를 하지 않은 것이 무엇인지 말을 해 봐."라고 말을 했다. 이 경우에 부인이 남편에게 "당신이라는 구체적인 사람이 나를 꼭 배려하지 않는다는 말을 하는 것이 아니라 남자들이 일반적으로 부인들을 배려하지 않는다는 것을 의미해요."라고 말을 했다. 이 경우에 부인은 자신이 말하고 싶은 상대방인 남편을 대화 속에서 부정함으로써 남편으로 하여금 부인이 자신을 지칭하는 것인지 아닌지 혼동되게 한다. 조현병 환자나 아내의 경우에 모두 대화 속에서 대화를 받는 구체적인 사람을 부정함으로써 대화를 역기능이 되도록 만든다.

맥락의 부정(denial of context)의 경우에 역기능이 생긴다. 대화를 하고 있는 주체인 화자가 대화를 하고 있는 맥락을 부정하는 경우를 말한다. 맥락의 부정은 언어를 통해서 할 수도 있고 신체의 대화를 통해서 할 수도 있다. 언어를 통해서 맥락을 부정하는 경우는 조현병 환자의 대화를 통해서 알 수 있다. 조현병 환자가 상담실에서 치료를 하는 맥락을 다음과 같이 부정할 수 있다. "우리는 지금 상담실에 있는 것이 아니라 감옥에서 대화를 하고 있어요." 이 경우에 조현병 환자는 치료라는 맥락을 감옥이라는 맥락으로 바꿈으로써 치료 맥락 자체를 부정하고 있다. 신체 언어를 통해서 대화를 부정하는 경우에는 부부가 갈등을 일으키는 상황에서 종종 볼 수 있다. 예를 들면, 정치가 부부가 집에서 서로 심한 갈등이 있었다고 하자. 그러나 부부 동반으로 어떤 중요한 모임에 가야 하는 경우가 발생했다고 가정해 보자. 불편한 관계를 가지고 있음에도 불구하고 여러 사람이 모인 공공장소에서는 두 사람이 다른 사람들에게 아주 사랑하고 애정이 넘치는 관계를 가지고 있는 것처럼 행동을 할 수 있다. 그러나 집에 돌아오면 다시 말도 하지 않고 불편한 관계를 드러내게 된다. 공공장소가 아닌 가정은 두 사람이 애정을 자연스럽게 표현하도록 하는 맥락이다. 이러한 애정표현의 맥락이 가정에서 공공장소로 바뀜으로써 부부는 서로 애정표현의 맥락을 부정하게 된다. 두 사람은 부부의 친밀감이 표현되는 맥락을 부정하는 행동을 하고 있다.

2) 규정된 관계를 부정하는 역기능

두 번째 공리의 경우에 가족 구성원들 또는 사람들 사이에 생기는 갈등은 내용과 관계라는 차원에서 이해할 수 있다. 특히 가족들 간의 관계는 많은 경우에 관계를 규정하는 방식에 의해서 발생한다. 한국 사회에서 부부들이 갈등을 경험하고 있는 일부분은 관계를 규정하는 방식이 서로 다르기 때문에 생긴다. 전통 사회에서는 부부간의 관계를 규정하는 문화의 틀이 분명하게 존재하였다. 유교 문화가 가지고 있는 부부유별의 사상이나 남존여비의 사상은 부부간의 관계를 규정하는 문화의 틀로서 역할을 하고 있다. 전통 사회에서는 이미 규정된 부부간의 관계를 가지고 있었기 때문에 부부간의 갈등은 다른 방식으로 이해될 수 있다. 현대 사회에서는 부부간의 관계를 규정하는 문화의 틀이 무너지면서 부부들은 자신들의 관계를 어떻게 규정해야 하는지에 대해서 혼란을 경험하고 있다. 현대를 살아가는 한국 사회의 부부들은 관계를 규정하는 방식으로 인해서 많은 갈등을 경험하고 있다. 남편들은 전통과 보수의 입장에서 부부관계를 상하관계로 규정하고, 부인들은 현대와 진보의 입장에서 평등관계를 부부관계로 규정한다. 한국 사회에서 부부의 갈등은 전통의 수직관계와 현대의 평등관계의 충돌 현상으로 설명된다. 부부간의 갈등을 한국 문화라는 거시의 안목에서 살펴보았다. 꼭 문화라는 거시의 틀이 아니더라도 구체적으로 부부간에 서로 관계를 어떻게 상정하고 있는가 하는 점이 중요하다. 예를 들어보자. 어떤 부부가 서로 말다툼을 할 때 "우리가 다툴 때마다 나는 법정에 서 있는 기분이야."라고 말을 한다면 부부 중 한 사람은 검사의 역할을 하고 다른 한 사람은 죄인의 역할을 하는 관계를 가지고 있다. 이미 부부관계는 남편과 부인의 관계에서 검사와 죄인의 관계로 넘어간 것이다. 이 경우에 한 사람은 부부관계를 서로 돕고 세워 주는 관계로 가정하고 있고, 다른 한 사람은 부부관계는 서로 분명하게 할 것은 하고 따질 것은 따지는 관계라고 상정하고 있다. 서로 상정하는 부부관계가 다르며, 부부관계를 달리 이해하지 않는 한 부부는 갈등을 피할 수 없게 된다.

  한 사람이 관계를 상정한 상태에서 대화를 하는 경우에 상대방은 그 관계에 대해서 세 가지 방식으로 반응할 수 있다. 첫째로, 상대방은 대화를 인정(confirmation)할 수 있다. 만일 남편이 부인에게 "당신은 이것을 하시오."라고 말을 하고 부인은 남편의 말을 받아들인다면 부인은 남편을 인정하게 된다. 부인이 남편의 말에 동의하거나 동의하지 않거나 관계없이 부인은 남편을 대화의 상대자로 인정하고 있다. 부인이 남편의 대화를 인정한다는 의미는 두 가지로 이해된다. 하나는 대화 속에 담겨진 관계를 인정한다는 의미이고, 다른 하나는 남편이라는 사람을 인정한다는 의미이다. 즉, 인정이라는 말 속에는 상대방이라는 존재와 그 존재가 말하는 관계를 모두 인정한다는 의미가 담겨 있다. 둘째로, 상대방은 대화를 거부(rejection)할 수 있다. 대화를 거부하는 것은 상대방은 화자가 규정하는 관계를 거부한다는 뜻이다. 예를 들면, 아내가 남편에게 "당신이 그런 방식으로 나한테 말하는 태도가 싫어요."라고 말을 했다고 하자. 이 경우에 아내는 남편이 자신을 대하는 태도, 즉 방식을 싫어하는 뜻을 밝혔다. 그럼에도 불구하고 아내는 남편이라는 사람에게 그러한 말을 하기 때문에 여전히 남편이라는 사람을 인정하고 있다. 따라서 거부는 관계를 부정하지만 상대방을 대화의 상대자로 여전히 인정하고 있다는 뜻이다. 셋째로, 상대방은 대화를 불인정(disconfirmation)할 수 있다. 불인정은 상대방과의 관계와 상대방이라는 사람을 동시에 부정하게 된다. 만일 부인이 남편에게 "나는 당신과의 관계를 이렇게 생각해요."라고 말을 했는데 남편이 부인에게 "당신의 얼굴이 참 예쁘군!" 하고 대답을 했다고 하자. 남편은 부인의 남편과의 관계방식에 대한 대화를 부정했을 뿐만 아니라 부인이라는 사람 자체를 부정하는 대화를 하고 있다. 남편은 '예쁘다'라는 사실에만 관심이 있기 때문에 부인이 다른 사람으로 교체된다 할지라도 예쁘기만 하면 된다는 식의 대화를 하고 있다.

  두 번째 공리인 내용과 관계라는 차원에서 역기능 현상은 위의 설명으로 인해서 분명해진다. 가족들 간의 갈등 또는 사람들 사이에 생기는 갈등은 대화의 내용이라는 측면이기보다는 관계를 규정하는 방식에서 생긴다. 관계를 규정하는 방식이 어떻게 상대방에게 전달되고 상대방이 어떤 방식으로 받아들이는가에 따라서 역기능의 대화를 가지게 된다. 역기능은 거부와 불인정을 통해서 생긴다. 대화를 하는 주체와 객체가 서로 거부를 하거나 한 사람이 다른 사람을 거부하는 경우 그리고 불인정을 하는 경우에 역기능이 발생한다.

3) 병리적 의존의 역기능

술을 마시는 남편과 바가지를 긁는 아내의 경우에 서로 자신들이 찍는 구두점의 원리를 이해하지 못하는 경우에 갈등이 생기게 된다. 술을 마시는 남편은 자신이 보는 현실을 전부라고 생각하고 바가지를 긁는 아내는 자신이 보는 현실을 전부라고 생각한다. 아내와 남편은 각각 자신들의 행동이 정당하다고 생각한다. 아내가 바가지를 긁는 한 남편은 술을 마실 수가 있고 아내는 남편이 술을 마시는 한 자신이 바가지를 긁을 수 있다고 생각한다. 자신들이 하는 행동의 정당성을 상대방을 통해서 확인할 수 있게 된다. 아내는 바가지를 긁음으로 인해서 남편이 술을 먹는 행동을 바꾸기를 원하지만 사실은 남편이 더욱 술을 마시도록 조장하는 행동을 하는 셈이다. 남편 역시 술을 마심으로 인해서 아내가 바가지를 긁는 행동을 조장하게 된다. 즉, 남편과 아내는 서로의 입장에서 구두점을 찍고 자신들의 행동을 상대방을 통해서 강화하는 방식으로 대응함으로써 서로의 행동을 조장하는 방식으로 관계가 이루어진다. 이러한 방식의 관계는 알코올 중독자들의 부부관계에서 찾아볼 수 있다. 알코올 중독자 부부는 이와 같은 관계의 양식을 가짐으로 인해서 **병리적 의존관계**(codependent relationship)를 가지게 된다. 이때 의존은 건강한 의미의 의존과는 전적으로 다르다. 건강한 의미의 의존관계는 남편과 부인이 각각 자신을 유지하면서 서로 정서적으로 연결되는 경우를 말한다. 그러나 병리 현상으로서의 의존관계는 자신을 유지하지 못하면서 의존하는 관계를 의미한다. 남편이 술을 마시는 행동을 중단하는 경우에 부인은 자신이 바가지를 더 이상 긁을 수 없음을 견디지 못한다. 결국 바가지를 긁어서 남편이 다시 술을 마시게 해야만 자신의 바가지 긁는 행동을 계속 할 수 있게 된다. 남편도 마찬가지로 부인이 바가지 긁는 행동을 그만두는 경우에 자신이 술을 마시는 행동에 대한 정당성의 근거를 잃어버리기 때문에 부인으로 하여금 다시 바가지를 긁도록 조장하는 행동을 하게 된다. 이러한 방식의 관계를

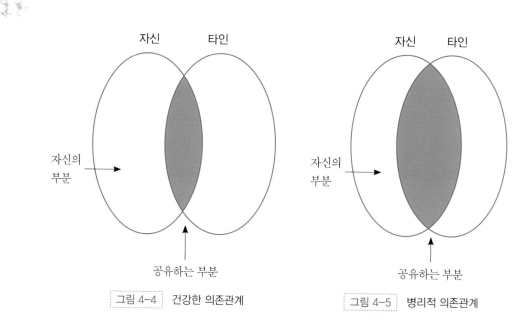

그림 4-4 건강한 의존관계   그림 4-5 병리적 의존관계

병리적 의존관계라 부른다.

　[그림 4-4]와 [그림 4-5]에서 보면 **건강한 의존관계**(interdependent relationship)는 자신의 부분이 공유하는 부분보다 많음을 알 수 있다. 반면 병리적 의존관계는 공유하는 부분이 자신의 부분보다 더 많다. 즉, 병리적 의존관계는 공유하는 부분이 제거되는 경우에 자신을 제대로 지탱할 수 없게 된다. 남편의 술과 아내의 바가지는 부부간에 병리적 의존과 관련이 있다. 병리적 의존을 지속하기 위해서 남편은 술에 의한 구두점의 현실을 유지하고, 부인은 바가지에 의한 구두점의 현실을 유지한다.

4) 불일치의 역기능

　건강한 사람들은 디지털 대화의 방식과 아날로직 대화의 방식이 일치한다. 언어를 통해서 논리적으로 자신의 생각을 전달하면서 신체를 통해서 그 언어에 해당하는 정서와 상징을 전달한다. 예를 들면, 자신이 슬프다는 사실을 언어를 통해서 전달할 때에 울거나 슬픈 표정을 지음으로써 디지털 대화와 아날로직 대화는 일치하게 된다. 그러나 건강하지 못한 사람들은 언어를 통해서 전달되는 내용과 신체를 통해서 전달되는 상징이 서로 다른 경우가 있다. 예를 들면, 내담자들이 상담실에서 자신이 슬프다고 말을 하면서도 얼굴은 웃는 경우가 있다. 이 경우에는 자신의 슬픔을 신체를 통해서 제대로 전달하지 못하기 때문에 슬프다는 디지털 대화와 웃는 신체의 언어인 아날로직 대화 사이에 불일치가 생기게 된다. 이러한 불일치는 상대방으로 하여금 혼란을 느끼게 한다. 슬프다고 말을 하는 디지털 대화에 초점을 맞추어야 하는지 아니면 웃는 아날로직 대화에 초점을 맞추어야 하는지 혼란을 일으키게 된다. 결국 슬프다고 말을 하는 화자는 상대방으로부터 마땅히 받아야 하는 위로의 말을 듣지 못하게 된다. 이로 인해서 화자는 대화의 불일치를 더욱 경험하게 됨으로써 관계를 더욱 어렵게 만드는 일을 하게 한다.

다른 한편으로 남편과 부인이 서로 다른 종류의 대화를 할 때 역기능의 관계가 생긴다. 남편은 디지털 대화를 하고 부인은 아날로직 대화를 할 때 남편과 부인은 서로를 이해하지 못하고 갈등을 일으킨다. 예를 들면, 아내가 남편에 대해서 실망을 하고 울고 있다고 하자. 남편은 아내에게 "문제가 무엇인데?"라고 계속 물어본다. 아내는 남편의 질문에 대해서 대답을 하지 않고 계속 울거나 화를 낸다. 이 경우에 남편은 답답한 마음을 가지게 되고 부인은 남편에 대해서 더욱 실망을 한다. 즉, 남편은 계속 디지털 대화만 하고 있고 아내는 계속 아날로직 대화만 하고 있다. 두 사람은 서로를 이해하지 못한 채로 더욱 심한 갈등을 가지게 된다.

5) 경쟁과 남용의 역기능

대칭관계 또는 상보관계 그 자체는 역기능의 관계라고 할 수 없다. 관계를 하는 두 사람이 충분히 동의를 하는 경우에는 그 자체로서 역기능을 초래하지 않는다. 그러나 대칭관계에서 두 사람이 서로 우위를 차지하기 위해서 경쟁을 하는 경우에는 역기능의 관계로 발전하게 된다. 서로 힘이 비슷하기 때문에 어느 한쪽도 일방적으로 우위를 가질 수 없게 된다. 그러나 서로 우위를 점하기 위해서 끊임없이 노력을 하면 상대방을 힘으로 누르려는 방식의 대화를 하게 된다. 이러한 방식의 대화는 서로에 대해서 비난하기, 마음을 읽어 내기, 협박하기, 조롱하기, 충분히 설명을 하지 않기 등 여러 가지 방식으로 역기능의 대화의 형태가 진행된다. 이러한 형태의 대화는 상대방의 기분을 나쁘게 만든다. 그래서 상대방은 다시 원래의 화자를 기분 나쁘게 하는 대화를 진행한다. 상보관계의 경우에도 우위에 있는 사람이 하위에 있는 사람을 보호하고 돌보는 관계를 만드는 노력을 하기보다는 하위에 있는 사람을 힘으로 눌러서 자신의 힘을 남용하는 관계를 만들 때 병리적이 된다. 설교를 일삼는 대화를 한다든지, 협박을 통해서 자신의 생각을 관철하려는 대화를 한다든지, 극단적인 말을 한다든지 또는 추궁하는 방식으로 대화를 하는 등 이러한 대화의 형태는 하위에 있는 사람을 더욱 힘들게 함으로써 결국 우위에 있는 사람도 어렵게 한다. 대칭관계에서는 경쟁을 통해서 역기능의 대화를 하게 되고, 상보관계는 남용을 통해서 역기능의 대화 형태를 갖는다.

5. 치료의 목표 및 방법

1) 치료의 목표

대화이론에 있어서 치료의 목표는 **역기능의 상호작용을 바꾸는 일이다**(Nichols & Schwartz, 1991, p. 201). 역기능의 상호작용은 대화이론에 있어서 대화의 형태를 의미한다. 가족들이 가지고 오는 증상은 대화의 역기능 형태로 이해되기 때문에 치료자는 증상을 강화하는 행동들을 하지 못하도록 한다. 가족 구성원들이 어떤 경로를 통해서 증상을 강화하며 어떤 방식을 통해서 역기능의 대화의 형태들이 고정되는가 하는 점에 주목하게 된다. 이러한 경로나 방식들이 발견되면 이를 차단하거나 고정된 역기능의 대화의 형태를 기능의 대화의 형태로 바꾸어 주는 일이 치료의 주된 목표가 된다. 이러한 치료의 활동은 가족들이 자신들이 어떤 대화의 형태를 가지고 있는가 하는 점을 보도록 이루어진다. 이렇게 자신들이 하는 대화를 보면서 대화를 하도록 하는 활동을 메타대화(metacommunication)라고 한다. 가족들이 메타대화를 할 수 있으면 자신들의 역기능의 대화를 변화시킬 수 있다.

2) 치료의 방법

⑴ 가르치기

메타대화가 가능하도록 하기 위해서 치료자는 몇 가지 방법을 사용한다. 대화이론의 치료의 방법들은 가르치기, 분석하기, 해석하기, 조정하기 등으로 분류된다

(Nichols & Schwartz, 1991, p. 210). **가르치기**(teaching) 방법의 목적은 가족들이 대화이론의 관점에서 가족을 어떻게 이해하고 받아들이며 행동해야 하는가를 이해하도록 한다. 즉, 대화의 규칙을 가족들이 이해하고 받아들이도록 한다. 증상이란 가족체계의 역기능이라는 점, 가족들의 행동은 대화라는 점, 대화는 일정한 흐름이 있다는 점, 대화는 역기능이 될 때 연속의 흐름이 중단된다는 점, 대화의 규칙을 부정할 때 대화는 역기능이 된다는 점, 대화에는 여러 가지 공리가 있다는 점 등을 가르친다. 여러 가지 대화이론이 가지고 있는 개념들과 원리들을 가르치면 가족 구성원들은 점차 가족체계를 대화이론이라는 관점에서 이해하는 인식의 전환과 방향성이 생기게 된다. 이해할 때 한 개인의 문제로 이해하는 개인주의 방식으로부터 벗어나 증상을 대화라는 체계로 이해할 수 있게 된다. 가족 구성원들은 새로운 방식으로 자신들의 행동을 이해할 수 있는 기본 틀을 가지게 된다.

(2) 분석하기

분석하기(analysing) 방법은 가족 구성원들이 가지고 오는 역기능의 대화를 찾아내는 일이 된다. 사람은 대화를 하지 않을 수 없다는 공리의 측면에서 대화의 어떤 요소를 부정함으로써 역기능의 대화를 하는가를 찾아내며, 내용과 관계의 공리 측면에서는 어떻게 관계가 규정되는가 하는 점을 분석하게 된다. 구두점의 원리라는 면에서는 어떻게 연속된 대화의 흐름을 끊는가 하는 점이 분석되고, 디지털과 아날로직의 대화원리 측면에서는 가족들이 두 대화의 형태 간에 어떤 불일치를 가지고 있는가 하는 점을 분석하게 된다. 마지막으로, 대칭과 상보의 대화원리에 있어서는 서로 경쟁의 방식으로 대화를 하는가 또는 서로 힘을 남용하고 이를 당연시하는 방식으로 대화가 진행되는가 하는 점을 분석한다. 이러한 분석은 숨겨져 있거나 불분명한 대화의 역기능 형태를 분명하게 밝혀서 가족 구성원들로 하여금 알게 해 준다. 자신들이 하는 대화를 분명하게 보게 함으로써 가족들은 메타대화를 할 수 있는 조건을 갖추게 된다. 또한 숨겨진 역기능의 대화를 찾아냄으로써 역기능이 가지고 있는 숨겨진 힘을 빼앗는 효과를 가져오게 한다. 역기능의 대화의 형태의 힘이 약해지면서 가족들이 메타대화를 할 수 있도록 한다면 치료의 상당한 조건을 갖추게 된다.

(3) 해석하기

해석하기(interpreting) 방법은 가족들로 하여금 자신들이 가지고 있는 대화의 역기능의 형태가 무엇을 의미하는지 이해하도록 하는 작업이다. 역기능의 대화 형태가 어떤 대화의 공리와 연결되는지 또는 이러한 연결들이 어떤 의미를 갖는지 하는 점이 해석된다. 예를 들면, 부부가 심하게 서로 비난을 한다고 하자. 이 경우에는 여러 가지 방식으로 비난의 역기능 대화의 형태를 연결할 수 있다. 상보와 대칭의 대화원리라는 측면에서 본다면 두 사람은 서로 힘을 갖기 위해서 경쟁을 하고 있는 관계를 가지고 있다. 또는 대화의 방식을 부정하는 역기능의 측면에서 본다면 두 사람은 서로가 전달하고자 하는 대화의 내용을 부정하는 방식으로 대화를 하고 있다. 내용과 관계라는 측면에서 본다면 두 사람은 서로가 규정하는 관계의 방식에 대해서 부정하면서 대화를 하고 있다. 분석을 통해서 밝혀진 역기능의 대화를 대화이론이 가지고 있는 여러 가지 원리와 개념을 통해서 해석하고 이해하는 일이 해석하기의 주된 일이다.

(4) 조정하기

조정하기(manipulating) 방법은 역기능의 대화의 형태를 바꾸기 위한 여러 가지 치료의 전략을 의미한다. 대화이론에서는 **역설의 방법**을 사용한다(Hansen & L'Abate, 1982; Nichols & Schwartz, 1991, p. 200). 부부가 서로에 대해서 심하게 비난하는 경우를 예로 들어 보자. 역설의 방법에서는 치료자가 부부로 하여금 더욱 비난을 하도록 처방한다. 지금까지 비난을 하던 양보다 두 배나 세 배로 비난의 수위를 높여서 비난하도록 처방한다. 만일 다른 가족 구성원이 있는 경우에는 그 가족 구성원으로 하여금 하루에 더 많은 비난을 했는지 안 했는지에 대해서 점검하도록 하는 임무를 준다. 역설의 처방을 통해서 치료자는 부부가 자신들의 비난행위에 대해서 메타차원에서 이해하도록 하는 기회를 제공하고 있다. 자신들의 비난이라는 행위를 메타차원에서 볼 수 있다면 부부는 이러한 비난을 할 것인지 아니면 안 할 것인지 선택할 수 있는 여지를 가지게 된다. 더 많은 비난을 하다가 부부들은 자신들이 어떤 방식으로 대화를 하고 있는지 깨닫는다면 이는 부부가 메타차원에서 자신들의 대화를 볼 수 있게 되는 효과를 갖는다.

치료자는 가족 구성원들이 메타차원에서 대화를 볼 수 있도록 하기 위해서 가족체계의 바깥에서 객관의 사람으로, 즉 메타의 사람으로서 입장을 가지게 된다. 메타의 사람이란 사람에 대한 사람이라는 뜻이다. 즉, 자신을 객관적으로 바라볼 수 있는 사람이다. 또는 다른 사람의 대화를 객관적으로 볼 수 있는 사람이다. 치료자가 가르치고 분석하고 해석하면서 조정하는 모든 행동은 가족들이 메타의 수준에서 자신들의 대화행동을 이해하도록 하는 역할을 한다. 치료자의 대화행동에 대한 지적들은 가족들로 하여금 자신들의 행동을 이해하고 알게 하는 거울의 역할을 한다. 개인치료에서 사람의 마음을 비춰는 거울의 역할을 하는 방법과 같은 방식으로 대화치료자들은 치료를 하게 된다.

요약

　대화이론은 베이트슨의 조현병 환자의 가족에 대한 연구에 기원을 두고 있다. 조현병 환자의 가족을 연구한 사람들은 이중구속이론을 만들어 냈다. 이중구속이론은 대화의 형태가 어떻게 인간을 조현병으로 몰고 가는가 하는 점을 밝혀 주고 있다. 이 연구에 대화이론을 만들게 되는 와츨라윅이 참여하게 된다. 그는 이 연구를 통해서 가족들의 대화 형태에 관심을 가지게 되고 이러한 대화 형태를 이론화함으로써 대화이론을 만들어 냈다. 폴 와츨라윅은 수학의 공리를 활용하여서 대화이론을 만들게 되었다. 공리란 자명한 이치로서 누가 보아도 그럴듯하다고 인정할 만한 현상을 말한다. 인간의 대화에는 이러한 공리들이 존재하고 이러한 공리들은 대화이론을 만드는 데 중요한 원리로서 작용하게 된다.

　대화이론은 다섯 가지의 공리를 가지고 있다. 첫 번째 공리는 인간의 모든 행동은 대화라는 것이다. 비록 몸짓을 한다 하더라도 인간은 대화를 하고 있다. 몸짓은 몸의 언어로서 말을 통한 언어가 아니라 신체를 통해서 전달하는 언어이다. 인간의 모든 행동이 대화라는 의미는 인간의 대화를 언어로 국한시키는 것이 아니라 비언어 대화도 모두 대화에 포함시킨다는 의미이다. 두 번째 공리는 인간의 대화에는 정보와 정보를 전달하는 방식이 동시에 들어 있다는 것이다. 정보를 전달하는 사람은 정보를 전달하면서 정보가 어떤 방식으로 전달되어야 하는가 하는 점도 동시에 전달하게 된다. 정보를 전달하는 방식을 관계라고 한다. 세 번째로, 인간의 대화에는 구두점의 원리가 있다. 사람들은 자신들의 입장에서 대화를 편리한 방식으로 끊게 된다. 대화를 끊는 경우에 구두점을 통해서 대화는 끊어진다. 자신에게 필요한 부분만큼 구두점을 찍어서 대화를 토막 낸다. 다른 사람들은 또 다른 방식으로 대화를 토막 낸다. 네 번째로, 대화에는 디지털과 아날로직의 방식이 있다. 디지털 대화의 방식은 주로 논리적이고 정보를 전달하게 된다. 반면 아날로직의 대화는 감성적이며 느낌을 통해서 정보를 전달하고 지각한다. 다섯 번째로, 대화는 상보성과 대칭성의 원리를 가지고 있다. 힘의 관점에서 볼 때 인간의 대화는 힘이 극대화되는 경우에 상보적으로 이루어진다. 반면 힘이 대등한 경우에 대화는 대칭적으로 이루어진다.

가족들이 가지고 있는 역기능은 다섯 가지 공리와 밀접한 관련을 가지고 있다. 첫째로, 모든 대화는 공리의 차원에서 보면 화자가 자신의 대화를 부정하거나 또는 대화를 듣는 사람이 대화를 거부하기 때문에 역기능이 발생된다. 화자가 자신의 대화를 부정하는 방법에는 원천 부정, 내용 부정, 듣는 사람 부정, 맥락 부정이 있다. 듣는 사람은 대화 자체를 거부하거나 대화하는 사람을 인정하지 않음으로써 역기능이 생긴다. 둘째로, 내용과 관계라는 차원에서 보면 역기능은 주로 관계로 인해서 발생한다. 서로 관계를 규정하는 방식이 다름에도 불구하고 자신의 관계방식을 유지하는 방향에서 대화를 하게 되면 역기능이 생긴다. 셋째로, 구두점의 원리로 인해서 역기능이 발생한다. 대화를 자신의 입장에서만 끊음으로써 상대방의 토막을 인정하지 않게 된다. 넷째로, 디지털 대화방식과 아날로직 대화방식이 서로 맞지 않음으로 인해서 역기능이 생긴다. 다섯째로, 힘을 남용하는 방식으로 대화를 하거나 경쟁하는 방식으로 대화를 하는 경우에 역기능이 생긴다.

대화이론은 역기능을 해결하기 위해서 대화를 하는 사람들이 자신들의 대화를 객관적으로 이해할 수 있는 메타대화를 제시한다. 메타대화를 통해서 서로 자신들이 어떤 방식으로 대화를 하고 있으며 어떤 점들이 역기능의 대화를 가지고 있는가 하는 짐을 객관직으로 보도록 가르친다. 가르칠 뿐만 아니라 대화의 방식들을 분석하도록 한다. 분석을 통해서 자신들의 대화방식을 이해하도록 만든다. 이해를 한 경우에 여러 가지 방법을 통해서 대화를 조정해 나간다. 지시하는 방법으로 대화를 지시하기도 하고, 역할을 바꾸어 대화를 함으로써 서로의 대화방식을 이해하고 바꾸어 가도록 한다. 치료자는 때로는 대단히 소극적 방법으로, 때로는 대단히 지시적 방법으로 대화를 이끌어 나간다.

연습문제

1 대화이론에서 증상을 이해하는 방식을 설명하시오.

2 대화이론의 공리들에 대해서 설명하고, 이러한 공리들이 어떻게 역기능의 대화의 형태와 연결되는지 밝히시오.

3 대화이론의 주요 치료방법들을 설명하고, 이러한 치료의 방법들이 어떤 효과를 가지고 있는가에 대해서 밝히시오.

4 치료자는 대화이론의 관점에서 어떤 입장을 취해야 하는지를 설명하고, 그러한 입장이 치료의 목표와 어떤 관련이 있는지 밝히시오.

5 대화이론이 어떤 한계를 가지고 있는지에 대해서 생각해 보시오.

제5장

전략 가족치료이론

1. 기원 및 주요 인물

전략 가족치료이론은 1950년대의 그레고리 베이트슨을 중심으로 연구된 조현병 환자의 대화 형태에 대한 연구에서 그 기원을 찾을 수 있다. 전략 가족치료이론의 중심 인물들은 대부분 이 연구에 참여하였거나 이들의 영향을 아주 많이 받은 사람들이다. 가족들이 가지고 있는 여러 가지 역기능의 대화 형태를 연구하였고 이를 통해서 각자 나름대로 이론들을 발표하였다. 비록 이론들이 추구하는 방향은 크게 가족의 문제를 해결하는 전략을 개발하는 데 초점을 맞추고 있지만 각각은 독특한 방식으로 문제를 해결하는 데 기여하고 있다. 이러한 연구에 근거를 두면서 전략 가족치료이론은 크게 네 가지 주류로 분류할 수 있다. 그 네 주류는 MRI(Mental Research Institute), 버지니아 사티어, 제이 헤일리와 클로에 마다네스(Cloé Madanes) 그리고 밀란 그룹이다. MRI를 중심으로 한 연구에는 여러 사람이 참여를 하였다. 돈 잭슨, 초기 제이 헤일리, 초기 버지니아 사티어, 줄스 리스킨, 존 위클랜드, 폴 와츨라윅, 아서 보댕, 자넷 비번(Janet Beavin) 등이 조현병 환자 가족의 대화 형태를 연구하는 사람들이었다. 그러나 이들은 이 연구 후에 각자 자기 나름대로 독자의 방식을 추구하게 되었다.

사티어는 여러 이론을 접하면서 여러 사람과 일을 같이 하였다. 사티어의 치료이론과 실제에는 정신분석이론, 체계이론, 대화이론, 교류분석이론, 내담자 중심이론, 세대이론, 게슈탈트이론 등 다양한 이론이 영향을 미쳤다(Hansen & L'Abate, 1982, p. 69). 그럼에도 불구하고 사티어는 대화이론의 입장에서 그녀의 이론을 전개하고 있으며 가족 구성원들의 문제를 치료하는 전략에 많은 관심을 가지고 있다. 헤일리는 초기에 MRI 연구에 참여하였다가 그만두고 나중에 미누친과 몬탈보의 아동지도상담소(Child Guidance Clinic)에서 일하였다(Hansen & L'Abate, 1982, p. 104; Nichols & Schwartz, 1998, p. 356; Stanton, 1981, p. 362). 헤일리는 필라델피아를 떠난 뒤 클로에 마다네스와 더불어 그 자신의 연구소를 워싱턴에 설립하였다(Nichols & Schwartz, 1998, p. 356). 클로에 마다네스는 MRI 연구에 참여하였다가 미누친의 연구소에서 일하였고 나중에는 헤일리와 같이 일하게 되었다.

돈 잭슨에 의해서 시작된 MRI 연구팀은 초기에 가족치료를 형성하는 데 많은 기여를 하였다. 나중에는 여러 다른 전략 가족치료이론가, 즉 칼로스 슬러츠키와 제임스 코인(James Coyne) 등이 MRI에 참여하였고 나중에 MRI는 리처드 피셔의 지도하에 단기가족치료연구소를 설립하였다(Nichols & Schwartz, 1998, p. 357). 이탈리아의 정신분석가였던 마라 셀비니 팔라졸리(Mara Selvini Palazzoli)는 수십 년간 섭식장애가 있는 환자들을 치료하였다. 그녀는 다른 여러 동료와 이탈리아 밀란에 연구소를 설립하고 MRI 연구팀의 문헌들을 읽고 환자들에게 적용하였다. 이들은 나중에 이탈리아를 방문하였던 폴 와츨라윅에게 여러 자문을 구하였다(Campbell, Draper, & Crutchley, 1991, p. 326). 이들은 나중에 자신들의 독자 치료기법을 발표하였고, 이들의 치료기법은 가족치료를 하는 많은 전문가에게 널리 사용되었다. 치료기법에 대한 견해 차이로 인해서 이들은 나중에 두 팀으로 갈라시게 된다. 쌀라졸리를 중심으로 하는 한 팀과 보스콜로(Boscolo)와 체친(Cecchin)을 중심으로 하는 다른 팀으로 나뉘었다. 이들은 가족들에게 각각 다른 치료기법을 적용함으로써 자신들의 방식을 확립하게 되었다.

2. 이론의 기초

1) 전략 모델

전략 가족치료이론의 기초는 두 가지 맥락으로부터 출발한다. 밀턴 에릭슨 (Milton Erickson)의 최면치료와 일반체계이론이 가지고 있는 사이버네틱의 개념이 그 두 가지 맥락이다(Nichols & Schwartz, 1998, pp. 410-412). 제이 헤일리의 생각에 막대한 영향을 준 밀턴 에릭슨은 정신분석이 가지고 있는 통찰과 이해 중심의 치료에서부터 변화 중심의 치료에 많은 노력을 기울였다. 제이 헤일리는 밀턴 에릭슨으로부터 치료기법을 추출하기 위해서 노력하였다. 헤일리의 이러한 노력은 두 권의 책『최면과 치료의 고급 기술들(Advanced Techniques of Hypnosis and Therapy)』과 『특이한 치료(Uncommon Therapy: The Psychiatric Techniques of Milton Erickson)』에 잘 나타나 있다. 밀턴 에릭슨에게 영향을 받은 전략 가족치료자들은 가족들에게 무엇 때문에 문제가 생겼으며 문제의 발생 기원들을 설명하지 않는다. 단지 이들은 가족들이 어떻게 해야 하는지를 말하며 치료자들이 지시하는 대로 행동하기를 원한다. 만일 가족들이 치료자의 말을 따르지 않거나 부분적으로 따르는 경우에도 치료의 기법을 개발하여 가족들의 저항을 다루어 나간다. 전략 가족치료이론가들은 이러한 방법으로 많은 치료기법을 개발하였다. 이러한 치료의 기법들은 전략 가족치료이론의 핵심을 이루고 있다.

2) 사이버네틱 모델

또 다른 이론의 기초는 일반체계이론이 가지고 있는 사이버네틱의 원리이다. 가족들이 가지고 오는 증상들은 가족들이 지닌 상호작용의 형태를 반영하고 있다. 상호작용의 형태는 가족들이 서로에게 어떻게 반응을 하는가 또 이러한 반응들은 어떤 방식으로 이루어지는가 하는 점을 말한다. 가족 구성원들이 서로 피드백을 주는 방식은 곧 그 가족의 상호작용을 나타내는 방식을 의미하기 때문에 전략 가족치료이론가들은 가족들이 서로에 대해서 어떻게 피드백을 주는가 하는 점에 초점을 맞춘다. 가족들의 상호작용을 이해하기 위해서 치료자들은 순환 질문을 사용한다. 예를 들면, 우울한 청소년에게 치료자는 "네가 우울할 때 누가 너를 격려하니?" 또는 "네가 우울할 때 가장 참기 힘들어하는 사람은 누구니?"라는 순환의 질문을 통해서 가족 구성원들의 상호작용 방식을 알기 원한다.

전략 가족치료이론의 입장에서 가족들이 가지고 오는 문제들은 가족의 상호작용을 반영하는 기능으로 이해된다. 예를 들면, 심신증을 호소하는 아동은 심신증을 통해서 가족의 체계를 유지하는 역할을 한다. 심신증은 부모의 갈등을 반영하는 증상일 수도 있고 가족의 체계를 계속 유지하기 위한 역할을 반영할 수도 있다. 정신분석이나 다른 여러 이론의 입장과 같이 심신증의 원인을 아동의 내면 세계나 가족의 역사에서 찾으려 하지 않는다. 단지 심신증이 현재 가족관계 속에서 가지고 있는 기능에만 초점을 맞춘다. 그 기능이 가족 구성원들의 상호작용을 촉진하거나 활발하게 만들면 가족 구성원들은 아무런 문제가 없이 살 수 있다. 그러나 그 기능이 가족 구성원 중의 누군가에게 문제를 일으키거나 전체 가족 구성원들의 상호작용을 방해하는 경우에는 치료를 받아야 한다. 전략 가족치료이론에서는 그 기능을 바꾸는 일이 치료의 초점이 된다. 어떻게 그 기능을 바꾸는가 하는 점은 치료의 성패를 좌우한다. 현재 가족이 가지고 있는 기능을 다양하게 바꾸는 전략을 개발하는 일이 전략 가족치료이론가들의 주된 일이 된다. 전략 가족치료이론의 경향에 따라서 가족들이 가지고 있는 기능을 보는 관점은 다르다. 예를 들어, 헤일리는 기능을 힘과 통제라는 관점으로 보는 데 비해서 마다네스는 기능을 보호와 돌봄이라는 관점에서 접근한다. 반면 밀란 연구팀은 기능을 바꾸는 데 좀 더 장기간의 전략을 사용하고 MRI 연구팀은 단기간의 전략을 사용한다. 사티어는 기능이 가지고 있는 대화의 측면을 중요하게 본다. 이러한 다양한 경향에도 불구하고 전략 가족치료이론가들은 가족들의 상호작용을 기능이라는 측면에서 이해한다.

3. 주요 개념 및 원리들

1) 버지니아 사티어

가족의 기능성은 대화의 형태에서 찾아볼 수 있다. 가족은 개인의 행동을 만들어내는 상호작용의 체계이다. 상호작용이 활발히 일어날 때 가족은 열린 체계를 가지고 있으며 상호작용이 활발히 일어나지 않을 때 닫힌 체계를 가지고 있다(Hansen & L'Abate, 1982, p. 70). 활발한 상호작용은 대화에 의해서 이루어지며 열린 체계의 특성과 닫힌 체계의 특성은 가족들 간에 대화의 형태를 규정하게 된다. 열린 체계에서 가족들끼리 대화를 할 때 대화는 분명하고 쉽게 상대방에 의해서 이해될 수 있다. 반면 닫힌 체계에서 대화는 분명하지 않고 상대방을 혼란에 빠뜨리는 방식으로 진행된다. 분명하지 않고 혼란스러운 대화는 가족들이 가지고 있는 닫힌 체계의 특성을 유지하기 위해서 이루어진다. 반면 가족들이 변화에 쉽게 노출되고 이러한 변화를 적극적으로 수용하는 가족들은 대화를 분명하게 진행한다. "분명한 대화의 채널을 유지하고 발전시키는 일"(Satir, Stachowiak, & Taschman, 1983, p. 77)이 가족을 기능적으로 만들면서 주변의 상황 변화에 능동적으로 대처할 수 있는 기능적 가족을 만들게 한다.

가족의 기능을 잘 발휘하는 대화는 언어의 측면과 비언어의 측면이 잘 일치된다. 한 사람이 다른 사람에게 대화를 하는 경우에 대화는 언어를 통해서 전달되는 내용의 측면이 있고 표정이나 몸짓 또는 여러 가지 방식의 비언어를 통해서 전달되는 비언어의 측면이 있다. 분명하고 혼란스럽지 않은 대화를 하기 위해서 대화를 하는 사람은 언어의 측면과 비언어의 측면이 서로 잘 일치되어야 한다. 대화를 하는 사람은 자신이 느끼는 감정들과 언어를 통해서 전달되는 생각들을 일치된 상태로 상대방에게 보내게 된다. 즉, 자신에 대한 전체 그림이 분명하게 상대방에게 전달되도록 대화를 진행한다. 이러한 대화를 할 수 있는 사람들은 자신의 가치를 충분히 느끼는 사람들이다.

사티어는 일치된 대화를 하는 사람들을 설명하기 위해서 항아리(pot)라는 개념을 사용한다(Hansen & L'Abate, 1982; Satir, 1988; Satir et al., 1983). 항아리는 자신에 대한 태도, 상, 생각 등을 총칭하여 나타내는 개념으로서 **자존감**(self-esteem) 또는 **자기가치**(self-worth)를 의미한다. 높은 항아리는 높은 자존감을 의미하고 낮은 항아리는 낮은 자존감을 의미한다. 높은 자존감을 가진 사람은 자신을 소중히 여기고 다른 사람들을 존중과 사랑 그리고 현실성을 가지고 대하게 된다(Satir, 1988, p. 22). 이들은 또한 통합되고 정직하며 책임감이 높고 열정이 있고 자신감을 가지고 자신과 다른 사람들을 사랑하는 사람들이다. 자존감이 높은 사람들은 힘들고 어려운 상황 속에서도 자신을 잘 지탱하며 어려움을 잘 소화해 나간다. 상황에 따라서 유연하게 대처할 수 있는 능력을 가지고 있다. 이러한 능력은 여러 가지 다른 역할을 주어진 상황에 알맞게 제대로 잘 해낼 수 있도록 한다. 그럼에도 불구하고 자신의 원래 모습을 잃어버리지 않고 잘 통합할 수 있는 사람을 의미한다. 이러한 사람을 균형이 잡힌 사람, 즉 균형자(leveler)라고 부른다. 균형자는 언어와 행동이 일치되고, 다른 사람들과 일치된 대화를 한다. 다른 사람들로 하여금 분명한 대화를 하도록 하며 그러한 대화를 잘 받는 사람을 의미한다. 자신의 감정에 솔직하고 이를 상황에 맞게 잘 전달할 수 있는 대화의 능력을 지닌 사람을 의미한다. 자신의 대화를 스스로 조절하여 다른 사람들과 좋은 관계를 유지할 수 있는 능력을 지닌 사람들이다.

2) 제이 헤일리와 클로에 마다네스

위계질서(hierachy)라는 개념은 헤일리와 마다네스의 가족치료에 대한 생각을 이해하는 데 가장 중요하다(Nichols & Schwartz, 1998, p. 360; Stanton, 1981, p. 365). 기능이 잘 되는 가족은 가족 내에서 위계질서가 제대로 서 있어야 한다. 부모는 부모로서 위치를 지키고 아이들은 아이들의 위치를 제대로 지켜야 한다. 할아버지와 할머니의 세대는 부모의 세대보다 위계적으로 우위에 있으며 부모들의 세대는 아이들의 세대보다 우위에 있어야 한다. 부모들은 일차적으로 아이들을 책임지고 돌보는 위치에 있다. 부모의 책임은 아이들보다 많은 힘과 통제력을 지니고 있어야 한다. 이런 의미에서 헤일리와 마다네스는 세대 간의 위계질서인 구조와 경계선의 개념을 가지고 있다. 이들에 따르면 가족은 각각 자신들이 가지고 있는 위치를 구조적으로 유지해야 한다. 이러한 세대 간의 위치는 각각 경계선을 가지고 서로의 영역에 대해서 침범하지 말아야 한다. 건강한 가족은 구조적으로 질서를 가지고 있으며 이러한 질서는 기능적으로 잘 유지되어야 한다.

헤일리와 마다네스가 둘 다 가족들의 구조와 경계선에 관심을 가지고 있음에도 불구하고 이들이 관심을 갖는 측면은 서로 다르다. 헤일리는 가족들의 위계질서를 통제와 힘이라는 관점에서 접근한다. 가족들은 각각 자신의 위치에 알맞은 힘을 가지고 있어야 한다. 만일 어느 한쪽이 지나치게 많은 힘을 가지고 있거나 적은 힘을 가지고 있으면 가족의 위계질서는 무너지게 된다. 부모와 자녀의 경우에도 각각 적절한 정도의 힘을 가지고 있어야 하며 자녀들이 전혀 힘이 없는 경우에는 역시 가족의 위계질서에 문제가 발생한다. 반면 마다네스는 가족의 위계질서를 보호와 관심이라는 측면에서 접근한다. 가족들은 각각의 위치에서 상대방을 잘 돌보는 역할을 해야 한다. 부모들은 일차적으로 자녀들을 돌보는 책임을 갖는다. 그러나 자녀들도 자신의 위치에 알맞게 돌보고 보호하는 책임을 갖도록 요구된다. 돌보고 보호하는 책임을 제대로 수행하지 않으면 결국 폭력이 생긴다. 가족들이 서로 건강하게 상호작용을 하기 위해서 지배와 통제, 사랑받기, 사랑하고 보호하기, 참회하고 용서하기의 네 가지 기본 의도를 이해해야 한다(Madanes, 1991, pp. 401-408; Nichols & Schwartz, 1998, p. 361). 가족들은 자신들의 삶을 유지하고 보호하기 위해서 통제와 지배를 위한 노력을 하게 된다. 이러한 노력이 실패로 돌아갈 때 가족들은 역기능을 가지게 된다. 가족들은 자신의 삶을 보호하고 유지하기 위해서 다른 사람들로부터 사랑받기를 원하기 때문에 이를 위해 서로 노력한다. 또한 가족들은 서로에 대해서 사랑하고 보호하려는 노력을 하며 살아가게 된다. 다른 사람을 사랑하고 보호하는 일은 곧 자신의 삶을 보호하고 유지하려는 노력이다. 가족들은 참회와 용서를 통해서 보호하기를 원한다. 만일 가족들이 상처와 아픔을 가지고 있다면 서로 잘못에 대해서 용서를 구하는 참회를 하고, 상대방은 이를 받아들이고 용서함으로써 자신들의 삶을 보호하고 유지하기를 원한다.

건강한 가족은 적절한 구조를 가지고 있어야 한다. 이런 의미에서 헤일리와 마다네스의 가족치료에 대한 생각은 구조적이다. 가족들은 자신들의 위치에 맞는 힘과 통제력을 가지고 있으며 이러한 통제력과 힘은 다른 사람들과 자신의 삶을 보호하고 돌보는 방향에서 사용되어야 한다. 가족의 구조를 유지하기 위해서는 힘의 측면과 돌봄 및 보호의 측면이 서로 상호작용을 하여야 하며 이러한 상호작용을 통해서 가족은 건강한 구조를 유지할 수 있다. 가족의 건강한 구조는 가족 구성원들이 가지고 있는 믿음의 규칙들 속에서 발견되고 이러한 믿음의 규칙들을 건강한 방식으로 바꾸어 나가는 치료의 전략이 필요하다.

3) MRI 연구팀

일반체계이론의 피드백 망은 MRI 연구팀이 가지고 있는 가장 주요한 개념이다. 피드백을 통해서 가족들은 서로에 대해서 정보를 주고받는다. 주어진 정보들은 서로의 행동을 통제하거나 확장하도록 만든다. 정보에 의해서 행동이 통제되는 경우는 부정 피드백이라고 부르고 행동이 확장되는 경우에는 긍정 피드백이라고 부른다. 정보는 가족이 가지고 있는 항상성의 원리에 의해서 검토되고 평가받는다. 가족들은 자신들이 가지고 있는 항상성을 유지하기 위해서 정보를 선택하여 받아들인다. 항상성을 해치는 방향으로 피드백이 주어지면 이러한 정보는 받아들이지 않거나 기존의 체계원리에 의해서 다른 방식으로 정보를 변화시키고자 한다. 항상성의 원리는 가족들의 행동을 통제하고 조절하는 역할을 한다. 가족들의 행동은 가족에 대한 피드백의 범위와 종류를 규정함으로써 가족들의 행동을 조절하는 역할을 한다.

어떤 종류의 피드백을 해야 하는지는 가족들이 가지고 있는 규칙에 의해서 결정된다. 규칙은 가족이 가지고 있는 전체체계를 작동하게 하며 그 가족의 기저에 깔려 있는 전제들을 의미한다(Nichols & Schwartz, 1998, p. 359). 대부분의 가족에 있어서 이러한 규칙은 명백하게 드러나 있지 않다. 서로 분명하게 말하고 있지 않으면서도 가족 구성원들의 행동을 통제하는 역할을 한다. 이러한 규칙은 대부분 내면화된 믿음의 형태로 존재한다. 서로의 행동에 대해서 피드백을 줄 때 피드백은 가족들이 서로의 행동을 해석하여 상대방에게 전달하도록 하는 기능을 한다. 즉, 가족이 가지고 있는 규칙은 가족 구성원들이 서로에 대해서 피드백을 주는 해석이라고 말할 수 있다. 이러한 해석들은 가족 구성원들이 가지고 있는 믿음에 근거해서 제공된다. 일련의 해석은 가족들이 서로에 대해서 행동을 하도록 하는 연결 고리의 역할을 한다. 가족들이 하는 일련의 행동은 해석에 의한 피드백의 망으로 이해된다.

MRI 연구팀은 가족들이 가지고 있는 해석에 의한 피드백 망을 어떤 방식으로 변화시키는가 하는 점을 가장 중요하게 생각한다. 사실 가족들은 끊임없이 행동을 변화시키거나 스스로 행동을 변화한다. 그러나 어떤 행동의 변화는 가족들로 하여금 도움을 주는 방향으로 일어나는 경우도 있고, 어떤 경우에는 도움을 주지 못하는 방향으로 변화가 진행되기도 한다. 가족들의 행동 변화에 관련된 두 가지 개념이 있다. 첫째로, 일차질서변화(first-order-change)가 있다(Watzlawick, Weakland, & Fisch, 1974). 일차질서변화는 가족들이 자신들이 가지고 있는 규칙을 전혀 변화시키지 않으면서 규칙 내에서 행동을 변화시키는 현상을 의미한다. 예를 들면, 아이가 약속시간을 어기고 늦게 들어온 경우 부모는 아이의 행동을 변화시키기 위해서 야단을 친다. 야단치는 부모의 행동은 일종의 변화된 행동이다. 부모의 행동 변화는 아이의 행동을 변화시켜 기존의 가족 규칙에 적응하게 하려는 시도이다. 즉, 가족의 규칙을 유지하기 위해서 부모의 행동에 변화를 가지고 올 때 이러한 행동을 일차질서변화라 한다. 둘째로, 이차질서변화(second-order-change)가 있다(Watzlawick et al., 1974). 이차질서변화는 가족의 규칙을 바꾸는 행동을 의미한다. 위의 예에서 아이가 늦게 들어오는 행동을 한 경우에 부모는 다른 행동을 취할 수 있다. 부모는 아이가 늦게 들어온 행동을 가족의 규칙이라는 관점에서 이해한다. 만일 부모가 아이에게 다음과 같은 질문을 한다면 이는 이차질서변화의 행동이라고 할 수 있다. "혹시 평상시에 노는 시간이 너무 부족하다고 생각하니? 우리가 너에게 규칙을 너무 엄격하게 적용하는 것은 아니니?" 이와 같은 질문을 하는 것은 가족의 규칙과 아이의 늦는 행동을 연결하는 부모의 행동이다. 이러한 부모의 행동은 아이와 부모 모두에게 가족이 가지고 있는 규칙에 대해서 언급하면서 이해하도록 하는 행동이다.

4) 밀란 연구팀

가족들이 힘을 얻기 위해서 연출하는 게임을 이해하는 일이 밀란 연구팀의 가장 중요한 일이다(Burbatti & Formenti, 1988, pp. 17-18; Nichols & Schwartz, 1998, p. 361). 가족들의 상호작용은 밀란 연구팀의 일차 관심사이다. 이러한 상호작용은 교묘한 방식으로 일어난다. 서로가 힘을 얻기 위해서 비밀리에 게임을 진행한다. 이러한 게임들의 연속선상에서 가족 구성원들의 한 사람 또는 두 사람은 증상을 발전시키게 된다. 증상이란 밀란 연구팀에게는 비밀리에 진행되는 가족의 상호작용, 즉 게임을 의미한다. 증상은 가족 전체의 비밀스러운 상호작용을 유지하기 위한 역할을 하게 된다.

밀란 연구팀은 역기능을 바로잡기 위해서 가족들의 상호작용을 변화시키는 방법에 몰두하였다. 가족의 비밀스러운 게임을 변화시키기 위해서 도입되는 중요한 개념은 역설이다. 역설을 통해서 치료자는 가족들에게 비밀스러운 게임을 더 이상 비밀스럽게 진행하지 못하게 한다. 역설을 통해서 치료자는 가족들이 하고 있는 게임을 분명히 드러나도록 한다. 게임이 비밀스럽게 진행되는 동안에 게임을 하는 가족 구성원들은 자신들이 게임을 주도하는 힘을 가지고 있다고 믿는다. 그러나 게임이 분명하게 드러나는 경우에 가족 구성원들은 서로가 가지고 있는 게임의 방식과 힘을 보게 된다. 가족들은 이제 자신들의 방법과 힘을 비교함으로써 더 이상 자신만이 힘을 가지고 있다는 은밀한 생각을 하지 못하게 된다. 비밀스러운 게임을 진행하는 경우에 역설의 의미는 다음과 같다. 만일 부부가 자신들만이 비밀스러운 그 무엇을 하고 있다고 생각하는 경우에는 치료자는 부부로 하여금 더욱 비밀스러운 행동을 하도록 말한다. 이들은 자신들의 비밀스러운 행동을 더욱 조심스럽게 하는 동안에 자신들이 비밀스러운 행동을 하고 있음이 점차 드러나게 된다.

변화의 전략에 관한 다른 개념은 이해이다(Gelcer, McCabe, & Smith-Resnick, 1990, p. 22). 밀란 연구팀은 역설의 처방을 통해서 가족이 자신들의 비밀스러운 행동을 이해할 수 있도록 돕는다. 가족들은 연구팀의 도움을 통해 자신들이 가지고 있는 이해를 확장하거나, 지금까지 명확하게 알지 못했던 자신들의 행동을 분명하게 이해하며, 상대방을 속이거나 헷갈리게 하기 위해서 자신들이 했던 행동을 또렷하게 볼 수 있게 된다. 치료자는 이러한 이해의 과정을 통해서 가족들의 비밀스러운 힘을 빼앗고 치료자 자신이 가족을 변화시킬 수 있는 힘을 확보한다. 이제 치료자는 가족의 이해를 바탕으로 자신들의 행동을 선택하도록 만들 수 있다. 가족은 이제 비밀스러운 게임을 계속할 것인지 아니면 다른 방법으로 상호작용을 할 것인지 선택의 기로에 놓이게 된다. 이런 의미에서 밀란 연구팀은 가족의 지적 이해를 변화전략으로 삼는 이론이다.

4. 역기능의 가족관계

1) 낮은 자존감의 역기능

사티어는 대화의 입장에서 가족들의 역기능을 이해한다. 역기능의 대화는 언어 측면의 대화와 비언어 측면의 대화가 일치되지 않는 경우를 말한다. 예를 들면, 내담자가 상담실에서 치료자에게 자신의 슬픈 과거를 울면서 말하였다. 그러나 얼굴 표정은 계속 웃고 있다고 한다면 이 내담자는 자신이 언어를 통해서 전달하는 내용과 얼굴 표정을 통해서 전달하는 내용이 일치되지 않는다. 말로는 슬프다고 하면서 얼굴 표정으로는 괜찮다고 대화를 함으로써 듣는 사람으로 하여금 혼란을 경험하게 한다. 언어의 내용과 비언어의 내용이 일치되지 않는 대화를 하는 사람들은 낮은 자존감을 가진 사람들이다. 이들은 자신들의 마음을 전달함에 있어서 다른 사람들이 어떻게 생각하는가를 지나치게 생각하기 때문에 자신의 마음속에 느껴지는 느낌들과 감정들을 언어를 통해서 제대로 전달하기 어렵게 된다.

낮은 자존감을 가진 사람들은 자신에 대해서 불확실하게 생각하며 많은 불안감을 가지고 살아간다(Satir, 1983, p. 9). 사티어(1983)는 낮은 자존감을 가진 사람을 『동참 가족치료(Conjoint Family Therapy)』라는 책에서 다음과 같이 표현하고 있다 (p. 9). ① 그의 자존감은 다른 사람들이 그에 대해서 어떻게 생각하는가 하는 정도에 달려 있다. ② 자신의 자존감이 다른 사람들에게 달려 있기 때문에 그는 자신의 개별성과 자발성을 손상시킨다. ③ 다른 사람들에게 자신을 잘 보이려고 할 때 자신의 낮은 자존감을 위장한다. ④ 그의 낮은 자존감은 다른 사람들과의 관계 속에서 자신이 분명한 정체성을 가진 사람으로 느낄 수 있도록 하는 경험을 전혀 하지 못했다. ⑤ 그는 자신의 부모와 결코 분리되어 본 적이 없는 사람이며 결코 부모와 동등한 사람으로서 관계를 해 본 일이 없다.

낮은 자존감을 가지고 있는 사람들은 자신들의 감정과 느낌에 충실한 상태로 대화를 하기 어렵기 때문에 역기능의 대화를 하게 된다. 이들은 자신들이 감정과 표현되는 언어를 일치시키기 어려운 사람들이다. 이들은 대화를 할 때 대화의 내용을 이중으로 상대방에게 전달한다. 이들이 이중으로 내용을 전달하는 이유는 다음과 같다(Satir, 1988, p. 82). ① 나는 낮은 자존감을 가지고 있다. 그래서 자신이 나쁘다고 생각한다. ② 나는 다른 사람의 느낌을 다치게 할까 봐 두려워한다. ③ 나는 다른 사람으로부터 보복을 당할까 봐 두려워한다. ④ 나는 우리의 관계가 깨질까 봐 두려워한다. ⑤ 나는 강요하기를 원하지 않는다. ⑥ 나는 내 자신 이외에 다른 사람에 대해서 아무런 의식을 갖지 않고 우리의 관계나 다른 사람에 대해서 아무런 의미도 부여하지 않는다. 이러한 낮은 자존감을 숨기기 위해서 이들은 다음과 같은 방식으로 대화한다. 다른 사람을 위로하거나 비난하거나 또는 전혀 관계에 참여하지 않거나 혼란시킴으로 인해서 자신들의 낮은 자존감을 직면하지 않는다(Satir, 1988, p. 84). 즉, 자신의 두려움을 직면하지 않기 위해서 여러 가지 역기능의 방법들을 사용한다.

(1) 위로자

위로자(placater)는 다른 사람들만을 즐겁게 하려는 사람이다. 다른 사람들을 기쁘게 하고 즐겁게 하는 데에서 자신의 위로를 구한다. 다른 사람들의 의견에 대해서 반대하지 않는다. 이들은 많은 사과를 한다. 다른 사람들의 말에 대해서 항상 긍정하는 사람들이다. 모든 잘못되는 것들에 대해서 자신들이 책임을 느낀다. 다른 사람들에게 항상 신세지고 있는 사람처럼 행동한다. 비록 다른 사람들이 이들을 비난하는 경우에도 그 사람들의 의견에 동의한다. 때로는 다른 사람이 말을 건네기만 하여도 몹시 고마워하는 행동이나 표현을 한다. 목소리는 대체로 작고 느리며 불쌍해 보이는 듯이 말을 한다. 약하고 금방이라도 쓰러질 듯한 표정이나 행동을 한다. 이들은 순교자연하는 사람들이며 다른 사람들의 비위를 맞추려고 노력하는 사람들이다. 위로를 함에도 불구하고 다른 사람들이 좋아하지 않거나 부정적 피드백을 주는 경우에는 자신이 너무 형편없는 사람이라고 느끼며 생각한다. 자신에 대해서 가치를 전혀 느끼지 못하는 사람들이다.

(2) 비난자

비난자(blamer)는 다른 사람을 비난하고 비난을 통해서 상대방을 통제하려고 하는 사람이다. 다른 사람들의 잘못만을 찾아내려는 듯이 행동하고 말한다. 만일 당신만이 세상에 없다면 모든 것이 괜찮을 것이라는 듯이 행동한다. 목소리가 크고 말도 빠르며 흥분한 상태에서 상대방을 비난한다. 다른 사람들은 전혀 중요하지 않으며 어떤 일도 하지 못한다는 내용을 계속해서 전달한다. 상대방이 아주 못난 사람이고 형편없는 사람이라고 생각하며 말을 한다. 쉽게 다른 사람들과 싸우게 되며 관계에서 늘 불편한 감정을 유발한다. 행동도 거칠고 상대방을 위협하듯이 행동한다. 호흡이 거칠고 빠르며 마치 에너지가 충만한 사람처럼 보인다. 다른 사람들이 잘못된 사람이라는 점이 부각되어야 편안함을 느낀다. 상대방이 자신에게 굴복할 때 안전하게 느낀다. 자신을 제외하고 다른 사람들은 모두 잘못되어 있다고 생각한다. 쉽게 흥분하고 좀처럼 흥분이 가라앉지 않는다.

(3) 계산자

계산자(computer)들은 조용하고 침착하며 행동의 폭이 매우 좁다. 몸의 움직임이 거의 없고 항상 고정된 자세로 말을 한다. 사실에 관심이 많고 정보를 수집하는 방식으로 대화한다. 말을 할 때는 억양의 변화가 별로 없고 단조로운 방식으로 대화한다. 주로 지적 능력을 사용하여 머릿속에 들어 있는 내용들을 가지고 대화한다. 결코 실수하지 않으려고 한다. 상대방에게 지루한 느낌을 준다. 바른 말과 사실들만 이야기하며 말의 속도는 느리다. 단어들은 추상적 성격을 띠기 때문에 상대방은 계속 무슨 뜻인지 생각해야 한다. 말 속에는 감정이 거의 들어 있지 않다. 감정적으로 매우 상처받기 쉽기 때문에 감정적으로 다른 사람들과 연결되는 데 두려움이 있다. 정서적으로 다른 사람들과 연결되지 않으려고 많은 노력을 하기 때문에 마음이 편안하지 않다.

(4) 혼란자

혼란자(distracter)들은 다른 사람들을 무시하고 혼란스럽게 만든다. 서로 대화를 하는 도중에 전혀 관련이 없는 말을 하여서 대화의 초점을 흐린다. 끊임없이 말을 하기 때문에 상대방이 어디에 초점을 맞추어야 할지 어리둥절하게 된다. 말을 할 때 억양도 지나치게 많이 변한다. 한꺼번에 많은 몸짓을 하기 때문에 상대방으로 하여금 혼란을 느끼게 한다. 마치 춤을 추는 듯한 인상을 주고 언제 그 춤이 멈출지 아무도 모르는 것 같다. 갑자기 말이 빨라지거나 느려지고 높아지거나 낮아지는 등 무엇 때문에 그러한 변화가 있는지에 대해서 아무도 모른다. 다른 사람들을 자신으로부터 떠나도록 만든다. 외로움을 느끼고 마음속에 많은 공허감을 느끼게 된다. 자신의 외로움이나 공허감을 느끼지 않기 위해서 끊임없이 움직이며 다른 사람들을 혼란스럽게 만든다.

2) 잘못된 위계질서의 역기능

헤일리와 마다네스는 둘 다 가족의 역기능을 잘못된 위계질서에서 찾고 있다. 가족들이 들고 오는 증상은 잘못된 위계질서로 이해된다. 구조와 경계선을 일정하게 유지하고 있어야 건강한 가족이다. 가족의 구조 측면에서 역기능의 가족은 부모가 아이의 자리에 있고 아이가 부모의 자리에 있는 경우를 말한다. 따라서 부모는 아이들을 보호하고 돌보는 책임을 할 수 없게 되며 아이는 역으로 부모보다 많은 힘을 가지고 있어서 부모를 돌보고 책임을 지는 행동을 하게 된다. 경계선의 측면에서 역기능의 가족의 아이들은 부모의 세계에 지나치게 깊숙이 들어와 있고 부모 또한 아이들의 세계에 지나치게 깊이 들어와 있는 경우를 말한다. 아이들은 자신들의 나이에 맞지 않는 어른들의 내용을 많이 알고 있거나 어른들의 행동을 한다. 부모들은 자신들의 나이에 맞지 않게 지나치게 아이들의 행동을 한다.

헤일리는 힘의 관점에서 증상을 이해한다. 내담자들이 들고 오는 증상은 가족구조 내에서 힘을 얻기 위한 수단으로 생각한다. 주로 힘이 약한 위치에 있는 가족 구성원들은 증상을 통해서 가족 내에서 힘을 갖기를 원한다. 증상은 다른 가족 구성원들을 통제하고 지배하는 역할을 한다. 가족들의 상호작용은 증상을 중심으로 이루어진다. 즉, 증상은 가족들의 행동을 통제하고 지배하는 가장 강력한 수단이다. 예를 들면, 부부가 서로 부부싸움을 하는 도중에 남편이 소리를 지르고 위협하는 행동을 하자 아내가 울었다고 하자. 남편은 아내가 우는 행동을 보고 당황해서 아내를 위로하였다. 이 경우에 아내의 눈물은 남편의 위협하는 행동을 통제하고 지배하는 역할을 한다. 즉, 아내의 눈물은 남편의 위협하는 행동보다 더 강력한 힘을 가지고 있다고 보인다. 부모와 자녀의 경우에도 마찬가지로 증상을 이해할 수 있다. 부모들이 통제력을 상실하거나 적절하게 자녀들에게 영향력을 행사할 수 없는 상태에서 자녀들은 문제를 일으킨다. 예를 들면, 반항을 하거나 가출을 하는 아이 때문에 치료를 받으러 오는 부모들은 이미 자녀를 통제할 수 있는 영향력을 상실하고 있다. 부모들의 어떤 노력도 실패하고 아이는 더욱 반항하거나 문제를 일으킨다. 부모가 노력하면 할수록 아이는 부모를 무시하거나 부모는 아이에게 더욱 폭력을 행사하는 방향으로 가족관계가 이루어진다. 아이의 반항과 가출은 아이가 부모에 대해서 힘을 가지려는 수단으로 이해된다. 아이는 가출과 반항을 통해서 부모를 통제하고 자신이 원하는 것들을 얻으려는 노력을 하게 된다.

마다네스는 가족들의 위계질서를 보호와 돌봄이라는 관점에서 접근한다. 증상이란 가족들을 보호하고 돌보기 위한 수단으로 사용된다. 예를 들면, 부부가 싸움을 심하게 하는 경우에 한 자녀가 부부싸움에 끼어들게 된다. 자녀는 부모에게 싸우지 말기를 호소하면서 두 사람이 싸우지 못하도록 말리는 행동을 한다. 이렇게 자녀가 부부싸움을 말리는 행동은 가족이 와해되고 붕괴되는 현상을 막기 위해서 일어나게 된다. 만일 부부싸움이 장기간 계속되거나 심각한 경우에 이 자녀는 증상을 발달시키게 된다. 예를 들어, 부부싸움의 도중에 아이가 쓰러져 병원에 입원을 했다고 하자. 이 경우에 부부는 더 이상 싸움을 할 수 없게 되고 아이를 데리고 병원에 가서 치료를 해야 한다. 아이가 치료를 받는 동안에는 부부는 싸움을 할 수 없게 되어서 결국 아이의 증상은 부부가 싸우는 행동을 하지 못하게 한다. 부부가 아이의 증상으로 인해서 싸움을 하지 않게 되면 아이는 자신의 부모가 서로 헤어질지 모른다는 불안감과 두려움으로부터 벗어날 수 있다. 즉, 아이는 증상을 발달시킴으로 인해서 가족 전체를 보호하고 돌보는 행동을 할 수 있게 된다. 아이뿐만이 아니라 어떤 가족 구성원들도 아이와 같이 가족을 돌보고 보호하기 위해서 증상을 발달시킬 수 있다.

3) 해결이 문제가 되는 역기능

MRI 연구팀은 문제는 가족들이 가지고 있는 연속된 상호작용의 고리에 있다고 보았다. 이들의 주된 과제는 가족들이 하고 있는 행동을 관찰하고 문제가 되는 행동을 발견하는 일이다. 문제가 되는 행동들 이면에 가족의 규칙이 있고, 이러한 가족의 규칙들은 가족들의 마음속에 내면화된 형태로 존재한다. 가족들이 가지고 있는 믿음은 역기능의 규칙을 이해하는 중요한 자원이다. 가족 구성원이 어떤 행동을 하였을 때 그러한 행동을 어떤 방식으로 이해하고 행동하는가 하는 점이 역기능을 이해하는 가장 중요한 점이다. 한 가족 구성원의 행동에 대한 다른 가족 구성원의 반응과 이러한 반응 뒤에 있는 가족의 규칙은 가족 구성원들의 내면화된 믿음의 형태들로써 가족 구성원들이 가지고 있는 관계의 흐름이다. 이러한 흐름이 원활하고 유연하게 이루어질 때는 문제가 없으나 흐름이 원활히 발생하지 않고 같은 방식의 문제가 계속 발생할 때 역기능의 가족관계를 가지게 된다. 역기능의 가족관계는 다른 가족 구성원의 행동에 적절하게 반응하지 못할 때 발생한다.

해결이 문제가 되는 역기능은 세 가지 방식으로 나타난다(Watzlawick et al., 1974, p. 39). 첫째로, 행동이 필요할 때 행동을 하지 않는 경우이다. 실제로 문제가 일어나고 있는데 문제가 있다는 사실을 부인하는 경우이다. 예를 들면, 아이는 점차로 산만한 행동을 하고 집중을 못하고 있는데 부모는 아이에게 문제가 있다고 생각하지 않는다. 문제가 있기보다는 일시적으로 흥분하였거나 별것 아닌 것으로 치부하고 아무런 행동을 하지 않을 때 가족은 역기능을 가지게 된다. 둘째로, 행동을 하지 말아야 하는 경우에 행동을 하는 경우이다. 예를 들면, 술을 마시는 남편의 행동을 보고 아내가 계속해서 바가지를 긁는 경우이다. 술을 마시는 남편의 행동이 아내의 바가지에 의해서 계속 강화되는 경우이다. 아내의 바가지는 남편에게 술을 마시는 행동을 정당화하는 근거를 제공하게 된다. 바가지 긁는 아내에 대한 미움을 술을 통해서 해결하고자 하는 남편의 행동은 행동을 하지 말아야 하는 경우에 해당된다. 해결할 수 없는 많은 문제를 가진 경우에는 행동을 하지 말아야 한다. 예를 들면, 치료가 불가능한 기질에 의한 알코올 중독의 경우, 뇌의 손상에 의한 조현병의 경우, 조울증의 경우 등 생물학적 요인으로 발생한 문제들에 있어서는 문제가 되는 개인의 행동만을 변화시키려는 행동을 하지 말아야 한다. 셋째로, 잘못된 수준에서 행동을 하는 경우에 역기능이 발생한다. 가족이 치료자에게 들고 오는 역기능의 문제들은 잘못된 논리를 통해서 발생한다. 일차질서변화는 가족 구성원들의 행동에 관한 변화의 원리이고 이차질서변화는 가족 규칙과 체계라는 전체에 관한 변화의 원리이다. 가족 구성원들의 문제가 되는 행동을 교정하고자 하는 경우에 가족들은 문제가 되는 가족 구성원의 행동만 변화시키는 데 관심을 갖는다. 문제가 되는 행동만 교정하려고 해결책을 제시하게 되는데 그러한 해결책은 다시 문제를 심화시키는 현상을 초래한다. 늦게 들어오는 아이의 행동을 변화시키기 위해서 부모가 야단을 치면서 변화를 시도하려고 하면 야단이라는 해결책이 오히려 아이의 늦게 들어오는 행동을 강화하게 된다. 아이는 야단이라는 피드백을 통해서 '더 늦게 들어오는 행동'이라는 피드백 망이 생기게 된다. 이 경우에 부모는 해결을 시도했지만 해결은 오히려 문제를 확대시키는 결과를 낳는다. 부모가 제대로 이해하지 못한 부분은 아이의 늦게 들어오는 행동이 아이의 개인 행동이 아니라 전체 가족체계를 반영하는 행동이라는 것이었다. 가족의 규칙이 너무 엄격했기 때문에 또는 너무 느슨했기 때문에 발생하는 아이의 행동은 이차질서변화의 관점인 가족 전체의 규칙을 재검토하는 방식으로 이해되고 해결되어야 한다.

4) 역기능의 가족 게임

밀란 연구팀은 조현병 환자의 증상은 다음과 같은 세 가지 뿌리를 가지고 있다고 보고 있다(Palazzoli, Cirillo, Selvini, & Sorrentino, 1989, p. 193). 증상은 세 가지 수준의 원인으로 나뉘는데 개인 수준, 가족 수준, 문화 수준이 바로 그 세 수준이다. 개인 수준에서 보면 개인이 가지고 있는 특성들은 증상을 발전시키는 데 기여한다. 가족 수준에서 보면 가족들이 가지고 있는 상호작용, 즉 게임이 개인의 증상을 발전시키는 데 기여한다. 문화 수준에서 보면 특정한 시기에 문화가 가지고 있는 일정한 방식에 의해서 사람들의 행동이 고정되고 이런 고정화된 사람들의 행동은 증상을 발전시키는 데 기여한다. 이러한 세 가지 수준 중에서 가족치료자들은 가족들이 하고 있는 게임에 일차적 관심을 갖는다.

증상을 일으키는 가족들은 삼각관계로 이루어지는 가족 게임을 가지고 있다 (Burbatti & Formenti, 1988, p. 53). 서로 미워하거나 갈등을 가지고 있는 두 사람이 제삼자를 끌어들임으로써 가족의 게임이 이루어진다. 심각한 증상을 가지고 있는 가족들은 이러한 삼각관계를 가지고 있다(Palazzoli et al., 1989, p. 192). 서로 갈등을 가지고 있으면서 미워하고 있는 두 사람이 연합함으로써 제삼자를 혼란에 빠뜨리게 한다. 혼란에 빠진 제삼자는 나중에 증상을 발달시키게 된다. 제삼자는 대체로 아이들인 경우가 많다. 아이들은 아버지와 어머니가 서로 갈등을 가지고 있고 미워하는 경우에 제삼자로서 역할하게 된다. 이러한 가족 게임은 증상을 가진 아이의 관점에서 보면 어떤 종류와 성격을 가지고 있는가 하는 점이 이해된다. 증상을 가진 아이의 입장에서 보면 부모 중 한 사람은 지배적이고 피해를 입히는 가해자의 역할을 한다. 다른 한 사람은 힘이 없고 연약한 역할을 한다. 만일 가해자가 아이에게 폭력을 행사하거나 부당한 일을 행하게 되면 아이는 이러한 부당함을 다른 부모에게 전달한다. 아이는 다른 부모가 자신을 보호하고 은근히 자신을 가해한 부모에게 보복해 주기를 기대한다. 그러나 이러한 기대와 내용을 전달받은 약한 부모는 자녀를 보호하기 위해서 자신의 배우자에게 맞설 만한 힘이 부족하다. 따라서 아이의 기대를 저버리고 오히려 배우자에게 이 사실을 일러바침으로써 두 사람은 연합하게 된다. 이러한 연합으로 아이는 가해자에게 더욱 폭력을 당하거나 부당한 일을 당하고 연약한 부모에게는 배신감을 느끼게 된다. 또한 아이의 입장에서 부모가 서로 갈등관계에 있고 미워하는 줄 알았는데 두 사람이 연합함으로써 심한 혼란을 경험한다. 이러한 혼란은 자신 속에 있는 여러 가지 안정된 믿음을 깨트리는 결과를 가져오며, 그리하여 아이는 자신과 자신이 살고 있는 현실에 대해서 부정하는 마음을 가지게 된다.

　　가족들이 가지고 있는 이러한 게임은 조현병 환자의 가족이나 식욕부진증 환자의 가족에게서 발견된다(Nichols & Schwartz, 1998, p. 375). 팔라졸리는 더러운 게임(dirty game)이라고 명명하고 있는데, 이러한 게임을 통해서 남편과 부인은 비밀스러운 힘을 가지고 상대에 대해서 지배와 통제력을 회복하기 원한다. 더러운 게임에서 약자인 부모는 아이에게 강자인 부모에 대해서 험담을 늘어놓고 이를 통해서 아이와 연합하려는 시도를 한다. 이러한 시도를 눈치챈 아이는 강자인 부모에게 대드는 반항의 행동을 하게 된다. 이러한 반항으로 인해서 아이는 강자의 부모에게서 더욱 폭력과 학대를 당하게 된다. 아이는 약자인 부모와 연합하려고 하지만 약자인 부모는 이를 배신하고 강자인 부모와 연합해 버린다. 이로 인해서 아이는 더욱더 반항하게 되고 반항을 하는 아이는 더욱더 폭력을 당하는 악순환의 고리 속으로 빠져들게 된다.

5. 치료의 목표 및 방법

　　전략 가족치료이론의 치료전략은 문제를 해결하기 위해서 여러 가지 전략을 사용하는 일이다. 따라서 치료자들은 많은 생각을 하고 가족들이 가지고 있는 역기능의 상호작용이 무엇인지 알아내기 위해서 다양한 방법을 사용한다. 가족들의 역기능의 상호작용을 변화시키기 위해서 치료자는 대단히 적극적이고 지시적인 방법으로 접근한다. 치료자는 자신이 직접 치료 계획을 세우고 가족들이 치료의 계획에 잘 따르도록 만든다. **치료자 중심**의 전략이며 치료자는 치료의 과정을 전적으로 책임진다. 치료자는 가족들의 문제 진단에서 처방 그리고 변화하는 전략에 이르기까지 전체 과정을 책임진다. 변화를 시키기 위해서 많은 전략을 개발하였으며 이러한 방법들은 많은 가족에게 적용되고 있다. 많은 숙제를 내어 주고 가족들이 숙제를 잘 하도록 전략을 구사한다. 또한 치료자들은 **역설의 방법**을 공통으로 사용한다. 치료자들은 전략의 측면에서 역설을 통해서 가족들의 저항을 은밀히 유도하거나 저항을 하지 못하도록 만든다. 역설의 방법을 통해서 치료자는 가족들이 치료자를 따르지 않을 수 없도록 만든다.

1) 버지니아 사티어

(1) 치료의 목표

대화의 언어 측면과 비언어 측면을 일치시키는 일이 치료의 목표가 된다. 만일 가족 자신이 느끼는 방식대로 표현하고 대화를 할 수 있다면 이러한 가족은 건강하게 된다. 증상을 가지고 오는 가족들은 낮은 자존감으로 인해서 자신들이 느끼는 방식대로 대화를 하기 어렵게 된다. 대화를 효과적으로 진행하기 위해서 대화게임(communication games)을 하도록 만든다(Satir, 1988). 네 가지 역기능의 대화의 유형을 가지고 있는 사람들이 자신들의 대화의 형태를 분명히 이해하고 이를 실제로 행동을 통해서 표현하고 다른 사람의 입장을 행동을 통해서 표현하도록 만든다. 이러한 방법을 통해서 가족들 간에 대화를 진행한다. 이렇게 대화게임을 하는 방법을 가족조각(Family Sculpting)이라고 부른다.

(2) 치료의 방법

■ 가족조각

가족조각을 할 때 치료자는 먼저 자신들이 어떤 대화의 유형을 가지고 있는지 알아보도록 한다. 네 가지 대화 유형이 가지고 있는 자세들을 취하도록 한다. 어떤 종류의 자세는 편안하고 어떤 종류의 자세는 불편하거나 안 맞는 느낌이 든다. 어떤 경우에는 몇 가지 자세가 들어맞기도 한다. 자신에게 가장 편안하고 맞는 느낌이 드는 자세가 곧 자신이 평상시에 하고 있는 방식이다. 두 번째로, 가족 구성원들이 자신에게 맞는 방식으로 모두 자세를 취해 본다. 여러 종류의 대화 유형의 배합이 가능해진다. 이렇게 온 가족이 자세를 취해 본 다음 다른 가족 구성원들의 자세를 취해 본다. 예를 들면, 위로자의 경우에 비난자의 자세를 취해 본다. 다른 가족 구성원들도 이렇게 자세를 돌아가면서 취해 보도록 한다. 위로자가 비난자의 역할을 해 보았으면 비난자는 위로자의 역할을 해 본다. 마찬가지 방식으로 서로 역할을 바꾸고 서로의 입장이 되어 보도록 한다. 이렇게 한 다음 온 가족이 서로에 대해서 또는 자신에 대해서 드는 느낌과 생각을 서로 말하도록 한다. 여러 가지 대화의 형태를 이러한 종류의 자세들로 취해 봄으로써 자신의 대화 유형이 무엇인지 깨닫도록 한다. 또한 몸을 통해서 상대방의 역할을 해 봄으로써 상대방이 자신이 그러한 행동을 할 때 어떻게 느끼는지 이해하도록 한다. 서로 느끼는 느낌들을 나누고 말하는 과정을 통해서 자신들의 행동을 조절하고 변화시켜 나갈 수 있도록 한다. 치료자는 적극적으로 가족들의 자세를 조정하고 실제로 해 보도록 함으로써 가족들이 서로에 대한 이해와 느낌을 갖도록 만든다. 치료자는 대화의 진행자로서 그리고 조정자로서 역할을 한다.

2) 헤일리와 마다네스

(1) 치료의 목표

이들은 둘 다 가족의 잘못된 위계질서에 초점을 맞추고 있다. 잘못된 위계질서를 바로잡는 일이 치료의 목표가 된다. 헤일리의 입장에서는 부모와 자녀 사이 그리고 부부간에 서로 적절한 힘의 균형을 이루고 자신들의 위치에서 알맞게 힘을 행사하도록 돕는 일이 치료의 목표가 된다. 마다네스의 입장에서는 자녀들이 부모들을 보호하고 돌보는 역할을 함으로써 문제가 발생한다. 자녀들은 부모에 의해서 돌봄과 보호를 받도록 위계질서를 바로잡는 일이 치료의 목표가 된다. 어떤 측면이든 치료자는 가족이 위계질서를 가지고 적절한 경계선을 유지하면서 기능하도록 돕는 역할을 하게 된다.

(2) 치료의 방법

▣ 지시방법

헤일리(1976)는 가족의 문제를 치료하는 데 있어서 **지시방법**(directive method)을 사용한다. 지시방법은 헤일리의 책 『문제해결치료(Problem Solving Therapy)』에 자세하게 소개되어 있다. 여기서 소개되는 내용들은 이 책에 있는 방법들이다. 지시를 하는 데는 두 가지 방법이 있다. 첫째는 치료자가 가족들이 하기를 원하는 행동들에 대해서 하도록 만드는 방법이 있고, 둘째는 치료자가 가족들이 어떤 행동을 하지 않기를 원할 때 하도록 하는 방법이다. 어떤 방법이든 치료자는 가족들로 하여금 무엇인가를 하도록 만들어서 가족의 상호작용의 형태를 변화시키고자 한다. 가족들의 행동을 변화시키기 위해서 지시를 하는 경우에는 두 가지 방식으로 할 수 있다. 첫 번째는 치료자가 어떤 행동을 변화시키기 위해서 가족들에게 어떤 행동을 하지 않도록 하는 것이다. 예를 들면, 아이가 문제를 가지고 온 경우에 이 가족에게서 폭력이 있었다고 한다면 치료자는 가족들에게 때리지 말도록 지시를 하게 된다. 이러한 지시를 잘 따르도록 하기 위해서 치료자는 가족들이 협력하고 돕도록 만든다. 두 번째는 치료자가 가족들에게 어떤 행동을 하도록 만드는 것이다. 어떤 행동을 하도록 하기 위해서 치료자는 충고를 하거나 가족들의 상호작용을 변화시킬 수 있는 지시들을 한다. 충고를 하는 방법은 아마도 교육의 수준이 높거나 치료자의 충고를 잘 받아들이는 가족에게 한정될 수 있다. 다른 가족들은 충고를 따르지 않거나 또는 거부할 수 있다. 이러한 가족들의 경우에는 다른 방법들이 필요하다. 따라서 충고를 사용할 때는 가족들의 상황이나 배경에 알맞게 형편을 고려해서 사용하도록 한다.

▣ 비유

치료자는 말과 행동을 통해서 **비유**(metaphor)의 방법을 사용한다. 헤일리(1976)는 개를 두려워하는 아이의 예를 그의 책 『문제해결치료』에서 소개하고 있다(p. 65). 치료자는 개를 두려워하는 아이가 어린 시절에 입양된 아이라는 사실을 알게 되었다. 부모는 아이에게 입양된 사실을 말하지 않았다. 아이는 자신이 입양되었는지에 대해서 표면상으로 모르는 체하고 있다. 이 경우에 치료자는 개를 데리고 와서 입양의 주제에 대해서 서로 이야기를 하도록 만든다. 개는 그 가족에게 입양이 되었으며 입양된 개는 때로는 아플 수도 있고 또는 가족에게 버려질 수도 있음을 서로 말한다. 그러나 일단 입양이 되면 개가 아플 때 개를 의사에게 데려가서 돌보아 주어야 하며 개를 잘 돌보도록 가족들은 신경을 써야 한다. 마찬가지로 입양된 아이도 아플 때 부모가 병원에 데리고 가며 돌보듯이 아이도 개를 입양하여서 돌보아야 한다. 개를 두려워하는 아이의 입양 주제를 가족들이 개를 입양하여 돌보는 주제와 연결하여 서로 이야기함으로써 문제를 해결하도록 만든다. 아이는 개를 입양하여 돌보는 과정에서 개에 대한 두려움을 해소하도록 만든다. 비유의 방법을 행동을 통해서 하기도 한다. 아이로 하여금 부모가 자신에게 무엇인가 해 주도록 표현하는 과정을 행동을 통해서 할 수도 있다. 손가락으로 일정한 방향을 가리키거나 상담실 바닥에 누워서 자는 시늉을 하는 등 다양한 행동을 함으로써 자신을 표현하도록 한다.

■ 역설

　역설(paradox)의 방법은 치료자가 가족들의 반발심을 활용하여 지시를 듣도록 하는 방법이다. 가족들은 변화에 대해서 저항을 하기 때문에 치료자의 지시를 따르는 데 저항이 생긴다. 이러한 저항을 최소화하고 오히려 저항을 활용하여 역으로 가족들이 변화되도록 돕는 방법이다. 역설의 방법은 두 가지 방식으로 진행된다. 첫째, 전체로서 가족 모두에게 접근하는 방법이다. 만일 학교를 가지 않으려고 하는 아이를 가진 가족이 치료를 받으러 왔다고 하자. 이 경우에 치료자는 아이가 학교를 가지 않는다는 사실이 가족에게 얼마나 도움이 되는지에 대해서 말을 한다. 만일 다른 아이들과 같이 학교를 간다면 가족들에게 여러 가지 면에서 손해가 된다는 사실을 언급한다. 치료자는 온 가족에게 아이가 학교를 가지 않도록 최선을 다해서 돕기를 지시한다. 이런 방법으로 온 가족이 역설의 지시를 따르게 된다. 둘째, 가족들 중 일부만 참여하는 역설의 지시를 사용한다. 지나치게 과보호를 하는 어머니와 아들이 치료를 받으러 왔다고 하자. 이 경우에 치료자는 어머니로 하여금 더 많은 과보호를 하도록 만든다. 과보호를 성공적으로 함으로써 아이에게 더욱 문제가 생기도록 만든다. 어머니에게 이러한 방법을 사용함으로써 치료자는 어머니로 하여금 자신의 행동을 변화시키도록 만든다.

■ 지시방법의 단계들

헤일리(1976)는 지시의 방법에 대해서 단계를 나누어서 설명하고 있다(pp. 72-76). 첫 번째 단계는 사회적 단계이다. 이 단계에서 치료자는 가족들이 편안하고 안전하게 느낄 수 있도록 배려한다. 치료를 받으러 온 가족에게 아주 잘 왔음을 표현하고 가족들이 창피하게 느끼거나 어려워하지 않도록 한다. 한편 치료자는 가족들과 관계를 편안하게 만들고 자신들의 마음을 쉽게 열 수 있도록 분위기를 만들어 준다. 두 번째 단계는 문제단계이다. 이 단계에서는 가족들이 생각하고 있는 문제에 대한 정의에 대해서 도전한다. 치료자는 자신이 가지고 있는 문제에 대한 생각을 말해 준다. 가능하면 전체 가족이 모두 오도록 하며 전체 가족이 있어야 상호작용의 흐름을 볼 수 있음을 말해 준다. 예를 들면, 자위행위를 하는 아이의 경우에 부모는 아이에게 문제가 있다고 말한다. 이 경우에는 치료자는 가족 전체의 체계가 문제를 만드는 데 기여를 하고 있으므로 전체 가족이 같이 오도록 말한다. 세 번째 단계는 목표를 설정하는 단계이다. 가족의 문제에 대한 치료의 목표를 분명하게 설정한다. 예를 들면, 자위행위를 하는 소년의 경우에 자위행위를 멈추도록 하는 일이 치료의 목표가 아니라 자위행위를 공공장소에서 그리고 즐거움이 없이 하는 행위를 치료의 목표로 잡는다(Haley, 1976, p. 27). 네 번째는 계획을 제공하는 단계이다. 역설기법을 사용하는 근거를 설명해 준다. 때로는 역설기법에 대한 설명을 하기보다는 단지 지시만 하는 경우도 있다. 만일 치료자가 역설의 방법을 사용할 계획이라면 치료자는 역설의 방법이 무엇 때문에 필요한지 이유를 말해 준다. 다섯 번째로, 문제를 중심으로 생긴 권위를 부정하는 방법이다. 가족들은 대체로 증상을 통해서 상호작용을 하게 되고 증상은 힘을 얻게 된다. 치료자는 증상이 갖는 힘을 무력화시키는 방법을 사용한다. 예를 들면, 문제가 있는 아이를 고치기 위해서 많은 노력을 하는 어머니에게 "당신 아이가 좋아지면 당신은 불편해질 것입니다."라고 치료자가 말을 한다. 이런 말을 들은 어머니는 이러한 생각을 좋아하지 않게 된다. 이런 말을 통해서 치료자는 어머니로 하여금 아이가 좋아져도 불편해지지 않도록 만드는 데 그 목적이 있다. 증상이 가지고 있는 힘을 무력화시켜서 어머니로 하여금 증상을 통제하고 조절할 수 있도록 만든다. 여섯 번째로, 역설의 기법을 사용하는 단계이다. 치료자는 증상을 경험하고 있는 가족으로 하여금 그러한 증상을 더욱 경험할 수 있는 행동을 하도록 처방을 한다. 예를 들면, 아주 우울증이 심한 아이에게 더욱 슬퍼하도

록 한다. 나머지 가족도 아이가 슬퍼하도록 기존의 행동을 되풀이한다. 이렇게 함
으로써 자신들이 얼마나 어리석은 일을 하는지 알도록 한다. 일곱 번째로, 반응을
살피는 단계이다. 치료자의 지시대로 하지 않는 경우에 치료자는 가족들에게 벌을
준다. 만일 우울증을 경험하는 아이가 더 많이 슬퍼하라고 했는데 슬퍼하지 않는다
면 치료자는 하루 종일 더 심하게 슬퍼하도록 하는 벌을 준다. 가족들에게도 더 슬
퍼지도록 기존의 상호작용을 반복하도록 만든다. 가족들이 더욱 시련을 당하도록
처방을 한다. 여덟 번째로, 가족들의 행동이 변화하는 경우에 치료자는 중간에 잘했
다고 인정을 하지 않는다. 치료자가 중간에 인정하고 잘했다고 말을 하게 되면 가족
들이 원래로 돌아갈 가능성이 있다. 치료자의 인정은 가족들이 잘하고 있음을 느끼
는 것이 아니라 자신들의 상호작용이 좋아짐으로 인해서 스스로 당황하도록 만든
다. 가족들이 충분히 자신들이 변화되었음을 느낌으로 인해서 치료가 종결되도록
한다.

▣ 비유와 가장

마다네스는 비유(metaphor)와 가장(pretend) 방법을 사용한다(Madanes, 1981, pp. 65-
94; Nichols & Schwartz, 1998, pp. 371-373). 가족들의 증상을 설명함에 있어서 비유
를 통해서 설명한다. 예를 들면, 아버지의 직업을 설명함에 있어서 우울증이라고 한
다. 아버지의 직업이 우울증이기 때문에 이 집은 우울증이 있다고 말을 한다. 가족
들은 증상을 바꾸기 위해서 돕는 척하는 행동을 한다. 예를 들면, 아이가 우울증을
가지고 있다고 하자. 어머니는 우울증을 가지고 있는 아이를 보호하기 위해서 아버
지의 거친 폭력행동을 비난한다고 하자. 아버지는 어머니의 잔소리와 비난으로 인
해서 더욱 폭력을 행사하게 되고 아이는 더욱 우울해진다. 아이는 우울증을 통해서
어머니에 대한 걱정과 염려를 표현하고 있다. 우울증은 어머니를 보호하기 위한 비
유의 표현이다. 치료자는 아버지가 집에 없는 경우에도 어머니가 마치 아버지가 집
에 들어오는 것처럼 가장하고 비난하도록 한다. 아이는 더욱 우울한 행동을 하고 어
머니는 이를 보호하기 위해서 아버지를 더욱 비난하게 한다. 이러한 행동들이 극적
으로 일어나도록 치료자는 어머니와 아들을 격려한다.

3) MRI 연구팀

(1) 치료의 목표

치료의 목표는 가족들의 증상에 대한 생각과 믿음의 틀을 **재구조화**(reframing)하는 일이다. 재구조화란 일정한 상황 속에서 경험되는 사실들에 대한 개념적이고 정서적 관점이나 틀을 다른 틀로 바꾸는 일을 말한다(Watzlawick et al., 1974, p. 95). 다른 틀이란 이전의 틀에 있는 사실들이 동일하게 경험되지만 사실들에 대한 의미는 전혀 다른 관점에서 해석되는 상황을 말한다. 가족들이 증상에 대해서 전혀 다른 방식으로 해석하고 받아들이는 생각과 정서의 전환을 치료의 목표로 삼고 있다. 가족들은 일차질서변화라는 관점에서 증상을 해석하고 받아들이기 때문에 증상에 대해서 같은 방식으로 해결하려고 하지만 해결 그 자체가 곧 문제를 일으키게 된다. 가족들이 증상을 개인의 행동이라는 관점에서 해석하기보다는 가족이라는 전체체계의 관점에서 해석할 수 있다면 가족은 문제를 해결할 수 있게 된다. 즉, 이차질서변화가 가족 내에서 일어나도록 하는 작업이 치료의 목표가 된다. 일차질서변화에서 이차질서변화로의 전환을 재구조화라고 한다.

(2) 치료의 방법

■ 역설 개입

가족을 재구조화하기 위해서 치료자는 **역설 개입**(paradoxical intervention)이라는 기법을 사용한다. 역설 개입의 기법에는 순종중심, 반항중심, 노출중심이 있다(Nichols & Schwartz, 1998, p. 369). 순종중심(Compliance-based)의 역설 개입은 치료자가 가족들에게 증상을 가지고 있는 사람들에게 하던 방식을 역으로 하게 하는 방법이다. 예를 들면, 늦잠을 자는 아이에 대해서 어머니가 계속 야단을 치다가 늘 좌절하였다고 하자. 치료자는 어머니에게 아이가 더욱 늦잠을 자도록 격려하는 행동을 하게 한다. 아이가 늦잠을 자면 치료자는 어머니에게 아이를 칭찬하는 행동을 하게 한다. 칭찬을 하면서 아이가 성공적으로 늦잠을 자면 치료자는 어머니의 방법이 성공하였다고 칭찬을 한다. 치료자의 역설 개입에 대해서 가족들이 잘 따르도록 하는 개입을 순종중심의 방법이라고 한다. 반항중심(Defiance-based)의 역설 개입은

증상을 가지고 있는 가족 구성원으로 하여금 증상을 계속하도록 치료자가 처방을
내린다. 늦잠을 자는 아이는 계속해서 늦잠을 자도록 처방을 받아서 늦잠을 계속해
서 잔다. 치료자의 처방을 받아서 늦잠을 자는 아이는 치료자의 지시대로 늦잠을 자
게 된다. 즉, 늦잠을 자는 아이는 자신의 주체성을 잃어버리게 된다. 자신의 주체성
을 잃어버리게 된 아이는 치료자에게 은근히 반항하게 되고 반항으로 인해서 늦잠
을 자지 않고 일찍 일어나게 된다. 치료자의 지시와 반대로 행동하도록 하는 처방을
반항중심의 역설 개입이라고 부른다. 노출중심(exposure-based)의 역설 개입은 늦
잠을 자는 아이로 하여금 지속적으로 늦잠을 자고 이를 통해서 어머니의 관심과 사
랑을 독차지하도록 한다. 지속적으로 늦잠을 자는 행동을 하게 함으로써 늦잠을 자
는 방식을 무력화하고자 하는 방법이다. 어머니의 사랑을 받기 위해서는 늦잠을 자
지 않는 날도 일부러 늦잠을 자도록 한다. 따라서 자신이 늦잠을 자야만 어머니의
관심과 사랑을 받는다는 사실을 분명하게 노출시킴으로써 자신의 행동에 대해서
다른 방식으로 생각하도록 만든다. 충분한 노출을 통해서 가족들은 자신들의 고정
화된 행동 유형을 보고 이를 변경하고자 생각을 바꾸도록 한다.

■ 증상 처방

　MRI 연구팀의 역설 개입은 증상을 처방하는 방식이다. 가족들이 가지고 있는 증
상을 그대로 계속하도록 처방을 함으로써 가족들이 얼마나 어리석은 생각을 가지
고 있는지 알도록 한다. 단지 알도록 하는 통찰의 수준이 아니라 자신들이 가지고
있는 증상에 대한 생각과 믿음이 얼마나 어리석은가 하는 점을 가족들이 충분히 보
게 한 다음 자신들의 생각을 바꾸도록 유도하는 기법이 증상을 처방하는 방법이다.
일차질서변화를 위한 가족들의 노력이 어리석음을 발견하고 난 다음, 가족들은 다
른 방식으로 증상을 해결하고자 한다. 다른 방식으로 증상을 해결하고자 하는 경우
에는 치료자는 이차질서변화가 일어날 수 있도록 가족들을 돕는다. 이미 자신들이
가지고 있던 증상에 대한 일차질서변화의 노력이 어리석음을 깨달은 가족들로서는
새로운 방식에 매료된다. 새로운 방식은 곧 증상을 전혀 다른 방식으로 해석하기 위
해서 자신들의 생각의 틀을 바꾸는 것이다. 자신들의 생각의 틀은 좀 더 커다란 관
점에서 문제를 이해하고 해석함을 의미한다. 구성원이라는 일차질서의 관점에서
벗어나 가족 전체라는 관점으로 문제를 이해하고 해석하게 된다. 문제는 전혀 새로

운 관점에서 재해석됨으로써 가족들은 스스로를 재구조화하게 된다.

4) 밀란 연구팀

(1) 치료의 목표

치료의 목표는 가족들이 가지고 있는 게임을 무력화시키는 일이다. 가족들의 게임은 비밀스럽게 진행되기 때문에 가족의 역기능의 체계가 유지되고 변화되지 않는다. 이러한 비밀스러운 게임을 명백하게 드러나게 함으로써 가족들이 가지고 있는 게임의 힘을 무력화시킨다. 나중에 밀란 연구팀은 두 방향으로 치료의 목표가 갈라지게 된다. 팔라졸리로 대표되는 연구팀은 가족의 더러운 게임을 무력화시키는 목표를 계속 유지한 반면, 체친과 보스콜로는 가족 구성원들과 합동으로 정하는 과정 그 자체를 치료의 목표로 삼았다(Nichols & Schwartz, 1998, p. 366). 이들은 가족들과 협동하여 문제에 대해서 공동의 목표를 세워서 이를 다루어 나가는 방식을 취하게 되었다. 치료자 자신이 목표를 설정하고 치료자 자신이 가족들을 조종하여서 문제를 해결하는 방식을 지양하였다. 오히려 이들은 가족들과 치료의 목표를 공동으로 설정하고 가족들의 의견을 수렴하면서 치료를 해 나가는 과정의 목표를 가지고 있다.

(2) 치료의 방법

■ 회기의 단계

치료를 하는 방법으로 치료팀을 구성하고 회기를 여러 단계로 구분하여 치료를 진행한다(Boscolo, Cecchin, Hoffman, & Penn, 1987, p. 4). 치료팀은 네 명의 치료자로 구성된다. 네 명의 치료자는 두 명은 여자 치료자들 그리고 두 명은 남자 치료자들로 구성되고 이들은 각각 짝을 이루어서 치료에 임한다. 한 쌍의 남녀 치료자는 실제로 내담자를 치료 장면에서 면접하면서 치료를 진행한다. 다른 한 쌍의 남녀 치료자는 일방경의 뒤에서 치료 장면을 관찰한다. 두 팀은 서로 협조를 통해서 가족들이 가지고 있는 문제를 효과적으로 치료하도록 한다. 이들의 치료는 다섯 단계로 나뉜다. 먼저 가족들과 치료를 하기 전에 네 명의 치료자가 만나서 가족들이 가지고 온 문제를 검토하면서 의견을 교환한다. 어떤 방식으로 회기를 진행하여야 하며 무엇을 다룰 것인지를 토의한다. 이러한 토의를 통해서 가설을 만들고 이 가설을 가지고 한 쌍의 치료팀은 회기를 진행한다. 회기를 진행하는 동안 일방경 뒤에 있는 치료팀과 활발한 상호작용을 하면서 가설을 수정하기도 하고 조정하기도 하면서 검증한다. 이러한 회기의 시간을 가지고 난 뒤에 가족들을 치료실에 있게 한 다음 일방경 뒤에 있는 치료팀과 합류하여 지금까지 진행된 회기의 내용들을 토론하고, 이번 회기를 어떻게 마무리하며 다음 회기를 위해서 치료팀이 할 일이 무엇인지를 토론한다. 토론이 끝나고 나면 치료팀은 다시 가족에게로 돌아와서 회기를 마무리하고 가족들을 돌려보낸다. 가족들을 돌려보내고 나면 네 명의 치료자는 다시 만나서 종합토론을 한다. 전체 진행된 회기에 대한 의견들과 가족들의 문제에 대한 가설들이 어떻게 검증되었는지 또는 수정되었는지, 다음 회기에는 무엇을 하여야 하는지에 대해서 논의하고 전체 치료의 회기를 마친다. 전체 회기는 전회기, 회기, 중간회기, 개입 및 결론 회기, 종합회기의 다섯 가지의 단계로 진행된다.

■ 긴 단기치료

치료팀은 가족들의 문제를 해결하기 위해서 많은 시간과 노력을 투자한다. 이러한 노력의 결과로서 이들은 가족들의 문제를 효과적으로 해결하기 위해서 긴 단기치료(long brief therapy)를 한다. 한 번의 치료 기간은 대체로 10회기 정도로 잡고 이 회기 동안에 하나의 주제를 해결한다. 하나의 주제가 해결되고 나면 다른 주제를 선택하여 또다시 10회기를 진행한다. 이런 방식으로 단기치료를 길게 할 수 있다. 하나의 주제를 한 회기 내에 치료하는 방식을 통해서 단기간의 치료를 하고 여러 가지 주제를 선택하여 치료의 기간을 길게 할 수 있다는 점에서 장기치료를 긴 단기치료로 하는 치료의 방법이다.

■ 치료기법들

밀란 연구팀은 가족들의 문제를 치료하기 위해서 여러 가지 치료의 기법을 개발하였다. 긍정내포, 의례화 처방, 불변처방 그리고 협동 또는 과정처방 등이 대표적 기법들이다. 긍정내포는 밀란 연구팀이 개발한 대표적 치료기법이다(Gelcer et al., 1990; Nichols & Schwartz, 1998; Palazzoli, Boscolo, Cecchin, & Prata, 1990).

■ 긍정내포

긍정내포(Positive Connotation)는 가족들이 가지고 있는 게임의 긍정적 측면을 부각시키고 이를 역설적으로 처방하는 방법이다. 가족들이 가지고 오는 게임들은 한 사람에게 증상을 발달시킴으로 인해서 전체 가족의 체계를 유지하려고 한다. 이러한 긍정적 측면을 부각시킴으로써 가족들의 게임을 무력화시키는 방법이다. 이에 대해 니콜스와 슈워츠(Nichols & Schwartz, 1998)는 우울증에 걸린 자녀와 그의 가족을 그 예로 들고 있다(p. 374). 자녀의 우울증은 가족을 보호하고자 하는 긍정적 기능을 가지고 있음이 면접을 통해서 밝혀졌다. 자녀의 우울증으로 인해서 어머니는 자녀를 과보호하고 있고 아버지는 아내의 과보호에 대해서 비난한다. 이 가족 중에 할아버지가 자녀와 같이 우울증에 걸려서 고생을 했다. 이 경우에 치료자는 가족들에게 자녀의 우울증이 가족의 체계를 훌륭하게 유지하는 역할을 하고 있다고 알려 준다. 자녀의 희생은 가족의 체계를 유지하기 위해서 계속되어야 하고, 어머니는 자녀가 자신을 희생하면서 계속 체계를 유지하고 있는 한 과보호를 해야 하며, 아버지도 어머니를 계속 비난하도록 처방한다. 그러나 자녀는 할아버지와 같이 고생만 하다가 죽지 않을 것이라는 점을 분명히 한다. 왜냐하면 자신을 희생하면서 가족의 체계를 유지하고 있기 때문에 자녀는 훌륭한 일을 하고 있음을 분명하게 부각시켜 준다. 자녀는 자신을 희생하면서 가족의 체계를 유지하고 있음으로 인해서 자신에 대해서 자랑스럽게 느껴야 하며 가족들은 아들이 계속 자랑스럽게 느끼도록 기존의 가족 게임을 계속하도록 처방한다.

■ 의례화 처방

의례화 처방(ritualized prescription)은 게임을 반복적으로 수행하도록 하기 위해서 가족들이 일정한 의식을 만들어 게임을 하도록 하는 것이다(Palazzoli et al., 1990, p. 83). 이러한 기술은 가족들의 게임을 더 분명하게 드러나도록 하면서 가족들이 게임을 더 과장되게 인식하도록 만든다. 자녀의 가족에게 의례화 처방을 다음과 같이 할 수 있다. 자녀는 자신이 증상을 계속해서 가질 수 있도록 부모들이 도와주는 데 대해서 감사를 표현하는 의식을 거행할 수 있다. 일주일에 하루를 정해 놓고 그 날 저녁에는 온 가족이 모여 앉아서, 자녀는 자신이 증상을 계속 가질 수 있게 한 부모에 대해서 감사를 표현하고 어머니는 자녀를 계속해서 더 과보호를 하며 아버지는 어머니를 더욱 비난하는 날로 만든다. 이러한 날을 일주일에 하루씩 정해 놓고 반복적으로 하도록 가족에게 처방한다. 반복적으로 이러한 의식을 행하는 가족은 점차로 자신들이 얼마나 어리석은 게임을 하고 있는가 하는 점을 깨닫게 되고 게임을 중단하려는 노력을 하게 된다.

의례화 처방의 하나로서 "홀수와 짝수 날들"(Nichols & Schwartz, 1998, p. 375; Palazzoli, Boscolo, Cecchin, & Prata, 1990)로 불리는 기술을 밀란 팀은 개발하였다. 짝수 날과 홀수 날을 구분하여서 부모들에게 처방을 한다. 아버지는 짝수 날에, 어머니는 홀수 날에 각각 가족의 의식을 책임지고 거행한다. 이 기술의 효과를 팔라졸리 등(Palazzoli et al., 1988)은 다음과 같이 세 가지로 말하고 있다(p. 309). 첫째로, 가족들이 전에 해 보지 못한 경험을 하도록 도와준다. 둘째로, 부부간의 불필요한 갈등을 피하게 해 준다. 셋째로, 가족들이 처방된 대로 하는지 안 하는지에 대해서 피드백을 받을 수 있다. 이러한 효과를 통해서 가족들은 이런 경우에 부부간에 불필요한 긴장과 갈등을 줄일 수 있다. 만일 부모 중 한 사람이 강자이고 다른 한 사람이 약자인 구도를 가지고 있다면 약자의 부모는 치료자의 공인된 도움을 통해서 가족에서 주도권을 가지고 가족 의식을 집행할 수 있게 된다. 또한 부부가 경쟁관계에 있는 경우에는 각각 날짜를 나누어 가짐으로써 불필요한 갈등을 줄일 수 있게 된다. 이러한 방식의 처방은 가족들로 하여금 새로운 방식으로 상호작용을 하도록 도움을 준다. 새로운 방식의 상호작용은 곧 고정된 역기능의 가족관계를 변화시키는 역할을 한다. 가족들은 이미 새로운 상호작용을 함으로써 고정된 관계 형태를 버리게 되고 이로 인해서 경험하게 될 불안감을 떨쳐 버릴 수가 있게 된다. 불안감은 새롭게 대체된 상호작용을 모르기 때문에 생기는 불확실성에 대한 감정 반응이다.

▣ 불변처방

불변처방(invariant prescription)은 더러운 게임을 무너뜨리기 위해서 개발된 방법이다(Plazzoli et al., 1989). 불변처방은 치료의 방법에 있어서 여러 가지 고정된 방식들을 가지고 있다(Gelcer et al., 1990, pp. 127-132). 치료의 기간이 10회기로 일정하고 가족들에게 치료자는 어느 시점에서든지 처방을 할 수 있고 치료를 시작할 때 가능한 많은 수를 치료에 포함시켰다가 점차로 수를 줄여서 직계가족들로 줄여 나가는 방식 등 일정하게 정해진 치료의 기법이다. 더러운 게임을 하는 부부에게 비밀스럽게 데이트를 하도록 처방한다. 자신들이 비밀스럽게 데이트를 한다는 사실을 가족들에게 알리지 말고 부부는 비밀리에 모든 것을 진행한다. 부부간에 비밀을 간직할 뿐만 아니라 비밀리에 행동함으로써 제삼자인 아이를 부부간의 경계선으로부터 멀어지게 한다. 부부간에 만일 비밀스럽게 행동을 한다면 아이는 불안감을 느끼게 되고 부부가 비밀스러운 행동을 하지 못하도록 방해를 한다. 이러한 방해로 인해서 부부가 갈등을 가지게 되면 다시 고정된 더러운 게임을 하게 된다. 이 과정에서 가족들은 모두 안도감을 느끼게 된다. 따라서 치료자는 이러한 게임으로 다시 돌아가지 못하도록 부부가 계속 비밀을 유지하도록 한다. 아이를 부부간의 비밀로부터 떼어 놓을 뿐 아니라 아이로 하여금 부부간의 경계선 밖으로 나가도록 만든다. 이러한 방식으로 아이의 증상이 사라지도록 한다.

▣ 불변처방과 표준처방의 비교

불변처방이 기존의 치료의 방법과 어떻게 다른가 하는 점에 대해서 겔서 등 (Gelcer et al., 1990)은 여러 가지 측면에서 제시하고 있다. 전화 면접과 첫 번째 회기, 치료자의 개입기술, 회기의 구조, 회기에 대한 결론, 치료의 과정에 있어서 기존의 표준화된 치료방법과 불변처방은 다르다. 표준화된 치료의 방법에서는 전화 면접과 첫 번째 회기를 하고 난 다음 가족들이 가지고 있는 게임에 대해서 가설을 세운다. 또한 가설에 따라서 어떤 가족 구성원들이 치료에 와야 하는지를 결정하게 된다. 불변처방은 가족들의 게임에 대해서 가설을 세우고 난 뒤에 가족을 이해하기 위해서 10회기 동안 다양한 방법으로 평가한다. 이 평가의 과정에서 확대가족들을 광범위하게 조사하면서 누가 어떤 방법으로 치료에 참여해야 하는지를 결정하게 된다. 일차적으로 직계가족들이 회기에 참여하지만 치료를 하는 도중에 여러 확대가족이 참여할 수 있다. 치료자가 개입을 하는 데 있어서 표준화된 방법과 불변처방은 거의 비슷하다. 그러나 불변처방은 표준화된 방법보다 한 단계 더 진전된 방법을 사용한다. 표준화된 방법이 주제를 주로 치료자 위주로 결정하는 반면에 불변처방은 치료자와 가족들 사이에 주제를 선택함에 있어서 다른 점을 치료자가 직접 언급한다. 표준화된 방법이 가족들의 역기능 상호작용이나 부적응 또는 약점들을 주로 언급하는 반면, 불변처방은 가족들이 가지고 있는 강점 또는 긍정적 상호작용들을 언급하거나 각 개인들이 증상을 만드는 데 있어서 어떤 강점들을 가지고 있는지를 언급한다.

회기의 구조라는 측면에서는 두 방법이 기본적으로 같은 절차를 가지고 회기를 진행한다. 전회기, 회기, 중간회기, 개입 및 결론 회기, 종합회기 등의 순서로 진행한다. 표준화된 방법은 일정하게 정해진 시점에서 긍정내포, 재구조화, 역설처방 등을 사용하는 반면에, 불변처방은 어느 시점에서든지 긍정내포, 재구조화, 역설처방 등을 사용한다. 회기에 대한 결론의 측면에서 표준화된 방법은 회기에 대한 두 가지 결론으로 요약된다. 가족의 현재 체계에 대한 정보들을 알아내고 이러한 체계에 대해서 모든 가족의 관점 및 서로 모순되는 점들을 종합적으로 이해하는 과정을 갖는다. 불변처방은 종합적으로 어떤 결론을 내기보다는 치료의 도중에 치료자의 의견을 적극적으로 개진하고 가족들의 반응을 본다. 치료자가 가족에 대한 가설 또는 가설을 세우는 과정들을 가족들에게 알려 주고 가족들이 이에 대해서 어떻게 반응하는지를 평가한다. 치료자의 이런 방법은 가족들이 이러한 과정을 소화할 수 있는 충분한 능력이 있고 또한 증상을 만들어 내는 가족들이 가장 잘 아는 사람이라는 가정에 근거를 두고 있다. 이러한 과정은 그 자체로서 치료가 진행되는 과정으로 작용하면서 치료를 돕는 효과를 가지고 있다. 치료자가 자신의 가설들을 가족들에게 제시하고 가족들이 이에 대해서 거부하거나 긍정할 수 있다. 이러한 과정을 되풀이하는 동안에 가족들은 변화를 거듭한다. 회기에 대한 결론은 치료자가 가설을 가지고 있지만 이 가설을 가족들에게 제시하고 가족들과의 상호작용을 통해서 가설을 확장하거나 수정하는 방식을 갖는다. 치료의 과정에 있어서 표준화된 방법은 회기의 제한이 일정하게 존재하지 않는다. 문제가 해결될 때까지 회기는 진행된다. 또한 회기에 참여하는 가족 구성원도 대체로 일정한 수로 진행된다. 불변처방의 회기는 10회로 제한되어 있다. 회기 중에 참여하는 가족들의 수도 처음에 가능한 한 많은 가족이 참여하게 된다. 회기가 진행되는 도중에 필요가 없다고 판단되는 가족들은 치료에 오지 않게 하고 나중에는 결국 부모들만 남게 된다. 확대가족과 아이들은 필요에 따라서 치료에 오기도 하고 오시 않기노 한다.

■ 협동치료

보스콜로와 체친은 자신들의 방식인 **협동치료**(collaborative therapy)의 기법을 개발하였다(Boscolo et al., 1987). 협동치료의 방법은 팔라졸리로 대표되는 밀란의 기법과 다르다. 이 방법은 기존의 치료기법들이 주로 가족 구성원의 참여를 배제한 상태에서 개발되었다는 점을 지적하고 있다. 가족 구성원들에게 치료의 기법에 대한 설명이나 적극적 참여를 할 수 있는 여지를 만들지 않는다. 치료자는 가족들이 하는 게임을 분석하고 이를 무력화할 수 있는 기법을 스스로 개발한다. 가족들은 자연스럽게 수동적 역할을 할 수밖에 없게 된다. 때로는 가족들이 제대로 이유를 이해하지 못하면서 치료자를 맹목적으로 따라야 하는 상황에 처하게 된다. 이러한 점을 지적하면서 협동치료는 치료자 혼자서 모든 것을 결정하는 방식이 아니라 가족들과 충분히 협의를 한다. 가족들과 협의를 하면서 치료의 목표도 세우고 치료의 과정도 같이 해 나간다. 가족들은 능동적으로 치료에 참여하면서 자신들의 생각과 치료자의 생각을 합쳐서 가족의 문제를 해결하는 방법이다.

요약

전략 가족치료는 크게 네 가지 주류를 가지고 있다. 사티어의 항아리이론, 헤일리와 마다네스의 위계질서이론, MRI 연구팀의 피드백 망이론, 밀란 연구팀의 게임이론이 그 네 가지 주류이다. 사티어는 항아리라는 개념을 통해서 사람들의 자존감을 표현하고 있다. 항아리가 가득 차 있으면 높은 자존감을 가지고 있는 사람이고 항아리가 비어 있거나 조금밖에 차 있지 않으면 낮은 자존감을 가진 사람이다. 높은 자존감을 가진 사람을 균형이 잡힌 사람이라고 한다. 균형이 잡힌 사람은 여러 가지 상황에서 자연스럽게 여러 가지 역할을 수행할 수 있는 사람을 말한다. 반면에 낮은 자존감을 가진 사람은 일정한 방식이나 역할 또는 행동양식에 매여 있는 사람을 의미한다. 이러한 사람들은 네 가지 종류로 나뉜다. 위로자, 비난자, 계산자, 혼란자로 표현되는 사람들은 자존감이 낮은 사람들로서 건강하지 못한 사람들이다. 이들은 모두 자신들의 마음속에 불안, 두려움, 공허감, 무가치함 등을 많이 가지고 있다. 이러한 감정들을 행동양식으로 표현하고 있다. 위로자는 다른 사람들을 위로함으로써 자신의 가치를 높이려고 하고, 비난자는 다른 사람들을 복종시킴으로써 자신의 가치를 발견하려고 한다. 그리고 계산자는 다른 사람들로부터 거리를 둠으로써 자신을 보호하려고 하고, 혼란자는 초점을 흐리게 함으로써 자신과 다른 사람들로부터 도망을 치려 한다. 건강하지 못한 사람들을 건강하게 만들기 위해서 사티어는 가족조각이라는 기법을 사용하고 있다. 가족들이 서로가 가지고 있는 행동양식을 표현하도록 함으로써 서로에 대해서 느끼는 감정과 생각을 대화하도록 만든다. 비언어로 느끼는 감정과 생각을 언어를 통해서 정확하게 전달함으로써 자신 안에서 일치감을 느끼도록 돕는 치료활동을 한다. 언어의 측면과 비언어의 측면을 일치시킴으로써 일관성이 있는 사람이 되도록 만드는 치료활동을 한다.

헤일리와 마다네스는 가족들이 가지고 있는 위계질서에 관심을 가지고 있다. 헤일리는 위계질서를 힘이라는 관점에서 접근한다. 내담자들은 증상을 통해서 힘을 갖기를 원한다. 힘을 가짐으로써 내담자들은 다른 가족 구성원들을 통제하고 지배하기를 원한다. 증상을 가지고 있는 가족은 힘에 의한 적절한 위계질서가 무너진 상태에서 치료를 받으러 온다. 치료는 무너진 위계질서를 바로잡는 활동이다. 헤일리는 치료를 하는 데 있어서 비유와 역설 그리고 지시방법들을 사용한다. 헤일리는 이러한 방법들을 통해서 가족의 무너진 위계질서를 힘이라는 관점에서 세우려는 노력을 한다. 마다네스는 가족의 위계질서를 보호와 관심이라는 관점에서 접근한다. 마다네스는 내담자들이 가지고 오는 증상이 가족을 보호하고 서로에 대한 관심을 증가시키기 때문에 발생한다고 생각한다. 부부가 문제를 가지고 있는 경우에 자녀들은 가족이 깨지는 현상을 보호하기 위해서 지나치게 부부의 일에 관여하게 된다. 이러한 과정에서 자녀들은 증상을 일으키고 그 증상을 통해서 가족을 보호하려 한다. 이 경우에 자녀들은 부모의 역할을 하게 되고 부모는 자녀들의 역할을 하게 된다. 치료에서는 부모는 부모의 역할을 하도록 하고 자녀는 자녀의 역할을 하도록 한다. 가족들이 자신들에게 맞는 역할을 하도록 치료를 통해서 도와준다. 가족의 위계질서는 자신들에게 맞는 역할을 하도록 함으로써 제대로 유지된다. 마다네스는 헤일리와 여러 가지 치료기법을 공유한다.

MRI 연구팀은 피드백 망을 통해서 가족들의 문제를 접근한다. 가족들은 서로에게 어떤 종류의 피드백을 주어야 하는지에 대해서 일정한 규칙을 가지고 있다. 항상성의 원리는 이러한 규칙의 일종이다. 가족의 체계를 유지하기 위해서 가족들은 서로에게 해야 할 피드백의 종류를 제한한다. 또한 서로에 대한 피드백을 어떤 방식으로 해석하고 이해해야 하는지에 대해서도 일정한 규칙을 가지고 있다. 가족들은 서로의 피드백에 대해서 해석의 틀을 일정하게 지니게 된다. 항상성의 원리가 더 이상 변화되는 환경의 요구를 수용할 수 없을 때 가족은 문제를 가지게 된다. 이런 경우에 가족들은 잘못된 방법으로 문제를 해결하려고 한다. 가족들이 변화하려고 할 때 가족이 가지고 있는 규칙 전체를 검토하지 않고 구성원들만을 변화시키려고 할 경우 문제가 더욱더 커지게 된다. 이를 일차질서변화라고 부른다. 일차질서변화를 이차질서변화로 바꾸는 일이 MRI 연구팀의 치료활동이다. 이차질서변화는 가족들의 규칙과 질서 자체를 바꾸는 일이다. 이를 위해서 재구조화의 기법을 사용한다. 재구조화의 기법은 가족들이 공통으로 가지고 있는 해석의 틀을 바꾸는 일이다. 해석의 틀을 바꾸기 위해서 치료자는 역설 개입과 증상 처방이라는 방법을 사용한다. 역설 개입과 증상 처방을 통해서 가족들은 자신들이 얼마나 어리석은 방법으로 문제를 해결하려고 하였는가를 깨닫도록 한다. 즉, 가족들은 자신들이 일차질서변화라는 관점에서만 문제를 해결하려고 하였다는 사실을 깨닫도록 하기 위해서 이와 같은 기법을 사용한다. 이러한 기법을 통해서 가족들이 새로운 방식으로 문제를 해결하는 방법을 깨닫도록 한다. 즉, 이차질서변화를 갖도록 함으로써 문제를 전혀 새로운 시각에서 해결하도록 한다. 일차질서변화에서 이차질서변화로의 변화를 재구조화라고 한다. MRI 연구팀의 치료목표는 가족들을 재구조화하는 데 있다.

밀란 연구팀은 가족들이 가지고 있는 게임에 많은 관심을 두고 있다. 가족들은 비밀스러운 게임들을 가지고 치료에 온다. 조현병 환자의 가족에게서 발견되는 더러운 게임은 가족들이 가지고 있는 역기능을 보여 주는 대표적 게임이다. 치료의 활동은 게임을 무력화시키고 새로운 방식으로 관계하도록 만드는 일이다. 이들은 게임을 무력화시키기 위해서 여러 가지 치료의 전략을 짜게 된다. 네 명의 치료자가 한 팀이 되어서 한 회기를 다섯 단계로 나누어서 진행하는 치료의 전략은 유명하다. 한 번의 회기를 위해서 네 명의 치료자가 두 시간을 통해서 전략을 개발하고 치료를 진행한다. 이러한 방법으로 대체로 10회기를 한 번의 기간으로 삼는다. 주어진 한 번의 기간 동안에 한 가지 주제를 해결한다. 필요한 경우에는 이러한 기간들을 계속해서 가짐으로써 긴 단기치료를 하게 된다. 이들은 여러 가지 치료기법을 개발하였다. 긍정내포, 의례화 처방, 불변처방, 협동 또는 과정 처방 등이 대표적 기법들이다. 치료의 기법을 개발하는 도중에 밀란 연구팀은 두 팀으로 나뉘게 된다. 한 팀은 치료자의 권위와 전문적 판단을 중요시하는 방향으로 치료를 계속하고, 다른 한 팀은 가족들이 가지고 있는 여러 가지 자원을 중요하게 봄으로써 치료를 가족들과 상의하고 협력하면서 해야 한다는 방향으로 치료하게 되었다.

연습문제

1　전략 가족치료이론의 변화전략에 대한 공통점이 무엇인지 말하시오.

2　버지니아 사티어의 네 가지 대화 유형을 설명하고 치료전략에 대해서 설명하시오.

3　MRI 연구팀의 증상을 처방하는 기법에 대한 이론과 방법을 설명하시오.

4　헤일리와 마다네스의 치료전략의 이론과 방법을 설명하시오.

5　밀란 연구팀의 치료전략의 이론과 방법을 설명하시오.

제 **6**장

구조 가족치료이론

1. 기원 및 주요 인물

구조 가족치료(structural family therapy)는 살바도르 미누친(Salvador Minuchin)에 의해서 기원이 시작되었다. 물론 미누친 이외에도 여러 사람이 이론을 형성하는 데 많은 영향을 미쳤지만 주요 인물은 미누친이다. 그는 아르헨티나에서 태어나고 교육을 받았다(Nichols & Schwartz, 1998, p. 242). 코르도바(Córdoba) 대학교를 졸업하여 의사가 되었고(Hansen & L'Abate, 1982, p. 131) 이스라엘 군대에서 의사로 봉사를 하다가 미국에 들어와서 네이선 애커먼과 함께 아동 정신과 의사로 봉사한 뒤 이스라엘로 돌아갔다. 미국에 다시 들어와서 윌리엄 앨런슨 화이트(William Alanson White) 연구소에서 정신분석의 훈련을 받으면서 해리 스택 설리번(Harry Stack Sullivan)의 대인관계이론에 영향을 받게 되었다(Nichols & Schwartz, 1998, p. 242). 그후 그는 1960년대에 뉴욕에 있는 월트윅(Wiltwyck) 학교에서 비행소년들을 교정하는 정신과 의사로 일하게 되었다(Colapinto, 1991, p. 417). 이때 그는 다른 여러 사람과 함께 비행소년들의 가족을 치료하게 되었다. 주로 네이선 애커먼, 돈 잭슨은 중류 가족들을 치료하였던 반면, 미누친과 그의 동료들은 하류 계층의 가족을 치료하게 되었다(Nichols & Schwartz, 1998, p. 242). 기존에 개발된 대화이론들은 하류 계층의 가족들에게 잘 적용하기 어려웠기 때문에 미누친은 다른 여러 가지 방법을 사용하게 되었다. 이때 미누친과 동료로서 같이 일을 한 사람들은 딕 워스월드(Dick Auerswald), 찰리 킹(Charlie King), 브롤리오 몬탈보(Braulio Montalvo), 클라라 라비노위츠(Clara Rabinowitz) 등이었다(Nichols & Schwartz, 1998, p. 242).

미누친은 월트윅에서 하류 계층의 가족들을 성공적으로 치료하였고 이러한 경험은 미누친으로 하여금 구조 가족치료이론을 만들어 내는 직접적 계기를 만들어 주었다. 미누친은 언어를 주로 사용하면서 지적으로 접근하는 방법들은 하류 계층의 가족들에게 맞지 않는다는 점을 발견하였다. 하류 계층의 아동들과 가족들에게는 수동적 방법이 아닌 좀 더 적극적이고 지시적인 방법들이 필요함을 발견하게 되었다. 즉, 치료자는 즉각적 개입과 행동을 주로 요구하는 방법으로 문제를 접근해야 했다. 문제가 하나가 아니고 여러 가지 문제가 겹쳐 있을 뿐만 아니라 당장에 그 문제들을 해결하여야 하는 입장에서 하류 계층의 가족들을 치료하게 되었다. 이러한 경험은 미누친으로 하여금 전통의 정신분석 방법을 떠나서 새로운 접근을 하도록 만들었다. 이후에 미누친은 몇 사람과 더불어『빈민가의 가족들(Families of the Slums)』이라는 책을 펴내게 되었다. 이 책은 사회학과 인류학의 개념들을 공부한 후에 쓰였다(Colapinto, 1991, p. 418). 사회적으로 다양하고 다른 상황에 있는 아동들은 많은 문제를 접하면서 자랄 수밖에 없었다. 알코올 중독의 문제, 질병의 문제, 매춘과 마약의 문제, 정신질환의 문제 등 많은 역기능의 상황 속에서 아동들은 자라고 있다. 미누친과 그의 동료들은 사회는 가족을 형성하는 중요하고 강력한 맥락이며 가족은 개인을 형성하는 중요하고 강력한 맥락이라는 점을 깨닫게 되었다.

월트윅에서 미누친은 많은 명성을 얻게 되었고 나중에 필라델피아에 있는 아동지도상담소(Child Guidance Clinic)의 소장으로 일하게 되었다. 가족치료에 대해서 좀 더 보편적 관심을 가지고 있었던 미누친으로서는 아동지도상담소에서 소장으로 일을 하면서 다양한 가족을 만날 수 있게 되었다. 이 상담소에서 일하였던 많은 사람의 기여와 미누친의 노력으로 1970년대에 구조 가족치료이론을 만들어 내게 되었다. 이때 제이 헤일리, 클로에 마다네스, 브롤리오 몬탈보 등이 미누친과 같이 일하였다. 미누친은 1974년에『가족들과 가족치료(Families & Family Therapy)』라는 책을 출판하게 되었고 이 책을 출판하는 데 제이 헤일리와 몬탈보가 많은 기여를 하였다. 특히 몬탈보에 대해서 미누친은 많은 아이디어를 제공받았다며 감사하였다.

구조 가족치료이론은 역기능의 가족들이 가지고 있는 여러 가지 특징을 기술하고 있다. 신체화 증상을 가진 가족들은 특히 같은 종류의 특징들을 가지고 있었는데 과보호, 지나친 엄격성, 갈등 해결의 부재 등이 공통적 특징들이었다(Colapinto, 1991, p. 420). 신체화 증상 중에서도 식욕부진증(anorexia)이 가족치료로 가장 잘 해결된다는 사실이 발견되었다(Colapinto, 1991, p. 420). 가족들이 가지고 있는 특징들을 다시 정리하여 안정된 구조를 만들면 문제가 치료되는 현상을 발견하게 되었다. 미누친의 이러한 임상적 성공은 구조 가족치료의 이론이 형성되는 데 많은 기여를 하였다. 임상적 성공은 미누친으로 하여금 여러 가지 개념을 실험하고 증명하는 데 기여하였고 이러한 노력은 결국 새로운 가족치료의 경향을 만들어 내게 되었다.

2. 이론의 기초

1) 사회성 모델

미누친의 이론은 인간의 사회성에서부터 출발하고 있다. 하류 계층의 가족들은 주변 사회 환경의 영향을 많이 받고 있다. 알코올 중독, 범죄, 매춘과 마약 등 많은 사회 문제는 가족 구성원들을 이러한 문제들에 노출시키면서 많은 영향을 준다. 중류 가족들에게 많이 발견되는 식욕부진증은 가족이 개인의 행동을 어떻게 형성하는지를 보여 주고 있다. 사회는 가족을 형성하게 하고 가족은 개인을 형성한다는 명제는 구조 가족치료이론의 중요한 이론적 기초를 이루고 있다. 기존의 전통적 심리치료이론들이 개인의 내면 세계를 강조하면서 개인의 중요성을 강조한 반면, 미누친은 개인들의 상호작용 유형과 가치관에 가족이 미치는 영향을 충분히 강조하고 있다. 어떤 방식으로 가족들이 상호작용을 하는가에 따라서 개인의 행동은 많은 영향을 받게 된다. 구조 가족치료이론은 개인의 행동에 일차적 관심을 갖기보다는 가족들이 상호작용을 하는 방식에 더욱 관심을 가지게 되었다.

2) 구조 모델

　가족들이 상호작용을 하는 방식과 관련된 개념은 **구조**이다. 가족구조란 가족들이 상호작용을 하는 조직체의 일정한 형태를 말한다(Nichols & Schwartz, 1998, p. 244). 가족구조는 일정한 방식으로 존재하기 때문에 예견이 가능하다. 즉, 가족들의 일련의 상호작용은 일정한 방식으로 이루어진다. 일정한 방식으로 이루어지면서 동시에 시간에 따라서 반복적으로 동일하게 나타난다. 반복적이고 일정한 방식의 상호작용은 가족 구성원들로 하여금 어떤 방식으로 말하고 행동하며 반응하도록 지침을 제공하게 해 준다. 예를 들면, 아이가 세상에 태어나면 아이는 부모로부터 해야 하는 것들과 하지 말아야 하는 것들에 대해서 수없이 많이 듣게 된다. 이러한 과정들은 반복적으로 수없이 많은 시간을 통해서 일어나며 아이는 일정한 행동의 양식을 배우게 된다. 아이가 부모가 말하는 내용을 거절하면 부모는 소리를 지르거나 때리게 된다. 이와 같이 부모는 일정한 방식으로 반응을 하게 된다. 가족은 아이와 부모가 연결되는 일정한 상호작용의 형태를 가지게 된다.

　구조는 상호작용을 가능하게 하는 **일련의 규칙**이 포함되어 있다. 가짜 친밀성을 가지고 있는 가족은 '가족들은 서로 사랑을 해야 한다. 그리고 갈등이 있어서는 안 된다.'라는 규칙을 가지고 있다. 가족들은 서로 친밀하게 지내며 사랑하기 위한 행동들을 해야만 하고 서로 갈등을 일으키는 행동을 하지 말아야 한다. 따라서 갈등이 생길 때마다 가족들의 행동은 갈등을 숨기는 방향으로 이루어진다. 가족들의 행동은 결국 양분된다. 표면행동과 이면행동이 달라진다. 표면행동으로는 친밀하고 사랑하는 행동을 하게 되고, 이면행동으로는 서로 갈등하고 미워하는 행동을 하게 된다. 한국 가족에게서 많이 볼 수 있는 가족의 규칙은 '집 안의 일을 바깥에서 말하면 안 된다.'이다. 집 안에서의 행동과 집 밖에서의 행동은 서로 몹시 다르게 된다. 집 안에서는 함부로 행동을 하다가도 다른 사람들을 만나게 되면 친절하고 예의를 갖추어서 행동하게 된다. 집 안에서 어떤 일이 일어나도 집 밖에 있는 사람들에게 알리지 말아야 한다는 생각이 많이 있다. 따라서 집 안과 집 밖의 행동이 서로 구분되고 분리되는 행동양식을 가지게 된다. 이러한 행동양식은 체면과도 밀접한 관련을 갖는다. 다른 사람들에게 품위가 있고 교양이 있는 사람으로 보이고 인식되는 일은 중요하다. 비록 집 안에서는 교양이나 품위를 유지하지 않아도 다른 사람들에게는 교양과 품위를 유지해야 한다.

3) 발생 모델

구조는 모든 인류에게 공통으로 적용되는 부모자녀관계의 발생적 측면에 의해서 형성된다(Hansen & L'Abate, 1982, p. 132). 부부는 아이를 낳게 되고 부모와 아이 사이에는 자연적으로 권위체계가 형성된다. 아이는 부모가 가지고 있는 여러 가지 지식, 언어, 행동양식을 배우게 된다. 자연스럽게 부모는 아이에 대해서 권위를 가지게 된다. 단지 사회적인 측면으로만 권위를 갖는 것이 아니라 생물학적으로도 권위를 갖는다. 부모는 아이의 생명을 잉태하고 존재가 가능하도록 한 사람들이다. 따라서 아이는 생물학적 측면에서도 부모에게 빚을 지고 있게 된다. 생물학적으로 그리고 사회학적으로 부모는 자녀에게 권위를 가지게 되며 아이는 부모의 권위에 순종할 수밖에 없는 입장을 가지게 된다. 구조는 한편으로 가족 구성원들이 가지고 있는 각각에 대한 기대에 의해서 이루어진다. 가족 구성원들의 기대는 각 문화마다 그리고 각 사회와 가족마다 다르게 된다. 주어진 발생적 권위하에서 각각에게 주어지는 기대에 따라서 가족들의 행동 유형이 달라지게 된다. 예를 들면, 한국 사회에서 장남에게 거는 기대는 크다. 장남들은 집안을 돌봐야 하며 특히 어렸을 때부터 부모들이 나이가 들면 부양을 책임지는 기대를 받게 된다. 이러한 기대는 한국의 전통 사회에서 특히 강했지만 현대에 들어오면서부터 많이 약화되고 있다. 같은 장남이라고 하더라도 전통의 한국 사회에서 자란 장남들은 많은 심리적 부담을 가지는 동시에 많은 특권을 누리면서 살아가게 된다. 이러한 기대는 가족 구성원들의 상호작용을 다르게 만든다. 집안의 대소사가 장남을 중심으로 진행되며 장남들은 집안의 어른들과 상호작용이 빈번해진다. 반면에 막내들은 집안에서 별로 중요한 존재로 인식되지 못하고 특히 집안의 어른들과 상호작용을 별로 많이 하지 않게 된다. 장남들이 집안의 연결고리를 많이 가지고 산다면 막내들은 주로 개인주의적으로 상호작용을 하게 된다.

4) 변화 모델

구조는 시간에 따라서 순응과 적응을 하는 과정을 갖는다. 시간이 지남에 따라서 아이들은 성장하게 된다. 성장하는 아이들은 부모들과 상호작용이 달라지게 된다. 가족들이 적용하던 규칙들도 발달단계에 따라서 달라지게 된다. 예를 들면, 유아 시절에는 부모들이 많은 통제를 하게 되지만 청소년의 경우에는 많은 자율성을 가지게 된다. 또한 가족들이 가지고 있는 스트레스나 중요한 사건이 생기는 경우에도 가족의 구조는 변화한다. 예를 들어, 아버지가 실직한 경우에 가족들 간의 상호작용은 달라지게 된다. 어머니가 집안의 경제를 책임지게 되면 아버지는 자연스럽게 집안일을 책임진다. 또한 자녀들과 상호작용도 아버지가 좀 더 자상하고 부드러운 방식으로 그리고 어머니는 좀 더 엄격한 방식으로 상호작용을 할 가능성이 있다. 시대가 변화됨에 따라서 또한 구조는 달라진다. 전통 사회의 가족구조와 현대 사회의 가족구조는 달라지게 된다. 가족의 수에 있어서 전통 사회와 현대 사회는 다르다. 전통 사회에서는 많은 가족이 한 집에서 살았지만 현대에는 직계가족들만이 한 집에서 살게 된다. 관계양식도 많이 달라졌다. 수직적이고 조직적인 관계로부터 수평적이고 친밀한 관계로 상호작용의 형태가 달라지게 되었다.

3. 주요 개념 및 원리들

구조 가족치료에서 중요한 개념들로 체계, 하위체계, 위계질서, 통합체, 경계선, 순응이라는 개념들이 있다. 체계(system)는 가족 구성원들과 그들의 상호작용에 의해서 만들어진 일정한 형태를 의미한다. 이러한 체계는 가족의 구조라는 형태로 나타난다. 구조는 가족 구성원들의 상호작용을 통제하고 지배하는 규칙들과 그러한 규칙들에 의해서 나타나는 기능으로 이루어진다(Aponte & VanDeusen, 1981, p. 312). 가족 구성원들은 규칙에 따라서 일정하게 행동한다. 가족 구성원들의 행동은 구조의 기능에 의한 결과들이다. 구조는 가족 구성원들의 상호작용을 조직화하는 기능적 규칙들의 합으로 정의된다(Minuchin, 1974, p. 51). 예를 들면, '저녁 식사는 7시에 한다.'는 가족의 규칙이 있다고 하자. 가족 구성원들은 7시에 저녁을 먹기 위해서 준비하는 행동을 하게 된다. 주부는 저녁을 준비하고, 아이들은 엄마를 도우며, 아버지는 아이들을 독려하는 행동을 한다. 저녁 식사에 대한 규칙은 가족 구성원들을 행동하게 만든다. 가족 구성원들이 행동을 하도록 만드는 가족의 규칙들을 묶어서 구조라고 부른다.

1) 체계

구조는 가족 전체의 행동을 통제하고 지배하는 규칙들과 가족 구성원들 중의 일부만 적용되는 규칙들을 갖는다. 예를 들면, '저녁을 7시에 먹는다.'는 규칙은 모든 가족들에게 적용되는 규칙이지만 '공부를 9시까지 해야 한다.'는 규칙은 아이들에게만 적용된다. 가족 구성원들 중 일부에게만 규칙이 적용되는 체계를 하위체계라 부른다. 가족 구성원 개개인들은 전체 가족의 하위체계를 이루고 있다. 예를 들면, 네 명의 가족 구성원이 있다고 하자. 이들 네 명의 가족 구성원은 각자 체계를 이루고 있다. 즉, 네 개의 하위체계가 전체 가족 안에 존재하게 된다. 또 이들이 일정한 규칙에 의해서 상호작용을 만들고 이를 통해서 여러 가지 하위체계를 만든다. 아이들끼리 만들어 내는 **자녀하위체계**(sibling subsystem), 아버지와 어머니에 의해서 만들어지는 **부모하위체계**(parental subsystem), 남편과 부인에 의해서 만들어지는 **부부하위체계**(marital subsystem)가 존재한다. 각각의 하위체계들은 나름대로 고유한 규칙들과 기능들을 가지고 있다. 부부하위체계는 부부들에게만 적용되는 규칙을 갖는다. 예를 들면, 서로 정서적 교류나 성적 측면에서 부부만 공유하는 행동을 하게 된다. 정서적 측면에서도 부부는 서로 친밀감을 공유하고 이를 위해서 서로 노력하는 규칙과 행동을 갖는다. 부모하위체계는 아버지와 어머니가 아이들과의 관계에서 갖는 체계이다. 체계 속에 구성되는 사람은 똑같지만 규칙과 기능은 다르다. 부모는 아이들을 돌보고 책임지는 행동을 한다. 아이들의 건강 또는 학습 그리고 다른 여러 가지 행동을 할 수 있도록 지도와 감독 그리고 지지 등 여러 가지 고유한 규칙들과 행동을 가지고 있다. 자녀 하위체계는 가족의 아이들로 구성되는 체계이다. 아이들은 자신들 나름대로 일정한 규칙과 행동을 가지고 있다. 예를 들면, 아이들 사이에 일정한 위계질서가 성립되고 이러한 위계질서에 따라서 행동한다. 맨 위에 있는 형이나 누나 또는 언니가 말을 하면 동생들은 따라야 하는 규칙을 갖는다. 이러한 위계질서는 대체로 부모에 의해서 지지되고 강화를 받는다.

2) 위계질서

　　체계들 간에는 일정한 **위계질서**(hierarchy)가 있다. 상위체계는 전체 가족 구성원을 대상으로 하는 규칙들과 기능으로 구성되어 있다. 반면 하위체계는 가족 구성원들 중 일부에 해당하는 규칙들과 기능들로 구성되어 있다. 상위체계와 하위체계 사이에는 일정한 위계질서가 성립된다. 상위체계와 하위체계는 서로 다른 정도의 의사결정권을 갖는다(Colapinto, 1991, p. 424). 상위체계는 전체 가족에 대한 의사결정권을 가지고 전체 가족 구성원들의 행동을 통제하고 지배하는 규칙을 만들고 이를 시행한다. 반면 하위체계는 가족 구성원들 중 일부에 해당하는 의사결정권을 가지고 이를 지배하는 규칙을 만들고 시행한다. 이들 둘 사이에는 일정한 위계질서가 있고 위계질서에 의해서 전체체계는 하위체계와 조화를 이루면서 존재하게 된다. 부부체계, 부모체계, 자녀체계는 일정한 위계질서를 가지고 있다. 부부체계는 부모체계보다 더 상위에 존재하는 체계이다. 부부체계는 부부간의 관계에 대한 규칙뿐만 아니라 전체 가족을 책임지는 위치를 가지고, 전체 가족이 나아가야 하는 방향에 대

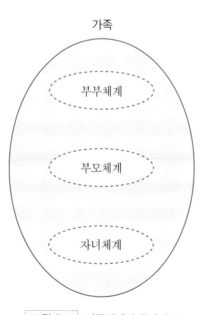

그림 6-1　가족체계의 위계질서

해서 규칙을 정하고 이를 행동으로 옮기기 위한 여러 가지 일을 한다. 예를 들면, 부부체계는 일종의 정부의 최상위 권력기관과 같은 역할을 하게 된다. 부모체계는 부부체계의 기능 중 부모와 자녀에 관한 부분들을 다루는 체계이다. 따라서 부모체계는 부부체계보다는 하위에 있어야 한다. 이는 전체 가족이 가지고 있는 규칙이나 행동들 중에서 부모와 자녀 사이에 관련된 규칙들과 행동들을 총괄하는 체계로 이해된다. 자녀체계는 부부체계나 부모자녀체계에 대해서 하위체계로 존재한다. 자녀체계는 나름대로 규칙을 가지고 있지만 부부체계나 부모체계의 통제와 감독 아래 있다. 이들 체계 간에 위계질서는 [그림 6-1]과 같이 표현할 수 있다.

3) 통합체

가족이라는 전체체계와 가족 내에 있는 하위체계들은 모두 통합체들이다. **통합체**(holons)라는 개념은 전체이면서 부분인 체계를 말한다(Colapinto, 1991, p. 423). 예를 들면, 한 개인은 그 전체로서 하나이다. 즉, 그 자체로서 전체를 가지고 있다. 그러나 전체인 개인은 한 가족의 하나의 체계로서 존재한다. 개개인들이 없이는 가족이라는 체계를 상상할 수 없다. 즉, 개인들은 가족에 있어서 하나의 부분이다. 마찬가지로 각각 다른 하위체계들은 그 자체로서 전체를 구성하고 있다. 예를 들면, 자녀체계는 그 자체로서 전체의 기능과 모든 행동 규칙을 가지고 있다. 다른 체계와 겹치지 않으면서 자체로서 전체의 기능을 감당한다. 그러나 자녀체계는 전체 가족에 있어서 하나의 부분으로 존재한다. 마찬가지 방식으로 부부체계나 부모체계는 전체 가족체계의 통합체로서 존재한다. 전체 가족은 다시 대가족 또는 확대가족의 통합체로서 존재한다. 다시 대가족이나 확대가족은 사회의 통합체로서 존재한다. 통합체는 자체적으로 자기보존과 자율성을 위한 에너지를 갖는다(Minuchin & Fishman, 1981, p. 13). 스스로 존재하는 전체로서 자신과 다른 체계들 간의 끊임없는 상호작용을 통해서 부분으로서 존재하고 기능한다. 다른 체계들과 통합체들은 항상 대화하면서 발달과 변화를 거듭하게 된다.

4) 경계선

체계들은 경계선에 의해서 구분되며 자신의 통합체를 유지한다. 경계선(boundary)은 체계의 안과 밖을 구분하는 선을 말한다. 가족의 경계선은 가족이라는 체계와 가족 밖이라는 외부를 구분하는 선이다. 이러한 선은 가족이 가지고 있는 규칙에 의해서 유지된다. 예를 들면, 10시 이후에는 집을 나가지 못하도록 하는 가족의 규칙이 있다고 하자. 그러면 가족 구성원들은 10시까지 반드시 집에 들어와야 하며 10시 이후에는 외부의 사람들과 상호작용을 못하게 된다. 즉, 가족의 규칙은 곧 가족의 외부와 내부를 구분하는 역할을 한다. 또한 아침 8시 이전에는 전화를 하지 않는다는 규칙이 있다고 하자. 이 경우에도 가족들은 가족의 내부와 외부가 아침 8시에 의해서 구분된다. 가족의 규칙은 가족 내에서 체계들 간에 경계선을 만든다. 예를 들면, 아이들은 밤 10시 이후에는 반드시 잠을 자야 한다는 규칙이 있다고 하자. 그러면 아이들은 밤 10시 이후에는 부모들과 상호작용을 하지 못하게 된다. 이 규칙으로 인해서 자녀체계는 부모체계 또는 부부체계와 구분된다. 체계들은 경계선에 의해서 내부와 외부를 구분하고 다른 체계와의 관계 속에서 체계 자체의 정체성을 유지하게 된다. 체계의 통합체들은 경계선에 의해서 유지되고 다른 체계들과 관련성을 만들어 간다. 경계선은 다른 체계들과 상호작용을 활발하게 하기 위해서 유연하고 부드러워야 한다. 가족들은 유연하고 부드러운 경계선을 통해 외부의 자극에 대해서 쉽게 반응할 수 있으며 내부의 정보를 외부로 방출하는 행동을 한다. 체계의 내부와 외부 사이에 상호작용을 활발하게 하여 체계로 하여금 여러 가지 변화에 제대로 적응할 수 있도록 만들어 준다. 예를 들면, 만일 가족이 7시에 저녁 식사를 하는 규칙을 가지고 있다고 하자. 장남이 밖에서 중요한 회의로 인해서 집에 7시 20분에 도착한 경우에 가족의 규칙은 융통성 있게 적용되어야 한다. 중요한 회의로 인해서 늦은 경우에는 이를 허용함으로써 가족의 규칙을 유연하게 바꿀 수 있게 된다. 경계선은 규칙에 의해서 만들어지므로 가족은 규칙을 유연하고 융통성 있게 적용함으로써 경계선이 유연하고 부드러워지도록 해야 한다. 유연하고 부드러운 경계선을 분명한 경계선(clear boundary)이라고 부른다. 분명한 경계선은 [그림 6-2]와 같은

- -

그림 6-2 분명한 경계선

기호로 표시된다.

5) 순응

체계는 환경의 변화에 따라서 체계를 스스로 바꾸는 순응(adaptation)을 한다. 두 사람이 만나서 관계를 형성하고 결혼을 통해서 부부가 된다. 부부는 부부체계라는 통합체를 형성하고 살아가게 된다. 부부의 통합체는 아이의 출생으로 인해서 달라진다. 부부통합체로 출발된 가족은 이제 복잡한 양상을 띠게 된다. 아이의 출생은 곧 부부체계, 부모체계, 자녀체계라는 체계의 구조가 변화되는 순응을 경험하게 된다. 아이의 발달단계에 따라서 가족의 체계는 계속 변화를 거듭한다. 체계의 전체 구조가 달라지게 된다. 청소년의 시기에는 다른 방식의 상호작용과 다른 종류의 규칙들이 필요하게 된다. 이러한 구조의 변화는 곧 가족이 시간의 순서에 따라서 변화되는 외부 또는 내부의 환경에 적응을 하기 위해서 체계를 스스로 변화시키는 과정이다. 예를 들면, 남편이 직장을 잃은 경우에는 부인이나 아이들이 직장을 다니는 경우를 생각할 수 있다. 이는 가족의 구조가 경제적 필요라는 외부의 요인에 의해서 변화되는 경우이다. 또 다른 예를 생각해 보자. 시대의 변화에 따라서도 가족구조는 달라진다. 전통 사회에서는 많은 가족이 모여 사는 대가족이라는 가족의 구조를 가지고 있었다면 현대 사회에서는 핵가족이라는 가족의 구조를 가지고 있다. 산업의 발전과 경제적 삶의 질의 변화는 필연적으로 가족구조의 변화를 가져온다. 체계는 스스로 존재를 계속하기 위해서 외부의 요구와 내부의 변화에 따라서 적응과 변화를 계속해 나간다. 이런 의미에서 체계는 살아 있는 유기체로서 환경과 상호작용을 통해서 자신의 존재를 확인하고 이를 변화시킴으로써 생존을 계속하게 된다.

4. 역기능의 가족관계

1) 경계선과 가족의 역기능

경계선의 설정은 가족들 간의 역기능과 관련이 있다. 가족들 간의 분명한 경계선은 가족들로 하여금 자신의 역할이 무엇인지 또는 가족 내에서 자신의 위치가 얼마만큼인지를 알려 주는 역할을 한다. 분명한 자신의 역할과 위치는 가족들 간의 불필요한 갈등을 줄인다. 경계선이 불분명하거나 너무 딱딱한 경우에는 가족들 간에 역기능을 초래한다. 경계선이 불분명한 경우를 **산만한 경계선**(diffused boundary)이라고 부른다. 경계선이 너무 딱딱한 경우를 **엄격한 경계선**(rigid boundary)이라고 부른다. 경계선의 설정은 가족들 간에 다양한 관계를 만들어 낸다. 산만한 경계선을 가지고 있는 가족은 가족들 간에 밀착된 관계를 만들어 낸다. 가족들은 자신의 역할이 무엇인지 혼돈하게 되고 가족들끼리 정서적으로 밀착되는 관계를 만들어 낸다. 이러한 관계는 서로 적절한 거리를 유지하기 힘들기 때문에 서로 기능적으로 관계를 하지 못하게 된다. 엄격한 경계선을 가지고 있는 경우에는 정서적으로 거의 관여를 하지 못하게 된다. 가족들은 서로 관련을 거의 갖지 않고 살아가게 된다. 가족들은 서로에 대해서 무관심하거나 다른 사람의 일에 관여를 하지 않는 격리된 관계를 만들어 낸다. 미누친(1974)은 가족들 간의 다양한 관계를 선을 통한 상징을 통해서 [그림 6-3]과 같이 표현하고 있다(p. 53).

그림 6-3 가족관계의 여러 가지 상징적 기호

2) 격리된 관계의 역기능과 밀착된 관계의 역기능

구조 가족치료에서 가족의 역기능은 가족들 간의 경계선에 의해서 나타난다. 격리된 관계(disengaged relationship)는 가족들 간에 상호작용을 하지 못하도록 한다. 가족의 구조는 일정한 틀이 있어서 여러 가지 환경의 변화에 따라서 유연하게 변화하지 못한다. 가족들은 서로 대화를 하기 힘들고 자신들의 생각이나 감정을 공유하기 어렵게 된다. 서로 지지하는 기능을 상실하게 되고 보호를 하지 못하게 된다. 가족들의 일탈행위에 대해서 아무도 관심을 갖지 않고 방관하게 된다. 예를 들면, 아이들이 장난감을 가지고 놀다가 서로 싸우는 경우에 부모는 관심을 보이지 않는다. 아이들의 싸움이 지나쳐서 서로 상처를 입히고 싸우는 행동을 하여도 부모는 말리지 않고 아이들을 내버려 둔다. 또는 부모들에게 도움을 요청하면서 중재를 요청하여도 부모는 아이들의 다툼에 개입하지 않는다. 아이들은 부모로부터 지지나 방향에 대해서 일정한 교육을 받지 못함으로써 필요한 지식이나 기술들 그리고 적절한 방법으로 관계하는 대인관계 기술을 배우지 못하게 된다.

반면 밀착된 관계(enmeshed relationship)인 경우에는 가족들의 상호작용은 격리된 가족과 대단히 다르다. 가족들은 감정적으로 그리고 정서적으로 지나치게 서로에 대해서 예민하고 민감하다. 서로 지나치게 감정들이 얽혀 있음으로 인해서 가족들은 아주 사소한 의견의 차이에 대해서도 서로 개입하고 관여한다. 가족들은 자신들의 공간이나 여유를 갖기 힘들고 늘 다른 가족 구성원들의 행동이나 생각에 신경을 써야 하는 입장에 빠진다. 개인의 경계선이나 하위체계의 경계선들이 없거나 너무 약하기 때문에 서로에 대해서 누가 무엇을 하고 가족이 어떤 방식으로 상호작용을 해야 하는지에 대해서 어려움을 겪는다. 다른 사람들의 경계선을 지나치게 침범하게 되거나 하위체계들 간에 위계질서가 거의 없게 된다. 예를 들면, 식사 시간을 정하는 데 있어서도 모든 가족들이 다 같이 의견을 내고 의견에 대해서 서로 배려하고 신경을 쓰기 때문에 적절한 결정을 하기 어렵게 된다. 특히 누가 결정권자인지 또는 그 결정을 집행하는 사람이 누구인지에 대해서 서로 알기 어렵게 된다.

3) 여러 종류의 역기능

격리되거나 밀착된 관계는 가족들에게 여러 가지 종류의 역기능을 만들어 낸다. 구조 가족치료에서 주로 역기능의 형태로 많이 언급되는 현상들은 기능적 경계선의 침범, 안정된 연합, 우회연합, 삼각관계, 세대 간 안정연합이다(Aponte & VanDeusen, 1981, p. 314).

(1) 기능적 경계선의 침범

기능적 경계선의 침범(violation of functional boundary)은 부모화 현상을 경험하는 아이들이 대표적으로 겪는 역기능이다. 편부 또는 편모의 가족인 경우에 아이들 중 하나가 부모의 자리를 대신하여 부모의 역할을 하게 된다. 부모와 자녀 사이의 경계선이 너무 약하여서 산만한 경계선을 가지고 있다. 세대 간의 경계선이 너무 약함으로 인해서 아이는 쉽게 부모의 기능을 할 수 있다. 부모의 정서적 갈등이나 편부 또는 편모의 정서적 어려움을 아이 중 하나가 달래는 어른의 역할을 한다. 어른의 역할을 하는 자신의 부모와 정서적으로 밀착되는 관계를 갖는다. 특히 편부나 편모인 경우에는 아이 중 하나가 거의 동등한 어른의 역할을 함으로써 아이는 기능적으로 한쪽 부모의 역할을 한다. 이를 [그림 6-4]와 같이 표현할 수 있다. [그림 6-4]에서 보는 바와 같이 아이 중 하나는 부모의 영역에 있다. 그 아이는 부모의 경계선을 침범하며 어른의 역할을 한다.

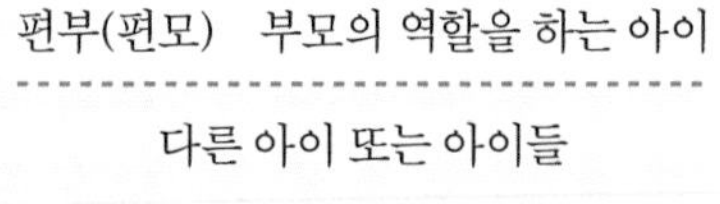

편부(편모)　부모의 역할을 하는 아이
- -
다른 아이 또는 아이들

그림 6-4 기능적 경계신의 침범

(2) 안정된 연합

부부간의 갈등이 심한 경우에 부모 중 한 사람은 가족 내의 다른 가족 구성원과 안정된 연합에 들어간다. 안정된 **연합**(stable coalition)이란 가족 내 두 사람이 다른 한 사람을 배타적으로 밀어내면서 두 사람 사이에 밀착된 관계를 형성하는 현상을 말

격리(disengagement)

그림 6-5 안정된 연합

한다. 즉, 연합하는 두 사람은 정서적으로 심하게 밀착되어서 서로 간의 욕구나 이해관계에 민감하게 반응한다. 반면 다툼의 대상이 되는 제삼자인 가족 구성원과는 격리된 관계를 형성한다. 즉, 두 사람은 정서적으로 연합하여 제삼자인 가족에 대해서 지배와 통제를 한다. 예를 들면, 부부간의 갈등이 심하게 나타나는 경우에 남편이 부인에 대해서 비판을 많이 하고 야단을 많이 친다고 하자. 남편의 비판과 야단 때문에 정서적으로 어려움을 겪는 부인은 아이 중 하나와 정서적으로 밀착된다. 아이와의 정서적 밀착은 부인으로 하여금 심리적 안정감을 갖도록 한다. 심리적으로 안정감을 가질 뿐만 아니라, 부인은 남편을 지배하고 통제하려고 한다. 정보나 이야기들을 아이하고만 나눔으로 인해서 남편의 마음에 불편함을 초래하고 남편을 은연중에 지배하고 통제하려는 시도를 하게 된다.

(3) 우회연합

우회연합(detouring coalition)은 가족 구성원들 간에 갈등이 생겼을 경우에 이를 피하기 위한 수단이다. 예를 들면, 남편과 부인이 갈등이 심한 경우에 부인이 남편과의 갈등을 직접 남편과 대화를 통해서 해결을 하지 않고 아이 중 한 사람을 선택하여 아이와 정서적으로 연합을 하게 된다. 정서적 연합은 부인으로 하여금 자신이 갈등이 있을 때 갈등을 해결하는 하나의 방편으로 사용된다. 남편과의 갈등으로 부인의 마음속에 많은 슬픔과 외로움이 생겼다고 하자. 부인은 아이와 정서적으로 밀착됨을 통해서 슬픔과 외로움을 달래려고 한다. 만일 아이와 정서적으로 밀착함으로써 슬픔과 외로움이 달래진다면 부인은 남편과 갈등이 생길 때마다 아이와의 정서적 밀착을 통해서 슬픔과 외로움을 달래게 된다. 이때 부인은 아이와의 정서적 밀착이 갈등을 해결하는 우회로의 역할을 하는데 이러한 정서적 밀착을 우회적 밀착이라고 한다. 이때 아이는 엄마의 갈등을 해결하는 우회자의 역할을 하게 된다.

그림 6-6 | 우회연합

(4) 삼각관계

삼각관계(triangulation)는 서로 갈등하고 있는 두 사람이 똑같은 제삼자를 통해서 상대방을 제압하려고 하는 연합의 관계이다. 부부간의 갈등이 심한 경우에 부부는 한 아이를 자기편으로 끌어들이려는 노력을 한다. 제삼자인 아이를 자기편으로 끌어들임으로써 상대방에 대해서 자신의 우위를 주장하려고 한다. 예를 들면, 남편과 부인이 갈등이 심한 경우에 서로 갈등을 해결할 수 없으면 남편과 부인은 둘 다 아이에 대해서 관심을 집중하게 된다. 둘 다 아이에 대해서 걱정을 하고 아이를 도우려고 한다. 그러나 아이를 돕는 일은 부차적이고 이차적이다. 갈등을 서로 해결하지 못함으로써 아이에 대해서 관심을 집중하고 집중된 관심은 상대방을 배제하는 방향으로 이어진다. 남편과 부인이 아이와 연합하여 각기 자신이 상대방에 대해서 우위를 점하려고 한다. 이 경우에 아이는 과도하게 부모의 관심을 받게 되므로 심한 정신적 혼란에 빠지게 된다. 부모의 서로 양립할 수 없는 의견을 동시에 들어야 하고 부모 모두에게 정서적으로 심리적으로 연결해야 하므로 부담감과 스트레스를 받는다. 아이는 부모의 관심 집중으로 피해를 본다. 즉, 아이는 삼각관계로 인해서 희생양이 된다.

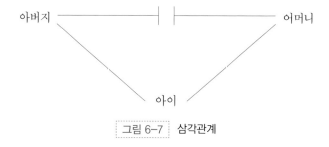

그림 6-7 | 삼각관계

(5) 세대 간 안정연합

세대 간 안정연합(transgenerational stable coalition)이란 세대에 걸쳐서 연합이 일어나는 현상을 말한다. 남편과 부인의 갈등이 심한 경우에 남편이나 부인 또는 둘 다아이와 정서적 연합을 하려고 한다면 이는 세대 간 연합이라고 부른다. 세대 간 안정연합은 윗세대 또는 아랫세대 어느 방향으로든 일어날 수 있다. 아랫세대와 세대 간안정연합이 일어나는 경우가 흔한 경우이다. 남편과 부인이 갈등이 생겼을 때 아이들과 정서적으로 연합을 하는 경우는 아랫세대와 안정된 연합을 갖는 경우이다. 세대 간 연합은 윗세대와도 일어난다. 예를 들면, 남편과 부인이 갈등이 심한 경우에남편 또는 부인이 자신의 본래 어머니나 아버지와 정서적으로 연합을 할 수 있다.

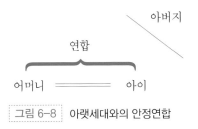

그림 6-8   아랫세대와의 안정연합

한국 사회에서 일어나는 고부간의 갈등은 이러한 세대 간의 연합현상으로 이해할 수 있다. 남편과 부인이 갈등이 심한 경우에 남편은 자신의 어머니와 연합하여아내를 지배하고 통제하려고 할 수 있다. 남편은 자신의 불편한 마음을 자신의 어머니에게 털어놓음으로써 어머니와 정서적으로 연합하려고 한다. 어머니는 자신의아들의 불편한 마음을 달래 주는 한편 며느리에 대해서 적개심을 갖는다. 시어머니는 며느리를 불러서 야단을 치게 되고 며느리는 남편에 대해서 더욱 분노하는 마음을 가지게 된다. 부부간의 갈등은 세대 간의 연합으로 인해서 더욱 증폭되는 양상을띠게 된다.

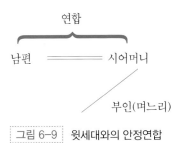

그림 6-9   윗세대와의 안정연합

(6) 역기능의 위계질서

앞에서 언급된 여러 가지 연합은 가족의 위계질서에 역기능을 가져온다. 핵가족 체계에서 부부체계는 전체 가족에 대해서 의사결정권을 갖는다. 그러나 부부갈등으로 인해서 부부 중 한 사람이 아이와 연합하거나 가족 이외의 사람과 연합하는 경우에는 부부의 의사결정권에 영향을 미치게 된다. 예를 들면, 부인과 갈등을 일으키는 남편이 자신의 어머니와 연합을 하는 경우에는 부부의 의사결정권이 약해지고 남편과 시어머니의 연합이 힘을 발휘하게 된다. 따라서 가족의 여러 가지 결정사항에 대해서 부부가 원하는 대로 결정하지 못하게 된다. 그리하여 부부는 가족 전체에 대해서 행사할 힘이 약화된다. 마찬가지로 남편과 갈등을 일으키는 부인이 아이와 연합을 하는 경우에는 남편과 부인의 의견에 많은 마찰을 일으키게 된다. 이들의 마찰은 곧 부부간의 힘에 영향을 미쳐서 부부간에 원만한 의사결정을 하기 어렵게 한다. 연합하고 있는 아이의 의견이 엄마를 통해서 적극적으로 반영된다. 따라서 부부의 의사결정은 부인과 아이의 연합에 의한 힘에 의해서 약화된다.

(7) 발달 저해

연합에 의한 또 다른 문제는 연합에 참여하고 있는 아이들이 제대로 성장할 수 없게 되는 점이다. 연합되어 있지 않은 아이들은 자신들의 발달 과제를 수행하고 이를 통해서 자신의 정체감을 형성한다. 그러나 연합에 참여하는 아이들은 자신들의 발달 과제를 다루기보다는 부모의 세계 또는 어른의 세계에 깊이 관여하게 된다. 자신들의 발달단계에서 나중에 경험해야 할 과제들을 역량도 갖추지 못한 상태에서 깊이 경험하게 된다. 이러한 경험은 두 가지 측면에서 아이의 발달을 저해한다. 첫 번째로, 자신의 발달 과제를 수행하는 데 방해하는 역할을 한다. 발달단계에서 적절하게 다루어야 할 발달 과제들을 놓치게 되고 이를 통해서 자신의 발달단계에 맞게 살지 못하게 된다. 발달단계에 맞게 경험되어야 할 여러 가지 과제에 대해서 경험할 수 있는 기회를 갖지 못하게 된다. 기회가 주어졌다 하더라도 부부의 관계에 참여함으로써 그 기회를 살리지 못하고 갈등을 경험하게 된다. 두 번째로, 어른들의 과제를 너무 일찍 접하게 됨으로써 어른들의 발달 과제에 대해서 부정적이고 힘든 생각이나 느낌을 가지게 된다. 즉, 어른들의 발달 과제에 부적절하게 대응하게 되고 이로 인해서 자신이 어른이 되었을 때 이러한 과제들을 제대로 다루지 못하게 된다.

5. 치료의 목표 및 방법

1) 치료의 목표

구조 가족치료의 목표는 증상이 반영하는 역기능의 구조를 바로잡는 일이다. 가족의 구조를 바로잡는 일은 치료의 일차적 목표가 된다. 문제를 해결하거나 증상을 완화시키는 일은 이차적이고 부차적인 치료의 목표로 본다. 가족의 구조를 바로잡기 위해서 치료자가 할 일은 역기능의 경계선을 기능적 경계선으로 만드는 일이다. 또한 가족 내에서 구조적 위계질서를 바로잡는 일이다. 첫 번째로, 가족의 경계선을 바로잡는 일은 엄격한 경계선 또는 산만한 경계선을 분명한 경계선으로 바꾸는 일이다. 경계선을 바로잡기 위해서는 가족들이 가지고 있는 규칙이 무엇인지 알아야 하며, 이러한 규칙들을 재조정하고 유연하게 만드는 일이 포함된다. 규칙을 조정하고 바로잡게 되면 가족 구성원들의 기능 수준이 향상된다. 기능 수준의 향상은 곧 가족들 간의 상호작용을 활발하게 하거나 상호작용을 적절하게 조절하는 역할을 하게 된다. 가족의 구조가 유연하게 되고 시간에 따라서 제대로 변화와 순응을 할 수 있게 된다. 역기능의 경계선에 의해서 만들어진 증상들은 가족 구성원들의 상호작용이 활발해지고 유연해짐에 따라서 완화되거나 없어지게 된다.

두 번째로, 가족들 내부에 있는 하위체계들 간에 위계질서를 바로잡는 일이다. 부부체계는 전체 가족을 총괄하는 집행부의 역할을 하도록 한다. 부모체계는 자녀체계보다 우위에 있도록 하기 위해 여러 가지 연합을 해결하도록 노력한다. 세대 간 안정연합은 가족 내의 위계질서에 많은 영향을 미치기 때문에 부모나 부부는 아이들과 또는 자신들의 부모들과 연합하지 못하도록 구조를 조정한다. 부모들은 자녀들과 동등한 관계가 아니며 또한 부모들과 적절한 위계질서를 유지하도록 가족의 구조를 변화시킨다. 특히 부부간의 관계가 친밀감을 가지고 제대로 기능을 하도록 노력한다. 핵가족 내에서 발생하는 대부분의 문제는 부부간의 관계가 안정되지 못한 데에서 비롯된다. 부부관계의 안정을 토대로 아이들은 자신들의 세계로 돌아가도록 세대 간의 위계질서를 바로잡는다. 위계질서를 바로잡을 때 의사결정권을 적절한 방식으로 재조정한다. 부모의 의사결정권과 아이들의 의사결정권을 적절하게 분배함으로써 가족 내의 질서를 유지하도록 한다.

가족 경계선이 분명해지고 가족 내에서 위계질서가 바로 서면 가족구조는 가족 구성원들의 성장을 돕는 역할을 한다. 구조 가족치료이론의 가장 기본이 되는 생각은 사회는 가족을 지지하고 가족은 개인을 지지하고 돕는 역할을 한다는 것이다. 이런 면에서 가족구조의 변화와 발전은 곧 개인을 보호하고 성장하도록 하는 중요한 역할을 한다. 개인들이 들고 오는 대부분의 증상은 가족이라는 구조적 맥락 속에서 발생한다는 점을 생각할 때 가족의 구조를 변화시키는 일은 대단히 중요한 일이 된다. 치료자는 개인들이 공통으로 가지고 있는 믿음이 무엇인지 알아내도록 한다. 가족의 구조를 밝히는 일은 그리 쉽지 않다. 가족 구성원들은 가족의 구조에 대한 개념이나 인식을 가지고 있지 않기 때문에 자신들의 문제를 말할 때 구조적이고 체계적으로 말하지 않는다. 이렇게 부분적으로 흩어진 말들 중에서 그리고 가족 구성원들의 행동들 속에 있는 서로의 연관성과 이를 토대로 한 행동의 연속성을 찾아내야 한다. 가족 구성원들의 행동 또는 다른 여러 가지 기능을 향상시키기 위해서는 가족들이 믿고 있는 신념들, 즉 공통으로 가지고 있는 믿음들이 무엇이며 이러한 믿음들이 어떤 방식으로 기능하고 있는가 하는 점을 밝혀내도록 한다. 이러한 점들이 밝혀지면 개인들의 행동을 역기능으로 만드는 가족의 구조가 무엇인가 하는 점을 밝혀내도록 한다. 가족구조의 변화는 곧 가족 구성원들의 기능 향상에 영향을 준다. 가족 구성원들로 하여금 스스로 적응하며 다른 여러 가지 환경에 순응할 수 있는 여건을 만들어 주는 가족구조를 만드는 일이 치료자의 궁극적 목표이다.

2) 치료의 방법

치료의 방법은 크게 **참여, 실연, 불균형**의 세 가지로 나뉜다(Nichols & Schwartz, 1998, p. 256). 첫째, 가족 구성원들과 관계를 형성하기 위해서 기존의 가족구조에 참여시키는(joining) 방법이다. 참여의 방법을 통해서 기존의 가족구조에 성공적으로 적응한다. 둘째, 가족의 구조를 이해하기 위해서 가족 구성원들의 상호작용을 실연시키는(enacting) 방법이다. 가족들이 가지고 있는 구조를 이해하기 위해서 가족들의 상호작용을 이해하는 기술을 사용하는 단계이다. 셋째, 가족의 구조를 변화시키기 위해서 가족들의 상호작용과 믿음을 흔드는(unbalancing) 방법이다. 기존의 가족의 구조를 어떤 방식으로 변화시킬 수 있는가 하는 점이 이 단계의 핵심 과제이다. 기존의 가족구조를 흔들어 놓는 방법들이 사용되면서 치료자는 가족들이 겪는 여러 가지 혼란과 어려움에 동참하게 된다. 이러한 방법들을 적용함에 있어서 치료자는 창의성을 충분히 발휘해야 한다. 가족의 구조를 바꾸는 일은 결코 간단한 공식에 의해서 단지 기계적이고 체계적으로 이루어지지 않는다. 치료자는 가족구조가 가지고 있는 복잡성 및 미묘함들을 충분히 인식하고 이를 다루어 가도록 해야 한다. 물론 구조 가족치료이론이 치료를 위한 기초 지도를 제공하고 있지만 이론에 의해서 다루어지지 않는 부분들도 많이 있음을 인식해야 한다. 여러 가지 복잡성을 가지고 있음에도 불구하고 구조 가족치료의 기본 치료방법은 기존의 가족구조에 성공적으로 참여하도록 만들고 가족의 구조를 이해하고 변화시킬 수 있는 여러 가지 기술을 사용하도록 만들어 준다. 구조 가족치료의 방법은 참여, 이해, 변화라는 세 가지 기본 단계로 구성된다.

(1) 참여

치료자와 가족은 **참여**를 통해서 서로 **일하는 동맹**(working alliance)을 맺어야 한다. 치료의 장면에서 처음 서로 만난 치료자와 가족은 서로에게 적응하는 과정이 필요하다. 치료자는 가족을 이해하고 가족은 치료자를 이해하는 과정이 곧 참여의 과정이다. 참여를 통해서 치료자는 가족과 좋은 관계를 형성한다. 치료자는 가족들이 가지고 있는 여러 하위체계와 동등하게 참여한다. 동등한 참여는 치료자에게 가족을 변화시킬 수 있는 지렛대와 같은 역할을 한다. 여러 하위체계와 골고루 동등하게 관계를 맺으면서 치료자는 가족 내에 또 다른 하위체계 하나를 만들게 된다. 하위체계들을 모두 동등하게 존중하며 모든 가족 구성원이 존중감을 느끼도록 배려한다. 참여는 단지 치료자가 일상에서 가지고 있는 존중하는 마음을 반영하는 일 이상을 의미한다. 참여는 일종의 과정으로서 치료를 이끌어 가는 첫 단계에 필요한 중요한 치료의 기술이다. 가족들과 대화를 하는 도중에 시시각각으로 변화하는 대화의 내용에 치료자가 성공적으로 참여하는 일은 치료를 원만히 하고 성공하도록 만드는 중요한 과정으로서 이해된다. 치료자는 가족들의 대화의 내용과 변화를 주의 깊게 관찰하고 이를 토대로 해서 가족들의 상호작용에 참여하게 된다. 좋은 관계를 형성하는 참여의 기술은 적응하기, 따라가기, 흉내 내기의 세 가지로 나누어서 생각할 수 있다.

① 적응하기

치료자가 처음에 참여를 하기 위해서 현재 가족이 가지고 오는 구조에 그대로 적응하는 일이 중요하다. **적응하기**(accommodating)는 기존의 가족구조에 참여하는 치료자의 활동이다. 현재의 가족체계를 적극적으로 인정하고 지지하는 태도를 보여 줌으로써 가족 구성원들을 편안하게 만들어 준다. 치료를 받으러 오는 가족은 많은 불안과 저항을 일으킬 수 있다. 불안과 저항은 가족의 구조라는 측면에서 볼 때 항상성의 원리 때문에 발생한다. 가족은 기존의 구조를 유지하기 원하기 때문에 변화에 대해서 두려움과 불안한 마음을 가지게 된다. 치료자의 지지하는 태도와 존중하는 마음은 가족들로 하여금 편안한 마음을 가지고 치료에 임할 수 있도록 돕는 역할을 한다. 치료자는 가족들을 만나면 서로 인사말을 나누고 깊은 관심을 보여 주는 행동을 하게 된다. 부드럽고 구체적인 질문을 통해서 치료자는 가족들에게 깊은 존중과 이해를 보여 준다. 특히 가족 구성원 중에서 소외되고 소극적인 사람에게 더 깊은 관심을 보여 준다. 깊은 관심과 배려는 가족 개개인들뿐만 아니라 가족이 현재 가지고 있는 위계질서나 경계선을 있는 그대로 존중함을 나타낸다. 만일 치료자가 성급하게 가족의 구조나 위계질서에 도전하는 방식으로 접근하게 된다면 가족들은 저항을 보이게 될 것이다. 이러한 저항으로 인해서 결국 가족들은 서로 더욱 비난하게 된다. 치료 장면에 있는 가족들은 서로에 대해서 비난하는 마음을 많이 가지고 있으므로 불안해지고 서로에 대해서 더욱 경계한다. 이런 면에서 치료자는 가족에 적응하기 위해 부드러운 말씨와 세심한 배려를 보여 주며 구체적 질문을 한다. 치료자의 이러한 행동을 통해서 가족들은 서로 존중하는 마음을 갖는다. 때때로 적응하기의 기술을 사용하는 데 있어서 가족들이 가지고 있는 역기능을 약간 건드려 주는 일도 필요하다. 가족들이 가지고 있는 역기능을 약간 건드려 주는 일은 가족들에게 희망을 줄 수 있다(Minuchin & Fishman, 1981, p. 32). 가족들은 자신들의 역기능을 치료자가 알고 이해하고 있다는 점에서 안도감을 느낀다. 이러한 안도감은 가족들로 하여금 치료자를 신뢰하고 치료에 협조할 수 있는 기본 토양을 만드는 데 기여한다.

② 따라가기

가족들이 말하는 내용과 하는 행동들을 따라가면서 치료자는 여러 가지 활동을 한다. 따라가기(tracking)는 가족들의 행동양식과 언어 형태들을 주의 깊게 관찰하는 치료자의 활동이다. 치료자는 가족들의 말과 행동을 따라가면서 정보를 수집한다. 누가 가장 많이 말을 하는가 그리고 다음에는 누가 말을 받는가 또는 한 사람이 말이 끝나고 나면 다른 가족 구성원들의 반응은 어떤가 하는 등의 여러 가지 정보를 얻게 된다. 치료자는 가족들이 말하는 대화의 내용을 따라가면서 가족들의 상호작용과 구조를 탐색하는 활동을 한다. 치료자는 지도자의 역할을 하기보다는 가족들의 말을 따라다니는 지지자의 역할을 한다. 치료자는 따라다니면서 가족들을 지지하는 발언과 행동을 한다. 치료자는 격려하고 이해하는 발언을 함으로써 가족들이 더욱 자신들의 마음을 열고 상호작용을 할 수 있도록 돕는 역할을 한다. 또한 치료자는 가족들이 사용하는 언어를 적극적으로 사용함으로써 가족들의 상호작용에 참여한다. 따라가기는 단지 가족들의 말을 따라가는 방법만을 사용하는 것이 아니다. 가족들이 말하고 행동하는 과정에 참여해서 다른 사람들의 참여를 유도하는 말을 한다. 즉, 가족들 사이에 명백한 상호작용이 일어날 때 이를 약간 촉진하는 기능도 하게 된다. 이러한 기능을 통해서 치료자는 가족들로 하여금 조금씩 상호작용을 활발하게 하도록 유도하는 기능도 같이 한다. 치료자는 과정에 참여함으로써 가족들의 비언어행동을 언어행동으로 바꾸는 활동도 한다. 따라가기는 대체로 지지자의 역할과 약간의 촉진자의 역할을 섞어서 하는 방법이다.

③ 흉내 내기

치료자는 가족들의 대화의 내용 또는 방법들을 따라서 한다. 흉내 내기(mimicking)는 가족들이 하는 행동 형태들이다. 언어들 그리고 몸짓들을 그대로 흉내 내는 치료자의 활동이다. 예를 들면, 가족들이 아주 느린 방식으로 말을 하는 경우에는 치료자도 아주 느린 방식으로 말을 한다. 조금 있다가 갑자기 흥분하고 빠르게 말을 하는 분위기로 바뀐다면 치료자도 흥분한 태도로 말을 빨리 한다. 치료자는 가족들의 말의 빠르기와 고저 등을 흉내 냄으로써 가족들의 현재의 구조에 성공적으로 참여한다. 만일 아이 중에 누군가가 말을 할 때 손으로 머리를 긁는 행동을 한다면 치료자도 손으로 머리를 긁으면서 아이에게 말을 한다. 아이는 치료자의 흉내 내기 행동으로 인해서 동질감을 느끼고 마음을 열게 된다. 흉내 내기는 치료자로 하여금 가족의 일원으로서 행동할 수 있게 해 준다. 가족들은 자신들의 용어를 사용하면서 자신들이 말하는 방식으로 용어를 구사하는 치료자를 거부감 없이 마치 가족의 일원인 것처럼 받아들이게 된다. 치료자는 가족들에게 이방인과 같은 느낌을 주지 않으면서 자연스럽게 가족의 하위체계를 형성하게 된다. 하위체계를 형성하게 되면 치료자는 이제 가족들의 상호작용을 파악하고 이해할 수 있는 중요한 지렛대를 확보한 셈이 된다. 치료자는 가족들에게 좀 더 지시적 자세로 임할 수 있게 된다.

(2) 이해

치료자는 가족의 구조를 이해하기 위해서 활동한다. 가족의 구조는 가족들의 상호작용에서 나타난다. 가족의 상호작용을 파악하기 위해서 치료자는 참여의 단계에서 보이는 행동들보다는 좀 더 적극적이고 지시적인 태도를 보이게 된다. 참여의 단계에서처럼 가족들이 말하는 내용을 따라가고 흉내 내는 방법보다는 적극적으로 질문한다. 예를 들면, 가족의 위계질서에 대해서 치료자가 알고 싶으면 치료자는 가족들에게 다음과 같이 질문을 한다. "누가 이 가족의 경제에 대해서 책임을 지고 있나요?" 또는 "누가 문제가 생기고 갈등이 생겼을 때 적극적으로 관여하고 문제를 해결하려고 하나요?" 치료자는 이런 질문을 통해서 적극적으로 가족의 구조를 파악하고자 한다. 이때 치료자가 한 가지 조심할 일은 가족들이 말하는 내용을 전적으로 다 믿으면 안 된다는 점이다. 치료자는 치료자가 상상하고 생각하는 가족의 구조를 가족들이 실제로 보여 주도록 질문하고 여러 가지 기술을 사용하는 일이 중요하다(Nichols & Schwartz, 1998, p. 258). 치료자는 가족들이 가지고 있는 구조를 이해하기 위해서 실연화(enactment)의 기술을 사용한다(Minuchin & Fishman, 1981).

① 실연화

치료자가 구상하고 있는 상호작용의 방법을 가족들로 하여금 실제로 행동을 통해서 연기하도록 만드는 방법이 **실연화**(enactment)의 기술이다. 가족들이 가지고 있는 역기능의 상호작용이 분명하게 보이도록 하기 위해서 치료자가 가족들에게 실제 상호작용을 연기하도록 요구한다. 치료자는 가족들이 연기하는 동안에 관찰하는 입장을 가지고 가족들의 상호작용 속에서 역기능의 가족구조를 발견하고자 한다. 대체로 가족들은 가족 구성원 중의 한 사람을 문제가 있는 사람으로 지목하는 믿음을 가지고 치료에 임한다. 가족 구성원들은 치료자가 문제 있는 사람을 고쳐 주고, 그래서 가족이 평화를 얻을 수 있다는 믿음을 가지고 있다. 치료자는 가족 구성원들의 역기능의 상호작용을 실제로 연기하도록 함으로써 가족들의 믿음에 도전할 수 있게 된다.

실연화의 기법은 여러 가지 치료의 효과가 있다. 미누친과 피쉬맨(Minuchin & Fishman, 1981)은 치료의 효과를 네 가지로 설명하고 있다(p. 81). 첫째로, 치료자와 가족들 사이에 치료 동맹을 촉진시키는 효과를 가지고 있다. 가족들은 치료자의 요구대로 연기함으로써 하나의 팀이 된다. 치료자는 연출을 지휘하는 사람으로서, 가족들은 연출을 하는 사람들로서 연합할 수 있게 된다. 둘째로, 치료자는 실연화를 통해서 가족들의 믿음에 도전할 수 있다. 가족들이 가지고 있는 개인주의적 문제의식은 실연화의 과정 속에서 도전을 받게 된다. 역기능의 상호작용을 분명하게 봄으로써 가족들은 자신들이 가지고 있는 문제에 대한 관점을 확장하고 넓힐 수 있게 된다. 문제에 대한 초점이 한 개인이 아닌 전체체계의 역기능에 있음을 깨닫게 된다. 셋째로, 가족들은 새로운 상호작용과 구조를 실험할 수 있는 장을 가진 셈이 된다. 치료자의 확실한 지지와 연출을 통해서 가족들은 안심하고 새로운 상호작용을 실험하고 도전할 수 있는 여건을 가지게 된다. 이전에는 할 수 없었던 말들을 치료자의 지지와 지시에 의해서 할 수 있게 되고 이전에는 할 수 없었던 말들을 다른 가족들에게 할 수 있는 여건을 가지게 된다. 넷째로, 치료자가 가족들의 삼각관계나 안정된 연합으로부터 피할 수 있도록 하는 효과가 있다. 개인주의적 관점을 가진 가족 또는 다른 사람과의 연합을 통해서 갈등을 피해 가려고 하는 가족들에게 치료자는 강력한 안정된 연합을 할 수 있는 사람으로 등장한다. 가족들은 경쟁적으로 치료자와 안정된 연합을 하려고 하거나 치료자는 가족 구성원들의 갈등을 우회시키는 삼각관계로 들어갈 수 있다. 실연화의 기법은 가족들로 하여금 치료자를 자신들의 상호작용에서 제외시키는 역할을 한다. 가족들은 자신들의 상호작용을 보면서 자신들의 역기능의 상호작용을 보게 된다. 치료자는 단순하게 가족들만 상호작용을 하도록 지시함으로써 삼각관계 또는 연합으로부터 피할 수 있게 된다.

실연화는 세 가지 상호작용을 통해서 일어난다. 세 가지 상호작용은 서로 연속된 행동의 과정 속에 있다. 첫 번째로, 치료자는 가족들의 자발적 상호작용을 관찰한다. 가족들의 상호작용 중에서 어떤 영역에 역기능의 상호작용이 있는지 결정한다. 두 번째 상호작용은 가족들의 역기능 상호작용을 어떻게 실연시킬지에 대해서 구상을 하고 실제로 가족들로 하여금 역할을 하도록 지시하는 것이다. 예를 들면, 부인이 울고 있는 동안 남편이 무관심한 태도를 보인다면 치료자는 부인으로 하여금 남편과 무엇을 하고 싶은가 하고 묻는다. 마찬가지로 남편에게도 부인이 울고 있는 동안에 무엇을 하고 싶은가 하는 점을 물어본다. 그리고 남편과 부인으로 하여금 가족들이 역할을 하고 있는 동안 치료자는 세 번째 상호작용을 생각하는 것이다. 세 번째 상호작용은 치료자가 역기능의 상호작용을 대체할 수 있는 대안을 제시한다. 이러한 제시는 가족들로 하여금 치료에 대한 희망을 가질 수 있도록 만든다. 가족들이 치료에 좀 더 적극적이 되도록 만든다. 실연화의 과정을 통해서 치료자는 많은 정보를 얻는다. 치료자는 가족들의 역기능의 상호작용을 실연하도록 만들어서 가족들의 구조에 대해서 보다 구체적 정보를 얻는다. 특히 역기능의 상호작용을 구체적으로 봄으로써 치료자는 가족의 구조를 이해할 수 있다. 이러한 이해는 치료자로 하여금 가족에 대해 개입할 수 있는 구상을 제공해 준다.

(3) 변화

가족의 역기능 상호작용체계를 변화(changing)시키기 위해서 치료자는 증상에 도전하고 가족의 구조에 도전하고 가족의 믿음에 의한 현실에 도전하게 된다 (Minuchin & Fishman, 1981, pp. 64-77). 가족들은 대체로 문제가 있는 가족 구성원을 치료 장면에 데리고 온다. 오랫동안 문제를 해결하기 위해 문제가 있는 내담자를 고치려고 노력한다. 문제가 있는 내담자를 고치려고 노력하면 할수록 가족들은 더욱 더 실패하게 된다. 구조 가족치료자들에게 증상이란 가족의 역기능 체계를 유지하기 위한 역할을 하는 현상으로 이해된다. 가족들이 가지고 있는 문제에 대한 정의가 중요한 초점이 된다. 가족이 정의하는 문제의 방식에 도전하는 일이 치료에 있어서 핵심적 역할을 한다. 가족들이 가지고 있는 문제에 대한 정의방식은 가족의 구조와 밀접한 관계를 갖는다. 가족의 구조에는 일정한 역할들과 하위체계들이 있고 이러한 하위체계에서 일정한 역할을 하는 가족 구성원들은 각각의 하위체계에 알맞은 관점과 믿음을 갖는다. 가족들이 가지고 있는 경계선의 방식은 가족 구성원들에게 일정한 믿음과 삶의 방식을 제공한다. 예를 들면, 산만한 경계선을 가지고 있는 가족은 정서적으로 서로 밀접한 관계를 가지고 살며 또한 서로 누가 결정권자인지 분명한 의식이 없는 상태에서 산다. 산만한 경계선은 가족 구성원들로 하여금 자신들이 가지고 있는 삶의 방식과 관점이 일정한 방식을 갖도록 만든다. 따라서 누군가가 분명한 경계선을 가지려고 한다면 가족들은 불안하고 염려되는 마음을 가지게 된다. 분화를 하려는 가족 구성원을 문제가 있는 사람으로 규정하고 이를 저지하기 위한 많은 노력을 하게 된다. 분화를 하려는 사람은 가족들의 눈에 문제가 있는 사람으로 규정되고 문제가 있는 사람을 비난하고 공격함으로써 가족의 산만한 경계선은 계속 유지된다.

　가족들은 삶에 대해서 일정한 현실을 갖는다. 가족들은 서로 공유하는 공동의 현실을 갖는다. 가족들은 살아가는 동안 같은 경험을 하고 그 경험에 대해서 일정한 관점과 믿음을 가지고 해석하고 받아들인다. 일정한 관점과 믿음을 가짐으로써 가족들은 같은 종류의 현실 해석력을 갖는다. 또 다른 경험을 하더라도 그러한 일정한 관점을 가지고 해석을 하며 이를 받아들인다. 가족들이 가지고 있는 현실에 도전함으로써 가족들은 다른 방식으로 해석하며 받아들일 수 있는 관점과 믿음을 갖는다. 다른 방식의 믿음과 관점을 가지게 되면 가족들은 다른 방식으로 상호작용을 하고 행동을 할 수 있는 중요한 근거를 마련한 셈이 된다. 가족들이 가지고 있는 증상과 구조에 도전하며 일정한 방식의 현실에 도전하기 위해서 구조 가족치료자들은 재구조화, 집중, 구성 및 강점이라는 기법을 사용한다.

① 재구조화

　가족의 구조를 변화시키기 위해서 재구조화(reframing)의 기법은 여러 가지 분야에 적용된다. 가족들이 가지고 있는 현실과 증상에 도전하는 데나 가족의 구조 속에 있는 경계선을 만들고 바꾸는 데 재구조화의 기법이 사용된다. 가족들은 개인주의적 관점에서 문제를 바라본다. 가족들은 증상을 가지고 있는 개인이 문제이고 그 개인만 고치면 문제는 해결된다는 믿음을 가지고 있게 된다. 증상은 가족의 역기능체계를 반영하는 현상이므로 치료자는 가족들이 문제를 정의하는 방식에 대해서 도전한다. 치료자는 가족들이 가지고 있는 상호작용체계를 분명하게 보여 줌으로써 가족들이 가지고 있는 개인 중심의 문제 정의방식에 도전한다. 예를 들면, 식욕부진증을 보이는 딸과 어머니가 치료를 받으러 왔다고 하자. 어머니는 자신의 딸이 식사를 하지 않기 때문에 문제가 있다고 생각한다. 치료자는 딸이 언제 어느 때 식사를 하지 않는지에 대해서 분명하게 드러나도록 돕는 역할을 한다. 만일 어머니가 딸에게 몸매에 대해서 언급하거나 말을 하고 난 뒤에 식사를 하지 않는다는 사실을 발견했다고 하자. 치료자는 어머니와 딸에게 어머니의 몸매에 대한 언급과 딸이 식사를 하지 않는 행동을 연결하는 상호작용을 하도록 실연화의 기법을 사용한다. 어머니로 하여금 딸의 식욕부진증이 단지 개인 행동에 국한된 현상이 아니라 어머니와 딸의 상호작용에 의한 현상이라는 사실을 부각함으로써 가족의 문제 정의방식을 재구조화한다.

치료자는 가족이 가지고 있는 믿음에 도전함으로써 재구조화를 한다. 가족의 현실은 가족 구성원들이 서로 공유하고 있는 믿음에 근거를 두고 있다. 식욕부진증의 딸과 어머니의 경우에 딸과 어머니는 모두 날씬한 몸매에 대한 믿음을 공유하고 있다. 어머니는 딸에게 평상시에 여자는 날씬해야 한다는 믿음을 갖도록 여러 번 말을 했다. 그리고 딸은 어머니의 믿음을 내면화하고 이를 친구들이나 다른 여러 가지 정보를 통해서 확인하여 자신의 믿음으로 가지게 되었다. 딸과 어머니가 공동으로 가지고 있는 '여자는 날씬해야 한다.'는 믿음으로 인해서 가족의 일정한 현실이 결정된다. 뚱뚱하거나 통통한 몸매에 대해서 거부하는 현실을 갖는다. 이로 인해서 많은 식사를 하거나 맛있는 음식을 즐겨 먹는 행동들은 가족의 현실에서 제외된다. 치료자는 어머니와 딸이 공동으로 가지고 있는 현실에 도전하기 위해서 두 사람이 가지고 있는 현실이 분명하게 드러나도록 한다. 어머니와 딸의 상호작용을 통해서 두 사람이 공유하고 있는 믿음을 지적한다. 믿음과 딸의 문제가 어떻게 관련이 있는지를 보여 준다. 어머니와 딸은 자신들이 가지고 있는 믿음과 문제의 관련성을 이해함으로써 딸의 문제가 자신들이 가지고 있는 믿음에 따른 현상이라는 것을 이해하도록 한다. 어머니와 딸이 자신들이 소유하고 있는 믿음이 문제와 연관이 있다는 사실을 이해한다면 이는 재구조화가 되는 시작이고 방법이다.

재구조화는 경계선의 설정을 다른 방식으로 하는 데 있어서 필요하다. 예를 들면, 산만한 경계선을 가지고 있는 가족의 경우를 예로 들어 보자. 가족들은 분명한 경계선을 가지게 되면 불안한 마음을 가지게 된다. 가족들이 거리가 멀어지면 서로 사랑하지 않는다는 믿음을 가지고 있다고 하자. 이 경우에 치료자는 가족들이 가지고 있는 믿음에 도전하는 치료의 방법을 사용한다. 가족들이 가지고 있는 문제가 가족들의 경계선에 대한 믿음과 어떤 관련이 있는지 알도록 도와준다. 가족들은 자신들의 문제와 경계선에 대한 믿음이 관련이 있음을 이해하고 깨달음으로써 경계선을 만들 수 있는 믿음의 근거를 바꾸게 된다. 가족들이 공동으로 소유하고 있는 믿음을 바꾸게 되면 치료자는 가족들의 구조를 변화시킬 수 있는 중요한 근거를 마련한 셈이 된다. 치료자는 재구조화를 통해서 가족들이 가지고 있는 공동의 믿음을 변화시키게 된다.

② 집중

치료자는 가족들이 새로운 상호작용을 경험하도록 **집중**(intensity)기법을 사용한다. 치료자가 가족들의 상호작용을 분명하게 드러나도록 하고, 이를 통해서 새로운 상호작용이 일어나도록 유도하는 방법이 집중기법이다. 집중기법은 가족들이 가지고 있는 역기능의 상호작용을 집중적으로 부각하는 방법이다. 집중적으로 부각할 때 주로 반복의 방법을 사용한다. 치료자는 가족들이 반복적으로 상호작용을 하도록 유도한다. 반복기법은 여러 가지 방식으로 진행된다. 치료자가 말하고 싶은 주제를 반복적으로 전달하는 방식, 즉 주제의 반복이 있고 가족들의 상호작용을 반복적으로 보여 주는 상호작용의 반복이 있고, 시간의 변화에 따라서 반복적으로 행동을 하는 시간의 반복이 있다(Minuchin & Fishman, 1981, pp. 116-141).

주제의 반복이란 치료자가 가족에게 전달하고 싶은 내용을 반복적으로 전달하는 방법을 말한다. 주제의 반복은 내용과 구조를 동시에 전달하게 된다(Minuchin & Fishman, 1981, p. 118). 예를 들면, 반항하는 아이와 어머니가 치료를 받으러 왔다고 하자. 반항하는 아이가 더 많은 용돈을 요구할 때 어머니가 무조건 용돈을 더 주는 방식으로 상호작용을 했다. 치료자는 어머니에게 어머니가 아이에 대해서 권위를 회복하고 용돈을 어머니의 방식대로 주도록 개입했다. 이때 어머니가 이에 대해서 주저하는 반응을 보이고 아이의 눈치를 보는 행동을 할 때 치료자는 반복적으로 어머니가 용돈을 주는 권위를 회복하는 행동에 대해서 동의하도록 한다. 또한 이러한 권위에 근거해서 용돈에 대한 지침을 마련하도록 반복적으로 요구한다. 용돈을 주는 권위를 회복하는 일은 가족의 구조에 대한 개입이고 용돈에 대한 지침을 마련하고 이를 실천하는 어머니의 행동은 내용에 해당된다. 치료자는 다양한 방식으로 질문을 던져서 어머니의 행동을 촉구하는 기법을 사용한다. 예를 들면, 치료자는 어머니에게 "무엇 때문에 결정을 못하시나요?" "아이가 무서운가요?" "어머니의 창피 감 때문인가요?" "아이가 나갈까 봐 두려운가요?" "남편이 무엇이라고 할까 봐 신경 이 쓰이나요?" 등 일정한 주제를 놓고 반복적으로 질문하면서 어머니의 행동을 촉 구한다.

상호작용의 반복이란 치료자가 가족과 이야기를 하는 동안에 바람직한 행동을 하 도록 직접 요구하며 반복적으로 지적하는 것이다. 예를 들면, 어머니와 아이가 서로 산만한 경계선을 가지고 있어서 이야기를 하는 도중에 아이가 계속 어머니와 바짝 다가앉아서 이야기를 한다고 하자. 치료자는 이야기를 하는 동안에 아이에게 어머 니와 약간 멀리 앉아서 이야기를 하도록 한다. 아이가 다시 어머니에게 가까이 다가 가서 이야기를 한다면 치료자는 계속 아이에게 약간 멀리 앉도록 한다. 다시 다가간 다면 치료자는 다시 아이에게 멀리 앉도록 한다. 어머니와 아이의 관계가 밀착되어 서 서로 산만한 경계선을 갖는 어머니와 아이에게 멀리 앉도록 지속적으로 그리고 반복적으로 말함으로써 치료자는 아이와 어머니가 다른 종류의 상호작용을 경험하 도록 만든다.

시간의 반복이란 일정한 시간이 지났음에도 불구하고 같은 주제나 상호작용을 반 복하도록 치료자가 가족들에게 반복적으로 말하는 방법을 말한다. 아이가 여러 회 기를 통해서 다시 어머니와 가까이 다가가서 행동한다면 치료자는 회기를 통해서 지속적으로 아이로 하여금 어머니와 멀리 앉도록 말한다. 이번 회기에도 그 얘기를 하고 다음 회기에도 그 얘기를 하고 또 다음 회기에도 같은 이야기를 반복함으로써 치료자는 가족의 상호작용을 바로잡고자 한다.

집중기법은 치료자와 가족 사이에서 일어나는 일종의 한판 싸움과 같다. 치료자 와 가족 사이에 많은 긴장이 생기고 가족들은 자신들의 오래된 역기능의 상호작용 을 변화시키지 않으려고 한다. 따라서 가족들은 치료자의 지시에 대해서 많은 반발 심과 저항을 하게 된다. 이러한 저항을 제대로 다루기 위해서 치료자는 가족에 대해 서 권위를 가져야 한다. 권위를 가지고 치료자는 가족들이 치료자의 말을 듣도록 만 들어야 한다. 치료자는 많은 에너지를 투입해야 하고 가족들의 저항을 성공적으로 물리쳐야 가족의 상호작용을 변화시킬 수 있다. 가족과의 한판 승부에서 치료자는 승리하여야 한다.

③ 구성

구성(construction)기법은 치료자가 가족의 역기능 상호작용을 변화시키기 위해서 가족들이 일정한 방식으로 행동할 수 있도록 의식을 만드는 방법이다. 미누친과 피쉬맨(1981)은 **과다참여**(overinvolvement)의 역기능의 가족에 대해서 구성 기법을 설명하고 있다(p. 216). 아버지와 큰아들 그리고 어머니와 작은아들이 치료를 받으러 왔다. 아버지와 큰아들이 지나치게 밀착되어 있기 때문에 아버지는 아이의 삶에 깊숙히 개입하고 있다. 이때 치료자는 새로운 형태의 상호작용을 만들기 위해서 발달에 대한 일반적 설명을 한다. 발달이란 점차로 아이가 부모로부터 멀어져 가는 과정이다. 이러한 발달과정은 모든 문화나 민족 또는 시대에 관계없이 적용되는 보편적 원리라는 사실을 충분히 설명하고 이해시킨다. 발달의 과정에 필연적으로 수반되는 현상은 아이가 멀어져 가고 아이의 마음속에 부분적으로 죽는 부분이 있게 되는 것이다. 즉, 아이의 옛날 자신(old self)은 죽고 새로운 자신(new self)이 형성되어야 한다. 따라서 치료자는 가족들에게 슬픔 의식을 거행하도록 지시한다. 옛날 자신이 죽음으로 인해서 아이는 마음속에 슬픔이 생긴다. 치료자는 슬픔에 대해서 일정한 의식을 거행하도록 돕는 개입을 한다. 의식을 거행함에 있어서 주도적 역할을 하는 사람은 어머니와 작은아들이라고 치료자는 말해 준다. 아버지는 이 의식을 거행하는 데 있어서 관찰자 또는 보조자의 역할을 하도록 말한다. 치료자는 과다참여를 하고 있는 아버지를 아이의 슬픔 의식을 거행하는 의식에서 제외시키고 어머니와 작은아들을 참여시킴으로써 새로운 가족의 상호작용 또는 구조를 만들어 낸다. 치료자는 이 의식을 통해서 큰아들로 하여금 충분히 울도록 허용을 한다. 아버지가 하던 상호작용과 다른 방식으로 상호작용을 하도록 만든다. 울 수 있는 자유는 큰아들로 하여금 새로운 경험을 하게 하고 새로운 방식으로 상호작용을 할 수 있는 근거를 가지게 된다. 이러한 근거를 바탕으로 가족은 새로운 방식으로 관계를 맺을 수 있게 된다.

④ 강점

치료자는 가족들이 가지고 있는 자원을 충분히 활용한다. 강점(strength)기법은 가족들의 긍정적 자원들을 찾아내고 활용하는 치료자의 활동이다(Minuchin & Fishman, 1981, pp. 262-285). 치료자는 가족들의 상호작용 속에서 역기능의 부분만을 보고 변화시키려는 노력을 할 뿐만 아니라 가족들이 가지고 있는 자원을 충분히 지적하고 이를 가족들에게 인식시킴으로써 가족들이 새로운 현실을 만들어 내고 새로운 상호작용을 하도록 돕는 역할을 한다. 만일 가족들이 새로운 상호작용을 계속 실험하는 도중에 실망하게 된다면 치료자는 가족들이 가지고 있는 긍정적 자원을 지적하여 가족들이 계속적으로 변화를 위해 노력하도록 만든다. 예를 들면, 반항하는 아이와 어머니가 치료를 받으러 왔다고 하자. 만일 아이가 치료자의 질문에 전혀 대답하지 않는다면 치료자는 어머니에게 아이가 말을 하도록 격려하는 말을 하게 한다. 어머니가 몇 번이나 격려했음에도 불구하고 계속 아이가 침묵을 한다. 어머니는 이내 실망을 하고 아이에 대해서 소리를 지르거나 포기하고 치료는 여전히 침묵하는 시간이 길어진다. 이때 치료자는 어머니의 실망하는 태도에 대해 격려할 필요가 있다. 어머니가 아이를 격려하는 태도는 너무 좋은 방법이라고 지적해 준다. 어머니의 실망과 아이의 더 길어진 침묵 간 상호작용의 고리를 끊기 위해서 치료자는 어머니의 실망 부분을 변화시키도록 노력한다. 치료자는 어머니에게 격려를 해 줌으로써 어머니의 방법이 옳다는 확신을 심어 주고 어머니가 실망하기보다는 오히려 더욱 격려할 수 있도록 만든다. 치료자가 강점기법을 사용할 때 가족들이 보이는 구체적 행동 속에서 자원을 발견하도록 해야 한다. 어머니가 아이에게 격려를 하는 구체적 노력 속에서 치료자는 어머니가 아이를 격려할 수 있는 사람이라는 것을 지적하게 된다. 이러한 행동을 하지도 않았는데도 치료자가 일반적으로 칭찬을 하거나 인정하는 태도를 보이는 것은 가족들에게 자신들이 옳은 사람 또는 좋은 사람이라는 인식을 심어 줄 수 있는 위험성이 있다. 가족들은 자신들이 옳고 괜찮은 사람이라고 인정받기를 원한다. 이러한 인정을 받기를 원하는 이유는 자신들은 이러한 문제를 일으키는 사람이 아니고 증상을 가진 사람이 곧 문제라는 인식을 확인하기 위해서이다. 따라서 치료자가 일반적으로 칭찬과 인정을 하면 가족들이 구체적 상호작용을 드러내고 이를 보고자 하는 행동을 하기보다는 자신이 옳다고 인정하는 태도를 갖는 방식으로 상호작용을 하게 된다.

요약

구조 가족치료이론은 체계에 의한 가족의 위계질서에 관한 이론이다. 가족이란 일정한 체계가 있고 체계는 가족에게 구조를 만들어 준다. 체계는 규칙을 통해서 유지되고 만들어진다. 가족들이 가지고 있는 규칙은 가족 전체에 해당하는 규칙들도 있고 가족들 중 일부분에게만 해당되는 규칙들도 있다. 전체 가족을 대상으로 하는 규칙을 가진 체계는 전체체계이다. 가족들 중 일부에만 해당되는 규칙을 가지고 있는 체계는 하위체계이다. 전체체계는 하위체계를 가지고 있다. 핵가족은 전체체계이며 이 핵가족 안에는 부부체계, 부모체계, 자녀체계라는 하위체계들이 있다. 하위체계와 전체체계는 위계질서를 가지고 있다. 전체체계는 하위체계보다 우위에 있는 체계이다. 부부체계는 부모체계보다 우위에 있으며 부모체계는 자녀체계보다 우위에 있는 체계이다. 체계의 위계질서가 제대로 유지될 때 전체체계는 제대로 기능하게 된다. 하위체계들이 전체체계의 결정사항을 충분히 지키고 따를 때 전체가 유지된다. 전체체계와 하위체계는 경계선이라는 개념으로 구분된다. 경계선은 체계의 안과 밖을 구분하는 개념이며 하위체계를 전체체계와 구분하기 위해서 사용되는 개념이기도 하다. 각각의 체계들은 각각 하나의 체계로서 완전한 모습을 가지고 있다. 완전한 모습을 가지고 있는 체계는 또한 다른 체계의 일부분으로서 존재한다. 스스로 완전하면서도 다른 체계의 부분으로 존재하는 체계의 이러한 모습을 통합체라고 한다. 하위체계는 그 자체로서 완전한 모습이며 자체적으로 스스로를 움직이는 규칙과 요소들을 가지고 있다. 마찬가지로 전체체계도 자체로서 완전한 모습을 가지고 있다. 그러나 자체로서 완전한 모습을 가지고 있으면서 동시에 다른 체계의 부분으로 되어 있다. 하위체계는 자체로서 완전하지만 전체체계의 부분으로서 존재한다. 가족이라는 전체체계도 자체로서 완전한 모습을 가지고 있지만 사회의 부분으로서 존재한다.

경계선이 어떤 방식으로 되어 있는가에 따라서 그 체계가 역기능인가 또는 기능적인가 하는 점이 결정된다. 경계선이 지나치게 딱딱하고 두꺼워서 체계의 내부가 외부의 환경과 제대로 교류하지 못하는 경우에는 엄격한 경계선이라고 한다. 엄격한 경계선을 가지고 있는 경우에 가족 구성원들은 개인적으로 또는 하위체계가 다른 하위체계와의 관계에서 제대로 상호작용을 하지 못하게 된다. 남편이라는 하위 체계는 부인이라는 하위체계와 제대로 상호작용을 할 수 없을뿐더러 부부의 하위 체계가 자녀의 하위체계와도 제대로 상호작용을 하지 못하게 된다. 이 경우에 가족들은 서로 정서적 교류를 거의 하지 못하는 상태에서 살아가게 된다. 즉, 가족들은 서로 외롭고 소외된 상태에서 삶을 살아간다. 반면 경계선이 너무 흐물흐물한 경우에는 체계가 외부와 지나치게 상호작용을 많이 하기 때문에 체계 자체의 정체성을 잃어버리는 경우가 발생한다. 체계는 자체적으로 독특한 성향 또는 자체적으로 가지고 있는 규칙들을 유지할 수 없게 됨으로써 다른 체계와 융해되는 현상이 생긴다. 이 경우에 가족체계 간의 위계질서가 제대로 유지될 수 없게 된다. 누가 가족의 중요한 사항을 결정하는 사람인지, 가족 전체를 이끌고 가는 주된 체계가 누구인지를 알 수 없게 된다. 역기능의 경계선을 가지고 있는 가족은 자신들의 체계를 안정된 형태로 만들기 위해서 여러 가지의 역기능 관계를 만들어 나간다. 기능적 경계선의 침범, 안정된 연합, 우회연합, 삼각관계, 세대 간 안정연합이 대표적인 역기능의 형태들이다. 다른 하위체계의 경계선을 침범한다든지 다른 사람들과 연합함으로써 체계의 역기능을 안정되게 만들려고 한다. 세대 간에 연합함으로써 체계의 역기능을 기능적이 되도록 만든다.

치료는 가족의 위계질서를 바로 세우는 일이다. 위계질서를 제대로 세우기 위해서 경계선을 제대로 설정하도록 한다. 엄격한 경계선과 밀착된 경계선을 분명한 경계선으로 바꾸는 일이 치료활동이 된다. 이러한 치료 목표를 달성하기 위해서 치료는 세 가지 단계로 진행된다. 즉, 참여하기, 이해하기, 변화하기라는 단계를 통해서 가족이 가지고 있는 경계선을 바꾸는 치료활동을 한다. 참여하기는 적응하기, 따라가기, 흉내 내기라는 활동을 통해서 이루어진다. 참여하기의 목적은 기존의 주어진 가족의 구조에 치료자가 하나의 체계로서 하위체계를 만들기 위함이다. 성공적으로 하위체계를 형성하면 치료자는 가족들이 가지고 있는 기존의 구조를 바꾸는 일을 하게 된다. 가족들은 우선 자신들이 어떤 체계를 가지고 있는지 이해해야 한다. 가족들이 가지고 있는 구조를 이해시키기 위해서 치료자는 이해하기 단계에 들어가게 된다. 가족들은 이미 가지고 있는 구조를 좀 더 분명하게 이해하기 위해서 자신들의 역할을 치료 장면에서 연기하는 실연을 한다. 가족들이 실제로 치료 장면에서 일정한 역할을 연기함으로써 가족이 가지고 있는 역기능은 분명하게 드러나게 된다. 역기능이 분명하게 드러나게 되면 치료자는 여러 가지 방법을 사용하여서 가족의 역기능을 변화시키도록 한다. 변화를 위해서 치료자는 재구조화, 집중, 구성, 강점의 방법을 사용한다. 가족들이 믿고 있는 현실에 대한 믿음을 변화시키기 위해서 재구조화의 방법을 사용한다. 가족들이 가지고 있는 믿음이 역기능의 가족구조를 뒷받침하고 있기 때문에 믿음을 바꾸는 일이 중요하다. 집중의 방법은 가족들에게 역기능의 구조에 대해서 집중적으로 질문공세를 하는 것이다. 질문공세를 통해서 가족들은 역기능의 가족구조에 대해서 자신들이 책임을 지는 부분을 분명히 인식할 뿐만 아니라 스스로 책임지게 된다. 구성의 방법은 치료자가 가족들로 하여금 일정한 의식을 거행하도록 하는 것이다. 가족들이 가지고 있는 역기능의 구조를 변화시키기 위해서 치료자는 새로운 방식의 상호작용의 틀을 세우고 이를 가족들이 해 보도록 만든다. 일종의 새로운 의식을 거행함으로써 기존의 가족구조가 가지고 있는 역기능을 바꾸는 과정을 의미한다. 강점의 방법은 치료자가 가족들이 이미 가지고 있는 자원들에 초점을 맞추는 행동을 하는 것이다. 가족들은 새로운 방법을 시행하면서 여러 가지 좌절을 경험하게 된다. 치료자는 좌절을 경험하는 가족들을 위로할 뿐만 아니라 가족들이 이미 가지고 있는 강점들을 충분히 인식시킴으로써 가족들이 새로운 용기를 가지고 변화를 지속하도록 만든다.

연습문제

1 가족의 구조가 무엇인지에 대해서 개념을 설명하시오.

2 가족의 위계질서를 이해하는 데 필요한 여러 가지 개념이 있다. 이러한 개념들이 무엇인지
  밝히고 각각의 개념을 설명하시오.

3 역기능의 가족구조는 산만한 경계선과 엄격한 경계선에 의해서 만들어진다. 이들 개념이 무
  엇을 뜻하는지 설명하고 이들 개념이 역기능의 상호작용에 어떻게 기여하는지 밝히시오.

4 역기능의 상호작용을 일으키는 여러 개념에 대해서 설명하고 가족의 구조와 어떤 관계가 있
  는지 설명하시오.

5 가족의 역기능을 변화시키기 위해서 치료의 단계는 몇 단계로 나뉘는지 말하고 이들 단계의
  특징을 간략하게 설명하시오.

6 각각의 단계에 필요한 여러 가지 치료기법을 간략하게 설명하시오.

제7장

정신분석적 대상관계 가족치료이론

1. 기원 및 주요 인물

정신분석적 대상관계 가족치료(psychoanalytic object relations family therapy)는 여러 사람의 기여로 만들어졌다. 이론의 뿌리는 프로이트의 정신분석에 근거를 두고 있으며 이후에 프로이트와 입장을 달리한 많은 사람의 생각들이 모아져서 이론을 형성하게 되었다. 오랫동안 여러 사람이 각각 다른 입장에서 서로의 생각과 개념들에 대해서 비판을 하기도 하고, 더욱 세련되게 개념을 만드는 과정을 통해서 이론의 틀이 형성되었다. 이 절에서는 각각의 사람들에 대한 간단한 삶의 배경과 그들이 어떤 방식으로 이론을 형성하는 데 기여하였는가 하는 점을 기술한다. 각 사람들의 삶의 배경에 대해서는 주로 쇼니울프(Schoenewolf, 1990)의『분석치료에 있어서 전환점(Turning Points in Analytic Therapy)』이라는 책을 참고로 하여 썼음을 밝혀 둔다. 여기서는 간단하게 각 사람들이 기여한 점을 중심으로 기술하였다. 자세한 이론과 개념들 그리고 원리들은 이론의 기초라는 절과 주요 개념 및 원리라는 절에서 다루기로 한다.

1) 지그문트 프로이트(Sigmund Freud)

지그문트 프로이트는 현재 체코슬로바키아의 작은 마을인 프라이베르크라고 불리는 마을에서 태어났다(Isbister, 1985, p. 8). 대상이라는 개념을 처음 사용한 프로이트는 대상을 인간이 가지고 있는 본능을 충족하는 그 무엇이라고 생각하였다. 그러나 프로이트는 대상과 인간의 관계에 관심을 두기보다는 내면 세계에 더 많은 관심을 두었다. 본능이론(drive theory)을 만든 프로이트는 신체적 욕구의 충족에 관심을 가지고 있었기 때문에 대상은 신체적 욕구인 성욕을 만족시키는 대상으로 생각하였다. 프로이트는 성욕이라는 생물학적 욕구의 충족에 일차적 관심을 가지고 있었고 인간과 그 대상의 관계는 이차적이었다(Nichols & Schwartz, 1998, p. 209). '대상 (object)'이라는 개념이 물리적이고 비인격적이라는 점은 프로이트의 생각의 단면을 보여 주고 있다. 프로이트는 일차적으로 신체적 성욕의 충족에 대해서 관심을 가지고 있었기 때문에 성욕의 충족을 가능하게 하는 대상은 도구에 불과하였다. 도구로서 대상은 유아의 외부 세계에 있는 존재이다. 이 존재가 객관적이고 거리를 두고 있으면 유아는 자신의 내면 세계에서 일어나는 충동들에 의해서 스스로 자신을 발달시켜 갈 수 있다. 대상은 유아의 내면 세계에 어떤 영향을 주는 존재라기보다는 유아의 필요에 따라서 언제나 접근하는 존재로 보았다. 따라서 프로이트는 그 대상에 대해서 어떤 인격을 부여할 필요가 없었다. 한 걸음 더 나아가서 외부에 존재하는 환경은 유아의 자아 발달에 해를 끼치는 대상으로 보았다. 환경이 유아에게 해를 입히는 대상이므로 유아는 환경을 자신의 생존을 위해서 투쟁해야 하는 대상으로 인식하였다. 환경으로서 대상은 유아에게 갈등을 유발하고 유아의 만족을 저해하는 역할을 하기 때문에 대상에게 어떤 역할을 부여할 필요가 없었다. 대상이 할 수 있는 가장 좋은 역할은 유아에게 객관적으로 중립적 위치를 가지고 있으면서 지켜보고 유아가 만족하고자 할 때 이를 잘 들어주는 일이었다. 대상은 유아의 충동성과 자발성에 대해서 적극적으로 상호작용을 하는 존재가 아니라 가만히 있어 주는 존재로 인식되었다. 그러나 대상에 대한 프로이트의 이러한 생각은 뒤에 여러 다른 학자에 의해서 도전을 받게 되었다.

2) 해리 스택 설리번(Harry Stack Sullivan)

미국에서 출생한 설리번은 정신과 의사로서 오랫동안 일하였다. 그는 많은 시간을 인간으로서 그리고 정신과 의사로서 성장하는 데 관심을 가지고 있었기 때문에 그의 마지막 몇 년 동안의 글과 세미나 및 교육이 주목을 받게 되었다(Chapman, 1978, 서문, p. 9). 설리번은 프로이트와 달리 사회심리학적이고 인류학적인 입장을 가지고 있었다. 프로이트에게 사회와 인류의 문화는 인간에게 악을 만들어 내는 존재였기 때문에 투쟁의 대상이었지만 설리번은 인간관계는 인간의 성격을 발전시키는 조건이었고 문화란 인간이 가지고 있는 잠재능력을 통해서 생겨난 산물로 받아들였다(Blitsten, 1953, p. 18). 즉, 인간은 내면 세계에서 일어나는 죽음의 본능과 생명의 본능 사이에서 갈등하고 싸우는 외로운 존재가 아니라 인간관계 속에서 발달하면서 자신을 만들어 가는 존재이다. 인간은 안전을 추구하고 불안을 줄이는 노력을 하게 된다. 설리번은 안전조작(security operation)이라는 개념을 사용한다. 그 개념은 사람이 불안을 줄이고 안전을 추구하기 위해서 하는 대인관계 행동으로 정의된다(Chapman, 1978, p. 58). 자아체계라는 개념은 대인관계 속에서 발생하는 모든 불안과 불편을 줄이고 방어하기 위해서 사람이 사용하는 모든 안전조작을 의미한다(Chapman, 1978, pp. 58-59). 설리번은 사람을 내면 세계의 여러 가지 요소에 의해서 갈등하고 균형을 맞추어 가는 존재가 아니라 다른 사람들과의 관계에서 여러 가지 행동을 하는 존재로 규정하고 있다. 사람은 근본적으로 대인관계 속에서 정의되는 존재이다.

3) 멜라니 클라인(Melanie Klein)

그녀는 1882년 비엔나에서 출생하였고 나중에 베를린에서 정신분석가로 활동했으며 그 이후 영국으로 건너가서 가르치면서 활동을 하다가 런던에서 생을 마감하였다(Hinshelwood, 1991, p. 335). 페렌치 산도르(Ferenczi Sándor)와 칼 에이브러햄(Karl Abraham)에게 분석을 받았던 클라인은 많은 통찰을 통해서 자신의 체계적 이론을 만들게 되었다. 그녀는 환자들의 삶에 있어서 주로 어린 시절에 생긴 일들에 대해 많은 연구를 하였다. 이러한 연구를 토대로 유아와 엄마의 상호작용을 이해하는 데 많은 기여를 하였다(Slipp, 1991, p. 43). 프로이트는 유아들을 자신의 성적 욕구를 충족하는 존재이면서 동시에 자신들의 내적 갈등을 다스려 나가는 존재로 그린 반면에 클라인은 유아들을 처음부터 대상을 추구하는 존재라는 급진적으로 다른 생각을 발표하였다(Slipp, 1991, p. 43). 유아들은 자신들을 돌보아 주는 엄마에 대해서 좋은 대상 또는 나쁜 대상 모두로 지각하고 상호작용을 하게 된다. 물론 유아는 처음에는 엄마를 하나의 전체로 지각하지 못하고 일부분으로서 지각하다가 나중에는 점차로 하나의 완전한 존재로 지각하게 된다. 이러한 과정 속에서 유아들은 엄마라는 구체적 대상을 부분적으로 그리고 전부로, 또한 좋은 대상과 나쁜 대상으로 지각하고 이를 내면화하는 과정을 가지게 된다. 많은 대상관계이론가는 클라인의 생각에 영향을 받았다. 클라인은 대상관계이론에 있어서 여러 가지 주된 기초 개념을 확립하였다. 그 뒤 여러 대상관계이론가는 클라인의 기초 개념들을 사용하여서 자신들의 고유한 생각들을 발전시키고 영역을 구축하게 되었다(Slipp, 1991, p. 43).

4) 하인츠 코헛(Heinz Kohut)

그는 1913년에 비엔나에서 사업가의 아들로 태어났고 비엔나(Vienna) 대학교에서 의학을 공부한 후 의학박사가 되었다. 1940년에 미국에 건너와서 시카고(Chicago) 대학교에서 정신과 훈련을 받고 거기서 정신과 의사로서 오랫동안 활동하게 되었다(Schoenewolf, 1990, p. 158). 코헛은 자기(self)라는 개념을 마음의 중심에서 활동하는 대변자나 대리자와 같은 개념으로 생각하였다. 자기는 마음을 움직이는 주된 개념이며 장치이다. 자기는 활동 중심이며 활발히 일하는 주체를 의미한다. 자기는 활동적이고 기능적인 개념이다. 유아들에게 있어서 자기의 발달은 엄마와의 관계를 통해서 이루어진다. 유아는 엄마와 활발하게 상호작용을 하는 동안에 엄마를 자기의 일부로 인식하게 된다. 유아는 엄마를 하나의 독립된 실체나 대상으로 인식하기보다는 자기의 일부분으로 생각하게 된다. 이러한 개념을 코헛은 **자기대상**(self-object)이라는 용어로 표현하고 있다(Schoenewolf, 1990, p. 158; Greenberg & Mitchell, 1983, p. 353). 유아에게 있어서 자기의 발달은 두 가지 방향으로 일어난다. 자기에게 도취되어서 자기만을 자동적으로 사랑하는 상태에서 첫째로 대상을 사랑하는 방향과 둘째로 자기도취의 변화와 다른 방식으로의 전환이라는 방향성을 가지게 된다(Schoenewolf, 1990, pp. 158-159). 자기만을 자동적으로 사랑하는 도취적 상태에서부터 다른 사람을 사랑하고, 다른 사람들을 사랑하는 방식들이 여러 가지 모양으로 변화되는 방향으로 자기의 발달을 가져오게 된다. 건강한 의미에서 자기도취가 여러 가지 모양으로 변화되면서 자기의 발달이 이루어진다. **병리적 자기도취**(pathological narcissism)는 부모가 자기도취의 단계에서 유아를 제대로 공감하고 받아 주는 방식으로 양육하지 못할 때 발생한다. 부모가 유아를 지나치게 이상화하여 아이의 상태를 제대로 받아 주고 공감하지 못하면 유아는 자기의 발달이 촉진되기보다는 자기도취의 단계에 고착되고 더 이상 발달하지 못하게 된다. 즉, 유아는 엄마를 자기의 일부로 생각하는 단계에서 한 사람의 독립된 대상으로 받아들이는 단계로 발전하지 못하게 된다.

5) 에릭 에릭슨(Erik Erikson)

그는 1902년 독일에서 출생하였는데, 그의 진짜 아버지는 개신교 덴마크 사람이었다(Schoenewolf, 1990, p. 22). 그러나 에릭슨은 그의 진짜 아버지를 평생 알지 못하였다. 어머니와 의붓아버지는 모두 독일에 사는 유태인들이었다. 그는 자라면서 자신이 가지고 있는 용모와 여러 가지 특성이 유태인과 맞지 않음을 발견하였으며 이로 인해서 많은 심리적 갈등을 경험하게 되었다. 그의 심리적 갈등은 아주 어린 시절부터 발생하였으며 청소년 시절에 절정에 달하게 되었다. 자신의 정체감에 대한 위기를 경험한 에릭슨은 정체감이론을 발표하게 되었다. **정체감**(identity)은 가장 정교하고 복잡한 형태의 자아이다. 에릭슨은 개인의 정체감 형성에 있어서 사회 환경이 어떤 영향을 미치는가 하는 점을 주목하였다. 에릭슨은 사람의 병리 현상보다는 모든 사람이 겪는 보편 현상에 더욱 관심을 보였다. 모든 사람은 보편적으로 정체감 형성이라는 과정을 겪는다. 정체감 형성의 과정은 개인의 일생을 통해서 이루어지며 에릭슨은 이를 8단계로 만들었다. 한 개인의 전 생애를 정체감이라는 개념을 통해서 발달단계로 만들었다. 청소년기에 완성되는 정체감 형성은 아주 어린 시절부터 점차로 발달하고, 정체감 형성이 이루어지고 나면 정체감을 통해서 다른 사람과 관계를 만들어 가는 과정을 갖는다.

6) 하인츠 하르트만(Heinz Hartmann)

하르트만은 프로이트의 **본능 심리학**(drive psychology)을 **일반 심리학**(general psychology)으로 발전시키는 데 주된 기여를 하였다. 순응(adaptation)은 하르트만의 주된 개념이다. 기존의 프로이트 중심의 본능 심리학은 인간의 존재에 초점을 맞추었다. 그러나 인간은 환경의 변화에 따라서 순응하는 존재이다. 내적으로 갈등만 하는 존재가 아니라 적극적으로 환경의 변화에 맞춰 자신을 바꾸어 가면서 적응하는 존재이다. 갈등을 넘어서서 환경으로부터 배우고 환경과 상호작용을 하면서 인간은 성장하는 존재이다. 따라서 자신은 갈등이 없는 개념으로서 적극적으로 환경에 대해서 반응하고 대응하는 기능을 한다. 하르트만의 이론은 두 가지 생각에 뿌리를 두고 있다. 자신은 한편으로 원욕(id)에 근거를 두면서 내적 세계를 다루어 나가고, 다른 한편으로는 외부 세계에 대해서 적극적으로 대응하면서 순응하는 기능을 가지고 있다(Guntrip, 1973, p. 106).

7) 마가렛 말러(Margaret Mahler)

마가렛 말러는 1897년 헝가리에서 태어났다. 그녀는 자신의 기억을 더듬으면서 자신은 엄마가 원하지 않는 임신을 해서 낳은 딸이었지만, 4년 후에 태어난 동생은 엄마가 원해서 낳은 딸이었다고 회고하고 있다(Schoenewolf, 1990, p. 79). 자신과 동생에 대한 엄마의 태도는 많이 달랐다. 엄마는 동생에게 사랑을 그냥 베풀었지만 자신은 엄마의 사랑을 받기 위해서 노력해야 했다. 그럼에도 불구하고 엄마는 자신을 제대로 돌보지 않았고 심지어는 학대를 한 적도 있다. 말러는 후에 아버지의 후원으로 비엔나 대학교에서 소아의학 학위를 받았다. 나중에 말러는 비엔나 정신분석연구소에서 정신분석 훈련을 받았다. 폴 말러(Paul Mahler)와 결혼을 한 후 1939년 미국으로 이민을 왔다. 그후 NIMH(National Institute of Mental Health)의 후원으로 정신적으로 문제가 있는 아이들과 어머니들을 연구하였다. 이 연구는 1950년대부터 1960년대까지 이어졌다. 프레드 파인(Fred Pine)과 애니 버그먼(Anni Bergman) 등이 연구에 참여하였고 이들은 정상 엄마들과 유아들의 관계를 연구한 결과 유명한 이론을 발표하게 되었다. 유아들은 태어나서 엄마와의 관계 속에서 분리와 독립을 하게 된다. 유아의 발달은 엄마와 분리와 독립을 어떤 방식으로 이루는가에 따라 달라진다. 엄마로부터의 분리와 독립을 성공적으로 한 유아들은 잘 조직되고 분화된 상태로 살아가게 된다. 분리와 독립을 성공적으로 하지 못한 유아는 다른 사람들과 정서적으로 연결을 하는 데 어려움을 겪게 되고 결국 고립되는 삶을 살게 된다. 분리와 독립을 하지 못할수록 더 많은 어려움을 겪게 된다. 말러는 유아가 엄마로부터 개별화되는 과정을 발달단계로 나누어서 설명하고 있다. 이들 단계는 모든 유아가 공통적으로 겪는 과정이다.

8) 도널드 위니컷(Donald Winnicott)

영국의 플리머스에서 1896년에 태어난 위니컷은 케임브리지(Cambridge) 대학교에서 의학을 공부하였고, 패딩턴 그린(Paddington Green) 아동병원에서 40년간 일하였다(Schoenewolf, 1990, p. 2). 위니컷은 정신분석 훈련을 받았고 클라인과 같이 일하였다. 그는 영국 정신분석학회에서 여러 가지 훈련 프로그램 또는 정신분석 훈련생들을 훈련하는 일들을 하였다. 그의 여러 가지 개념은 클라인의 영향을 받아서 만들어졌다. 가정은 유아의 책임이 아니라 일차적으로 부모들의 책임이다(Winnocott, 1986, p. 124). 위니컷은 특히 어머니들의 개인과 사회에 대한 행동과 책임에 대해서 연구하였다. 유아에 대한 어머니의 역할(mothering)에 대해서 질적 관심을 가지고 있었다. 어머니의 역할이 어떤 방식으로 이루어지는가에 따라서 유아들의 발달은 달라지게 된다. 유아의 발달은 상당한 정도로 환경의 영향에 의해서 이루어지는데 좋은 환경이 유아에게 제공되어야 한다(Goldman, 1993, p. 84). 유아가 충분한 성숙을 하기 위해서 반드시 안전하고 좋은 환경이 필요하다. 안전하고 좋은 환경 중에서 어머니는 가장 중요한 환경요인이다. 좋은 환경이란 '**충분히 좋은 환경**(good enough environment)'을 의미한다. 어머니의 유아에 대한 역할도 '**충분히 좋은 엄마 노릇**(good enough mothering)' 역할이 필요하다. 만일 충분히 좋은 환경, 즉 어머니의 역할이 제공되지 않는 경우에 유아의 발달은 저해받게 된다. 자아의 구조는 충분히 좋은 환경의 제공 속에서 발달하며 그렇지 않은 경우에는 자아의 발달이 제대로 이루어지지 않는다.

9) 로널드 페어번(Ronald Fairbairn)과 해리 건트립(Harry Guntrip)

스코틀랜드에서 태어난 페어번은 의학을 공부하였고 나중에 에딘버러에서 정신과 의사이면서 정신분석가로 활동하였다. 오랫동안 스코틀랜드에는 페어번 이외에 다른 정신분석가들이 없었다(Schoenewolf, 1990, p. 118). 초기에 그는 클라인의 영향을 받았다. 그는 정신분석을 받은 일이 전혀 없었고 이로 인해서 클라인은 그의 개념들이나 일들에 대해서 대수롭지 않게 생각하였다. 그러나 페어번은 프로이트나 클라인과는 전혀 다른 이론을 발표하였다. 프로이트가 사람은 쾌락을 추구하는 존재(pleasure seeking being)라고 규정을 하였다면, 페어번은 사람은 대상을 추구하는 존재(object seeking being)라고 급진적으로 다른 이론을 발표하게 되었다. 사람의 자아는 내면의 삼층 구조를 이루고 있는 요소들의 갈등 속에서 만들어지기보다는 어머니와의 관계 속에서 만들어지고 발달한다. 페어번은 정신분석에 있어서 프로이트와 전혀 다른 대상관계 학파를 만들게 되었다. 해리 건트립은 주로 리즈에서 가르치면서 치료를 하였다. 약 4년 동안 리즈에서 에딘버러까지 기차로 여행하면서 페어번으로부터 분석을 받았다. 페어번으로부터 분석을 받으면서 건트립은 자신의 문제들에 대해서 개념화하였고 이를 발표하였다. 또한 그는 위니컷에게서 분석을 받았으며, 분석을 토대로 해서 두 분석가에 대한 논문을 발표하였다. 건트립은 페어번과 더불어서 대상관계이론을 확립한 한 사람으로 인정받고 있다. 이들은 프로이트의 한 사람 심리학(one person psychology)을 두 사람 심리학(two person psychology)으로 발전시키게 되었다.

10) 오토 컨버그(Otto Kernberg)

1928년에 비엔나에서 출생한 컨버그는 자신의 어린 시절을 대부분 비엔나에서 보내게 되었다. 유태인 가족에서 태어난 그는 그의 부모가 칠레로 이민을 가는 바람에 칠레에서 자라게 되었다. 산티아고에 있는 정신분석 연구소에서 훈련을 받았고 라몬 간저레인(Ramon Ganzerain)에게서 분석을 받았다. 간저레인은 클라인의 방식으로 분석을 하는 사람이었다. 분석을 받은 후에 컨버그는 간저레인과 함께 캔자스에 있는 토피카로 이주하였다. 그는 거기서 연구와 정신분석의 훈련을 담당하는 책임자로 일하게 되었다. 나중에 그는 컬럼비아(Columbia) 대학교에서 교수를 하였고 뉴욕주 정신분석연구소의 책임자로 일하게 되었다. 주로 경계선 성격장애 환자들을 치료하는 데 많은 노력을 하였던 컨버그는 대상관계의 여러 개념을 확립하고 설명하는 데 주력하였다. 클라인의 여러 가지 개념을 통해서 컨버그는 경계선 성격장애자들의 과도한 방어나 공격성들을 설명하였다(Schoenewolf, 1990, p. 198). 그는 자신을 보호하기 위해서 자신과 어떤 다른 대상 사이에 발생하는 분열(splitting) 현상이 경계선 성격장애자들의 주된 특성임을 설명하고 있다. 또한 좋은 자신과 나쁜 자신이 인간의 발달에 있어서 어떤 방식으로 나타나는지에 대해서 설명하였으며, 나쁜 자신과 좋은 자신이 발달하는 방식을 발달단계로 제시하고 있다.

2. 이론의 기초

1) 관계본능

대상관계 가족치료이론은 인간은 대상을 찾고 관계를 맺으려는 본능(drive for relatedness)을 가지고 있다는 가정을 가지고 있다. 인간이 어떤 존재인가에 대해서 많은 학자가 견해를 달리하고 있다. 정신분석에 근거를 두고 있는 대상관계이론은 프로이트의 인간 존재에 대한 규정에 대해서 급진적으로 다른 견해를 가지고 있다. 프로이트는 인간을 성욕을 충족하려는 존재(drive for libidinal fulfillment)로 규정하고 있다. 인간은 자신이 가지고 있는 욕구를 충족하려고 하기 때문에 쾌락을 찾아다니는 존재이다. 인간이 가지고 있는 본능은 생리심리학적 개념이다. 본능이란 신체적 흥분 상태로 정의되며 흥분 상태는 욕구를 충족한 뒤에야 해소될 수 있다고 본다. 프로이트가 사용하고 있는 대상이라는 개념은 리비도(libido)의 충족을 위한 대상이므로 사물을 지칭하는 개념이다. 대상이라는 개념은 리비도 충족을 위한 보조적 또는 수단적 사물이 된다. 그러나 대상관계이론에서 대상이란 보조적이거나 수단시되는 개념이 아니다. 대상은 그 자체로서 유아의 발달에 영향을 미치는 존재이며 살아서 움직이는 실체이다. 유아들이 출생 후에 적극적으로 관계를 맺으려는 대상으로서 존재하며 이 대상이 없이는 유아의 발달은 불가능해진다. 대상관계이론가들은 프로이트가 말하는 본능을 생물학적 개념으로부터 사회학적 개념으로 바꾸었다. 즉, 대상관계이론가들은 프로이트가 말하는 생물학적 의미의 본능을 자신들의 이론 속에서 삭제하게 되었다(Greenberg & Mitchell, 1983, p. 13). 대상관계이론가들은 인간은 관계를 위한 본능을 가지고 태어난다고 가정하고 있다.

2) 발달하는 존재로서의 인간

인간은 탄생 후에 여러 단계를 거쳐서 발달한다. 인간의 발달은 대상과의 관계 속에서 자아가 형성되는 과정 중에 발생한다. 이러한 단계들은 예견 가능하고 단계들마다 위계질서를 가지게 된다(Horner, 1991, p. 11). 초기 단계에서 자아는 대상과의 관계에서 발생하는 단순 경험들로 구성된다. 단순 경험들은 자아의 단순한 기능을 가져다준다. 예를 들면, 유아는 탄생 후에 먹고 자는 활동을 주로 한다. 유아는 대상과의 관계에서 먹을 것을 제대로 공급받으며 잠을 편안히 잘 수 있도록 돌봄을 받는다. 제때에 제공되는 먹을 것과 편안한 잠자리의 제공이라는 단순한 경험들로 인해서 유아는 발달한다. 유아의 기능도 아주 단순하다. 먹을 수 있고 잘 수 있도록 하는 신체감각의 기능들이 유아에게 요구된다. 유아는 울기도 하고 찡그리기도 하고 젖을 빨기도 하는 등 단순한 기능들을 가지게 된다. 좀 더 높은 수준의 발달단계에서는 유아의 경험은 조금씩 복잡해진다. 단순히 먹고 자는 활동에서 벗어나서 미소를 짓기도 하고 손과 발을 움직이며 시간이 지나면 뒤집는 행동들을 보인다. 이러한 행동들은 대상과의 관계가 여러 가지로 복잡해지는 양상을 띤다. 유아를 돌보는 엄마나 주변 사람들의 행동도 다양한 방식으로 나타나고 유아와의 관계가 복잡한 양상으로 이루어진다. 복잡하고 다양한 양상의 관계나 유아의 행동들은 자아의 구조 속에 통합된다. 대상과의 관계 속에서 경험하는 대상에 대한 여러 가지 표상이 또한 유아의 자아 속에 통합된다. 자아의 구조는 복잡한 방식으로 발전하며 또한 자아의 기능들도 복잡하고 다양해진다. 유아가 경험하는 여러 가지 현상과 대상과의 관계 속에서 발생하는 표상들 그리고 이와 관련된 기능들은 하나의 자아 속에 일정한 조직을 만들어 낸다. 자아를 대표하는 조직은 정서, 공격성 또는 성적 충동, 대상과의 관계 속에서 일어나는 신체적 경험들 그리고 자신의 신체에 대한 상들이 포함된다(Horner, 1991, p. 14). 인간의 발달은 단계가 높아질수록 자아의 구조가 하나의 일관된 형태로 만들어져 가는 과정을 의미한다. 일관된 형태의 자아는 점차로 다양한 경험들과 많은 대상에 대한 표상들 그리고 이와 관련된 기능들을 포함한다. 유아는 자아의 구조 속에 이러한 여러 가지 현상을 단지 포함하지 않고 외부의 세계를 일정한 방식으로 받아들일 수 있는 일정한 형태를 만들어 간다. 형성된 자아의 구조는 이제 역으로 외부의 세계를 일정하고 일관성 있게 받아들이는 기능을 가지게 된다. 따라서 자아는 자신의 자아의 구조와 맞는 경험들은 점차로 받아들이고, 맞지 않는 경험들은 받아들이지 않는 적극적 기능을 하게 된다. 발달단계가 높아질수록 이러한 기능은 점차로 강화된다.

3) 무의식 속의 자아

자아의 구조는 대부분 무의식의 세계 속에 존재하게 된다. 평상시에 자아의 구조는 제대로 경험되기 어렵다. 그러나 잠을 잘 때 꿈속에서 나타나는 경우도 있고 스트레스를 받는 상황에서는 퇴행하는 행동 속에 나타나는 경우도 있다. 때로는 환상의 형태로 나타나기도 하고 어떤 일에 몰두하는 사람들의 행동 속에 나타나기도 한다. 다른 사람들과 깊은 사랑 속에서 자아의 구조가 드러나기도 한다. 치료를 하는 도중에 전이와 역전이의 형태로 표현되기도 한다. 자아의 구조는 무의식의 세계 속에 존재하지만 사람들의 행동이나 삶의 방향성들을 이끌어 나가는 마음의 행동자 또는 대변자의 역할을 한다. 의식의 세계에서도 자아의 구조는 일부분 경험되기도 한다. 경험되는 자아의 부분은 자신에 대한 자아개념이라는 방식으로 인식 속에 떠오르게 된다. 자아개념은 자신에 대한 가치관이나 믿음들로 이루어져 있는데, 이러한 부분들은 정체성이라고 부르기도 한다. **정체성**(identity)이란 자아의 표상의 의식적 경험을 말한다(Horner, 1991, p. 15). 내가 어떤 사람인가 또는 나는 무엇을 위해서 사는가 하는 질문들에 일정한 방식으로 대답을 할 수 있는 자아의 부분은 무의식의 세계 속에 들어 있는 거대한 자아가 의식의 세계 속에 나타난 표상을 의미한다.

4) 인간과 환경의 상호작용

인간이 가지고 태어나는 잠재 가능성은 환경과의 상호작용을 통해서 인간의 발달을 일어나게 한다. 인간은 태어나면서 잠재 가능성을 가지고 태어난다. 아무리 좋은 환경이 제공된다 하더라도 일정한 잠재 가능성의 범위를 벗어나서 발달하지는 않는다. 예를 들면, 인간이 가지고 있는 공격성은 아무리 좋은 환경이 제공된다 하더라도 없어지지 않는다. 인간은 공격성이라는 특성을 바탕으로 발달하게 된다. 공격성은 인간의 발달이 일정한 방식으로 일어나도록 하며 발달의 방향을 제한하기도 한다. 그러나 환경은 그러한 공격성이 어떤 방식으로 발달하는가에 많은 영향을 준다. 공격성은 아주 원초적 방법으로 표현되기도 하고 아주 세련되고 교묘한 방법으로 표현되기도 한다. 원초적 방법들은 주로 원시 사회의 환경 또는 전쟁이나 거친 환경을 가지고 있는 사람들에게서 주로 나타나게 된다. 세련되고 교묘한 방법들은 주로 문화가 아주 발달한 환경이나 정치 또는 다른 사람들과 많은 이해관계가 얽혀 있는 환경에서 사는 사람들에게 주로 나타나게 된다. 인간이 가지고 있는 여러 가지 특성의 범위 내에서 인간은 발달한다. 그러나 환경은 이러한 발달의 방향과 양식을 결정하는 중요한 요인이다.

5) 돌보는 사람의 자아에 대한 영향

자아 구조의 형성에 중요한 영향을 미치는 환경은 유아를 돌보는 사람들이다. 유아를 돌보는 사람의 질에 따라서 유아는 안정된 자아 구조를 발달시키는가 아니면 불안정한 자아 구조를 발달시키는가 하는 점이 결정된다(Goldman, 1993; Guntrip, 1973; Slipp, 1991; Winnicott, 1986). 특히 위니컷은 유아의 발달에 있어서 안전한 환경의 제공이라는 점을 강조하고 있다. 안전한 환경이 제공되기 위해서 '충분히 좋은 엄마 노릇'이 필요하다. **충분히 좋은 엄마 노릇**(good enough mothering)이란 충분히 아이를 먹이고 재우며 불안할 때 위로와 공감을 해 주는 엄마의 활동을 의미한다. 아이가 필요할 때 정서적으로 또는 신체적으로 아이와 같이 있어 주거나 놀아 주는 엄마의 활동도 포함된다. 엄마가 아이에게 충분히 공감하고 지지하는 돌봄을 제공하는 경우에는 유아는 자유롭게 자신을 탐색하며 자신을 돌보는 대상과의 관계를 적극적으로 맺어 가게 된다. 대상과의 관계를 적극적으로 맺고 이를 기반으로 하여 아이는 세상을 탐험하는 활동을 하게 된다. 유아의 다양한 경험과 엄마와 맺었던 관계들은 유아의 자아 구조에 자연스럽게 통합을 이루게 된다. 자아의 구조를 만들어 가는 내용들은 많은 경우에 엄마와의 관계에서 맺어진 여러 가지 상이나 경험 또는 관계를 포함한다. 이러한 경험과 관계들이 없이는 유아는 다른 현실 또는 세상 속에서 경험하는 여러 가지 현상을 의미 있는 방식으로 받아들이기 어렵게 된다. 유아를 돌보는 사람의 '충분히 좋은 엄마 노릇'은 유아의 자아 구조의 내용을 채우면서 동시에 유아가 세상과의 상호작용을 제대로 할 수 있도록 기능을 제공하는 역할을 한다.

6) 완전한 엄마 노릇

만일 유아를 돌보는 사람이 충분히 좋은 엄마 노릇을 제공하는 데 실패하면 유아의 자아 구조는 불안정해진다. 완전한 엄마 노릇(perfect mothering)을 하려고 하거나 유아를 제대로 돌보지 않는 경우에 유아는 자아를 제대로 발달시킬 수 없게 된다. 완전한 방식으로 유아를 돌보려고 하면 유아의 욕구에 맞추는 방식으로 돌보기보다는 엄마의 요구에 아이를 맞추게 된다. 이 경우에 유아는 자신을 돌보는 엄마의 요구에 민감해지고 자신의 요구에 민감해지지 않는다. 또한 유아를 제대로 돌보지 않는 경우에도 유아는 불안과 두려움에 사로잡히게 됨으로써 대상과의 관계를 적극적으로 만들어 가기 어렵게 된다. 대상과의 관계가 제대로 이루어지지 않으면 유아는 세상을 자유롭게 탐험하기 어렵게 된다. 자아의 구조 속에 있어야 할 필수적 내용들이 부족하거나 외부의 요구에 민감한 방식으로 맺은 여러 가지 표상과 경험이 유아의 자아 구조에 포함된다. 유아 자신의 내적 요구와 엄마 또는 외부의 환경에서 주어지는 여러 가지 자극 사이에서 유아는 갈등하고 어려움을 경험하게 된다. 유아의 자아 구조는 일정하게 안정된 형태를 갖지 못하고 일관성과 지속성을 잃어버리게 된다.

7) 형상으로서의 자아

자아는 여러 가지 **형상**(image)으로 구성되어 있다. 유아는 자신을 돌보아 주는 사람의 태도, 음성, 억양, 언어 등을 경험을 통해서 내면화하게 된다. 물론 다른 여러 가지 사물과의 경험 또는 다양한 주변 환경과의 경험 속에서 만들어진 형상들을 자아의 구조 속에 포함시키게 된다. 또한 유아 자신의 신체에 대한 형상들 그리고 자신의 내면에서 발생하는 여러 가지 욕구로 인해서 발생하는 현상들도 경험을 통해서 형상으로 내면화하게 된다. 자아의 구조 속에는 이러한 여러 가지 형상이 들어 있고 이러한 형상들과 어떤 방식으로 상호작용을 하게 되는지에 대한 여러 가지 기능도 같이 들어 있다. 형상들과 기능들은 유아로 하여금 앞으로 살아가면서 경험하게 될 여러 가지 형상을 어떤 방식으로 처리하여야 하는가에 대해서 일정한 방향을 제시하게 된다. 이런 의미에서 대상관계이론은 다른 말로 표현한다면 **형상이론**(theory of image)이라고 할 수 있다.

8) 내면화의 과정

유아는 여러 가지 형상을 내면화하는 과정에서 적절한 돌봄을 제공받지 못하게 되면 방어기제를 사용하게 된다. 유아가 정상적으로 발달하게 되면 유아의 자아 속에서 좋은 대상과 나쁜 대상에 대한 구분이 있다가 나중에 이 둘의 대상은 일정한 방식으로 자아 속에서 통합을 이루고 안정된 자아를 형성하게 된다. 안정된 자아의 형성은 형상들을 내면화하는 과정 속에서 이루어진다. 내면화의 가장 기초 단계는 내적 투사(introjection)의 단계이다. 내적 투사란 내면 세계에서 일정한 방식으로 통합을 이루거나 일관성이 있게 조직되지 않은 상태로 내면에 던져 놓는 현상을 말한다. 형상들은 마치 파편들과 같이 여기저기에 흩어지게 된다. 흩어신 형상늘은 발달이 진행되면서 일정한 방식으로 연관성을 가지게 된다. 즉, 좋은 형상들과 나쁜 형상들이 어떤 방식으로 관련을 맺어야 하는지에 대해서 자아는 스스로 알게 된다. 이러한 관련이 일정한 방식으로 생기는 과정을 통합이라고 부른다. 대상의 여러 측면이 분화되어서 내적 투사를 이루고 이러한 여러 측면은 비슷한 것들과 다른 것들을 구분하는 방식으로 관련을 이룬다. 분화와 구분을 통해서 자아는 계속 통합을 이루어 가고 점점 안정된 방식으로 자아의 구조는 만들어진다. 통합을 이룬 자아는 여러 가지 다른 복잡한 경험을 하면서 더 많은 형상을 내면화하고 이를 일정한 방식으로 통합하는 작업을 계속해 나간다. 처음에는 자신을 돌보는 사람과 자신을 구분하지 못하던 유아는 자아 속에 있는 형상들을 통합해 나감으로써 점차 자신을 돌보는 사람이 자신과 구분된 존재임을 발견하게 된다. 통합을 통해서 유아는 자신을 돌보는 대상과 다른 여러 가지 경험을 하게 되고, 이러한 경험들이 유아들에게 자신의 독특한 삶의 세계를 형성하도록 돕는 역할을 한다. 경험들로 인한 형상들의 자아 속에서 통합의 과정은 유아들로 하여금 기초적이고 초보적인 의미에서 자신에게 유일한 자아의 구조를 형성하도록 돕는다. 통합은 계속해서 수정을 받게 되고 수정된 여러 가지 자료는 다시 의미가 있는 방식으로 통합이 일어난다. 이러한 통합들은 유아로 하여금 **대상항상성**(Mahler, Pine, & Bergman, 1975)이라는 개념을 갖도록 한다. 대상항상성은 유아가 대상이 자신의 곁에 없어도 어딘가에 존재한다는 사실을 받아들이는 상태를 의미한다. 대상항상성이 생김으로써 유아는 개별화의 작업을 완료하게 된다. 유아는 분화를 통한 분리 그리고 형상들의 통합을 통해서 대상항상성을 가지게 된다. 안정된 자아의 구조는 유아로 하여금 독립된 한 개인으로 살아갈 수 있도록 만들어 준다. 자신만의 안정되고 독특한 자아의 구조는 유아를 다른 사람들과 구분되게 한다.

3. 주요 개념 및 원리들

1) 환상을 통한 대상관계

클라인은 프로이트와 많은 부분에 있어서 생각을 달리하고 있다. 인간은 대상을 추구하는 존재로 태어난다(Slipp, 1991, p. 43). 대상을 추구하기 위해서 인간은 **환상**을 가지고 태어난다. 환상은 인간이 발달을 이루는 가장 근본의 힘이면서 또한 대상과의 관계를 가능하게 만드는 방법이다. 인간은 태어날 때부터 사랑과 미움의 환상이라는 힘을 가지고 태어나서 이러한 힘으로 대상과 관련을 맺고자 한다(Nichols & Schwartz, 1998, p. 209). 프로이트의 인간은 환경으로부터 단절된 존재로서 자신의 내적 갈등에 반응하는 외로운 존재이다. 그러나 클라인의 인간은 환경으로부터 단절되거나 환경으로부터 도피하고자 하는 존재가 아니다. 오히려 인간은 환경과 적극적으로 관련을 맺으면서 살아 나가는 존재이다. 풍부한 환상을 가지고 태어나는 유아들은 환경과 적극적으로 관련을 맺으려는 노력 속에서 많은 갈등을 경험하고 만들어 내기도 한다. 프로이트가 말하는 본능(instinct)은 유아가 환경과 적극적으로 관련을 맺으려고 노력하는 과정에서 환상에 의해서 만들어진 내면적 힘이다. 이러한 입장은 프로이트와 정반대의 입장에 서게 된다(Slipp, 1991, p. 43). 프로이트는 본능이 먼저 있고 이러한 본능들이 환상을 만들어 낸다고 보고 있기 때문이다. 인간이 가지고 있는 근본의 힘은 환상이며 환상은 인간을 전반적으로 자라고 성숙하며 대상과의 관계를 만들어 나가도록 만드는 가장 기본적 동기이다. 따라서 프로이트의 본능은 이러한 환상에 의해서 생긴 하나의 내적 힘에 불과하다. 인간은 수동적으로 환경의 자극에 반응하는 존재가 아니라 적극적으로 환경과 관련을 맺으려고 노력하는 적극적 존재이다.

환상을 가지고 태어난 인간은 결코 외부의 실체를 있는 그대로 경험하지 못한다(Guntrip, 1973, p. 54). 마음속에 이미 환상을 가지고 있기 때문에 외부의 실체에 대한 인간의 경험은 환상에 의해서 왜곡되거나 걸러지거나 달라지게 된다. 유아가 가지고 있는 내면 세계에서 일어나는 여러 가지 복잡한 환상으로 인해서 모든 경험은 결코 객관적으로 그리고 있는 그대로 받아들일 수 없게 된다. 유아는 자신이 불안하거나 두려워하는 경우에는 전능의 환상을 가지게 되어 외부의 실체를 의도적으로 나쁘거나 너무 좋다고 생각한다. 자신의 불안과 두려움이나 갈등을 다루기 위해서 외부의 실체를 받아들이지 않거나 또는 전혀 다른 대상으로 바꾸어서 받아들인다. 따라서 환경은 프로이트의 생각처럼 불합리하고 나쁜 대상이기 때문에 싸워야하는 대상이 아니라, 단지 유아가 자신의 갈등과 두려움 또는 불안을 다루어 나가기 위해서 존재하는 외부의 실체에 불과하다. 유아의 마음속에 있는 갈등과 불안은 유아가 환경과 관련을 맺으려는 과정에서 환상에 의해서 발생한다.

(1) 편집단계

유아는 두 가지 단계를 거쳐서 발달하게 된다. 첫 번째는 편집단계이고 두 번째는 우울단계이다(Greenberg & Mitchell, 1983; Klein, 1986; Nichols & Schwartz, 1998; Slipp, 1991). 유아의 **편집단계**(paranoid phase)는 **전능의 환상**(fantasy for omnipotence)에 의해

서 일어난다. 탄생 직후 유아는 자신을 돌보는 대상과 자신을 구분할 수 없는 미분화의 상태에서 살게 된다. 미분화 상태의 유아는 자신을 돌보는 대상을 내면화함으로써 점차로 분화하게 된다. 대상의 내면화는 대상 전체가 한꺼번에 내면화되지 않고 부분적으로 내면화된다. 즉, 유아는 대상의 부분을 경험하게 된다. 예를 들면, 젖을 먹는 유아는 엄마라는 사람이 전체로서 경험되거나 내면화되지 않는다. 엄마의 젖은 유아에게 경험되는 첫 번째 대상이며 엄마의 부분인 젖이 유아에게는 대상으로 내면화된다. 내면화된 대상은 유아의 자아 속에 형상으로 존재한다. 대상으로부터 발생하는 형상들은 어떤 때는 좋은 대상으로 그리고 다른 때는 나쁜 대상으로 내면화된다. 엄마의 젖이 유아의 욕구에 알맞게 제대로 공급되는 경우에는 좋은 대상으로 그리고 유아의 욕구를 좌절시키는 경우에는 나쁜 대상으로 내면화된다. 자신의 생존과 밀접한 관계가 있는 대상인 엄마의 젖과 좋은 관계를 맺으려는 환상에 의해서 유아의 방어기제는 발달한다. 나쁜 대상으로서 엄마의 젖에 대해서 유아는 깨물고자 하는 공격성을 보인다. 이러한 공격성은 유아로 하여금 좋은 관계를 유지하려는 환상에 위협을 준다. 항상 좋은 관계를 유지하여야 생존할 수 있다고 믿는 유아에게 공격성은 아주 위협적인 자아의 부분이 된다. 공격성의 대상이 되는 나쁜 대상은 좋은 대상과 같은 자아 속에 존재할 수 없게 된다.

항상 좋은 관계를 유지하려는 전능의 환상은 유아의 자아 속에 나쁜 대상과 좋은 대상을 분리하여 공존하지 못하게 한다. 이러한 과정을 **분열**(splitting) 현상이라고 부른다. 분리된 나쁜 대상은 **투사**(projection)를 통해서 다른 사람에게 전가된다. 다른 사람을 공격함으로써 유아는 다른 사람이 나쁜 대상이라고 생각한다. 유아는 공격을 통해서 나쁜 대상을 만드는 과정을 가지게 되는데 이러한 과정을 **투사동일시**(projective identification)라고 부른다. 다른 사람을 나쁜 대상으로 만들어 놓고 유아는 엄마의 젖과 항상 좋은 관계를 맺으려고 한다. 유아는 자신의 환상에 의해서 성공적으로 엄마의 젖과 항상 좋은 관계를 맺고 있다고 생각하고 이를 즐기게 된다. 유아는 성숙하면서 엄마의 여러 부분을 유아의 자아 속에 내면화한다. 예를 들면, 큰 소리를 지르는 엄마의 음성 또는 찡그리는 엄마의 표정들 모두는 나쁜 대상으로 유아의 마음속에 내면화된다. 나쁜 대상은 다른 사람에게 투사되고 그 사람을 나쁘다고 생각한다. 반면 엄마와는 좋은 대상으로 관계를 계속 유지한다. 유아의 방어기제는 나쁜 대상이 내면화되고 이를 투사하는 과정 전부를 말한다. 즉, 유아는 나

쁜 대상에 의해서 항상 피해를 입을 수 있다고 판단하므로 나쁜 대상을 밀어내게 된
다. 이런 의미에서 유아는 편집의 상태에 빠져서 강박적으로 나쁜 대상을 다른 사람
에게 투사하게 된다. 이러한 유아의 상태를 편집단계라고 부른다. 한편으로 유아는
투사를 통해서 나쁜 대상을 자아 밖으로 밀어내고 좋은 대상을 내면화하는 과정을
갖는다. 좋은 대상을 더 많이 내면화할수록 유아는 불안과 두려움 그리고 위협을 완
화할 수 있다. 즉, 전능의 환상은 유아로 하여금 나쁜 대상은 자아로부터 밀어내고
좋은 대상만을 내면화하려는 과정을 갖도록 만든다.

(2) 우울단계

우울단계(depressive phase)는 이상화된 대상의 좋은 형상들과 나쁜 형상들이 유아
의 자아 속에서 통합되는 과정에서 발생한다. 유아는 분리와 투사의 방어기제를 통
해서 엄마라는 대상을 이상화하게 된다. 이상화된 엄마는 늘 유아에게 만족과 즐거
움을 충족하는 대상이 된다. 이러한 대상과 유아는 **공생애관계**(symbiotic relationship)
에 들어간다. 유아는 절대적으로 엄마를 따르고 엄마와의 모든 관계를 즐거워하는
완전한 하나의 상태로 살아간다. 전능의 엄마와 완전히 하나가 되고 이를 누리게 된
다. 그러나 유아가 점차로 발달하게 됨에 따라서 유아는 엄마가 완전한 존재가 아니
라 좋은 측면과 나쁜 측면을 모두 가지고 있음을 발견한다. 유아가 가지고 있는 전
능의 환상이 깨지면서 유아는 우울 상태에 들어간다. 우울 상태에 들어간 유아는 자
신이 사랑하고 좋아하는 엄마를 공격하는 자신을 발견하게 된다(Nichols & Schwartz,
1998, p. 209). 공격성이 있는 자신을 발견한 유아는 많은 죄책감을 가지게 되고 이
는 유아를 더욱 우울한 상태로 빠져들게 한다. 우울단계에서 유아는 현실화된 안목
을 가지게 되고 이로 인해서 전능의 환상이 깨지는 아픔을 경험한다. 이러한 아픔의
하나는 죄책감이다. 유아는 자신이 사랑하고 좋아하는 엄마를 공격하려는 자신에
대해서 죄책감을 갖는다. 우울단계는 유아로 하여금 한 단계 더 성장하는 과정에서
겪는 아픔으로 이루어진 과정이다.

2) 정체성을 통한 대상관계

에릭슨은 사회 속에서 인간의 정체감이 형성되고 발전된다고 보았다. 프로이트

는 사회와 환경은 인간에게 부정적 영향을 주는 대상이므로 할 수 있으면 피해야 한다고 보았다. 인간의 발달은 내면에서 일어나는 성욕에 의한 에너지를 조절하는 과정에서 일어난다. 프로이트는 인간의 발달이 사회와 관련이 없이 일어나며 순전히 내적 갈등의 과정 속에서 일어난다고 보았다. 반면 에릭슨은 사회를 인간의 발달을 제한하거나 촉진하는 대상으로 보았다(Roazen, 1976, pp. 34-35). 인간의 정체감 형성은 사회에서 받은 지지와 금지를 통해서 발달한다. 사회는 인간이 사회에서 허용하는 세계에 들어와 있는지 아니면 사회에서 허용하지 않는 범위에 있는지를 말함으로써 인간의 발달이 일어나도록 한다. 인간의 자아는 사회가 가지고 있는 여러 가지 자원을 내면화하고 또한 사회에서 주는 범위 안에서 발달한다. 사회는 포괄적 의미에서 대상이다. 즉, 인간은 대상과의 관련 속에서 발달한다.

인간 발달은 곧 자아의 정체감 형성을 의미한다. 프로이트가 성욕의 충동에 의한 인간의 발달을 중요하게 보았다면, 에릭슨은 자아(ego)의 형성을 인간 발달의 핵심으로 보았다. 물론 에릭슨은 프로이트의 성욕에 의한 충동을 결코 버리지는 않았지만, 사회 속에서 자아가 어떻게 발달되고 형성되는지에 일차적 관심을 가지고 이론을 전개하였다. 자아란 의식적 부분과 무의식적 부분들로 이루어져 있다. 자아는 프로이트의 주장과 같이 단지 불안과 초조 그리고 두려움을 피하기 위해서 합리적으로 생각하고 추론할 뿐만 아니라 적극적으로 주어진 대상들과 관련을 맺으려는 노력을 한다. 자아는 단지 프로이트가 말한 바와 같이 방어기제로서의 역할을 할 뿐만 아니라 대상들의 성격이나 상황에 따라서 적응을 하거나 적응을 하지 못하는 역할도 한다(Roazen, 1976, p. 24). 자아는 인간의 발달에 있어서 가장 중요한 역할을 하는 마음의 대변자 또는 관리자로서 작용한다.

자아의 기능에 의해서 형성된 자아의 구조와 내용 모두를 **정체감**(identity)이라고 부른다. 정체감이란 무의식적으로 존재하는 인간의 모든 충동과 의식의 세계에서 추구하고 있는 이상이나 열망 또는 대상들을 통해서 내면화된 형상들 모두를 일컬어서 사용하는 개념이다. 정체감을 통해서 인간은 한 사람의 개인으로 존재하며 다른 사람들과 구분되는 유일성과 독특성을 가지게 된다. 정체감은 또한 한 개인이 자신의 독특성을 유지하고 발달시키는 역할을 한다. 정체감은 사회 속에서 자신의 위치를 찾고 자신이 해야 할 일과 하지 말아야할 일을 구분하는 준거로서 역할을 한다. 정체감은 한 개인의 연속성과 통합성을 책임지는 역할을 하고, 일정한 느낌을 가지고 삶을 살아가도록 하는 원동력으로서 역할을 한다.

정체감의 형성은 전 생애에 걸쳐서 일어나는 현상이다(Erikson, 1963, 1964, 1968). 유아들은 자신을 돌보는 사람들에 대한 형상들을 내면화함으로써 초보 수준의 자아개념을 발달시킨다. 자아개념은 자신에 대한 형상들과 대상들에 대한 형상들이 합쳐진 개념으로서 자아개념을 통해서 초보 수준의 정체감이 형성되기 시작한다. 부모들이 가지고 있는 역할들이나 태도 등을 내면화하면서 자신들이 가지고 있는 여러 가지 무의식의 충동들과 상호작용을 통해서 자신들의 독특한 모습을 만들어 나가기 시작한다. 발달이 되면서 아동들은 좀 더 복잡한 수준의 내면화를 통해서 자신들의 모습을 만들어 간다. 자신들의 모습, 즉 자아개념들은 일관성과 응집성을 가지게 되어 자아의 정체감에 대한 구조를 만들어 간다. 자아의 정체감 형성은 청소년기에 확립되고 완전한 모습을 갖추게 된다. 정체감 형성이 확립된 청소년들은 자신들의 정체성을 활용하여 다른 사람들과 관련을 맺으려는 노력을 한다. 정체감 형성은 일관된 자아의 구조를 가지고 다른 대상들과 자신을 나누려는 노력을 가능하게 만들어 준다. 청소년기까지 자아의 정체감 형성을 위해서 에너지를 사용하였다면 그 이후에는 다른 사람들과 관계를 맺으면서 자신의 자아를 분산하기 위해서 에너지를 사용하게 된다. 청소년기까지 자아정체감은 수렴의 시기라고 부를 수 있고, 그 이후의 단계들은 분산의 시기라고 부를 수 있다. 이 두 시기는 결국 정체감 형성이라는 관점에서 구분된다. 자아가 통합을 이루어 내기 위해서 이 두 시기는 다 필요하다. 자신을 나누는 시기인 분산의 시기는 자아정체감의 형성에 대해서 공고하게 하는 과정을 제공한다. 세련화와 공고화의 과정을 통해서 자아는 통합을 만들어 낸다.

자아정체감 형성을 위해서 인간은 각 단계들마다 발달 위기(developmental crisis)를 경험한다(Erikson, 1968). 각각의 발달단계들은 독특한 삶의 방식들과 자아개념에 필요한 요소들을 담고 있다. 각 단계를 거치면서 인간은 자신들에게 알맞은 독특한 경험을 하고 이를 통해서 자신의 정체감을 조금씩 그리고 점차적으로 확립하게 된다. 다음 단계에 들어서면 이전 단계와 전혀 다른 사람이 되며 이전 단계와 다음 단계는 질적으로 다른 상태로 인간에게 경험된다. 각각의 단계를 성공적으로 거치기 위해서 주변에 있는 사람들의 역할은 정체감 형성에 중요하게 영향을 미친다. 예를 들면, 처음 세상에 태어난 유아들은 자신들을 돌보는 사람들이 어떻게 돌보아 주

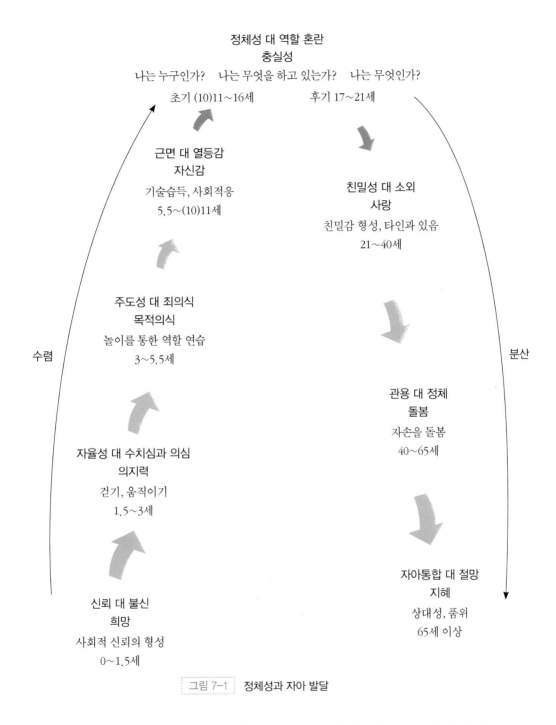

정체성 대 역할 혼란
충실성
나는 누구인가?　나는 무엇을 하고 있는가?　나는 무엇인가?

초기 (10)11~16세　　　후기 17~21세

근면 대 열등감
자신감
기술습득, 사회적응
5.5~(10)11세

친밀성 대 소외
사랑
친밀감 형성, 타인과 있음
21~40세

주도성 대 죄의식
목적의식
놀이를 통한 역할 연습
3~5.5세

수렴　　　　　　　　　　　　　　　　분산

관용 대 정체
돌봄
자손을 돌봄
40~65세

자율성 대 수치심과 의심
의지력
걷기, 움직이기
1.5~3세

자아통합 대 절망
지혜
상대성, 품위
65세 이상

신뢰 대 불신
희망
사회적 신뢰의 형성
0~1.5세

그림 7-1 　정체성과 자아 발달

는가에 따라서 신뢰를 형성하는가 아니면 불신을 발달시키는가 하는 점이 결정된
다. 각각의 단계는 이처럼 발달 위기를 가지고 있기 때문에 주변 대상들과 어떤 관
련을 가지는가 하는 점은 발달의 질을 결정하게 된다. 에릭슨(1963)은 각각의 발달

단계의 특징을 다음과 같이 말하고 있다.

(1) 신뢰 대 불신

신뢰 대 불신(basic trust vs. basic mistrust)의 단계는 탄생 후 1년 6개월 이내에 가지게 된다. 인간이 가지게 되는 기본적인 신뢰는 내적인 확실성과 밖의 세상에 대한 예견성을 통해서 길러진다. 이러한 두 가지 특성은 반복적인 경험을 통해서 갖게 되는데 반복적인 경험은 일관성과 지속성 그리고 항상성을 가지고 있다. 이러한 경험들은 얼마나 쉽게 먹을 수 있는가, 얼마나 깊게 잠을 잘 자는가, 배변을 얼마나 편안하게 할 수 있는가와 밀접한 관련이 있다. 이러한 경험을 반복적으로 일관성이 있게 할 수 있으면 신생아는 초보적 단계의 자아정체성이 생긴다. 초보적 단계의 자아정체성은 곧 신뢰를 통해서 생기며 신뢰는 삶에 대한 희망(hope)으로 이어진다.

신뢰가 이 단계에서 생기지 못하면 불신을 가지게 되어 내적인 세계와 밖의 세계가 통합되지 못하게 된다. 이러한 현상은 곧 투사와 내사의 기원이 되어서 유아는 쾌락은 내사를 하고 고통은 투사를 하는 성격을 형성하게 된다. 불신은 유아에게 세상은 힘들고 어려우며 고통의 연속으로 지각하게 한다. 유아는 자신의 세계로 들어가게 되는데 이를 가리켜서 자폐소외(autistic isolation)라고 한다.

(2) 자율성 대 수치심과 의심

자율성 대 수치심과 의심(autonomy vs. shame and doubt)의 단계는 1년 6개월에서 3년 사이에 해당된다. 이 단계에 들어서면 유아들은 경험과 행동 그리고 자신의 내적인 상태를 통해서 자율성을 가지게 된다. 무엇이든지 잡았다가 놓고 하는 과정을 반복하면서 자율성을 시험하는 단계이다. 만일 이 단계에서 자율성을 제대로 발달시키면 유아는 의지력(will power)을 키우게 된다. 자기표현과 자기억제, 사랑과 미움, 협동과 독자적 의지 등을 통해서 자율성은 결정된다. 이 단계에서 지나치게 억제를 받으면 유아는 유아적 신경증을 발달시킨다. 유아적 신경증(infantile neurosis)은 모든 것을 계속 쥐려는 경향이 있으며 지나치게 고집이 세고 보내 주어야 할 때 제대로 보내 줄 수가 없다. 이러한 유아는 수치심과 의심을 발달시키게 된다.

수치심은 자신의 얼굴을 묻어 버리고 싶어 하는 충동을 의미하며 자신을 향한 분노를 발하게 된다. 수치심은 자신을 이 세상에서 아주 작은 존재로 만들어 버리고 자신의 의지를 가지고 제대로 세상에 설 수 없는 사람으로 만든다. 수치심은 자신의 존재를 이 세상에 드러내는 데 어려움을 갖도록 만든다. 의심은 자신이 앞으로 나아가는 데에 대한 의식으로서 자신을 다른 사람들의 뒤에 숨도록 만드는 역할을 한다. 자신이 없고 주저주저하며 다른 사람들 앞에 서는 데 어려움을 갖는다.

(3) 주도성 대 죄의식

주도성 대 죄의식(initiative vs. guilt)은 세 살에서 다섯 살 반에 이르는 단계이다. 이 단계에서는 새로운 희망과 책임이 생긴다. 자신이 주도적으로 계획하고 실천하며 이를 통해서 자신의 입장이나 자신의 모습을 더욱 분명히 만들어 간다. 남자 아동들은 주로 만드는 장난감을 통해서 자신을 확인하며, 여자 아동들은 주로 술래잡기와 같이 사람들을 붙잡는 놀이를 통해서 자신들을 확인해 간다. 아동들의 놀이는 곧 아동들이 자신들의 역할을 확인하고 세우는 과정이며 이를 통해서 자신들의 성역할 등을 확고히 하고 분명히 한다. 즉, 아동들은 놀이를 통해서 자신의 역할을 주도적으로 세우는 일을 하게 된다. 주도성은 아동들에게 **목적의식**(purpose)을 갖도록 한다.

주도성을 확립하는 데 실패하게 되면 아동들은 죄의식(guilty feeling)을 발달시킨다. 죄의식은 아동들 자신들의 공격적인 강압과 조작에 의한 행위로 생긴다. 아동의 공격성은 유아적 질투심으로 생긴다. 엄마와의 경쟁을 통해서 주도권을 잡으려 하지만 이 경쟁에서 실패하면 곧 아동들은 자신의 행위에 대한 죄의식을 가지게 된다. 아동의 죄의식은 거세 불안과 관련이 있으며 자신의 성기가 잘려 나갈 것에 대한 불안을 갖는다. 따라서 아동들은 자신을 지나치게 통제하려는 경향을 갖는다. 아동의 이러한 죄의식은 어른이 되면 신경질적 부정과 과시를 통해서 만회하려는 경향으로 나타난다.

(4) 근면 대 열등감

근면 대 열등감(industry vs. inferiority)은 다섯 살 반에서 10~11세에 이르는 시기이다. 이 단계는 아동들이 학교생활을 하는 기간이다. 학교생활에서는 자신이 학교라는 사회에 적응을 할 수 있는 사람이라는 사실을 확인하는 것이 중요하다. 학교생활에 적응하기 위해서는 학교생활에 필요한 기술을 습득하여 주어진 과업들을 완성할 수 있어야 한다. 일을 통해서 아동들은 만족한 삶을 영위한다. 자신에게 주어진 일들을 충분히 소화하고 해낼 수 있을 때 이 시기의 아동들은 목적을 달성하게 된다. 주어진 일에 대한 근면성을 통해서 아동들은 **자신감**(competence)을 가지게 된다.

주어진 일을 제대로 해내지 못하거나 필요한 기술을 습득하지 못하는 아동들은 열등감을 가지게 된다. 사회생활을 함에 있어서 결정적인 시기로서 과업을 완성하지 못하는 경우에는 부적절감을 형성하게 된다. 부적절감과 열등감으로 일을 의무적으로 하는 사람이 되거나 다른 사람들의 일에 자신을 적절하게 적응시키는 사람이 된다.

(5) 정체성 대 역할 혼란

정체성 대 역할 혼란(identity vs. role confusion)은 초기 사춘기 시기인 10(11)~16세와 후기 사춘기인 17~21세로 나뉜다. 아동기가 끝나는 시기로서 청소년기가 시작된다. 성적 성숙으로 인해서 신체적으로 혁명이 일어나는 시기이다. 새로운 의미의 연속성과 항상성이 필요한 시기이다. 자아정체성이 확립되어야 하는데 이는 세 가지 요인의 통합으로 생기게 된다. 성적 성숙을 통한 신체적 변화, 발달로 인해서 생기는 심리적 적응의 요인들 그리고 사회 속에서 자신의 역할을 조정하고 이에 적응해야 하는 사회적 요인들을 통합하는 일은 대단히 중요하다. 이 세 가지 요인이 제대로 통합되면 청소년은 자아정체성을 가지게 된다. 자아정체성을 분명히 갖는 청소년들은 **충실성**(fidelity)이 생긴다.

충실성을 갖는 데 실패하면 청소년들은 역할 혼란이 생기게 된다. 자신의 성역할에 대한 혼돈을 가져오고 대중의 영웅들이나 광대들과 자신을 지나치게 동일시하는 경향이 생기게 된다. 청소년들의 사랑은 자신의 정체성을 확인하려는 시도로서 자신의 자아의 일부분을 다른 사람에게 투사하는 형식으로 나타난다. 자신과 다른 사람들에 대해서 잔인해지며 힘든 일이나 고통에 대한 인내심이 아주 적어진다. 이상적인 성향들이 나타나고 또래의 영향을 과다하게 받는다.

(6) 친밀성 대 소외

친밀성 대 소외(intimacy vs. isolation)는 젊은 어른들로서 21~40세가 이 시기에 해당된다. 자신의 자아를 다른 사람들과 적극적으로 나누는 시기이다. 자신을 다른 사람들과 나눌 수 있는 방법으로는 친밀감을 들 수 있다. 다른 사람들과 친밀하게 자신을 나누는 일을 할 수 있는 사람들은 부부관계를 통해서 친밀성을 유지할 수 있다. 친밀성은 부부간의 성적인 관계를 통해서 극대화되며 다음 세대를 준비할 수 있게 된다. 사랑하는 사람에 대해서 윤리성을 발달시킬 수 있게 되어 진정한 의미에서 성관계를 통해 친밀성을 유지하고 발달시킬 수 있다. 친밀성은 다른 사람들과의 관계 속에서 사랑을 만들어 나갈 수 있는 능력을 발달시킨다.

친밀성을 발달시킬 수 없는 사람들은 다른 사람들과의 관계 속에서 자신을 소외시킨다. 다른 사람들에게 자신을 헌신할 수 없으므로 친밀한 관계를 유지할 수 없다. 진정한 의미에서 자신의 자아를 나누는 일을 하기 어려우며 이로 인해서 관계 속에서 소외는 증가한다. 자신이 되려고 하면 다른 사람들이 자신을 벌할 것 같은 느낌이 들며 이로 인해서 자신을 다른 사람들에게 진정으로 내보이기 힘들게 된다. 그리하여 자신을 스스로 소외시키는 현상을 경험한다.

(7) 관용 대 정체

관용 대 정체(generativity vs. stagnation)의 단계는 다음 세대를 준비하는 시기로서 40~65세에 해당된다. 자신을 과감하게 잃어버릴 수 있는 시기이다. 창조성과 다음 세대에 대한 생산성이 강조되는 시기이다. 다음 세대를 돌보는 관계에 대한 헌신이 필요한 시기이다. 세대 간의 계승을 위해서 노력하는 시기로서 자신을 주는 시기이다. 이 시기는 돌봄의 덕을 발달시키게 된다. 다음 세대를 돌보는 데 어려움을 겪는 사람들은 가짜 친밀성을 가지게 된다. 가짜 친밀성을 통해서 다음 세대를 돌보기보다는 자신의 욕구를 충족하기 위해서 다음 세대를 착취한다. 개인적으로는 빈곤함에 빠지게 된다.

(8) 자아통합 대 절망

자아통합 대 절망(ego integrity vs. despair)의 단계는 65세 이후의 생애로서 여러 가지 다양한 모양에 대해서 상대성을 습득하게 되는 시기이다. 다른 사람들의 삶의 방식에 대해서 존중하는 마음을 가지게 되고 자신의 삶에 대해서 존중감을 갖는다. 자신의 삶에 대해서 품위를 유지하며 이를 통해서 자신의 삶과 역사성 그리고 문화성을 통합하는 삶을 가지게 된다. 자아통합은 곧 지혜의 덕목을 발달시킨다. 반면에

		1	2	3	4	5	6	7	8
VIII	성숙기 (maturity)								자아통합 대 절망
VII	어른기 (adulthood)							관용 대 정체	
VI	청년기 (young adulthood)						친밀성 대 소외		
V	사춘기와 청소년기 (puberty and adolescence)					정체성 대 역할 혼란			
IV	잠재기 (latency)				근면 대 열등감				
III	생식기 (locomotor-genital)			주도성 대 죄의식					
II	항문기 (muscularanal)		자율성 대 수치심과 의심						
I	구강기 (oral sensory)	신뢰 대 불신							

그림 7-2 | 자아의 발달단계들

죽음에 대한 공포를 갖는 사람들은 자신의 삶에 대해서 절망감을 갖는다. 새로운 것을 추구하기에는 너무 시간이 짧아서 대안을 찾을 수 없게 되어 절망감에 이른다. 앞에서 논의된 자아의 발달을 에릭슨(1963)은 [그림 7-2]와 같이 제시하고 있다.

3) 분리와 개별화를 통한 대상관계

말러는 자아의 발달은 대상과의 관계 속에서 **분리**(separation)와 **개별화**(individuation)를 통해서 발달한다고 보았다. 그녀는 특히 부모의 역할이 유아의 발달에 얼마나 중요한 역할을 미치는가에 대해서 관심을 가지고 연구하였다. 인간의 마음속에 있는 여러 가지 충동과 유아에 대한 부모의 태도가 서로 상호작용을 하여서 유아의 발달은 이루어진다. 부모의 성격, 특히 유아에 대한 엄마의 태도는 유아의 발달에 가장 중요한 영향을 미치는 변인이다(Greenberg & Mitchell, 1983, p. 272). 부모의 태도는 유아의 정상 발달 그리고 병리 성격의 형성 등 모든 영역에 걸쳐서 전반적으로 영향을 미친다. 말러는 유아의 발달에 있어서 정상 발달에 더욱 관심을 가지고 연구하여서 유아의 발달과정에 대한 그녀의 이론을 발표하였다. 분리와 개별화의 과정으로 불리는 유아 발달의 이론을 말러와 동료들(1975)은 **심리적 탄생의 과정**(a process of psychological birth)이라고 부른다. 분리와 개별화의 유아 발달은 네 단계를 통해서 이루어진다.

(1) 분화단계

출생 후부터 10개월 정도 사이에 유아는 처음으로 자신을 엄마로부터 분화(differentiation)하는 과정을 거치게 된다. 이때 유아는 엄마와의 관계에서 아무것도 인식하지 못하는 단계에 머물러 있다. 이 단계에서 유아는 자신과 대상에 대해서 아무런 구분을 하지 못하게 되고 엄마를 제대로 인식하지 못하게 된다. 인식을 한다 하더라도 자신과 구분하지 못하며 오히려 그 대상을 자신으로 혼돈하는 단계에 머무르게 된다. 점차로 발달이 더 일어나면서 유아는 자신과 엄마를 구분하는 첫 번째 분화를 이루게 된다. 이러한 과정을 심리적 탄생이라고 부른다(Mahler et al., 1975). 유아는 점차로 자신이 엄마라는 대상과 다른 존재라는 사실을 인식하게 된다. 유아의 발달에 있어서 획기적 전환점이 곧 첫 번째 분화의 단계이다.

출생 직후부터 수 주간을 신생아는 자신의 신체 감각만을 인식하는 상태로 살아가게 된다. 신생아는 자폐의 상태에서 살아가게 된다. 이때 신생아는 절대적으로 **자기도취**(narcissism)의 상태에 빠지게 되고 대부분 잠을 자는 활동을 하게 된다. 신생아는 외부의 환경으로부터 고립되어 있다. 환경의 위험으로부터 자신을 보호하기 위해서 외부의 현실 세계와 단절된 상태로 살아간다. 신생아는 자신이 가지고 있는 욕구들만 인식하고 이를 충족하기 위한 활동만 한다. 환경과 자신의 내부로부터 발생하는 긴장을 늦추기 위한 행동을 하고 주로 만족을 위해서 활동한다. 이때 신생아는 철저하게 쾌락의 원리에 의해서 활동한다. 유아는 대상에 대한 인식이 전혀 없는 상태로 살아가게 된다.

자폐 상태로 수 주간을 살고 난 유아는 엄마와 하나 되는 느낌을 가지게 된다. 이때가 **공생애**(symbiosis)의 단계이다. 유아는 자신을 돌보는 대상인 엄마와의 애착을 통해서 자신과 엄마를 하나로 지각하게 된다. 엄마와 자신을 하나로 지각하는 유아는 이때부터 희미하게나마 외부의 환경을 지각하게 된다. 외부의 환경에 대한 지각은 자신을 돌보는 엄마라는 대상에 대한 느낌으로 나타난다. 그러나 유아는 자신을 돌보는 사람의 기능만을 인식한다. 엄마가 하나의 사람으로 인식되기보다는 자신을 돌보는 일부의 기능을 가진 대상으로만 인식한다. 이때 신생아는 왜 웃는지 모르는 미소를 짓는다. 이러한 미소들은 어떤 대상에 대한 인식과 파악으로 웃는 것이 아니라 특정 대상이 정해지지 않았음에도 웃는 것이다. 대상과 자신을 구분하지 못하는 상태에서 발생하는 웃음이다. 이 단계에서부터 유아는 운동이 활발해진다. 유아의 많은 경험은 활발한 운동을 통한 지각 또는 감각으로부터 발생한다. 대상을 지각할 때 유아는 모두 나쁘거나 자신을 모두 좋다고 지각한다. 만족과 즐거움을 주는 대상은 모두 좋은 대상으로 지각하고 고통을 주는 대상은 모두 나쁜 대상으로 지각하게 된다.

공생애 단계의 어느 시점에서 유아는 처음으로 분화를 하게 된다. 이러한 분화를 심리적 부화(psychological hatching)라고 부른다. 분화를 할 때 엄마는 유아가 믿고 의지할 수 있는 참조체계(reference system)로서 역할을 한다(Horner, 1991, p. 21). 엄마는 유아에게 기지(base)와 같은 역할을 함으로써 유아가 언제든지 돌아갈 수 있고 또한 떠날 수 있도록 허용한다. 유아는 자신의 생각의 근원을 엄마로부터 찾고, 자신이 발견하는 것들을 엄마와의 경험을 통해서 판단하게 된다. 한동안 엄마와 떨어져 있으면 유아는 자신과 엄마 사이에 가지고 있었던 우리만의 절대적 느낌이 흔들리게 된다. 즉, 정서적으로 유아는 혼란과 혼돈 속으로 빠져들게 된다. 정서적으로 사랑하는 대상을 잃는 두려움이 생기게 되고 이러한 두려움을 극복하기 위해서 유아는 언제든지 엄마에게로 돌아가려고 한다. 이때 유아는 자신이 사랑하는 대상을 잃어버리는 두려움을 가지게 되어 낯선 사람에 대한 경계심과 불안이 생기게 된다(Greenberg & Mitchell, 1983, p. 276; Horner, 1984, p. 31). 엄마는 유아에게 가장 중요한 참조체계로서의 역할을 함으로써 유아가 언제든지 돌아올 수도 있고 떠날 수도 있게 한다. 이러한 과정을 통해서 유아는 엄마와 자신만의 세계에서부터 한 걸음 더 나아가 다른 여러 기지 대상을 집힐 수 있는 기회를 가지게 된다(Greenberg & Mitchell, 1983, p. 275). 유아의 자아는 처음으로 엄마와 자신만의 세계에서 다른 외부의 세계로 확장하게 된다.

(2) 연습단계

출생 후 약 10개월에서부터 대략 16개월 사이에 유아가 두 번째 분화를 하는 시기를 연습단계라고 한다(Horner, 1991, p. 22). **연습단계**(practicing stage)의 특징은 유아가 활발한 움직임을 갖는 것이다. 유아는 기어 다니고 올라가고 일어서서 다니는 등 여러 가지 활발한 신체의 움직임을 갖는다. 이러한 신체의 활발한 움직임은 유아로 하여금 전혀 다른 세상을 경험하게 만들어 준다. 유아는 엄마로부터 멀리 떨어지는 경험을 하면서 동시에 엄마에게로 다시 돌아오는 방식으로 활동하게 된다. 멀리 떨어져서 세상을 탐험하고 알고 싶은 강한 욕구가 생기면서 동시에 엄마에게로 돌아가고 싶은 욕구를 가지게 된다. 이러한 두 욕구는 유아들로 하여금 갈등을 경험하게 한다. 엄마는 여전히 기지와 같은 역할을 하게 되고 유아로 하여금 기지에서 정서적으로 재충전할 수 있게 만들어 준다(Greenberg & Mitchell, 1983, p. 276). 정서적으로 재충전을 하는 유아는 다시 세상을 탐험하고 알아 나간다. 유아는 점점 복잡한 양상으로 발전해 나간다. 연습 단계는 두 가지 하위단계로 나뉘는데, 그 두 단계는 초기 연습단계와 적절한 연습단계들이다.

초기 **연습단계**(early practicing phase)에서 유아는 신체적으로 분화를 많이 이룬다. 이러한 신체적 분화는 유아로 하여금 활발한 운동을 할 수 있는 능력을 가지게 해 준다. 활발한 운동을 통해서 아이는 엄마로부터 멀어지고 이로 인해서 다른 여러 세계를 지각하게 된다. 아이는 엄마와 정서적으로 더욱 밀착되는 양상으로 행동하고 이러한 정서적 밀착은 아이로 하여금 더욱 자신을 분화할 수 있는 근거를 마련해 준다. 적절한 **연습단계**(practicing phase proper)에서는 유아는 이제 서서 걸어 다닐 수 있는 능력을 보유하게 된다. 서서 걸어 다니면서 유아는 급속도로 개별화되고 자신만의 독특한 경험을 할 수 있는 여건을 마련하게 된다. 유아는 걷기를 통해서 단순한 삶에서 복잡한 삶으로 전환되는 획기적 계기를 마련한다. 유아는 세상과 사랑에 빠지면서 더 많은 탐험과 탐색을 할 수 있게 된다. 똑바로 서서 바라보는 세상은 기어 다니면서 또는 누워서 보는 세상과 다르다. 새로운 시각과 경험을 할 수 있게 된다. 자신의 세계를 확장하는 즐거움을 가지게 되고 자신의 기술과 자율 능력을 습득하는 데 초점을 맞추게 된다. 유아는 자신이 모든 것을 할 수 있을 것 같은 착각에 빠지게 된다. 유아의 자아는 전능의 환상을 가지게 된다. 한편으로 유아는 엄마를 잃어버리는 두려움에 사로잡히게 되어 엄마에게 더 달라붙는 행동을 한다. 때로는 갑작스럽게 울음을 터트려 엄마를 당황하게 만든다. 이때 엄마는 정서적으로 성숙한 행동을 보여야 한다. 아이로 하여금 자신과 충분히 멀어질 수 있도록 적절한 거리를

유지하는 능력을 가지고 있어야 한다. 한편으로 아이가 엄마에게로 돌아왔을 때 정
서적으로 에너지를 공급할 수 있도록 준비하여야 한다. 아이로 하여금 충분히 엄마
로부터 멀어지는 행동을 허용하고 아이가 돌아와서 정서적으로 에너지를 충족하고
자 할 때 에너지 공급원이 될 수 있어야 한다. 이 단계에서도 엄마는 아이에게 기지
의 역할을 한다.

(3) 화해단계

출생 후 약 17개월에서 24개월 사이에 유아는 위기를 경험하게 된다. 이전 단계
에서 유아는 자신이 모든 것을 할 수 있을 것 같은 확장되고 부풀려진(inflated) 자
아를 가지게 된다. 유아는 전능에 대한 환상으로 충만해져서 세상을 사랑하고 탐
험하는 행동을 하게 된다. 그러나 **화해단계**(rapprochement stage)에 들어오면 유아
는 자신이 아주 작은 사람이라는 사실을 깨닫게 되고 상처받기 쉬운 상태가 된다
(Greenberg & Mitchell, 1983, p. 276; Horner, 1991, p. 24). 유아는 창피한 느낌을 경험
하게 되고 낯선 사람을 두려워하는 불안이 다시 찾아온다. 환상이 깨지는 아픔을 경
험하면서 유아는 자주 좌절하게 된다. 우울한 감정을 경험하면서 불안정감을 느낀
다. 한편으로는 이전 단계에서 가지고 있던 환상을 충족하려는 노력도 하게 된다.
만일 만족스럽지 않고 제대로 자신이 원하는 방식이 되지 않으면 모든 것을 뒤엎으
려는 행동을 하고자 하는 충동을 느끼게 된다. 이러한 충동은 다시 유아에게 더 큰
좌절과 아픔을 느끼게 하는 역할을 한다. 엄마는 이미 자신과 분리된 존재로 지각하
게 되고, 엄마라는 대상은 자신을 도울 수 있는 한계가 있는 대상으로 지각된다. 유
아가 필요할 때 언제나 도움을 받을 수 있는 대상이 아님을 깨닫게 된다. 이 단계에
서 유아가 겪는 어려움을 화해의 위기(rapprochement crisis)라고 부른다.

유아는 엄마와 새로운 방식으로 관계를 만들어야 할 필요를 느낀다. 이 단계에서
유아는 가장 중요한 변화 중의 하나인 언어를 습득하게 된다. 언어를 습득하는 유아
는 자신이 발견한 내용들을 언어를 통해서 표현하고 이를 엄마와 나누기를 바란다.
자신이 발견한 내용들을 어떤 방식으로 받아들이려 하며 다른 사람들과의 관계 속
에서 어떻게 활용해야 하는지에 대해서 확인받고 싶어 한다. 언어의 습득과 더불어
서 유아의 자아는 급속도로 복잡한 방식으로 발전해 나간다. 분리와 개별화는 한층
더 빠른 속도로 진행된다. 언어를 습득한 유아는 외부 세계의 객관성에 대해서 확인

하고자 하는 작업을 하게 된다. 이 단계에서 유아는 자신과 다른 성적 존재인 이성에 대해서 초보적 분화를 하게 된다. 신체상에서 서로 다른 기관들을 가지고 있음을 인식하고 자신과 다른 그 어떤 존재로 어렴풋하게 지각하게 된다. 이러한 새로운 지각들과 발견들을 엄마와의 관계를 통해서 확인받고 나누고자 하는 마음이 생긴다. 따라서 엄마와 유아의 관계는 지금까지와 질적으로 다른 방식으로 이루어진다. 지금까지 엄마는 유아에게 기지의 역할을 하였다. 그러나 이제는 하나의 다른 대상으로서 서로 관계를 하는 존재로 유아에게 인식된다. 엄마가 기지(base)에서 대상(object)으로 전환되면서 유아는 분리와 개별화를 급속도로 진행시키게 된다.

화해의 위기와 질적 변화를 겪는 유아에게 사랑과 관심 그리고 지지하는 엄마의 역할이 필요하다. 유아는 이 시기에 엄마에게 마치 퇴행하는 존재로 보이게 된다. 연습단계에서 그토록 자기주장을 강하게 하고 독립적으로 행동을 하던 유아가 이제는 의존적이고 세상을 향해서 나아가지 않으려는 행동을 하게 된다. 엄마의 곁에서 떠나지 않으려는 행동을 하면서 동시에 엄마에게 매달리는 행동도 하게 된다. 아이는 더욱 불안해하고 엄마에게 더 많은 것을 요구하는 행동을 하게 된다. 엄마는 이런 아이의 모습에 대해서 혼란을 느낀다. 아이가 뭔가 잘못되었다는 생각을 하여 아이를 야단치거나 적절한 지지와 공감을 보내지 못하면 아이는 더욱 어려움에 직면하게 된다. 이러한 위기는 아이로 하여금 스스로 자신의 자아를 확립하고자 하는 노력의 일환으로 생각된다. 따라서 엄마는 아이에게 적절한 공감과 사랑을 보여 주고 서로 나누는 대상으로서 관계를 잘 유지하는 능력이 필요하다. 엄마의 이러한 사랑과 지지는 아이로 하여금 엄마에게 의존하는 유아로부터 스스로 자신을 형성하는 구조로 변화되는 과정을 성공적으로 도와준다. 이제 유아는 다음 단계에서 이루어질 발달에 대한 중요한 시점에 있게 된다.

(4) 대상항상성단계

출생 후 약 24개월에서부터 36개월 사이에 유아의 자아는 안정된 상태를 갖는다. 대상항상성단계(stage of object constancy)란 유아가 자신을 돌보는 대상과 안정된 상태로 관계를 할 수 있는 단계를 말한다. 이 단계에서 유아는 언어의 습득이 가속화된다. 언어의 상징성으로 인하여 외부의 세계와 자신과의 분리와 개별화가 지속적으로 진행되면서 유아는 더욱 복잡한 양상으로 발달하게 된다. 즉, 하나의 대상은 여러 가지 방식으로 경험되며 여러 가지 방식으로 표현이 가능하다는 사실을 언어를 통해서 습득한다. 즉, 자신과 관련을 맺고 있는 여러 다른 대상에게 여러 가지 모습이 있다는 사실을 알게 된다. 예를 들면, 엄마는 자신에게 잘해 주고 지지하고 사랑하는 대상으로만 존재하는 것이 아니라 때로는 자신을 아프게도 하고 슬프게도 하며 화를 내는 대상으로 존재한다는 사실을 알게 된다. 유아인 자신을 아프게 하는 대상으로서 엄마는 여전히 자신을 사랑하고 좋아하는 엄마라는 사실을 유아는 받아들이게 된다. 즉, 유아는 좋은 대상으로서의 엄마와 나쁜 대상으로서의 엄마를 모두 수용할 수 있는 능력을 가지게 된다. 유아는 이제 좋은 대상과 나쁜 대상을 통합할 수 있는 능력을 가지게 되고 이로 인해서 그 대상은 화를 내거나 자신을 아프게 하더라도 관계를 할 수 있는 존재라는 사실을 알게 된다. 나쁜 대상과 좋은 대상이 하나로 통합됨으로써 유아는 안정된 상태에서 관계를 할 수 있게 된다.

안정된 상태가 된 유아는 분리와 개별화를 통해서 더욱 자신의 고유하고 독특한 구조를 형성해 나간다. 자신을 둘러싸고 있는 대상들은 이제 다측면으로 경험된다. 이러한 다측면의 경험들은 급속도로 늘어나는 언어의 상징성으로 표현되고 이러한 표현들은 엄마나 주변의 대상들에 의해서 강화되거나 지지를 받게 된다. 강화나 지지를 받지 못하는 경험들도 여전히 유아에게는 중요한 경험으로 인식된다. 여러 가지 측면을 경험하는 유아들은 이미 자신들이 경험하는 모든 경험은 주변 대상들로부터 강화를 받거나 지지를 받을 수 없다는 사실을 알고 있다. 따라서 주변 대상들이 미처 인식하지 못하고 강화하지 못하는 경험들도 유아 속에서는 계속해서 통합이 일어난다. 이러한 통합의 과정들은 유아로 하여금 엄마 또는 주변의 다른 사람들과 다른 존재로서 자신의 위치와 개별성을 확보해 나간다. 자신의 위치와 개별성의 확보는 엄마 또는 주변의 대상들이 확실하게 자신과 다른 존재들로 내면화되는 과정을 겪는다. 대상들에 대해서 분명하고 확고한 형상들이 내면화되면 자아와 다른 대상들과의 경계선이 분명해진다. 즉, 유아는 이제 분명한 경계선을 가지고 자신과 다른 대상들 사이를 구분할 수 있게 된다. 이러한 분리와 개별화의 과정은 앞으로 평생을 걸쳐서 수정되고 분화되는 과정을 겪는다. 각각의 영역들에 있어서 분화와 개별화의 과정이 진행되며 이러한 분리와 개별화의 과정을 통해서 한 인간은 자신의 독특성과 유일성을 확보하게 된다.

4) 충분히 좋은 엄마 노릇을 통한 대상관계

위니컷은 자아의 형성에 있어서 엄마와 아이 사이의 상호작용의 중요성을 강조했다. 클라인이 유아의 내면에서 일어나는 과정에 초점을 맞추었다고 한다면 위니컷은 유아와 엄마의 상호작용에 초점을 맞추었다(Slipp, 1991, p. 48). 유아는 엄마와의 상호작용의 질에 따라서 자아의 발달이 달라지게 된다. 엄마의 돌봄의 질은 유아의 자아 발달에 막대한 영향을 미친다. 유아의 자아가 제대로 형성되기 위해서 엄마는 아이에게 **안전한 환경**을 제공해 주어야 한다. 안전한 환경을 제공하는 가장 중요한 변인은 곧 엄마의 돌봄의 질이다. 엄마는 아이에게 **충분히 좋은 엄마 노릇**(good enough mothering)을 제공해야 한다. 이러한 돌봄은 아이로 하여금 자유롭게 자신을 돌볼 수 있는 여유를 제공한다. 이러한 환경은 아이가 자신의 자아를 충분히 발달시킬 수 있도록 만들어 준다.

적절한 돌봄이 제공되면 유아는 엄마와 **융해되는 관계**(fused relationship)를 갖는다. 적절한 돌봄이란 유아에게 배가 고플 때 먹을 것을 제공해 주고 졸릴 때 재워 주는 엄마의 활동을 말한다. 기본적으로 유아의 욕구에 대해서 민감하게 반응하여 유아의 욕구를 채워 주는 엄마는 유아의 신뢰를 얻기에 충분하다. 유아가 가지고 있는 욕구 중에 중요한 욕구는 두려움과 불안으로부터 안전하고자 하는 욕구이다. 이러한 욕구를 충족하기 위해서 엄마는 아이의 옆에 있어 주며 아이로 하여금 안전하게 느낄 수 있도록 해 준다. 엄마의 적절한 돌봄에 의해서 아이가 안전함을 느끼고 먹을 것을 충분히 먹으며 잠을 잘 자는 아이들은 대상에 대한 신뢰와 사랑을 가지게 된다. 이러한 신뢰와 사랑은 유아로 하여금 엄마와 한 존재로 느끼게 해 주는 역할을 한다. 유아는 자신과 엄마를 구분하지 못하고 내부와 외부에 대한 경계선을 제대로 이해하지 못한다. 또한 유아는 현실에서 일어나는 일들이 실제로 일어나는 일인지 아니면 환상의 세계 속에서 일어나는 일인지 구분하지 못하게 된다. '충분히 좋은 엄마 노릇'을 통해서 유아는 따뜻하고 편안하게 느끼기 때문에 엄마에 대해서 좋은 형상들을 내면화한다. 내면화된 엄마의 형상들은 내면의 불안과 초조감 그리고 두려움을 줄여 주는 역할을 한다.

유아는 발달을 하는 동안에 **대상전이**(transitional object)를 하게 된다. 좋은 엄마에 대한 형상들을 내면화한 유아는 시간이 지남에 따라서 점차로 융해된 관계를 포기하게 된다. 융해된 관계는 점차로 현실화된다. 현실화되는 과정은 한 세계에서 다른 세계로 전이되는 상태를 의미한다. 완전한 엄마와 전능한 방식으로 관계를 가질수 있는 세계에서 이제 여러 가지 다른 세계 속에 존재하는 하나의 사람으로서 엄마를 인식하는 세계로 발달되는 과정을 갖는다. 이러한 발달은 엄마와 아이의 상호작용에 의해서 이루어진다. 객관의 세계를 여러 가지 방식으로 이해하고 알아 나가는과정에서 유아는 하나의 개체로서 자신과 엄마를 인식하면서 자신의 힘의 한계를이해하게 된다(Greenberg & Mitchell, 1983, p. 195). 유아의 내면 세계는 외부의 세계를 이해하면서 자신의 독립된 내면 세계를 가지게 된다. 유아의 자아는 객관적 외부세계를 인식하고 이해하면서 자신의 내면 세계를 갖는 방식으로 발달하게 된다.

전능의 세계나 융해의 관계에서 객관의 세계 또는 현실의 관계로 발달하는 과정에서 제삼의 대상이 필요하게 된다. 유아는 엄마로부터 분리되는 과정에서 발생하는 분리 불안으로 인해서 다른 대상이 필요하게 된다. 자신의 불안을 줄이거나 달래기 위해서 엄마가 아닌 다른 대상이 필요한데 이러한 대상은 대체로 장난감 인형들이다(Slipp, 1991, p. 48). 장난감 인형들은 유아로 하여금 엄마가 가지고 있는 따뜻함, 안전함, 배려 등을 느끼게 하는 다른 대상이다. 즉, 엄마에게서 느꼈던 여러 가지 배려나 따뜻함을 대신 느끼게 할 대상이 유아에게 필요하다. 엄마라는 대상은 장난감인형이라는 대상으로 대치된다. 이러한 대상의 대치를 대상전이라고 부른다. 전이된 대상들은 결코 유아의 자아 속에 내면화되지 않는다(Slipp, 1991, p. 48). 이러한대상들은 유아의 자아 밖에 존재하며 일시적으로 자아의 구조를 유지하는 역할을한다. 내면화된 대상을 상실하게 되면 유아는 상실감을 경험한다. 상실감을 경험하는 유아들은 울음으로써 이를 표현한다. 그러나 내면화되지 않은 대상들에 대해서는 상실감을 느끼지 않는다. 대상이 전이되는 현상 또는 전이된 대상을 갖는 유아는내부와 외부를 구분하는 분화된 상태의 자아를 갖는다. 내부와 외부를 구분할 수 있다는 말의 의미는 유아가 외적 실체와 내적 실체를 서로 구분할 수 있게 된다는 뜻이다. 이러한 구분은 유아로 하여금 현실감을 가지게 한다. 즉, 유아는 환상에 의한생각이나 실제에 의한 생각 또는 욕구들을 구분할 수 있는 능력이 생기게 된다. 또한 유아는 현실을 검증할 수 있는 능력을 가지게 된다(Slipp, 1991, p. 48).

인간은 주관적 내면의 세계와 객관적 외부의 세계 사이에 긴장을 가지고 평생을살아가게 된다. 인간의 내면 세계는 결코 객관적으로, 완전히 주관이 없는 세계로 바뀌지 않는다. 즉, 인간의 내면 세계 속에 있는 전능한 관계에 대한 자아의 욕구는 사라지지 않는다. 객관의 세계를 얼마만큼 받아들일 것인가 하는 점은 살아가는 동안에 계속 과업으로 남는다. 살아가면서 두 세계 속에서 생기는 긴장을 풀고 해소하기 위한 노력을 하게 된다. 이러한 노력은 두 가지 방향으로 나타난다. 하나의 방향은 내면 세계를 계속해서 객관화하는 방향으로 이루어진다. 객관의 세계를 더 많이 받아들임으로써 두 세계 사이에 발생하는 긴장을 해소하고자 하는 노력이다. 예를 들면, 자신들의 내면 세계에서 발생하는 욕구를 객관화하는 노력을 말한다. 성적 충동이 생기거나 자신이 하고 싶은 일을 하는 경우에 사회적으로 용인된 객관의 방법을 따르는 일이다. 결혼을 하거나 여행을 하거나 하는 방법을 통해서 내면 세계에서 일어나는 욕구를 해결하는 방법이다. 다른 하나의 방향은 내면 세계를 외부의 객관의 세계에 옮겨 놓으려는 노력이다. 예를 들면, 환상의 놀이 공간들이 바로 이러한 경우에 해당된다. 용인에 있는 에버랜드나 미국에 있는 디즈니랜드는 인간의 마음속에 존재하는 여러 가지 욕구를 현실화한 대표적 경우들이다. 영화나 만화 또는 컴퓨터를 활용한 사이버 공간들이 욕구를 객관의 세계에 현실화한 대표적인 경우이다. 이러한 긴장을 해소하는 많은 활동이 여러 가지 분야에서 나타난다. 예술, 종교 그리고 연극 등 여러 가지 다양한 분야에서 이러한 긴장을 해소하고자 하는 노력이 나타난다. 인간이 살아가면서 겪게 되는 여러 가지 활동과 과정은 두 가지 세계 사이의 갈등과 긴장을 해소하는 방식으로 일어난다.

5) 두 사람 심리학의 대상관계

그린버그와 미첼(Greenberg & Mitchell, 1983)은 페어번의 대상관계이론에 대한 기여를 두 가지로 설명하고 있다(pp. 153-160). 하나의 기여로는 인간의 기본 동기에 대한 재해석을 통해서 인간의 새로운 동기를 제시하고 있다. 프로이트는 인간의 기본 동기를 성욕에 의한 충동으로 보았다. 인간은 자신의 내면에서 생기는 성적 충동으로 인해서 긴장되고 갈등이 생긴다. 이러한 긴장과 갈등을 해소하고 완화하기 위해서 인간은 행동하게 된다. 충동을 만족하기 위한 즐거움을 추구하고 충동을 억제하고 억압하는 행동은 피하게 된다. 따라서 '인간은 쾌락을 추구하는 존재이다.'라고 프로이트는 보았다. 페어번은 인간의 기본 동기는 대상을 추구하는 힘이라고 보왔다. 인간은 태어나면서부터 대상을 추구하는 존재로서 대상을 추구하는 과정에서 여러 가지 충동이 생긴다. 성욕은 인간이 대상과의 관계에서 발생하는 성과 관련된 영역에서 파생되는 하나의 충동이다. 대상과 성적 관련을 맺으려 하는 동기에서 발생한 하나의 충동이 성욕이다. 따라서 인간이 가지고 있는 충동들은 그 자체가 인간의 행동을 결정하는 동기가 아니라 대상을 추구하는 과정에서 파생되는 결과물들이다. 인간이 가지고 있는 생명력으로서 리비도는 즐거움을 추구하는 에너지가 아니라 대상을 추구하는 에너지이다.

또 다른 하나의 기여는 에너지는 구조와 구분되지 않는다는 점이다. 프로이트의 실수는 구조가 없는 에너지인 원욕(id)과 에너지가 없는 구조인 자아(ego)로 구분을 하고 있다는 것이다. 자아의 구조는 에너지로 되어 있으며 그 자체가 에너지들의 합이다. 에너지들은 방향성이 없이 흘러 다니는 어떤 실체들이 아니라 대상을 향한 방향성을 갖는 구조를 가지고 있다. 인간은 태어날 때부터 대상을 추구하는 존재이기 때문에 인간이 가지고 있는 에너지들은 대상과 관련을 맺으려는 방식으로 구조화되고 프로그램화되어 있다. 구조와 에너지는 따로 떼어서 볼 수 있는 개념들이 아니며 둘은 항상 같이 존재하는 실체들이다. 방향성을 가진 에너지들이 대상을 향해 추구하는 동안에 충동들이 생긴다. 다른 말로 표현하면 충동들은 곧 구조의 행동이라고 할 수 있다. 에너지를 가진 구조들이 활동을 하면 대상을 향한 강한 열망을 가지게 된다. 이러한 열망들이 곧 충동들이며 이러한 충동들은 구조의 행동적 측면이라고 정의할 수 있다. 인간은 태어나면서부터 생존을 하기 위해서 대상과 관련을 맺으려고 하고, 이러한 대상과 관련을 맺으려는 노력으로 발생한 충동들은 구조의 다른 모습이다.

자아는 대상과의 관련을 통해서 발달되고 형성된다. 유아는 엄마와의 관계 속에서 만족하거나 만족하지 못하게 된다. 유아는 만족하는 엄마의 모습과 만족하지 못하는 엄마의 모습을 경험하게 된다(Greenberg & Mitchell, 1983, p. 164). 엄마의 두 가지 모습은 유아에게 세 가지 대상으로 경험된다. 만족을 제때에 제대로 주는 엄마로서 경험되는 이상의 대상과 만족을 할 수 있도록 충동을 만들어 주는 **충동 대상** 그리고 만족을 하지 못하게 하는 **거부 대상**으로 유아는 경험한다. 이상의 대상으로서 엄마는 아이의 욕구를 제대로 만족시켜 주며 제때에 제대로 돌보는 엄마의 질을 가지고 있다. 이상의 대상과 상호작용을 통해서 발달하는 자아는 **중심자아**(central ego)이다. 충동 대상으로서 엄마는 유아로 하여금 여러 가지를 경험하고 관련을 맺을 수 있도록 유도하고 이끄는 행동을 한다. 예를 들면, 유아로 하여금 먹는 행동을 이끌어 내기 위해서 엄마는 우유병을 들고 아이 눈앞에서 흔드는 행동을 한다. 엄마의 이러한 행동은 유아에게 먹고 싶은 충동을 일으키게 한다. 엄마는 또한 아이와 약속을 통해서 아이로 하여금 여러 가지 충동을 갖도록 만든다. 충동 대상으로서 엄마와의 관련 속에서 유아는 **충동자아**(libidinal ego)를 발달시킨다. 거부 대상으로서 엄마는 아이의 욕구를 채워 주지 않고 거부한다. 예를 들면, 심하게 우는 아이에게 우유나 먹을 것을 더 제공하지 않는다. 또한 아이를 밀쳐 내는 행동을 하는 엄마는 아이의 애착행동을 거부한다. 거부 대상으로서 엄마와의 관련 속에서 아이는 **거부자아** (anti-libidinal ego)를 발달시킨다.

자아는 대상을 내면화한 형상들의 합이다. 자아는 대상과 무관하게 발달하는 어떤 실체들이 아니라 대상을 통해서 형성되고 만들어져 간다. 따라서 대상이 없는 자아는 존재할 수 없으며 자아는 경험에 의해서 형성된 대상들의 모습을 간직하는 개념이다. 자아의 구조는 여러 가지 자아로 구성되어 있다. 여러 가지 자아는 곧 중심자아, 충동자아 그리고 거부자아이다. 이들 자아는 서로 다투고 경쟁하며 서로 미워하는 과정을 갖는다. 충동자아와 거부자아는 만족을 지연하거나 거부하는 엄마의 대상에 대해서 미움을 가지게 된다. 이들은 힘을 합쳐서 거부하고 지연하는 대상을 공격하려고 한다. 이러한 충동을 늘 느끼게 된다. 한편 중심자아는 대상과의 관계 속에서 늘 만족하고 즐거움을 경험하게 된다. 이렇게 만족을 독차지하는 중심자아는 거부자아와 충동자아의 공격의 대상이 된다. 중심자아와 충동 그리고 거부자아 사이에 에너지의 분열(splitting)이 생기게 된다. 두 에너지는 서로 경계하고 긴장하며 다툼의 과정을 가지면서 발달하게 된다.

인간의 발달은 세 단계를 거쳐서 이루어진다(Greenberg & Mitchell, 1983, pp. 160-162). 첫 번째 단계는 **의존 상태**이다. 유아는 엄마에게 거의 전적으로 의존하는 상태로 살아가게 된다. 유아는 자신과 자신을 돌보는 엄마라는 대상을 구분해서 지각할 수 없는 상태이다. 유아는 일차적 동일시(primary identification)를 통해서 엄마와 거의 완벽한 하나로서 느끼고 행동한다. 이러한 의존성은 유아의 무조건적 의존을 통한 생존으로 인해서 발생한다. 엄마의 현존과 돌봄은 가장 중요한 변인으로서 유아의 생존을 위한 필수 조건이 된다. 두 번째 단계는 **전이 상태**이다. 유아는 분리를 통해서 엄마와 자신을 구분할 수 있게 된다. 엄마와 자신을 구분하는 단계에 들어선 유아는 분리에 대한 두려움과 불안이 많아지게 된다. 이러한 두려움과 불안은 의존 단계에서 엄마로부터 받았던 사랑과 돌봄에 의해서 극복된다. 자신에 대한 신뢰와 가치를 내면화한 유아는 자신이 엄마로부터 분리되고 떨어져 나가는 사실을 견딜 수 있게 된다. 의존단계에서 가졌던 대상에 대한 완전한 느낌 그리고 이로 인해서 발생하는 여러 가지 충동이나 생각이 포기되는 단계가 곧 이 단계이다. 자신을 돌보는 대상이 완벽하지 않다는 사실을 받아들이는 일은 쉽지 않지만 전이단계에서는 이러한 사실을 받아들이고 이상적 의미에서 내적 대상을 포기하는 일이 가장 중요한 발달의 과정이다. 세 번째 단계는 성숙의 과정으로서 유아는 **성숙한 의존**을 할 수 있게 된다. 유아는 자신을 돌보는 대상이 완벽하지 않다는 사실을 받아들임으로써 더욱 풍부하고 여러 가지 방법으로 대상과 관련을 맺을 수 있다는 사실을 발견하게 된다. 대상에 대한 여러 가지 다른 측면은 유아의 자아 구조를 풍성하고 안전하게 발전시키게 한다. 안정되고 풍성한 자아를 가진 유아는 다양한 방법으로 대상과 관련을 맺으면서 경험을 다양화해 나간다. 성숙한 의존이라는 의미는 서로 독립되고 확립된 자아의 구조를 가지고 있으면서 관련을 맺는 관계를 말한다. 유아는 성숙한 의존의 단계에서 한 개인으로서 독립된 자아의 구조를 확립하고 이를 통해서 다른 대상과 여러 가지 다양한 방식으로 관련을 맺을 수 있게 된다. 또한 자신이 원하는 방식과 시간을 선택해서 대상과 관련을 맺을 수 있게 된다. 이러한 의존과 독립의 과정은 나머지 인생을 통해서 계속 반복되고 되풀이된다. 그러나 시간이 지남에 따라서 관계는 더욱 풍성한 방식으로 만들어져 간다.

6) 통합을 통한 대상관계

(1) 형상으로서 자신

컨버그는 자신(self)이 형상으로 이루어져 있다고 본다. 자신의 형상들은 유아의 초기 경험들을 통해서 이루어진다. 대상과의 관계에서 이루어지는 초기 경험들은 세 가지 요인으로 구성되어 있다. 세 가지 요인은 자신 속에서 체계를 형성하고 있는데 이를 **내면화체계**(internalization system)라고 부른다. 세 가지 요인은 대상에 대한 형상들과 자신에 대한 형상들 그리고 자신과 대상 사이에 생기는 정서들이다. 대상에 대한 형상들은 자신을 돌보는 사람이 무엇을 어떤 방식으로 하는가에 따라서 달라진다. 따뜻한 방식으로 돌보는 사람에 대해서는 따뜻한 형상을 내면화하고, 거부하고 차가운 방식으로 돌보는 사람에 대해서는 차갑고 거부하는 형상을 내면화하게 된다. 유아의 대상에 대한 형상은 초기에 유아가 어떤 방식으로 돌봄을 받았는가에 따라서 내면화하는 형상들이 달라지게 된다. 자신에 대한 형상들은 자신의 신체에 대한 형상들과 만족을 하는가 또는 만족을 하지 못하는가 하는 등에서 발생하는 여러 가지 행동을 통해서 발생하는 형상들을 내면화하게 된다. 두 형상들 간에 상호작용을 하게 된다. 이러한 상호작용을 통해서 유아는 정서적으로 여러 가지 종류의 감정과 느낌을 가지게 된다. 예를 들면, 충동을 가진 자신에 대한 형상들과 엄마의 따뜻한 돌봄에 대한 형상들은 서로 상호작용을 함으로써 유아에게 만족한 느낌을 만들어 낸다. 충동과 따뜻함 그리고 만족이라는 세 가지 요인은 유아의 자신을 구성하고 있다.

(2) 내면화의 종류

자신은 세 가지 종류의 내면화 과정, 즉 내사, 동일시, 통합을 통해서 형성된다(Greenberg & Mitchell, 1983, p. 331). 내사(introjection)는 자신에 대해서 그리고 대상에 대해서 여러 가지 조각난 경험에 대한 형상들을 자신 속에 담아 놓는 과정을 말한다. 자신 속에 담겨진 형상들은 서로 간의 관련성이나 연결이 제대로 이루어지지 않은 상태에서 존재하게 된다. 자신 속에 담겨져 있다는 말은 여러 가지 형상이 자신의 어딘가에 사진으로 찍혀지듯이 찍힌 상태로 존재한다는 의미이다. 마치 동굴 벽화의 그림이 여기저기에 그려져 있으면서 서로 연관성이나 일관성이 별로 없는 상태로 남아 있는 것과 같다. 자신과 대상의 상호작용에서 일어나는 정서들도 따로따로 기억되고 존재하게 된다. 내사는 가장 초보 수준의 내면화 과정이다. 동일시(indentification)는 유아들이 자신의 역할과 대상의 역할이 구분되는 시기에 일어난다. 대상이 하고 있는 역할이 유아에게 좋은 역할로 인식되면서 긍정 정서를 만들어 낼 때 동일시는 일어난다. 자신이 대상과의 관계에서 하고 있는 역할이나 대상이 자신에게 보여 주는 역할들 사이에 좋은 정서를 만들어 내는 과정에서 동일시는 일어난다. 역할을 내면화하여 그 역할을 자신의 역할로 간주하는 현상이 동일시이다. 통합(integration)은 자신 속에 간직된 여러 가지 형상이나 역할 그리고 이로 인해서 발생하는 정서를 연관성을 가지고 연결하는 과정이다. 이러한 형상들이 의미가 있는 방식으로 조직되고 연결된다. 일정한 원칙과 원리를 가지고 형상들은 조직화되며 자신 속에서 안정된 상태를 만들어 간다.

(3) 통합에 의한 자신의 형성

자신의 통합은 인간에게 존재하는 근본 힘 또는 본능(drive)에 의해서 이루어진다. 인간은 태어날 때부터 통합을 할 수 있는 능력을 가지고 태어난다. 통합하려는 본능은 유아가 경험하는 초기 형상들을 자아 속에서 의미가 있는 방식으로 원리에 따라서 조직하게 된다. 본능의 힘이 없이는 유아는 자신이 경험하는 형상들을 의미 있게 조직하지 못한다. 본능은 단지 유아에게 살아갈 수 있는 충동과 동기를 부여하지 않는다. 동기나 충동 수준에서 본능은 본능이 할 수 있는 범위와 영역을 제한하게 된다. 본능은 유아가 성장하면서 자신이 하는 경험들을 유아의 내면에서 일관성 있게 조직하는 역할을 한다. 조직을 만들어 내는 통합력은 인간이 태어날 때부터 주어진 특성이다.

(4) 발달단계

인간의 발달 속에서 일어나는 통합은 좋은 형상들과 나쁜 형상들이 하나의 원리에 의해서 해석되고 받아들여지는 과정이다. 통합의 과정은 다섯 단계를 통해서 이루어진다. 통합의 과정이 곧 자신의 발달과정이고 이러한 발달은 자신을 돌보는 대상과의 상호작용을 통해서 일어난다. 첫 번째 단계는 **미분화 상태**로서 유아가 가지고 있는 본능의 욕구에 따라서 움직인다. 예를 들면, 배가 고프면 울고 만족하면 아무런 반응을 보이지 않는다. 이러한 배고픔과 만족이 자신 속에서 분화를 이루고 쾌와 불쾌의 형상들로 구분되지 못한다. 엄마의 화난 얼굴이나 찡그린 얼굴 또는 웃는 얼굴이나 즐거운 얼굴을 구분하지 못한다. 유아는 아직 외부의 자극이 즐거움과 좋음의 대상인지 또는 고통과 괴로움의 대상인지 알지 못한다. 자극이 자신에 의해서 만들어지는지 또는 타인에 의해서 만들어지는지 구분하지 못한다. 자신에 의해서 만들어지는 형상들과 타인에 의해서 만들어지는 형상들을 구분하지 못한다. 유아는 오직 자신의 본능 욕구에 따라서 반응하고 움직이는 단계에서 살고 있다.

두 번째 단계에서 즐거운 경험에 의해서 형성되는 형상들과 불쾌한 경험에 의해

좋음(good)	나쁨(bad)
자신-타인	자신-타인

그림 7-3　일차분화

서 만들어지는 형상들이 자신 속에서 구분된다. 자신은 최초로 분화를 가지게 되는 일차분화의 단계이다. 유아는 엄마의 짜증난 얼굴이나 화난 얼굴에 대해서 반응을 보인다. 엄마가 화난 얼굴을 하면 유아도 괴로운 표정을 짓는다. 엄마가 웃는 얼굴을 하면 유아도 웃는다. 외부의 자극이 쾌의 자극인지 또는 불쾌의 자극인지 구분하게 된다. 유아는 이러한 자극들에 대해서 일정한 반응을 보인다. 그러나 아직 유아는 이러한 자극들의 근원을 알지 못한다. 자극들이 자신에게로부터 오는지 또는 대상으로부터 오는지 구분하지 못한다. 자신의 구조 속에 있는 형상들은 근원에 대해서 서로 구분되지 않은 채로 내사를 통해서 내면화된다.

만일 이 단계에 어른들이 고착되어 있으면 조현병이나 자폐증이 생기게 된다. 조현병은 현실감각이 생기지 못하고 환각 현상을 경험하는 증상을 말한다. 어른들은 분화되지 못한 상태에서 현실감각을 잃어버리고 일상생활을 하지 못한다. 자폐증은 유아가 현실을 경험하지 못하는 현상을 말한다. 유아는 미분화의 상태에서 경험을 거부하거나 외부의 세계와 단절된 상태로 삶을 살아가게 된다.

세 번째 단계는 타인과 자신을 구분할 수 있는 이차분화의 단계이다. 유아는 자신이 경험하고 있는 자극들의 원천을 구분할 수 있게 된다. 자신으로부터 오는 경험인지 아니면 타인으로부터 오는 경험인지를 구분할 수 있게 된다. 따라서 유아는 자신과 타인을 구분할 수 있게 된다. 자신과 타인을 구분할 수는 있지만 자신과 타인 속에 좋고 나쁨이 동시에 들어 있음을 아직은 구분하지 못하는 단계이다. 유아는 자신을 완전히 좋거나 나쁜 사람으로 구분을 하는데 이는 타인에 대해서도 마찬가지이다. 아직은 이것 아니면 저것의 단계이다. 자신의 구조 속에 자신에 의해서 만들어지는 형상들과 타인에 의해서 만들어지는 형상들이 구분된다. 형상들이 구분되기는 하지만 한 형상들 속에 좋은 모습과 나쁜 모습이 동시에 들어 있다는 구분을 하지 못한다. 한 대상이 좋으면 완전히 좋은 대상으로 내면화하고 다른 대상은 완전히 나쁜 대상으로 내면화한다.

좋음(good)	나쁨(bad)
자신	자신
타인	타인

그림 7-4   이차분화

즉, 자신과 타인을 완전히 좋은 사람이거나 완전히 나쁜 사람으로 구분하는 단계를 말한다. 만일 어른들이 이 단계에 고착되면 경계선 성격장애나 자기도취적 성격장애를 보인다. 분열의 현상을 사용하여 좋은 자신과 나쁜 자신을 구분한다. 발달상에 분리의 현상은 필요하지만 어른들에게는 바람직하지 않다. 분열을 통해서 자신의 일부를 부정한다. 예를 들면, 아동이 어른에 의해서 학대를 받으면 아동은 자신은 모두 나쁜 점만 있다고 생각하고 어른들은 다 좋은 점만 있다고 생각한다. 또한 다른 사람들이 자신을 지지해 주면 자신은 모두 좋은 점만 있다는 생각을 하게 되고 그 결과 다른 아동들을 무시하는 태도를 보일 수 있다. 이런 방식으로 내면화가 일어나면 나중에 이 아동은 어른이 되어서도 좋은 사람과 나쁜 사람으로 구분을 하게 된다. 분열의 현상이 일어나면 성격은 대단히 불안정한 상태가 된다. 자주 분노가 생기거나 비하감이 생긴다. 다른 사람들에 대해서 신뢰의 마음을 갖기 어렵고 관계를 하는 데 어려움을 경험한다.

네 번째 단계는 자신과 타인 속에서 좋고 나쁨 모두를 발견하는 삼차분화 단계이다. 자신 속에 좋은 점과 나쁜 점이 공존하며 이러한 좋은 점과 나쁜 점을 동시에 자신이 수용할 수 있는 단계이다. 마찬가지로 타인들도 역시 좋은 점과 나쁜 점이 동시에 존재한다는 사실을 자아가 수용할 수 있는 단계를 의미한다. 자신은 자신 속에 존재하는 대상들과 자신에 대한 형상들을 일관성을 가지고 통합할 수 있게 된다. 자신과 대상 속에 좋은 모습과 나쁜 모습이 모두 동시에 존재한다는 사실을 인식한다. 이러한 모습을 인식할 뿐만 아니라 두 가지 측면의 모습들을 동시에 수용하고 받아

자신(self)	타인(other)
좋음	좋음
나쁨	나쁨

그림 7-5   삼차분화

들인다. 자신과 타인의 관계는 다측면을 통해서 관계가 이루어지며 이로 인해서 여러 가지 많은 정서가 일어날 수 있다는 사실을 경험한다. 자신과 타인의 형상들과 이로 인해서 발생하는 정서들을 일관성 있게 통합할 수 있게 된다.

이 단계에서는 말러의 대상항상성(object constancy)이라는 개념이 유아의 내면 세계에 형성된다. 유아의 성격은 꽤 안정적으로 나타나며 이러한 성격의 안정은 위니컷의 충분히 좋은 엄마 노릇(good enough mothering)의 결과로 인해서 나타난다. 대상항상성으로 인해서 유아는 자신을 돌보는 대상이 눈에 보이지 않는다 하더라도 자신이 지속적으로 보살핌을 받고 있다고 느낀다. 대상항상성은 자신을 돌보는 사람을 내면화한 결과로서 생기게 된다.

다섯 번째 단계는 수정 보완의 단계이다. 현재의 관계에 적응할 수 있도록 하기 위하여 내적 구조의 변화가 필요하다. 현실에서 경험되는 여러 가지 측면은 유아의 단순한 구조에 의해서 수용되기 어렵다. 따라서 유아는 복잡한 현실 속에 있는 다측면의 대상과 대상들의 다면성을 자아로 대응할 수 있어야 한다. 현실과의 관련을 원활히 하기 위해서 유아는 자신의 구조를 여러 가지 방식으로 수정하고 보완하는 작업을 하게 된다. 여러 가지 영역 속에서 자신과 타인에 대해서 적절한 방식으로 좋은 점과 나쁜 점들을 통합해 나간다. 각각의 영역들 속에서 발생하는 정서들과 다측면들을 복잡한 방식으로 만들어 가고 일관성을 유지하면서 통합을 이루려고 한다.

〈표 7-1〉 여러 발달단계의 비교

분류 ＼ 기간(개월)	0~6	6~12	12~24	24~36	36+
프로이트	구강기			항문기	생식기
에릭슨	신뢰 대 불신			자율성 대 수치심과 의심	주도성 대 죄의식
클라인	편집	우울			
말러	자폐 / 공생애	초기연습	후기연습	대상항상성	
	분화	분리와 개별화			
컨버그	미분화	일차분화	이차분화	삼차분화	수정과 보완
병리장애	정신이상 (조현병, 자폐증 등)		성격장애 (자기도취, 경계선 등)	신경증 (우울증, 히스테리아, 심신증 등)	

인간은 통합에 의한 본능으로 인해서 이러한 작업을 계속해 나갈 수 있으며 성공적으로 통합이 이루어지면 성격은 더욱 안정된다.

이 시점에서 아동의 발달단계에 대한 여러 학자의 생각을 비교, 검토할 필요가 생긴다. 앞에서 논의된 여러 학자의 발달단계에 대한 생각을 〈표 7-1〉과 같이 제시하였다.

4. 역기능의 가족관계

1) 잘못된 부모 노릇

부모가 아이를 돌보는 질은 아이의 성격 형성에 막대한 영향을 미친다. 부모의 돌봄이 어떤 방식으로 이루어지는가에 따라서 아이에게 심각한 장애들이 나타난다. 심각한 장애를 가진 아이들은 다른 사람들과 관계를 하는 데 있어서 많은 어려움을 경험하게 된다. 특히 결혼을 해서 가족을 형성하는 경우 서로 간의 관계에 막대한 지장을 초래한다. 아이를 낳을 경우에 아이와 더불어 삼각관계를 형성하게 된다. 형성된 삼각관계는 부모들이 가지고 있는 여러 가지 역기능의 측면들을 아이들로 하여금 전달받도록 하는 역할을 한다. 부모들이 가지고 있는 역기능의 관계는 다음 세대에게 전달된다. 부모가 아이를 돌보는 데 있어서 잘못된 방식은 두 가지로 생각할 수 있다. 하나는 부모가 아이를 완벽하게 돌보려는 데서 발생한다. 다른 하나는 부모가 아이를 돌보지 않는 데서 발생한다.

완벽한 부모 노릇은 아이의 모든 욕구를 완벽하게 충족하려는 부모의 행동이다. 부모는 아이로 하여금 조금의 좌절이나 결핍이 없도록 행동한다. 아이의 모든 욕구를 충족하려는 행동은 부모 자신에게 좌절을 경험하도록 만든다. 아이의 모든 욕구를 부모가 완벽하게 충족시킬 수 없게 된다. 부모 자신이 좌절되고 힘들어지면 부모는 점차로 아이의 욕구를 충족하려는 데 어려움을 경험하게 된다. 오히려 시간이 지나면 부모는 자신이 아이를 제대로 돌볼 수 없는 상태에 빠지게 된다. 다른 하나의 방향은 부모가 아이의 욕구를 잘못 판단하는 경우이다. 만일 부모가 아이의 욕구를 지나치게 만족시키려다가 제대로 파악이 되지 않는 경우에 아이의 욕구를 충족하기보다는 부모가 원하는 욕구를 아이를 통해서 충족하려고 한다. 부모는 자신이 가지고 있는 완벽에 대한 욕구로 인해서 아이의 욕구를 현실적으로 적당하게 파악하지 못하는 일이 벌어진다. 예를 들면, 아이는 먹고 싶지 않은데 부모는 아이가 먹고 싶은 상태로 판단하여 아이에게 먹도록 강요하는 일이 벌어진다. 아이가 음식에 대해서 거부하는 태도를 제대로 수용하지 못하고 오히려 공감하지 못하는 부모의 행동을 하게 된다.

또 다른 부모의 행동은 아이의 욕구를 충족하는 일을 거부하거나 반응하지 않는 경우이다. 부모 자신이 가지고 있는 문제나 주제로 인해서 아이를 제대로 돌보지 못하는 경우이다. 지나치게 바쁜 부모들은 아이의 욕구에 대해서 제대로 반응하지 못하게 된다. 엄마와 아빠 모두가 지나치게 바쁜 경우에는 아이의 욕구를 제대로 충족하는 부모의 행동을 제대로 하지 못한다. 부모들 중 한 사람 또는 두 사람 모두가 정신적으로 안정을 갖지 못한 경우에도 부모는 아이의 욕구에 제대로 반응하지 못하게 된다. 예를 들면, 부모가 우울한 경우에는 아이의 욕구에 반응하기 위해서 많은 에너지를 내야만 한다. 부모는 적절하게 반응하지 못하는 경우가 자주 발생하게 된다. 부부간의 갈등이 심한 경우에도 부모는 아이의 욕구에 제대로 반응하지 못하게 된다. 부부간의 갈등이 심한 경우에 부모는 아이를 자신의 갈등을 해결하는 대상으로 삼거나 아이에게 오히려 정서적으로 의존하는 경향이 생기게 된다. 이 경우 부모는 자신의 욕구를 충족하기 위해서 아이의 욕구를 무시하거나 제대로 지각하지 못하는 사태가 발생한다. 부모의 욕구를 아이에게 전가함으로써 아이는 자신의 욕구가 좌절되는 상태를 견디도록 강요받는다. 즉, 아이는 좌절된 상태로 살아가게 되며 자신의 욕구에 민감하기보다는 부모의 욕구에 민감하게 된다.

2) 가짜 자신의 형성

유아는 태어나서 아직 자신의 자아를 형성하지 못하였기 때문에 엄마에게 의존하게 된다. 엄마와 전적으로 의존한 상태를 **공생애관계**(symbiotic relationship)라고 부른다. 공생애관계는 유아에게 완전한 만족감과 엄마와 하나 되는 느낌을 통해서 유아에게 전능환상을 갖도록 한다. **전능환상**(omnipotence fantasy)이란 기능 측면에서 유아가 엄마와의 관계를 완벽하게 통제하고 있으며 존재 측면에서 자신이 이 세상에서 제일 귀하고 중요한 존재라고 생각하는 것이다. 기능 측면에서 전능환상은 유아가 엄마와의 관계를 완벽하게 유지하면서 자신이 필요한 것들을 언제나 얻을 수 있다고 믿는 상태를 말한다. 존재 측면에서 전능환상은 유아가 자신에게 항상 모든 것을 완벽하게 충족시켜 주는 엄마와 하나 됨으로써 마치 자신이 그렇게 대단하고 모든 것을 할 수 있는 존재라고 믿는 상태를 말한다. 전능환상은 유아가 자신이 엄마에게 전적으로 의존할 수밖에 없는 상태에서 발생한다. 유아는 아직 자신의 개별성과 독특성을 가지지 못한 상태에서 생존을 위한 전능환상을 갖는다.

개별화의 과정은 유아에게 불안과 두려움을 가지게 한다. 공생애를 가지고 있던 유아는 점차 엄마로부터 분리와 개별화의 과정을 갖는다. 엄마로부터 분리와 개별화를 할 때 유아는 자신이 가지고 있던 전능의 환상이 깨지게 된다. 분리와 개별화를 통해서 유아는 자신과 엄마가 다른 존재임을 인식하게 된다. 다른 존재에 대한 인식은 곧 자신의 욕구가 자신이 생각하고 있던 것처럼 완벽하게 충족되지 않는 사실을 알게 된다. 유아는 점차로 자신의 욕구가 충족되지 않음을 인식하면서 욕구 충족의 대상인 엄마에 대해서 양가감정을 가지게 된다. 만족을 주고 즐거움을 제공하는 대상인 엄마를 사랑하는 마음이 생기고, 만족을 제공하지 않고 욕구 충족을 거부하는 엄마에 대해서 미워하는 마음이 생긴다. 분리와 개별화의 과정이 더 많이 진행될수록 유아는 점점 더 엄마로부터 욕구 충족을 하기 힘들고 어렵다는 사실을 인식하게 된다. 유아가 자신의 욕구를 충족하지 못하는 것은 생존과 관련이 있다. 욕구 충족을 하지 못할수록 유아는 생존에 대한 위협을 느끼게 된다. 생존에 대해 위협을 느끼는 유아는 두려움과 불안이 생기게 된다.

'충분히 좋은 엄마 노릇'은 유아로 하여금 진짜 자신(real self)을 형성하도록 돕는다. 유아가 분리와 개별화의 과정을 통해서 느끼는 불안과 두려움을 최소화하기 위해서 부모는 '충분히 좋은 부모 노릇'을 제공해야 한다. 충분히 좋은 엄마 노릇은 유아에게 두 가지 방향에서 두려움과 불안을 낮추어 준다. 하나는 유아가 자신과 세상을 탐색할 수 있도록 충분한 거리를 유지하는 것이다. 분리와 개별화의 과정은 유아로 하여금 자신의 내면에서부터 자연스럽게 발생하는 욕구에 기인한다. 세상을 탐험하고 이를 알아 가려는 욕구로 인해서 유아는 엄마로부터 공생애의 관계를 깨뜨리게 된다. 유아로 하여금 자연스럽게 세상을 탐험하도록 함으로써 유아는 자신의 욕구에 충실하게 된다. 자신의 내면의 욕구에 충실하게 반응하며 자신의 욕구를 충족함으로써 자신을 존중하고 받아들이게 된다. 다른 하나는 유아가 분리와 개별화의 과정을 통해서 느끼는 두려움과 불안으로 인해서 다시 엄마에게로 돌아오고자 하는 행동을 보이는 것이다. 이러한 행동을 보일 때 엄마는 충분히 수용하는 자세를 가지고 유아를 받아들여 준다. 엄마에게로 돌아온 유아는 엄마의 따뜻한 돌봄과 보살핌을 통해서 두려움과 불안을 줄일 수 있게 된다. 유아는 '충분히 좋은 엄마 노릇'을 통해서 자신의 욕구에 충실하는 방법을 배우게 된다. 또한 유아는 분리와 개별화를 통해서 발생하는 불안과 두려움을 줄이게 된다. 한편으로 두려움과 불안을 줄이고 다른 한편으로 자신의 욕구에 충실하게 반응하며 세상을 탐험함으로써 유아는 자신의 세계를 만들어 나가고 구축한다. 이러한 과정을 통해서 유아는 진짜 자신을 만들어 간다.

잘못된 부모 노릇은 유아로 하여금 더 큰 불안과 두려움을 갖도록 한다. 유아가 분리와 개별화를 통해서 세상을 탐험하고자 할 때 엄마가 충분히 지지를 하거나 거리를 유지해 주지 않으면 유아의 욕구는 좌절된다. 자신의 내면에서부터 자연스럽게 발생하는 욕구가 좌절되면 유아는 자신의 내면의 소리에 대해서 충실하게 반응할 수 없게 된다. 다른 한편으로 유아가 분리와 개별화의 두려움과 불안으로 인해서 엄마에게 돌아가 의존하려고 하는 경우에 잘못된 부모 노릇을 하는 엄마는 이를 충분히 수용하고 공감하지 못하게 된다. 두려움과 불안을 줄일 수 없는 유아들은 세상을 탐험하려는 자신의 욕구에 충실하게 반응하기보다는 생존을 위해서 엄마의 욕구에 민감하게 반응하게 된다. 한편으로는 좌절을 통해서 엄마에 대한 미움을 가지고 있으면서 두려움과 불안이 증폭되는 유아는 생존하기 위해서, 두려움과 불안을 줄이기 위해서 엄마에게 더욱 매달리는 행동을 하게 된다. 유아의 두려움과 불안은 욕구가 좌절되는 과정을 통해서 깊은 절망을 통해서 증폭된다.

유아의 자아는 자신에 대한 형상들과 부모에 대한 형상들 그리고 자신과 부모의 상호작용에서 나오는 정서들로 구성된다. 자신과 부모의 상호작용을 통해서 생기는 정서는 주로 부정적 감정들이다. 두려움, 불안, 좌절을 통한 절망감, 자신의 욕구를 충족시키지 못하게 하는 대상에 대한 분노와 증오, 자신에 대한 수치감 등 유아는 여러 가지 부정 감정을 가지게 된다. 부모에 대한 형상들은 거부하는 모습, 거절하는 모습, 반응을 하지 않는 모습, 위협을 하는 모습 등 유아는 부정 형상들을 경험하게 된다. 자신에 대한 형상으로는 거부된 모습, 초라한 모습, 두려움과 불안에 떠는 모습 등을 갖는다. 유아는 아주 작은 양의 지지와 공감 그리고 새로운 경험으로 인해서 생기는 약간의 즐거움과 기쁨을 경험한다. 그러나 대부분의 유아의 경험은 부정 감정들과 형상들로 구성된다. 유아의 자아 속에는 약간의 긍정 경험들로 인한 형상들과 감정들과 대부분의 부정 경험으로 인한 형상들과 감정들을 담게 된다.

유아는 내면화의 과정을 통해서 형상들과 감정들을 자아 속에 간직하게 된다. 초보 수준의 내면화는 내사이다. 내사(introjection)는 사진을 찍듯이 여러 가지 경험과 형상을 자아 속에 간직하는 활동이다. 감정들과 형상들은 서로 관련을 갖지 못하고 여기저기에 산발적으로 존재하게 된다. 내사된 형상들과 감정들은 유아가 발달함에 따라 동일시의 과정을 통해서 유아 자신의 생각이나 모습으로 바뀌게 된다. 동일시(identification)란 내사된 감정들과 형상들이 유아의 자아 속에서 일관성 있게 의미가 있는 구조로 바뀌는 과정을 말한다. 엄마와 유아가 분리되고 개별화되는 과정에서 내사된 감정들과 형상들이 자신과 엄마와 어떤 관련이 있는지 알게 된다. 예를 들면, 엄마와 유아는 서로의 역할이 다르다는 사실을 인식하게 된다. 돌보는 사람의 역할을 통해서 발생하는 감정들, 형상들은 의존하는 사람의 역할을 통해서 발생하는 감정들, 형상들과 다르다는 사실을 인식하게 된다. 이러한 인식으로 유아는 감정들과 형상들이 서로 어떤 관련이 있고 의미가 있는가 하는 방식들을 알아 가게 된다. 동일시의 과정을 통과한 유아들은 점차로 여러 가지 형상이 서로 어떤 측면에서 관련이 있고 어떤 측면에서는 관련이 없는가 하는 방식으로 좀 더 세분화되는 과정을 갖는다. 이러한 세분화의 과정은 유아의 자아 속에서 어떤 원칙이나 원리를 가지고 경험들과 자아들을 묶는 방식을 동반하게 된다. 이제 유아는 일정한 원리를 가지고 자신의 형상들과 감정들을 처리하거나 이해하는 틀을 갖는다. 이 과정을 통합의 과정이라고 부른다. 유아의 내면화 과정은 내사, 동일시, 통합이라는 수준을 거치게 된다.

유아의 내면화 과정은 발달의 힘에 의해서 이루어진다. 발달의 힘이란 여러 가지 경험을 가능하도록 만드는 유아가 태어날 때 가지고 있는 본능을 의미한다. 유아의 본능은 대상과 관련을 가지려는 힘을 말한다. 유아는 엄마라는 대상에 일차적으로 관련을 가지고 있다가 점차로 여러 다른 대상과 다방면의 관련을 갖는다. 발달의 힘은 유아를 엄마로부터 떨어져 나가게 하기도 하고 다른 여러 대상을 찾고 관련을 맺게 하기도 한다. 또한 경험을 통해서 가지게 된 형상들을 유아의 자아 속에서 의미가 있고 일관된 모양으로 묶는 역할을 하기도 한다.

　발달의 힘은 부모의 역할에 의해서 커지기도 하고 약해지기도 한다. '충분히 좋은 부모 노릇'은 유아의 발달의 힘을 키우는 역할을 한다. 유아는 부모와의 상호작용을 통해서 지지를 받고 수용되는 경험을 하게 된다. 이러한 경험들은 유아로 하여금 다시금 세상을 향해서 탐험할 수 있는 힘을 갖도록 한다. 발달의 힘이 계속 작용함으로써 유아는 자아 속에서 내면화의 과정을 통해서 통합된 모습을 형성해 나간다. 잘못된 부모 노릇은 유아로 하여금 발달의 힘을 축소시킨다. 발달의 힘이 줄어든 유아는 세상을 제대로 탐험하기도 어렵고 자신의 마음속에서 자아의 통합된 모습을 갖기도 어렵게 된다. 발달의 힘이 축소된 유아는 내면화의 과정에서 내면화와 통합을 위한 노력을 제대로 하지 못하게 된다. 유아의 통합은 부정 감정들과 형상들 그리고 긍정 감정들과 형상들을 의미가 있는 방식으로 엮는 과정을 의미한다.

　잘못된 부모 노릇은 자아의 통합과정에서 분열을 일으키게 한다. 유아는 발달의 힘이 약화되어 새로운 경험을 통한 즐거움과 기쁨을 누리지 못하거나 아주 작은 양의 긍정 경험을 하게 된다. 한편으로 유아는 잘못된 부모 노릇으로 인해서 마음속에 많은 두려움, 불안, 좌절, 절망들을 가지게 되고 자신과 엄마에 대한 부정 형상들을 가지게 된다. 부정 감정들과 형상들은 긍정 감정들과 형상들을 압도하게 되어 유아의 발달을 방해하거나 저해하는 역할을 한다. 발달의 저해나 방해 현상은 유아로 하여금 초보 수준의 분화에 머무르게 한다. 유아는 좋은 형상들과 나쁜 형상들을 구분하는 단계에서 이 두 형상들을 통합하는 단계로 발달이 일어나게 된다. 통합은 처음에는 자신과 타인을 완전히 구분하여 좋은 형상과 나쁜 형상으로 분열하는 단계에서 자신과 타인 모두에게서 좋은 형상과 나쁜 형상을 발견하는 단계로 일어난다. 그러나 발달의 힘이 약화된 유아는 좋은 형상과 나쁜 형상을 자신과 타인으로 구분하여 받아들이는 단계에 머무르게 된다. 따라서 유아는 발달의 초보 단계인 분열의 수준에 머무르며 더 이상 발전하지 못한다.

　분열된 자아 구조를 가지고 있는 유아는 투사(projection)를 통해서 자신의 자아 구조를 유지하고자 한다. 유아는 동일시의 과정을 거치면서 거부하는 부모 또는 통제하는 부모의 모습을 내면화한다. 공생애단계에서 가지고 있던 전능의 환상은 유아로 하여금 거부하는 부모 또는 통제하는 부모의 모습을 자신의 모습으로 동일시하도록 한다. 유아의 완벽한 욕구 충족은 이제 거부하고 통제하는 모습을 통해서 이루어지게 된다. 거부하고 통제하는 형상은 자신과 다른 대상들의 부정 측면의 감정들과 형상들을 거부하고 받아들이지 않게 한다. 그러나 잘못된 부모 노릇에 의해서 발생한 감정들과 부정 형상들이 이미 유아의 자아 속에 존재한다. 유아의 자아 속에 있는 부정 형상들과 감정들은 유아가 분열된 자아 구조를 가지고 있으므로 자신의 일부분으로 받아들일 수 없게 된다. 그래서 유아는 자신이 가지고 있는 부정 감정과 부정 형상들을 다른 사람에게 투사하게 된다. 투사는 자신의 일부분을 따로 떼어서 이를 다른 대상에게 쏘는(shooting) 현상을 말한다. 영사기를 통해서 영상을 쏘아 화면에 그림들과 자막들이 나오도록 하는 현상이 투사이다. 다른 대상에게 자신의 부정 감정과 형상들을 투사하고 나면 유아는 자신은 좋은 사람이며 능력이 있는 사람이라고 믿을 수 있게 된다. 유아는 자신은 좋은 사람이고 다른 사람은 나쁜 사람이라는 분열된 상태로 자신의 자아를 유지하고자 한다. 유아의 자아는 다른 사람들을 거부하고 통제하는 형상들과 그러한 형상들이 좋은 형상들이라고 믿는 믿음으로 채워지게 된다. 분열된 자아의 구조에 의해서 유아는 자기도취 자신을 가지게 된다. 자기도취 자신은 통제하고 거부하는 부모의 형상을 대단한 존재로 여기는 생각과 이러한 부모의 형상을 자신과 동일시하는 현상의 결합으로 인해서 발생한다.

유아의 분열된 자아 구조는 내사를 통해서 유지된다. 유아는 투사를 통해서 자신이 가지고 있는 부정 감정들과 형상들을 다른 대상에게 보낸다. 한편으로 유아는 내사를 통해서 다른 사람들이나 대상들이 가지고 있는 좋은 점들을 자신의 자아 속으로 가지고 온다. 이러한 좋은 형상들이나 감정들을 마치 자신이 가지고 있는 형상들이나 감정들로 생각한다. 전능의 환상은 내사의 과정에 의해서 더욱 강화된다. 자신이 모든 것을 통제할 수 있고 해결할 수 있다고 생각하는 전능의 환상은 내사를 통해서 자신이 좋은 형상들과 감정들을 가지고 있다고 믿는 자아에 의해서 더욱 강화된다. 투사를 통해서 부정 형상들과 감정들이 다른 사람들에게 전가되고 내사에 의해서 다른 사람들의 좋은 형상들과 감정들이 자신에게 투여되는 과정을 통해서 전능의 환상은 더욱 강해진다.

분열된 유아의 자아 구조는 투사동일시(projective identification)와 내사동일시(introjective identification)의 과정을 통해서 다른 사람들과의 관계 속에서 유지된다. 투사와 내사가 유아가 자신의 마음속에서 만들어 내는 개인의 심리과정이라고 한다면, 투사동일시와 내사동일시는 다른 사람들과 직접 관계하는 방식에 관한 개념이다. 내사동일시는 다른 사람들이 가지고 있는 특성들을 자신의 특성이라고 믿을 뿐만 아니라 자신이 그러한 특성을 가지고 있는 사람처럼 행동하는 과정을 말한다. 투사동일시는 자신이 가지고 있는 특성들을 다른 사람들이 가지고 있다고 믿고 다른 사람들을 그렇게 행동하도록 만드는 과정이다. 투사동일시와 내사동일시 모두가 대인관계에서 발생하는 여러 가지 특성을 통해서 자신과 타인을 보고 또한 그렇게 행동하는 과정이다. 분열된 자아 구조를 가지고 있는 유아는 내사동일시 과정을 통해서 다른 사람들이 가지고 있는 좋은 점들을 자신이 가지고 있다고 믿으면서 동시에 그렇게 행동한다. 다른 한편으로 투사동일시를 통해서 자신이 가지고 있는 부정 측면들을 다른 사람들에게 투사하고 그 사람이 그렇게 행동하도록 만든다. 예를 들면, 화가 난 유아는 자신이 화난 사람이라는 측면을 수용하지 못한다. 화난 감정을 엄마에게 투사하고 엄마를 화나게 만든다. 계속 떼를 쓰든지 음식을 거부하여 엄마를 화나게 만들고, 엄마가 화가 나면 유아는 이제 음식을 먹거나 떼를 쓰지 않게 된다.

　분열된 자아 구조를 통해서 유아는 **가짜 자신**(fales self)을 갖는다. 가짜 자신을 가진 유아는 두 가지 양상을 보인다. 유아는 자아가 팽창되어서 나타나는 자신과 자아가 위축되어서 나타나는 자신의 두 가지 모습을 갖는다. 팽창되어서 나타나는 자신을 **자기도취 자신**(narcissistic self)이라고 부른다. 자기도취 자신으로 나타나는 유아는 자아 속에 팽창된 자신(inflated self)을 가지고 있다. 팽창된 자신을 가지고 있는 유아들은 마치 자신이 모든 것을 할 수 있다는 믿음을 가지고 있다. 자신이 대단한 존재이며 자신이 몹시 중요한 사람이라고 생각한다. 팽창된 자신을 가진 유아는 실제로는 자아 속에 절망과 좌절 그리고 두려움과 불안, 깊은 수치감 또는 죄책감들을 가지고 있다. 이러한 감정들과 자신에 대해서 가지고 있는 형편없는 형상들을 직면하지 않기 위해서 전능의 환상으로 회피하게 된다. 위축된 자신(deflated self)를 가진 유아는 자신이 형편없고 초라하다고 생각한다. 자신을 비난하고 자신이 하는 일에 대해서 확신을 갖지 못한다. 불안과 의심, 좌절과 분노, 두려움을 많이 가지고 있다. 가짜 자신을 가진 유아는 현실을 왜곡되게 지각하며 왜곡된 지각을 마치 진짜 현실로 믿는다. 자신과 다른 믿음을 가지고 있거나 다른 방식으로 생각하면 이를 견디지 못한다. 다른 사람들이 자신의 약점이나 부족한 점을 지적하거나 말하게 되면 엄청난 분노를 터뜨리게 된다. 이러한 분노는 이미 엄마와의 관계에서 전능의 환상이 깨지면서 발생한 감정이다. 상대방을 통제하려고 하고 거부하는 태도를 보임으로써 자신의 환상을 유지하려고 한다. 한편으로는 상대방에게 지나치게 의존하려는 성향과 태도를 보인다. 마치 자신은 아무것도 스스로 할 수 없는 사람으로 자신을 상대방에게 보이며 상대방이 자신을 받아 주거나 이해해 주지 않으면 엄청난 분노를 터뜨린다. 상대방에게 의존할 경우에는 엄청난 요구를 하거나 불가능한 일을 기대하게 된다. 가짜 자신을 가지고 있는 사람들은 현실 검증을 할 수 있는 능력이 현저히 떨어지거나 실제로 다른 사람들과 제대로 관계하지 못하게 된다.

3) 역기능의 성격장애

(1) 조현성 성격장애

유아는 생존하기 위해서 분리와 개별화의 과정에서 발생하는 엄청난 양의 거절에 대한 두려움을 다루는 방법으로 다른 대상들과의 관계를 끊는 행동을 하게 된다. 공생애의 관계에서 유아는 자신이 생존하기 위해서 엄마와 완전한 관계를 유지하려고 한다. 완전한 관계를 가지기 원하기 때문에 유아는 마음속에 많은 불안과 두려움을 가지게 된다. 두려움과 불안을 가지고 있는 유아가 거부하고 거절하는 엄마의 태도를 접하게 되면서 두려움과 불안은 엄청나게 증폭된다. 거절하고 거부하는 엄마의 태도는 유아에게는 생존과 직접 관련된다. 거부하는 태도는 유아로 하여금 마음속에 있는 발달하고자 하는 힘을 좌절시키고 유아는 깊은 절망을 맛보게 된다. 절망으로 인한 분노와 생존에 대한 두려움은 힘이 없는 유아에게 더 이상 대상을 찾거나 세상을 탐색할 수 있는 힘을 잃게 만든다. 자신이 생존하기 위해서 할 수 있는 방법은 여러 가지 대상으로부터 자신을 격리시키는 행동이다.

에릭슨의 발달단계에 의하면 초기 발달단계에서 유아는 불신을 형성하게 된다. 세상에 태어난 신생이는 최초의 발달단계에서 대상과의 관계에서 신뢰를 형성하는 일이 가장 중요한 목표가 된다. 자신을 돌보는 엄마의 돌봄과 보살핌이 어떤 방식으로 제공되는가에 따라서 신생아는 대상에 대해서 또는 세상에 대해서 신뢰를 형성하게 된다. 얼마나 먹을 것들을 제때에 그리고 손쉽게 주는가, 변을 가리는 일에 있어서 얼마나 편안하게 해 주는가 그리고 잠을 얼마나 손쉽게 자며 또 편안하게 자는가 하는 점들은 모두 신생아를 돌보는 엄마의 손에 달려 있게 된다. 엄마의 주의 깊은 돌봄으로 인해서 신생아가 자신의 욕구를 제대로 충족할 수 있다면 신생아의 마음속에 신뢰가 형성된다. 그러나 엄마가 제대로 돌보지 못하면 신생아는 불신을 발달시킨다.

컨버그의 발달단계에서 유아가 쾌락과 불쾌감을 구분하는 단계에서 더 발달하지 못하면 자폐 증상을 보이면서 외부와 관계를 단절하게 된다. 분리에 대한 불안과 두려움은 유아에게 커다란 불쾌감이다. 게다가 거부하거나 거절하는 엄마의 태도는 유아에게 두려움과 불안을 증폭시킨다. 이러한 거절에 대한 엄청난 두려움과 불안은 유아로 하여금 다시는 경험하지 않았으면 하는 강한 환상을 갖도록 한다. 유아는 더 이상 발달하지 못하면 다른 여러 대상과의 관계를 단절하게 된다. 여러 다른 대상이 관계를 하고자 하여도 유아는 반응을 보이지 않는다. 반응을 보이지 않을 뿐만 아니라 어떤 일정한 부분에서는 엄청난 양의 분노와 불쾌감을 표현하기도 한다.

조현성 성격장애(schizoid personality disorder)를 가진 사람들은 다른 사람들과 관계를 단절하는 방식으로 대인관계를 하게 된다. DSM-5(2013)에 의하면 조현성 성격장애의 진단 기준은 다음과 같다(pp. 652-653). 어른이 되는 초기에 여러 가지 다른 상황에서 제한된 범위의 감정을 경험하거나 표현하면서 다른 여러 가지 사회관계에 대해서는 무관심을 보이는 행동이 아주 많을 때 조현성 성격장애라고 부른다. 다음 항목들 중에서 네 가지 이상이 해당되면 조현성 성격장애라고 부른다. ① 가족관계를 포함하여 가까운 관계를 즐기거나 원하는 마음이 없다. ② 거의 항상 혼자만의 행동들을 선택한다. ③ 다른 사람과 성관계 경험을 하는 데 관심이 적다. ④ 아주 소수의 활동에서만 즐거움을 얻는다. ⑤ 아주 가까운 가족들을 제외하고 친구나 믿을 수 있는 사람들이 없다. ⑥ 다른 사람들의 비판이나 칭찬에 대해서 무관심하다. ⑦ 무표정이나 차가운 느낌과 같은 감정들을 표현한다. 그러나 아주 가끔씩 웃거나 고개를 끄덕이는 행동을 하고 다른 사람들과 관계가 있는 행동들을 보인다.

(2) 자기애성 성격장애

공생애의 단계에서 분리와 독립을 하는 과정에서 자기애성 성격장애가 발생한다. 분리와 독립을 하는 과정에서 유아는 불안과 두려움을 경험한다. 두려움과 불안은 자신이 이전 단계에서 가지고 있었던 전능의 환상이 깨지는 데서 오기도 하고 세상에서 무엇을 경험할지 알 수 없는 상태에서 오기도 한다. 두려움과 불안을 느끼는 유아는 다시 엄마에게 의존하는 방식으로 되돌아간다. 엄마는 공감과 지지 그리고 수용하는 태도를 보여 줌으로써 유아의 두려움과 불안을 줄일 수 있게 된다. 엄마가 유아를 거부하고 자신의 욕구대로 통제하려는 태도를 보이게 되면 유아의 두려움과 불안은 줄어들지 않는다. 엄마의 거부하는 태도는 유아의 발달의 힘을 꺾는 역할을 한다. 유아는 엄청난 두려움과 불안을 경험하면서 이러한 감정들에 의해서 압도당하게 된다. 이전 단계에 있던 전능의 환상을 통해서 유아는 자신의 부족함을 직면하지 않고 오히려 거부하고 통제하는 엄마의 모습을 내사함으로써 자신이 대단한 존재라고 믿는다. 내사동일시는 이러한 유아의 믿음을 강화시켜 준다. 유아는 자신이 대단하고 엄청난 존재라고 믿는 상태로 살게 된다.

자율성을 가지려는 유아는 이제 한 사람의 인간으로 태어나려고 한다. 자신의 세계를 구축하며 자신이 가지고 있는 여러 가지 경험을 독특하게 갖기 위해서 세상을 탐험하게 된다. 유아는 엄마의 의지로 움직이던 전 단계와 달리 이제 자신의 의지로 세상을 탐험하고자 한다. 그러나 거부하는 엄마의 태도는 유아로 하여금 자율성을 가지려는 의지를 빼앗게 되고 유아로 하여금 자신이 초라하고 보잘것없는 존재라는 사실을 확인시킨다. 초라한 모습을 직면하기 힘든 유아는 전능의 환상에 의해서 초라한 모습을 받아들이지 않고 회피한다. 자신은 대단한 존재이므로 투사를 통해서 자신의 초라한 모습을 다른 사람들이 가지고 있다고 생각한다. 투사동일시를 통해서 다른 사람들이 얼마나 초라한가 하는 점을 다른 사람들에게 인식시킨다. 반면 자신은 내사동일시를 통해서 엄마의 전능한 측면을 자신의 모습으로 받아들인다. 자신은 대단한 존재이고 다른 사람들은 형편없는 존재라고 생각하면서 분열의 모습을 갖는다. 대인관계에 있어서도 분열의 모습으로 관계를 형성한다. 소수의 대단한 사람들과 다수의 형편없는 사람으로 구분하고 자신은 소수의 집단에 들어간다.

DSM-5(2013)는 자기애성 성격장애(narcissistic personality disorder)에 대해서 다음과 같이 설명하고 있다(pp. 669-670). 대단함에 대한 환상과 행동들, 공감의 부족, 다른 사람들의 평가에 대한 지나친 민감 등이 아주 보편적이다. 다음의 항목들 중에 적어도 다섯 가지 이상에 해당된다. ① 자기 자신이 중요하다는 점에 대해서 과대망상의 느낌을 가지고 있다. 적절한 성취를 하지 않았음에도 불구하고 자신의 성취나 재능에 대해서 특별하고 우월하다고 기대한다. ② 끊임없는 성공, 제한이 없는 힘, 출중함, 아름다움, 이상의 사람 등의 환상에 사로잡힌다. ③ 자신은 아주 특별하고 독특하기 때문에 아주 특별하거나 높은 지위를 가진 사람들에 의해서 이해되거나 아주 특별한 기관에 속해야 한다고 믿는다. ④ 지나친 존경을 요구한다. ⑤ 자신의 기대대로 자동적으로 따라 주기를 기대하거나 자신은 특별한 대우를 받아야 마땅하다는 비현실적 기대를 갖는다. ⑥ 자신의 목적을 달성하기 위해서 다른 사람들을 이용하거나 착취한다. ⑦ 다른 사람의 욕구나 느낌들을 제대로 알기 어렵고 공감을 하지 못한다. ⑧ 다른 사람을 부러워하거나 다른 사람들이 자신을 부러워한다고 믿는다. ⑨ 고상한 행동이나 거만한 태도를 보인다.

(3) 경계선 성격장애

공생애단계를 거치고 이제 분리와 독립을 하는 과정에서 유아는 엄청난 양의 두려움과 불안에 직면하게 된다. 공생애단계에서 유아는 전능의 환상을 경험한다. 전능의 환상은 유아가 발달의 힘에 의해서 분리와 독립을 하는 동안에 점차로 깨진다. 환상이 깨질 때 유아는 많은 고통과 두려움을 맛보게 된다. 이러한 두려움과 고통을 직면할 수 있도록 엄마로부터 지지와 공감을 받지 못하면 유아는 고통과 두려움을 피하려고 한다. 두려움과 고통을 피하는 하나의 방법으로 유아는 자신과 다른 대상을 완전히 구분하는 분열을 하게 된다. 자신과 타인을 좋은 사람과 나쁜 사람으로 완전히 구분하여 자신의 두려움과 불안을 피하고자 한다. 투사의 방어기제를 사용하여 자신의 마음속에 있는 부정 감정들을 다른 사람들에게 쏘아 보낸다. 다른 사람들이 부정 감정들을 가지고 있다고 믿음으로써 자신은 그러한 감정으로부터 해방되었다고 생각한다.

이제 막 자율성을 확보하려는 유아가 자율성의 의지를 침해당하면 유아는 자신이 초라하고 형편없는 사람이라고 인식하게 된다. 한 개인으로서 자신을 발달시키면서 자신을 위한 자아를 형성하려고 한다. 이제 자아는 자신의 욕구에 충실하게 반응하면서 자신의 세계를 만들어 가기 위해서 노력하게 된다. 그러나 부모가 거부하는 태도를 보이거나 유아를 통해서 지나치게 부모 자신의 욕구를 충족하려고 하면 유아는 자율성의 의지를 빼앗기게 된다. 자율성을 가지고 자신이 스스로 발견하고 깨닫는 과정에 대해서 자부와 신뢰감을 갖는 것이 아니라 오히려 자신이 발견한 것들은 형편없는 것들이라는 피드백을 받게 된다. 거부하고 통제하는 부모의 태도는 유아로 하여금 자신에 대해서 수치심을 발달시키며 자신의 자율성을 의심하게 한다. 유아는 자아 구조 속에 자신에 대한 깊은 수치심과 의심을 가지고 있으며 모든 일에 자신이 없이 살아가게 된다. 경계선 성격장애를 가진 사람들은 자신을 비하하는 행동과 느낌이 많으며 자신을 제대로 신뢰하지 못한다. 자신을 신뢰하는 마음을 가지지 못하기 때문에 다른 대상을 지나치게 이상화하려는 경향을 갖는다. 이상화된 대상에 대해서 경계선 성격장애자들은 지나치게 의존하려고 한다. 의존하려는 성향으로 인해서 이들은 거부당하는 경험을 하게 되고 이러한 경험은 이들이 더욱 자신을 비참하고 초라한 모습의 사람이라고 확신하게 한다.

　DSM-5(2013)는 경계선 성격장애(borderline personality disorder)의 특징에 대해서 다음과 같이 설명하고 있다(p. 663). 경계선 성격장애자들은 정서 상태가 심하게 흔들리고 다른 사람들과 관계가 대단히 불안정하다. 자신에 대해서 가지고 있는 형상은 몹시 불투명하다. 이러한 증상들은 어른이 되는 초기에 나타난다. 이러한 증상은 다양한 상황에서 다양한 방식으로 나타난다. 다음에 기술되는 항목들 중에서 적어도 다섯 가지에 해당되면 경계선 성격장애라고 진단한다. ① 실제에 의한 또는 상상에 의한 버려짐을 피하기 위해서 광적으로 노력한다. ② 지나치게 이상화하거나 지나치게 비하하는 방식의 두 극단을 왔다 갔다 하면서 집중적이고 불안정한 대인관계를 한다. ③ 현저하고 분명하게 불안정한 자기상이나 자존감을 경험하는 정체감 혼란이 있다. ④ 적어도 다음 중 두 영역에서 자기를 파괴하는 행동을 한다. 그 영역들은 낭비하는 행동, 성관계, 약물 남용, 가게에서 물건을 훔치기, 난폭 운전, 마구 먹기 등이다. ⑤ 자신을 해하려는 행동을 하거나 자살을 빙자한 위협, 행동 또는 태도들을 취한다. ⑥ 정서적으로 불안정하다. 보통의 감정 상태에서 우울, 초조, 불안 등의 감정으로 바뀐다. 이런 감정의 상태가 적어도 몇 시간 또는 드물게 며칠을 가기도 한다. ⑦ 만성적으로 공허감을 느낀다. ⑧ 부적절하고 격렬한 분노의 감정을 표현하거나 분노의 감정을 통제할 수 없게 된다. 지속적으로 분노를 보이거나 자주 감정이 폭발한다. 그리고 신체적으로 다른 사람들과 자주 다투게 된다. ⑨ 심각한 해리 증상이나 스트레스와 관련된 명백한 편집적 생각을 갖는다.

5. 치료의 목표 및 방법

1) 치료의 목표

　가짜 자신을 가진 사람들은 관계 속에서 많은 투사동일시를 사용한다. 결혼을 통해서 남편과 부인은 서로 의식과 무의식의 수준에서 대상관계체계를 형성한다 (Scharff, 1992, p. 100). 남편과 부인은 서로 상대방의 욕구를 충족하기 위해서 헌신한다. 욕구를 충족할 뿐만 아니라 각각이 가지고 있는 정체성들을 서로 공유한다. 정체성을 공유할 때 각각 상대방이 가지고 있는 어린 시절의 엄마와 아이 사이에 형성되었던 여러 가지 성격 특성을 서로 나누어 가진다. 이런 의미에서 어린 시절에 형성된 자아는 현재 결혼관계에서 다시 나타나서 엄마와 아이 사이에 가지고 있던 욕구를 다시 만족하고자 한다. 남편과 부인은 서로 어린 시절의 욕구를 분열을 통해서 상대방에게 투사한다. 또 서로가 투사하고 기대하는 방식으로 상대방이 행동하도록 만든다. 예를 들면, 설거지하는 일을 힘들어하는 부인은 남편이 설거지를 잘할 수 있는 사람으로 생각한다. 설거지하는 일에 적합한 특성들을 지적하고 남편으로 하여금 실제로 설거지를 하도록 만든다. 부인은 설거지를 천한 일로 생각하고 자신은 그런 천한 일을 하는 사람이 아니라고 믿는다. 천한 일은 남편의 몫이고 남편의 천한 특성들을 지적하고 이를 인식하도록 함으로써 남편은 자신이 천한 사람이라고 생각하고 설거지를 하게 된다. 부인은 자신이 싫어하는 부분을 투사를 통해서 남편에게 쏘고 남편이 실제로 그렇게 행동하도록 만들어서 자신의 가짜 자신을 유지하고자 한다.

　남편과 부인 사이에 서로 투사를 하고 상대방에게서 자신이 가지고 있는 부분을 서로 확인하려고 하는 과정에서 갈등이 발생하면 이들은 아이를 자신들의 투사의 대상으로 삼는다. 남편도 여전히 자신이 천한 일을 하는 사람이 아니라고 생각해서 부인에게 자신이 천하다고 생각하는 부분을 투사하고 이를 확인하려고 하면 부부 간에 많은 갈등이 생기게 된다. 서로 상대방을 비난하면서 많은 갈등과 다툼이 벌어진다. 이때 이들은 이러한 갈등을 마음속에 간직할 수 있는 능력이 부족하므로 아이를 부부갈등에 끌어들인다. 아이에게 서로가 가지고 있는 싫어하는 부분을 투사하고 아이로 하여금 고상하게 행동하도록 끊임없이 요구하게 된다. 만일 아이가 조금이라도 천한 행동을 하게 되면 비난하고 무시함으로써 자신들이 가지고 있는 고상함을 유지하려고 한다. 이 가족은 천한 삶이라는 주제를 중심으로 부부간의 갈등과 아이와 삼각관계를 유지하면서 가족의 체계를 유지해 나간다. 가족의 상호작용은 이러한 투사와 투사동일시를 통해서 서로 관계를 유지하는 방식으로 이루어진다. 투사동일시를 통해서 유지되는 가족체계는 아이들의 발달을 왜곡하거나 저해하는 역할을 한다. 아이들은 어렸을 때부터 '충분히 좋은 부모 노릇'을 경험하기보다는 완벽한 부모 노릇이나 거부하고 착취하는 부모 노릇을 경험하게 된다. 완벽한 또는 거부하고 착취하는 부모 노릇을 통해서 아이는 가짜 자신을 형성한다. 가짜 자신을 가진 아이는 커서 결혼을 하고 다시 투사동일시의 대상관계체계를 구축하게 된다.

치료의 목표는 가족들이 발달상에서 이루었어야 할 통합을 이루도록 돕는 것이다. 분리와 개별화의 과정을 통하여 유아들은 자신들의 자아 속에 좋은 측면들과 나쁜 측면들을 서로 통합함으로써 자신이 싫어하고 좋아하지 않는 부분들도 자신 안에 받아들일 수 있는 능력이 생기게 된다. 또한 다른 사람들에게 보이는 좋지 않은 점과 싫어하는 점들도 받아들일 수 있게 된다. 좋은 점과 나쁜 점을 서로 공유하고 견딤으로써 투사동일시를 통해서 관계가 이루어지는 것이 아니라 서로를 유지하고 지탱하면서 관계를 유지해 나간다. 서로의 약점과 부족한 측면들을 서로 견디어 줄 수 있고 또한 서로 채워 갈 수 있도록 관계를 형성한다. 건강한 가족관계는 서로의 약점 또는 싫어하는 부분들을 견딤으로써 치료가 일어나고 발전이 일어나는 상호작용이다. 가족들이 서로 부분적으로 공유하고 방어하는 방식으로 관계를 하기보다는 서로 한 사람의 전체 인격체로서 상호작용을 할 수 있도록 관계를 만들어 갈 때 건강한 관계를 유지하게 된다(Nichols & Schwartz, 1998, p. 220). 무의식의 세계 속에 있는 초기의 부모들에 대한 형상들을 투사하는 과정에서 서로 견디어 줌으로써 어린 시절의 욕구가 충족된다. 욕구의 충족을 통해서 가족들은 서로 성장하고 발달해 나간다. 성장과 발달은 결국 발달상에서 이루었어야 할 통합을 이루는 일이다. 좋은 측면들과 나쁜 측면들이 새로운 관계를 통해서 통합됨으로써 발달의 완성이 이루어진다. 남편과 부인이 서로 발달의 완성이 이루어지고 건강한 방식으로 관계가 이루어지면, 아이들은 분리와 개별화를 통해서 자신들의 고유한 세계를 형성할 수 있는 좋은 환경을 가지게 된다. 치료는 발달상에서 이루었어야 할 통합을 목표로 하기 때문에 부부 또는 가족들이 서로 자신이 싫어하고 원하지 않는 점들을 어떻게 투사하는가에 대해서 주의 깊게 살펴보아야 한다. 서로 투사하지 않고 자신들이 스스로 견딜 수 있도록 돕는 치료의 활동이 필요하고, 상대방들은 그러한 투사들을 견디어 줄 수 있도록 돕는 활동이 필요하다.

2) 치료의 방법

(1) 두 가지 치료방법

대상관계이론은 크게 두 가지 입장으로 대별된다. 하나는 프로이트의 입장으로 원욕이라는 본능을 철저하게 배제하면서 이론을 전개하는 모형이고, 다른 하나는 원욕이라는 본능을 유지하면서 이론을 전개하는 모형이다. 전자를 순응 전략이라고 부르고 후자는 대안 전략이라고 부른다(Greenberg & Mitchell, 1983, pp. 379-380). 순응 전략(accommodation strategy)에서는 다른 사람들과 초기 관계의 역할에 대해서 많은 비중을 두면서 치료활동을 한다. 원욕이라는 충동은 이 모형에서 핵심 역할을 한다. 다른 사람들과의 초기 관계에서 충동들이 어떤 방식으로 나타나고 어떤 방식으로 받아들여졌는가 하는 점이 치료의 초점이 된다. 충동을 통해서 나타나는 욕구들이 현재 가족관계를 통해서 어떻게 만족되고 충족되는가에 초점을 맞추게 된다. 대안 전략(alternative strategy)에서는 다른 사람들과 모든 관계에 비중을 두면서 치료활동을 한다. 충동이 관계에서 핵심 역할을 하기보다 다른 여러 가지 동기가 중요한 고려의 대상이 된다. 관계를 유지하기 위해서 이러한 동기들이 어떤 방식으로 나타나고 있으며 나타난 동기들이 어떤 방식으로 다루어졌는가 하는 점을 중요하게 본다. 치료의 방향은 현재 관계 속에서 이러한 여러 가지 동기가 적절하게 다루어지도록 돕는 역할을 한다. 동기들을 적절하게 다룸으로써 갈등이 되는 관계나 다른 사람을 이용 또는 착취하는 방식의 관계를 바꾸도록 노력한다.

(2) 듣기

치료의 방법은 듣기, 공감적 이해하기, 해석하기, 중립을 유지하기 등으로 나뉜다(Nichols & Schwartz, 1998, p. 225). 가족치료를 하는 동안에 듣기란 쉽지 않다. 듣기를 잘하기 위해서 치료자는 많은 노력을 해야 한다. 듣기는 단지 수동 형태로 나타나는 치료자의 활동이 아니라 대단히 적극적이고 긍정적인 방향에서 이루어지는 치료활동이다. 말을 하지 않고 들으면서 가족들이 가지고 있는 개인 역동들과 관계 역동들을 이해하는 일은 대단히 많은 인내와 관심을 필요로 한다. 치료자는 가족들이 서로 대화를 하는 동안에 충고를 하거나 말을 하기 위한 필요성을 많이 느낀다. 치료자가 가족들의 관계 역동을 제대로 이해하지 못한 채 적극적으로 가족들의 대화에 참여하게 되면 치료자 또한 가족들의 투사동일시의 대상이 되어서 치료를 하기 어렵게 된다. 치료자는 들으면서 가족들에게 서로 어떻게 듣는지에 대해서 모델링을 할 필요가 있다. 치료자가 듣는 방식은 가족들로 하여금 자신들의 이야기나 다른 가족들의 이야기에 어떻게 반응해야 하는지에 대해서 일정한 안내 지침과도 같은 역할을 한다. 말을 하지 않고 조용히 들음으로써 치료자는 상대방의 말을 존중하게 된다. 마찬가지 방식으로 가족들은 상대방의 말을 끝까지 듣고 이해하려고 노력함으로써 서로에 대해서 존중과 이해를 전달하게 된다.

치료자가 듣는 동안 너무 일찍 위로와 지지를 하게 되면 가족들은 자신의 내면의 세계를 탐색하기보다는 자신들의 행동을 정당화할 수 있다. 치료자가 조용히 들어주는 활동은 가족들로 하여금 자신들의 의식과 무의식의 세계 속에 들어 있는 부모들의 형상들을 바라볼 수 있는 기회와 분위기를 제공한다. 가족들은 자신의 이야기를 함으로써 자신들의 이야기를 다시 한 번 경험할 수 있게 된다. 자신들의 이야기를 경험하면서 묻혔던 과거의 이야기들이 의식의 세계로 들어오게 된다. 과거의 이야기들을 다시 경험함으로써 가족들은 그 경험들에 관련된 형상들과 그들에 대한 정서들을 다시 한 번 점검하거나 재구성할 수 있게 된다. 치료자의 섣부른 충고나 지지 또는 위로는 가족들로 하여금 자신의 현재 행동들이나 사고들에 대해서 옳다고 생각할 수 있게 해 준다. 의식의 수준에서 자신의 행동과 사고가 옳다고 생각하면 무의식의 수준에서 진행되고 있는 분열과 투사 그리고 투사동일시를 제대로 이해하거나 경험하기 어렵게 된다. 치료자는 조용한 자세로 적극적으로 들어 주는 분석의 분위기를 만들어서 가족들이 자신의 이야기 속에 들어 있는 부모들의 형상들을 발견할 수 있게 한다. 다른 가족 구성원들이 가지고 있는 이야기 속에서 진행되는 여러 가지 분열과 투사의 현상을 경험하고 이해할 수 있도록 돕는다.

(3) 공감적 이해

치료자는 **공감적 이해**(emphatic understanding)를 통해서 가족 구성원들의 자아를 이해하고자 한다. 가족 구성원들이 단지 이야기를 하기보다는 이야기를 통해서 묻어 있는 감정들과 태도를 그리고 형상들을 이해하도록 한다. 과거에 있었던 어머니와 아버지와의 관계에서 이야기를 듣는 동안 치료자는 그때 어떤 감정들을 가지고 있었는지 물어본다. 예를 들면, 치료자는 "그때 아버지가 야단을 칠 때 어떤 기분이었는지 말해 주시겠어요?"라든지 "어머니가 슬퍼할 때 어떤 느낌들과 감정들을 가지고 있었는지 기억할 수 있겠어요?"라는 질문을 할 수 있다. 또한 치료자는 가족 구성원들이 가지고 있는 가치관과 믿음들에 대해서도 이해해야 한다. 아버지가 야단을 칠 때 어떤 생각을 가지고 있었는지 물어본다. 어머니가 슬퍼하는 모습을 보았을 때 어떤 생각을 하고 있었는지 물어본다. 부모들이 가지고 있었던 태도들이 가족들에게 어떤 영향을 미쳤는가에 대해서도 물어본다. 거부하는 태도를 보이는 엄마의 모습에 대해서 어떤 기분과 감정을 가지고 있었으며 어떻게 행동을 했는지 알아본다. 만일 현재 남편 또는 부인과의 관계에서 분노하고 화가 나는 모습은 이러한 거부하는 엄마의 모습에 대한 반발과 태도는 아닌지를 연결하는 질문을 한다.

치료자는 가족들의 내면에 대해서 세 가지 수준으로 탐색할 수 있다(Nichols & Schwartz, 1998, pp. 228). 첫 번째는 **문화가치**와 **규범**들이다. 각각의 민족들이 가지고 있는 문화, 종교들이 가지고 있는 여러 가지 문화와 규범, 교육을 통해서 형성된 가치관 그리고 다양하게 가지고 있는 가치관들이다. 각각의 문화와 종교 그리고 교육체계는 서로 다른 방식으로 자아를 형성하도록 한다. 자아는 커다란 관점에서 보면 이러한 가치관들과 문화 규범에 의해서 일정하게 만들어진 행동들을 내면화하게 된다. 자아 속에 내면화된 내용들은 문화와 규범에 의해서 만들어진 일정한 행동 형태들과 가치관을 가지고 있게 된다. 두 번째는 중심자아이다. 중심자아는 개인이 가지고 있는 규범들과 원리들을 가지고 있게 된다. 같은 문화와 규범을 가지고 있다 하더라도 다른 방식으로 형성된 가치관의 행동 유형을 가지고 있는 것은 이러한 중심자아의 형성으로 인한 현상이다. 의식 속에서 이루어지는 판단과 기대들 그리고 습관과 취향들이 모두 중심자아를 형성하는 중요한 내용들이다. 서로 쉽게 이해할 수 있고 분명하게 노출되는 특징을 가지고 있다. 대화를 통해서 이러한 내용들이 쉽게 공유되며 변화를 경험하기도 한다. 세 번째로, 무의식에 들어 있는 여러 가지 힘이 있다. 어떤 대상을 선정하고 관계를 맺으려는 동기는 무의식의 세계 속에 들어 있다. 비록 의식적으로는 부인하지만 무의식적으로는 관계를 맺으려는 힘을 가지고 있다. 무의식 속에는 분열되고 억압된 기억들과 정서들이 들어 있다. 부모와의 관계에서 억압할 수밖에 없었던 내용들과 분열의 형태로 저장해야만 했던 내용들이 바로 분석의 대상이다. 무의식의 세계 속에 들어 있는 내용들은 가족들이 의식의 수준에서 진행하는 행동들과 일치하기도 하고 다르기도 하다. 따라서 의식적으로는 친절한 행동을 한다고 생각하는 사람들도 어떤 상황이 벌어지면 무의식의 동기에 의해서 다른 사람을 비난하거나 비판하는 행동을 하게 된다.

(4) 해석하기

현재 가족들이 가지고 있는 여러 가지 문제는 어린 시절 부모와의 관계 속에서 발생한 관계와 밀접한 관련이 있다. 해석하기(interpreting)는 **연관 짓기**와 **의미 발견**을 통해 가족들이 스스로 자신들의 발달을 촉진하도록 돕는 역할을 한다. 연관 짓기는 현재 가족들이 경험하고 있는 여러 가지 현상을 과거의 부모와 자녀 관계 속에서 일어난 상호작용과 관련시키는 방법이다. 예를 들면, 아내가 권위적인 남편을 심하게 거부하는 행동을 한다고 하자. 아내가 어린 시절에 권위적인 아버지와의 관계에서 분노를 경험하고 절망을 경험했다고 한다면 아내는 권위적인 사람에 대해서 전반적으로 거부감을 표시하게 될 것이다. 비록 현재 남편이 자신의 아버지는 아니라 할지라도 아버지의 형상이 이미 무의식의 자아 속에 깊이 들어 있는 경우에 아버지의 형상은 남자 전반으로 일반화될 수 있다. 따라서 권위적인 남편이 비록 잘못을 하지 않는다 하더라도 아내는 남편에 대해서 거부감을 심히 표현할 수 있다. 치료자는 남편에 대한 아내의 거부감을 어린 시절 아버지와의 관계에서 형성된 형상으로 생긴 현상과 관련지어 주는 해석을 할 수 있다. 이러한 해석은 부인으로 하여금 자신의 행동을 이해하고 통찰하게 해 줄 수 있다.

연관 짓기가 수직해석이라고 한다면 의미를 부여하기는 수평해석이라고 할 수 있다. 수직해석은 가족들이 가지고 있는 현재의 경험들과 행동들을 부모와의 수직관계 속에서 관련지으려는 치료자의 활동이다. 반면 수평해석은 관련을 통해서 이해하고 깨달은 내용들이 현재의 관계를 확장하고 바람직하게 만드는 데 어떻게 기여할 수 있는가 하는 점을 이해하고 알도록 하는 치료자의 활동이다. 예를 들면, 아내가 아버지의 권위적 태도로 인해서 남편에 대해 거부감을 가지고 있다고 이해한 경우에 아내는 남편과의 관계를 어떻게 만들어 가야 할 것인가 하는 점에 직면하게 된다. 아내가 거부하는 태도를 무조건 버리고 새로운 관계를 만들려고 하면 치료자는 아내가 과거의 삶과 현재의 삶을 단절하도록 하는 역할을 한다. 아내의 거부하는 태도는 단지 버려야 할 대상이 아니며 활용할 수 있는 상황이나 관계가 있음을 알게 해석할 필요가 있다. 예를 들면, 남편이 권위적 태도를 보이며 아내에게 강압적으로 자신의 의견을 관철하려고 하는 경우에 아내는 거부하는 태도를 활용할 수 있게 된다. 오히려 아내는 권위적 아버지와의 관계 속에서 발달시킨 태도를 현재의 남편과의 관계에서 새로운 기술로 활용할 수 있게 된다. 이러한 해석은 과거에 발달된 행동들이나 기술들을 현재의 상황에서 재활용하도록 만드는 방법이다. 이러한 해석은 결국 과거를 재구성하는 치료자의 해석 능력에 달려 있다. 수평해석은 치료자가 현재의 상호작용을 원활하게 하기 위해서 또는 현재의 수평관계를 더욱 바람직하게 만들기 위해서 과거에 발달시킨 태도나 행동들을 적극적으로 재구성하는 방법이다.

가족들이 가지고 있는 저항을 해석하는 일은 치료자에게 필수적이고 아주 기본에 해당되는 기법이다(Scharff & Scharff, 1991a, pp. 172-173; 1991b, p. 83). 저항은 여러 가지 측면에서 어린 시절에 경험했던 상호작용들과 밀접한 관련을 가지고 있다. 샤프와 샤프(Scharff & Scharff, 1991a)는 저항의 여러 수준을 다음과 같이 말하고 있다(p. 173). 만일 가족 중에 남자 동생이 치료에 대해서 저항을 보인다고 하자. 첫 번째 수준에서 저항은 의식의 세계에서 분석할 수 있다. 의식 수준에서 이 남자 동생은 치료의 장면이 불편하고 집에 있는 방이 더 좋다는 표현을 하고 있다. 두 번째 수준에서 남자 동생의 저항은 누나에 의해서 지지를 받는다. 누나는 공개적으로 남자 동생의 저항에 대해서 공감하는 표현을 한다. 공감하는 표현을 하는 누나의 행동에 의해서 남자 동생은 자신의 저항이 옳다고 믿는다. 세 번째 수준으로 누나와 남자 동생은 무의식의 수준에서 아버지가 치료 장면에 있다는 사실을 거부하고 싶어 한다. 누나와 남자 동생은 의식 수준에서 서로 동의하지는 않지만 무의식의 수준에서 이미 아버지와의 관계를 싫어하고 거부하는 마음을 가지고 있다. 네 번째 수준에서 남자 동생과 누나는 어머니의 비난과 거부하는 태도로 인해 전체 가족을 이미 싫어하고 대화를 나누고 싶지 않은 마음을 가지고 있다. 가족들이 가지고 있는 저항이 많은 자료를 이미 풍부하게 가지고 있기 때문에 저항을 해석하는 일은 과거와 관련 짓기 위해서 대단히 중요한 치료자의 활동이 된다. 저항은 가족들이 가지고 있던 억압된 행동들이 현재의 상황에서 표현되는 것이므로 치료자에게 매우 중요한 자료가 된다.

⑸ 중립을 유지하기

치료자는 **중립을 유지**(maintaining neutrality)함으로써 가족들의 투사동일시의 현상을 객관적으로 볼 수 있게 된다. 치료자가 중립을 유지할 수 없으면 치료자는 가족들의 투사동일시를 치료자 자신이 가지고 있는 억압된 내용에 의해서 해석하는 일이 생기게 된다. 예를 들면, 가족 구성원 중 한 사람이 낮은 음성으로 말을 한다고 하자. 치료자 중립을 유지하지 못하면 치료자는 가족 구성원의 낮은 음성을 우울한 것으로 생각한다. 이러한 치료자의 생각은 자신의 마음속에 있는 우울한 감정으로 인해서 발생한다. 치료자가 가지고 있는 억압된 감정으로 인해 치료자는 가족들의 상호작용을 객관적으로 볼 수 없을 뿐만 아니라 오히려 가족들의 상호작용을 왜곡하고 저해하는 해석을 하게 된다. 이로 인해서 가족들은 서로 자신들이 가지고 있는 억압된 감정들과 무의식 속에 들어 있는 형상들을 제대로 표현하지 못하게 된다.

치료자는 중립 태도를 보임으로써 가족들이 비지시적 상황 속에서 자유롭게 자신들을 표현할 수 있는 분위기를 만들어야 한다. 가족들이 자신의 무의식 세계를 자유롭게 탐색하도록 하기 위해서는 여러 다른 복잡한 상황을 피하도록 해 주어야 한다. 치료자의 중립 태도는 이러한 복잡한 상황들을 단순하고 분명하게 만들어서 가족들이 자신들의 무의식을 자유롭게 탐색하고 서로 상호작용이 어떻게 자신들의 무의식과 관련이 되는지 알아 가도록 도와주는 역할을 한다. 마치 백지에 자신이 원하는 방식으로 그림을 그리듯이 치료자는 중립을 유지하면서 가족들의 마음과 상호작용에 대해서 기울과 같은 역할을 한다. 지료자의 중립 태도는 가족들에게 자신의 무의식 마음과 상호작용을 객관화해서 비추어 볼 수 있는 거울의 역할을 한다. 거울은 투명하고 맑아야 한다. 투명하고 맑은 거울일수록 가족들의 모습을 제대로 비추듯이, 치료자가 중립 태도를 제대로 유지할 수 있을 때 가족들은 자신들의 모습을 더욱 정확하고 분명하게 이해할 수 있게 된다.

분석 상황은 가족들이 전이를 일으키도록 한다. 전이는 치료 상황에서 필수 자료이고 전이를 분석하는 일은 치료의 가장 근본 활동이 된다. 가족들은 자신들이 가지고 있었던 초기의 부모와 자녀 사이의 관계를 치료 장면에서 반복하고자 한다. 전이의 현상은 초기에 부모와의 관계에서 발생한 감정이나 생각들 그리고 형상들을 치료자와의 관계에서 반복하고자 할 때 발생한다. 예를 들면, 어린 시절에 부모와의 관계에서 거부당하는 경험을 많이 한 사람들은 치료자에게 매달리는 방식으로 관계를 하고자 한다. 거부당하는 관계를 가지고 있었던 사람들은 다른 사람들과 관계를 맺음으로써 자신의 자존감을 회복하고자 한다. 치료자에게 매달려서 자신의 자존감을 회복하고자 하는 가족 구성원의 행동은 자신의 어린 시절에 부모와 가지고 있었던 관계를 반복하고자 한다. 한편으로 거부를 당했던 경험을 한 사람은 치료자를 거부하는 전이를 발전시킬 수 있다. 부모를 거부함으로써 자신의 자아 구조를 유지하고자 했던 사람은 치료자를 거부함으로써 자신의 자아 구조를 유지하고자 한다. 역전이는 치료자가 자신의 과거 경험을 반복하고자 하는 행동이다. 전이와 같이 치료자도 자신의 과거 속에서 제대로 충족할 수 없었던 관계들을 치료 장면에서 반복하고자 한다. 가족 구성원이 치료자에게 보이는 전이의 감정이나 행동들 또는 관계들로 인해서 치료자는 자신의 역전이가 생기게 된다. 전이와 역전이는 치료자와 가족 사이에 상호작용을 만들고 서로 자신들의 과거 경험들을 현재의 치료 장면에서 반복하고자 한다.

요약

정신분석에서부터 시작된 대상관계 가족치료이론은 여러 사람의 기여와 노력을 통해서 현재 이론의 모습을 갖추고 있다. 프로이트의 대상이라는 개념에서 출발을 한 대상관계는 클라인에 의해서 프로이트와 여러 가지 측면에서 궤를 달리하게 되었다. 클라인은 환상의 역할을 강조하여 프로이트가 주장하는 원욕에 의한 충동들이 환상을 통해서 대상과 관계하는 과정에서 발생한다고 보았다. 클라인은 대상과의 관계에서 발생하는 여러 가지 현상을 개념화하였고 대상관계이론을 만드는 데 기초 개념들과 핵심 모형을 제공하였다. 나중에 페어번과 컨버그 등은 대상관계이론의 확고한 틀을 만드는 데 기여하였다. 이들은 인간이 가지고 있는 기본 동기를 원욕에 의한 충동이기보다는 태어나면서부터 가지고 있는 발달의 힘으로 보았는데, 발달의 힘은 대상과 관련을 맺으려는 본능이라고 정의하였다. 이러한 정의는 기존의 전통 정신분석과 급진적으로 궤를 달리하는 생각으로서 대상관계이론의 독자 노선을 확립하는 기본 가정의 역할을 한다. 이들은 한 사람 심리학인 정신분석을 두 사람 심리학으로 발전시키는 데 지대한 공헌을 하였다.

인간은 유아 시절에 엄마라는 대상으로부터 분리 및 독립을 함으로써 자신의 자아 구조를 만들어 간다. 분리와 독립을 하는 과정은 유아로 하여금 많은 어려움을 경험하게 한다. 유아는 엄마와 공생애관계를 형성함으로써 자신의 마음속에 전능의 환상을 가지게 된다. 발달의 힘은 유아로 하여금 그러한 전능의 환상을 계속 유지하도록 내버려 두지 않는다. 엄마라는 대상을 전체로서 지각하고 인식하게 되면서부터 유아는 자신의 환상을 계속 유지할 수 없다는 사실을 인식하게 된다. 전능의 환상이 깨지면서 유아는 대상을 상실하는 깊은 우울을 경험하게 된다. 이 과정에서 유아는 떼를 많이 쓰거나 계속 엄마에게 달라붙는 행동을 함으로써 엄마로부터 자신의 절망과 깊은 상처를 회복하고자 한다. 발달이 계속 진행될수록 유아는 이전에는 수용할 수 없었던 현상들을 수용하면서 자신의 발달상에서 통합을 이룬다. 발달상의 통합은 주로 자신과 대상이 가지고 있는 좋은 측면들과 나쁜 측면들이 동시에 공존한다는 사실을 인식하게 되면서 시작된다. 자신과 타인의 모습 속에 보이는 좋은 측면들과 나쁜 측면들이 공존하면서 동시에 여러 영역에 걸쳐 있다는 사실을 받아들이면서 유아는 통합을 이루게 된다. 유아의 자아는 자신과 대상에 대한 형상들과 그 형상들의 상호작용을 통해서 생기는 정서들로 구성되어 있다. 자아는 형상들의 좋은 측면과 나쁜 측면이 동시에 한 사람에게서 그리고 다른 사람도 여전히 같은 방식으로 되어 있는 점을 발견하면서 만들어져 간다. 받아들이거나 지속적으로 가지고 있을 수 없었던 감정들을 수용하고 지속함으로써 유아의 자아는 안정된 상태를 가지게 된다. 유아의 자아는 좋은 측면과 나쁜 측면들 그리고 부정 감정들을 통합하면서 안정된 구조를 만들어 간다.

'충분히 좋은 부모 노릇'은 유아의 자아 구조를 안정되게 만들어 가는 데 결정적 역할을 한다. 엄마는 유아의 욕구에 민감하게 반응하면서 유아로 하여금 분리와 독립을 계속 하도록 돕는 역할을 한다. 공생애관계에서 심리적 부화의 과정을 거치는 유아에게 엄마는 정서적 기지와 같은 역할을 하게 된다. 마치 산악인들이 정상을 정복하기 위해서 베이스 캠프를 치고 정상 도전을 하다가 실패하면 베이스 캠프에서 휴식을 하고 다시 도전하게 되는 것과 같다. 베이스 캠프는 산악인들에게 에너지를 재충전하는 장소이다. 마찬가지로 유아도 세상을 탐험하다가 지치고 힘들면 엄마라는 기지에 돌아가서 에너지를 공급받고 힘을 얻어서 다시 세상을 탐험하게 된다. 이때 엄마는 유아에게 충분한 지지와 공감을 보여 줌으로써 유아의 불안과 두려움을 낮추는 역할을 한다. 불안과 두려움이 낮아지면 유아는 다시 세상을 탐험할 수 있는 힘이 생기게 된다. 더 발달하게 되면 유아에게 엄마는 대상으로서의 역할을 하게 된다. 유아는 자신이 발견하고 본 것들을 엄마라는 대상과 나누고 싶어 한다. 언어가 발달하면서 자신이 본 것을 언어로 표현하고 엄마에게 확인받고자 한다. 엄마는 대상으로서 구체적으로 서로의 경험을 나누고 공유하는 역할을 한다. 이러한 나눔의 역할 속에서 유아는 조금씩 역할을 이해하고 받아들이게 된다. 역할을 내면화하는 유아는 독립된 사람으로 성장하게 된다. 충분히 좋은 부모 노릇은 유아로 하여금 자신의 통합을 이루어 나가는 데 가장 중요한 역할을 한다.

완전한 부모 노릇과 거부 또는 착취하는 부모 노릇은 유아로 하여금 발달상에서 가짜 자신을 형성하도록 한다. 완벽한 부모 노릇을 하려고 하는 엄마는 유아의 욕구에 자신을 맞추는 방식으로 돌보는 것이 아니라 자신의 성취와 욕구가 일차적 관심이 된다. 엄마는 자신이 잘 돌보는 사람이라는 사실을 증명하기 위해서 유아의 모든 욕구를 항상 제대로 만족시켜 주려고 한다. 이러한 엄마의 노력은 유아로 하여금 심리적 분화의 단계에서 자신의 전능환상을 계속 유지할 수 있게 한다. 내면으로는 우울하고 절망하는 감정을 가지고 있으면서도 겉으로는 모든 관계를 완벽하게 유지하고 있다는 환상을 가지게 된다. 유아는 자신의 전능환상을 계속 유지하기 위해서 자신의 발달의 힘에 의한 삶을 충실히 살기보다는 엄마의 욕구에 더 민감하게 반응한다. 거부하고 착취하는 엄마의 경우에는 유아의 절망과 좌절을 공감하기보다는 비난하고 질책하는 행동을 하게 된다. 이러한 엄마의 행동은 유아로 하여금 자신이 형편없고 보잘것없는 사람이라는 사실을 인식시킨다. 동시에 엄마의 거부하는 형상이나 착취하는 형상을 내면화함으로써 마음속에 분노를 가지게 된다. 전능의 환상을 계속 유지하는 유아나 절망의 감정을 가지고 위축되는 유아는 모두 가짜 자신을 형성한다. 자신의 욕구에 충실하게 반응하기보다는 엄마의 욕구에 민감하게 반응하고 그로 인해서 자아는 절망과 분노 그리고 환상으로 가득 찬 가짜 자신을 형성한다.

가짜 자신을 형성한 유아는 분열과 투사동일시라는 기제를 통해서 자신의 자아 구조를 유지하고자 한다. 유아는 자아 속에서 좋음과 나쁨을 두 가지로 분열시키고 나쁜 자신을 다른 사람에게 투사한다. 투사할 뿐만 아니라 다른 사람들이 그러한 점을 가지고 있다고 행동함으로써 그 사람을 힘들게 하고 어렵게 한다. 관계가 계속 제대로 유지되지 못하면서 유아는 여러 가지 역기능의 관계를 형성한다. 매달리는 행동을 지속적으로 하거나 거부하는 행동 그리고 상대방을 무시하는 행동을 계속적으로 하기 때문에 관계가 잘못되고 어그러진다.

역기능의 자아 구조를 가지고 있는 사람은 가족 껴안기(family holding)를 통해서 해결될 수 있다고 본다(Scharff & Scharff, 1991, p. 71). 충분히 좋은 부모의 역할과 같이 가족들을 충분히 지지하고 공감함으로써 자신의 내면 세계를 자유롭게 탐색하도록 한다. 자유로운 탐색은 충분히 허용하는 분위기를 통해서 이루어진다. 자신의 과거 경험을 현재 상황과 연결하고 이를 해석함으로써 과거의 사슬로부터 해방될 수 있게 된다. 과거의 사슬이 끊어지면서 역기능의 자아 구조를 가지고 있는 사람들은 자연스럽게 자아의 통합을 다시 꾀할 수 있게 된다. 정신분석적 대상관계 가족치료에서 치료는 가족들이 모두 서로 지지하고 공감하는 분위기를 형성함으로써 발달상에서 통합을 이루도록 한다.

연습문제

1 프로이트가 말하는 대상의 의미와 대상관계에서 대상의 의미의 차이에 대해서 말하시오.

2 투사와 투사동일시의 개념에 대해서 분열과 관련성을 가지고 설명하시오.

3 인간에 대한 정신분석의 기본 가정과 대상관계이론의 기본 가정에 대해서 서로 비교하면서 논의하시오.

4 '충분히 좋은 부모 노릇'이 유아의 발달에 어떤 영향을 미치는지 설명하시오.

5 완벽한 부모 노릇 또는 거부하고 해를 끼치는 부모 노릇이 유아의 가짜 자신 형성에 어떻게 영향을 미치는지 논의하시오.

6 정신분석적 대상관계 가족치료이론의 기법에 대해서 설명하시오.

263

맥락 가족치료이론

1. 기원 및 주요 인물

이반 보스조르메니–나기(Ivan Boszormenyi-Nagy)에 의해서 만들어진 이론으로서 관계맥락을 윤리적으로 정의하는 데 초점을 맞춘다(Boszormenyi-Nagy & Krasner, 1986). 나기의 개인 역사는 이반 보스조르메니–나기와 바바라 크레스너(Barbara Krasner)가 쓴『주고받음의 사이(Between Give and Take)』의 서론 부분을 주로 참고하여 쓰였다. 나기는 1944년에서부터 1948년까지 부다페스트(Budapest) 대학교에서 정신과 수련의로서 화학부문을 공부하였다. 화학을 공부하면서 조현병의 실존적이고 심리적인 역동을 공부하였다. 일리노이(Illinois) 대학교에서 조현병 환자의 혈액 세포 속에 들어 있는 효소를 연구하는 도중에 정신병의 연구에 효소 생화학은 별로 도움이 되지 않는다고 확신하게 되었다. 그 이후로 나기는 정서적으로 서로 밀접한 관계를 가지고 있는 사람의 마음속 깊이 들어 있는 심리를 연구하기 시작하였다. 마르틴 부버(Martin Buber)의 '나와 타인과의 관계(I-thou relationship)'에 관한 철학의 영향을 받았다. 로널드 페어번의 대상관계이론에 대한 여러 가지 문헌을 접하면서 영향을 많이 받게 되었다. 나기는 마르틴 부버와 로널드 페어번의 생각을 이론화하여 조현병 환자를 치료하는 모델을 개발하였다. 나기의 이러한 노력은 동 펜실베이니아(Eastern Pennsylvania) 정신의학연구소 이사회에 받아들여졌다. 그는 1957년에 필라델피아에 있는 동 펜실베이니아 정신의학연구소에 가족 정신의학과를 창립하고 소장으로 재직하게 되었다. 나기는 이러한 연구와 노력을 통해서 1950년 대 가족치료운동을 일으키며 가족치료라는 전문 분야를 탄생시키는 선구자의 역할 을 하게 되었다.

동 펜실베이니아 연구소의 정신의학과는 가장 활발하게 조현병 환자의 가족을 연구하는 중요한 기관이 되었다. 조현병 환자에 대해서 연구하면서 집중적으로 개 인치료를 하였다. 이러한 결과로 이 연구소는 당시에 정신병에 관해 많은 연구를 하 는 중요한 기관으로 주목받게 되었다. 다른 여러 연구기관과 생각을 교환하면서 연 구소는 발전하게 되었다. 이러한 노력을 하는 도중에 나기는 조현병 환자를 치료하 면서 치료자와 환자 사이에 형성되는 신뢰가 중요한 영향을 미친다는 사실을 인식 하게 되었다. 이후에 나기는 조현병 환자를 치료하는 데 있어서 개인치료에서 가족 을 치료하는 방법으로 획기적 전환을 하였다. 그는 조현병 환자의 가족을 치료하는 여러 훈련 프로그램을 개발하였고 많은 전문가가 이 프로그램을 통해서 훈련받았 다. 이 프로그램은 전문가들뿐만이 아니라 여러 다른 영역에 있는 사람들에게도 관 심을 받게 되었고 많은 사람이 교육과 훈련에 동참하게 되었다.

나기의 노력은 오늘날 맥락 가족치료라고 알려진 가족치료이론의 한 분야를 열 게 하였다. 조현병 환자의 가족을 치료하면서 나기와 그의 동료들은 여러 가지 성 과를 보게 되었다. 조현병 환자의 기능이 향상됨은 물론이고 가족들의 관계도 많이 향상되었다. 나기는 처음에는 개인치료에 관심을 가지고 있다가 그의 관심을 가족 에게로 옮겼기 때문에 맥락 가족치료이론은 개인심리에 근거를 두면서 동시에 가 족들의 관계를 나루는 이론으로 발전을 하게 되었다. 맥락 가족치료이론은 실존주 의 입장에서 개인심리와 가족관계를 다루고 있다. 개인심리에 근거를 두면서도 가 족들의 상호작용이라는 맥락을 중요시하게 되었다. 맥락 가족치료이론은 페어번의 대상관계이론과 부버의 관계철학에 의해서 이론의 틀을 형성하였고, 조현병 환자 와 가족들에 대한 치료를 통해서 임상적으로 검증되었다. 가족들이 상호작용을 하 는 맥락은 상호작용의 형태를 담는 그릇의 역할을 한다. 그릇의 역할로서 맥락은 존재적 현실로서 일정한 윤리를 가지고 있다. 이러한 윤리의 맥락이 맥락 가족치료이론의 일차적 관심사이다.

2. 이론의 기초

1) 네 가지 관계 차원

인간이 가지고 있는 관계는 네 가지 차원을 가지고 있다. 유전에 의해서 결정된 사실들, 개인의 내면 세계, 사람들 사이의 상호작용, 관계 윤리가 그 네 가지 차원이다(Boszormenyi-Nagy, 1981; Boszormenyi-Nagy, Grunebaum, & Ulich, 1991; Boszormenyi-Nagy & Ulich, 1981). 첫 번째 차원은 사실들이다. 한 개인이 가지고 있는 여러 가지 사실은 그 개인이 유전을 통해서 물려받은 운명들이다. 예를 들면, 성별, 민족, 국가, 종교, 가족, 입양, 병, 지체 부자유, 여러 가지 신체 특성과 같이 한 개인이 자신의 선택을 넘어서서 이미 주어진 그 무엇들을 말한다. 이러한 특성들 중에는 전혀 바꿀 수 없는 사실들이 있고 바꿀 수 있는 사실들이 있다. 바꿀 수 없는 사실들은 주로 유전에 의해서 결정된 특성들을 의미한다. 피부 색깔, 눈동자 색깔, 성별, 생물학적 의미의 아버지와 어머니 그리고 형제와 자매들, 종족 등과 같이 주어진 운명들이다. 반면에 국적, 입양, 종교, 병 등은 인간의 노력에 의해서 바꿀 수 있는 사실들이다. 한 개인은 주어진 가족과 사회 속에서 태어난다. 따라서 그 가족과 사회가 가지고 있는 여러 가지 특성은 개인이 가지고 있게 될 사실들에 해당된다. 예를 들면, 사회가 가지고 있는 여러 가지 변화의 역사들은 그 사회를 살아가는 사람들에게 사실로서 작용한다. 한국의 경우에 전쟁이라는 사실을 가지고 있다. 전쟁은 많은 사람에게 중요한 영향을 미치면서 행동의 변화를 가져오게 되었다. 마찬가지로 가족이 가지고 있는 여러 가지 역사는 가족 구성원들에게 사실로서 작용한다. 부부갈등은 가족 구성원들에게 사실이다. 부부갈등으로 인해서 가족 구성원들의 상호작용과 행동은 여러 가지 모양으로 달라질 것이다. 해결되지 않은 부부갈등은 또 다음 세대에서 반복되는 경험을 하게 할 것이다.

두 번째 차원은 개인들이 가지고 있는 **심리 현상**이다. 개인들이 가지고 있는 여러 가지 심리적 특성을 말한다. 개인들은 대체로 태어날 때부터 주어진 프로그램에 의해서 발달하게 된다. 주로 뇌의 역량에 해당되는 특성들이다. 한 개인이 느끼는 본능에 의한 충동들은 대표적 개인심리의 현상들이다. 예를 들면, 성적 충동, 공격성, 현실을 지각하는 능력, 공포로부터 회피하고자 하는 마음, 다른 사람들과 관계를 맺고자 하는 마음 등이 개인심리의 현상이다. 또한 개인이 마음속에서 느끼는 정서 현상들, 인지 현상들 그리고 행동 성향들 모두가 개인심리의 범주에 해당된다. 정서적으로는 즐거움, 기쁨, 슬픔, 절망, 좌절 등 다양한 감정이 있다. 인지적으로는 기억력, 창의력, 지각, 환상, 꿈 등 여러 가지 종류의 사고 형태들이 있다. 행동 성향으로는 부끄러워하는 행동들, 친절한 행동들, 자유롭게 떠드는 행동들, 감탄하는 행동들 이외에도 다양한 인간의 행동들이 있다. 개인심리치료에서 대상으로 하는 영역들이 바로 이 영역의 특성들을 대상으로 한다.

세 번째 차원은 사람들 간에 이루어지는 **교류 형태**들을 의미한다. 가족치료에서 대상으로 하는 영역의 특성들을 말한다. 가족이나 사회의 조직체에서 가지고 있는 여러 가지 상호작용의 유형들이 이 영역에 해당된다. 구조, 힘, 대화 형태, 역할들, 연합, 단절들의 개념들은 사람들 사이에서 일어나는 상호작용을 기술하기 위해서 표현된 특성들이다. 관계 속에서 일어나는 **개별성**(individuality)은 상호작용을 이해하는 데 중요한 개념 중의 하나이다. 한 개인이 관계를 건강하게 하기 위해서 반드시 가져야 할 특성이기 때문이다. 맥락 가족치료이론에서는 개별성을 표현하는 언어로 자기묘사(self-delineation)라는 개념이 있다. 자기묘사는 다른 사람들과 구분되는 특성으로서 자신의 독특성을 지칭하는 개념이다. 자기묘사를 가지고 있을 때 이러한 사람은 다른 사람들과의 관계 속에서 건강한 방식으로 관련을 가질 수 있다. 반면에 개별성은 다른 사람들과의 관계에서 상보 역할을 하기도 한다. 다른 사람들에게 없는 부분들을 자신이 가지고 있는 여러 가지 특성을 통해서 보완할 수 있게 된다. 가족이 가지고 있는 특성으로 경계선이라는 개념과 유기체라는 개념도 상호작용을 기술하는 언어들이다.

네 번째 차원은 관계 윤리로서 맥락 가족치료이론의 가장 중요한 초석이 되는 개념이다. 인간은 윤리적 존재로서 관계 윤리를 형성하고자 하는 기본적인 욕구를 가지고 태어나서 인간이 살아가는 윤리의 맥락을 형성한다(Boszormenyi-Nagy & Spark, 1984). 관계 윤리는 인간에게 가장 기본이 되는 힘으로서 인간으로서 살아가도록 하는 역할을 한다. 가족 구성원들을 가족이라는 범주에서 살도록 하는 역할을 하고 가족들이 모여 있는 사회를 구성하여 서로 살아갈 수 있도록 만드는 역할을 한다. 인간은 태어날 때 곧 이러한 윤리의 맥락 속에서 태어난다. 인간의 성장과 발달은 윤리의 맥락과 밀접한 관계를 가지고 있다. 어떤 사람들은 아주 건강한 윤리의 맥락에서 태어나기도 하고 어떤 사람들은 건강하지 못한 윤리의 맥락에서 태어나기도 한다. 어떤 윤리의 맥락에서 태어났는가에 따라서 인간의 성장과 발달이 건강하게 이루어지는가 아니면 건강하지 못하게 성장하는가 하는 점이 결정된다.

2) 다측면 공정성 모델

맥락(context)은 윤리 이전의 존재 영역이다(Boszormenyi-Nagy & Krasner, 1986, p. 9). 맥락은 존재들의 질서를 의미한다. 이미 존재들은 일정한 질서를 이루고 있다. 이러한 질서들은 실존적 형태로 존재한다. 실존적 질서들은 변경이 불가능한 상태로 존재한다. 예를 들면, 할아버지와 아버지 그리고 아들로 이어지는 존재들의 질서는 변경이 불가능하다. 질서들은 세대를 지나가면서 형성된다. 존재의 질서들은 일정한 형태의 상호작용을 가지고 있다. 상호작용에 의해서 질서는 일정한 방식으로 세대를 지나가면서 유지된다. 이 질서가 좋든 싫든 한 개인에게 주어진 방식이다. 따라서 개인들은 이러한 질서를 선택하거나 바꿀 수 없다. 이미 주어진 결론이 있고 그 결론을 따라서 상호작용이 일정한 방식으로 이루어진다. 이런 의미에서 맥락이란 연역적이며 연역에 의한 결론에 따라서 가족들 또는 사회 구성원들은 일정한 방식으로 상호작용을 하게 된다. 맥락은 일정한 상호작용을 담는 그릇이다. 상호작용은 곧 체계라는 언어로 표현된다. 체계는 사람들이 일정한 규칙을 가지고 그 규칙에 따라서 상호작용을 하는 현상을 말한다. 사람들은 맥락에서 제시하는 일정한 실존적 질서에 따라서 체계를 형성한다. 체계는 맥락이라는 그릇을 뛰어넘는 상호작용을 할 수 없다. 만일 사람들이 맥락을 뛰어넘거나 맥락이 말하고 있는 실존적 질서를 어기면서 상호작용을 하는 체계를 만들면 이러한 체계는 병리 현상을 가지게 된다. 예를 들면, 아버지가 아들을 돌보고 보살피는 상호작용은 실존적 질서를 따라서 이루어지는 체계이다. 그러나 아버지가 자신의 욕구를 충족하기 위해서 아들을 정서적으로 착취한다면 이는 실존적 질서를 어기는 상호작용을 하는 체계이다. 이 경우에 아들은 부모화 현상이라는 병리성을 경험하게 되어 나중에 심리적 장애를 경험하며 또 다른 실존적 질서를 어기는 상호작용의 체계를 만들어 낸다.

맥락 가족치료는 다측면 공정성 모델을 가지고 있다. 맥락 가족치료는 사람들이 가지고 있는 상호작용의 근본 질서를 대상으로 하기 때문에 가족들이 가지고 있는 상호작용을 이러한 맥락의 측면에서 검토한다. 가족들의 경우에는 부부관계와 부모자녀관계를 통해서 다측면 공정성 모델을 검토할 수 있다. 부부관계는 서로 주고받는 관계라는 윤리 맥락을 가지고 있다. 주고받는 관계는 부부간에 근본 실존의 질서로서 이러한 주고받는 관계는 여러 다양한 측면에서 공정하게 이루어져야 한다. 예를 들면, 어떤 부부는 경제라는 측면에서는 주고받는 관계가 잘 이루어지는데 정서교류라는 측면에서는 주고받는 관계가 이루어지지 않는다. 정서적으로 남편은 부인에게 의존하고 있어서 항상 부인은 남편의 정서를 지지하고 충족해야 하는 입장에서 살게 된다. 시간이 지나고 세월이 지나가면 부인은 정서적으로 고갈되고 더 이상 남편을 지지하고 공감할 수 없는 상태가 된다. 정서 측면에서 주고받는 관계가 형성되어 있지 않았기 때문에 부부간의 상호작용체계는 남편이 부인에게 지속적으로 정서적 공급만을 받는 관계를 형성하게 된다. 부모와 자녀 간의 실존 질서는 일방적 돌봄의 관계이다. 부모는 자녀들을 일방적으로 돌보며 자녀들은 자신들의 자아를 형성해 나가는 실존의 질서 속에 살게 된다. 부모들도 자녀들을 경제 측면에서 일방적으로 돌보는 관계를 형성하면서 살아간다. 그러나 정서의 측면에서 부모 중 한 사람 또는 두 사람 모두 자녀들에게 공급을 받으려고 한다. 자녀는 부모의 정서를 충족하기 위해서 노력해야 하며 자신들에게 필요한 정서를 공급받지 못한다. 예를 들면, 아이들은 화가 난 부모를 여러 가지 방법으로 달래기 위해서 노력한다. 화가 난 부모를 달래는 행동을 함은 물론이고 부모가 화가 나지 않도록 여러 가지 행동을 하게 된다. 정작 아이들 자신들이 화가 났을 때는 부모로부터 위로나 지지를 받지 못하면서 살아가게 된다. 아이는 나중에 정서적으로 고갈될 뿐만이 아니라 심리적 장애를 가지게 된다. 맥락 가족치료에서는 여러 가지 다양한 측면에서 실존의 질서를 지키면서 살아가도록 돕는 활동을 한다. 따라서 다측면에서 공정한 윤리를 가지고 상호작용, 즉 체계를 이루도록 한다.

3) 통합 모델

　　맥락 가족치료는 개인의 특성을 윤리의 맥락 속에서 발견하고 이해한다. 개인의 특성을 나타내는 여러 가지 현상은 맥락 가족치료에서는 개인심리라는 범주로 이해된다. 개인심리라는 범주는 관계를 하는 데 있어서 하나의 차원을 형성하고 있다. 개인심리의 여러 가지 특징은 상호작용으로 이루어지는 체계에 영향을 미친다. 즉, 개인이 느끼는 감정들과 생각하는 사고의 형태들은 상호작용의 방향이나 방식을 여러 가지로 바꾸게 된다. 또한 상호작용이 일어나는 체계는 개인의 사고나 정서 그리고 행동에 영향을 주게 된다. 체계는 개인의 심리 현상과 밀접하게 교류하는 역할을 한다. 체계는 개인이 가지고 있는 윤리의 맥락 속에서 이루어진다. 윤리의 맥락은 체계가 상호작용을 하는 방식들을 지정하게 되고 이러한 상호작용을 하는 체계는 개인의 사고나 정서에 영향을 미치게 된다. 이미 실존의 윤리를 어기는 방향으로 상호작용을 하고 있는 체계는 개인의 사고나 감정 그리고 행동 속에 실존의 질서에 대한 개념을 바꾸게 된다. 예를 들면, 정서적으로 의존하는 부모를 가진 아이는 자신이 어른을 돌보는 역할을 오랫동안 하게 된다. 부모를 돌보아 온 애어른인 아이는 크면 어른 아이, 즉 성인 아이가 된다. 성인 아이인 어른은 아이가 당연하게 부모를 돌보는 삶의 방식을 실존적 질서라고 여긴다. 즉, 체계와 개인의 특성들이 상호작용을 하듯이 윤리의 맥락은 체계와 개인의 특성과 상호작용을 한다.

　　윤리의 맥락은 개인의 자아를 형성하는 데 기여한다. 맥락 가족치료는 자기묘사와 자기타당이라는 개념을 사용한다. **자기묘사**(self-delineation)는 한 개인이 다른 사람들과 구분되는 독특성을 지칭하는 개념이고, **자기타당**(self-validation)은 다른 사람들이 인정하고 말해 준 내용을 지칭하는 개념이다. 인간은 자기묘사로 인해서 생기는 특성과 자기타당에 의해서 생기는 특성들을 조합하면서 자아가 형성되고 발전한다. 인간의 자아는 자신이 가지고 있는 고유한 특성들이 맥락 속에서 이루어지는 상호작용의 체계에 의해서 만들어지는 자기타당에 의해서 조절되고 변화된다. 인간의 자아는 순수하게 유전 특성에 의해서만 결정되는 현상이 아니라 상호작용을 통해서 만들어지는 여러 가지 현상과 상호작용을 통해서 이루어진다. 따라서 인간의 자아는 맥락이라는 현상과 분리해서 생각하거나 다룰 수 있는 개념이 아니다. 오히려 맥락 속의 상호작용을 어떻게 만들어야 자아의 형성에 긍정적으로 그리고 건강하게 영향을 미칠 수 있는가 하는 점을 연구하고 이해해야 한다. 맥락 속에서 형성된 자아는 여전히 상호작용에 영향을 미치고 이러한 상호작용은 실존의 질서를 바꾸는 역할을 한다. 맥락 가족치료는 이런 의미에서 개인의 특성과 가족의 체계를 맥락이라는 질서 속에서 하나로 통합하려는 모델을 가지고 있다.

4) 다세대 모델

관계 윤리의 맥락은 다세대에 걸쳐서 형성된다. 아이의 부모가 가지고 있는 여러 가지 심리적 유산은 이미 윗세대 사람들과의 상호작용을 통해서 만들어진다. 아이의 부모는 아이가 태어나기 전에 이미 윤리적 맥락을 형성하고 있다. 이미 형성된 윤리적 맥락 속에서 아이는 태어나게 된다. 아이가 부모와의 상호작용을 통해서 형성하게 될 자아는 이미 아이의 할아버지와 할머니와 아이의 부모가 상호작용을 통해서 형성하는 맥락 속에서 발달하게 된다. 세 세대 간 윤리의 맥락은 최소의 단위이다. 따라서 아이의 자아는 자연히 여러 세대를 통해서 형성된 윤리의 맥락 속에서 형성된다. 아이의 자아 형성이 긍정적 방향에서 형성될 것인지 아니면 부정적 방향에서 형성될 것인지는 어느 정도 예견이 가능하다. 부모가 가지고 있는 여러 가지 심리적 유산을 분석하고 이해하면 아이의 자아가 어떤 방식으로 형성될지를 예측할 수 있다.

맥락 가족치료이론이 가지고 있는 여러 개념은 다세대 모델을 이미 함의하고 있다. 예를 들면, 자기묘사와 자기타당이라는 개념에서 자기타당의 개념은 부모가 가지고 있는 윤리의 맥락에서 생기는 영향이 강력하다. 물론 부모 이외에도 여러 사람이 자아를 형성하는 데 있어서 긍정적 또는 부정적 피드백을 주게 된다. 그러나 부모는 여러 사람 중에서 가장 강력한 영향을 주는 사람이다. 부모들은 이미 여러 세대를 통해서 형성된 윤리의 맥락 속에서 아이를 인정하거나 거부하는 태도를 보이게 된다. 따라서 자기타당이라는 개념은 다세대 맥락 속에서 발생하는 개념으로 이해된다. 회전판(revolving slate)은 다세대의 모델을 보여 주는 또 다른 좋은 개념이다. 부모가 만일 자신들의 윗세대와의 관계에서 제대로 보살핌을 받지 못했다고 한다면 부모들은 관계 윤리의 특징으로 인해서 다음 세대에게 일방적으로 돌보는 부모의 활동을 제대로 하지 못하게 된다. 자신이 아이였을 때 받았어야 할 돌봄과 보살핌을 제대로 받지 못하게 되면 이들은 관계 속에서 자신의 정당성을 찾고 싶어 한다. 따라서 부모는 자녀 중 한 사람을 선택해서 자신들의 욕구를 충족하는 수단으로 사용하게 된다. 물론 부모 자신은 이러한 과정을 의식적으로 결심하지는 않는다. 무의식 속에 이미 자신들의 관계 윤리를 실천하기 위해서 부모는 자녀들을 자신들이 가지고 있는 맥락 속으로 끌어들이게 된다. 부모의 이러한 행동은 이미 세대를 통해서 형성된 판에 박힌 형태이다. 부모가 자신의 윗세대 부모와의 관계에서 형성된 판에 박힌 행동을 아랫세대인 자녀에게 되풀이한다. 반복을 통해서 형성되는 판을 회전판이라고 한다. 부모는 판에 박힌 행동을 통해서 자녀를 자신의 욕구 충족을 위한 수단으로 이용한다. 맥락 가족치료는 이렇게 다세대 간에 형성된 윤리의 맥락을 통해서 형성된 자아나 관계 형태를 다루는 가족치료이론이다. 비록 윗세대 사람들, 즉 할아버지 또는 할머니들이 현존하지 않는다고 하더라도 마찬가지로 다세대 모델은 적용된다. 이미 아버지와 어머니가 유산을 가지고 있기 때문이다.

3. 주요 개념 및 원리들

맥락 가족치료는 기본 원리가 크게 두 가지로 나뉜다. 하나의 원리는 인간의 실존을 나타내는 현상이다. 인간의 실존은 윤리의 맥락과 밀접한 관련을 가지고 있다. 가족은 인간의 실존을 가능하게 하는 가장 중요하고도 처음에 있는 실존의 장이다. 가족이 가지고 있는 실존의 질서는 부부간에 가지고 있는 윤리의 맥락과 부모와 자녀 간에 가지고 있는 윤리의 맥락이다. 이 둘의 윤리의 맥락은 다음 세대의 인간이 성장하면서 가지게 될 여러 가지 특성을 갖도록 만든다. 다음 세대의 아이들은 그다음 세대를 위해서 이미 윤리의 맥락을 가지게 하고 이러한 윤리의 맥락은 그다음 세대의 아이들에게 이미 실존의 질서로 자리 잡게 된다. 또 하나의 원리는 대화의 현상이다. 두 가지 다른 특성들은 서로 상호작용을 통해서 어떤 종류의 결과를 만들어 낸다. 예를 들면, 부모와 자녀는 서로 다른 특성을 가지고 있으면서 서로 대화를 통해서 일정한 결과를 만들어 낸다. 부모와 자녀 사이에 어떤 종류의 대화를 하는가에 따라서 윤리의 맥락이 달라진다. 인간이 가지게 되는 실존의 현상은 곧 이러한 대화의 결과이다. 부모와 자녀 사이의 대화가 어떤 방식으로 이루어지는가에 따라서 자녀가 부모로부터 받게 될 심리적 유산이 달라지게 된다.

1) 실존의 원리

⑴ 유산

자녀들이 부모로부터 대화를 통해서 물려받게 되는 **명령**(imperative)을 유산 (legacy)이라고 부른다(Boszormenyi-Nagy et al., p. 205). 부모가 자녀에게 가지고 있는 기대들은 자녀들에게 본질적 명령을 전달한다. 예를 들면, 부모가 자녀에게 '너는 이 다음에 커서 훌륭한 사람이 될 거야. 그러니까 공부도 열심히 하고 착한 사람이 되어야 한다.'라고 기대를 했다고 하자. 부모는 아이가 훌륭한 사람이 되도록 여러 가지 행동을 하게 될 것이다. 훌륭한 사람이 어떤 사람인지 가르쳐 주기도 하고 훌륭하다고 생각되는 사람들의 자서전 또는 책을 사다가 가져다주기도 한다. 또한 훌륭한 사람이 어떻게 행동하는지를 부모 자신이 직접 보여 주기도 할 것이다. 부모가 자녀에게 하는 이러한 기대는 자녀의 마음속에 심리 유산으로 남게 된다. 자녀는 성장하여서 부모가 자신에게 하였던 기대를 버리지 않고 자신이 훌륭한 사람이 되려고 노력할 것이다. 만일 부모가 기대한 대로 행동하지 못하거나 부모의 기대에 미치지 못하게 된다면 아마도 자녀는 마음속에 죄책감 또는 수치심을 가지게 될 것이다. 부모의 기대는 자녀에게 심리 명령의 역할을 하게 되고 자녀는 부모의 기대대로 행동하려고 한다. 자녀들은 부모로부터 심리적 명령이라는 유산을 물려받게 된다.

자녀가 부모로부터 물려받은 심리 명령은 부정 명령과 긍정 명령으로 나뉜다. **부정 명령**(negative imperative)이란 자녀들이 부모로부터 떠안게 되는 빚을 말한다. 경제 측면에서 보면 부모가 일억 원의 빚을 가지고 있었다고 하자. 부모가 이 빚을 다 갚지 못해서 자녀에게 오천만 원의 빚을 남기고 돌아가셨다면 자녀는 부모가 지고 있었던 오천만 원의 빚을 지게 된다. 자녀는 부모로부터 오천만 원의 빚을 떠안게 된다. 심리 측면에서도 마찬가지 원리가 적용된다. 부모가 자녀에게 잘못된 기대를 하거나 아니면 잘못된 행동을 하는 경우에 자녀는 부모로부터 부정 명령을 심리 유산으로 물려받게 된다. 부모가 자녀에게 잘못된 기대를 하는 경우는 다음과 같다. 부모는 자녀에게 '너는 항상 내가 시키는 대로만 해야 한다.'라고 기대를 했다고 하

자. 이 경우에 자녀가 부모의 기대대로 행동을 하지 않을 때 부모는 야단을 치고 벌을 주게 될 것이다. 이러한 기대가 강하면 강할수록 부모는 자녀에게 자신의 기대를 관철하기 위해서 여러 가지 행동을 하게 될 것이다. 부모의 이러한 기대는 자녀의 마음속에서 자신의 기대대로 행동하지 않는 사람들을 보면 견디지 못하게 할 것이다. 자녀는 만일 다른 사람이 자신의 기대대로 행동하지 않는다면 마음속에서 좌절을 경험하게 되고 엄청난 분노를 일으킬 것이다. 즉, 자녀는 자신의 마음속에 부모로부터 부정 명령을 심리 유산으로 물려받았다. 또 다른 경우의 부정 명령은 부모가 자녀에게 올바른 기대를 했음에도 불구하고 기대한 대로 행동을 하지 않았을 때이다. 예를 들면, 부모는 자녀에게 훌륭한 사람이 되라고 기대함에도 불구하고 훌륭한 사람이 어떤 사람인지 가르치지 않고 부모가 자녀를 제대로 돌보지 않는다면 자녀는 마음속에서 심하게 혼란을 경험하게 될 것이다. 부모의 기대와 행동이 다름으로 인해서 자녀는 마음속에 이중 기준을 가지게 될 것이다. 자녀는 부모의 기대와 행동을 따로따로 내면화함으로써 다른 사람들을 대하는 데 있어서 이중으로 행동하게 된다. 자신이 이중으로 행동함에도 불구하고 죄책감이나 불편함을 느끼지 못하는 이유는 부모의 이중 행동을 내면화하였기 때문이다. 그리하여 다른 사람들이 도전을 하고 지적을 하더라도 자녀는 쉽게 자신의 행동을 변화시키지 못하게 된다. 부모의 기대와 행동의 이중성은 자녀의 마음속에 부정 명령의 심리 유산으로 남게 된다.

긍정 명령(positive imperative)이란 부모가 자녀에게 올바른 기대를 하면서 동시에 제대로 돌보고 살피는 행동을 하는 경우이다. 이 경우에 자녀는 부모로부터 좋은 심리 유산을 물려받게 되는데 이러한 심리 유산을 긍정 명령이라고 한다. 좋은 심리 유산이란 곧 자산을 의미한다. 자산은 자녀가 사용할 수 있는 자원이다. 부모가 자녀에게 열심히 공부하기를 기대한다고 하자. 부모가 자녀에게 열심히 공부할 필요성을 가르치는 행동을 한다. 가르칠 뿐만 아니라 열심히 공부하는 사람들도 사귀게 하고 열심히 공부를 하면 어떤 사람들이 되는지에 대해서 미리 미래를 알아보도록 한다. 또한 공부에 필요한 여러 가지 물건이나 여건을 만들어 주도록 노력한다. 부모가 기대를 하고 이러한 기대를 이루기 위해서 보여 주었던 행동으로 인해 자녀가 성공적으로 공부를 한 경우에 자녀의 마음속에는 부모에 대한 고마움을 늘 가지게 될 것이다. 부모에 대한 고마움은 자녀로 하여금 이러한 기대대로 행동을 하도록 만든다. 공부를 하는 다른 사람들을 보면 잘 돌보려는 행동을 하게 된다. 특히 그 자녀가 다음 세대에 아이를 낳게 된다면 그 자녀는 자신의 아이에게 할아버지와 할머니가 어떻게 자신에게 행동하고 기대하였는지 말하게 될 것이다. 말할 뿐만 아니라 그 자녀는 자신의 아이에게 공부를 하도록 기대하고 도움을 주는 여러 가지 행동을 하게 될 것이다. 자녀는 부모로부터 긍정 명령인 심리 유산을 물려받았다.

긍정 명령과 부정 명령의 심리 유산은 다음 세대를 위한 맥락으로서 역할을 한다. 부모로부터 물려받은 심리 유산은 다음 세대를 어떤 방식으로 돌보게 될 것인가를 결정한다. 아이들이 살아가야 할 맥락은 이미 이런 방식으로 결정되어 있고 이렇게 결정된 맥락 속에서 아이들은 태어난다. 아이들은 이러한 맥락을 피할 수 없으며 자신에게 정해진 운명으로 다가온다. 부정 명령을 유산으로 물려받은 부모로부터 태어나는 아이들은 다시 부정 명령을 유산으로 물려받게 된다. 긍정 명령 유산을 물려받은 부모로부터 태어나는 아이들은 다시 긍정 명령을 유산으로 물려받게 된다. 심리 유산들은 세대를 거듭하면서 반복되는 고리의 역할을 한다. 이미 결정된 맥락들은 여러 세대 전에 예고되어 있으며 예고된 맥락을 통해서 아이들은 다시 그 맥락을 이어받게 된다. 이러한 현상이 정해진 운명이라고 부를 수 있는 맥락의 관점이다. 인류는 반복되는 역사를 맥락을 통해서 한 세대에서 다음 세대로 전달하고 그다음 세대는 자신들이 맥락을 선택할 수 없는 입장에서 부모들이 가지고 있던 아니면 이전 세대가 가지고 있던 맥락을 그대로 물려받게 된다.

(2) 원장

부모로부터 주어진 유산과 자신이 살아가면서 얻은 것들을 기록해서 계산을 해 놓은 장부를 원장이라고 부른다(Boszormenyi-Nagy et al., 1991, p. 205). 원장(ledger)은 유산에 의해서 부여된 내용과 노력에 의해서 얻어진 내용을 비교하고 계산해서 써 놓은 장부를 말한다. 단순하게 말한나면 원상은 부모에게서 주어졌는지, 자신이 노력을 해서 얻었든지 간에 장점(merit)과 빚(debt)을 계산해 놓은 장부를 의미한다. 장점과 빚은 두 가지 원천에 의해서 만들어진다. 유산과 노력이 장점과 빚을 만든다. 부모로부터 얻는 경우를 유산이라고 부르고, 노력해서 얻은 경우를 신용(credit)이라고 부른다. 유산에는 부정 유산과 긍정 유산이 있다. 부정 유산은 부모가 자녀에게 넘겨준 빚을 의미한다. 긍정 유산은 부모가 자녀에게 넘겨준 자산을 의미한다. 한 개인은 부모로부터 빚과 자산을 동시에 물려받는다. 대부분의 경우에 자녀들은 부모로부터 빚보다 자산을 더 많이 물려받는다. 그러나 어떤 사람들은 자산보다 빚을 더 많이 물려받는 경우도 있다. 예를 들면, 알코올 중독인 아버지와 살면서 평생 동안 폭력을 경험한 아이들은 자산보다 빚을 더 많이 물려받은 경우이다. 긍정 유산인 자산은 장점으로, 부정 유산인 빚은 빚으로 남게 된다.

신용에도 우량 신용과 불량 신용이 있다. **우량 신용**은 다른 사람들을 돌보고 베푸는 행동을 말한다. 다른 사람들을 많이 돌보고 사랑을 한 사람들은 다른 사람들이 윤리의 맥락 속에서 제대로 살아갈 수 있도록 만드는 역할을 한다. 이들은 다른 사람들로부터 많은 신용을 얻게 된다. 만일 이들이 채권을 발행한다면 우량 채권이 된다. 반면 **불량 신용**은 다른 사람들을 착취하고 위협하고 협박해서 자신의 욕구를 충족하는 행동을 말한다. 다른 사람들을 파괴하여 힘들게 만들고 원망하는 마음과 분노의 마음을 일으키게 한다. 이러한 행동을 하는 사람들은 다른 사람들로부터 불신을 얻게 된다. 이들은 신용불량자들이다. 다음에는 다른 사람들이 자신의 말을 믿어 주지 않는다. 이들이 채권을 발행하면 이는 불량 채권이 된다. 불량 신용은 빚으로, 우량 신용은 장점으로 남게 된다.

원장은 네 가지 종류의 항목들이 조합을 통해서 만들어진 장부이다. 유산의 두 항목인 자산과 빚 그리고 신용의 두 항목인 우량 신용과 불량 신용의 네 가지 항목을 비교하면 장점과 빚이 계산되어 나온다. 자산과 우량 신용은 장점으로 빚과 불량 신용은 빚으로 구분된다. 크게는 두 가지로 구분된다. 장점이 빚보다 많은 사람과 빚이 장점보다 많은 사람으로 구분된다. 그러나 자세하게는 네 가지로 구분된다. 긍정 유산과 우량 신용을 가진 사람과 긍정 유산과 불량 신용을 가진 사람, 부정 유산

그림 8-1 　원장의 종류

과 우량 신용을 가진 사람, 부정 유산과 불량 신용을 가진 사람으로 구분된다. 긍정 유산과 우량 신용을 가진 사람은 가장 건강한 사람으로서 장점을 가지고 있는 사람이다. 긍정 유산과 불량 신용을 가진 사람과 부정 유산과 우량 신용을 가진 사람은 두 항목, 즉 자신과 빚 사이에 균형을 맞추어 가는 사람이다. 물론 이 경우에도 자산이 빚보다 더 많은 경우와 빚이 자산보다 더 많은 경우가 있다. 빚을 더 많이 지고 있는 사람들은 다른 사람들과의 관계에서 갈등을 유발하는 사람들이다. 또는 자신이 심리적으로 어려움을 겪는 사람들이다. 자산이 더 많은 사람은 갈등을 경험하지만 쉽게 회복되는 사람들이다. 심리적으로 어려움을 경험하지만 회복이 빠른 사람들이다. 부정 유산과 불량 신용을 가지고 있는 사람은 빚만을 잔뜩 짊어진 사람이다. 부모로부터 물려받은 유산도 빚이고 자신이 살아가는 동안에 불량 신용을 통해서 빚을 진 사람이다. 빚만 잔뜩 진 사람들은 심리적으로 또는 관계 속에서 많은 어려움을 겪는 사람들이다. 이들은 일상생활을 할 수 없을 만큼 어려운 삶을 살기도 하고 다른 사람들에게 의존하지 않으면 살아가기 힘든 사람들이다.

원장은 살아가면서 어떤 종류의 삶을 사는가에 따라서 달라진다. 긍정 유산을 많이 가지고 태어난 사람들도 살아가면서 다른 사람들에게 신용을 잃는 행동을 많이 하게 되면 불량 신용을 많이 가지게 된다. 부정 유산을 많이 가진 사람들도 다른 사람들에게 신용을 많이 얻게 되면 우량 신용을 많이 가지게 된다. 원장에 기록된 유산과 신용의 균형 상태는 살아가면서 역동적으로 변화하게 된다. 역동적 변화의 가능성이 있음에도 불구하고 일반적으로 긍정 유산을 가진 사람은 우량 신용을 많이 얻는 방향으로 그리고 부정 유산을 많이 가진 사람은 불량 신용을 많이 얻는 방향으로 삶을 살아가게 된다. 긍정 유산을 많이 받은 사람은 자신이 부모에게서 받은 기대의 명령에 의해서 다음 세대 또는 주변의 다른 사람들에게 윤리의 맥락에 맞는 행동을 하게 된다. 윤리의 맥락에 맞는 행동을 함으로써 우량 신용을 많이 가지게 된다. 반면 부정 유산을 많이 가지고 있는 사람은 부모로터 물려받은 부정의(injustice)로 인해서 다른 사람들을 희생시키면서라도 자신의 욕구를 충족하기를 바란다. 이러한 욕구는 곧 주변 사람들을 착취하거나 협박하는 행동으로 이어진다. 이로 인해서 윤리의 맥락에 어긋나는 행동을 하게 되어 불량 신용이 많이 쌓이게 된다. 긍정 유산을 가진 사람은 우량 신용을 가지게 되고 부정 유산을 가진 사람은 곧 불량 신용을 가지게 된다. 즉, 인간의 관계와 심리 세계에서 부익부와 빈익빈의 현상이 생기게 된다.

사람이 살아가는 동안 유산과 신용이 상호작용을 하여 원장의 내용을 변화시킨다. 원장의 내용은 한번 결정되면 변화되지 않는 고정적이고 물리적인 실체가 아니다. 오히려 삶의 방향과 방식에 따라서 변화되고 달라지는 역동성을 가지고 있다. 만일 부정 유산을 많이 가지고 있는 사람이 다른 사람들로부터 신용을 많이 얻게 되는 경우에 마음속에서 유산과 신용은 대화를 하게 된다. 유산에 의해서 가지고 있는 빚들은 신용에 의해서 만들어진 공적 때문에 줄어들게 된다. 공적에 의해서 빚이 줄어들면 이 사람은 힘들고 어려워하는 마음이 점차로 보통 사람들처럼 평안하고 크게 흔들리지 않는 마음으로 변화된다. 그러나 이 사람은 보통 사람들보다 훨씬 더 많은 공적을 갖지는 못한다. 빚에 의해서 공적 역시 줄어들었기 때문에 이 사람은 보통 사람에 근접하는 삶을 살게 된다. 부정 유산을 가진 사람이 불량 신용을 갖는 경우나 긍정 유산을 가진 사람이 우량 신용을 갖는 경우에 두 특성 간의 대화로 인해서 빈익빈과 부익부의 현상이 가중된다. 부정 유산과 불량 신용이 더해져서 훨씬 더 부정적 결과를 만들어 낸다. 부정 유산에 의한 빚과 신용 불량에 의한 빚이 합쳐짐으로써 파산으로 가게 된다. 파산이란 심리적 현상으로서 일상생활을 불가능하게 하는 행동을 할 수 있다는 뜻이다. 예를 들면, 알코올 중독자 가정에서 자란 사람은 알코올 중독인 아버지로 인해서 많은 빚을 물려받았다. 빚의 내용은 감정의 기복이 심하고 다른 사람들을 의심하며 어려운 일이 생기면 직면하기보다는 알코올로 회피하는 행동을 보이는 것이다. 이러한 내용을 유산으로 물려받은 사람이 알코올 중독의 행동을 하면서 폭력을 행사하게 되면 알코올 중독과 폭력의 현상이 합쳐져서 거의 일상생활을 하지 못하는 상태에 이르게 된다. 이 사람은 곧 심리적으로 파산 상태에 직면하게 되고 다른 사람의 도움 없이는 일상을 살아가기 어렵게 된다. 반면 긍정 유산에 의한 자산이 우량 신용과 합쳐지는 경우에는 **극대화**(synergy)를 가져오게 된다. 부모에게 많은 배려를 받고 자란 사람이 다른 사람들을 잘 배려하는 경우에는 많은 우량 신용이 생기게 된다. 우량 신용은 곧 자신이 가지고 있는 긍정 유산과 합쳐지면서 이 사람은 다른 사람을 배려하고 돌보는 일을 아주 잘하게 된다. 원장의 내용은 이렇게 살아가는 동안에 신용과 유산이 상호작용을 통해서 역동적으로 변화된다.

2) 대화의 원리

인간의 삶에 있어서 실존의 원리가 평면적이고 수동적인 성격을 기술하는 의미를 가지고 있다면 대화의 원리는 공간적이고 적극적인 성격을 기술하는 의미를 가지고 있다. 한 사람과 다른 사람들 사이의 상호작용을 표현하기도 하고 이러한 상호작용이 어떤 윤리의 맥락에서 이루어져야 하는가 하는 점을 기술하기도 한다. 공간적이라는 의미는 다차원의 측면에서 일어나는 현상이라는 뜻으로 그리고 적극적이라는 의미는 상호작용이 활발하게 일어난다는 뜻으로 사용되는 개념이다. 다측면에서 다차원적으로 일어나는 상호작용을 여러 가지 개념을 가지고 기술한 내용이 대화의 원리이다. 이때 대화는 언어를 통해서 이루어지는 좁은 의미의 상호작용이 아니라 언어를 포함한 전체 사람과 사람 사이에 일어나는 교류를 포함하는 넓은 의미의 상호작용을 의미한다.

(1) 대칭

두 사람이 서로 상호주의에 입각해서 주고받는(give and take) 관계를 대칭(symmetry)이라고 부른다. 예를 들면, 한 사람이 다른 사람을 배려하고 돌보는 행동을 하는 경우에 다른 사람이 그 사람을 다시 돌보고 배려하는 행동을 할 수 있어야 한다. 이렇게 서로 돌봄을 주고받는 관계를 대칭이라고 부른다. 대칭의 관계는 인간관계에서 존재하는 하나의 윤리의 맥락이다. 윤리의 맥락이란 실존의 질서를 의미한다. 실존의 질서란 만일 그렇게 되지 않으면 문제가 발생한다는 의미를 지니고 있다. 대칭관계는 주고받는 실존의 질서를 의미한다. 이러한 주고받는 관계는 윤리 차원에서 당위적으로 이루어져야 한다. 예를 들면, 부부관계는 주고받는 윤리의 맥락 속에 존재하는 상호작용이다. 남편과 부인은 서로에 대한 신뢰를 쌓기 위해서 서로 배려하고 돌보는 관계를 형성해야 한다. 건강한 부부관계는 서로 돌보고 배려하는 관계를 말한다. 만일 한쪽이 다른 한쪽을 배려하지 않는다면 부부관계는 원만하게 이루어질 수 없게 된다.

부부는 둘 다 성인들로서 대칭관계를 유지할 수 있는 능력이 있음을 가정한다. 성인이란 독립된 개인을 유지할 수 있는 사람들을 의미한다. 자기의 독립된 영역과 세계를 유지할 수 있는 사람들은 필요한 경우에 자신의 삶을 나눌 수도 있고 나누지 않을 수도 있게 된다. 다른 사람들과의 관계에서도 필요한 것들을 나누어 주기도 하고 받을 수도 있게 된다. 자연스럽게 아주 오랜 기간 동안에 상호주의 원칙을 지키면서 주고받는 관계를 지속할 수 있다. 그러나 모든 영역에서 두 사람이 항상 상호주의 원칙을 지킬 수 있는 관계를 만들지 못한다. 어떤 영역에서는 한 사람이 다른 사람들보다 더 많은 자산과 신용을 가지고 있고 또 다른 영역에서는 다른 사람들이 그 사람보다 더 많은 자산과 신용을 가지고 있을 수 있다. 따라서 두 사람은 상보적 관계를 형성하면서 자신들이 더 많이 가지고 있는 영역은 더 많이 주고, 적은 영역에서는 받는 관계를 형성한다. 따라서 주고받는 관계는 가지고 있는 것을 동등하게 나누는 **평등성의 원리**와 없거나 부족한 것들을 서로 충족시켜 주는 **공평성의 원리**가 동시에 적용된다. 평등성의 원리가 있는 것을 같이 나눈다는 의미에서 주고받는 관계라 한다면, 공정성의 원리는 없는 것을 서로 충족하는 관계를 유지한다는 의미에서 주고받는 관계이다.

　부부관계는 평등성의 원리와 공정성의 원리가 동시에 적용되는 주고받는 관계이다. 부부는 남자와 여자이기 이전에 인간으로서 관계를 유지한다. 같은 인간으로서 가지고 있는 여러 가지 특성은 서로 나누는 관계를 가질 수 있다. 배려하거나 이해하거나 놀이하는 등의 특성들은 같은 인간으로서 가지고 있는 특성들을 나누는 관계이다. 남성 또는 여성 모두에게 공통으로 존재하는 특성으로서 인간성은 서로 주고받는 관계를 통해서 유지되고 발전된다. 인간으로서 공통의 특성을 가지고 있는 경우에는 평등성의 원리가 적용된다. 가지고 있는 특성들을 같이 주고받는 측면에서 대칭관계이다. 반면에 공정성의 원리라는 측면에서 보면 서로에게 없거나 부족한 측면을 서로 나누는 관계이다. 부부관계를 남성과 여성의 차이라는 측면에서 볼 때 남성에게 독특한 측면과 여성에게 독특한 측면으로 나뉜다. 예를 들면, 남성들이 일 또는 힘 지향적 성향을 가지고 있다면, 여성들은 관계 지향적 성향을 가지고 있다. 일하는 방식의 관계를 가진 남성들은 해결 지향적이고 결론 지향적 성향을 가지고 있다. 반면 여성들은 관계 지향적이므로 과정 지향적인 성향을 가지고 있다. 이때 서로 주고받는 관계가 되도록 하려면 해결 지향 남성과 과정 지향 여성이 상보적 입장에 있어야 한다. 즉, 남성은 해결을 하고 여성은 과정을 지속하는 상보성은 주고받는 관계를 나타내고 있다. 공정성의 원리는 서로 다른 점을 고려해서 같은 방식으로 대한다는 주고받는 관계이다. 남성들은 해결 지향적 성향이 많으므로 남성들

280

에게 해결을 하도록 부탁하고 여성들은 관계 지향적 성향이 많으므로 과정을 지속하도록 한다. 이렇게 함으로써 부부관계는 주고받음에 있어서 상보성의 측면에서 공평하게 된다.

(2) 비대칭

한 사람이 다른 사람을 돌보면 다른 사람은 그 사람에게 같은 방식으로 돌봄을 되돌려 줄 수 없는 관계를 비대칭(asymmetry)이라고 한다. 부모와 자녀 관계가 그 대표적 예이다. 부모와 자녀는 부모가 자녀를 일방적으로 돌보는 관계를 말한다. 부모가 아이를 낳고 기르면서 글을 가르치고 학교를 보내며 직장을 갖도록 돕는 역할을 한다. 그러나 아이는 성인이 되어서도 부모에게서 받은 여러 가지 배려와 관심과 사랑을 같은 방식으로 부모에게 되돌릴 수 없게 된다. 만일 자녀가 결혼을 해서 가정을 가지게 된다면 부모는 자녀에게 그다음 세대를 잘 돌보고 보살피는 역할을 기대한다. 부모로부터 배려와 사랑을 받은 자녀는 자신이 낳은 자녀를 잘 돌보고 사랑함으로써 부모가 자신에게 베풀었던 보살핌과 사랑에 보답을 하게 된다. 부모와 자녀 사이에는 일방적 돌봄의 관계가 형성되고 이렇게 형성된 관계는 그다음 세대에서 또다시 반복된다. 이러한 일방적 돌봄을 비대칭관계라 부른다.

부모와 자녀 관계에서 비대칭성은 부모 노릇에 대한 책임이 곧 부모에게 있음을 의미한다. 부모는 자녀를 낳고 자녀를 양육하는 책임을 일차적으로 가지고 있다. 이러한 원리는 동물의 세계에서도 볼 수 있다. 새끼를 낳은 동물들은 새끼를 돌보는 일에 최선을 다한다. 새끼가 일정한 크기로 커서 자신의 삶을 책임질 수 있을 때까지 어미는 새끼를 돌보게 된다. 육식 포유동물들은 새끼가 사냥하는 방법, 숨는 방법 그리고 다른 동물들과 경계선을 정하는 방법들을 지속적으로 그리고 반복적으로 가르친다. 마찬가지로 인간도 자신이 부모가 되었을 때 자녀가 한 사람의 성인으로 자라서 자신의 삶을 책임질 수 있을 때까지 돌보는 일을 하게 된다. 필요한 지식을 가르치고 어떻게 다른 사람들과의 관계에서 예절을 지키면서 살아가는지 설명하고 보여 준다. 일정한 지식을 습득하게 하기 위해서 학교를 보내고, 학교를 졸업할 때까지 부모는 필요한 일체의 경비를 제공한다. 자신이 스스로 경제력을 가지고 자신의 삶을 책임질 수 있을 때 부모는 자녀를 독립시키게 된다. 자녀가 독립을 할 때까지 부모는 자녀에게 필요한 모든 것을 책임지고 가르치는 입장에 있게 된다. 돌

봄은 부모에게서 자녀에게로 흐르며 또 그 자녀는 그다음 세대의 자녀들에게 자신
이 부모의 역할을 함으로써 인류의 역사는 진행된다.

(3) 충성심

모든 인간관계는 주고받는 특성을 가지고 있다. 비대칭관계인 부모와 자녀 사이
에서 부모는 자녀를 돌보고 책임을 지는 일방적 책임을 갖는다. 부모가 자녀를 돌보
고 도움을 줌으로써 자녀는 부모에 대해서 신뢰와 사랑의 마음을 가지게 된다. 자녀
는 부모에 대한 신뢰와 사랑의 마음을 가짐으로 인해 부모에 대해서 **충성심**(loyalty)
이 생기게 된다. 부모에 대한 자녀의 충성심은 부모가 일방적으로 자녀를 돌보는 책
임에 근거를 두고 있다. 충성심을 다른 방식으로 설명한다면 자녀가 부모에 대해서
갖는 주는 관계이다. 물론 자녀는 부모에게 같은 방식으로 돌봄을 제공할 수 없지만
부모에게 충성심을 보임으로써 자신의 은혜를 갚으려고 한다. 부모가 자녀를 돌보
는 일은 자녀에게 두 가지 명령을 갖도록 한다. 하나의 명령은 다음 세대인 자녀들
을 돌보도록 하는 일이고, 다른 하나는 부모에 대해서 충성심을 보이도록 하는 일이
다. 다음 세대를 돌보는 일은 일방적 돌봄이라는 측면에서 달성되고 부모에 대한 충
성심은 자녀가 부모를 신뢰하고 있음을 보임으로써 달성된다. 충성심과 일방적 돌
봄은 모두 인간이 가지고 있는 주고받는 관계의 정당성 또는 공평성에서 기인한다.
이런 의미에서 모든 인간관계는 주면 받으려고 하는 특성을 가지고 있다.

충성심은 발달단계에 따라서 그 모양과 방향이 조금씩 달라진다(Boszormenyi-
Nagy et al., 1991, p. 207). 아주 어린 시절에는 유아는 개별화를 통해서 자신을 성장
시키는 일에 주력한다. 청소년 시기가 되면 자신의 정체성을 확립하기 위해서 여러
가지 노력을 한다. 청년이 되면 이제 데이트를 하고 결혼을 한다. 결혼을 한 사람들
은 곧 아이를 출산하고, 아이가 성장하는 동안에 자신의 부모는 나이가 들고 쇠약해
진다. 이러한 발달단계를 통과할 때마다 충성심은 재정의되고 다른 모양으로 발전
한다. 예를 들면, 청소년 시절에는 자신의 정체성을 분명하게 세우는 과정을 부모와
함께 하는 충성심을 가질 수 있다. 자신의 정체성에 대해서 고민하고, 이를 해결하
는 과정에서 부모에게 자문을 구하고 같이 의논함으로써 자신의 고민하는 과정을
부모에게 노출하여 부모에 대한 충성심을 보일 수 있다. 청년 시절에 데이트를 하는
과정에서 자신이 좋아하는 여자 또는 남자에 대해서 충분히 부모와 상의하면서 상

대방을 부모에게 보여 주고 부모의 의견을 듣는 방식으로 충성심을 확인할 수 있다. 결혼을 하는 과정에서도 부모에게 충성심을 보일 수 있고, 부모를 잘 돌볼 수 있는 사람과 결혼을 함으로써 부모에 대한 충성심을 보일 수 있다. 이제 점차로 나이가 들어 가는 부모에 대해서 자신이 부모를 돌볼 수 있는 준비와 여건을 만드는 일이 중요하다. 노인이 되는 부모는 누군가의 도움이 필요하고 아주 나이가 많이 들면 많은 돌봄이 필요하다. 나이가 든 부모님을 돌보는 일은 자녀가 부모에게 보일 수 있는 최고의 또는 최선의 충성심이 될 수 있다.

충성심은 신뢰와 사랑을 바탕으로 하며 부모를 돌보는 행위라는 두 축으로 이루어진다. 신뢰와 사랑은 부모가 일방적으로 돌보는 행위를 통해서 이루어진다. 그러나 어린 자녀는 부모가 자신을 잘 돌보도록 행동하는 일이 중요하다. 부모가 자녀를 돌보는 일은 일방적이지만 자녀의 성향에 따라서 돌봄의 질이 달라진다. 따라서 부모가 최선의 또는 최적의 돌봄을 가질 수 있도록 자녀가 행동하는 일은 충성심의 다른 모양이다. 다른 의미에서 충성심은 자녀가 부모에 대한 효도(filial loyalty)를 하는 일이다. 이는 부모를 돌보고 배려하는 행위를 말한다. 물론 어린 자녀는 부모를 돌보는 일이 별로 없다. 그러나 나이가 들수록 부모를 많이 돌볼 수 있으며 자신이 부모를 돌볼 수 있는 여건과 환경 그리고 인격적 성숙을 갖추는 일이 중요하다.

(4) 자아의 형성
인간의 자아는 두 가지 개념에 의해서 이루어진다. 자기묘사와 자기타당이라는 두 가지 개념은 인간의 자아를 형성하는 두 축이다. **자기묘사**(self-delineation)란 자율적이고 개별적인 자신을 다른 사람들과의 관계에서 구분할 수 있는 능력을 말한다(Boszormenyi-Nagy & Krasner, 1986, p. 421). 자기묘사란 다른 사람들과 관계를 하면서 획득하는 능력으로서 자신을 다른 사람들과 구분하고 자신의 독특성을 찾아갈 수 있는 능력을 의미한다. 자기묘사에 의해서 인간은 자신만의 독특성과 개별성을 형성한다. 자신과 타인을 구분하기 위해서 경계선을 제대로 설정하는 일이 중요하다. 경계선을 통해서 인간은 자신과 타인을 구분하고 자신만의 독특한 특징들을 발전시켜 나간다. 발달상에서 아이들은 자기묘사의 능력을 사람들과의 관계에서 발전시킨다. 주변 사람들과 아이가 상호작용을 하는 방식은 아이가 자신을 묘사할 수 있는 능력을 키워 주는 맥락의 역할을 한다. **자기타당**(self-validation)은 다른 사람들로부터 인정을 받을 수 있는 능력을 말한다(Boszormenyi-Nagy & Krasner, 1986, p. 421). 자기타당을 통해서 사람들은 자신의 윤리적 가치를 발달시킨다. 다른 사람들과의 상호작용을 통해서 자신들이 인정을 받고 인정을 통해서 일정한 가치를 내면화한다. 윤리적 가치들은 다른 사람들과 사회생활을 하는 조건이 되기도 하고, 사회생활을 원활하게 하도록 만드는 원동력의 역할을 하기도 한다. 예를 들면, 어떤 아이가 다른 사람들에게서 길을 친절하게 가르쳐 주는 행동을 했다고 하자. 사람들은 아이에 대해서 감사함을 표현하고 칭찬을 하였다. 아이는 그 사람들로부터 인정을 받음으로 인해 또다시 그렇게 친절한 행동을 하려고 할 것이다. 아이의 친절한 행동과 사람들의 인정이라는 상호작용을 통해서 아이는 자신의 윤리적 가치를 내면화한다. 다른 사람들로부터 인정받을 수 있는 능력을 발달시켜 나간다. 친절한 행동은 인정받을 수 있는 윤리로서 다른 사람들이 인정을 해 줌으로써 자신의 자아 속에 깊이 인식된다. 아이는 다른 사람들로부터 인정받을 수 있는 능력을 키워 간다. 이러한 능력을 자기타당이라고 한다.

　인간의 자아는 자기묘사와 자기타당의 상호작용을 통해서 얻어진다. 자기묘사와 자기타당은 한 개인의 자아 속에서 대화를 하게 된다. 자기묘사와 자기타당은 갈등을 일으키기도 하고 조화를 이루기도 한다. 갈등을 일으키는 경우에 자아는 일관성과 통합을 잃게 된다. 반면 조화를 일으키는 경우에는 일관성과 통합을 가지게 된다. 예를 들면, 자신을 독립적이라고 생각하는 사람이 있다고 하자. 자신은 다른 사람들과의 관계에서 독립적으로 행동하고 독자적으로 생각한다. 독립적으로 행동하고 사고하는 능력인 자기묘사를 가지고 있다. 독립적으로 사고하고 행동하는 분위기를 가지고 있는 관계 속에서 이 사람은 다른 사람들의 인정과 지지를 받게 된다. 다른 사람들은 이 사람에 대해서 좋은 피드백을 주면서 많은 일을 맡기고 신뢰를 하게 된다. 이 사람은 다른 사람들로부터 인정을 받게 되고 자기타당이 생기게 된다. 독립적으로 행동함으로써 다른 사람들로부터 인정받을 수 있다고 생각하고 이런 방식으로 행동하게 된다. 즉, 독립적인 자기묘사와 다른 사람들로부터 받는 인정을 통한 자기타당은 자아 속에서 조화를 이룬다. 이런 경우에 이 사람은 일관성과 통합성을 가진 자아를 가지게 된다. 반면 이 사람이 독립적 행동과 독자적 생각을 가진 사람들이 인정받지 못하는 분위기에 있는 경우에는 다른 사람들은 이 사람에게 부정적 피드백을 주게 된다. 다른 사람들로부터 인정을 받지 못하게 되어서 자기묘사와 자기타당 사이에 갈등이 생기게 된다. 독립적으로 생각하는 자기묘사와 다른 사람들로부터 인정을 받지 못하는 자기타당 사이에 간격이 생기게 된다. 독립된 자신과 의존성을 요구하는 주변 사람들의 생각 사이에 갈등이 일어나면서 자아는 혼란과 어려움에 직면하게 된다. 만일 이러한 갈등이 지속되는 경우에 자아는 일관성과 통합성을 잃게 된다.

인간의 자아는 평생을 통해서 자기묘사와 자기타당 사이에서 대화를 통해 형성되고 변화해 나간다. 자신을 다른 사람들과 구분된다고 생각하는 자기묘사는 다른 사람들과의 관계에서 발생하는 자기타당과 조화와 갈등을 일으킨다. 조화를 이루면서 자기묘사는 강화되고, 갈등을 일으키면서 자기묘사는 약화된다. 독립적인 사람은 부정적 피드백에 의해서 의존적으로 변화하다가 다시 독립적으로 돌아온다. 그러나 다시 인간관계 속에서 독립성과 의존성은 적절한 방식으로 통합을 이루면서 의존과 독립이 공존할 수 있는 자아를 형성해 나간다. 한편으로 의존과 독립이 통합을 이루지 못하고 오히려 따로따로 존재하는 분열의 양상을 보이는 경우도 있다. 어떤 영역에서는 대단히 독립적이면서 다른 영역에서는 대단히 의존적이고 이 둘 사이에 전혀 대화를 하지 않고 살아가기도 한다.

4. 역기능의 가족관계

윤리의 맥락이 제대로 지켜지지 않을 때 가족들은 역기능의 관계를 가지게 된다. 윤리의 맥락이란 곧 실존의 질서를 의미한다. 부부간에는 주고받는 관계가 제대로 이루어지지 않고 부모와 자녀 간에는 비대칭의 관계에서 존재하는 일방적 돌봄이 이루어지지 않을 때 가족들은 역기능의 관계를 갖는다. 가족들이 가지고 있는 윤리의 맥락이 제대로 지켜지지 않으면 가족들은 자신들이 받지 못한 사랑과 돌봄을 다음 세대로부터 받거나 다른 방식으로 보상을 받으려고 한다. 다른 방식으로 보상을 받으려고 하는 마음은 결국 모든 인간관계가 주고받는 윤리의 정의를 실천하려는 성격을 가지고 있기 때문에 발생한다. 부모에게 제대로 돌봄을 받지 못한 자녀는 어른이 되어서 다음 세대가 자신을 돌보기를 바란다. 다음 세대가 자신을 돌봄으로 인해 부모가 자신에게 해 주지 못한 돌봄과 사랑을 자녀를 통해서 받기 원한다. 즉, 윤리적 정의를 실천하려는 마음으로 인해서 역기능이 발생한다.

1) 부모화

부모가 자녀에게 부정 유산을 물려줄 때 자녀가 다음 세대를 통해서 자신의 빚을 청산하고자 하는 노력을 하는 과정에서 부모화 현상이 발생한다. 부모가 자녀에게 비현실적 기대를 하거나 윤리의 맥락에 맞지 않는 방식으로 자녀를 대할 때 자녀는 충성심으로 인해서 부모의 기대대로 행동하려고 한다. 예를 들면, 학력에 대해서 열등감을 가지고 있는 부모는 자신의 자녀가 열심히 공부해서 좋은 학력을 갖기를 기대한다. 이러한 기대를 가지고 부모는 자녀로 하여금 열심히 공부하도록 독려한다. 아이가 공부를 하기 싫어할 때도 부모는 아이가 공부를 안 하면 큰일이 난다고 생각한다. 마치 아이의 미래가 암담할 것 같고 미래는 이미 확정된 것처럼 여겨진다. 그래서 부모는 아이로 하여금 어떻게 하여서라도 공부를 하도록 만든다. 아이를 위협하거나 협박을 해서 공부를 하도록 한다. 심한 경우에는 폭력을 사용해서라도 아이가 공부를 하도록 만든다. 아이는 그토록 부모가 원하는 공부에 대해서 충성심으로 인해 부모를 따르게 된다. 아이는 자신의 욕구에 충실하기보다는 부모의 기대에 먼저 반응하면서 성장하게 된다. 즉, 부모는 자신의 학력에 대한 열등감을 자녀의 의존성과 충성심을 근거로 해서 충족하려고 한다. 부모는 아이의 의존성과 충성심을 착취하는 행동을 하게 된다. 착취당한 의존심과 충성심은 자녀로 하여금 자신의 욕구를 제대로 돌보지 못하는 결핍 상태로 성장하게 한다. 자녀는 부모로부터 의존성을 이용하는 방법과 충성심을 악용하는 방법들을 내면화하게 된다. 즉, 부모로부터 부정 유산을 물려받게 된다. 부정 유산은 윤리의 맥락에 맞게 다음 세대를 돌보는 행동을 하기보다는 다음 세대를 이용하고 착취하는 행동을 하도록 내면화된 현상을 말한다.

부정 유산은 다음 세대로 하여금 자신을 돌보도록 만든다. 부모가 아이의 의존성을 이용하여 자신의 욕구를 충족하려고 하면 아이는 충성심으로 인해서 부모를 돌보는 역할을 하게 된다. 예를 들면, 엄마가 자신의 인생이 얼마나 불쌍하고 괴로웠는지를 아이에게 불평한다고 하자. 아이는 엄마의 말을 들으면서 같이 불쌍한 마음이 생기게 된다. 아이는 엄마의 삶에 대해서 불쌍하고 안된 마음을 가지게 되어 엄마를 돌보고자 한다. 아이가 엄마를 돌보는 방법은 엄마와 같이 있어 준다든지 집 안일을 대신한다든지 하는 여러 가지 책임을 맡는 것이다. 이때 책임은 부모가 해야 할 일을 아이가 대신하는 책임을 의미한다. 즉, 아이는 어렸을 때부터 지나치게 많은 책임을 가지고 살아가게 된다. 부모의 역할을 아이가 대신함으로써 부모는 아이의 역할을 하고 아이는 부모의 역할을 하게 된다. 물론 부모와 아이 사이에 역할이 바뀌는 현상은 자연스럽다. 때로 부모는 아이처럼 행동하고 아이는 부모처럼 행동함으로써 아이는 자연스럽게 부모의 역할을 배우게 된다. 한편으로 부모가 아이의 역할을 함으로써 아이는 부모와 같은 눈 높이를 가지고 서로 상호작용을 할 수 있는 관계를 만들어 간다. 그러나 역할의 전이는 잠시 또는 어떤 특정한 때 이루어진다. 전반적으로 부모는 자신의 책임을 다하는 역할을 하고 아이는 자신의 성장과 발달을 이루는 책임을 다하게 된다. 그러나 부정 유산을 가진 부모는 자신이 계속해서 아이의 위치에 있음으로 인해 아이를 지속적으로 부모의 위치에 있도록 만든다. 아이는 지속되는 책임 과다로 인해서 심리적으로 많은 어려움을 경험하게 된다. 오랫동안 누적된 심리적 어려움은 대체로 청소년 시기에 여러 가지 증상으로 표현된다. 가출을 한다든지 약물 남용을 한다든지 또는 편집증적 증상을 보인다든지 하는 여러 가지 증상을 표현한다. 개인이 가지고 있는 여러 가지 증상은 이러한 책임 과다 현상으로 인해서 발생한다. 아이가 부모의 역할을 오랫동안 하는 현상을 **부모화**(parentification) 현상이라고 부른다.

부모화 현상을 경험하는 자녀가 자신의 부모와 관계를 단절한 상태로 결혼관계에 들어가게 되면 자신의 결혼관계를 다시 단절하는 현상을 경험한다. 만일 부부 두 사람이 모두 자신의 원래 가족으로부터 단절을 경험하고 있다면 두 사람은 서로 결합을 해야 하는 당위성을 나누어 가지게 된다. 두 사람은 서로 단단하게 결합함으로써 원가족에서 이루지 못했던 연합을 이루게 된다. 이러한 연합의 관계는 당분간 지속되면서 두 사람을 하나로 묶는 역할을 한다. 그러나 시간이 지나면서 두 사람은 서로 분리의 필요성을 느끼게 된다. 왜냐하면 부모화 현상으로 인해서 원가족에서 분리와 개별화를 경험하지 못했기 때문에 분리와 개별화에 대한 욕구가 발생한다. 하나 되는 결합, 즉 서로에 대한 헌신으로 결합을 한 부부는 분리와 독립에 대한 욕구로 인해서 서로를 밀어내야 하는 역설에 직면하게 된다. 자신들이 서로 헌신하고 있는 근거를 이제 서로 부정해야 하는 입장에 있게 된다. 서로를 부정하고 밀어내는 과정에서 두 사람은 서로에 대해서 배반감을 많이 느끼게 되고 서로를 불신하는 상태에 들어가게 된다. 즉, 원래 자신들이 가지고 있던 심리적 상태를 서로에게 확인하고 서로에 대해서 많은 환멸을 느끼게 된다. 자신이 분리와 독립을 할 때 상대방이 자신을 지지하고 수용하며 멀어져 가도록 돕는 역할을 기대하지만 상대방도 같은 기대를 가지고 있기 때문에 이러한 지지와 수용이 가능하지 않게 된다. 자신의 분리와 독립을 위해서 상대방이 일방적으로 자신을 돌보고 수용하는 역할, 즉 부모로부터 받지 못한 돌봄을 기대하게 된다. 처음에 두 사람이 서로 결합에 대해서 느낀 필요성, 즉 결합에 대한 환상은 사라지고, 이제 두 사람은 서로 상대방을 일방적으로 지지하고 수용하면서 자신에게서 멀어져 가는 행동을 수용해야 하는 입장에 처하게 된다. 부부갈등은 끊임없이 발생하고, 이러한 과정에서 두 사람은 자신들의 욕구를 충족하기 위해서 그리고 결혼관계를 유지하기 위해서 제삼자가 필요하게 된다.

이들의 자녀들은 부모의 갈등을 지탱하고 떠받들어 주는 역할을 하게 된다. 부부갈등이 생길 때마다 자녀들은 부부가 서로 화해하고 좋은 관계를 유지하도록 돕는 역할을 한다. 자녀들은 한편으로 부모가 분리와 독립을 하는 과정을 돕는 역할을 해야 하며, 다른 한편으로는 부부간의 관계를 유지하고 지탱하는 역할을 하게 된다. 이 역할은 자녀가 가정을 완전하게 책임지는 부모의 역할로서 아이는 다시 부모화의 역할을 하게 된다. 부모화 역할을 하였던 부모는 자신의 자녀가 다시 부모화 역할을 하도록 함으로써 자녀에게 더욱더 큰 심리적 어려움을 만들어 준다. 이 자녀는 더 일찍 여러 가지 증상을 발달시킨다. 부모화의 역할은 세대를 지나가면서 더 심각한 악순환이 생긴다.

2) 분열된 충성심

자녀가 한 부모에 대한 충성심을 희생하면서 다른 부모에게 충성을 다할 때 생기는 현상을 **분열된 충성심**(split loyalty)이라고 한다(Boszormenyi-Nagy et al., 1991, p. 211). 이러한 상황은 부부가 서로 갈등하는 상황에서 발생한다. 어머니와 아버지가 서로 갈등하면서 아이로 하여금 자신의 편을 들도록 한다. 만일 아버지 편에 서게 되면 아이는 어머니에 대한 충성심이 희생을 당하고, 어머니 편에 서게 되면 아버지에 대한 충성심이 희생을 당하게 된다. 부부갈등을 일으키는 부모는 상대방에 대한 미움이 생기게 된다. 만일 자녀가 상대방에게 충성을 다하게 되면 자녀도 상대편으로 인식하게 된다. 자녀도 상대방에 대해서 가지고 있는 미움의 대상이 된다. 그러나 자녀의 입장에서 보면 자신을 미워하는 부모도 자신의 부모이기 때문에 충성심을 버릴 수 없다. 그러나 자녀의 충성심은 자신을 미워하는 부모에 의해서 받아들여지지 않게 되고 거부당하거나 희생을 당하게 된다.

자녀는 부모로부터 자신의 생명에 대한 빚을 지고 있다. 자신의 생명을 창조한 부모는 자녀 입장에서는 죽을 때까지 이 빚을 다 갚을 수 없게 된다. 자녀의 입장에서 보면 부모는 두 사람 모두 어느 쪽도 버릴 수 있는 입장이 아니다. 따라서 자녀는 자연스럽게 양쪽 부모에 대해서 충성심을 가지게 된다. 부모가 갈등하면서 서로 화합할 수 없는 입장이 발생하면 자녀는 마음속에서 충성심에 대한 갈등이 생긴다. 부모 중 어느 한 사람에게만 충성을 할 수 없는 입장에 있을 때 이를 **충성심갈등**이라고 한다(Boszormenyi-Nagy et al., 1991, p. 211). 자녀들이 청소년 시기에 이르게 되면 충성심갈등이 생긴다. 청소년들은 자연스럽게 또래들과 연대가 강해진다. 또래 집단에 깊이 관여하는 청소년들은 또래에 충성해야 하는 입장이 생긴다. 부모에 대한 충성심과 또래에 대한 충성심이 갈등을 초래한다. 마찬가지로 직장을 가진 가장들도 충성심갈등을 경험한다. 직장에 대한 충성과 가정에 대한 충성이 서로 갈등을 일으키게 된다. 충성심갈등을 경험하는 자녀들은 부모가 서로 거의 상반된 입장에 있게 되어 어느 한쪽을 선택해야 하는 상황에 빠지는 경우에 분열된 충성심을 경험한다. 어느 한쪽 부모에 대한 충성심을 희생하면서 다른 부모에게 더욱 충성을 보이는 경우이다.

부모의 분열(split) 자체가 자녀들에게 문제를 일으키지 않는다. 부모의 분열로 인해서 부모가 자녀를 통해 서로 대화하고 서로의 입장을 강화하려고 할 때 문제가 발생한다. 부모가 분열된 상태로 그냥 있는 경우에 자녀는 부모에게 따로따로 충성심을 보이면 된다. 비록 충성심에 있어서 갈등은 일으키겠지만 자녀는 이런 충성심갈등을 스스로 해결할 수 있게 된다. 그러나 부모가 아이를 통해서 서로의 대화를 하는 경우에는 자녀가 부모의 관계를 유지하는 역할을 한다. 또 한편으로 부모 중 한 사람이 자신의 편이 되기를 강요하는 경우에는 자녀는 다른 한쪽 부모에 대한 충성심을 포기해야 한다. 예를 들면, 아버지와 사이가 좋은 딸에게 어머니가 자신의 편이 되라고 강요를 하는 경우에 딸은 어머니의 말을 듣거나 거부하는 두 가지 입장에 빠지게 된다. 딸이 어느 쪽을 선택한다고 하더라도 한쪽 부모에 대한 충성심은 희생을 당하게 된다. 치료 상황에서도 이런 분열된 충성심은 발생한다. 만일 치료자가 부모의 양육방식에 불만을 가지고 아이로 하여금 치료자와 연합하도록 만들고 부모와 가능하면 떨어지도록 치료를 진행한다면 치료자와 부모는 아이를 사이에 두고 갈등을 일으키게 된다. 만일 치료자가 아이에게 부모에게 충성을 보이지 말고 자신의 말만 듣도록 한다면 아이는 치료자와 협력하면서 부모에 대한 충성심을 희생당하게 된다. 다른 상황에서도 분열된 충성심을 볼 수 있다. 만일 결혼한 여자가 남편이 아닌 다른 남자를 사귀게 된다면 이 여자는 분열된 충성심을 가지게 된다. 새로 사귀는 남자와 남편에 대한 충성심 사이에 갈등이 일어나게 된다. 충성심이 갈등 상황에 처하게 되고 이제 두 사람 중 한 사람을 선택해야 하는 입장에 처하게 된다면 여자는 한쪽에 대한 충성심을 희생하여야만 한다. 새로운 남자를 선택하는 경우에는 남편에 대한 충성심이 희생을 당하게 된다. 그리하여 여자는 분열된 충성심을 가지게 된다.

3) 보이지 않는 충성심

인간이 가지고 있는 충성심은 두 가지 형태로 나타난다. 하나는 보이는 형태이고 다른 하나는 보이지 않는 것이다. 보이는 형태의 충성심은 분명한 방식으로 상대방을 돌보고 관심을 표명하는 것이다. 예를 들면, 자녀가 부모에게 자주 찾아가 인사를 드린다든지 또는 부모가 좋아하는 옷이나 음식을 사 드린다든지 하는 행동들은 모두 눈에 보이는 충성심이다. 자녀의 충성심은 다른 사람들이 분명하게 볼 수 있고 부모들도 분명하게 느낄 수 있게 된다. **보이지 않는 충성심**(invisible loyalty)은 일반적으로 잘 관찰되지 않는 충성심이다. 예를 들면, 아주 강박적인 어머니 밑에서 자란 아들이 결혼을 한 후에 자신의 집을 강박적으로 청소한다고 하자. 아들이 강박적으로 청소를 하는 행동을 보이는 것은 어머니가 강박적으로 청소를 하면서 아들에게 청소를 하지 않는다고 야단을 치고 비난을 했기 때문일 것이다. 물론 어머니와 살던 당시에는 청소를 강요하는 어머니에 대해서 반발도 하고 반항도 하였을지 모르지만 결혼을 한 후에는 어머니가 말한 주제를 그대로 따르고 있다. 이렇게 눈에 보이지 않는 방법으로 부모에 대해서 반응하는 행동을 보이지 않는 충성심이라고 한다.

보이지 않는 충성심은 가계를 계승하고 이어 가는 행동들과 관련이 있다. 자녀들은 부모와의 상호작용을 통해서 부모들이 하는 행동들을 내면화한다. 예를 들면, 바람을 피우는 아버지 밑에서 자란 아들은 아버지의 바람피우는 행동이 은연중에 내면화된다. 물론 의식의 차원에서 아들은 바람을 피우는 아버지의 행동을 싫어하게 되고 자신도 절대로 바람을 피우지 않겠다고 다짐한다. 그러나 무의식 수준에서 아들은 아버지의 바람피우는 행동이 내면화되어서 바람을 피우는 행동을 할 가능성이 많아진다. 만일 이 아들이 바람피우는 행동을 하게 된다면 아들은 자신의 가계에서 이어지는 행동을 하게 된다. 바람을 피우는 행동은 가계를 일정하게 이어 가는 역할을 한다. 아들이 아버지의 행동을 반복함으로써 이 가족은 일정한 형태의 행동이 반복되고 가계는 일관성을 가지고 이어진다. 눈에 보이는 방식으로 아들은 바람을 피우지 않기 위해서 노력하지만 눈에 보이지 않는 방식으로 아들은 아버지의 행동을 반복하게 된다. 아들이 아버지의 바람피우는 행동을 반복함으로써 아버지에 대해서 일종의 충성심을 보이게 된다.

보이지 않는 충성심은 가족들이 역기능 관계를 가지고 살아가도록 한다. 윤리의 맥락에 어긋나는 행동이 다음 세대의 자녀들에게 반복적으로 나타날 때 이러한 행동들은 가족들 간에 역기능의 관계를 갖도록 한다. 예를 들면, 부모의 말을 잘 듣지 않는다고 폭력을 휘두르는 부모와 살아온 자녀가 성장을 하여서 결혼을 하고 아이를 낳았다. 만일 아이가 성장을 하면서 자신의 말을 잘 듣지 않는다면 부모는 보이지 않는 충성심으로 인해서 아이에게 폭력을 휘두를 가능성이 아주 많다. 폭력을 휘두르는 잘못된 행동이 역기능의 가족관계를 만드는 이유가 있다. 첫째로, 이러한 행동이 보이지 않는 충성심으로 인해서 발생하였다는 사실을 제대로 인식하기 어렵게 된다. 보이지 않는 충성심은 대체로 무의식의 세계 속에 있기 때문에 스스로 인식하기 어렵게 된다. 무의식의 세계는 지금까지 경험하지 못했던 큰 사건 또는 예기치 않은 사건을 통해서 인식되거나, 잠을 잘 때 꿈을 통해서 인식하게 된다. 둘째로, 보이지 않는 충성심은 언제 끝날지 아무도 예측하기 어렵게 된다. 의식의 수준에서 제대로 인식되지 않을 뿐만 아니라 이 행동들을 언제 그만둘 수 있을지 아무도 예측하기 어렵게 된다. 게다가 살아가면서 부부갈등이 많아지고 아이들과 갈등이 많아지면 이 경우에는 보이지 않는 충성심에 의한 행동들이 강화되어 가족들의 관계가 더욱 역기능이 된다. 폭력을 휘두르는 아버지 밑에서 자란 아이는 청소년기에 접어들면서 폭력을 휘두를 가능성이 더욱 많다.

4) 회전판

사람들이 삶을 살아가면서 일정하게 계속해서 반복하는 행동의 형태를 **회전판**(revolving slate)이라고 부른다. 회전판의 행동들은 세대를 지나가면서 반복적으로 나타난다. 판(slate)은 **고정된 행동 형태**를 말한다(Boszormenyi-Nagy & Krasner, 1986, p. 420). 회전판은 고정되어서 일정하게 나타나는 행동양식을 의미한다. 사람들은 다양한 종류의 회전판 행동들을 가지고 있다. 바람을 피우는 행동, 알코올 중독, 분노의 배치(displacement of rage), 이혼하는 행동, 폭력의 행동, 무시하는 행동 등 수없이 많은 회전판의 행동들이 있다. 예를 들어, 바람을 피우는 행동에 대한 세대 간 회전판을 보기로 하자. 아버지가 바람을 피움으로 인해서 가정을 제대로 돌보지 않고 많은 어려움을 경험하면서 자란 아들이 있다. 아들은 아버지로부터 부정 명령의 유산을 물려받는다. 바람피우는 행동에 대한 분노와 절망 그리고 좌절과 같은 감정을 갖는다. 자라면서 많은 반항과 반발 그리고 무력한 어머니 또는 절규하는 어머니에 대한 복잡한 감정을 가지게 되었다. 성인이 된 아들의 마음속에 있는 원장은 이미 부정 유산으로 인해서 불량 신용으로 많이 채워지게 되었다. 아들의 자아는 이미 자존감이 낮고 부정적 생각과 감정으로 가득 차게 된다. 여자를 존중하는 마음보다는 수단시하고 성적 대상으로 생각하는 마음을 가지게 된다. 불량 신용을 많이 가지고 있는 아들이 성인이 되어 결혼을 했다. 그러나 부정적 자아상과 여자를 수단시하는 태도로 인해 부인과 많은 갈등을 경험한다. 자신의 마음을 제대로 이해해 주고 수용하기를 바라는 마음이 좌절된다. 남편인 아들은 다른 여자와 바람을 피우면서 부인에 대해서 원망과 분노의 마음을 갖는다. 새로운 여자와의 관계 때문에 자신의 부인을 무시하는 행동을 하게 된다. 아버지의 바람피우는 행동과 부인을 무시하고 수단시하는 행동은 아들 대에서 같은 방식으로 나타난다. 이를 회전판이라고 부른다.

회전판은 다음 세대에게는 **파괴적 부여**(destructive entitlement)를 만드는 역할을 한다. 부여(entitlement)란 어떤 사람이 다른 사람에게 일방적으로 제공하는 그 무엇을 말한다(Boszormenyi-Nagy, 1986, p. 416). 부여는 빚을 제공하는 것일 수도 있고 자산을 제공하는 것일 수도 있다. 빚을 제공하는 부여를 파괴적 부여라고 부른다. 파괴적 부여는 이미 다음 세대의 아이들이 태어나기 전에 부모가 원래 가족과의 관계에서 만들어 놓고 있다. 파괴적 부여는 다음 세대의 아이들에게는 일정한 맥락으로서의 역할을 한다. 맥락은 이미 아이들이 태어나기 전에 윤리의 맥락을 벗어나 있다. 위의 예에서 보는 바와 같이 바람피우는 행동이 회전판이 되고 있는 아들은 다음 세대의 아이들이 태어나기 전에 이미 아이들의 어머니를 버릴 준비를 하고 있는 셈이 된다. 따라서 아이들은 이렇게 부모와 자녀 사이의 비대칭의 맥락 속에서 태어나야 함에도 불구하고 이미 부모를 돌봐야 하는 맥락 속에서 태어난다. 그렇기에 아이들은 부모화 행동을 하게 된다. 아이들은 너무 일찍 책임을 지는 행동을 하면서 살아가게 된다. 파괴적 부여의 맥락 속에서 태어난 아이들은 성장하면서 관계의 정의를 실천하고자 한다. 이들은 부모화 현상으로 인해서 부모들로부터 받지 못한 돌봄과 관심을 다른 사람들로부터 받고자 한다. 다른 사람들이 자신을 돌보고 이해하며 수용해야 한다고 생각한다. 만일 그러한 수용과 관심을 보여 주지 않으면 다른 사람들을 무시하고 협박하는 행동을 하게 된다. 이러한 행동들은 불량 신용이 되어서 자신의 원장에 많은 빚을 기록하게 된다. 파괴적 행동들은 다시 악순환의 고리를 만들어 간다.

회전판과 파괴적 부여는 가족들이 겪는 가장 중요한 역기능의 개념들이다. 회전판으로 인한 파괴적 부여는 과거의 맥락에서는 윤리적으로 타당하면서 동시에 정당하다고 여겨진다(Boszormenyi-Nagy et al., 1991, p. 212). 그러나 회전판의 행동이 현재의 상황에서 다른 사람들과의 관계에서 관계 정의를 실천하기 위해서 이루어진다면 이미 윤리의 맥락을 벗어나는 행동이 된다. 따라서 이러한 부당한 관계의 악순환의 고리를 끊기 위해서 자신이 회전판이라고 하는 행동을 가지고 있음을 인식하는 일이 중요하다. 이런 인식을 통해서 우량 신용을 얻을 수 있는 행동을 하도록 노력하는 것이 필요하다.

5. 치료의 목표 및 방법

1) 치료의 목표

맥락 가족치료의 궁극적 목표는 가족 구성원들이 **재접속**(rejunction)을 하도록 돕는 활동을 하는 것이다. 부정 유산을 가지고 있는 가족 구성원들은 자신들의 원래 가족들과 관계를 단절하는 방식으로 행동한다. 관계를 단절하는 행동을 이접(disjunction)이라고 한다. 원래 가족 구성원들과 이접을 하는 가족은 다른 사람들과의 관계에서 자신의 부당한 대우를 해결하고자 한다. 따라서 치료자는 가족 구성원들과 다시 접촉하도록 만드는 일을 통해서 윤리의 맥락을 바로잡고자 한다. 재접속을 시도할 때 치료자는 다측면 공정성 모델을 생각하면서 활동해야 한다. 여러 다양한 측면에서 윤리의 맥락을 이루도록 노력한다. 예를 들면, 경제적 측면에서 많은 돌봄과 관심을 받은 사람은 정서 측면에서 돌봄과 관심이 적거나 약할 수 있다. 따라서 치료자가 재접속을 통해서 정서 측면의 관심과 돌봄을 경험하도록 돕는 활동을 할 수 있다. 한 사람이 가지고 있는 다양한 측면을 통해서 재접속을 하는 일도 중요하지만 여러 사람이 골고루 윤리의 맥락을 갖도록 하는 일도 중요하다. 가능하면 다양한 사람이 서로 공평하게 관계를 함으로써 서로에 대해서 부당한 느낌이 들지 않도록 한다. 여러 사람과 다양한 측면에서 공평하게 관계를 하도록 만드는 일이 맥락 가족치료자의 가장 근본 목표이다. 가족 구성원들이 지역사회에 있는 사람들과 좀 더 폭넓은 관계를 만들면서 다양한 사람과 여러 측면에서 윤리적으로 공평한 관계를 만들고 이를 통해서 가족과 지역사회에 속한 많은 사람이 골고루 혜택을 받을 수 있도록 만드는 일이 치료에 있어서 가장 중요하고도 근본적인 목표이다 (Boszormenyi-Nagy, 1985, p. 134; Boszormenyi-Nagy et al., 1991, pp. 215-216).

가족 구성원들이 재접속을 통해서 관계를 개선하기 위해서는 다음과 같은 몇 가지 일이 필요하다(Boszormenyi-Nagy et al., 1991, p. 216). 재접속을 위해서 가족들이 서로 주고받을 수 있는 기회를 만들어야 한다. 주고받는 기회를 만들기 위해서 필요한 일들은 다음과 같다. ① 원장의 주제를 서로 공개적으로 타협할 수 있도록 격려한다. ② 파괴적 부여가 생기는 원인을 포함해서 유산과 충성심으로 인해서 생기는 어려움을 탐색하고 알아 나간다. ③ 서로 같은 인식을 통해서 부모화 현상으로부터 벗어나도록 한다. ④ 부당한 관계를 말하고 서로 이야기할 수 있도록 하는 행동을 한다. ⑤ 자기타당을 통해서 서로 자존감을 증진시키고 관계를 회복하도록 돕는다. 이러한 활동을 하기 위해서 가족 구성원들은 서로에 대해서 생각하고 있는 장점들을 나누는 시간을 갖는다. 단지 인식으로 끝나는 활동을 하는 치료가 아니라 실제로 행동을 통해서 서로에게 인정과 칭찬을 할 수 있도록 돕는 활동을 한다. 이러한 활동은 가족 구성원들이 자신들이 가지고 있는 부정 유산에 직면하는 행동을 통해서 이루어진다. 자신의 유산과 원장을 이해할 뿐만 아니라 다른 가족 구성원들이 가지고 있는 유산과 원장을 이해하는 활동을 한다. 이러한 활동을 하는 동안 치료자는 서로에 대해서 충분히 주고받을 수 있는 기회를 만들고 실제로 행동하도록 돕는 치료를 한다.

가족의 구조를 확립하는 일은 치료에 있어서 중요한 목표가 된다. 권력이라는 측면에서 가족의 구조는 부모가 자녀를 돌보는 권력을 가져야 한다. 부모는 자녀들을 적절하게 돌볼 수 있는 권력을 가져야 하고 자녀들은 부모들의 돌봄 속에서 편안함을 느끼도록 한다. 또한 가족 구성원들이 나이에 맞는 권력을 갖도록 한다. 예를 들면, 초등학교 고학년 학생인 경우에 부모는 자신의 용돈을 스스로 관리할 수 있는 권한을 부여한다. 자신의 용돈을 어디에 어떻게 사용할 것인지 스스로 결정하고 부모에게 그에 대한 허락을 구하는 행동을 하도록 만든다. 초등학생 아이는 용돈을 관리하는 권한을 통해서 자신의 개별성을 증진시킬 수 있게 된다. 한편으로 부부는 서로 공동의 권력을 갖도록 한다. 서로는 동등한 어른으로서 각각에게 알맞은 권력을 갖는다. 물론 두 사람이 가지고 있는 여러 가지 특성을 비추어 볼 때 영역에 따라서 약간씩 다른 권력을 가질 수 있다. 이러한 권력은 상보성의 원리에 의해서 이루어진다. 부부는 서로 부족한 부분을 보충할 수 있는 방식으로 권력을 갖는다.

역할 구조라는 측면에서도 가족은 적절한 구조를 만들어야 한다. 부부간에 가지고 있는 역할 측면에서 적절하게 역할이 구성되어야 한다. 남편이 주로 경제 측면에서 역할을 한다면 부인은 가족을 돌보는 측면에서 역할을 한다. 한편으로 부인이 오락을 주도하는 역할을 한다면 남편은 가족들을 독려하고 참여하도록 하는 역할을 한다. 부부가 공동으로 일정한 역할을 수행한다면 아이들은 부모의 활동을 적극적으로 지지하는 지지자의 역할을 하도록 한다. 아이들도 적절한 역할 구조를 가지고 있어야 한다. 아이들이 장남과 차남 그리고 장녀와 차녀 등 모두 골고루 자신들의 역할을 수행하도록 역할을 분담한다. 역할들은 상황과 장소에 따라서 적절하게 바꾸어 수행할 수 있도록 한다. 어머니가 없는 경우에는 아버지가 가족들을 돌보는 가사일을 하는 역할을 수행한다. 반면 남편이 경제 측면을 제대로 수행하지 못하면 부인이 경제활동을 하는 역할을 한다. 아이들도 부모들이 없거나 자리를 비운 경우에는 부모의 역할을 잠시 동안 할 수 있도록 한다. 부모들도 때로는 아이들의 역할을 할 수 있도록 한다. 남성과 여성, 부모와 아이 그리고 같은 형제와 자매들의 역할들을 제대로 수행하며 이를 바꾸어 할 수 있을 때 가족의 구조는 건강해진다.

가족의 구조를 제대로 만들고 가족 구성원들이 서로 접속하도록 하는 일은 가족들이 가지고 있는 실존적 질서를 유지하도록 한다. 맥락 가족치료의 목표는 가족들이 가지고 있는 실존의 질서를 회복하는 것이다. 실존의 질서를 회복하면 가족 구성원들이 서로에 대해서 가지고 있는 윤리의 맥락을 회복하게 된다. 대칭을 요하는 관계는 대칭을 갖도록 하고 비대칭을 요하는 관계는 비대칭을 갖도록 한다. 대칭을 요하는 관계는 주고받음의 관계로 실존적 질서를 만드는 데 목표를 둔다. 예를 들면, 부부간에 한 배우자가 다른 배우자에게 지나치게 희생적 헌신을 하게 되는 관계이면 이러한 관계를 상호 간에 돌보고 사랑할 수 있는 관계로 만들어 주는 활동이 치료의 목표이다. 비대칭을 요하는 관계는 일방적으로 돌보고 사랑하는 관계로 만들어 주는 활동이 상담의 목표이다. 부모가 자녀를 돌보고 사랑하지 못하고 이용하기만 한다면 부모가 자녀를 착취하는 관계를 중지하고 일방적으로 돌보는 관계를 만들어 준다. 대칭과 비대칭의 관계를 회복하게 되면 인간관계의 가장 기본 원리인 주고받는 관계가 이루어진다. 치료를 통해서 서로 적절한 관계와 구조로서 주고받는 관계를 다시 이루고, 이를 통해서 각 가족 구성원들이 가지고 있는 원장의 내용을 고치고자 한다. 원장의 내용이 균형을 이루고 서로 신뢰를 회복하게 된다면 치료의 목표는 이루어진다. 원장의 내용을 고치기 위해서 부정 유산을 청산하거나 줄이는 치료의 활동을 한다.

맥락 가족치료는 예방을 치료의 중요한 목표로 간주한다. 지금 세대에서 일어나는 여러 가지 현상을 이해하고 치료하면 이는 곧 다음 세대에 있어서 예방 성격을 가지고 있다. 지금 세대가 윤리의 맥락을 세워 놓으면 다음 세대는 이러한 맥락 속에서 탄생한다. 지금 세대는 다음 세대를 위해서 신뢰를 구축하는 활동을 하게 된다. 신뢰를 구축하기 위한 치료의 목표는 다음과 같다(Boszormenyi-Nagy, 1981, p. 412).

① 치료자의 공감과 신뢰 있는 활동을 내면화한다. ② 가족들이 서로에 대해서 얼마나 책임 있는 행동을 하는가 알아본 다음 서로에 대해서 공정한 상호작용을 할 수 있도록 자원을 최대한 활용한다. ③ 모든 가능한 사람을 재접속을 위한 활동에 참여시킨다. ④ 치료에 참여한 모든 사람이 변화에 대해서 저항을 가지고 있으며 저항이 있음에도 불구하고 같이 일을 할 수 있는 능력을 키운다. ⑤ 가족들이 공통으로 가지고 있는 바꿀 수 없는 사실들과 사랑과 미움과 같은 정서적 태도, 친구관계, 연합과 비연합 등과 같이 자주 바뀔 수 있는 항목들을 구분하는 능력을 키운다. ⑥ 정체된 대인 간 원장의 내용과 유산으로 인한 기대를 현실적으로 조정할 수 있는 능력을 키운다. ⑦ 보이지 않는 충성심을 이해하고 바꾸는 활동을 한다. ⑧ 부당한 윤리의 맥락을 바로잡는다. ⑨ 부모화 현상을 경험하는 아이들을 부모화 현상으로부터 벗어나도록 돕는 활동을 한다. ⑩ 수동적이고 의존적인 태도를 적극적이고 긍정적인 태도로 바꾸는 활동을 한다.

2) 치료의 방법

(1) 자기타당

맥락 가족치료의 가장 중요한 치료의 방법은 여러 사람이 골고루 배려와 관심을 받도록 하는 일이다. 다측면 공정방법이 치료에 있어서 가장 중요한 방법이면서 동시에 목표이기도 하다. 치료를 시작하는 데 있어서 많은 사람이 편안하게 느낄 수 있는 방법은 개별 회기를 따로 갖는 일이다. 개별 회기를 통해서 치료에 참여하는 사람들이 모두 안전하고 편안하게 느낄 수 있도록 한다. 필요하면 두 사람 또는 세 사람이 같이 하는 집단 회기를 가질 수도 있다. 또는 모든 사람이 동시에 참여하는 전체 회기를 가질 수도 있다. 이러한 회기의 방법들은 그 자체로서 의미가 있거나 치료의 방법으로 필요한 활동이 아니라 다측면 공정성방법이라는 측면에 비추어서 필요하다고 인정되면 활용하는 방식들이다. 초기 치료에 있어서 중요한 일은 치료에 참여한 사람들이 모두 공정하게 배려받는 일이다. 불안을 느끼고 불편함을 느낀다면 이러한 감정들은 모두 치료자에 의해서 배려를 받게 된다. 치료자는 치료에 참여한 사람들 모두를 골고루 배려하고 관심을 가짐으로써 치료의 맥락을 만들어 간다. 치료의 맥락이란 곧 윤리의 맥락으로서 모든 사람이 공정하고 공평하게 배려받을 수 있는 치료자와 가족들 사이의 관계를 말한다.

치료자는 가족들이 이미 가지고 있는 자원을 활용한다. 치료의 활동은 가족들이 가지고 있는 병리 현상을 들추어내고 이를 바로잡는 방식으로 진행되지 않는다. 치료자는 가족들이 가지고 있는 자원을 최대한 활용하여 가족들을 서로 배려하고 관심을 갖도록 하는 전체 계획을 세운다(Boszormenyi-Nagy et al., 1991, p. 218). 계획이 진행되는 동안에 가족들은 자신들이 가지고 있는 원장의 내용, 유산의 성격, 충성심의 종류, 회전판 등을 이해하고 받아들일 수 있게 된다. 치료자는 가족들이 자신들이 가지고 있는 역기능의 측면들을 이해하고 받아들일 수 있도록 여러 가지 기법을 사용한다. 맥락 가족치료에서는 기법 자체의 중요성보다는 가족들이 서로 배려하고 이해하는 방법을 가르친다. 가족들이 서로 마음을 열고 상대방을 배려하고 자신의 역기능을 바로 볼 수 있도록 하기 위해서 서로에 대해서 가지고 있는 자원들을 활용하는 방법을 배우도록 한다. 이러한 방법을 배우도록 하기 위해서 질문을 하는 방식, 직면하는 방식, 격려하는 방식, 공감하는 방식, 말을 자제하는 방식, 자신의 요구를 표현하는 방식 등 다양한 방법을 동원한다. 치료자는 때로 적극적으로 가족들에게 충고하고 안내한다. 안내와 배려는 곧 가족들 간에 또는 치료자와 가족들 간에 신뢰를 형성하게 한다. 형성된 신뢰를 통해서 가족들은 안전하게 자신들의 마음을 탐색하고 이해하는 활동을 한다.

치료자는 가족들이 자신들의 마음과 관계를 자유롭게 탐색하고 서로에 대해서 배려와 관심을 갖도록 자유로운 방식을 사용한다. 치료자는 일정한 어떤 주제에 대해서도 엄격한 입장을 갖지 않는다. 만일 치료자가 어떤 입장에서 일정한 방식으로 그 주제에 대해서 말한다면 이는 가족들이 이미 하고 있는 입장과 전혀 다르지 않다. 즉, 치료자는 가족들이 기존에 하고 있는 방식을 강화하게 된다. 예를 들면, 부모는 이미 어떤 입장을 가지고 자녀들에게 자신들의 관심을 말하고 있다. 그렇기 때문에 치료자는 자녀들이 가지고 있는 입장을 배려하지 못하게 된다. 치료자가 하나의 주제에 대해서 여러 가지 다른 입장을 자유롭게 탐색함으로써 가족들도 여러 가지 다른 입장을 고려할 수 있도록 만든다. 단지 한 주제에 대해서 다양한 입장을 이해하는 차원에서 끝나도록 하지 않는다. 가족들이 서로 다른 입장들을 적극적으로 인정하고 배려하는 활동을 하도록 만든다. 예를 들면, 부모가 늘 자녀에게 공부하도록 하여서 아이가 부담감을 느끼게 되었다면 치료자는 부모로 하여금 자녀의 입장을 듣도록 만든다. 아이가 말을 하는 동안에 부모는 가만히 듣도록 한다. 말을 하려고 하면 치료자는 부모를 제지하여 아이의 말을 끝까지 듣도록 만든다. 만일 부모가 아이를 배려하는 데 있어서 지식이 모자란다고 판단되면 치료자는 부모에게 지식을 제공한다. 만일 부모가 자녀의 입장을 이해하는 데 있어서 공감하는 기술이 모자란다면 치료자는 부모에게 공감하는 방법을 보여 주고 가르쳐 준다. 치료자는 부모가 치료자로부터 지식과 기술을 배워서 아이의 입장을 적극적으로 이해하고 배려하도록 만든다. 치료자는 단지 이해의 수준에서 치료의 활동을 끝내는 것이 아니라 서로 적극적으로 배려하는 행동을 하도록 만든다. 즉, 가족들이 서로에 대해서 인정과 지지를 통해서 자기타당을 갖도록 한다. 자기타당을 통해서 서로 자존감이 향상되고 서로에 대해서 깊은 신뢰와 믿음을 갖도록 한다.

또 다른 자기타당의 방법은 치료자가 자녀들이 가지고 있는 충성심을 부각시키는 활동이다. 예를 들면, 어머니가 아들에 대해서 불평을 하고 나쁜 아이라고 말을 한다. 치료자는 아들에게 "지금까지 살면서 가족에게 했던 충성에 대해서 말해 보아라."라고 말을 한다. 아들은 치료자의 말을 통해서 자신이 지금까지 가족에 대해서 했던 여러 가지를 말하게 된다. 치료자는 아들이 가지고 있는 충성심을 충분히 부각시키고 인정하고 지지해 준다. 어머니는 아들의 말을 듣고 어떤 마음이 드는지 살펴보고 어머니로 하여금 아들의 충성심을 충분히 인정하고 받아들이도록 만든다. 만일 어머니가 아들의 충성심을 받아들이고 지지한다면 아들은 자존감이 높아질 것이다. 어머니로부터 받은 인정과 지지 그리고 치료자로부터 받은 인정과 지지를 통해서 아들은 자기타당에 의한 자아개념이 좋아질 것이다.

(2) 편파성

치료자가 가족 구성원들 중 어느 한 사람에 대해서 특별한 배려와 관심을 갖는 활동을 **편파성**(partiality)이라고 한다. 이 방법은 가족 구성원들이 가지고 있는 여러 가지 영역 중에서 윤리의 맥락이 실현되지 않은 경우에 사용하는 기법이다. 예를 들면, 부부관계에서 남편이 권위적이고 지배적이어서 부인이 자신의 마음을 제대로 표현하지 못했다고 하자. 부인은 정서를 표현하는 영역에서는 남편과 윤리의 맥락을 형성하고 있지 못하다. 부인은 남편에게 자신의 감정과 느낌을 제대로 표현하고 살지 못했기 때문에 마음속에 억울함과 부당함을 느낄 수 있다. 치료자는 이런 경우에 부인에게 특별한 배려와 관심을 표현한다. 치료자는 부인에게 "당신은 당신의 감정과 느낌을 남편에게 제대로 표현하지 못하고 살았군요."라고 말을 한다. 치료자는 편파성이 있는 말을 하면서 부인 편을 든다. 부인은 치료자의 말에 용기를 얻고 그동안 남편에게 할 수 없었던 표현들을 치료 장면에서 하게 된다. 남편은 부인의 말에 대해서 반박하려고 하거나 방어를 하려고 한다. 이 경우에 치료자는 남편이 방어나 반박을 하지 않도록 제지한다. 치료자는 부인으로 하여금 그동안 하지 못했던 말을 충분히 하도록 부인 편을 들어 준다. 부인의 편을 들어 주면서 남편으로 하여금 부인의 말을 충분히 들어 주도록 한다. 말을 들어 줄 뿐만 아니라 어떤 행동을 해야 할 필요성이 생기는 경우에 치료자는 남편으로 하여금 행동을 하도록 한다.

치료자는 다른 영역에서 남편에게 특별한 관심과 배려를 하는 편파성을 보인다. 남편은 부인의 말을 듣고 자신의 억울함을 말하게 된다. 예를 들면, 부인이 자신에게 제대로 식사를 차려 주지 않아서 불편하고 힘든 마음이 있었다고 하자. 치료자는 남편에게 "그동안 부인이 제대로 밥을 차려 주지 않아서 얼마나 불편하고 어려웠습니까? 힘들고 어려웠던 마음을 지금 여기 표현해 보시지요."라고 말을 한다. 치료자가 남편의 입장에 서 줌으로써 남편은 자신이 불편하고 어려웠던 마음을 부인에게 말한다. 부인은 남편의 말을 끝까지 듣도록 한다. 만일 부인이 중간에 개입하려고 하거나 말을 중단하려고 하면 치료자는 부인의 행동을 제지한다. 남편이 충분히 자신의 마음을 표현하고 나서 부인에게 어떤 행동을 요구하면 치료자는 부인으로 하여금 남편의 요구를 들어주도록 한다.

치료자는 가족 구성원들이 가지고 있는 여러 가지 측면에서 발생하는 억울함을 다루기 위해서 **다측면 편파성**(multilateral partiality)의 방법을 사용한다. 부인과 남편이 각각 하나의 영역에서 자신들이 가지고 있었던 억울함을 해결하였다. 그러나 다른 영역에서 남편과 부인은 또다시 억울함이 있을 수 있다. 그러한 영역들을 발견하고 이해함으로써 치료자는 그러한 영역들 각각에 대해서 편파성을 보여 주고 이를 해결한다. 남편과 부인은 두 사람의 관계에서 발생하는 억울함만 있지 않다. 자신들이 가지고 있는 원래 가족들과의 관계에서도 억울함을 가지고 있다. 이 경우에도 치료자는 그러한 영역들에 대해서 편파성을 보여 줌으로써 가족 구성원들이 자신들의 입장에서 자신의 견해를 피력하고 정당화하도록 기회를 준다. 원래 가족들이 살아 있는 경우에는 그들을 치료 장면에 불러서 같이 이야기를 나누도록 한다. 그러나 원래 가족들이 살아 있지 않은 경우에는 치료 장면에 있다고 가정을 하고 이야기를 나눈다. 치료자는 가족 구성원들 모두에게 이렇게 여러 측면에서 편파성을 보여 줌으로써 그 영역들에서 억울함을 줄이거나 없애도록 한다. 다른 가족들은 그러한 말을 들으면서 인정하고 수용하며 같이 공감하도록 만들어서 각각의 영역에서 억울함을 최대한 줄여 나간다.

다측면 편파성방법을 사용하기 위해서 치료자는 가족 구성원들이 가지고 있는 원장을 예민하게 파악할 수 있는 능력이 있어야 한다. 원장의 내용을 제대로 알지 못하거나 이해하지 못한 상태에서 편파성을 사용하면 치료자는 오히려 윤리의 관계를 해치게 된다. 가족들이 가지고 있는 원장의 내용을 이해하기 위해서 치료자는 가족들이 인식하고 있지 못한 부분들을 예민하게 파악하도록 한다. 예를 들면, 어머니가 청소년인 딸에게 심부름을 시켰을 때 딸이 어머니에게 심하게 화를 내고 함부로 말을 했다고 하자. 이 경우에 어머니는 딸에 대해서 제대로 이해하기 힘들 것이다. 딸이 무례하다고 생각하거나 버릇이 없다고 생각하여 딸에게 분개한 마음을 가질 수 있다. 딸도 역시 심부름이라고 하는 가벼운 일로 이렇게 화를 내고 심한 말을 하는 자신에 대해서 죄책감을 갖거나 한심하다고 생각할 것이다. 만일 치료자가 이러한 상호작용을 단지 상호작용을 원활하게 하는 차원에서만 다룬다면 어머니는 좋아하겠지만 딸은 마음속에서 억울함이 생길 것이다. 가벼운 일에 심하게 화를 내는 딸은 아마도 부모화 주제가 있을지도 모른다. 만일 딸이 부모화 주제를 가지고 있다면 어머니가 자신에게 가볍게 심부름을 시킨다고 할지라도 자신이 피해를 본다고 생각할 것이다. 딸은 부부가 심하게 싸우는 가운데 부부관계를 좋게 만들기 위해서 노력하면서 살아왔을지도 모른다. 가벼운 심부름이지만 딸은 부모화 주제로 인해서 더 이상 참지 못하고 외부의 조그만 요구에도 분노를 터뜨리게 된다. 치료자는 편파성을 통해서 딸과 한편이 되어 이러한 딸의 부모화 주제를 어머니가 충분히 이해하도록 돕는다. 치료자는 어머니가 딸에 대해서 단지 인식을 전환할 뿐만 아니라 실제로 행동하도록 격려하고 지지한다.

(3) 해방

치료자는 부모로부터 물려받은 회전판으로부터 자신들을 해방시키도록 돕는다. 회전판은 부모로부터 물려받은 파괴적 행동양식으로서 자녀들에게 이 행동을 되풀이함으로써 역기능의 가족 속에서 살아가도록 한다. 회전판으로부터의 해방은 가족들로 하여금 단지 부정적 관계를 청산하는 치료의 의미에서 한 걸음 더 나아가 서로 관계를 돕고 배려하는 관계로 만들어 가도록 한다. 해방을 위해서 가족들은 먼저 자신들의 회전판과 부모들과의 관계를 이해하는 절차가 필요하다. 다음으로는 회전판에 얽혀 있는 여러 가지 복잡한 감정을 다루는 시간이 필요하다. 마지막으로, 부모들의 세대가 가지고 있었던 상황과 맥락을 이해하고 받아들이도록 한다. 자신들은 같은 방식으로 자녀들에게 되풀이하지 않도록 한다. 해방(exoneration)은 단지 이해만 하고 끝나는 수동적 의미의 개념이 아니라 헌신하고 노력하는 적극적 행동을 의미한다.

회전판을 이해하도록 하기 위해서 치료자는 가족들로 하여금 다측면에서 자신들의 행동을 직면하도록 한다. 보이지 않는 충성심은 대체로 무의식 속에 존재한다. 다양한 측면을 직면하고 이해하는 행동을 하지 않으면 때로 회전판에 의한 행동을 놓치는 경우도 발생한다. 예를 들면, 아버지가 "나는 나의 아버지가 나를 통제하고 훈련시킨 방법들을 어렸을 때는 참으로 싫어하고 반발했지만 결국 그 방법이 좋다고 생각합니다."라고 말을 한다. 치료자는 아버지가 자신의 삶의 방식을 고수함으로써 자신의 삶 속에 있는 회전판을 이해하려고 하지 않는다는 사실을 인식해야 한다. 치료자는 통제 위주의 방법에 대해서 다측면으로 질문하고 토론하도록 함으로써 아버지가 자신의 아버지로부터 물려받은 통제 위주의 방법 속에 들어 있는 회전판을 이해하도록 돕는다. 또 자신들과의 토론을 통해서 통제 위주의 방법이 어떤 영향을 미치고 있는가를 인식하도록 한다.

치료자는 회전판으로 인해서 발생한 여러 가지 감정을 다룬다. 복잡한 감정들이 있으면 그것을 정리하는 작업이 필요하다. 감정들을 하나씩 뜯어 보고 그것이 어떤 의미를 가지고 있는가 하는 점을 이해하도록 한다. 만일 슬픔이 많이 있다고 한다면 슬픈 감정을 쏟아 내도록 돕는 활동을 한다. 충분히 공감하고 감정을 읽어 줌으로써 감정이 쏟아져 나오도록 한다. 죄의식과 창피들도 각각 적절한 방법으로 다룬다. 이러한 감정들을 다룸으로 인해서 가족들은 자신들의 과거를 현재에서 다시 경험하게 된다. 감정을 통해서 과거를 다시 경험하도록 함으로써 치료자는 가족들이 과거의 경험을 다시 구성할 수 있도록 돕는 활동을 한다. 과거를 재구성하기 위해서 가족들은 과거에 가지고 있었던 여러 가지 생각을 새로운 생각으로 바꾸는 활동이 필요하다. 의미를 다시 부여하고 부여된 의미를 통해서 부모의 삶을 다시 이해하도록 한다.

치료자는 부모의 삶을 이해하고 수용하는 방식으로 회전판으로부터 가족들을 자유롭게 한다. 가족들이 새로운 의미를 발견하고 이러한 의미를 현재라는 관점에서 다시 해석함으로써 부모들이 가지고 있는 어긋난 윤리의 맥락을 이해하도록 돕는다. 부모들도 그 위의 부모들과의 관계에서의 어긋난 윤리로 인해 자신들이 파괴적 부여의 맥락 속에서 태어나고 성장할 수밖에 없었음을 인식하도록 한다. 부모의 삶을 이해하고 받아들이게 되면 가족들은 부모들을 자신의 삶으로부터 해방시킬 수 있는 출구를 만든 셈이 된다. 이런 해방은 곧 가족들이 새로운 책임과 윤리의 맥락에 직면하게 된다. 어떻게 어긋난 윤리의 맥락과 더불어 살며 이러한 가운데 자신들이 어떻게 실존의 윤리를 지키면서 살아갈 것인가 하는 중요한 과제에 직면하게 된다. 이러한 과제를 적극적으로 다루어 가려고 노력하는 사람이 곧 통합된 인격을 가진 사람이 된다. 통합된 인격을 가진 사람들은 다음 세대와의 관계에서 윤리의 맥락을 제대로 잡아 갈 수 있게 된다. 해방을 위한 노력은 결코 쉽지 않은 노력이다. 많은 시간과 노력이 있어야 하며 분명한 확신이 필요한 활동이다. 특히 회전판으로 인해서 심리적으로 깊은 좌절과 어려움을 겪는 사람들일수록 해방을 위한 노력은 결코 쉽지 않다. 아주 적극적인 삶의 자세가 요구되는 활동이 해방을 위한 노력이다. 비록 부모들이 돌아가셔서 부모들과 대화를 할 수 없는 입장에 있거나 부모를 변화시키기가 거의 불가능한 경우에도 가족들은 해방을 위한 노력이 필요하다. 해방을 위한 노력은 현재 자신들의 삶과 미래의 세대를 위한 노력이다. 비록 부모를 변화시킬 수 없다고 하더라도 수동적으로 피해자의 입장에서 살아갈 수 없다는 뜻이다. 부모를 변화시키지 못함으로써 한계가 있다고 할지라도 가족들은 그 한계 속에서 해방을 위한 최선의 노력을 하여야 한다. 이런 경우에는 가족들은 제한된 해방을 가지게 된다.

요약

인간은 실존의 질서 속에서 살아간다. 실존의 질서란 모든 인간관계가 주고받는 방식으로 형성되어 있는 인간의 맥락을 의미한다. 주고받는 관계가 제대로 이루어질 때 인간의 삶은 풍요롭고 건강해진다. 주고받는 관계는 부부간의 관계에서나 부모와 자녀 간의 관계에서나 모두 마찬가지이다. 부부관계는 직접적으로 주고받는 관계로서 남편과 부인 사이에 활발한 직접 상호작용을 통해서 이루어진다. 부모자녀관계는 직접적으로 주고받을 수 있는 관계가 아니다. 부모가 자녀를 돌보게 되면 자녀는 같은 방식으로 부모에게 되돌려 줄 수가 없다. 자녀는 그다음 세대를 잘 돌봄으로써 자신이 부모로부터 받은 은혜를 갚으려고 한다. 한편으로 자녀들은 부모들로부터 받은 돌봄과 관심을 충성이라는 형태로 갚으려고 한다. 자녀들은 부모에게 자신들의 충성을 보임으로써 부모들의 은혜를 갚으려 한다. 충성은 자녀가 부모에게 받은 사랑과 돌봄을 돌려주는 다른 방식이다. 이러한 관계들이 제대로 이루어지면 인간은 서로 돌보며 아끼고 사랑하는 방식으로 살아갈 수 있다. 실존의 질서는 가족들의 상호작용의 형태 이전에 존재하는 현상이다.

실존의 질서가 무너질 때 가족들은 역기능을 가지게 된다. 가족들이 가지고 있는 역기능은 자녀들이 부모 중 어느 쪽에 충성을 해야 하는지 갈등을 일으키면서 부모 중 한 사람에게만 충성을 하도록 강요받는 경우에 생긴다. 충성을 강요당하면서 자녀들은 부모들이 자신들을 돌보는 방식으로 성장하기보다는 자녀들이 부모를 돌보는 방식으로 성장한다. 자녀들이 가족을 지탱하기 위해서 지나치게 많은 책임을 지거나 부모들의 삶에 깊이 관여함으로써 부모를 위로하고 지지하는 역할을 하는 경우에 문제가 발생한다. 자녀들이 부모로부터 부정 유산을 물려받게 되고 부정 유산들은 자녀들의 원장을 불균형 상태로 만든다. 원장의 불균형은 자녀로 하여금 자신의 원장을 균형 잡히도록 하는 행동을 하게 만든다. 자녀는 자신의 자녀를 돌보기보다는 자신의 삶을 요구하는 행동을 함으로써 자녀들이 다시 불균형의 원장을 갖도록 만든다. 즉, 자녀들은 부모가 했던 잘못된 행동을 그다음 세대와의 관계 속에서 다시 반복한다. 회전판은 세대를 지나가면서 점점 더 비뚤어진 방식으로 형성되고 사람들을 더욱 비윤리의 맥락 속에서 살도록 만든다.

치료는 실존의 질서를 회복하는 일을 목표로 한다. 가족들이 서로 다른 여러 측면에서 서로를 공평하게 대우하고 존중하는 관계를 갖도록 만든다. 치료자는 이러한 목표를 달성하기 위해서 자신이 사용할 수 있는 다양한 많은 기술을 사용한다. 치료자는 유연한 자세와 다양성이 있는 치료의 방식을 갖도록 요구된다. 가족들이 가지고 있는 원장의 내용에 민감하게 반응하여 어느 영역에서 억울함이 있는지 알아

본다. 어떤 영역에서 억울함이 있다면 치료자는 그 영역에 대해서 특별하게 관심을 가짐으로써 그 영역에서 더 이상 억울함을 느끼지 않도록 돕는 활동을 한다. 이러한 편파성은 다른 가족들이 볼 때 억울하게 느낄 수가 있다. 따라서 편파성의 방법은 다른 가족들에게도 동일하게 적용이 된다. 다른 가족들도 억울하게 느끼는 영역에 대해서 치료자가 특별한 관심을 가지고 자신을 표현하도록 도움으로써 그 영역으로부터 해방될 수 있도록 한다. 치료에 있어서 다측면 편파성방법은 치료자가 가족들과의 관계에서 윤리의 맥락을 형성함을 말한다. 치료자는 치료의 맥락을 윤리적으로 형성함으로써 가족들이 치료자의 행동을 모델링하도록 만든다.

치료자는 가족들이 원래 가족과 가지고 있었던 회전판을 끊고 새로운 행동을 갖도록 돕는 역할을 한다. 적극적으로 자신들의 삶을 직면하도록 돕는 활동을 한다. 여러 다양한 측면에서 자신들의 삶을 직면하도록 돕는 활동은 가족들의 저항을 불러일으킬 수 있다. 가족들의 저항을 적절하게 다룸으로써 치료자는 가족들이 자신들의 삶을 적극적으로 재구성하도록 돕는다. 과거의 사건과 일들을 현재에서 재경험하도록 돕는다. 감정을 다시 떠올리고 이를 충분히 경험하도록 함으로써 부모들을 자신의 삶으로부터 해방시킨다. 물론 자신들도 부모로부터 해방시키도록 돕는다. 과거의 재구성에는 새로운 의미를 부여하는 활동이 필요하다. 새로운 의미와 틀을 가짐으로써 가족들은 자신의 과거를 재구성할 수 있는 근거를 가지게 된다. 이러한 근거는 자신의 과거를 새로운 각도에서 조명할 수 있는 역할을 한다. 새롭게 조명된 과거의 삶을 통해서 부모들의 삶에 있는 불균형과 비윤리의 맥락을 수용하고 받아들이게 된다. 이러한 수용은 곧 다른 과제를 안게 되고 이러한 과제는 가족들로 하여금 새로운 책임의식을 갖도록 만든다. 불균형의 세상에서 어떻게 균형 있는 삶을 살아갈 것인가 하는 거대한 질문을 가지게 된다. 맥락 가족치료는 가족들로 하여금 이러한 질문에 적극적으로 대처하도록 요구한다. 아마도 이 질문은 평생을 통해서, 어쩌면 인류의 삶 전체를 통해서 대답해 나가야 한다. 단지 대답을 한다는 인지적 의미만 있는 것이 아니며, 맥락 가족치료는 적극적으로 책임을 지는 윤리적 행동을 요구한다.

연습문제

1 맥락 가족치료는 개인치료와 가족치료를 각각 비판하고 있다. 맥락 가족치료의 비판점들에 대해서 설명하고 맥락 가족치료의 독특성을 논의하시오.

2 실존의 질서와 윤리의 맥락이 어떻게 관련이 있는지 밝히시오.

3 맥락 가족치료가 가지고 있는 실존의 원리는 유산과 원장의 개념을 가지고 있다. 이 두 개념이 어떻게 관계가 있는지 밝히시오.

4 대화의 원리에는 대칭, 비대칭, 충성심, 자아의 형성이라는 개념들이 있다. 이 개념들과 주고받는 관계가 어떤 관련이 있는지 밝히시오.

5 가족의 역기능을 만드는 충성심과 회전판의 개념들이 있다. 이 두 개념이 어떻게 관련이 있으며 어떻게 가족의 역기능을 만들어 내는지 설명하시오.

6 재접속은 치료의 목표를 설명하는 중요한 개념이다. 이 개념이 어떻게 맥락 가족치료의 치료활동과 관련이 있는지 여러 다른 개념을 활용하여 설명하시오.

7 치료의 방법에 해당되는 개념들을 열거하고 이 개념들이 어떻게 치료의 방법에 활용되는지 설명하시오.

제9장

보웬 가족치료이론

1. 기원 및 주요 인물

　머레이 보웬(Murray Bowen)은 미국 테네시에서 출생하여 많은 형제와 자매가 있는 대가족의 장남으로 성장하였다. 의과대학에 들어가서 정신과 의사가 되었고 나중에 정신분석의 훈련을 받고 정신분석가로서 활동하였다. 보웬은 정신분석의 개념들을 사용하여서 조현병 환자와 가족들을 치료하였다. 보웬은 1946년부터 1954년까지 메닝거(Menninger) 연구소에서 일하면서 가족에 대한 연구를 하였다. 엄마와 아이 사이의 공생애에 대한 이해와 연구가 그의 주된 관심사였다. 이러한 관심사는 보웬이 조현병 환자와 그의 가족들 그리고 친척들을 치료하면서 발달하게 되었다. 보웬은 조현병 환자가 가족이나 친척들과 과도하게 정서적으로 밀착되어 있음을 발견하였다. 엄마와 아이 사이에 있는 공생애의 가설을 가지고 보웬은 1954년에 국립정신보건원(National Institute of Mental Health)에서 일하게 되었다.

　국립정신보건원에서 보웬은 그의 이론의 기초를 거의 확립하였다. 조현병 환자의 가족에 대한 연구를 통해서 분화의 개념과 삼각관계의 개념을 만들어 냈다. 환자들은 엄마와 불안정한 애착관계(anxious attachment)를 형성한다는 사실을 관찰을 통해서 발견하였다. 엄마와 아이의 애착관계가 정서적으로 불안한 마음에 의해서 이루어지고 이로 인해서 자신을 제대로 통제할 수 없는 상태에 이른다는 개념이 불안정한 애착관계이다. 불안정한 애착관계는 곧 분화가 되지 않음으로써 생긴다. 보웬의 이론에서 가장 중요한 개념이 분화(differentiation)이다. 나중에 보웬은 가족들을 더 연구하면서 불안정한 애착관계를 가지고 있는 사람은 자신을 유지하고 지탱하기 위해서 다른 사람들과 일정한 관계 형태를 가지고 있음을 발견하였다. 이 개념이 삼각관계이다. 이론의 기초 개념을 거의 확립한 보웬은 1959년에 조지타운(Georgetown) 대학교에서 일하였다.

조지타운 대학교에서 보웬은 이론의 완전한 형태를 확립하였다. 대학교에서 일하면서 임상연구소를 개설하고 연구를 하면서 많은 사람에게 가족치료 훈련을 시작하였다. 조지타운 대학교에서 일하는 동안 보웬은 이론의 여러 가지 다른 개념을 만들어 냈다. 보웬의 정서 단절(emotional cutoff)과 사회 퇴행(societal regression)이라는 개념들은 보웬이 마지막으로 개발하여 1975년에 발표하였다. 보웬은 거의 30년에 걸쳐서 그의 이론을 완성하였다. 그는 1990년에 생을 마감하였다.

보웬은 조지타운에 연구소를 세우고 많은 학생과 사람에게 가족치료 훈련을 하였다. 가족치료를 하는 많은 사람이 이 연구소에서 보웬으로부터 훈련을 받거나 그와 관계를 가지게 되었다. 필립 거린(Philip Guerin), 토머스 포거티(Thomas Fogarty), 마이클 커(Michael Kerr), 다니엘 파피로(Daniel Papero) 등 많은 학생이 보웬의 제자로서 가족치료 연구에 기여를 하거나 많은 사람을 훈련시켰다. 거린과 포거티는 1973년 뉴욕에 있는 뉴로셀에 가족훈련소를 개설하였다. 이 훈련소를 통해서 가족치료를 위한 훈련과 실제를 하게 되었다. 엘리자베스 카터(Elizabeth Carter)는 1977년에 웨스트체스터에 가족연구소를 개설하였다. 나중에 모니카 맥골드릭(Monica McGoldrick), 프레다 허츠(Fredda Hertz), 켄 터켈슨(Ken Terkelson) 등이 카터와 합류하였다. 맥골드릭은 보웬의 이론에 영향을 받아서 가족주기이론을 만들어 냈다. 제임스 프라모(James Framo)는 보웬의 이론에 영향을 받아서 많은 글을 쓰게 되었다. 보웬은 광범위하게 많은 사람에게 영향을 주었다. 그는 마지막으로 죽기 2년 전 1988년에 그의 이론의 완성서인 『가족평가(Family Evaluation)』라는 책을 그의 제자 마이클 커와 함께 출판하였다. 이 책은 보웬의 가족치료이론을 광범위하고 체계적으로 소개하고 있다. 보웬 가족치료이론의 근원이 되는 철학적 생각들과 여러 가지 다양한 개념을 『가족평가』라는 책에서 다루고 있다.

2. 이론의 기초

1) 진화 모델

살아 있는 생명체들은 환경과의 상호작용을 통해서 생존을 위하여 진화한다. 찰스 다윈(Charles Darwin)은 적자생존의 원리를 진화론의 가장 중요한 원리로 보고 있다. 생명체들은 살아남기 위해서 환경에 적응해야 한다. 성공적으로 적응한 생명체들은 오랫동안 살아가게 된다. 반면 적응하지 못하는 생명체들은 자연적으로 도태되는 운명을 맞게 된다. 환경에 적응하기 위해서 노력하는 동안에 생명체들은 나름대로 적응을 위한 기제들을 가지게 된다. 예를 들면, 어두운 곳에 사는 생명체들은 어두운 환경에 적응하기 위해서 눈이 퇴화된다. 어두운 곳에서는 눈이 별로 필요 없기 때문이다. 반면 어두운 곳에서 먹이를 찾고 잡아먹기 위해서는 여러 다른 기관이 발달해야만 한다. 감각기관들 중에서 청각이 발달을 한다. 청각을 통해서 먹이를 찾아내고 잡아먹기 위해서 청각이 발달한다. 후각을 통해서 냄새를 찾아내고 이를 통해서 먹이를 잡아먹기 때문에 후각기관이 발달한다. 이처럼 생명체는 주어진 환경에 성공적으로 적응하기 위해서 여러 가지 모양으로 자신을 발전시키고 변화시키게 된다. 이러한 과정을 진화라고 부른다.

생명체들은 진화의 과정에서 일정한 체계를 만들게 된다. 일정한 체계는 생명체들이 살아남기 위해서 발달시킨 일종의 생존전략이다. 사자들은 먹이를 효율적으로 잡기 위해서 여러 마리가 동시에 먹이를 몰아간다. 무리를 지어 다니면서 먹이를 사냥하고 사냥한 먹이를 같이 나누어 먹는다. 개미와 꿀벌도 역시 집단으로 서식하면서 자신들을 보호하면서 살아간다. 집단으로 먹이를 찾아다니고 저장하여 생존한다. 집단생활은 개미와 꿀벌이 생존하면서 이 땅에서 살아가도록 만들어 주는 체계이다. 마찬가지로 힘이 약한 짐승들은 무리를 지어 다닌다. 무리 속에서 새끼를 낳고 무리를 통해서 새끼를 보호한다. 무서운 짐승들로부터 자신들과 새끼를 보호하기 위해서 발달시킨 생존체계가 곧 무리이다.

가족은 자연에 존재하는 살아 있는 체계이다(Kerr & Bowen, 1988, p. 24). 인간도 환경에 적응하며 생존하기 위해서 일정한 체계가 필요하다. 일정한 체계는 인간 개개인의 삶을 보호하고 환경 속에서 살아나도록 하기 위해서 필요한 필수불가결의 요인이다. 가족은 생존을 위해서 필요한 살아 있는 체계이다. 가족을 통해서 인간은 개개인을 보호할 뿐만 아니라 아이들을 낳고 성장시켜서 인류의 미래를 이어 가는 역할을 한다. 가족이 없이는 인간은 환경 속에서 적응하면서 생존하기가 불가능하다. 가족은 자연적 체계로서 인간이 창조한 체계는 아니다. 자연에 의해서 자연스럽게 만들어진 체계로서 도덕과 인간 개입 이전에 존재하는 자연체계이다.

인간이 가지고 있는 지적 영역은 진화의 과정에서 가장 발달한 살아 있는 체계이다. 인간은 합리적으로 생각하는 능력을 통해서 다른 생명체들과 구분되는 특징을 가지게 되었다. 이러한 특징은 인간으로 하여금 다른 생명체들을 지배하고 통제할 수 있는 능력을 갖추게 하였다. 또한 자신을 스스로 발전시키며 환경을 바꾸어 가는 능력을 가지게 하였다. 인간이 가지고 있는 지적 능력은 인간을 동물과 구분시켜 주는 가장 중요한 특성이다. 지적 체계를 통해서 인간은 자신에게 필요한 것들을 스스로 만들어 내고, 환경에 의해서 지배를 받는 종속된 존재를 독립된 존재로 바꾸게 되었다. 환경의 위협으로부터 벗어나기 위해서 여러 가지 체계를 만들어 내고 이러한 체계를 통해서 인간은 환경의 위협으로부터 안전한 상태에서 살아가게 된다. 예를 들면, 물 부족을 해결하기 위해서 저수지를 만들어서 가뭄이 찾아와도 걱정이 없이 살아간다든지, 전기를 만들어서 어두운 환경을 통제하여 어두움 속에서도 살아가게 되었다. 진화의 입장에서 보면 인간의 지적 체계는 가장 복잡하고 잘 발달된 특성이다. 지적 체계는 생명체 진화의 완성이라고 할 만한 산물이다. 지적 체계를 통해서 인간은 환경에 성공적으로 적응하였고 한 걸음 더 나아가서 환경을 지배하고 통제함으로써 인간의 생존을 가능하도록 만들었다.

보웬의 가족치료이론은 인간이 성공적으로 건강하게 살아가기 위해서는 지적 체계를 충분히 활용하고 발전시켜야 한다는 가정을 가지고 있다. 지적 체계를 충분히 활용하여서 자신을 환경 속에서 충분히 통제하고 지배할 수 있는 사람들은 인생을 성공적으로 살아갈 수 있다. 반면에 자신을 충분히 통제하고 지배하지 못하는 사람들은 살아가면서 많은 어려움을 경험하게 된다. 예를 들면, 다른 사람들과의 관계에서 제대로 독립해 나갈 수 없는 사람들은 자신의 독자적 기능을 제대로 해 나가지 못하기 때문에 문제를 일으키고 증상을 가지게 된다. 증상을 해결하기 위해서 인간은 자신이 가지고 있는 지적 기능을 충분하게 활용하여야 한다. 보웬의 가족치료이론은 **진화 모델**(evolutionary model)을 배경으로 삼고 있다. 그리하여 환경의 통제와 지배를 가장 중요한 생존 목표로 보고 있다. 이 목표를 달성하기 위해서 인간은 진화의 최고의 산물인 지적 기능을 충분히 활용해야 한다.

2) 연속 모델

보웬 가족치료이론은 여러 면에서 **연속 모델**(continuous model)을 가지고 있다. 보웬의 가족치료이론은 가족을 자연세계에 존재하는 체계들의 일환으로 생각한다. 가족은 생존을 위해서 만들어진 자연적 체계이다. 마찬가지로 여러 가지 생명체도 생존을 위해서 일정한 체계를 만든다. 각각의 체계들은 생존이라는 축을 중심으로 만들어진 체계들이다. 미세 생명체들은 덜 복잡한 체계를 만든다. 반면 인간이 가지고 있는 가족은 복잡한 체계를 가지고 있다. 가족은 다양한 기능과 상호작용을 가지고 있는 반면 미세 생명체들이 가지고 있는 체계는 단순한 기능과 상호작용을 가지고 있다. 복잡성은 생존을 위해서 필요한 여러 가지 기능을 일컬어서 하는 표현이다. 더 다양하고 복잡한 환경에서 생존하기 위해서 생명체들은 더 복잡하고 다양한 기능을 갖춘 체계가 필요하다. 복잡성에도 불구하고 살아 있는 체계들은 일관된 주제를 가지고 있다. 일관된 주제는 생존이다. 살아 있는 체계들은 생존이라는 축에서 나름대로 적응전략을 발달시켜 왔다. 따라서 가족은 모든 생명체가 가지고 있는 체계들과 근본적 성격은 같다. 미세 생물들이 가지고 있는 체계와 가족은 생존이라는 연속선상에 놓이게 된다.

보웬 가족치료이론은 이분법 사고를 지양하고 연속 사고를 한다. 많은 이론이 정상과 비정상, 자연과 양육, 내담자와 치료자, 어른 문제와 아이 문제 그리고 남성과 여성이라는 이분법 구조를 가지고 있다. 대표 이론으로서 정신분석을 들 수 있다. 정신분석은 여러 가지 면에서 정상성과 비정상성을 구분한다. 정상성은 에너지 흐름이 원만한 상태를 의미하고, 비정상성은 에너지의 흐름이 막혀 있는 상태이다. 자아와 초자아 그리고 원욕이 서로 균형을 이루고 있으면 정상이고 불균형을 이루고 있으면 비정상이다. 구조 가족치료이론도 정상과 비정상의 구조를 가지고 있다. 정상은 가족의 세 하위체계가 위계질서를 가지고 있는 상태이고 비정상은 위계질서가 무너진 상태이다. 보웬 가족치료이론은 모든 사람에게 조현병이 있다고 생각한다(Friedman, 1991, p. 136). 조현병은 감정의 힘이 어떻게 작용하는가에 따라서 달라지기 때문에 모든 사람은 어느 정도 조현병을 가지고 있다고 보웬 가족치료이론은 보고 있다.

인간이 가지고 있는 증상은 환경에 적응하는 데 있어서 실패한 행동들이다(Kerr, 1981, p. 234). 살아 있는 체계들은 환경의 변화에 따라서 그리고 시간의 변화에 따라서 여러 가지로 변화를 거듭한다. 외부에서 주어지는 자극에 의해서 기존에 가지고 있는 균형이 깨어진다. 체계는 깨어진 균형을 바로잡아 가려는 노력을 하게 된다. 외부에서 주어지는 자극을 체계 안에서 소화하는 과정은 항상성이고, 체계를 적극적으로 변화시켜 가는 과정은 변형성이다. 항상성과 변형성을 통해서 체계는 변화를 거듭하면서 외부에서 주어지는 자극에 대처하면서 생존해 나가게 된다. 그러나 만일 외부에서 주어지는 자극이 너무 크면 체계는 균형을 잡기 위한 노력을 포기하게 된다. 오히려 체계는 생존을 위해서 불균형이 생긴 상태에 고착되면서 외부로부터 자극을 차단하려고 한다. 불균형 상태에 고착되면 체계는 더 이상 외부의 환경에 대한 적응력을 잃어버리게 된다. 증상은 체계가 이렇게 외부의 환경에 적응하지 못할 때 발생한다. 증상의 발달은 적응이라는 축 선상에서 이해하게 된다. 적응이라는 축을 통해서 볼 때 가장 심하게 적응하지 못하는 체계들은 가장 심한 증상들을 발전시킨다. 반면에 적응을 잘하게 되면 증상이 생기지 않는다. 증상은 체계의 적응이라는 측면에서 이해되는 연속된 개념이다.

보웬 가족치료이론의 연속성은 분화라는 개념에 잘 나타나 있다. 분화란 감정 덩어리인 가족으로부터 얼마만큼 자신을 독립시킬 수 있는가 하는 정도를 나타내는 개념이다. 독립의 상태를 분화 척도라는 이론지수로 나타낸다. 이론지수는 0에서 100까지이다. 만일 어떤 사람이 가족으로부터 전혀 자신의 독립된 생각이나 행동을 할 수 없게 된다면 이 사람의 분화지수는 0이다. 반면에 어떤 사람이 가족으로부터 완전히 독립된 생각과 행동을 할 수 있다면 이 사람의 분화지수는 100이다. 따라서 사람들은 분화의 정도가 0에서 100까지의 연속선상의 어딘가에 놓이게 된다. 보웬은 분화라는 개념을 사용하여서 사람들의 연속성을 나타내고 있다. 사람들의 분화에 의한 연속성은 단지 사람들에게만 적용되는 개념은 아니다. 분화의 지수가 낮은 사람들일수록 동물들의 삶과 비슷하다. 지적 능력을 제대로 활용하고 사용할 수 없는 동물들은 반사적 행동을 한다. 반사적 행동은 감정에 의해서 움직이며 이러한 행동은 분화가 낮은 사람들의 행동들이다. 분화의 수준이 낮은 사람들은 지적 체계에 의해서 합리적으로 의사결정을 하지 못하고 합리적으로 의사결정을 하였다 할지라도 지적으로 제대로 행동하지 못하는 사람들이다. 따라서 이들은 행동이 주로 감정에 의해서 충동적으로 이루어진다. 보웬은 분화라는 개념을 통해서 인간과 동물들의 삶에 대한 연속성과 인간의 삶에 있어서 연속성을 나타내고 있다.

3) 감정 모델

보웬 가족치료이론은 **감정 모델**(emotional model)을 가지고 있다. 감정은 생명체가 살아 있도록 만드는 가장 중요한 삶의 힘이다. 감정은 환경 속에서 개인을 동적으로 움직이게 하는 모든 과정을 말하고, 유전요인들과 그로 인한 여러 가지 기능을 포함하는 개념이다(Papero, 1990, p. 27). 예를 들면, 유아가 배가 고플 때 먹기 위해서 우는 행위, 엄마를 찾는 행위, 다른 사람들과 관계를 하는 행위들 모두를 포함하는 개념이 감정이다. 감정이 없이는 인간은 자연 상태에서 생존하기 어렵게 되고 곧 자연 속에서 도태된다. 개인을 움직이며 생존을 가능하도록 만드는 인간의 가장 기본 힘이 곧 감정이다. 감정의 힘에 의해서 살아 있는 생명체들은 일정한 체계를 형성한다. 이러한 체계는 자연체계로서 자연적으로 주어지거나 살아가면서 획득한 특성에 의해서 만들어진다. 감정에 의해서 개인들이 움직여지고 개인들의 움직임에 의해서 일정한 체계를 만들 때 이를 **감정체계**라고 부른다. 감정체계는 생명체들이 서로 상호작용을 통해서 환경 속에서 살아남기 위해서 만들어 낸 자연스러운 체계이다.

감정체계는 두 가지 삶의 힘에 의해서 움직여지고 조작된다. 생명체가 가지고 있는 두 가지 삶의 힘은 **개별성**(individuality)과 **연관성**(togetherness)이다(Kerr & Bowen, 1988, p. 59). 다른 사람들과 함께하려는 힘과 자신이 되고자 하는 힘의 상호작용에 의해서 감정의 과정은 이루어진다. 개별성과 관계성은 모두 생물학적으로 뿌리를 두고 있는 생명의 힘이다. 개별성은 자신의 삶의 방향성을 스스로 정하고 이를 추진하는 생물학적 힘을 말한다. 연관성은 다른 사람들에게 의존하고 연결하면서 반응에 민감하게 반응하는 생물학적 힘을 말한다. 두 가지 힘에 의해서 사람들은 다른 사람들과 감정적으로 관련을 맺기도 하고 독립을 하기도 한다. 두 가지 힘은 사람들 사이에 발생하는 감정과정을 일으킨다. 감정과정이라고 하면 감정에 의한 연결 또는 독립하는 과정을 말한다. 감정과정은 역동적으로 이루어진다. 역동적으로 두 사람 사이에 균형을 맞추려 한다. 사람들은 다른 사람들에게 연결을 하면서 동시에 자신을 유지하는 역동적 관계를 가지고 있다. 인간관계는 감정적으로 연결과 독립을, 역동적으로 균형을 맞추는 방식으로 이루어진다. 역동적 감정과정은 분화라는 개념을 탄생시킨다. 다른 사람들과의 관계에서 자신의 독립적 삶의 방향을 가지고 추진할 수 있는 사람들은 분화가 된 사람이라고 부른다. 반면 다른 사람들과의 관계에 얽매여서 자신의 삶을 독립적으로 살아갈 수 없는 사람들은 미분화된 사람이라고 부른다.

감정과정에 의해서 인간은 가족을 형성한다. 가족은 서로 감정적으로 얽히면서 독립을 하려고 하는 복잡한 과정을 가지고 있는 살아 있는 체계이다. 부부는 서로 애정을 교류하면서 하나가 되려는 노력을 하지만 다른 한편으로는 부부관계로부터 자유롭고자 하는 마음이 생긴다. 예를 들면, 감정적으로 공허해지고 어려움을 경험할 때 부부는 서로에게 감정적으로 매이고 관계를 하려고 한다. 반면 어느 정도 감정이 채워지면 부부는 서로에게서 독립하여 자신의 삶을 가지고자 한다. 부모자녀관계도 마찬가지 방식으로 진행된다. 아이는 부모에게 정서적으로 절대적인 의존상태에서 살아간다. 이를 공생애관계라고 부른다. 그러나 아이는 점차로 성장하면서 부모로부터 독립하려는 경향이 강하게 나타난다. 이를 발달이라고 한다. 그러나 발달을 하는 동안에 아이는 지속적으로 부모에게로 돌아와서 감정적으로 연결을 가지고 이를 확인한다. 감정적 연결이 확인되면 아이는 다시 자신의 삶을 개척하고 찾고자 하는 노력을 한다. 부부관계나 부모자녀관계나 모두 감정적으로 연결된 하나의 살아 있는 체계로서 역동적으로 관련을 맺으면서 살아가는 유기체이다.

커와 보웬(1988)은 감정체계가 살아 있는 생명체에 대해서 갖는 목적을 다음과 같이 세 가지로 말하고 있다(pp. 28-30). 첫째, 감정체계는 모든 생명체가 행동을 하고, 생명체들을 통제하는 삶의 힘으로서 역할을 한다. 사람들은 자신들이 하는 행동들에 대해서 이유를 갖다 댄다. 그러나 그러한 이유들은 자신의 행동을 정당화하는 데 사용된다. 정당화 이전에 인간은 행동한다. 인간의 행동들은 대부분 감정에 의해서 이루어진다. 데이트를 하고 사랑을 하는 행위들, 결혼을 하는 행위들, 아이를 낳고 기르는 행위들 대부분은 감정이라는 힘에 의해서 이루어진다. 특히 남녀의 사랑은 감정이라는 힘이 없이는 가능하지 않다. 동물들도 마찬가지로 감정에 의해서 행동한다. 먹이를 놓고 다투는 행위는 감정적으로 이루어진다. 이성에 의해서 차분하게 협상을 하기보다는 감정에 의해서 자동적으로 행동한다. 감정체계는 생명체들의 삶을 가능하게 하는 기본 힘으로서 작용한다.

둘째, 감정체계가 갖는 목적은 살아 있는 생명체들의 생물학적 과정에 대한 지식들을 하나로 묶어 주는 사고의 방식을 제공하는 데 있다. 인간이 가지고 있는 지식들은 대부분 생물학적 과정을 관찰하여서 기술한 생각들이다. 기술 지식(described knowledge)들은 생명체를 움직이게 하는 힘에 대한 지식들이 아니라 생명체가 행동하는 방식에 대한 지식들이다. 생명체가 어떻게 움직이는가에 대해서 설명하는 지식이 기술 지식이라면 감정체계는 생명체가 왜 움직이는지를 말해 주는 개념이다. 따라서 '왜'라는 질문에 대한 대답과 '어떻게'라는 질문에 대한 대답을 연결하는 개념이 감정체계이다. 인식론의 입장에 있는 사람들에게 존재론의 입장에서 대답할 수 있도록 사고의 방식을 제공하는 개념이 감정체계이다.

셋째, 개인의 범주를 넘어서서 관계라는 체계를 쉽게 포함할 수 있도록 만들어 준다. 많은 사람은 개인들을 분석하는 해부학적 그리고 분석적 지식을 가지고 있다. 그러나 감정체계는 다른 사람들과의 관계 속에서 일어나는 현상을 개념화한 생각이다. 감정체계는 환경과 상호작용을 가능하게 만드는 삶의 힘이다. 생명체들은 환경과 상호작용을 하면서 생존하기 위해서 살아 있는 체계를 만든다. 살아 있는 체계는 일정한 단위를 만들고 이러한 단위를 통해서 환경과의 상호작용 속에서 살아 있게 된다. 감정체계라는 개념은 생명체가 환경과 상호작용하고 생명체들끼리 연합하고 관련을 맺도록 하는 생명의 힘이기 때문에 개인이라는 범주를 벗어나는 개념이다. 즉, 다른 여러 사람과의 관계에 대한 이해를 하기 위해서 감정체계가 필요하다.

인간은 감정체계 이외에 **느낌체계**(feeling system)와 **지적 체계**(intellectual system)를 갖는다. 느낌은 인간이 감정에 대해서 갖는 지적 인식(cognitive awareness)을 의미한다. 어떤 감정에 대해서 지적으로 지각한 내용을 느낌이라고 부른다. 예를 들면, 어떤 사람이 분노라는 감정을 가지고 있는데 분노를 가지고 있는 자신에 대해서 부끄러운 느낌이 든다. 분노는 일차적으로 감정이고, 감정에 대해서 느끼는 느낌은 부끄러움이다. 이때 분노는 감정이고 부끄러움은 느낌이다. 분노라는 감정을 인지적으로 지각하여 생긴 내용을 느낌이라고 부른다. 지적 체계는 생각하는 체계를 말한다. 인간은 뇌의 작용에 의해서 생각한다. 생각을 통해서 여러 가지 일도 할 수 있고 일정한 활동을 할 수 있다. 생각은 진화의 단계에서 가장 늦게 발달된 인간의 특성이다(Kerr & Bowen, 1988, p. 31). 지적 체계는 인간이 가지고 있는 유일하고 독특한 특징들이다. 지적 체계는 인간과 동물을 구분하는 가장 중요한 인간의 특성이다.

가족은 분화되지 않은 자아의 덩어리(undifferentiated family ego mass)로서 가족들은 감정이라는 덩어리에 의해서 얽혀 있다(Bowen, 1981, p. 281; 1990, p. 476). 가족은 자연 상태에서는 서로 감정적으로 얽혀 있으므로 자신의 독립된 세계를 찾아가기 위해서 특별한 노력이 필요하다. 개인이 성장하고 발달한다는 것은 가족의 감정 덩어리로부터 자신을 구별해 내는 과정이며 이를 분화라 부른다(Kerr & Bowen, 1988). 분화(differentiation)라는 개념은 감정을 지적 체계에 의해서 얼마나 잘 통제하고 지배하는가의 정도를 나타내는 개념이다. 감정체계가 충동적으로 모든 것을 결정하려고 하는 데 반하여 지적 체계는 합리적으로 결정하게 된다. 지적 체계는 감정충동에 의한 힘을 지적 능력을 활용하여 효과적으로 통제하고 목표를 향해서 움직이도록 만든다. 가족은 감정에 의해서 얽힌 환경이므로 이러한 환경에서 성공적으로 생존하기 위해서 인간은 지적 능력을 사용하여야 한다. 지적 능력을 사용하는 인간은 환경에 성공적으로 적응할 뿐만 아니라 환경을 지배하고 통제함으로써 생존을 지속적으로 가능하도록 만든다. 분화란 감정으로 얽힌 환경 속에서 얼마만큼 지적 능력을 사용할 수 있는가를 나타내는 개념이다. 따라서 사람들은 자신의 분화를 높임으로 인해 성공적으로 환경에 적응하거나 지배할 수 있어야 한다. 감정의 힘을 지적으로 통제하고 효과적으로 활용할 때 사람들은 잘 살아갈 수 있다.

3. 주요 개념 및 원리들

1) 분화

보웬의 가족치료이론에서 분화는 가장 핵심 개념이다. 가족이 감정체계이기 때문에 가족 구성원들은 서로에 대해서 **감정반사행동**(emotional reactivity behavior)을 한다. 가족들이 서로 깊은 감정을 공유하면 할수록 감정반사행동은 더욱 커진다. 감정반사행동은 아주 미묘한 행동에서부터 분명하게 드러나는 행동에 이르기까지 다양하다. 상대방과 관계를 하면서 조금씩 대화가 줄어드는 행동은 미묘한 감정반사행동이라고 할 수 있다. 반면에 아주 큰 소리로 화를 내거나 물건을 부수는 행위들은 분명한 감정반사행동이라고 할 수 있다. 어떤 사람들은 감정반사행동을 너무 쉽게 한다. 조그마한 외부의 자극에도 쉽게 화를 내거나 목소리가 커지는 사람들은 감정반사행동을 많이 하는 사람이다. 다른 사람들과 상호작용을 하는 데 있어서 쉽게 화를 내는 감정반사(emotional reactivity)를 잘 하지 않는 사람들도 있다. 감정반사행동을 쉽게 하지 않는 사람들을 분화가 된 사람이라고 한다. 반면 감정반사행동을 많이 하는 사람들을 분화되지 않은 사람이라고 한다.

분화는 자아의 형성을 통해서 이루어진다. 어린 시절 유아들은 부모 또는 주변의 중요한 사람들과의 상호작용을 통해서 자신의 자아를 형성해 나간다. 자아의 기본 구조는 아주 어린 시절에 대부분 완성된다. 만일 부모가 자녀를 제대로 잘 돌보면 유아의 자아는 아주 건강하고 튼튼하게 형성된다. 반면 부모가 아이를 거부하고 제대로 돌보지 않으면 자아는 제대로 형성되지 않는다. 인간의 자아는 두 가지 모양으로 나타난다. 하나는 진짜 자신이고, 다른 하나는 가짜 자신이다. **진짜 자신**(solid self)은 다른 사람들과의 관계로 인해서 변화되지 않는 특성을 가지고 있고 **가짜 자신**(pseudo self)은 다른 사람들과의 관계에서 쉽게 변하는 특성을 가지고 있다(Hall, 1991, p. 17). 진짜 자신은 자신에 대한 신뢰와 확신 그리고 자신이 원하는 바를 다른 사람들에 의해서 흔들리지 않고 제대로 해 나갈 수 있는 특성을 말한다. 반면 가짜 자신은 자신이 목표를 세웠다 하더라도 다른 사람들의 영향이나 환경에 의해서 쉽게 목표를 바꾸거나 다른 사람들의 말을 따라가는 특성이 있다. 진짜 자신이 많은 사람은 다른 사람들의 영향에 대해서 감정반사행동을 적게 한다. 반면에 가짜 자신이 많은 사람은 다른 사람들의 행동이나 환경의 변화에 따라서 감정반사행동을 많이 한다.

분화에는 기본분화가 있고 기능분화가 있다. **기본분화**(basic differentiation)란 어린 시절에 형성된 자아를 통해서 이루어진다. 따라서 한번 일정한 수준으로 분화가 이루어지면 자아의 특성은 환경에 따라서 변화되지 않는다. 어린 시절에 이미 진짜 자신을 많이 형성하고 있으면 이러한 자아는 시간에 따라서 잘 변화하지 않는다. 자신이 세운 목표에 따라서 꾸준하게 행동하고 비록 시간이 걸리더라도 목표를 달성하기 위해서 노력한다. 감정반사행동과 지적 행동을 구분하여서 감정적으로 행동하지 않고 지적으로 행동한다. **기능분화**(functional differentiation)란 주어진 상황에서 얼마나 주어진 목표활동을 하는가에 대한 개념이다. 비록 자아의 측면에서 분화가 덜 된 사람이라 할지라도 어떤 상황에서는 특별한 목표지향행동을 할 수 있다. 일정한 시간 동안 목표지향활동을 하다가 시간이 지나면 다시 자신의 원래 기본분화수준으로 돌아오게 된다. 또 기본분화가 잘된 사람도 상황이 어려워지면 목표지향활동을 제대로 하지 못하는 경우가 생긴다. 예를 들면, 충격적 말을 들었을 경우에 한동안 이 사람은 감정반사행동을 보이게 된다. 이때 이 사람의 기능분화수준이 떨어졌다고 말할 수 있게 된다. 기능분화는 시간과 장소 그리고 상황에서 사람들이 얼마만큼 목표지향활동을 할 수 있는가에 대한 개념이다. 기능분화는 환경에 따라서 많이 달라지게 된다.

분화의 수준은 진짜 자신과 가짜 자신의 비례로 나타낸다. 진짜 자신과 가짜 자신의 비율에서 진짜 자신이 많을수록 분화의 수준은 높아진다. 반면 가짜 자신이 많을수록 분화의 수준은 낮아진다. 분화의 수준은 지적 체계와 감정체계 사이의 비율에 의해서도 나타낼 수 있다. 지적 체계가 감정체계보다 더 많이 작동을 하는 경우는 분화의 수준이 높다. 반면에 감정체계가 지적 체계보다 더 많이 작동하는 경우는 분화의 수준이 낮다. 지적 체계가 제대로 작용하기 위해서는 느낌체계가 제대로 작동해야 한다. 자신의 감정에 대해서 제대로 인식할 수 있어야 지적 활동을 할 수 있기 때문이다. 인식의 정도가 늘어날수록 목표지향활동을 할 수 있는 가능성은 늘어나게 된다. 분화의 수준은 느낌체계와 감정체계 사이의 비율에 의해서도 나타내진다. 분화의 수준을 이론 수치로서 표현할 수 있다.

가장 분화된 상태를 완전히 지적 능력을 사용하여 행동하는 상태로 보고 이 수치를 100으로 주고, 가장 분화되지 않은 상태를 완전히 감정적으로 반사행동을 하는 상태로 해서 0으로 수치를 줄 수 있다. 사람들의 분화수준은 이론상으로 0에서부터 100까지 수치화할 수 있게 된다. 즉, 완전 분화된 상태의 사람은 분화수치가 100이고 완전히 미분화된 상태의 사람은 분화수치가 0이다. 분화수치를 분화지수라고 부른다. 분화지수가 0~25인 사람들은 감정반사행동이 행동의 주류를 이룬다. 이들은 목표지향활동이 거의 어려운 사람들이다. 다른 사람들에게 계속 매달리는 방식으로 삶을 살아가게 된다. 관계에 강하게 융해(fusion)되며 객관적으로 생각하기 어려운 상태이다. 이런 사람들은 만성 증상을 보이게 된다. 이들의 자아는 대부분 가짜 자신으로 구성되어 있어서 지적 힘으로 반응하는 데 어려움을 보인다. 조현병 환자들, 망상 증상이 있는 편집증 환자들, 심한 우울증 환자들과 만성적으로 증상을 가지고 있는 사람들이다. 이들은 자신을 객관적으로 볼 수 있는 능력이 거의 없으며 이로 인해서 주로 감정반사행동을 하게 된다. 분화지수가 25~50인 사람들은 감정체계에 의해서 영향을 받는 사람들이다. 자신의 확신과 지적 체계에 의해서 움직이기보다는 다른 사람들의 생각이나 행동에 더 많이 영향을 받는 사람들이다. 다른 사람들의 인정과 지지를 통해서 자신을 확인하고 다른 사람들과 융해되고자 하는 마음이 많은 사람이다. 이들은 진짜 자신의 부분보다 가짜 자신의 부분이 더 많은 사람으로서 독자적인 행동이 어려운 사람들이다. 이들은 관계 속에서 여러 갈등을 경험하고 있으며 갈등으로부터 회복하는 데 시간이 많이 걸린다. 짜증도 많이 내고 신경질을 많이 부린다. 다른 사람들에게 의존하려는 경향이 강하다.

분화지수가 50을 넘어서면 진짜 자신이 가짜 자신보다 많아지게 된다. 이때는 어느 정도 목표지향활동이 가능해진다. 삶은 자신의 내부의 확신으로부터 결정되며 지적 체계에 의한 힘이 인생의 경로를 결정해 나가는 데 작용한다. 이러한 부분은 진짜 자신의 부분으로서 삶을 조용하게 자신의 내부의 힘을 통해서 볼 수 있게 된다. 지적 체계는 감정체계와 상호작용이 가능하다. 이들은 다른 사람들과의 관계에서 다소 갈등을 경험하지만 갈등으로부터 쉽게 자신을 회복할 수 있다. 일시적으로 기능분화의 수준이 내려가지만 시간이 지나면서 회복이 빨라진다. 분화지수가 75~100인 사람들은 불안이 아주 높은 관계 속에서도 자신의 목표를 잃어버리지 않고 지켜 나갈 수 있게 된다. 자아의 부분은 대부분 진짜 자신으로 이루어지며 자신의 삶을 지적 체계에 의해서 대부분 이끌어 갈 수 있다. 감정적으로 다른 사람들과

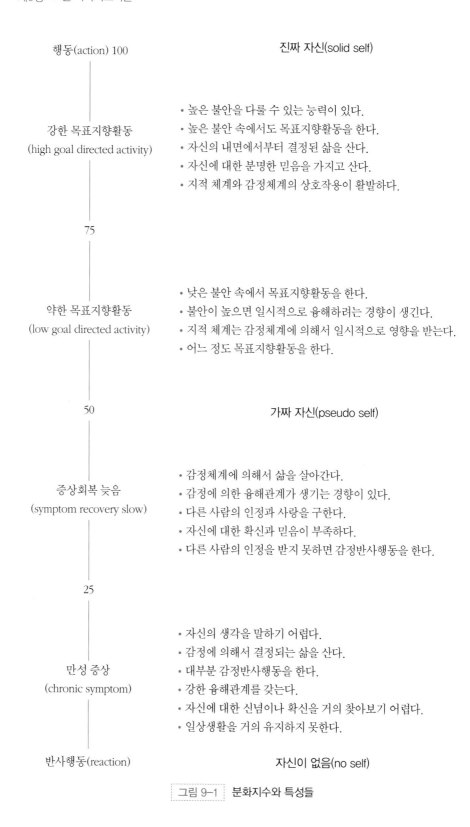

행동(action) 100   진짜 자신(solid self)

강한 목표지향활동   • 높은 불안을 다룰 수 있는 능력이 있다.
(high goal directed activity)   • 높은 불안 속에서도 목표지향활동을 한다.
                          • 자신의 내면에서부터 결정된 삶을 산다.
                          • 자신에 대한 분명한 믿음을 가지고 산다.
                          • 지적 체계와 감정체계의 상호작용이 활발하다.

75

약한 목표지향활동   • 낮은 불안 속에서 목표지향활동을 한다.
(low goal directed activity)   • 불안이 높으면 일시적으로 융해하려는 경향이 생긴다.
                          • 지적 체계는 감정체계에 의해서 일시적으로 영향을 받는다.
                          • 어느 정도 목표지향활동을 한다.

50   가짜 자신(pseudo self)

증상회복 늦음   • 감정체계에 의해서 삶을 살아간다.
(symptom recovery slow)   • 감정에 의한 융해관계가 생기는 경향이 있다.
                          • 다른 사람의 인정과 사랑을 구한다.
                          • 자신에 대한 확신과 믿음이 부족하다.
                          • 다른 사람의 인정을 받지 못하면 감정반사행동을 한다.

25

만성 증상   • 자신의 생각을 말하기 어렵다.
(chronic symptom)   • 감정에 의해서 결정되는 삶을 산다.
                          • 대부분 감정반사행동을 한다.
                          • 강한 융해관계를 갖는다.
                          • 자신에 대한 신념이나 확신을 거의 찾아보기 어렵다.
                          • 일상생활을 거의 유지하지 못한다.

반사행동(reaction)   자신이 없음(no self)

그림 9-1 분화지수와 특성들

관계를 할 수도 있고 지적으로 다른 사람들과의 관계를 조절해 나갈 수도 있다. 지적 체계의 활동이 가장 활발한 단계로서 인간관계를 자유롭게 조절해 나갈 수 있게 된다. 이런 사람들은 다른 사람들과 갈등을 많이 경험하지 않는다. 갈등을 경험해도 쉽게 자신을 잃지 않는다. 갈등 속에서도 지적 체계를 잘 활용할 수 있는 사람들이다.

분화가 얼마나 되었는지에 대해서 알아볼 수 있는 지표들이 있다. 다음과 같은 항목들을 점검하여 보면 얼마나 분화되었는지를 알 수 있다. ① 가족들이 가지고 있는 감정의 힘에 의해서 자신이 얼마나 의사결정을 하는지를 주관적으로 느끼는 정도, ② 가족 또는 다른 사람들에 의해서 의사결정을 하지 않으면서도 그들에게 민감하게 반응할 수 있는 정도, ③ 자신의 느낌과 감정을 유지하고 스스로 행동할 수 있으면서도 그 집단이나 가족의 일원으로 남아 있을 수 있는 정도, ④ 다른 사람들의 책임에 얽혀 들어가지 않으면서도 그들을 책임질 수 있다는 사실을 아는 정도, ⑤ 불일치, 적대감, 소외에 직면하면서도 정직하게 남아 있을 수 있는 정도, ⑥ 다른 사람들과의 관계에서 자신을 잃지 않으면서도 그들과 친밀한 관계를 유지할 수 있는 정도, ⑦ 반사행동을 하지 않고 지적으로 반응할 수 있는 정도. 이러한 항목들은 이론적으로 제시되는 내용들이다. 세부적으로 구체적 단계에서는 좀 더 조작적 정의를 할 필요가 있다. 그러나 이론상에서 자신이 얼마나 분화하고 있는지에 대해서는 주관적으로 판단할 수 있다.

2) 삼각관계

가족 또는 감정체계가 가지고 있는 가장 작은 단위가 **삼각관계**(triangling)이다. 만일 두 사람이 관계를 할 때는 두 사람의 관계는 여러 가지 모양으로 변화된다. 서로 갈등이 생겨서 두 사람 사이에 불안이 있을 때 두 사람의 관계는 거리가 멀어진다. 반면 두 사람이 서로 감정적으로 편안하게 되면 두 사람은 정서적으로 가까워진다. 두 사람이 관계하는 체계는 불안정하기 때문에 상황과 조건에 따라서 자주 변하게 된다. 삼각관계는 안정된 관계이다. 두 사람이 불안정한 관계를 가지고 있을 때 다른 사람이 그 관계에 들어오면 세 사람은 상대적으로 안정된 관계를 만들게 된다. 세 사람이 있게 되면 불안은 그만큼 낮아지고 서로 안정된 상태에서 관계를 할 수 있게 된다. 두 사람이 불안으로 인해서 갈등이 생길 때 제삼자가 개입해서 서로 화해를 시키거나 또는 두 사람의 갈등을 대신 짊어짐으로써 갈등이 줄어들게 된다. 세사람으로 이루어진 삼각관계는 불안을 줄이거나 낮추는 역할을 함으로써 관계를 안정된 상태로 만들어 간다.

삼각관계에서 안정된 상태로 관계를 만들어 가는 과정은 **불안의 전이현상**으로 설명할 수 있다. 예를 들면, 남편과 부인이 갈등을 가지고 있다. 남편과 부인은 갈등으로 인해서 서로 힘들어하고 있다. 이때 아들이 갈등관계에 참여하게 된다. 부인은 남편에게 화가 났음에도 불구하고 아들이 남편을 닮았다고 생각하고 아들을 야단치게 된다. 아들을 대신 야단침으로써 부인은 남편에게 가지고 있는 화가 난 마음을 아들을 통해서 해소한다. 부인은 아들과 갈등관계를 만들어서 남편과 편안한 관계를 만든다. 이 경우에 남편은 아들과 여전히 좋은 관계를 유지하고 있을 수 있다. 남편 또는 부인 중 어느 한쪽이 자녀와 갈등을 일으키는 경우를 **한쪽 갈등 삼각관계**라 하자. 이 경우는 [그림 9-2]로 나타낸다.

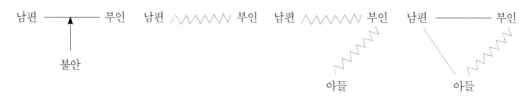

그림 9-2 | 한쪽 갈등 삼각관계 형성

다른 경우에는 남편과 부인이 모두 아이에게 화풀이를 하는 경우이다. 남편도 아들에게 화를 내고 부인도 아들에게 화를 냄으로써 두 사람은 서로에 대해서 화가 나는 감정을 해결한다. 이 경우에 아들은 어머니와 아버지 모두와 갈등관계를 만들게된다. 두 사람은 서로에 대해서 불편하고 화가 나는 감정을 아들에게 전이함으로써 서로 관계를 편안하게 만들고자 한다. 부모 양쪽이 모두 자녀와 갈등을 일으키는 경우를 **양쪽 갈등 삼각관계**라 하자. 이 경우는 [그림 9-3]과 같이 표현된다.

삼각관계는 사람이 아닌 대상과의 관계에서도 형성된다. 남편과 부인이 갈등이 심한 경우에는 남편이 자신의 일에 몰두하게 된다. 남편의 일은 남편의 불안하고 불편한 마음을 달래 주는 역할을 한다. 남편은 일과 부인 그리고 자신과 삼각관계를 형성한다. 부인과 갈등이 심해질수록 남편은 더욱 일에 몰두함으로써 자신의 불편

남편 ——→—— 부인   남편 〰〰〰 부인   남편 〰〰〰 부인   남편 ——— 부인

불안

아들   아들

그림 9-3 │ 양쪽 갈등 삼각관계 형성

하고 화가 나는 마음을 해결하고자 한다. 이 경우에 남편은 일 중독자가 될 가능성
이 아주 높다. 알코올 중독자의 경우도 여전히 삼각관계는 적용된다. 부부가 갈등
이 심할수록 남편이 술을 많이 마시게 되면 남편은 술을 통해서 부부갈등을 해결하
고자 한다. 술은 부부관계를 유지하는 역할을 한다. 남편은 부부갈등이 심할수록
술을 많이 마셔 자신의 불편한 마음을 달래고자 한다. 술은 부부관계를 지탱하는 제
삼자의 역할을 한다. 일과 술 이외의 어떤 다른 대상들도 삼각관계를 유지하는 역할
을 할 수 있게 된다.

　가족은 삼각관계가 얽혀 있는 감정체계이다(Hall, 1991, p. 62). 핵가족인 경우에
삼각관계는 부모와 자녀 사이의 관계에서 발생한다. 자녀가 아들과 딸이 있다고 하
자. 부부가 갈등관계에 있고 아들이 부모와 삼각관계를 형성하게 된다. 아들은 어
머니와 아버지 그리고 자신으로 연결되는 삼각관계를 가지게 된다. 그러나 딸은 다
른 종류의 삼각관계를 형성한다. 딸은 오빠와 자신 그리고 부모 중 한 사람과 삼각
관계를 형성한다. 만일 오빠와 자신이 서로 관계가 좋지 않은 경우에 딸은 어머니
또는 아버지를 오빠와의 관계에 끌어들임으로써 삼각관계를 형성한다. 가족관계는
서로 맞물려 있는 삼각관계들로 인해서 복잡한 양상을 띠게 된다. 서로 맞물려 있는
복잡한 삼각관계를 이룸으로써 이들은 불안한 감정을 대처하면서 가족관계를 유지
하게 된다.

　[그림 9-4]에서 보면 가족 구성원들은 여러 종류의 삼각관계를 가지고 있다. 특
히 아들은 모든 가족 구성원과 삼각관계를 형성함으로써 복잡한 관계 양상을 가지
고 있다.

　대부분의 가족에 있어서 삼각관계는 유동적이다(Papero, 1990, p. 50). 가족들은
상황에 따라서 또는 주제에 따라서 다른 방식의 삼각관계를 가지게 된다. 예를 들
면, 아버지와 어머니 그리고 아들이 삼각관계를 형성하고 있다고 하더라도 만일 딸
아이의 주제가 발생하면 어머니와 아버지는 딸과 삼각관계를 형성하게 된다. 즉, 아

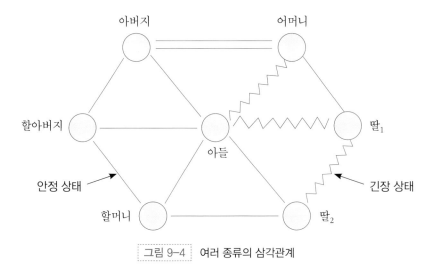

그림 9-4   여러 종류의 삼각관계

버지와 어머니 그리고 아들로 형성된 삼각관계는 아버지와 어머니 그리고 딸의 삼각관계로 옮아간다. 마찬가지로 다른 삼각관계도 다른 삼각관계로 변화되는 유동적 과정을 겪는다. 그러나 일부 가족에서는 삼각관계가 고정되어서 움직이지 않는 경우도 있다. 만일 부부가 분화의 수준이 낮은 사람들이라고 한다면 이들은 누군가에게 의존하지 않고 관계를 하기 어렵게 된다. 부부가 서로에게 의존하려는 성향으로 인해서 갈등이 계속 일어나게 된다면 이들은 자녀 중 한 사람과 지속적으로 삼각관계를 형성하지 않고는 제대로 관계를 지속할 수 없게 된다. 따라서 이 경우에 삼각관계는 고정된 형태로 지속되며 자녀는 증상을 일으키게 된다.

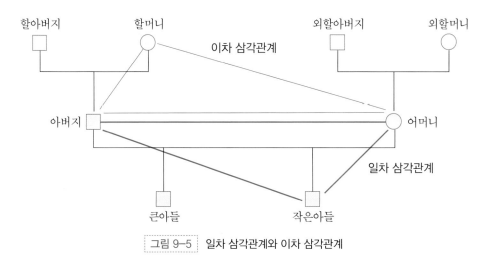

그림 9-5   일차 삼각관계와 이차 삼각관계

[그림 9-5]에서 보는 바와 같이 아버지와 어머니 그리고 작은아들은 고정된 삼각관계를 갖는다. 고정된 삼각관계는 다른 어떤 관계보다 더 강력하다. 이러한 삼각관계를 일차 삼각관계라 하자. 아버지와 어머니는 윗세대 부모와 또 다른 삼각관계를 형성한다. 그러나 이 삼각관계는 아들과의 삼각관계보다 약하다. 이러한 삼각관계를 이차 삼각관계라 하자. 일차 삼각관계는 주 삼각관계로서 가족 구성원들을 관계에 강하게 매이도록 만든다.

3) 핵가족 감정체계

보웬은 핵가족 감정체계(nuclear family emotional system)를 나타내는 표현으로서 원래는 미분화된 가족 자아 덩어리(undifferentiated family ego mass)라는 용어를 사용하였다(Hall, 1991, p. 71; Nichols & Schwartz, 1998, p. 146). 이는 가족들이 융해(fusion)되거나 감정적으로 하나 되는 상태를 표현한 개념이다. 그러나 보웬은 더 이상 미분화된 가족 자아 덩어리라는 개념을 사용하지 않고 핵가족 감정체계라는 용어로 대치하였다. 핵가족 감정체계는 가족들이 감정적으로 연결되어 있는 감정 상태의 질을 의미한다(Hall, 1991, p. 71). 어떤 가족은 가족들끼리 감정적으로 아주 강하게 연결되어 있기도 하고 어떤 가족은 가족들끼리 감정적으로 약하게 연결되어 있기도 하다. 가족들이 가지고 있는 감정적 연결의 강도를 나타내는 개념이 핵가족 감정체계이다.

분화의 수준은 가족들이 감정적으로 연결되는 강도를 결정하는 중요한 개념이다. 가족들의 분화수준이 높으면 가족 구성원들은 그만큼 자신이 가지고 있는 불편하고 힘든 감정을 잘 처리할 수 있게 된다. 이들은 불안이 높은 상황에서도 목표지향활동을 할 수 있기 때문에 다른 사람들과 감정적으로 밀착되거나 융해되지 않는다. 가족들이 가지고 있는 감정체계는 그만큼 유동적이면서 강도가 약하게 된다. 반면 분화의 수준이 낮은 사람들은 불편한 감정들을 제대로 건디지 못한다. 불편하고 힘든 감정이 생기면 다른 사람들과 관계를 만들어서 이를 해결하고자 한다. 따라서 조그마한 외부의 자극에도 쉽게 다른 사람들과 연합하여 감정적으로 하나 되고자 한다. 따라서 이들이 가지고 있는 감정체계는 아주 강하고 떼기 어려운 상태로 존재하게 된다. 가족들은 그만큼 서로에 대해서 느끼는 감정의 무게를 강하게 느끼게 된다. 핵가족 감정체계는 강한 강도를 가지고 유지된다.

핵가족 감정체계의 강도가 강한 경우는 다음 네 가지 경우로 요약된다(Nichols & Schwartz, 1998, p. 146; Papero, 1990, pp. 52-57). ① 부부 사이가 감정적으로 서로 거리가 멀면서 감정반사행동을 많이 한다. ② 부부 중 한 사람이 신체적 또는 감정적으로 역기능 상태에 있다. ③ 부부간의 갈등이 지나치게 많아서 누구든지 알 수 있다. ④ 부부간에 가지고 있는 문제를 자녀 중 한 사람 또는 여러 자녀에게 투사한다. 이러한 경우에 가족 구성원들은 자신들의 독립된 행동을 하기 어렵게 된다. 독립된 행동을 하면 이로 인해서 죄책감을 가지게 되고, 이러한 죄책감은 자신들의 독립된 행동을 하기 어렵게 만든다. 설사 독립된 행동을 한다 하더라도 이러한 독립된 행동은 감정반사행동일 가능성이 아주 높다. 부부 사이에 감정반사행동이 많은 경우에 자녀들 역시 감정반사행동이 많아진다. 가족들이 감정반사행동을 많이 하는 경우에 핵가족 감정체계는 서로 감정적으로 의존하려는 경향이 강하게 나타난다. 부부 중 한 사람 또는 두 사람 모두는 강한 삼각관계를 형성함으로써 자신들의 불안을 줄이고자 한다. 부부 중 한 사람이 역기능인 경우도 감정적으로 강하게 융해되는 경향이 있다. 예를 들면, 어머니가 심하게 아픈 경우에 가족들의 상호작용은 어머니를 간호하면서 어머니와 함께 있는 방향으로 이루어진다. 가족 중 한 사람이 집 밖에서 아주 즐거운 일이 있어도 어머니로 인해서 즐거운 일을 제대로 즐겁게 경험하기 어렵게 된다. 즐거운 일을 포기하면서 어머니의 상태에 자신을 맞추는 행동을 하게 되면 가족 구성원들은 자신의 독자적 자아를 형성하기 어렵게 된다. 따라서 가족들은 강한 감정체계를 형성하게 된다. 마찬가지 방식으로 어머니가 정서적으로 우울한 경우도 가족들 간에 강한 감정체계가 형성된다. 부부갈등의 경우에도 부부는 자신들의 불안하고 화나는 감정을 줄이기 위해서 자녀 중 한 사람과 삼각관계를 형성하게 된다. 투사의 경우에도 마찬가지로 가족들은 강한 감정체계를 형성한다. 핵가족 감정체계는 가족들에게서 발생하는 불안과 불편한 감정을 다루기 위한 체계이다. 가족들은 분화의 수준이 낮아지면서 감정적으로 더욱 강하게 연결되고자 한다.

4) 가족투사과정

가족투사과정은 핵가족 감정체계가 미분화로 인한 감정적 불안정을 다루기 위해서 필요한 기제이다(Hall, 1991, p. 80). 가족들 간에 감정적 갈등을 다루기 어렵거나 인지의 힘을 통해서 처리하지 못하는 경우에 가족들이 자신들의 불안을 다른 가족 구성원들에게 투사하는 과정을 말한다. 부모의 갈등을 자녀에게 전가하는 과정을 **가족투사과정**(family projection process)이라고 한다. 예를 들면, 부부가 갈등이 생겨서 어머니가 화가 많이 났다. 아들이 공부를 하지 않고 자꾸 자기 방에서 나오는 경우에 어머니는 아들에게 심하게 화를 냈다. 공부를 하지 않고 밖으로 나오는 아들은 어머니에게 심하게 야단을 맞자 마구 대들었다. 이 경우에 어머니는 이미 아버지와의 관계에서 화가 많이 났는데 이 화를 아들에게 투사시켜서 아들을 심하게 야단치게 되었다. 남편에게 난 화를 아들에게 전가하는 과정을 투사과정이라고 한다.

투사의 대상이 되는 아이는 출생 순위 또는 자녀들이 부모와 감정적으로 친밀한 관계와 관련이 있다. 출생 순위의 측면에서 보면 장남 또는 장녀들이 투사의 대상이 많이 된다. 장남과 장녀는 가족들을 보호하는 두 번째 위치에 있는 사람들이다. 이

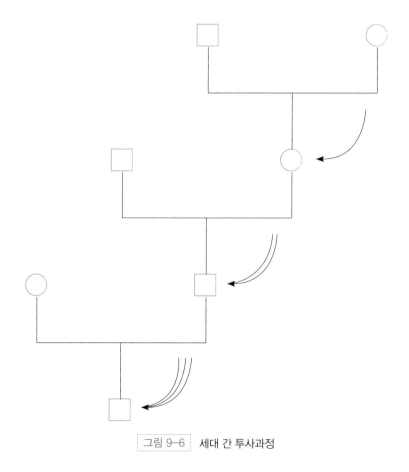

그림 9-6 ┃ 세대 간 투사과정

들은 부모가 집에 없을 경우 또는 부모가 사고를 당한 경우에 부모를 대신해서 집을 책임지는 위치에 있게 된다. 따라서 부모는 장남과 장녀에게 많은 기대를 하게 된다. 기대가 크기 때문에 이들은 부모의 관심과 주의를 한 몸에 받게 된다. 부모의 관심과 주의를 한 몸에 받기 때문에 부모들은 자신들이 화가 난 경우에 장남 또는 장녀를 주시하게 되고, 이들이 조금이라도 잘못되는 것 같으면 몹시 화를 내게 된다. 장남과 장녀는 부모의 투사 대상이 되는 좋은 위치에 있다. 또한 감정적으로 밀착되는 아이가 투사의 대상이 된다. 부모와 감정적으로 밀착되는 아이는 부모의 감정 상태에 민감하게 된다. 만일 부모가 서로 갈등을 일으키는 경우에 부모에게 다가가서 관계를 화해시키려고 하거나 갈등을 중재하려고 한다. 이 경우에 부모는 자신들이 가지고 있는 불편하고 어려운 감정을 이 자녀에게 투사하게 된다. 말리는 아이는 양쪽 부모로부터 동시에 야단을 맞을 수 있게 된다.

투사의 대상이 되는 아이는 분화의 수준이 낮은 상태에서 성장하게 된다. 투사의 대상이 되는 아이들은 부모와 삼각관계에 빠지게 된다. 삼각관계에 빠지게 되는 아이는 자신의 생각이나 원하는 마음에 의해서 스스로 의사결정을 하지 못하게 된다. 자신의 독립된 생각이나 의사결정은 부모에 의해서 자주 간섭받게 되고, 이로 인해서 자신의 독자적 생각대로 행동할 수 없게 된다. 자신의 생각에 민감하기보다는 부모의 생각에 민감하게 되고, 이러한 상태에서 성장하면 다른 사람들의 생각에 더욱 민감하게 된다. 즉, 아이는 정서적으로 독립된 상태가 아니라 다른 사람들에게 의존적으로 성장하게 된다. 즉, 분화의 수준이 낮은 상태로 성장을 하게 된다.

5) 다세대 간 전이과정

세대 간에 가족들의 분화수준과 기능을 연결하는 행동양식을 다세대 간 전이과정이라고 부른다. 다세대 간 전이과정(multigenerational transmission process)은 삼각관계와 가족투사과정을 통해서 이루어진다. 부모 세대와 자녀 세대의 연결은 삼각관계를 통해서 가능하다. 부부가 서로 갈등이 있고 부모들의 분화수준이 낮은 경우에 부모는 자신들의 갈등을 해결하는 방식으로 제삼자를 끌어들인다. 제삼자는 대체로 자녀들인 경우가 많다. 부모와 자녀는 일정한 체계를 형성하여서 세대 간에 연결을 만들게 된다. 가족투사과정은 삼각관계에서 내용을 채우게 된다. 삼각관계를 통한 일정한 틀에서 부모는 자녀에게 자신이 가지고 있는 여러 가지 문제 또는 불안 등을 투사한다. 삼각관계의 틀 속에서 매여 있는 자녀들은 부모의 투사를 그대로 받을 수밖에 없는 위치에 서게 된다. 자신이 독립적으로 행동하고 독자적으로 행동을 하게 되면 삼각관계는 무너지며 부모는 다시 갈등을 일으키게 된다. 따라서 자녀는 삼각관계를 떠날 수 없게 되고 부모의 투사를 그대로 받을 수밖에 없는 입장에 처하게 된다.

삼각관계와 투사과정을 통해서 감정과정은 다음 세대에 전달된다. 감정과정은 사람들이 다른 사람들과의 관계에서 가지고 있는 감정반사의 형태를 의미한다. 예를 들면, 다른 사람들의 조그마한 자극에도 쉽게 화를 내는 사람들은 화를 내는 방식의 감정과정을 가지게 된다. 이러한 사람들은 다른 사람들과 관계를 하는 데 있어서 주로 화를 내는 방식으로 관계를 한다. 만일 부모가 자녀와의 관계에서 주로 화를 많이 내게 되면 아이는 부모처럼 화를 많이 내는 방식으로 관계를 하게 된다. 삼각관계와 투사과정에 매여 있는 아이는 부모가 자신에게 화를 많이 낼 때 많은 좌절과 억울함이 생기게 된다. 이런 방식으로 관계를 하면 아이는 자신의 마음속에 부모에 대한 분노가 많이 생기게 된다. 즉, 아이는 다른 사람들을 만나서 다른 사람들이 자신에게 조금이라도 자극을 준다면 쉽게 화를 내게 된다. 즉, 아이는 부모가 가지고 있는 감정반사행동을 자신의 것으로 만들고 그러한 방식으로 다른 사람들과 관계를 한다.

다음 세대의 분화수준은 예견이 가능하다. 부모와 자녀 간에 삼각관계를 형성하고 부모가 자녀에게 투사를 하면 자녀는 부모의 감정과정을 닮아가게 된다. 자녀는 부모와 마찬가지로 감정반사행동을 많이 하게 되므로 자녀의 분화수준은 높아지지 않는다. 즉, 자녀의 분화수준은 부모의 분화수준을 넘을 수 없게 된다. 만일 핵가족 감정체계의 감정 강도가 강하면 강할수록 자녀의 분화수준은 떨어지게 된다. 따라서 부모 세대가 가지고 있는 핵가족 감정체계의 강도를 알 수 있으면 자녀 세대의 분화수준은 예견이 가능하다. 핵가족 감정체계는 부모의 분화수준과 밀접한 관련을 가지고 있다. 부모의 분화수준을 알 수 있다면 다음 세대가 가지게 될 분화수준을 미리 예측할 수 있게 된다. 분화수준이 낮을수록 핵가족 감정체계의 감정 강도가 강해지므로 다음 세대의 자녀들은 그만큼 분화수준이 낮아질 수 있다. 만일 분화수준이 낮은 방향으로 세대 간의 감정과정이 진행되면 세대가 내려갈수록 분화의 수

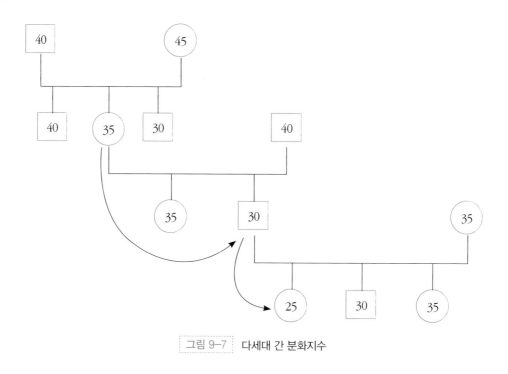

그림 9-7   다세대 간 분화지수

준은 떨어지게 된다. 즉, 세대가 진행될수록 분화지수는 낮아진다.

[그림 9-7]에서 보는 바와 같이 분화수준이 35인 사람은 자신과 분화수준이 비슷한 40 정도의 사람과 결혼한다. 자녀들도 부모의 분화수준을 크게 벗어나기 어렵다. 자녀 중 분화수준이 부모보다 떨어지는 30의 사람이 분화수준 35인 사람과 결혼하면 자녀는 분화수준이 25~35 사이에 머무르게 된다. 분화수준이 25인 자녀는 만성 증상을 갖는다. 조현병은 분화수준이 0~25 사이이다.

6) 자녀 위치

보웬은 월터 토먼(Walter Toman)의 자녀 위치(sibling position)에 대한 연구를 자신의 이론에 포함시켰다(Hall, 1991, p. 111; Papero, 1990, p. 61). 토먼은 1961년에 『가족 자리: 심리 게임(Family Constellation: A Psychological Game)』이라는 책을 출판하였다. 수많은 가족을 연구한 결과, 가족 구성원들은 일정한 자리를 가지고 있음을 발견하였다. 토먼의 이러한 연구를 접한 보웬은 자신이 생각하고 있는 내용과 비슷하다고 생각하였다. 비록 토먼이 보통의 가족을 많이 연구하였지만 보웬은 환자의 가족을 임상적으로 관찰하면서 비슷한 결론을 내게 되었다. 보웬은 자녀들의 위치와 불안을 관련지어 여러 가지를 생각하게 되었다. 예를 들면, 장남과 장녀는 불안해지면 더 권위적이고 규칙에 집착하는 성향이 있다. 장남과 장녀를 권위적이고 규칙에 집착하는 사람으로 만드는 역할은 불안이 하게 된다. 반면에 막내들은 불안이 많아지면 어쩔 줄 몰라 하는 행동을 보이게 된다. 아주 책임을 지지 않는 방향으로 행동하게 된다. 보웬은 불안과 자녀들의 위치를 연결시켜서 생각하게 되었다.

자녀 위치는 분화수준과 관련이 있다(Hall, 1991, p. 111). 자녀들이 가지고 있는 위치는 부모들의 기대수준과 관련이 있다. 기대수준이 높은 자녀 위치를 가지고 있는 장남과 장녀는 분화수준이 떨어질 가능성이 있다. 부모의 기대수준이 높으면 장남 또는 장녀는 부모들과 삼각관계를 쉽게 형성하고 감정체계의 강도가 강해진다. 삼각관계에서 감정체계의 강도가 강해지면 장남과 장녀는 자신의 독립된 생각에 의해 행동하기 어렵게 된다. 장남과 장녀는 쉽게 좌절하기 때문에 평상시에도 불안이 높은 상태에서 살게 된다. 불안이 높아지면 더 권위적이 되고 상대방을 규칙으로 얽어매려는 행동이 늘어난다. 반면 부모의 기대수준이 낮은 자녀 위치는 부모와 삼각관계에 잘 매이지 않게 된다. 감정체계라는 측면에서 볼 때도 부모와 약한 정도의 감정 강도를 가지고 살아가게 된다. 그만큼 자신의 독립된 생각에 의해 행동할 가능성이 많아진다. 자신의 독립된 생각을 많이 할수록 분화수준은 올라가게 된다.

원래 가족에서 차지하는 자녀 위치는 새로운 핵가족에서 감정체계와 투사과정에 영향을 미친다. 장남과 장녀 위치를 가지고 있던 사람들은 결혼을 하게 되면 배우자와 감정적으로 밀착되는 경향을 가지게 된다. 감정적으로 밀착되고 자신의 독립된 생각이나 행동이 적은 사람들은 서로에 대해서 감정반사행동을 할 가능성이 많아진다. 두 사람이 서로 갈등을 일으키는 경우에 관계는 불안정한 상태로 지속된다. 가까워졌다가 멀어지기도 하고 때로는 심한 감정반사행동을 보이기도 한다. 아이를 낳게 되면 아이는 부부간의 갈등을 중재하거나 가족관계를 유지하는 삼각관계에 쉽게 빠진다. 삼각관계를 통해서 두 사람은 자신들이 가지고 있는 화나는 감정이나 불편한 감정들을 자녀에게 투사하게 된다. 분화수준이 낮을수록 투사는 강하게 일어나고 아이는 더욱 분화수준이 낮아지게 된다. 반면 부모의 기대수준이 낮은 위치에 있었던 자녀들은 결혼을 하면 자신의 생각과 견해를 통해서 행동을 하게 된다. 비록 갈등이 생기고 불편하고 어려운 감정을 가지고 있을 때도 독자적으로 행동하게 된다. 두 사람의 관계가 그만큼 안정된다. 아이가 있는 경우에도 두 사람은 갈등으로 인해서 아이를 삼각관계에 끌어들일 수 있는 가능성은 그만큼 줄어들게 된다. 원래 가족에서 차지하는 자녀 위치는 분화수준과 관계가 있고 분화수준에 따라서 새롭게 구성하는 핵가족에서 삼각관계와 투사과정이 달라지게 된다.

자녀의 위치가 변화되는 경우가 있다. 이러한 경우에 노출되는 자녀들은 비록 원래의 출생 순위를 가지고 있다 할지라도 다른 출생 순위를 갖는 자녀들처럼 행동한다. ① 자주 이사를 한다. ② 가족 구성원 중 누군가가 죽거나 만성적 질병이 있다. ③ 가족 이외의 사람들과 일정하게 자주 접촉을 한다. 예를 들면, 할아버지 집에서 자란다. ④ 자녀의 수가 많은 가족에서 자라는 경우에 자녀 위치가 달라진다. ⑤ 다른 가족들과 신체적으로 아주 닮았다. ⑥ 문화가 다른 경우에는 자녀 위치가 달라진다. ⑦ 부모의 자녀 위치는 자녀들의 위치에 영향을 미친다. ⑧ 자녀들 사이에 나이차이가 많다. 대체로 6년 이상 차이가 나는 경우이다. ⑨ 가족 내에서 투사과정과 삼각관계에 따라서 자녀 위치가 달라진다. ⑩ 재혼을 한 가정인 경우에 자녀의 출생 순위는 달라진다. 모든 것이 혼돈되고 달라지기 때문이다. ⑪ 종교적 신념과 사회에서의 기능에 따라서 자녀의 위치는 달라진다.

7) 감정 단절

사람들 사이의 관계가 단절된 상태를 감정 단절(emotional cutoff)이라고 한다. 감정적으로 단절된 상태는 두 가지 양상으로 나타난다. 하나는 물리적으로 가까우면서 감정적으로 단절된 경우이다. 이 경우는 집 안에 같이 살거나 가까운 거리에 살면서 잦은 접촉을 한다. 만나는 일도 자주 있고 자주 대화를 하기도 한다. 그러나 물리적 접촉에도 불구하고 정서적으로는 단절되어 있어서 서로의 관계에 아무런 영향을 주지 않는다. 비록 같이 있으나 정시적으로 연결되어 있시 않으므로 서로에 대해서 아무런 관심을 가지고 있지 않다. 다른 하나는 물리적으로 멀리 떨어져 있는 경우이다. 서로 사는 곳이 너무 멀기 때문에 만날 수 있는 기회가 거의 없다. 설사 기회가 주어진다 하더라도 서로 만나지 않으려고 피하게 된다. 물리적 접촉을 하지 않음으로써 정서적으로 연결되려고 하지 않는다.

감정 단절은 융해관계(fused relationship)를 시사해 준다. 가까운 관계에서 서로 융해되려는 경향을 방지하기 위해서 감정 단절을 하게 된다. 서로 너무 가까워지면 서로의 주체성을 잃어버리는 두려움을 가지게 된다. 자신의 정체성을 상실할 것 같은 두려움과 불안은 감정을 단절함으로써 해결된다. 예를 들면, 집안에 만성적 질병을 가지고 있는 환자가 있다. 자녀 중 하나가 병이 있는 사람을 돌보고 있다. 오랫동안 환자를 돌보고 가까이 있어야 하는 상황에 노출되어 있었다. 이제 그 사람은 지치고 감정적으로도 소진이 되어서 더 이상 가까이 있으면 자신의 정체성이나 자신이 하고 싶은 모든 것을 포기해야 하는 상황에 처하게 된다. 이렇게 자신을 잃어버리는 두려움에 직면한 자녀는 환자와 관계를 완전히 단절함으로써 자신을 지키고자 한다. 이 자녀는 환자를 돌보되 감정을 연결하지 않은 상태에서 간호를 하게 되거나 아주 물리적으로 먼 거리에 살면서 완전히 관계를 단절하는 방식을 취하게 된다. 감정 단절은 불안과 융해관계를 다루는 하나의 방식이다.

외로움과 오해 그리고 잦은 이동은 감정 단절의 한 증거이다(Hall, 1991, p. 90). 가족들끼리 또는 사람들과의 관계에서 외로움과 오해가 있다는 뜻은 가족들끼리 서로 관계가 제대로 되지 않는다는 의미이다. 관계가 제대로 이루어지지 않음으로써 가족들은 감정적으로 서로 지지하거나 좋아하는 행동을 하기 어렵게 된다. 즉, 가족들은 서로 무슨 생각을 하고 있는지 잘 알 수 없게 된다. 어떤 사건이 생기는 경우에 그 사건에 대해 서로의 인식과 생각의 방향을 제대로 이해할 수 없게 된다. 그러므로 가족들 간에는 많은 오해가 발생한다. 이러한 오해는 서로에 대해서 감정을 연결하기 힘들게 한다. 감정을 연결하기 힘든 경우에 가족들은 외로움을 가지게 된다. 외로움과 오해는 가족들이 서로 감정을 연결하지 못했기 때문에 나타난다. 잦은 이동은 외로움과 오해의 결과일 수 있다. 서로 외롭고 많은 오해를 하고 있기 때문에 서로 살지 않으려고 한다. 잦은 이동은 감정 단절을 행동으로 표현하는 증거라고 볼 수 있다.

감정 단절과 관련된 특징들을 홀(Hall, 1991)은 다음과 같이 제시하고 있다(p. 91). ① 불안이 높은 경우에는 잦은 감정 단절이 생긴다. ② 단절이 가족 내에서 다루어지고 가족들 간에 감정 교류가 추진되는 경우에 분화수준이 올라간다. ③ 부모와 조부모 사이에 감정 단절이 있는 경우에 부모들은 자녀들과 감정 단절을 경험할 가능성이 높다. 특히 자녀들이 청소년 시기에 이르러 부모를 떠날 시점이 되면 감정 단절을 할 가능성이 매우 높아진다. ④ 융해관계를 대처하기 위해서 감정 단절이 효과적으로 사용되지 않으면 이 사람은 조기 죽음과 같은 증상들을 발달시킬 수가 있다. ⑤ 한 관계에서 감정 단절의 강도가 강하면 그만큼 같은 관계에서 융해나 미분화의 강도가 강해진다. ⑥ 가족 내의 모든 구성원은 감정 단절을 만드는 데 일정한 역할을 하게 된다.

8) 사회적 감정과정

사회에서 이루어지는 관계가 가족 구성원들의 감정과정에 영향을 미치는 것을 사회적 감정과정(societal emotional process)이라고 한다. 사회에서의 관계는 두 가지 방향에서 가족 구성원들의 감정과정에 영향을 미치게 된다. 하나의 방향으로는 사회에서 오랫동안 제대로 적응하게 되면 가족 구성원의 분화수준은 올라가게 된다. 즉, 사회에서 오랫동안 독립된 생각에 의해 성공적으로 적응하는 훈련을 하게 되면 분화의 수준이 올라간다. 사회에서 다른 사람들과 감정적으로 친밀한 관계를 형성하면서 자신의 독립된 생각에 의한 행동을 많이 하게 되면 가족 내에서 분화수준이 향상된다. 사회에서 지속적으로 스트레스를 받고 자신의 독립된 생각에 의한 활동을 못하게 되면 가족 내에서 분화수준이 낮아지게 된다. 즉, 가족 안에서 감정반사행동이 많아지게 되고 자신의 정체성을 점차로 잃어버리게 된다.

사회적 투사과정도 가족투사과정과 같이 일어난다. 사회에서 어떤 집단들 간에 삼각관계가 형성된다. 두 집단이 갈등 상태에 있고 한 집단이 두 집단의 희생양 역할을 하는 경우가 있다. 양쪽 집단의 갈등을 해결하기 위해서 동원된 하나의 집단은 양쪽 집단으로부터 투사를 당하게 된다. 집단 구성원들은 많은 심리적 갈등을 경험하게 된다. 이러한 상황에 오랫동안 노출되는 집단 구성원들은 분화수준이 낮아진다. 즉, 이들은 독립적으로 행동하기 어렵게 되고 다른 사람들에게 의존하려는 경향을 가지게 된다. 이들은 가족 안에서도 상호작용에 문제를 일으키게 된다. 가족 구성원들에게 감정적으로 의존하려는 경향이 늘어나고 감정반사행동이 늘어난다. 가족 구성원들과의 상호작용에 사회적 투사과정이 영향을 주게 된다. 사회적 투사과정으로 인해서 가족 내에서 분화수준이 낮아지게 된다.

사회 내에서의 역할이 사람들의 기능분화수준에 영향을 준다. 어떤 사회적 역할은 많은 불안을 유발하는 위치를 가지고 있다. 예를 들면, 많은 사람이 관심을 가지고 있는 역할은 그 역할을 가지고 있는 사람의 마음속에 불안을 많이 가지게 한다. 만일 자신이 역할을 제대로 수행하지 못하면 많은 사람이 피해를 입고 많은 사람들로부터 비난을 당하게 된다. 이렇게 불안을 유발하는 역할에 오랫동안 노출되는 사람들은 기능분화수준이 떨어진다. 즉, 불안으로 인해서 자신이 독립적으로 생각하고 행동하는 기능이 일시적으로 떨어질 수 있다. 그러나 장기간 이런 상황에 노출되는 사람들은 기본분화수준도 동시에 떨어질 수 있다. 특히 현대 사회와 같이 사회 내에서의 역할이 가족 내에서의 역할보다 중요한 위치를 갖는 경우에 기본분화수준은 사회 내의 역할에 의해서 낮아질 수 있다.

보웬은 사회의 감정과정이 분화의 수준에 영향을 미친다는 개념을 포함함으로써 자신의 이론을 확장하게 되었다. 보웬의 이론은 가족이라는 범주에 국한되는 생각이라고 볼 수 있다. 보웬의 이론은 가족 내의 분화수준과 가족 구성원들이 가지고 있는 상호작용의 방식 등 모두 가족 구성원들에 대한 개념들을 가지고 있다. 그러나 사회에서 감정과정을 포함시킴으로써 보웬의 이론은 사회라는 맥락으로 범주를 확장하게 되었다. 사회에서의 역할과 맥락들이 어떻게 가족관계에 영향을 미치는가 하는 점을 주목하게 되었다. 특히 분화수준에 대한 변화에 사회의 감정과정이 포함됨으로 인해 사회와 가족과의 관계를 새롭게 정립하는 안목을 열게 되었다. 이러한 기여에도 불구하고 사회에서의 감정과정은 아직도 개념적으로 세련될 여지를 많이 안고 있다. 가족과 사회와의 관계에 대해서 보다 정밀한 개념들과 생각들이 필요하다. 이러한 생각들을 토대로 사회 내에서 분화의 역할 그리고 가족 내의 분화가 사회의 역할에 미치는 내용들이 연구되어야 한다.

4. 역기능의 가족관계

1) 불안

상상 또는 실제 위협에 대한 유기체의 반응을 **불안**(anxiety)이라고 한다(Kerr & Bowen, 1988, p. 112). 비록 형태와 모양은 다르지만 불안은 모든 살아 있는 생명체에 있는 현상이다. 좀 더 복잡한 모양을 가지고 있는 생명체들은 복잡한 방식의 유기체 반응을 가지고 있다. 불안에 의해서 유기체들은 **반사행동**(reactivity)을 하게 된다. 반사행동은 아주 극단에 있는 형태로부터 아주 낮은 수준에 있는 형태까지 하나의 축에 양적으로 존재한다. **감정반사행동**(emotional reactivity)은 유기체가 불안에 의해서 보이는 행동이다. 불안이 증가하면 감정반사행동이 늘어난다. 불안은 주관발현과 객관발현을 갖는 감정반사행동이라고 할 수 있다(Kerr & Bowen, 1988, p. 113). **주관발현**(subjective manifestation)은 유기체가 외부의 위협에 대해서 스스로 인식하는 현상을 말한다. 유기체가 자신에 대해서 스스로 반응하는 현상을 말한다. **객관발현**(objective manifestation)은 유기체가 외부의 위협에 대해서 스스로 반응하는, 즉 외부의 위협에 대처하는 행동양식을 말한다. 따라서 불안에 의한 감정반사행동은 유기체가 외부 환경에서 생존하기 위한 대처양식이라고 할 수 있다.

불안에는 급성불안과 만성불안이 있다(Kerr & Bowen, 1988, p. 113). **급성불안**(acute anxiety)은 유기체가 실체 위협에 대해서 반응하는 현상으로써 시간이 지나면 소멸된다. **만성불안**(chronic anxiety)은 대체로 한두 가지의 실제 사건으로 인해서 발생한다. 해결이나 처리도 단순하고 쉬운 편이다. 반면 만성불안은 유기체가 상상 위협에 반응하는 현상으로서 여러 가지 복잡한 일에 의해서 일어난다. 비록 단순하고 간단한 일에 의해서 불안이 야기된다 하더라도 여러 가지 다른 복잡한 일을 상상하도록 만든다. 이러한 복잡한 일들은 만성불안을 일으키고 유기체의 반응도 복잡한 양상을 보인다. 만성불안은 시간에 제약을 받지 않는다. 예를 들면, 청소년이 시험에서 실패를 하였다고 하자. 이 경우에 만성불안을 가지고 있는 부모는 여러 가지 다른 종류의 상상을 한다. 대학에 들어가지 못할 것에 대한 상상을 한다. 대학을 떨어지고 자녀는 직장에도 취직하지 못한다. 또한 자녀는 결혼도 제대로 하지 못한다. 자녀는 결국 거리를 떠돌아다니는 부랑자가 된다. 부모는 이렇게 한 가지 사건으로 인해서 여러 가지 복잡한 일을 상상하면서 불안에 시달린다. 불안에 시달리는 부모는 여러 가지 복잡한 행동 반응을 보인다.

불안은 유기체가 살아가면서 여러 가지 사건 속에서 학습되어서 생긴다. 가족의 경우에 부모들의 불안을 아이들이 흡수하면서 불안이 생긴다. 아이들이 가지고 있는 불안은 가족들이 감정적으로 얽혀 있는 관계를 통해서 아이들에게 흡수된다. 불안은 가족들이 가지고 있는 관계와 관련이 있다. 가족들이 서로에 대해서 더 의존적일수록 가족들은 더욱 많은 불안을 경험한다. 가족들이 서로 관계에 묶일수록 서로에 대해서 민감해지고 예민해진다. 약간의 싫어하는 행동에도 예민하게 반응하며 불안이 발생한다. 가족들이 더 밀착된 관계를 가질수록 불안은 증가하게 된다. 가족들은 관계를 통해서 자신들이 가지고 있는 불안을 해결하려고 한다. 관계는 불안을 담는 역할을 하고 관계에 매이면 가족들은 불안을 경험하게 된다. 관계에 속해 있는 사람들은 만성적으로 불안을 경험하게 된다. 아무런 일이 일어나지 않아도 가족들은 관계로 인해서 여러 가지 상상을 하게 된다. 상대방에 대한 여러 가지 상상은 관계에 매여 있는 가족들에게 불안을 가져다준다. 즉, 가족들은 상상에 의해서 만성불안을 경험하게 된다.

불안이 증가하면 **연관성**(togetherness)에 의한 압력이 강해진다(Kerr & Bowen, 1988, p. 121). 불안이 증가할 때 관계에 매여 있는 사람들은 상대방에게 더욱 밀착되려는 욕구가 커진다. 밀착되려는 욕구를 표현하고 상대방에게 붙으려는 행동을 한다. 반면에 상대방은 부담을 느끼게 되어 욕구를 표현하고 행동하는 사람으로부터 벗어나려고 한다. 감정적으로 거리를 유지하는 행동을 하게 된다. 불안이 가중되면 될수록 더욱 관계에 매이려는 행동을 하게 되고 서로가 다르다는 사실로 인해서 위협을 경험한다. 서로 다르다는 것은 관계를 단절하거나 거부하는 행동으로 상상되고, 이러한 상상으로 인해서 서로 차이가 있음에 대해 더욱 불안한 마음을 가지게 된다. 서로에 대해서 차이를 느끼면 느낄수록 더욱 관계에 매이고자 하는 행동을 하게 된다. 만일 이러한 행동이 받아들여지지 않으면 감정반사행동이 더욱 많아지고 늘어난다. 연관성에 대한 압력이 증가되어 불안이 많아질수록 관계에서 떠나지 못하게 된다.

만성불안은 분화의 기본수준과 관련이 있다. 분화의 기본수준은 가짜 자신과 진짜 자신 사이의 비율 또는 지적 체계와 감정체계 사이의 비율에 의해서 나타난다. 가짜 자신과 감정체계는 모두 자신의 욕구에 민감하고 예민해서 자신의 독립된 생각에 의한 행동을 제대로 하지 못하게 만드는 역할을 한다. 다른 사람들의 욕구와 생각에 예민하게 반응하고 그에 따라서 행동하게 된다. 즉, 가짜 자신과 감정체계는 상황에 따라서 쉽게 변하는 특성을 가지고 있다. 불안이 높은 사람들은 다른 사람들의 행동과 생각에 민감하게 반응하기 때문에 자신의 독립된 생각대로 행동할 수 없게 된다. 다른 사람들의 생각과 반응으로 인해 쉽게 자신을 포기하게 된다. 자신을 쉽게 포기하는 행동들은 곧 가짜 자신의 특성들이고 감정체계의 특성들이다. 만성

불안은 가짜 자신을 형성하게 하여서 감정반사행동을 하도록 만드는 역할을 한다. 만성불안은 분화의 기본수준을 떨어뜨리는 역할을 한다. 만성불안이 늘어나면 늘어날수록 분화의 기본수준은 떨어지게 된다.

2) 융해된 삼각관계

강한 연결과 의존 밀착에 의해서 이루어진 관계를 융해관계라고 부른다. 융해관계(fused relationship)에서는 합리적 생각을 통해서 관계를 만들고 행동하기보다는 감정에 의해서 행동하게 된다. 연관성의 힘이 독립성의 힘보다 더 세기 때문에 관계는 감정의 힘에 의해서 이루어지게 된다. 지적 힘에 의해서 독립적으로 생각하고 행동하는 방식으로 관계를 하기보다는 반사적으로 행동하고 상대방에게 매달리는 의존행동을 보이게 된다. 예를 들면, 상대방이 화를 내면 왜 상대방이 화를 내는가 생각하면서 반응할 때 상대방을 이해할 수 있고 반사행동을 하지 않게 된다. 그런데 융해관계에서는 상대방이 화를 내게 되면 다른 쪽은 심하게 위협을 느끼게 된다. 관계가 무너지거나 끊어질지 모른다는 불안과 두려움을 가지게 된다. 심한 불안과 두려움은 상대방의 화나는 감정과 행동에 대해서 과민하게 반응하게 한다. 과민한 반응은 주로 심하게 위축되거나 상대방에게 더욱 많은 화를 내는 행동을 말한다. 심하게 위축됨으로써 화를 낸 상대방에게 죄책감을 심어 주거나 더 많은 화를 냄으로써 상대방을 지배하고 통제하려고 한다. 감정 연결이 강할수록 그리고 서로에 대해서 의존할수록 이러한 감정반사행동은 늘어나게 된다.

감정반사행동과 의존행동을 보이는 사람들은 자신의 불안을 줄이기 위해서 제삼자를 끌어들인다. 관계가 심히 불안정한 두 사람이 제삼자를 관계에 끌어들이면 두 사람은 제삼자에게 자신들의 감정을 투사하게 된다. 상대방이 화를 냄으로 인해 심하게 두려워하는 감정을 갖는 사람은 제삼자를 통해서 자신의 두려움을 해소하고자 한다. 심한 두려움을 가지고 있는 사람은 제삼자에게 과도하게 밀착하는 행동을 보인다. 제삼자는 책임감을 느끼게 되고 두려워하는 사람들을 돌보게 된다. 제삼자로부터 돌봄을 받은 그 사람은 자신의 두려움을 어느 정도 해결하고 다시 원래 자신과 관계하는 사람과 관계를 유지하게 된다. 이번에는 역으로 두려움을 보인 사람이 상대방을 위협하게 된다. 위협으로 인해 상대방은 과도하게 화가 난다. 그러나 제삼자에게 화를 내게 된다. 제삼자는 화를 받아서 또한 화를 내는 사람을 돌보는 입장에 처하게 된다. 화를 내는 사람을 위로하고 진정하도록 돕는 역할을 한다. 제삼자는 두려워하는 사람을 위로하고 화를 내는 사람을 진정시키는 역할을 한다. 제삼자는 과도한 책임과 심한 감정적 소진을 경험한다.

보통 가족들에게 있어서 자녀들 중 하나 또는 두 사람이 제삼자로서의 역할을 한다. 대체로 자녀들은 부모에게 저항하는 힘이 약하면서 동시에 부모에게 절대적으로 의존한다. 따라서 부모들의 관계가 불안정하면 이로 인해서 쉽게 삼각관계를 형성하게 된다. 부모는 자신들의 불안을 자녀에게 투사하고 자녀는 부모를 위로하고 진정시키는 역할을 한다. 자녀들은 자신들이 가지고 있는 발달의 프로그램에 의해서 제대로 발달하지 못하게 된다. 자녀들의 발달은 저해되거나 방해를 받게 된다. 자녀들은 자신들이 발달을 통해서 형성해야 할 자아를 제대로 만들지 못하게 된다. 자녀들은 진짜 자신보다 가짜 자신을 더 많이 형성한다. 부모들을 진정시키고 위로하기 위해서 자신의 욕구에 충실하기보다는 부모의 행동들에 맞추어야 하기 때문이다. 자녀들의 기본분화수준이 낮아지게 된다. 만일 자녀들이 오랫동안 자신의 발달을 제대로 이루지 못하고 부모의 행동에 맞추는 방식으로 살아간다면 이들은 자신의 독립된 생각에 의해서 행동하지 못하게 된다. 이들은 다시 심한 감정융해관계를 만들어야만 자신들의 삶을 유지할 수 있게 된다.

증상은 융해된 삼각관계의 결과로 발생한다. 제삼자인 자녀는 환경의 자극들을 제대로 통제할 수 있는 행동을 제대로 하지 못한다. 불안한 마음에 의해서 행동이 이루어지고 다른 사람들에게 의존하려는 경향이 심하게 나타난다. 자신에게 주어진 일들을 제대로 독립적으로 수행할 수 없게 된다. 일상생활을 영위하는 데 있어서 기능장애를 일으키게 된다. 내면적으로는 일관성과 통합성을 유지할 수 없기 때문에 성격장애를 일으키게 된다. 다른 사람들에게 신뢰받기 어렵고 다른 사람들을 신뢰하지도 못하게 된다. 이들은 지나치게 엄격한 행동을 하면서 어느 하나에 집착하는 강박행동을 보인다. 다른 사람들에게 지나치게 권위적으로 보이면서 행동하기도 한다. 다른 사람들을 협박하여 자신들의 관계를 해치지 못하도록 만든다. 통제와 지배를 통해서 자신의 안정을 도모한다. 때로 이들은 다른 사람들과 관계를 단절하기도 한다. 단절을 통해서 자신의 불안과 두려움에 대처하고자 한다. 다른 사람들에게 심한 투사를 하기도 한다. 자신이 화가 났음에도 불구하고 다른 사람들에게 투사하여 상대방을 당황하게 그리고 어리둥절하게 만든다.

증상은 체계를 유지하는 기능을 한다. 융해된 삼각관계를 가지고 있는 사람들 중한 사람은 증상을 발달시킨다. 증상은 체계 내에서 또 다른 삼각관계를 만든다. 증상과 증상을 발달시킨 사람 그리고 전체 관계는 다른 방식의 삼각관계를 만든다. 불안정한 삼각관계는 또 다른 삼각관계에 의해서 유지되고 지탱된다. 증상은 증상을 발달시킨 사람을 일시적으로 보호하는 역할을 한다. 만일 삼각관계에 있는 사람이 증상을 가진 사람에게 심하게 화를 내면 증상을 가진 사람은 아주 위축되고 우울증을 발달시킨다. 우울증은 다른 사람으로 하여금 화를 더 이상 내지 못하게 하는 역할을 한다. 따라서 우울증으로 인해서 그 사람은 일시적으로 보호받게 된다. 이렇게 함으로써 증상은 체계를 계속 유지한다.

5. 치료의 목표 및 방법

1) 치료의 목표

보웬 가족치료이론이 가지고 있는 치료의 근본 목표는 분화수준을 올리는 일이다. 분화수준은 가족들의 감정반사행동과 밀접한 관련을 가지고 있다. 분화수준이 낮으면 불안이 생겼을 때 이를 합리적으로 생각하여 목표를 가지고 행동하지 못한다. 반면에 즉흥적이고 즉각적으로 반응하는 행동을 하게 된다. 분화수준을 높이기 위해서는 불안을 다루는 방법을 알아야 한다. 개인이 성장하기 위해서 자율성과 독립성을 가져야 한다. 자율성과 독립성은 불안을 스스로 통제하고 다루는 방법으로부터 생긴다. 불안을 스스로 다룰 수 있는 사람들은 다른 사람들로부터 자신을 분화시킬 수 있는 사람들이다. 분화수준이 낮으면 불안이 야기되는 상황에서 다른 사람들에게 의존함으로써 자신의 불안을 낮추려고 한다. 즉, 다른 사람들을 끌어들여서 삼각관계를 만들어서 불안을 낮추려고 한다. 개인의 자율성과 독립성은 삼각관계를 푸는 역할을 한다. 불안이 발생하는 상황에서도 개인의 독립성과 자율성을 유지할 수 있으면 다른 사람들을 관계에 끌어들이지 않아도 된다. 기존의 삼각관계를 해체하는 데 있어서도 삼각관계 안에 있는 사람들이 객관적으로 자신을 유지할 수 있도록 하는 일이 가장 중요한 치료활동이 된다. 분화수준을 올리기 위해서 불안을 낮추는 활동을 해야 한다.

분화수준을 올리는 일은 개인의 일이 아닌 체계의 일이다. 증상은 개인에게 있는 현상이 아닌 체계 안에 있는 현상이다. 증상은 융해된 삼각관계를 통해서 형성된다. 융해된 삼각관계 안에 있는 사람이 삼각관계로부터 자신을 독립시킬 수 없을 때 증상이 생긴다. 증상은 분화수준으로 표현된다. 따라서 개인이 가지고 있는 증상은 비록 개인이 가지고 있지만 삼각관계라는 체계를 통해서 발생한다. 분화수준을 올리는 치료활동은 개인의 분화수준을 다루는 일이지만 근본적으로는 융해된 삼각관계를 해체하기 위해서 필요한 활동이다. 개인이 가지고 있는 인식은 자신의 내면 세계에 관한 것이 아니라 관계에서 자신이 어떤 방식으로 반응을 보이는가에 대한 것이다. 즉, 관계에서 다른 사람들의 자극에 대해서 감정반사행동을 보이는 경우에 분화수준이 낮은 사람이다. 분화수준을 높이기 위해서 치료자는 관계의 맥락에서 보이는 감정반사행동을 주의 깊게 관찰하게 된다. 마찬가지로 개인도 자신이 관계 맥락 속에서 어떤 방식의 반응을 보이는가를 인식하도록 한다. 관계라는 맥락은 단지 핵가족에만 국한되지 않는다. 주로 자신이 성장해 온 원가족의 맥락이 중요한 비중을 차지한다. 핵가족 내에서 일어나는 여러 가지 활동은 원가족에서 가지고 있었던 행동 형태들을 반복하는 행동들이다. 분화수준을 높이기 위해서 개인들의 인식은 핵가족이라는 맥락뿐만이 아니라 원가족이라는 맥락을 이해하는 범주로 확장되어야 한다. 분화수준을 올리는 일은 개인의 내면 세계에 대한 이해를 하는 활동이 아니라 핵가족과 원가족의 맥락을 이해하는 활동이다. 따라서 분화수준을 올리는 일은 체계를 통해서 이루어진다.

분화수준을 올리는 활동은 핵가족과 원가족의 구성원들이 관계를 조정하는 과정을 통해서 이루어진다. 핵가족 내의 관계 형태는 두 가지로 생각할 수 있다. 핵가족 구성원들이 서로 감정적으로 융해된 관계를 가지고 있는 경우가 한 가지이다. 다른 한 경우는 핵가족의 구성원들이 감정적으로 서로 단절되거나 거리가 먼 상태로 살아가는 것이다. 이 두 경우 모두 원가족과의 관계에서 형성된 관계를 조정하는 일이 포함된다. 원가족과 관계를 조정하는 일은 곧 핵가족 구성원들의 관계를 조정하는 일과 같은 의미를 지닌다. 단절된 관계를 가지고 있는 사람들은 관계를 개선하고 연결하는 일을 치료활동으로 삼는다. 관계를 개선하고 연결하는 과정에서 불안이 증가하고 이로 인해서 많은 저항이 발생한다. 마찬가지로 원가족들로부터 자신을 독립시키는 과정에서도 불안이 증가한다. 이 경우는 분리와 독립을 위한 치료활동을 하게 된다. 치료자는 객관적 자세로 증가된 불안을 다루기 위해서 질문한다. 질문을 통해서 개인들은 불안에 대해서 차분히 생각하게 된다.

분화의 수준을 올리는 일은 개인들이 스스로 책임을 지도록 하는 치료활동이다. 관계 속에서 불안이 생기면 불안이라는 감정을 다루는 방법을 배운다. 불안을 다루기 위해서 불안이 왜 발생하는지에 대한 인지 지도가 있어야 한다. 인지 지도는 삼각관계라든가 핵가족 감정체계 등 체계에 관한 지식을 말한다. 체계에 대한 지식을 통해서 개인들은 자신이 무엇 때문에 불안이 생기는지 인식한다. 불안을 다루기 위해서 개인들은 불안이라는 감정이 자신의 것이면서 동시에 자신이 처리해야 할 감정이라는 사실을 인식하도록 한다. 자신 안에 있는 감정들은 자신의 소유라는 사실을 받아들이도록 한다. 자신을 변화시킴으로써 체계 안에 있는 관계를 변화시키려고 한다. 불안을 스스로 받아들이고 이를 효과적으로 처리할 수 있는 사람들은 관계에서 발생하는 불안을 자신의 것으로 받아들일 수 있게 된다. 즉, 감정반사행동을 하지 않게 된다. 분화수준이 올라가게 되고 증상은 없어지게 된다.

2) 치료의 방법

보웬의 가족치료이론이 제시하는 치료방법은 크게 세 단계로 나뉜다(Brown, 1991). 첫 번째 단계는 호소문제를 이해하고 정의하며 전체 가족의 배경을 이해하는 것이다. 현재 가족들이 가지고 오는 호소문제를 핵가족 안에서 이해하는 것이다. 핵가족 안에서 주된 삼각관계가 무엇인지 그리고 그에 따르는 여러 가지 다른 삼각관계는 무엇인지에 대해서 이해한다. 가족들이 가지고 있는 증상에 대한 생각을 바꾸는 것도 이 단계에 해당된다. 가족들이 가족 구성원 중 한 사람을 문제라고 지목하는 방식을 바꾸게 된다. 이 경우에 가족체계에 대한 교육이 필요하다. 특히 감정체계에 대한 교육을 실시한다. 핵가족체계 내에서 일어나는 삼각관계 그리고 여러 가지 개념을 이해하고 난 다음 관계를 확장하여 이해하도록 한다. 즉, 원가족과 가지고 있었던 관계들을 탐색한다. 핵가족과 원가족의 관계를 이해하는 가계도를 그린다. 이러한 활동들은 가족이 가지고 있는 문제가 무엇인지를 확대가족의 맥락에서 이해하기 위해서 이루어진다. 이때 치료의 목표를 가족들과 설정한다. 이 단계에서 치료자는 가족들의 불안을 낮추는 데 초점을 맞춘다. 불안을 낮추고 자신에게 초점을 맞추면서 자신을 통제하도록 돕는 역할을 한다.

두 번째 단계는 가족이 변화되도록 돕는 단계이다. 변화를 하기 위해서 치료자는 가족 구성원들과 치료 계획을 세운다. 치료 계획은 네 가지 구성요소를 가지고 있다. 첫 번째는 계획이다. 언제, 어떻게, 무엇을, 어디에서 변화시킬 것인가를 결정한다. 두 번째는 예상이다. 이러한 변화에 대해서 감정반사행동을 예상한다. 세 번째는 연습이다. 새로운 방법이 가족들에게 위협이 되면서 불안이 높아지므로 예상되는 감정반사행동을 미리 짐작한다. 치료 장면에서 치료자와 가족 구성원들은 미리 연습을 한다. 연습을 통해서 치료자는 가족들이 예상되는 변화의 장면에 익숙해지도록 한다. 특히 가족들이 연습을 하는 도중에 자신들의 불안에 초점을 맞추고 이를 다루는 방법을 배우도록 한다. 네 번째는 실제로 변화의 과정을 갖는 것이다. 가족들은 적극적으로 가족들을 변화시키는 행동을 하면서 치료자와 상의한다. 만일 변화의 과정이 예상대로 이루어지지 않으면 가족 구성원들은 치료자와의 상의를 통해서 다시 시도한다. 여러 가지 주제를 가지고 가족 구성원들은 가족의 감정체계를 다루기 위한 활동을 한다.

세 번째 단계에서는 가족 구성원들이 치료자의 역할을 한다. 이전 단계에서 가족들은 치료자의 적극적 도움을 통해서 가족들을 변화시키는 조연의 역할을 하였다. 그러나 이 단계에서 치료자는 가족 구성원들에게 가족들을 변화시키는 주연의 역할을 하게 한다. 가족 구성원들은 스스로 가족들을 변화시키기 위해서 계획을 세우고 예상을 하며 연습한 다음 과정을 해 본다. 이 과정에서 치료자는 단지 가족 구성원들을 돕는 조언자의 역할을 한다. 가족 구성원들은 적극적으로 가족들을 변화시키는 치료의 대행자(agent) 역할을 한다. 가족 구성원들은 스스로 가족들이 모이는 기회를 잡는다. 예를 들면, 명절날에 모든 가족 구성원이 다 모여서 친목을 도모할 때 친목을 도모하는 방법을 제안하고 이를 통해서 가족들이 변화에 노출되도록 한다. 이런 날 변화하고자 하는 사람들은 특별한 계획을 세우고 이런 계획을 통해서 가족 구성원들이 서로 만나며 이야기할 수 있도록 만든다. 치료자는 변화를 맡은 가족 구성원들을 뒤에서 돕는 역할을 한다. 조연의 역할을 한다.

(1) 치료 삼각관계

삼각관계를 해결하기 위해서 치료자는 가족들이 가지고 있는 삼각관계와 다른 종류의 삼각관계를 만든다. 아버지와 어머니 그리고 아들이 삼각관계를 가지고 있다면 치료자는 **치료 삼각관계**(therapeutic triangle)를 만든다. 아버지와 어머니는 아들이 말을 하지 않을 때마다 불안하고 따라서 아버지와 어머니는 아들을 재촉하면서 말을 하도록 한다. 반면 치료자는 아들이 말을 하지 않는 경우에 조용하고 부드러운 말로 아버지와 어머니가 어떤 느낌이 드는지 알아본다. 즉, 아버지와 어머니 그리고 치료자는 삼각관계를 만들고, 이를 통해서 치료자는 지금까지 가족들이 가지고 있었던 상호작용과 다른 종류의 상호작용을 보여 준다. 아버지와 어머니의 불안을 탐색함으로써 치료자는 아들에게 향하는 부모의 투사를 돌리게 된다. 치료자는 부모가 자신들에게 초점을 맞추도록 돕는 역할을 한다. 아들이 말을 하지 않는 측면에 초점을 맞추게 되면 부모는 불안해지고, 불안해지면 자신들이 가지고 있는 오래된 삼각관계의 형태가 나오게 된다. 치료자는 부모의 불안이 어디에서 오는가 하는 점을 질문하여 부모 스스로 자신들의 불안에 초점을 맞추도록 하는 역할을 한다.

치료자는 자신이 불안을 견딜 수 있는 능력을 가지고 있어야 한다. 치료 삼각관계가 가지고 있는 특징은 기존의 가족들이 가지고 있는 삼각관계와 다른 방식의 상호작용을 보여 주는 것이다. 치료자가 가족들의 삼각관계 안에 들어갈 때 치료자 자신에게로 비난의 화살이 쏟아질 수 있다. 이런 상황에서 치료자가 가족들과 같은 방식으로 상호작용을 하게 되면 치료 삼각관계는 형성되지 않는다. 치료자가 가족들처럼 비난하고 상대방을 통제하려고 하거나 초점을 바꾸는 등의 행동을 하게 되면 기존의 삼각관계를 되풀이하는 역할을 한다. 치료자는 자신의 불안을 스스로 통제할 수 있는 역량이 있어야 한다. 가족들이 불안을 일으키며 치료자를 비난하는 상황에서 할 수 있는 한 치료자는 객관적 자세를 유지하여야 한다. 객관적으로 문제를 이해하고 분석하며 가족들에게 지적 방식으로 반응할 수 있어야 한다. 이런 방식으로 가족들과 상호작용을 할 수 있을 때 치료자는 가족들과 치료 삼각관계를 만들게 된다.

치료 삼각관계는 기존의 삼각관계를 해결하는 역할을 한다. 예를 들면, 불안을 느끼는 부부와 치료자가 삼각관계를 형성한다고 하자. 이 경우에 부부가 불안해하면서 치료자를 비난할 때 치료자가 감정반사행동을 하지 않고 부부들에게 일련의 질

문을 한다. 부부가 치료자를 비난하는 행동들은 어디에서부터 오는가 하는 질문을
던진다. 불안이 생기면 부부가 어떻게 행동을 하는가 하는 질문을 던진다. 성장하
는 과정에서 부부들의 원가족에서 부모들이 자신들에게 어떤 방식으로 반응을 하
였는가 질문한다. 이러한 일련의 질문을 받는 부부는 자신들의 삶을 스스로 돌아볼
수 있는 기회를 가지게 된다. 아마도 이런 질문들은 자신들이 살아오면서 처음으로
듣는 질문들이고, 이런 질문들에 대답하기 위해서 노력하는 동안 이들은 자신들의
불안의 정체를 이해하게 된다. 불안의 정체를 이해하는 것은 치료에 있어서 가장
중요한 요인이다. 이해를 통해서 부부는 자신들의 삶 속에 있는 불안들을 지적으
로 통제할 수 있는 중요한 수단을 가지게 되었다. 즉, 부부가 아이와의 관계에서 불
안할 때 자신들의 불안을 이해하게 된다면 자신들의 관계를 안정시키기 위해서 아
이를 끌어들이지 않게 된다. 따라서 부부가 자신들의 불안을 이해하게 된 것은 삼
각관계를 해체하고 해결하는 데 가장 중요한 요인이다. 부부는 치료자가 보여 주는
행동처럼 자신들의 불안에 대해서 객관적으로 이해할 수 있는 안목을 가지게 되고,
이러한 안목은 다음에 불안한 상황에 처하게 되면 불안을 객관적으로 바라볼 수 있
도록 만드는 역할을 한다. 삼각관계는 치료자의 치료 삼각관계에 의해서 해결되고
해체된다.

(2) 교육

보웬 가족치료에서 **교육**은 중요한 치료의 방법이다. 분화수준을 높이기 위해서
가족들은 지적 능력을 사용하는 방법을 배워야 한다. 지적 능력을 사용하기 위해서
무엇보다도 필요한 것은 이해를 하는 행위이다. 이해를 하는 사람은 지적으로 행동
을 조절할 수 있고 목표를 세워서 행동을 할 수 있기 때문이다. 치료자가 가족들을
이해시키기 위해서 해야 할 것은 가족들을 교육하는 일이다. 교육을 통해서 가족들
은 새로운 개념들을 배우고 그 개념들을 통해서 새로운 행동을 해 나간다. 교육받은
많은 사람은 이런 방법에 의해서 지적 활동을 하고 있다. 교육을 통해서 새로운 개
념들과 방식들을 배우고 이를 자신의 행동과 인격의 수양에 활용하고 있다. 보웬 가
족치료에서는 가족들이 교육을 통해서 새로운 개념들을 배우도록 한다. 새로운 개
념들은 가족들에게 하나의 참조체계로서의 역할을 한다. 가족들은 새로운 참조체
계를 통해서 자신들의 행동과 사고를 검토할 수 있게 된다. 가족들의 행동 방향을

설정할 수 있게 된다.

보웬은 가족들에게 가족치료이론을 배우게 한다. 가족들이 감정에 의해서 얽매여 있으며 불안을 해소하기 위해서 삼각관계를 형성한다는 감정체계를 가르친다. 감정체계가 현재 핵가족에게 어떤 방식으로 작용하고 있는지를 이해시킨다. 감정체계의 뿌리는 원가족에서 자신들이 자라면서 가졌던 상호작용의 방식으로부터 온다는 사실도 인식시킨다. 현재 자신의 핵가족에서 일어나는 현상 중에 원가족과 관련이 있는 내용들을 알아 나가게 한다. 다세대 전이과정을 이해시키고 세대를 통해서 전이되는 내용과 상호작용이 무엇인지 이해시킨다. 부모들은 자녀들에게 무엇을 투사하고 있으며 투사를 함으로써 무엇을 얻으려고 하는지 교육시킨다. 자녀들의 출생 순위에 따라서 가지고 있는 상호작용의 형태들이 어떻게 다른지 이해시킨다. 사회에서 발생하는 여러 가지 스트레스가 가족들의 상호작용에 어떤 영향을 미치는지 교육한다. 이러한 모든 개념과 체계를 교육하는 목적은 가족들로 하여금 지적 능력을 갖도록 준비시키는 것이다.

보웬의 가족치료이론은 가족들에게 참조체계로서의 역할을 한다. 가족들이 자신들의 행동을 이해하고 확인하는 일은 이론을 떠오르게 하는 데에서 시작한다. 예를 들면, 남편이 아들에게 소리를 질렀다고 하자. 부인이 옆에서 당신이 소리를 지르는 행동은 잘못되었다고 지적한다. 남편은 내 행동이 무엇이 문제냐고 반문한다. 부인은 남편의 행동이 어떻게 잘못되었는지에 대해서 보웬의 이론을 통해서 설명할 수 있다. 소리를 지르는 행동은 감정반사행동이므로 분화수준이 낮은 사람들이 하는 행동이다. 만일 남편도 같이 보웬의 이론을 공부한 사람이라고 한다면 남편은 자신의 행동에 대해서 부인이 지적한 대로 수긍하게 될 것이다. 남편과 부인은 모두 소리 지르는 행동에 대해서 검토하고 이해할 수 있는 일정한 준거 틀을 가지게 되었다.

교육을 하기 위해서 치료자들은 가계도(genogram)를 사용한다. 보웬은 국립정신보건원에서 일하면서 가족체계에 대한 정보를 담기 위해서 가족 도형(family diagram)이라는 개념을 사용하였고, 후에 거린은 1972년에 논문을 발표하면서 가족 도형을 가계도로 이름을 바꾸었다(Nichols & Schwartz, 1998, p. 173). 가계도를 가장 확실하고 분명한 형태로 만든 사람은 맥골드릭이었다. 맥골드릭과 거슨(Gerson)에 의해서 1985년에 출판된 책 『가족평가에 있어서 가계도(Genogram in Family Assessment)』는 가계도에 대한 완결판이라고 할 수 있다. 이 책은 한국에서 이영분과 김유숙에 의해서 1992년에『가족치료를 위한 가족분석가계도』라는 이름으로 번역되어 출판되었다.

가계도를 그리기 위해서 여러 가지 상징 기호를 사용한다. 여기에 소개되는 상징 기호들은 맥골드릭과 거슨(1995)의『가족 평가에 있어서 가계도』라는 책에 있는 내용들이다(pp. 10-14). 가계도를 그리는 데 있어서 두 가지 상징이 있다. 하나는 가족 구성원들과 구조를 위한 상징들이고, 다른 하나는 가족 구성원들의 관계를 나타내는 상징들이다. 가족 구성원들과 구조를 위한 상징들은 가족에 대한 기본 정보들을

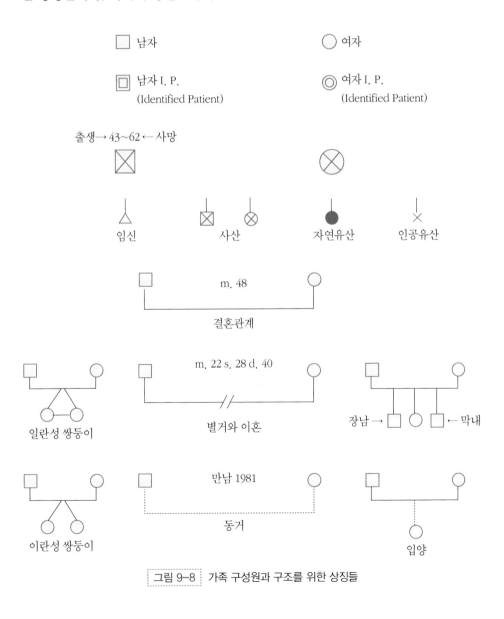

그림 9-8   가족 구성원과 구조를 위한 상징들

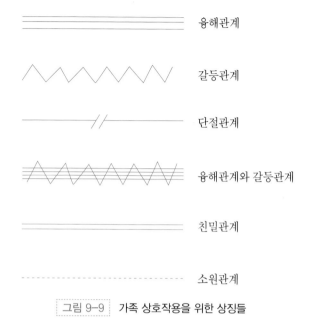

그림 9-9 | 가족 상호작용을 위한 상징들

담고 있다. 부부간의 결혼 여부, 결혼을 한 해, 자녀의 유무, 같이 살고 있는 가족들에 대한 정보, 남편과 부인에 대한 배우자 외 남자와 여자 관계의 유무, 자녀들의 출생 순위, 입양과 양자의 여부, 출생의 방식에 대한 정보, 유산과 낙태에 대한 정보들이 구성원들과 구조를 위한 기본 정보들이다.

한편으로 가족들의 상호작용을 위한 상징 기호들이 있다. 가족들의 상징 기호에는 다섯 가지가 있다. 아주 가까운 관계, 즉 융해관계를 나타내는 상징, 갈등관계를 나타내는 상징, 소원관계를 나타내는 상징, 단절관계를 나타내는 상징, 융해되어 있으면서 갈등관계를 나타내는 상징 그리고 친밀관계를 나타내는 상징이 있다.

앞에서 소개한 상징들을 통해서 가족 구성원들이 가지고 있는 기본 정보와 구조에 대한 가계도를 그릴 수 있다. 가족 구성원들이 가지고 있는 기본 정보들과 가족이 가지고 있는 기본 구조를 한눈에 볼 수 있도록 만들어 놓은 기계도를 그릴 수 있다.

가족 구성원들의 기본 정보와 구조를 가지고 있는 구조 가계도를 그린 다음 그 위에 가족들이 어떻게 상호작용을 하는가를 한눈에 볼 수 있도록 그려 놓은 가계도를 그릴 수 있다. 가족 구성원들의 관계를 나타내는 상징들을 사용하면 가족들이 서로 어떻게 상호작용하고 있는가 하는 점을 가계도에 그릴 수 있다.

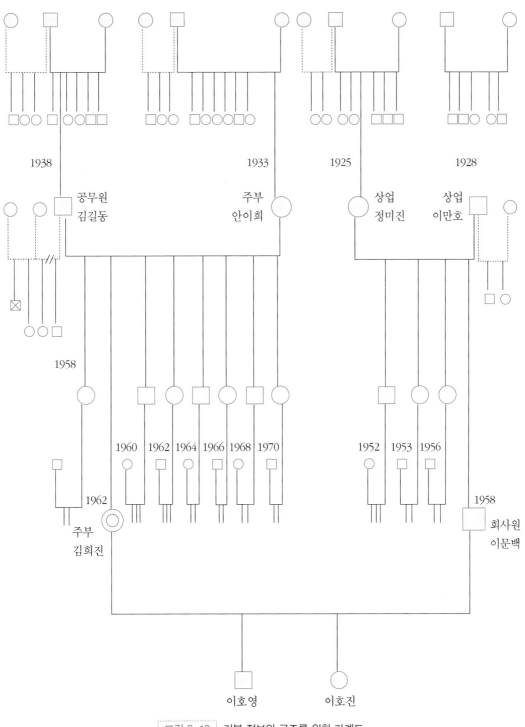

그림 9-10 기본 정보와 구조를 위한 가계도

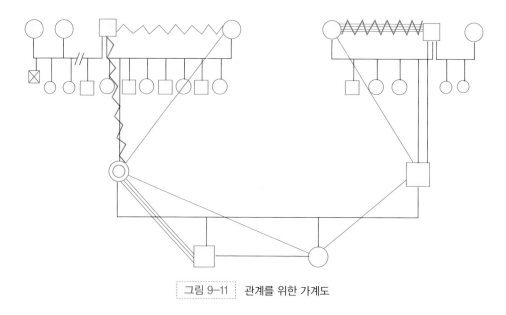

그림 9-11   관계를 위한 가계도

가계도는 그리는 과정에서부터 치료를 위한 활동의 방법으로 활용된다. 가계도를 그리는 데 있어서 적극적으로 참여하는 가족 구성원들이 있는가 하면 관심을 표명하지 않는 가족 구성원들이 있다. 치료자는 적극적으로 참여하는 구성원들이 소극적 구성원들을 어떤 방식으로 대하는가를 관찰할 수 있다. 한편으로 소극적 구성원들은 적극적 구성원들에게 어떤 방식으로 반응을 하는가 하는 점이 관찰의 대상이 된다. 치료자는 소극적 구성원들에게 차분하고 조용한 목소리로 이들이 가계도를 그리는 데 참여하도록 격려를 할 수 있다. 가족들에게 새로운 형태의 상호작용 모델을 보여 주는 치료의 활동이다. 가능하면 가족 구성원들 모두에게서 정보를 얻고 이들이 모두 가계도를 그리는 데 참여하도록 한다. 가계도를 그리는 데 있어서 칠판을 준비하거나 하얀 큰 도화지를 준비하여 사용한다.

가계도가 다 그려지면 가계도를 가지고 가족들을 교육하는 데 사용한다. 현재 증상을 보이고 있는 가족 구성원이 무엇 때문에 증상을 보이는가에 대해서 가계도를 통해서 설명할 수 있다. 관계를 나타내는 상징을 통해서 그려진 가계도를 활용하여 가족의 감정체계를 설명할 수 있다. 부모들은 무엇 때문에 삼각관계가 필요한가 하는 점도 가계도를 통해서 설명이 가능하다. 치료자는 가족들이 제대로 이해를 하고 있는지에 대해서 점검을 하면서 가족들을 교육시킨다.

(3) 질문

질문은 보웬의 가족치료에서 가장 중요한 치료방법의 하나이다. 질문을 통해서 치료자는 가족 구성원들로 하여금 생각을 하도록 만든다. 분화수준은 지적 활동을 통해서 높아진다. 독자적으로 생각하고 이를 통해서 목표지향활동을 할 수 있을 때 분화수준은 올라가게 된다. 불안이 유발되는 상황에서 치료자는 질문을 한다. 무엇 때문에 불안한가 하는 질문을 통해서 가족들이 다른 사람들의 행동에 초점을 맞추기보다는 자신들에게 초점을 맞추도록 한다. 대부분의 사람은 불안이 생길 때 다른 사람들에게 초점을 맞춘다. 다른 사람들이 이렇게 행동했기 때문에 자신에게 불안한 감정이 생기는 현상은 당연하다고 생각한다. 즉, 다른 사람들의 행동이 변화하면 자신이 불안하지 않게 된다고 생각을 한다. 그러나 보웬 가족치료이론에서는 불안이 다른 사람들의 행동에 의해 생기기보다는 분화수준이 낮기 때문에 생긴다고 본다. 따라서 불안의 감정은 자신의 분화수준과 관련이 있고, 질문을 통해서 자신의 분화수준을 바라보도록 한다. 불안한 마음이 들 때 자신의 불안이 어디에서 생기는가 하는 점을 지적으로 이해할 수 있도록 돕는 활동이 질문이다.

질문은 느낌과 감정을 구분하도록 도움을 줄 수 있다. 가족 구성원 중 한 사람이 화가 났을 때 치료자는 느낌과 감정을 구분하는 질문을 던질 수 있다. "지금 화가 났는데 화가 난 자신에 대해서 어떤 느낌이 듭니까?"라고 치료자는 질문을 던진다. 화가 난 감정에 대해서 사람들은 우울한 느낌, 화가 나는 느낌, 슬픈 느낌 등 여러 가지 종류의 느낌이 생길 수 있다. 어떤 종류의 느낌을 가지고 있는가에 따라서 어떤 종류의 사람인가 하는 점이 달라진다. 화가 났을 때 우울한 느낌이 드는 사람은 오랫동안 무기력의 상태 또는 자신을 주장할 수 없는 상태에 있는 사람이라고 추정할 수 있다. 반면 화가 났을 때 화가 나는 느낌을 가지고 있는 사람은 자신이 옳다고 생각하는 경향이 있는 사람이라고 추정할 수 있다. 어떤 종류의 느낌이 들든 간에 감정에 대해서 지적으로 인식하고 있는 사람은 인식하지 못하는 사람보다 분화수준이 높은 사람이다. 감정에 대한 느낌을 인식하지 못하는 사람은 바로 감정반사행동을 할 수 있다. 감정반사행동이 많을수록 분화수준이 낮은 사람이다.

질문은 지적 활동을 가능하게 해 준다. 화가 난 감정에 대해서 우울한 느낌을 가지고 있는 사람에게 다음과 같이 질문을 할 수 있다. "우울한 상태로 계속 있기를 원하십니까? 아니면 왜 우울한 마음이 생기는지 생각해 보시겠습니까?" 이러한 질문은 우울한 느낌을 가지고 있는 사람에게 우울한 느낌을 처리하는 방법에 대해서 생각하도록 기회를 제공한다. 또한 화가 난 감정에 대해서 어떻게 하기를 바라는가 하는 점에서 질문을 할 수 있다. "화가 난 감정을 어떻게 하기를 원합니까?" "또는 왜 화가 나는지 가족관계를 들여다보시겠습니까?"라고 질문을 한다. 이러한 질문은 화난 감정을 처리하는 방법에 관한 질문이다. 질문은 가족 구성원들로 하여금 자신이 화가 나는 이유를 탐색할 수 있게 하고, 이러한 탐색을 근거로 해서 화가 났을 때 어떻게 할 수 있는지 선택을 가능하게 만든다. 화가 난 감정대로 행동하는 것이 아니라 화가 난 감정을 자신이 스스로 다스리고 통제할 수 있는 능력을 갖도록 만들어 준다. 질문은 지적 활동을 가능하게 하여 스스로 여러 가지 선택을 할 수 있는 가능성을 넓혀 주는 역할을 한다.

질문은 가족들로 하여금 객관적 관찰자의 입장에서 현상을 볼 수 있도록 돕는 역할을 한다. 질문은 가족 구성원들이 자신들의 감정들을 객관적으로 바라보도록 한다. 감정을 처리하는 방법을 배운다는 말은 감정을 객관화해서 볼 수 있는 능력을 키운다는 뜻이다. 감정과 느낌을 객관화하지 않고는 선택을 하기 어려워진다. 선택은 지적 목표를 세우는 일과 같은 의미를 지닌다. 선택을 위해서는 많은 생각이 필요하고, 여러 가지 생각을 통해서 최선의 길을 갖도록 노력하는 활동이 선택이다. 즉, 감정을 처리하는 방법을 습득한다는 것은 감정을 객관적으로 생각하고 이를 위한 지적 활동을 한다는 뜻이다. 따라서 질문을 통해서 감정과 느낌이 분리되고 이를 지적으로 처리할 수 있다는 말은 객관적으로 자신을 바라보고 이해라는 능력을 키운다는 의미를 갖는다.

질문을 통해서 가족들의 관계를 인식하도록 한다. 치료자는 순환질문(circular question)을 통해서 가족 구성원들이 서로의 상호작용에 대해서 이해를 하도록 돕는 역할을 한다. 예를 들면, 치료자는 가족들의 상호작용에 대해서 다음과 같이 순환질문을 할 수 있다. "당신이 무엇을 어떻게 했기 때문에 당신의 남편이 그토록 화를 내는지 생각해 보셨습니까?" 이 순환질문은 남편과 부인의 상호작용의 형태를 알기 위해서 부인에게 던져졌다. 부인의 어떤 점과 남편의 화나는 행동이 연관이 있는지를 이해시키기 위한 순환질문이다. 다른 순환질문을 생각할 수 있다. "당신의 원가족 중에서 누가 당신과 비슷한 행동을 했으며 이러한 행동이 당신의 자녀에게 어떻게 나타나고 있습니까?" 이 질문을 통해서 치료자는 부모로 하여금 자신의 원가족과 자신 그리고 자녀를 연결하는 관계 형태를 이해하도록 한다. 부모가 자녀와 상호작용을 하는 방식은 부모가 자신의 부모와 상호작용을 하는 형태와 닮았다는 이론의 가정을 바탕으로 하는 질문이다. 이 질문을 통해서 치료자는 세 세대 간에 이루어지는 전이관계를 다루기도 하고 투사의 과정을 다루기도 한다. 순환질문을 통해서 치료자는 가족들로 하여금 자신들의 가족들 속에 있는 여러 가지 상호작용을 이해하도록 돕는 역할을 한다. 순환질문은 가족들이 가지고 있는 삼각관계 또는 다세대 간 전이과정, 가족투사과정 등 다양한 체계에 관한 점을 구체적으로 이해하도록 한다. 교육이 체계에 관한 일반 형태를 이해시키는 효과가 있다고 한다면, 순환질문은 아주 구체적 수준에서 가족들로 하여금 자신들이 가지고 있는 체계를 이해하도록 돕는 역할을 한다. 순환질문을 통해서 가족들이 어떤 특정한 영역과 방식을 이해하도록 돕는다.

(4) 코칭

보웬 가족치료에서 **코칭**의 방법은 치료자의 역할을 나타내는 개념이다. 치료자는 마치 운동 경기를 하는 선수들을 돌보는 감독과 같은 역할을 한다. 감독은 실제 운동 경기를 하지 않는다. 운동 경기를 하는 선수들을 운동장 바깥에서 객관적으로 바라보면서 관찰한다. 시간이 되면 선수들을 모아 놓고 자신의 생각을 전달한다. 그러나 감독은 선수들에게 모든 행동을 일일이 지시할 수 없다. 실제로 운동장에서 뛰는 선수들은 개개인이 가지고 있는 능력에 따라서 경기를 하게 된다. 마찬가지로 치료자는 가족 구성원들이 일일이 행동하는 수칙을 만들어서 행동하도록 하지 않는다. 반면에 몇 가지 기본이 되는 원리들을 가르치고 이를 통해서 가족들이 스스로 행동하도록 한다. 치료자는 가족들의 행동을 다소 지시하는 역할도 하지만, 대부분은 가족들이 자신들의 상호작용을 자율적으로 할 수 있도록 돕는 과정을 진행하는 진행자의 역할을 한다.

치료자는 가족과 같이 계획을 세우고 이를 진행시킨다. 화를 많이 내는 남편으로 인해 상처를 받는 부인이 남편과 상호작용을 어떻게 할 것인가에 대해서 계획을 세운다. 부인이 자신에게 초점을 맞추도록 한다. 남편의 행동에 초점을 맞추지 말고 자신에게 초점을 맞추어서 자신이 무엇을 어떻게 해야 하는지에 대해서 집중적으로 계획을 세운다. 예를 들면, 남편이 화를 몹시 내는 상황에서 부인이 어떤 행동을 할 수 있는지 함께 계획을 세운다. 예를 들면, 남편이 화를 낼 때 부인은 가만히 있기로 계획을 세울 수 있다. 또는 남편이 화를 낼 때 부인의 마음속에 어떤 감정이 생기는가 또는 그러한 감정에 대해서 어떤 느낌이 드는가 하는 점을 계획으로 세울 수 있다. 계획에 따라서 생길 수 있는 예상되는 행동과 반응을 점검한다. 치료자는 부인과 더불어 남편이 화를 낼 때 부인이 가만히 있으면 남편의 행동이 어떤지에 대해서 예상해 본다. 이러한 예상은 가능하다. 대체로 가족들은 일정한 형태로 관계를 하기 때문에 예상되는 행동을 예측할 수 있다. 만일 부인이 가만히 있음으로써 남편이 더욱 화를 낼 것으로 예상되면 부인의 행동을 수정할 수 있다. 예상을 하고 나면 치료자는 가족 구성원들과 미리 치료 장면에서 연습을 한다. 남편이 화를 낸다고 가정하고 부인의 마음속에 어떤 반응들이 생기는지 알아본다. 만일 부인이 감정반사 행동을 하게 된다면 치료자는 부인으로 하여금 자신에게 초점을 맞추는 행동을 하도록 돕는 방법을 사용한다. 이러한 연습을 충분히 한 상태에서 치료자는 부인으로 하여금 실제로 행동을 하도록 돕는다. 치료자는 가족들과 더불어 계획, 예상, 연습, 과정을 하게 함으로써 가족들이 자율적으로 변화하도록 돕는 역할을 한다.

감독으로서 치료자의 역할은 몇 가지로 요약된다. 첫 번째로, 치료자는 교사의 역할을 한다. 교사의 역할은 첫 번째 치료단계에서 많이 요구된다. 치료자는 가족들에게 보웬 가족치료이론을 이해시키고 설명하는 역할을 하게 된다. 이때 치료자는 교사로서의 역할을 한다. 교사의 역할은 전문가로서 확신을 가지고 해야 한다. 분명하고 뚜렷한 입장을 가지고 가족들에게 감정체계에 대해서 가르친다. 두 번째로, 치료자는 **모델의 역할**을 한다. 치료자는 가족들과 감정적으로 중립 위치, 객관 위치를 가지고 있음으로써 가족 구성원들이 치료자의 방법을 배우도록 한다. 객관적이지만 필요한 경우에는 가족들과 감정적으로 관계를 한다. 감정을 객관적으로 표현한다. 감정적으로 행동하지 않고 언어를 통해서 감정을 표현함으로써 자신을 객관화시킨다. 목소리는 치료를 하는 내내 낮은 상태를 유지한다. 세 번째로, 치료자는 **형사와 같은 역할**을 한다. 질문을 통해서 치료자는 가족들이 가지고 있는 관계를 찾아낸다. 일련의 질문을 통해서 핵가족 또는 원가족이 가지고 있는 관계 형태들을 발견한다. 이때 질문들은 주로 순환질문으로서 가족들이 자신들의 관계를 스스로 이해하도록 돕는 역할을 한다. 치료자는 질문을 통해서 가족들이 자신들의 위치에 대해서 이해하고 위치를 바꾸도록 한다. 질문을 통해서 이해를 증가시킨다. 네 번째로,

치료자는 **조언자**의 역할을 한다. 조언자의 역할은 주로 마지막 단계의 치료에서 이루어진다. 가족들이 스스로 변화의 주체가 되어서 자신들을 통해서 가족들을 변화시키는 계획을 수립하고 이를 진행시킨다. 치료자는 가족들의 요청이 있을 때 조언을 하는 방식으로 역할을 한다. 마지막으로, 치료자는 진행자 또는 협조자의 역할을 한다. 전체 치료의 과정을 진행시키는 점에서 치료자는 진행을 맡는다. 진행을 통해서 가족들이 스스로 자신들의 행동을 통제하고 조절해 나갈 수 있도록 돕는 역할을 한다. 치료자는 변화를 위한 감독으로서 가족들이 자신들의 과정을 충실히 해 나갈 수 있도록 돕는 역할을 한다.

요약

보웬에 의해서 만들어진 가족치료이론은 진화론의 영향을 많이 받았다. 살아 있는 생물들과 인간을 같은 선상에 놓고 정의한다. 모든 살아 있는 생명체는 감정체계라는 삶의 체계를 가지고 있다. 인간은 진화를 통해서 지적 체계를 발달시킴으로써 사고할 수 있는 능력을 가지게 되었다. 사고할 수 있는 능력을 가진 인간은 감정대로 행동하지 않고 지적으로 행동할 수 있게 되었다. 가족은 생존에 필요한 체계로서 감정체계에 의해서 얽힌 집단이다. 개인들은 분화를 통해서 자신을 가족의 감정의 힘으로부터 분리시키고 독립을 하게 된다. 이러한 분리와 독립을 통해서 개인들은 스스로 행동할 수 있는 능력을 가지게 된다. 이를 분화라 부른다. 분화는 평생에 걸쳐서 일어나는 현상이다. 최고의 분화수준에 이르게 되었을 때 인간은 자유롭게 행동할 수 있다. 필요하면 언제든지 다른 사람들과 관계를 할 수도 있고 또한 관계를 하지 않을 수도 있다. 인간은 완전한 자유의 상태에 이르게 된다. 아무리 많은 불안이 있다 할지라도 불안에 영향을 받지 않으면서 목표지향의 활동을 할 수 있게 된다.

분화에 영향을 주는 요인들은 삼각관계, 핵가족 감정체계, 가족투사과정, 다세대전이과정, 출생 순위에 의한 자녀의 위치, 사회의 감정과정, 감정 단절과 같은 현상들이다. 이러한 현상들은 가족 구성원들이 분리와 독립을 하지 못하게 하는 역할을 한다. 삼각관계에 매이게 되면 감정의 힘에 의해서 목표지향활동을 하기 어렵게 된

다. 핵가족 감정체계는 불안에 대처하기 위해서 발달된 체계로서 가족 구성원들은
이 체계를 통해서 불안에 대처해 나간다. 가족들은 자신이 불안을 견디기 어렵기 때
문에 다른 사람에게 자신의 감정을 투사한다. 여러 세대를 거쳐가면 가족 구성원 중
에 누군가는 증상을 발전시키게 된다. 출생 순위에 의해서 가족들은 삼각관계에 들
어가는 경우와 기회가 달라지게 된다. 장남과 장녀들은 부모와의 삼각관계에 자주
들어가는 자녀의 위치에 있다. 사회에서 일어나는 여러 가지 감정반사는 가족들의
행동과 체계에 영향을 준다. 이러한 영향으로 인해서 가족들은 더 심한 체계를 만들
수도 있고 심한 체계가 약간씩 풀어지기도 한다. 삼각관계에 의한 감정의 힘을 견디
지 못하는 사람들은 가족들과 자신을 감정적으로 단절하게 된다. 감정의 단절에 의
해서 자신을 보호하려고 한다.

　불안은 가족들이 역기능의 체계를 갖도록 만든다. 불안이 높아지면 사람들은 다
른 사람들과 융해하려는 경향이 생긴다. 불안이 높아지면 분화수준이 낮은 사람들
은 다른 사람들에게 의존하지 않으면 자신을 제대로 견디기 어렵게 된다. 불안은 사
람들의 생각과 지적 체계에 영향을 주기 때문에 자신의 생각대로 행동하기 어렵게
된다. 불안에 의해서 영향을 받는 사람들은 **지적 반응**(intellectual response)을 하기보
다는 **감정반사행동**(emotional reactivity)을 하게 된다. 감정반사행동은 불안에 의해서
만들어지는 행동들이다. 불안에 의해서 반사적으로 그리고 생존을 위해서 반응하
게 된다. 반면 지적 반응은 불안이 높다고 하더라도 목표지향의 활동을 하게 된다.
목표를 향해서 행동하기 때문에 불안을 견딜 수 있게 된다. 불안을 견디는 힘이 약
한 사람들은 낮은 분화수준을 가진 사람이라고 한다.

　낮은 분화수준을 가진 사람들은 다른 사람들과 삼각관계를 형성한다. 두 사람이
감정적으로 깊은 관계를 가지고 있으면 두 사람은 불안한 체계를 가지고 있다. 두
사람의 감정체계는 언제나 친밀하거나 멀어지거나 하는 관계 형태를 갖는다. 불안
이 생기면 두 사람의 관계는 불편해지고 관계는 멀어진다. 그러나 다시 친밀한 관계
를 형성하게 되어 두 사람은 가까운 관계를 유지한다. 두 사람의 감정관계는 이처럼
불안하기 때문에 불안한 관계를 해소하기 위해서 제삼자를 관계에 끌어들인다. 제
삼자는 두 사람이 불안하고 불편한 관계를 가지고 있을 때 관계를 유지하는 역할을
한다. 두 사람 또는 한 사람이 불안하고 불편한 감정을 제삼자에게 투사함으로써 전
이를 한다. 제삼자는 두 사람으로부터 불안하고 불편한 감정을 투사당하는 대상이

된다. 분화수준이 낮을수록 투사는 강해지고 전이는 심하게 일어난다. 삼각관계는 심하게 고정화되고 강한 감정체계를 형성한다. 제삼자는 두 사람의 관계를 유지하기 위해서 삼각관계에 매이게 됨으로써 거의 자신의 생각대로 행동하지 못하게 된다. 분화수준은 더욱 낮아지게 된다. 낮은 분화수준은 제삼자로 하여금 증상을 일으키도록 만든다.

치료의 목표는 분화수준을 높이는 데 있다. 분화수준을 높이기 위해서 가족들은 감정대로 행동하기보다는 지적으로 반응하는 방법을 배운다. 교육은 치료를 위한 중요한 수단이다. 지적 활동을 강조하기 때문에 지적으로 배우게 하는 일은 지적 활동을 왕성하게 하는 역할을 한다. 보웬은 치료의 예술 측면보다는 과학 측면을 중요시한다. 과학 측면을 중요시함으로써 이론이 치료에 있어서 중요한 역할을 한다. 이론에서 지시하는 대로 치료활동이 일어나야 한다. 이런 의미에서 치료는 이론 중심이고 과학적으로 이루어진다. 교육을 통해서 가족들은 자신들의 행동을 점검할 수 있는 이론적 근거를 만든다. 자신들의 행동이 이론에 비추어서 어떤가 하는 점을 서로 확인할 수 있게 된다. 질문을 통해서 치료자는 가족들이 생각을 하도록 만든다. 순환질문을 통해서 치료자는 가족들이 자신들의 행동을 체계적으로 이해하도록 유도한다. 비록 개인의 분화수준을 높이는 일이 치료의 목표이지만 가족들은 체계 또는 관계의 맥락에 대한 인식을 하게 된다. 순환질문은 가족들로 하여금 전체 맥락에 대한 이해를 하도록 만든다. 보웬의 이론은 다세대 간에 걸친 관계 형태를 다루기 때문에 가족들이 질문을 통해서 이러한 확대 가족체계를 이해하도록 돕는 역할을 한다. 이해는 분화수준을 높이는 데 중요한 역할을 한다. 질문은 가족들이 구체적으로 이해하도록 돕는 역할을 한다. 교육은 가족들이 전체의 틀에 대한 윤곽을 잡도록 하는 데 도움을 준다. 교육을 통한 이해를 구체화하기 위해서 치료자는 가족들에게 질문을 구체적으로 한다.

치료자는 치료 삼각관계를 형성함으로써 가족들이 삼각관계로부터 벗어나도록 한다. 치료 삼각관계는 가족들이 형성하고 있는 삼각관계와 달리 치료자가 객관적 자세로 가족들에게 반응하는 것이다. 불안이 유발되는 상황에서도 치료자는 침착하고 이성적으로 행동하도록 요구된다. 낮은 목소리와 차분하게 언어로 감정을 표현하는 방법이 치료자가 하는 행동이다. 이러한 치료자의 행동은 가족들로 하여금 모델링의 효과를 갖도록 한다. 가족들은 치료자의 행동을 봄으로써 자신들이 어떻게 행동해야 하는지에 대해서 이해한다. 이러한 이해는 가족들이 자신들의 분화수준을 올리는 데 기여한다. 삼각관계 안에서 제삼자는 차분한 마음으로 행동하기 어렵게 된다. 가족들이 감정적으로 공격하기 때문에 감정반사행동을 하게 된다. 반면 치료자가 삼각관계 안에서 불안을 유발하는 행동들에 대해서 지적으로 반응을 하게 된다면 가족들은 자신들의 불안을 객관적으로 탐색하는 활동을 할 수 있게 된다. 객관적으로 탐색하는 활동을 통해서 가족들은 자신들의 불안의 근거를 이해하고 이에 대해 지적으로 행동하도록 만들 수 있다.

치료자는 코칭이라는 치료의 방법을 사용한다. 코칭의 방법은 운동 경기를 하는 선수들을 다루는 감독의 역할을 하는 것을 말한다. 감독은 운동장 바깥에 있으면서 선수들이 경기를 잘하도록 돕는 역할을 한다. 치료자는 객관적 자세를 가지고 가족들이 자신의 분화수준을 높이도록 돕는 역할을 한다. 치료자의 역할은 교사로, 조언자로, 협력자로, 형사로, 모델로서의 역할을 감당한다. 치료의 단계는 크게 세 단계로 구분된다. 각각의 단계에 따라서 치료자에게 요구되는 역할이 달라진다. 첫 번째 단계에는 주로 형사의 역할이 기대되고, 시간이 지나면서 모델과 교사의 역할이 요구된다. 마지막 치료의 단계에서는 주로 조언자 또는 협력자의 역할이 요구된다. 이러한 역할들은 상황에 따라서 치료의 여건에 따라서 달라진다. 치료자는 코칭을 하기 위해서 가족들의 행동을 존중하면서 스스로 행동할 수 있도록 돕는 과정 진행자의 역할을 한다. 과정 진행자의 역할을 하면서 가족들이 스스로 행동하는 자율성과 독립성을 길러 줌으로써 가족들의 분화수준을 높이게 된다.

연습문제

1 사람의 세 가지 체계에 대해서 설명하고 분화와 어떻게 관계가 있는지 밝히시오.

2 여권신장주의자들은 보웬의 이론이 남성 중심의 사상을 가지고 있다고 비판한다. 이러한 비판의 근거를 이론 속에서 찾고 자신의 견해를 밝히시오.

3 보웬의 이론이 연속 모델이라는 점을 설명하고 연속 모델의 장점과 단점을 밝히시오.

4 분화수준이 삼각관계와 투사과정, 전이과정과 어떻게 관련이 되는지 밝히시오.

5 불안이 어떻게 가족 구성원들에게 증상을 발달시키는지 설명하시오.

6 치료를 할 때 질문이 어떻게 분화수준을 높이는 데 기여하는지 설명하시오.

7 치료의 목표가 무엇인지 밝히시오.

제**3**부

후기 가족치료

제1부와 제2부는 가족치료의 탄생의 배경과 전통적 가족치료이론을 다루고 있다. 제3부는 사회구성주의에 입각한 가족치료이론과 가족치료의 새로운 경향인 통합적 모델을 기초로 한 이론을 다루고 있다. 가족치료의 이러한 이론적 변화는 철학적 경향과 맞물린다. 제3부에서는 가족치료와 철학적 경향, 사회구성주의 가족치료이론 그리고 통합적 가족치료이론을 제시한다.

제10장

가족치료의 철학적 경향과 다양한 이론

조현병 연구에서 시작한 가족치료는 철학적 다양성과 더불어 여러 가지 새로운 이론적 경향을 만들어 내고 있다. 이 장에서는 가족치료이론이 가지고 있는 다양한 철학적 경향을 다룬다.

1. 가족치료의 철학적 기반

가족치료의 여러 가지 이론적 경향은 시간 관점, 내면 세계에 대한 입장 그리고 개인치료와의 관련이라는 세 가지 방향으로 정리될 수 있다(김용태, 2013, p. 17). 시간 관점이란 역사적 시각을 말한다. 시간의 흐름에 따라서 가족치료는 초기 가족치료이론과 후기 가족치료이론으로 나뉜다(김용태, 2009, pp. 1205-1206; 정문자, 정혜정, 이선혜, 전영주, 2012; Nichols & Schwartz, 2004). 학자에 따라서는 가족치료이론을 초기와 후기보다는 전통과 최근이라는 용어로 분류하기도 한다. 초기와 후기 그리고 전통과 최근이라는 용어는 모두 시간 관점에서 분류한 것이다. 초기 가족치료이론은 전통적 가족치료이론이라고 불리는 대화이론, 전략이론, 구조이론, 대상관계이론, 맥락이론, 보웬이론이 있고 후기 이론은 해결중심이론, 이야기치료이론, 통합이론 등이 있다. 초기 이론은 가족치료가 탄생한 후부터 개발된 이론들로서 가족치료를 하나의 전문 영역으로 자리 잡도록 만드는 데 많은 기여를 하였다. 후기 이론은 가족치료의 성장과 더불어 발달하였다. 후기 이론들로 인해서 가족치료의 영역은 더 풍부하고 다양해졌다.

내면 세계를 바라보는 관점에 따라서 순수체계이론과 심리역동이론이 있다. 순수체계이론은 대화이론, 전략이론, 구조이론이 있고 심리역동이론은 대상관계이론, 맥락이론, 보웬이론이 있다. 순수체계이론은 내면 세계가 존재하지 않거나 존재하더라도 알 수 없거나 중요하지 않다는 입장을 가지고 있다. 이러한 입장을 가지고 있는 학자들은 내면 세계는 검은 상자와 같아서 상자의 기능이 중요하지 그 안에 무엇이 있는지는 중요하지 않다고 주장한다. 이런 입장 때문에 순수체계이론은 대부분 행동을 중요시한다. 이들 이론은 대화를 하거나 문제를 해결하거나 가족 내에서 위치를 제대로 잡는 방식의 행동을 중요시한다. 심리역동이론을 지지하는 학자들은 내면 세계가 중요하며 내면 세계와 관계를 동시에 고려해야 한다는 입장을 가지고 있다. 내면에서 진행되는 것들은 관계를 통해서 만들어지거나 관계에 중요한 영향을 미친다. 예를 들면, 어린 시절 부모와의 관계에서 만들어진 부모의 이미지는 나중에 관계를 만들어 내는 데 결정적 영향을 미친다. 관계와 내면의 것 사이에는 순환적 관계가 있다.

개인치료와의 관련성이라는 입장에서는 개인치료의 연장선상의 이론, 개인치료와 무관한 이론, 개인치료와 가족치료를 통합하려는 이론이 있다. 개인치료의 연장선상에 있는 이론은 행동주의 가족치료이론과 정신분석적 가족치료이론이 있다. 이들 이론은 관계는 내면에서 일어나는 현상으로 인해서 만들어진다는 입장을 갖는다. 다른 말로 하면, 관계는 개인의 성향과 행동이 얽히면서 일어난다. 예를 들면, 내면에 존재하는 공격성은 공격적 행동을 만들어 내어 관계적 갈등을 일으킨다. 반면에 평화로운 마음은 화합하는 행동을 만들어 내고 관계를 조화롭게 또는 평화롭게 한다. 그렇기 때문에 가족 간의 관계는 이러한 내면의 연장선상에서 이해될 수 있다. 개인치료와 무관한 이론들은 대화이론, 전략이론, 구조이론, 맥락이론, 보웬이론, 해결중심이론, 이야기치료이론이다. 이들 이론은 개인의 행동과 마음은 관계에 의해서 만들어진다는 입장을 갖는다. 개인은 사회 속에 존재하고 사회의 여러 가지 현상이 개인을 만들어 낸다. 그렇기 때문에 이들 이론은 관계 양식을 이해하는 개념을 제공한다. 개인의 내면은 관계를 통해서 일어난 현상을 통해서 이해될 수 있다.

개인치료와 가족치료를 통합하려는 노력은 이론으로 발전하기 전 단계인 모델수준에 머물러 있다. 이러한 노력에 의해서 개발된 이론적 경향은 단기해결중심 실존주의 모델이다. 개인은 관계에 요소를 제공하고 관계는 요소의 배경 역할을 한다. 이는 마치 사람들이 사회적 분위기를 만드는 현상과 유사하다. 어떤 사람이 모였는가에 따라서 분위기가 달라지고, 분위기가 달라지면 사람이 달라진다. 요소인 개인과 배경인 가족은 서로 유기적 연관성을 가지고 있다. 단기해결중심 실존주의 모델은 인간의 실존적 요소를 해결하기 위한 관계적 방향을 제시하고 있다. 절망, 죽음, 자유 등과 같은 인간의 실존적 요소를 관계적으로 해결하는 방식으로 통합의 모델을 만들고 있다. 정서중심치료는 개인치료와 가족치료를 통합하는 또 다른 모델이다. 이 입장의 학자들은 인간중심이론, 체계이론 그리고 애착이론을 묶어서 정서중심치료를 하는 통합적 모델을 만들었다. 인간중심이론의 발달적 경향성과 체계이론의 상호작용 망 그리고 애착이론의 정서적 애착 유형을 묶어서 하나의 틀로 제시한 모델이 정서중심치료이다.

개인치료와 가족치료를 통합하려는 노력 이외에 가족치료 내에서 이론과 이론을 통합하려는 노력도 있다. 이러한 노력을 통해서 만들어진 이론적 모델이 **이야기 해결치료**이다. 이야기치료의 문제중심의 이야기를 해결중심치료와 연결하여 문제 이야기를 해결 이야기로 바꾸는 방안이 이야기 해결치료이다. 각각의 이론이 가지고 있는 부족한 점을 서로 보완하는 방식으로 통합이 이루어졌다.

앞에서 언급된 각자의 이론적 경향은 모두 철학적 흐름과 관련이 있다. 근대주의 시대의 사조를 대변하는 실증주의 및 현실주의, 후기 근대주의 사조를 이루는 구성주의 그리고 이 둘을 비판하면서 통합하려는 비판적 현실주의가 가족치료의 이론적 경향과 그 맥을 같이하고 있다(김용태, 2009). 실증주의 및 현실주의는 사실과 현실로 구성된 세상이 객관적으로 존재한다는 철학을 반영하는 시대적 사조이다. 이 둘을 합하면 경험적 현실주의가 된다. 마음과 관념을 대변하는 구성주의는 현실이 마음으로 만들어진다고 보는 철학적 사조이다. 여러 사람의 마음이 모여서 하나의 현실을 만들기 때문에 사회구성주의라고도 불린다. 비판적 현실주의는 사실과 관넘을 분리하여 사실은 사실대로, 관념은 관념대로 취급하려는 철학적 경향이다. 모든 것을 사실로만 볼 수 없고 또한 모든 것을 관념으로만 볼 수 없다.

1) 경험적 현실주의 철학과 가족치료이론

정신분석적 가족치료이론과 행동주의 가족치료이론은 경험주의 철학을 가지고 있다. 경험주의 철학에서는 인간의 모든 아이디어는 내적인 것이든 외적인 것이든 경험을 통해서 생긴다고 주장한다(Elwell, 2001, p. 375). 현재 인간이 가지고 있는 생각, 아이디어, 신념 등과 같은 많은 내외적 요소는 경험을 통해서 만들어지고 변화된다. 그렇기 때문에 이러한 내적 요소와 외적 요소는 모두 탐구를 할 수 있는 대상이 된다. 이런 의미에서 경험에 의해서 생긴 아이디어는 지식과 과학의 기초가 된다.

경험주의 중 하나인 **실증주의**는 19세기와 20세기에 들어서서 새로운 철학적 경향으로 자리를 잡는다(Benner & Hill, 1999, p. 398). 경험주의에 의하면 경험을 통해서 만들어진 인간의 마음은 탐구의 대상이 되면서 동시에 객관적으로 이해 가능한 실체이다. 이러한 경험 중에서 감각에 의한 것들만을 대상으로 연구를 하고 탐구하는 분야가 행동주의이다. 이 분야는 관찰이 가능한 현상만을 연구 대상으로 삼고 이를 과학적으로 검증하려고 한다. 이러한 행동주의의 철학적 경향은 실증주의와 사회학의 아버지인 오귀스트 콩트(Auguste Comte)에 의해서 많은 영향을 받고 있다(Geisler, 1999, p. 157). 콩트에 의해서 시작된 19세기 **논리실증주의**(logical positivism)는 경험주의 선구자들인 로크(Locke), 버클리(Berkeley), 흄(Hume)과 밀(Mill)의 경험적 존재로서의 인간이라는 공통적 철학을 가지고 있다(Benner & Hill, 1999, p. 399). 콩트는 모든 현상을 관통하는 일반적 법칙이 있다고 주장을 하면서 경험주의에서 한 걸음 더 나아간 논리실증주의를 만들어 냈다. 그는 이러한 일반적 법칙은 과학적이기 때문에 모든 사회 현상은 과학적으로 설명이 가능하다고 믿었다. 그는 사회 현상을 탐구하는 분야는 사회과학이 된다고 주장하였다. 논리실증주의는 이렇게 일반적 법칙에 의해서 현상을 설명하려고 한다. 존재하는 현상은 논리적으로 설명이 가능하고 증명을 통해서 입증할 수 있다. 그렇기 때문에 논리실증주의는 논리적 분석을 통해서 객관적으로 증명을 하고 이를 합리적으로 설명하는 데 그 목표를 가지고 있다.

경험적으로 만들어진 아이디어가 객관적으로 존재한다는 점에서 정신분석적 가족치료이론과 행동주의적 가족치료이론 모두는 **현실주의**라는 철학을 공유한다. 현실주의(realism)는 인간의 마음과 관계없이 세상, 즉 현실이 객관적으로 존재한다는 철학이다(Geisler, 1999, p. 634). 경험에 의해서 만들어진 인간의 마음이나 행동은 모두 현실에 존재하는 실체이다. 정신분석적으로 보면 내가 존재한다는 말은 내 마음이 존재한다는 의미이다. 행동주의적으로 보면 내가 존재한다는 말의 의미는 내 행동이 존재한다는 의미이다. 이렇게 객관적으로 존재하는 마음과 행동은 모두 객관적으로 탐구할 수 있고 이해할 수 있으며 때로는 측정 가능하다.

객관적으로 존재하는 마음은 원욕, 자아, 초자아와 같은 요소로 존재한다. 이러한 요소들이 가족관계에서 어떤 방식으로 드러나 있는지를 살피는 이론이 정신분석적 가족치료이다. 원욕과 원욕이 충돌하면 원욕적 갈등이 발생하고, 원욕과 초자아가 충돌하면 억압과 분노의 갈등이 표면화된다. 이러한 갈등을 조정하고 해결하는 노력이 정신분석에 기반을 둔 가족치료이다. 행동주의 가족치료 입장에서 보면 객관적으로 존재하는 현상은 가족 개개인의 행동들이다. 회피적 행동과 회피적 행동이 만나면 가족관계는 냉랭해지거나 표면적이 된다. 회피적 행동과 집착적 행동이 만나면 갈등 대 회피라는 관계 형태가 발생한다. 가족관계는 갈등적이거나 표면적이 된다. 관계를 활성화시키기 위해서는 회피적 행동을 적극적 행동이나 버티는 행동으로 바꿀 필요가 있다. 집착적 행동을 머무는 행동이나 무심한 행동으로 바꿀 필요가 있다. 행동을 수정해서 관계의 갈등이나 어려움을 해결하는 방식이 행동주의 가족치료이다.

2) 구성주의 철학과 가족치료이론

후기 가족치료이론인 해결중심이론과 이야기치료이론은 **구성주의 철학**에 근거하고 있다. 후기 가족치료에 이르면 가족치료에 대한 생각은 다시 한 번 도약을 하게 된다. 가족치료의 이론들은 마음에서 상호작용으로 일차적 전환을 이루고 상호작용에서 관념으로 이차적 전환을 이룬다(Nichols & Schwartz, 2004, p. 293). 개인치료는 마음의 현상을 여러 가지 개념으로 이론화하였다. 다시 말하면, 개인치료는 마음의 이론이다. 이러한 마음이 상호작용으로 전환을 이루면서 탄생한 분야가 가족치료이다. 가족치료이론가들은 체계이론을 통해서 가족 간의 상호작용에 대한 여러 개념을 만들어 내었다. 이러한 개념에 근거한 가족치료이론들이 전통적 가족치료이다. 가족 간의 상호작용이 객관적으로 존재하는가에 대한 의문이 생기면서 발생한 이론이 후기 가족치료이다. 이 입장을 지지하는 학자들은 가족 간의 상호작용은 객관적으로 존재하기보다는 가족의 관념 속에 존재한다고 믿는다. 이러한 믿음을 기반으로 만들어진 가족치료이론이 최근 가족치료이다. 상호작용에 의한 가족치료든 관념에 의한 가족치료든 모두 구성주의 철학에 근거를 두고 있다.

구성주의 철학은 존재론적이기보다는 인식론적이다. **존재론적 철학**은 존재하는 그 무엇을 찾아내어 이해하는 철학적 사조이다. 세상은 객관적으로 존재하기 때문에 인간은 객관적으로 존재하는 세상을 탐구하게 된다. 존재하는 그 무엇은 사실이다. 존재론적 철학은 존재하는 사실을 찾아내고자 노력한다. 반면에 **인식론적 철학**은 존재하는 사실을 어떻게 알았는가에 더 관심을 두고 노력한다. 인식론자들은 객관적으로 존재하는 사실을 인식하는 과정에 대한 면밀한 연구를 하였다. 연구를 해 본 결과, 사실이 사실로만 존재하지 않고 인간의 생각과 밀접한 연관이 있음을 알게 되었다. 예를 들면, 나무라는 사실은 객관적으로 존재하는 그 무엇에 나무라는 이름의 인간의 생각인 관념의 합이다. 객관적으로 존재하는 나무에 다른 이름을 붙이면 어떻게 될까? 그때도 나무가 나무일까라는 의문이 생긴다. 인식론자들은 이렇게 사실은 인간의 생각인 관념에 의해서 만들어진다고 주장한다.

인식론자에 따르면 관념에 의해서 만들어진 사실은 인지적 조작의 결과이다. 인지적 조작이란 반복적 경험을 통해서 얻어진 것을 이성적으로 해석한 생각을 말한다. 앞서 언급한 나무라는 사실은 사람들이 인지적으로 조작을 했기 때문에 생겨난 현상이다. 나무와 같은 세상은 객관적으로 존재하기 때문이 아니라 인간이 마음속에서 만들어 내기 때문에 존재하는 현상이다. 세상이 사람들의 집단적 인지조직에 의해서 만들어졌다고 보는 철학이 사회구성주의이다. **사회구성주의**(social constructionism)는 인간이 언어를 가지고 있고 이러한 언어를 통해서 만들어진 세상을 살아가고 있다고 주장하는 철학이다(김용태, 2000; 김유숙, 2002; 정문자 외, 2012). 인간은 언어를 통해서 서로 상호작용하면서 무엇인가를 끊임없이 만들어 낸다. 인간은 나무와 같이 무엇인가에 이름을 붙이고, 이름들을 연결해서 개념을 만들고, 이렇게 만들어진 개념들을 모아서 세상을 만들어 낸다.

세상이란 사람들끼리 의사소통을 통해서 만들어진 여러 개념의 합이다(Cheung, 1997, p. 332). 따라서 세상이란 객관적으로 알아 가는 탐구의 대상이 아니라 개념들을 이해하는 인식의 과정이다. 구성주의자는 실증주의자에게 질문을 던진다. 세상이 객관적으로 존재한다는 사실을 어떻게 알았는가? 이러한 질문을 통해서 구성주의자는 실증주의자의 주장을 반박한다. 구성주의자는 사실을 인식하는 방식을 알아보면 사실이 사실로만 존재하기보다는 인간의 관념에 의해서 존재한다고 생각한다. 따라서 객관적 세상은 인간의 관념에 의해서 만들어진 구성적 현실이다. 인간이 집단적으로 반복적 경험을 하고, 이를 서로 교류하면서 사실인 세상을 만들어 내고, 이러한 세상을 객관적 현실이라고 부른다. 이런 의미에서 객관적 현실인 세상은 주어지기보다는 사람들의 생각의 교류에 의해서 만들어진다(Watzlawick, 1984). 나무라는 객관적 사실은 인간이 집합적으로 믿고 있는 구성적 현실에 의해서 만들어진 현상이다.

사회구성주의 철학에 근거한 가족치료이론으로는 해결중심치료이론과 이야기치료이론이 있다. 이 두 이론은 모두 문제를 바라보는 시각인 관점을 전환시키는 방식으로 가족들의 문제를 접근한다. 해결중심치료이론에서는 문제를 바라보는 시각을 문제중심에서 해결중심으로 중심이동을 시도한다. 현재 가족이 가지고 있는 문제를 해결하기 위해서 무엇을 할 수 있는지에 대해서 가족과 치료자 모두 힘을 합하여 방법을 찾아내려고 노력한다. 이러한 노력 중 하나가 기적 질문이다. 치료자는 가족에게 만일 자신들의 문제가 해결될 수 있는 기적이 일어난다면 이러한 기적은 어떤 것인지를 묻는다. 기적이 일어나는 장면을 상상하면서 가족은 자신의 문제가 해결되는 방식, 방향, 모양, 형태 등을 생각하도록 치료자와 가족은 서로 협력한다. 해결중심치료이론은 이름이 시사하듯이 해결을 중심에 두고 모든 상담과정을 진행한다. 해결중심치료자들은 가족의 생각을 문제중심에서 해결중심으로 전환시키는 방식으로 상담을 진행하는 다양한 기술을 가지고 있다.

이야기치료는 가족의 이야기를 전환시켜서 자신의 문제를 새롭게 보도록 한다. 문제중심의 가족 이야기를 긍정적이고 밝은 관점의 이야기로 바꾸는 관점의 전환을 시도한다는 점에서 해결중심치료와 맥을 같이하고 있다. 치료자는 가족 구성원 개개인에게 내재된 문제를 꺼내어 밖으로 가지고 나오도록 가족을 돕는다. 치료자는 내재화된 문제의 이야기를 외재화시켜서 건강한 이야기로 바꾸도록 돕는 역할을 한다. 이런 의미에서 가족은 자신의 이야기를 써 내려가는 저자이다. 아무리 심각한 문제의 이야기를 가진 가족이라 할지라도 자신이 이야기의 저자라면 새로운 이야기를 써 내려갈 수 있다. 이런 의미에서 치료자는 가족의 이야기를 대신 써 주는 작가가 아니라 작가를 돕는 조력자이다. 저자인 가족과 조력자인 치료자는 서로 협력하여 가족이 자신의 문제를 해결할 수 있는 새로운 이야기를 쓸 수 있도록 한다.

해결중심 가족치료이론과 이야기 가족치료이론은 협력적 상담을 표방한다. 세상이 관념에 의해서 구성되기 때문에 치료자 혼자 단독으로 권위를 가지고 가족의 현실을 만들어 갈 수 없다. 이런 의미에서 권위자에 의한 진단적 입장은 구성주의 철학과 맞지 않는다. 그렇기 때문에 사회구성주의 입장의 치료자는 가족과 공통의 관념을 만들어 나간다. 치료는 이러한 공통의 현실을 만들어 가는 과정이다. 치료자는 가족의 현실에 대해서 모르는 입장을 견지하면서 가족으로부터 제공되는 관점을 이해하고 공동의 현실과 관념을 어떻게 소유할지에 대해서 논의하는 방식의 상담을 진행한다. 치료자와 가족은 같이 경험하고 같이 공유하며 같은 생각을 공유하는 방식의 치료적 과정을 갖는다.

3) 경험적 현실주의 철학과 사회구성주의 철학이 혼재된 초기 가족치료이론

초기 가족치료이론은 실증주의 철학과 구성주의 철학의 전환점에서 만들어졌다. 그렇기 때문에 이들 가족치료이론에는 두 철학적 요소가 공존한다. 다른 말로 하면, 초기 가족치료이론은 경험적 현실주의인 논리실증주의적 요소와 사회구성주의적 요소가 혼합되어 만들어졌다. 초기 가족치료이론이 가지고 있는 실증주의 요소는 객관적으로 존재하는 가족의 상호작용이다. 인간의 문제를 바라보는 시각이 인간의 마음에서 가족의 상호작용으로 바뀌었다. 인간의 마음이나 가족의 상호작용이나 모두 객관적으로 존재한다. 이들은 모두 존재론적이다. 따라서 개인치료자들이 인간의 내면을 객관적으로 이해하기 위해서 탐구를 하듯이, 초기 가족치료자들도 가족의 상호작용을 객관적으로 이해하기 위해서 탐구를 한다. 이러한 탐구를 바탕으로 초기 가족치료자들은 여러 가지 이론적 개념을 만들어 내었다. 가족의 상호작용을 대화 측면에서 바라보면 대화 가족치료이론이다. 가족의 상호작용을 전략 측면에서 바라보면 전략 가족치료이론이다. 가족의 상호작용을 지위와 위치에서 바라면 구조 가족치료이론이다.

　다른 한편으로 초기 가족치료이론은 객관적으로 존재하는 가족의 상호작용이 가족 구성원들의 관념에 의해서 만들어진 산물이라는 점에서 구성주의 철학을 가지고 있다. 상담에 찾아오는 가족들은 각각 다른 상호작용에 의한 가족체계를 가지고 가족치료자를 찾는다. 이러한 가족체계는 모두 가족 구성원들이 다르게 상호작용을 하고 있기 때문에 만들어진 현상이다. 객관적으로 존재하는 현상이 가족의 상호작용에 의한 만들어지고 창조된다는 점에서 구성주의적 철학적 경향을 반영하고 있다.

　초기 가족치료이론을 신봉하는 가족치료자는 경험주의와 구성주의가 혼재된 방식의 상담을 진행한다. 경험적 현실주의 철학이 반영된 상담 방법은 전문가 중심과 객관적 자세이다. 가족치료자는 가족이 가지고 오는 역기능이 무엇인지를 알고 이를 기능적으로 바꾸는 치료를 진행한다. 치료자는 가족의 문제를 전문적으로 알고 있으며 이를 해결하기 위한 치료적 방향도 이미 알고 있다는 전문가의 입장을 갖는다. 또한 치료자는 가족의 역기능을 객관적으로 탐구를 한다. 이미 존재하는 가족의 역기능을 이해하기 위한 여러 가지 상담기법을 사용한다. 전문가 중심과 객관적 입장은 모두 경험주의 철학이 반영된 방식의 상담이다. 다른 한편으로 초기 가족치료이론을 신봉하는 치료자는 가족의 현실에 참여하여 가족과 치료자가 공동으로 새로운 현실을 만들어 내는 방식의 치료를 하는 점에서 구성주의 철학이 반영된 상담을 진행한다. 치료자는 자신이 가지고 있는 생각을 주장하여 가족이 따라오도록 하기보다는 가족과 공동으로 새로운 현실을 만들어 내기 위해서 많은 대화를 진행한다. 치료자는 자신이 알고 있는 내용을 수정하기도 하고 가족의 생각을 바꾸도록 도우면서 서로 공동의 생각을 만들어 내어 가족이 기능적이 될 수 있도록 만드는 상담을 진행한다. 이런 의미에서 상담은 협력적으로 진행된다. 초기 가족치료이론을 신봉하는 치료자는 전문적이고 객관적인 자세를 가지고 있지만 유연하게 가족의 현실에 참여하여 공동의 현실을 만들어 내는 치료를 진행하면서 경험주의와 구성주의가 혼재된 방식으로 상담을 한다.

4) 비판적 현실주의 철학과 다양한 가족치료의 모델

구성주의자는 실증주의의 존재론적 실체에 문제를 제기하면서 생각의 획기적 전환을 가져왔다. 이러한 관점의 전환으로 인해서 사실과 관념의 구도라는 대립각이 만들어진다. 사실을 중시하는 실증주의자는 여전히 객관적 사실에 입각한 증명을 하려고 하고 관념을 중시하는 구성주의자는 사실에 관한 관념적 인식을 강조하면서 만들어진 세상을 중시한다. 이러한 두 가지 철학적 경향에 대해서 새로운 입장을 피력하는 일단의 학자가 있다. 이들은 이 둘이 현상의 한 측면만을 보면서 자신들의 입장을 정당화하려고 한다고 생각한다. 이 세상은 사실과 관념 모두로 이루어져 있는데 각각은 사실만 또는 관념만을 주장한다고 이들은 생각한다.

실증주의자와 구성주의자 모두의 문제를 지적하면서 등장한 일단의 학자는 비판적 현실주의자이다. 이들은 실증주의자를 순진한 현실주의자라고 비판한다. 마치 세상이 저 멀리 그냥 존재한다고 믿는 순진한 어린아이와 같다고 본다. 어린이는 눈이 보이는 대로 믿기 때문에 보이는 것이 가지고 있는 복잡한 이면의 현상들을 알지 못한다. 그래서 아이들은 자신의 요구가 받아들여지지 않으면 울고 떼를 쓴다. 그러나 어린 아이가 성장하면서 어른의 행동을 이해하기 시작한다. 어른은 눈에 보이는 것과 보이지 않는 것의 복잡한 상호작용을 이해하는 사람이다. 그래서 눈에 보이는 대로만 행동을 하기 어렵다. 때로는 자신의 신념과 어긋나거나 반대되는 것을 행할 때도 있고 그렇지 않을 때도 있다. 실증주의자는 어린아이와 같아서 순진하게 보이는 것만 믿으려고 한다. 다시 말하면, 이들은 경험되는 것이 객관적으로만 존재한다고 순진하게 믿는다.

반면에 구성주의자는 객관적으로 존재하는 사실과 관계없이 모든 것을 관념이라고 믿는다. 이는 마치 자신이 세상을 자신의 주관대로 만들어 갈 수 있다고 믿으면서 사는 사람과 같다. 예를 들면, 자기애의 성격을 가진 사람이 다른 사람들의 말이나 행동과 관계없이 자신이 생각하는 대로 그리고 느끼는 대로 살아가려고 하는 것과 같다. 자기애 성격의 소유자에게는 객관적으로 존재하는 사실은 없다. 어떤 사실이라 할지라도 자신이 어떻게 생각하는지에 따라서 달라진다. 따라서 이들은 천상천하 유아독존과 같은 태도로 삶을 살아간다. 구성주의자는 이렇게 모든 것이 관념에 의해서 달라진다고 주장하기 때문에 절대적 진리가 없다고 주장한다. 삶을 살

아가는 한 개인이 그저 자신이 생각하는 대로 그리고 느끼는 대로 구성하여 현실을
만들어 가면 된다.

비판적 현실주의자는 사실은 사실대로 그리고 관념은 관념대로 취급하여야 한다
고 주장한다. 세상은 사실과 관념이 합쳐져서 존재하는 현상이다. 예를 들면, 나무
는 식물이라는 물질적 존재와 사람이 관념적으로 부르는 이름이 합쳐진 현상이다.
사람이 아무리 다른 이름을 붙인다고 해도 물질적 존재 그 자체는 변하지 않고 남아
있다. 이는 사실이다. 이러한 사실은 인간의 관념과 관계없이 존재한다. 그리고 이
름이라는 관념인 생각은 언제든지 바꿀 수 있다. 다른 생각을 하거나 다른 관념이
생기면 식물이라는 물질적 존재는 다른 이름을 가지고 다른 용도를 부여받는다. 이
는 인간의 관념에 의해서 만들어진 산물이다. 그렇기 때문에 관념이 사실을 대체할
수 없고 사실이 관념을 대체할 수 없다. 나무는 물질적 실체라는 사실과 이름이라는
관념이 합쳐진 현상이다. 따라서 사실과 관념 둘을 동시에 고려할 때 세상에 대한
인식을 제대로 할 수 있다.

사실과 관념을 둘 다 동시에 고려하는 방식의 상담이 필요함에도 불구하고 가족
치료에는 근대주의적 사고방식인 실증주의 상담과 후기 근대주의적 사고방식인 구
성주의 상담이 지나치게 구분되어 있다(Flaskas, 2004, pp. 15-18). 사실 중심의 실증
주의 상담 방법은 전문가가 객관적으로 가족의 문제를 이해하고 처방한다. 따라서
전문가는 가족의 이야기를 듣고 문제를 해결하기 위한 방안을 고민한다. 가족의 문
제를 객관적으로 듣기 위해서 전문가는 객관적이면서 투명한 방식의 태도를 취한
다. 전문가 자신의 이야기나 주제 그리고 성향이 가족문제에 들어가지 않도록 노력
한다. 요약하면 근대주의를 대변하는 실증주의적 상담 방법은 전문가 중심 상담, 객
관적 입장, 듣기, 투명한 상담이다. 관념 중심의 구성주의 상담 방법은 가족의 문제
에 대해서 아무것도 모르는 입장을 취한다. 가족치료를 하면서 알게 되는 자신의 경
험을 가족과 나누면서 치료를 진행한다. 전문가도 자신의 경험을 가족과 나누기 때
문에 가족이 경험하는 자신의 문제와 협력하는 방식의 태도를 취한다. 가족과 전문
가는 서로 자신들의 경험을 나누면서 공동의 다른 현실을 만들어 간다. 가족치료자
는 가족의 문제에 대해서 사전에 전문적으로 아는 것이 아니라 아무것도 모르는 상
태에서 가족과 상의하면서 문제 해결을 위한 노력을 같이 한다. 가족치료자 자신의
경험을 임상적으로 활용하여 가족의 문제를 해결하고자 한다. 요약하면, 후기 근대

주의를 대변하는 구성주의적 상담 방법은 협동 상담, 모르는 입장, 체험으로 말하기, 상담자 자신의 임상적 사용이다.

두 가지의 상담 방법이 이렇게 예리하게 나누어져 있음에도 불구하고 실제로 가족치료자들이 임상을 할 때는 이 둘을 모두 사용한다. 전문가 중심의 실증주의 상담 방법을 취하는 가족치료자들도 가족의 문제를 해결하기 위해서 가족과 협력적 관계를 유지한다. 가족을 만나면서 전문가인 가족치료자는 자료를 모으고 이러한 자료를 바탕으로 가족의 문제를 진단한다. 전문가인 가족치료자는 자신이 이미 가지고 있는 전문적 의견과 가족을 통해서 경험되는 가족의 문제를 결합하여 상담을 진행한다. 또한 가족과 협력적 관계를 유지하면서 가족의 문제를 해결하는 구성주의적 상담자들도 자신들이 믿고 있는 방향대로 상담을 진행한다. 해결중심의 방향이나 새로운 이야기를 써 내려가기와 같은 방식은 가족치료자가 제공하는 삶의 방향이다. 이러한 삶의 방향은 가족치료자가 이미 전문적 입장을 취하고 있는 증거이다. 전문가는 일정한 방향을 설정하고 이러한 방향에 따라서 가족의 문제에 개입한다. 이런 의미에서 치료자가 아무리 모르는 입장을 취한다 하더라도 방향설정이 된 상태라면 가족의 문제에 대한 전문적 입장을 보여 주고 있다.

비판적 현실주의 입장에 있는 학자들은 사실과 관념을 모두 고려하면서 새로운 상담의 모델을 제시하고 있다. 이 모델은 실증주의로 대변되는 개인치료와 구성주의로 대변되는 가족치료를 통합하여 만들어진다(Anderson et al., 2015; Donovan, 2003; Fernando, 2007; Fox, Hodgson, & Lamson, 2012; Larner, 2000; Linares, 2001; Markovic, 2013; McCurdy, 2006; Moser & Johnson, 2008; Sydow, 2002; Westheafer, 2004). 통합의 방식은 새로운 관점에서 바라본 통합, 증상을 해결하기 위한 실제 통합 그리고 새로운 이론적 모델을 만들기 위한 이론적 통합이 있다.

첫째, 새로운 관점에서 바라본 통합은 개인치료와 가족치료를 통합하려는 노력이다. 이는 윤리적 모델, 정서적 모델 그리고 공통적 모델의 세 가지 방식으로 나타난다. 윤리적 모델을 지지하는 학자들은 실증주의와 구성주의 상담 방법 모두가 잘못된 상호작용을 바로잡으려고 한다고 주장한다. 잘못된 것을 바로잡으려는 노력은 윤리적 현상이다. 어떤 방식의 상담을 하든 모두 윤리적 입장으로 귀결된다. 해석을 통해서 잘못을 바로잡든 공유를 통해서 잘못을 바로잡든 관계없이 잘못된 상호작용을 바로잡으려는 노력을 하는 치료가 윤리적 모델이다. 윤리적 모델은 해석과 공유를 적절하게 섞어서 사용하는 절충주의적 방식의 상담을 할 수도 있고 이 둘을 하나의 틀로 묶는 방식의 통합적 상담을 할 수도 있다.

정서적 모델을 지지하는 학자는 감정과 역할을 통합하고자 한다. 실증주의 방식의 상담은 주로 감정을 다룬다. 내담자 가족의 마음을 편안하게 하기 위해서 여러 종류의 감정을 다룸으로써 가족 간의 관계를 편안하게 하려고 한다. 가족 간에 어떤 종류의 감정적 관계가 있는지에 대해서 이해를 하고 이를 변화시킴으로써 관계 개선을 꾀한다. 구성주의 상담은 가족이 어떤 입장과 관점에서 자신들의 이야기나 문제를 바라보는가를 다룬다. 관점이 변하면 역할이 변하고, 역할이 변하면 다른 이야기가 생기고 다른 방식의 해결점이 생긴다. 이런 의미에서 구성주의 상담은 주로 관점의 변화에 따른 역할관계를 다룬다. 개인치료와 가족치료의 정서적 모델은 역할과 감정 모두를 다루는 방식의 상담을 진행한다. 감정에 따른 역할 변화 그리고 역할 변화에 따른 감정의 변화를 다루면서 역할과 감정의 통합을 꾀한다. 예를 들면, 가해자의 역할과 피해자의 역할에 따라서 감정은 크게 변화한다. 가해자의 역할은 주로 화를 내는 것이고 피해자의 역할은 주로 두려움에 떠는 것일 가능성이 높다. 가해자와 피해자의 역할을 변화시킴으로써 상대방이 갖게 되는 감정을 이해하도록 돕는다. 피해자는 가해자의 화를 경험하여 가해자를 이해하고 가해자는 피해자의 두려움을 경험하여 피해자를 이해한다. 이렇게 각각의 역할에 따른 감정을 경험하게 함으로서 관계의 개선을 꾀한다. 역할과 감정의 관계를 밝히는 이론적 모델을 개발하여 실증주의적 상담과 구성주의적 상담의 통합을 하게 된다.

공통적 모델을 지지하는 학자들은 실증주의 상담과 구성주의 상담의 공통점을 찾으려고 한다. 실증주의 상담의 대표적 상담 방법 중 하나가 개인치료이고 구성주의 상담의 대표적 상담 방법 중 하나가 가족치료인데, 이 둘의 공통점을 찾아서 하나의 이론적 모델을 만들려고 한다. 어떤 방식의 상담이든 모두 변화를 지향한다. 전문적 조언을 통한 변화이든 협력을 통한 변화이든 상담은 모두 변화 지향적이다. 변화는 모두 건강성, 유연성, 개방성, 개연성과 같은 특성들을 지향한다. 이러한 변화의 특성들을 묶어서 하나의 이론적 틀을 만들어서 상담의 방식에 관계없이 적용하려는 상담이 공통성 모델이다.

둘째, 증상을 해결하기 위한 실제 통합은 임상적 관점에서 이루어진다. 가족이 가지고 오는 실제의 문제나 증상을 해결하기 위해서 여러 가지 방식을 사용한다. 실제 문제 중 하나인 거식증을 가진 청소년을 다루기 위해서 감정 조절에 중점을 둔 행동치료와 식습관의 패턴을 다루는 가족치료를 통합하여 새로운 모델을 만든다 (Anderson et al., 2015). 이 모델은 내담자나 가족이 가지고 오는 증상이나 문제를 해결하기 위해서 개인치료와 가족치료가 가지고 있는 강점이나 장점을 살리면서 각각의 단점을 보완하여 하나의 모델을 개발하는 방식의 통합을 이룬다.

셋째, 새로운 이론적 모델을 만들기 위한 이론적 통합은 주로 개인치료와 가족치료의 이론에 근거한 모델을 만들어 낸다. 각각의 이론적 공통점을 찾아서 이를 하나로 묶는 방식의 통합이다. 예를 들면, 애착이론과 체계이론의 공통점을 찾아서 체계-애착이론을 만들어 낸다(Sydow, 2002). 이 통합 모델은 각각의 이론을 바라보는 틀을 통해서 만들어진다. 각각의 이론의 공통점과 차이점이 무엇인지를 살펴보고 이를 통해서 이 둘을 묶는 이론적 틀을 제시한다. 여기서 제시되는 이론적 틀은 이 두 이론을 하나로 통합할 수 있는 메타이론이다.

요약

가족치료이론이 딛고 서 있는 철학적 경향을 크게 구별하면 근대주의를 대변하는 철학과 후기 근대주의를 대변하는 철학 그리고 최근의 이 둘을 통합하려는 철학으로 나뉜다. 근대주의를 대변하는 철학으로는 경험주의와 현실주의가 있고 후기 근대주의를 대변하는 철학으로는 구성주의가 있다. 그리고 가장 최근의 철학적 경향으로는 비판적 현실주의가 있다. 경험주의와 현실주의를 묶어서 경험적 현실주의라고 말할 수 있고, 구성주의에서는 집단적 관점을 대변하는 사회구성주의가 있다. 비판적 현실주의는 경험적 현실주의와 사회구성주의가 가지고 있는 장단점을 보완하는 철학적 경향이다. 가족치료이론들은 이러한 철학적 경향을 반영하는 이론적 토대를 가지고 있으면서 이러한 토대를 중심으로 각각의 개념을 만들고 이를 체계화하였다.

가족치료이론은 시간의 관점에서 볼 때 초기 가족치료이론과 후기 가족치료이론으로 나뉜다. 초기 가족치료이론은 대화이론, 전략이론, 구조이론, 대상관계이론, 맥락이론, 보웬이론 등이 있다. 후기 가족치료이론은 해결중심이론, 이야기치료이론, 통합이론 등이 있다. 초기 가족치료이론들은 근대주의 철학과 후기 근대주의 철학을 반영하는 개념과 상담 방식을 가지고 있다. 이론적 개념은 구성주의에서 가져왔지만 이를 상담하는 방식은 경험적 현실주의 입장을 가지고 있다. 후기 가족치료이론은 철저하게 사회구성주의 입장의 철학을 반영하는 이론들과 비판적 현실주의를 반영하는 이론들로 나뉜다. 해결중심이론과 이야기치료이론은 사회구성주의 철학이 반영된 이론적 개념과 상담 방식을 가지고 있다. 통합이론 중에는 사회구성주의 철학이 반영된 이론적 모델도 있고 비판적 현실주의 철학이 반영된 이론적 모델도 있다.

연습문제

1 가족치료이론이 딛고 서 있는 세 가지 철학적 경향이 무엇인지 나열하시오.

2 각각의 철학적 경향에 따라서 가족치료이론들을 분류하시오.

3 분류된 가족치료이론들이 어떤 상담 방식을 따르고 있는지 간략하게 설명하시오.

제11장

사회구성주의 가족치료이론들

1. 해결중심 가족치료

1) 기원 및 주요 인물

해결중심 가족치료의 기원은 MRI(Mental Research Institute) 모델에서 찾을 수 있다 (Nichols & Schwartz, 2004, p. 312). MRI 모델은 전략 가족치료의 일환으로서 행동적인 가족치료 접근이다. 이를 더 알고 싶은 사람은 이 책의 제5장 전략 가족치료이론을 참조하기 바란다. 이 모델은 하지 말아야 할 때 행동을 하거나 해야 할 때 행동을 하지 않거나 잘못된 수준에서 행동을 할 때 문제가 생긴다고 언급을 한다(김용태, 2000, p. 138). MRI 접근의 특징은 실용적이면서 해결 지향적이다. MRI 접근은 심오한 생각이나 이론과 관계없이 당면한 문제를 해결하는 데 집중하고 있다.

이러한 MRI 접근에 영향을 받은 일단의 학자는 가족이 가져오는 문제에 대해서 해결 가능한 것이 무엇인지에 관해서 생각하기 시작했다. 이들은 문제를 가져오는 가족에게 문제를 해결할 수 있는 것에 대한 질문을 시작하기 시작하였다. 이러한 접근의 결과로 이들은 해결중심 가족치료를 만들어 내었다. 해결중심 가족치료가 MRI와 같이 실용적이면서 문제에 대한 해결책을 찾는다는 점에서는 동일 선상에 있다. 그러나 해결중심 가족치료는 MRI와 달리 행동 지향적 모델이라기보다는 인지 지향적 모델이다(Nichols & Schwartz, 2004, p. 312).

해결중심 가족치료자는 문제를 가지고 오는 가족에게 문제가 아닌 상황이 무엇인지를 묻는다. 문제중심적으로 생각하는 가족 구성원들은 문제가 있고 문제 속에 살아가는 삶이 정상적이라고 생각한다. 이러한 가족에게 해결중심 가족치료자는 문제가 없는 또는 문제가 아닌 예외가 무엇인지를 묻는다. 이러한 질문을 받은 가족 구성원들은 만일 현재 자신들이 가지고 있는 문제가 전혀 문제가 아니라면 어떨까 또는 자신들이 문제가 없는 삶을 산다면 어떤 삶인가와 같은 예외적 상황에 대해서 생각을 하게 된다. 생각하면서 상상하도록 유도한다는 점에서 해결중심 가족치료는 인지적이다. 해결중심 가족치료자는 가족 구성원들이 해결하기 위한 방법을 찾을 때까지 생각하도록 돕는 역할을 한다. 치료자와 가족은 해결할 수 있는 방법에 대해서 지속적인 대화를 하게 된다. 이러한 지속적인 대화는 문제에 대한 해결 가능한 대안을 만들어 낸다.

해결중심 가족치료의 선구자는 스티브 드세이저(Steve de Shazer)이다(Goldenberg & Goldenberg, 2000, p. 304; Nichols & Schwartz, 2004, p. 313). 심리치료자이면서 저술가인 그는 단기가족치료센터(Brief Family Therapy Center: BFTC)를 밀워키에 세워서 센터의 동료들과 함께 해결중심 가족치료를 만들었다. 그는 위스콘신(Wisconsin) 대학교에서 사회복지로 학위를 받고 활동을 하면서 가족문제의 해결을 위한 많은 노력을 하였다. 그는 MRI 그룹에서 연구를 하거나 직접적으로 활동을 하지 않았지만 존 위클랜드의 영향을 받으면서 MRI 그룹의 단기해결 방식을 가족치료에 접목하게 되었다. 나중에 그는 임상보다는 연구에 집중하면서 『단기가족치료의 패턴들(Patterns of Brief Family Therapy)』이라는 책을 1982년에 출판하였다. 이러한 그의 노력은 아내인 인수 김 버그(Insoo Kim Berg)의 임상적 활동 그리고 밀워키에 있는 단기가족치료의 여러 동료와 더불어 해결중심 가족치료라는 새로운 이론을 만들어 내는 데 기여하였다.

이브 립칙(Eve Lipchik), 미셸 와이너-데이비스(Michele Weiner-Davis), 존 월터(John Walter), 제인 펠러(Jane Peller), 빌 오핸런(Bill O'Hanlon)과 이본 돌런(Yvonne

Dolan) 등도 해결중심 가족치료의 발전에 기여한 사람들이다(Nichols & Schwartz, 2004, pp. 313-314). 이들은 각각 해결중심 가족치료가 성장하거나 유명해지도록 여러 방면으로 노력을 하였다. 이들은 해결중심 가족치료의 접근방법에 대한 자세한 사항을 설명하거나 다양한 여러 영역에 해결중심 접근방법을 적용하여 해결중심 가족치료를 정립하는 데 기여하였다. 그리고 오핸런은 단기해결중심 가족치료 팀에 참여하거나 훈련을 받은 적이 없지만 밀턴 에릭슨(Milton Erickson)의 최면치료 훈련을 받고 이를 토대로 해결중심 가족치료를 발전시켰다. 그는 내담자 가족의 문제를 해결하기 위한 가능성에 더 무게를 두고 있기 때문에 해결중심 가족치료자라기보다는 해결 지향 가족치료자로 분류되기도 한다(Goldenberg & Goldenberg, 2000, pp. 309-311).

2) 이론의 기초

해결중심 가족치료는 미래 지향적, 언어 지향적 그리고 인지 지향적 경향을 가지고 있다(Nichols & Schwartz, 2004, pp. 314-315). 상담의 이론들을 크게 분류하면 과거 지향적 이론과 현재 지향적 이론으로 나뉜다. 과거 지향적 이론은 현재의 문제가 어떻게 발달해 왔는지에 대해서 많은 관심을 갖는다. 그래서 치료의 방향은 문제의 원인과 발달과정에 집중을 한다. 이러한 이론들은 대상관계이론, 맥락이론, 보웬이론이다. 현재 지향적 이론은 문제가 가지고 있는 성격에 집중을 한다. 문제가 가지고 있는 성격은 가족들의 행동을 지배하면서 상호작용을 역기능으로 만든다. 그렇기에 현재중심적 가족치료자들은 문제의 성격을 파악하여 다른 방식으로 상호작용을 하도록 가족을 돕는다. 이런 가족치료이론들은 대화이론, 전략이론, 구조이론들이 있다. 그러나 해결중심 가족치료는 이러한 이론들과 다른 경향성을 가지고 있다.

첫째, 해결중심 가족치료는 과거나 현재가 아닌 미래에 초점을 맞춘다. 해결중심 가족치료자는 문제의 원인이나 성격에 집중하기보다는 문제가 어떻게 해결되는지에 관심을 갖는다. 다시 말하면 미래 지향적 모델이다. 치료자는 가족으로 하여금 문제에 빠져서 문제중심으로 생각하기보다는 문제가 없거나 해결되었을 때 자신들이 어떠한지에 대해서 생각하도록 격려하면서 상담을 진행한다. 문제의 해결이란 현재의 시점이 아닌 미래의 시점이다. 현재 가족은 문제의 원인에 골몰을 하거나 문제로 인해서 생긴 생각이나 감정을 중심으로 생각한다. 치료자는 이러한 가족이 과거나 현재의 문제 지향적이거나 문제 특성적 생각이나 행동이 아니라 문제가 없는 그리고 문제가 일어나지 않는 생각을 하도록 집중적으로 가족과 토론을 한다. 이러한 방식을 통해서 치료자는 가족이 문제가 없는 미래의 상황이나 가족관계를 생각하도록 하는 치료의 방향을 설정한다.

둘째, 해결중심 가족치료는 **언어 지향적 모델**을 가지고 있다. 해결중심 가족치료의 선구자인 드세이저는 언어철학자인 루트비히 비트겐슈타인(Ludwig Wittgenstein)의 영향을 강하게 받았다(Nichols & Schwartz, 2004, p. 315). 언어철학자는 인간 세상은 언어로 이루어져 있다고 주장한다. 인간 세상은 언어가 없이는 존재할 수 없으며 언어를 통해서 세상이 구성된다. 이러한 언어철학자의 주장을 받아들인 드세이저는 언어에 의한 문제 해결을 주장하였다. 언어를 통한 해결은 대화이다. 대화란 소통(communication)이 아닌 말하기(talking)이다. 가족은 문제의 원인에 대해서 말하고 문제의 성격에 대해서 말하면서 문제가 해결되기를 기대한다. 치료자는 가족과 말하기를 한다. 그래서 해결중심 가족치료는 문제에 대해서 말하기보다는 해결에 대해서 말하기를 선택한다. 말하기는 단지 말로만 존재하기보다는 말이 가지고 있는 능력이나 말을 통한 가족의 강점을 반영한다. 말, 즉 언어가 가지고 있는 강한 힘뿐만 아니라 언어를 통해서 발휘되는 가족의 강점이 말하기를 통해서 나타난다. 치료자는 이렇게 말하기를 통해서 가족이 가지고 있는 강점을 확인하고 이를 통해서 해결을 위한 말을 하도록 가족을 돕는다.

마지막으로, 해결중심 가족치료는 **인지 지향적 모델**을 갖는다. 문제를 해결하기 위해서 말하려면 현재에 없는 것을 상상하여야 한다. 사실이나 역사에 의한 자료에 근거해서 생각하기보다는 현재에는 존재하지 않는 것을 머릿속으로 상상하면서 말을 하게 된다. 상상력은 감정이나 충동 또는 환상을 통해서 발휘되기도 한다. 그러나 해결중심 가족치료에서는 가족이 현재 가지고 있지 않은 전혀 새로운 것을 상상하면서 문제를 해결하도록 한다. 문제 해결을 위한 생각이 떠오를 때까지 치료자는 가족과 토론을 한다. 이러한 과정은 한두 번의 과정으로 이루어지기보다는 일련의 과정으로서 많은 인지적 작업을 필요로 한다. 이는 마치 회사에서 회사원들이 회사의 문제를 해결하기 위해 토론하는 과정과 흡사하다. 회사원들은 모여서 문제를 해결하기 위한 방안을 집중적으로 토론한다. 이렇게 토론을 하면서 일종의 해결책을 내놓고 이를 시행하여 회사의 운영을 돕는다. 마찬가지 방식으로 가족도 자신들의 문제에 대한 해결을 위해서 치료자와 가족이 집중적으로 토론을 하면서 해결책을 갖도록 한다. 이러한 과정은 모두 인지적으로 이루어진다. 해결중심 가족치료는 토론을 통한 해결책 제시라는 인지적 모델을 가지고 있다.

3) 주요 개념 및 원리들

(1) 가족에 대한 신뢰

해결중심 가족치료자의 가장 큰 관심은 가족이 가지고 있는 능력이다. 이들은 아무리 큰 문제를 가지고 오는 가족이라 할지라도 가족이 이미 자신의 문제에 대한 해결책을 가지고 있다고 믿는다. 가족은 이러한 믿음과 달리 문제에 대한 생각과 문제에 대한 불평에 사로잡혀 있는 경우가 많이 있다. 문제는 이미 드러나 있기 때문에 문제에 대해서 집중하면 가족문제의 해결은 더 미궁 속으로 빠져든다. 그렇기 때문에 해결중심 가족치료자는 문제에 집중하기보다는 문제를 넘어서서 가족이 가지고 있는 해결을 볼 수 있는 눈이 있어야 한다. 이러한 눈은 치료자가 전문적으로 갖기보다는 가족과 상의하고 토론을 하면서 발생한다. 그렇기 때문에 치료자는 가족과 협력적 관계를 유지하면서 가족으로 하여금 문제에서 벗어나 해결을 볼 수 있도록 돕는 역할을 한다.

(2) 초점의 변화

해결중심 가족치료는 문제의 원인이나 발달과정에 관심이 없으며 관심을 가지고 있다 하더라도 그것이 치료에 아무런 도움이 되지 않는다고 생각한다. 그렇기 때문에 치료자는 가족으로 하여금 문제중심적 생각에서 벗어나서 해결중심적 생각을 하도록 돕는 역할을 한다. 해결중심 가족치료는 초점의 변화를 시도한다. 모든 가족이 치료를 받으러 올 때는 문제에 빠져 있거나 문제만 생각하거나 문제에 따른 여러 가지 생각 그리고 문제로 인해서 발생한 삶의 원리를 가지고 온다. 이렇게 문제에 집중되어 있게 되면 문제만 있고 해결은 없게 된다. 이러한 가족에게 치료자는 문제에서 해결로의 초점의 변화를 시도한다.

초점의 변화는 여러 영역에서 이루어진다. 단점을 장점으로 바꾸고, 어려운 점을 긍정적인 점으로 바꾸며, 불가능한 사고를 가능한 사고로 바꾼다. 할 수 없다고 생각하는 가족에게 치료자는 할 수 있는 것에 초점을 맞추도록 돕는다. 부정적 성격에 초점을 맞춘 가족에게 밝고 긍정적인 성격에 초점을 맞추도록 한다. 비관적 사고를 낙관적 사고로 바꾸어서 문제에 대한 해결을 생각하도록 한다. 이러한 모든 치료의 과정은 관점의 변화, 즉 초점의 변화이다. 가족이 현재 가지고 있는 문제중심적 관점을 치료중심적 또는 해결중심적 관점으로 초점을 변화시켜 가족의 문제를 해결하도록 한다.

(3) 실천 가능성

해결중심 가족치료는 복잡한 이론적 설명을 피한다. 가족의 문제에 대해서 당장 실천 가능한 목표를 설정한다. 이러한 목표를 설정하여 목표가 달성될 수 있는 가능한 방법이나 수단을 강구한다. 가출한 청소년이 해결중심 가족치료자를 찾아왔다고 가정해 보자. 이 경우에 치료자는 청소년이 가출한 이유나 청소년 가족의 역동 그리고 문제의 발생 배경에 대해서 이론적 설명을 찾거나 구하지 않는다. 치료자는 구체적으로 청소년에게 묻는다. 현재 지낼 수 있는 곳은 있는지 아니면 당장 먹을 음식은 있는지 등을 묻는다. 이러한 구체적 방안에 대해서 필요한 해결책을 찾으면서 치료를 진행한다. 지낼 곳이 없다면 지낼 곳을 찾아내고, 먹을 것이 없다면 먹을 것을 찾을 수 있도록 돕는다.

이러한 구체적 해결책은 모두 비이론적이나 무이론적이다. 비이론적이라는 말은 이론과 관계없다는 의미이고, 무이론적이라는 말은 이론이 없이 실천만 있다는 의미이다. 이론을 구하지 않거나 이론을 필요로 하지 않는 접근이 해결중심 가족치료이다. 구체적 해결이 하나 이루어지면 다음의 해결책을 찾으면 된다. 이러한 해결을 하기 위한 이론적 지도를 그리거나 이론적 설명을 하지 말고 단지 실천적 생각을 하도록 가족을 돕는다.

4) 치료의 목표 및 방법

(1) 치료의 목표

해결중심 가족치료는 가족이 가지고 오는 호소문제 해결하기를 치료의 목표로 삼는다.

(2) 치료의 방법

① 상담의 시작

해결중심 가족치료자는 상담 목표에 대해서 아주 중요하게 다룬다. 상담 목표는 미래에 달성해야 할 지표이기 때문에 첫 회기부터 중요하게 다루어진다. 그리고 회기가 진행되는 내내 목표를 분명하게 하는 질문이 이어진다. 이러한 치료자의 행동은 문제 해결을 위한 사전적 의미를 갖는다. 사전적 의미란 미래의 어떤 결과를 위해서 현재 하는 행동을 말한다. 문제 해결을 위해서 현재 할 수 있는 사전적 행동은 목표를 분명하게 하는 것이다. 이렇게 목표를 분명하게 함으로써 치료자와 가족 또는 내담자는 자신들이 무엇을 해야 문제가 해결될 수 있는지에 대해서 분명한 인식을 하게 된다. 상담이 진행되는 첫 회기에 가장 중요하게 해야 할 작업이면서 상담이 진행되는 내내 목표를 분명하게 하는 치료적 행위는 반복적으로 이루어진다.

니콜스와 슈워츠(Nichols & Schwartz, 2004)는 목표를 분명하게 하는 립칙(2002)의 질문을 수정하여 다음과 같이 소개하고 있다(p. 317). 지금 문제가 무엇이라고 생각하는가? 문제가 해결될 때를 어떻게 아는가? 상담실에 올 필요가 없다는 것을 어떻게 알 수 있으며 그러한 사인은 무엇인가? 상담실에 오지 않기 위해서 행동, 느낌, 생각을 어떻게 다르게 할 수 있는가? 이 상황에 연관된 사람들에 대해 다른 것이 무엇인지 알아차릴 수 있는가? 일어나기를 바라는 것에 대한 가장 거친 상상은 무엇인가? 이러한 질문들은 문제가 형성되는 배경이나 문제의 원인과는 아무런 관련이 없다. 해결중심 가족치료자들은 문제중심의 생각보다는 해결되었을 때 어떤가에 대해서 더 관심을 가지고 이러한 질문들을 하게 된다. 그들은 가족으로 하여금 문제에 매몰되어서 해결된 상태를 잊어버리거나 생각하지 못하는 오류를 범하지 않도록 한다. 그들은 가족들과 협력하여 문제 해결에 대한 생각을 하도록 지속적으로 돕는다.

앞서 제시한 질문들은 치료적 상황에 따라서 다르게 변형되거나 고쳐서 질문할 수 있다. 예를 들면, 가출 청소년을 둔 가족을 생각해 보자. 이 경우에 가출 청소년의 가족은 온통 청소년의 가출 원인을 생각하면서 치료를 받으러 오게 된다. 이런 상황에서 해결중심 가족치료자는 가족에게 "청소년이 가출을 하지 않고 집에 있다고 가정하면 어떨 것 같나요?"라고 질문할 수 있다. 좀 더 다른 질문을 생각해 보면 "청소년이 부모의 말을 잘 들으면 어떨 것 같나요?"라고 질문할 수도 있다. "만일 가족이 서로 대화를 잘하고 존중을 하면 어떤 모양과 모습으로 살 수 있을까요?"라고 질문을 던질 수 있다. 이러한 질문은 모두 창의적이다. 해결중심 상담자는 이렇게 가족의 문제 유형에 알맞은 질문을 함으로써 가족이 문제가 해결된 상황이나 관계를 생각해 보도록 하면서 문제를 해결할 수 있다.

② 상담관계의 다양한 변화

해결중심 상담자는 내담자의 상태에 따라서 유연한 관계를 유지하는 치료방법을 사용할 수 있다. 드세이저는 방문하듯이 상담을 받으러 온 내담자와의 관계를 여러 가지 방식으로 변화시키면서 내담자의 변화를 유도할 수 있다고 보고하고 있다(Nichols & Schwartz, 2004, p. 318). 해결중심 가족치료자는 방문하듯이 치료자를 찾은 내담자의 동기를 점검하는 방식으로 관계를 맺을 수 있다. 치료자는 내담자의 동기를 점검하기 위해서 친절하고 배려심이 많은 관계를 맺는다. 방문형의 내담자는 언제든지 상담을 그만둘 수 있기 때문에 이들의 상담동기를 살피는 주의 깊은 상담방식이 필요하다. 치료자는 이러한 관계를 통해서 내담자의 상담에 대한 동기를 강화하여 상담에 적극적으로 임하도록 도울 필요가 있다.

내담자가 불평이 많은 경우에는 경청과 칭찬을 통해서 내담자의 변화를 유도한다. 불평이 많은 내담자는 상대방이 자신이 말하고 있는 내용을 듣고 있는지에 대해서 예민하다. 이들은 불평을 통해서 상대방이 자신을 배려하고 있는지를 시험하려는 마음도 가지고 있다. 그렇기 때문에 상담자는 불평하는 내담자의 불평 내용을 잘 듣고 이를 내담자와 소통하도록 노력한다. 그리고 불평하는 내담자는 주로 열심히 사는 사람이다. 이들은 자신들이 열심히 살기 때문에 다른 사람들이 열심히 하지 않는 태도나 행동에 대해서 말을 하게 된다. 이러한 말이 곧 불평이다. 치료자는 내담자의 이러한 태도를 칭찬함으로써 내담자가 치료에 적극적이 되도록 만든다. 치료자는 내담자의 자원을 찾는 노력을 하게 된다. 불평하는 내담자의 자원은 열심히 살고 노력하는 힘이다. 이러한 힘을 적절하게 인정하고 칭찬함으로써 치료자는 내담자의 변화를 유도할 수 있다.

상담동기를 점검하는 방식의 관계나 경청과 칭찬의 관계를 통해서 내담자가 상담에 적극적이 되면 치료자는 구체적 행동 지침을 통해서 내담자를 더 변화시킨다. 자신이 무엇을 원하는지 그리고 원하는 것이 가족의 문제와 어떻게 연결되는지에 대해 서로 대화를 한다. 이러한 대화는 문제를 해결하기 위한 구체적이고 실천적이면서 도전적인 자세를 갖도록 만든다. 이럴 때 치료자는 내담자가 구체적이고 실천적인 행동 지침을 갖도록 돕는 질문을 할 수 있다. 이렇게 함으로써 치료자는 내담자가 자신의 문제를 해결하도록 도울 수 있다.

③ 문제의식을 가진 사람과의 대화

해결중심 가족치료자는 가족문제에 대해서 의식을 가진 사람과는 누구와도 대화를 나눈다. 이들은 가족이 당면한 문제를 해결하기 위해서 할 수 있는 모든 가능한 자원을 동원한다. 가족의 문제에 대해서 생각이 있거나 도울 의향이 있는 사람은 누구나 치료자가 가족의 문제를 해결하기 위한 치료적 자원으로 활용을 한다. 가족의 문제에 대해서 의식이 있는 사람들은 나름대로 저마다 해결책을 가지고 있다. 그렇기 때문에 주변에 가족의 문제에 대해서 관심을 가지고 있거나 문제의식이 있는 사람들은 나름대로 가족에게 해결책을 권유하거나 말을 하게 된다. 치료자는 이러한 해결책들을 모아서 그리고 해결책을 가지고 있는 사람들과의 대화를 통해서 가족의 문제를 해결하는 방안을 강구한다. 이러한 토론과정에 가족을 참여시켜서 가족도 토론의 일원이 되도록 한다. 이렇게 함으로써 치료자는 모든 동원할 수 있는 치료적 자원을 활용하여 가족의 문제를 해결하는 해결책을 찾는다.

(3) 치료의 기법

① 기적 질문(miracle question)

내담자 가족이 겪고 있는 문제에 대해서 기적이 일어나서 해결된 상태를 상상하도록 하는 기법이 기적 질문이다. 예를 들면, 갈등이 심한 부부가 치료를 받으러 온 경우에 치료자는 부부로 하여금 자신의 갈등이 기적적으로 해결된 상태를 상상하도록 질문을 할 수 있다. 물론 갈등이 기적적으로 해결된 상태의 질문에는 여러 수준이 있을 수 있다. 완전히 해결된 상태부터 점진적으로 해결된 상태까지 여러 기적 질문을 생각할 수 있다. 작은 기적에서부터 큰 기적에 이르기까지 다양한 종류의 기적으로 상상하도록 하면서 문제 해결을 위한 노력을 하도록 상담자는 도울 수 있다. 가족이 제시하는 기적의 방식과 종류 그리고 수준에 따라서 치료의 방향과 기간이 정해진다. 치료자는 가능한 한 구체적으로 기적 질문을 활용하여 최대한의 해결이 이루어지도록 가족과 토론을 한다.

② 예외 질문(exceptional question)

치료자는 내담자 가족이 겪고 있는 문제가 아닌 다른 상황이나 상태 그리고 관계에 대해서 질문한다. 이러한 질문은 가족이 정상적이거나 보통이라고 생각되는 상태가 아닌 예외적 상황이다. 예를 들면, 공부를 못하는 아이로 인해서 골머리를 앓는 엄마에게 예외 질문을 할 수 있다. 엄마는 온통 아이의 공부로 인한 문제만을 말하기 바쁘다. 그러나 상담자는 엄마에게 공부가 아닌 다른 상황에 관한 질문을 할 수 있다. 공부를 할 때는 언제나 게으르면서 공부하기 싫어하는 태도를 보이는 아이의 엄마에게 아이가 놀 때는 태도가 어떤지를 물어본다. 컴퓨터 게임을 하거나 다른 아이와 놀 때의 태도를 물어보는 기법이 예외 질문이다. 공부할 때 소극적이던 아이는 대체로 게임을 하거나 다른 아이와 놀이를 할 때는 적극적이다. 치료자는 이렇게 적극적인 태도를 가진 아이가 어떻게 공부를 할 수 있는지에 대해서 가족과 지속적으로 토론을 한다. 이러한 토론을 거치면서 가족은 점차로 아이의 강점을 인식하면서 공부에 대한 아이의 태도나 생각에 대해 달리 생각하게 된다. 이러한 방식으로 가족은 아이가 공부를 할 수 있는 최적의 해결책을 찾아내도록 한다.

③ 척도 질문(scaling question)

치료자는 내담자 가족에게 자신의 문제에 대해서 척도를 사용하여 말하도록 질문을 한다. 갈등이 있는 부부에게 치료자는 부부갈등의 정도를 지수를 사용하여 표현하도록 도울 수 있다. 부부갈등을 10점 만점으로 해서 현재 몇 점 정도인지를 묻는다. 만일 부부갈등이 현재 8점이라고 한다면 "몇 점 정도가 되면 만족할 수 있을까요?"와 같은 질문을 한다. 그리고 자신과 상대방의 태도에 대해서도 점수화해서 말하도록 돕는다. 현재의 태도가 9점이라고 한다면 몇 점 정도가 되면 만족할 수 있는지 묻는다. 점수의 변화에 대해서도 물을 수 있다. 태도나 갈등 점수가 낮아진다면 무엇을 보고 알 수 있는지 물어볼 수 있다. 이렇게 구체적으로 점수를 통해서 지수화를 하면 가족이 문제에 대한 태도를 달리할 수 있다. 구체적으로 지수화하지 않은 경우에는 막연하게 문제를 크게 생각하여 문제에 압도당하거나 지배당하게 된다. 그러나 수치화를 하면 가족은 문제를 언제든지 해결할 수 있을 것 같은 마음이 든다. 그리고 해결되었을 때의 수치를 정하면 자신이 얼마나 노력을 해야 하는지도 구체적으로 인지할 수 있게 된다. 막연한 불안이나 두려움에서 해방되고 수치를 조금만 낮추면 된다는 방식으로 문제를 접근하면서 가족은 점차로 자신의 문제를 해결하는 것이 가능한 방향으로 노력을 하게 된다.

④ 대처 질문(coping question)

치료자는 내담자 가족에게 문제 상황이나 문제행동에 대해서 어떻게 대처해 왔는지를 질문하게 된다. 갈등이 심한 부부에게는 "갈등이 이렇게 심한데 그동안 무엇을 해서 이러한 갈등을 견디어 왔나요?"와 같은 질문을 한다. 갈등을 견디는 원동력은 무엇인지 그리고 이러한 갈등을 견디는 힘이 무엇인지와 같은 질문을 해서 자신들의 대처행동에 대해서 일깨우도록 한다. 만일 부부가 언젠가는 갈등이 해결될 수 있다는 생각으로 갈등을 견디어 왔다면 상담자는 이러한 부분을 일깨우고 강화를 함으로써 이를 통해서 문제를 해결해 나가도록 할 수 있다. 상담자는 내담자 가족이 대처 질문을 통해서 자신의 문제에 빠지거나 절망적이 되지 않고 문제를 더 견디면서 해결할 수 있다는 긍정적 마음을 갖도록 돕는다. 대처 질문은 가족으로 하여금 숨어 있거나 아직 발견하지 못한 긍정적인 자원을 생각하도록 일깨워 주는 역할을 한다. 이러한 방식의 치료적 접근은 가족으로 하여금 문제를 해결할 수 있는 자원이 자신들에게 있음을 인식하게 해 준다. 가족은 이러한 자원을 단지 활용해 본 적이 없거나 활용할 방식을 찾지 못한 상태로 살아간다. 치료자는 문제를 해결하는 데 가족의 장점이나 강점을 어떻게 활용할 수 있는지에 대해서 가족과 지속적으로 토론을 함으로써 가족이 자신들의 문제를 해결하도록 돕는 역할을 한다.

⑤ 기타 질문(extra question)

치료자는 앞에서 제시된 질문 말고도 다른 질문을 통해서도 내담자 가족을 도울 수 있다. 치료자가 흔히 내담자를 도울 때 사용하는 방법으로, 다른 사람의 관점을 통해서 자신의 문제를 바라보도록 하는 질문을 할 수 있다. 부부갈등에 대해서 아내에게는 남편의 관점을 통해서 자신의 문제를 바라보게 하거나 남편에게는 아내의 관점을 통해서 자신의 문제를 바라보도록 도울 수 있다. 예를 들면, 자신이 피해자라는 생각을 가지고 사는 아내에게 남편이 소리를 지르는 이유가 무엇인지 생각해 보도록 치료적 토론을 할 수 있다. 아내의 어떤 행동이 남편을 자극하여 남편으로 하여금 소리를 지르는 행동을 하도록 하는지에 대해서 인식하도록 돕는 치료를 진행할 수 있다. 마찬가지로 남편에게도 아내가 왜 자꾸 회피를 하는지에 대해서 이해를 하도록 도울 수 있다. 치료자는 남편의 어떤 행동이 아내를 회피하도록 만드는지에 대해서 남편과 토론을 진행하는 상담을 하게 된다. 치료자는 이렇게 남편과 아내모두에게 배우자의 관점을 통해서 자신의 문제를 바라보는 치료적 토론을 진행하여 부부갈등을 줄일 수 있게 된다. 이 외에도 치료자는 내담자 가족에게 최악의 경우와 최상의 경우를 상상하도록 하면서 자신의 문제가 어느 정도에 있는지를 물어볼 수 있다. 그리고 최상의 방향을 향해서 가도록 하면서 현재 무엇을 할 수 있는지에 대해서도 물어볼 수 있다. 해결중심 가족치료자는 창의성을 가지고 여러 가지 문제에 대한 해결 질문을 해 나갈 수 있다.

2. 이야기 가족치료

1) 기원 및 주요 인물

마이클 화이트(Michael White)와 데이비드 엡스턴(David Epston)은 이야기치료(narrative therapy)의 대표적 인물이다. 이들이 이야기 가족치료를 발달시킨 배경과 활동 내역은 여러 책을 참고로 기술되었다(정문자, 정혜정, 이선혜, 전영주, 2012, pp. 358-361; Freedman & Combs, 2009, pp. 52-59; Goldenberg & Goldenberg, 2000, pp. 314-316; Nichols & Schwartz, 2004, pp. 330-332). 이들은 각각 나라가 달랐음에도 불구하고 가족치료를 보고 접근하는 방식이 유사하였다. 화이트는 호주의 애들레이드에 있는 덜위치 센터(Dulwich Center)를 중심으로 활동을 하였다. 엡스턴은 뉴질랜드의 오클랜드에 있는 가족치료 센터에서 활동을 하였다.

화이트는 호주의 애들레이드에 있는 덜위치 센터에서 가족치료자로서 활동을 하면서 많은 저술활동을 하였다. 사회복지사로 커리어(career)를 시작한 그는 데이비드 엡스턴과 더불어 1990년에 이야기치료의 철학적 입장과 이론적 개념과 아이디어를 담은 책인『치료적 목적에 이르는 이야기 수단(Narrative Means to Therapeutic Ends)』을 저술하였다. 화이트는 체계이론, 문학이론, 문화인류학, 비구조주의 철학이나 심리학과 같은 여러 분야의 학자들에게서 영향을 받았다. 이 중에서도 그레고리 베이트슨의 체계이론과 미셸 푸코(Michael Foucault)의 후기 구조주의 철학은 화이트의 사상에 많은 영향을 주었다.

엡스턴은 캐나다에서 태어나 뉴질랜드로 이주를 하여 사회학과 문화인류학을 전공하였다. 그리고 나중에는 영국에서 응용 사회학을 전공하고 뉴질랜드의 오클랜드 병원에서 사회복지사로 활동을 하였다. 그리고 가족치료사로서 레슬리(Leslie) 센터에서 활동을 하다가 현재는 공동 디렉터로 활동을 하고 있다. 엡스턴은 화이트와 이야기 은유를 공유하면서 가족에게 혁신적인 치료적 편지를 쓰도록 한 인물로 유명하다(Goldenberg & Goldenberg, 2000, p. 315). 그는 가족으로 하여금 자신들이 자신의 삶이 주인이 되도록 어떻게 대화를 이끌어 갈 수 있는지를 가르쳤다. 엡스턴 이외에도 셰릴 화이트(Cheryl White), 질 프리드먼(Jill Freedman), 진 콤스(Gene Combs), 조지프 에런(Joseph Eron), 토머스 룬드(Thomas Lund), 제니퍼 앤드루스(Jennifer Andrews), 데이비드 클라크(David Clark), 제프리 짐머먼(Jeffrey Zimmerman), 빅토리아 디커슨(Victoria Dickerson) 등은 모두 이야기치료의 옹호자들이다(Goldenberg & Goldenberg, 2000, p. 315).

사회구성주의의 한 흐름으로서 이야기치료는 인간의 정체성이 사회적으로 구성된 산물임을 강조하고 있다. 인간은 사회 속에 형성된 문화에 의해서 영향을 받고 이를 통해서 자신의 정체성을 형성하여 이야기 형태로 자신을 말하게 된다. 그렇기 때문에 이야기치료는 사회적 담론 그리고 더 나아가서는 문화적 담론을 중요하게 본다. 지금 현재 내가 느끼고 있는 나는 나만의 나이기보다는 사회에서 문화적으로 그리고 역사적으로 만들어진 나이다. 이러한 인간을 이해하기 위해서는 문화적 영향을 다각도로 검토하는 방식으로 인간을 바라보는 관점이 필요하다. 관점이 달라지면 자신에 대한 이야기가 달라지기 때문에 이전의 자신과는 다른 자신이 된다. 정치권력과 사회제도적인 면에서 자신을 바라보는 이야기의 출현은 여성주의와 그 맥을 같이한다. 실제로 화이트는 자신의 진정한 본성을 발견하지 못하도록 만드는 사회적 억압에 대해서 목소리를 높이고 있다(Goldenberg & Goldenberg, 2000, p. 315). 억압된 사회적 구조나 제도에 의해서 만들어진 이야기를 해체하고 새로운 이야기를 추구하는 목적을 가지고 있는 상담 방법이 이야기치료이다. 여성주의는 이야기치료의 상담 방향에 많은 영향을 주었다.

2) 이론의 기초

(1) 은유로서의 정체성(identity as a metaphor)

인간은 자신이 누구인지를 알고 자신의 정체성을 다른 사람에게 말하고 싶어 한다. 자신이 누구인지를 말할 때 사용하는 언어 중 하나가 은유(metaphor)이다. 은유란 실물이 아니라 실물을 지칭하는 일종의 상징이다. 인간은 자신이 누구인지에 대해서 실물로 말할 수도 있지만 또한 실물을 지칭하는 상징을 통해서 말하는 존재이기도 하다. 인간은 이러한 실물을 지칭하는 상징을 통해서 자신을 은유로 표현하면서 나타내고 이러한 은유를 자신의 이야기로 삼으면서 정체성을 형성한다.

이러한 은유 중 하나가 **지도**이다(Freeman & Combs, 2009, p. 54; White, 2010). 인간의 정신세계는 인간이 경험하는 모든 것을 그대로 반영하지 못한다. 인간이 경험하는 것들 중에서 일부분만 정신세계에 기록된다. 정신세계에 기록된 실제 경험은 마치 지도와 같이 존재한다. 지도가 모든 것을 다 담을 수 없듯이 인간의 정신세계에는 경험된 실제의 일부만 기록된다. 같은 집에서 자란 형제자매가 다른 정체성을 보이는 이유가 바로 여기에 있다. 같은 집에서 자란 형제자매는 자신들의 선택에 따라서 서로 다른 경험들을 정신세계에 기록한다. 이렇게 기록된 경험들이 형제자매가 가지고 있는 지도이다. 같은 집에서 같은 경험을 한다 하더라도 기록된 경험인 지도가 달라지면 각각의 정체성은 달라진다. 이런 이유로 같은 집에서 자란 형제자매라 할지라도 서로 다른 정체성을 가진 상태로 살아가게 된다.

지도에 나타나 있지 않은 인간의 삶은 존재하지 않기 때문에 인간은 지도로 표현되는 은유적 삶을 산다(Freeman & Combs, 2009, p. 54). 지도에 나타난 인간의 경험은 이야기 형태로 존재한다. 이야기란 인간이 살면서 경험한 내용을 지도와 같이 스스로 구성한 내용이다. 같은 경험과 같은 사실을 가지고도 다른 이야기의 구성이 가능하다. 경험과 사실이 일부만 기록되거나 기록된 사실과 경험에 다른 형태의 것들을 입히면서 이야기는 달라진다. 이렇게 이야기가 달라지면 전혀 다른 사람이 되고 서로 다른 정체성을 가지고 산다.

이야기는 일종의 창조물로서 발견되는 현상이 아니라 만들어지는 현상이다(Nichols & Schwartz, 2004, p. 332). 인간은 자신의 정체성을 스스로 만드는 존재이다. 선택된 경험에 자신의 이야기를 덧입히면서 자신이 누구인지를 스스로 만들어 가는 존재가 인간이다. 인간은 단지 자신 속에 있는 것을 발견해 나가는 존재가 아니다. 인간은 자신이 누구인지를 창조된 언어로 만들어 가는 존재이다. 자신에 대한 인간의 창조적 행위 중 하나가 은유이다. 인간은 시인이 시를 창조하여 세상을 이해하듯이 은유를 통해서 자신을 창조하며 세상을 이해하고 만들어 가는 존재로서 살아간다.

이야기치료는 정신분석의 해석적 전통을 창조적 전통으로 바꾼 이론이다(Nichols & Schwartz, 2004, p. 332). 정신분석은 인간의 무의식 속에 들어 있는 무엇인가를 알아내고 발견하는 활동을 한다. 내담자가 무의식적 이야기 중 하나인 꿈을 말하면 분석가는 이를 해석하여 무의식 속에 무엇이 있는지를 밝혀낸다. 분석가는 인간의 무의식의 자료를 발견하여 이를 해석하는 전문가이다. 그러나 이야기치료는 이러한 정신분석의 해석적 전통을 따르지 않고 무의식 속에 들어 있는 이야기 자체가 자신의 존재라는 입장을 가지고 있다. 이러한 이야기는 자신이 얼마든지 만들 수 있으며 이러한 이야기를 통해서 자신이 누구인지를 다른 사람에게 전달하게 된다. 인간이 가지고 있는 이야기는 발견의 대상이 아닌 창조의 산물이다. 메타포인 은유는 이러한 이야기의 창조물 중 하나이다.

(2) 사회문화적 산물로서의 정체성

인간이 가지고 있는 이야기는 사회와 문화를 통해서 만들어진다. 언어의 중요성을 일찍이 파악한 프랑스의 철학자이자 비평가인 푸코는 그 시대의 권력에 의해서 만들어진 이야기가 삶의 이야기가 됨을 피력한 바 있다(Goldenberg & Goldenberg, 2000, p. 314). 인간은 자신에 대해 이야기를 통해서 말을 할 때 사회에서 지배적인 의견이나 입장을 반영하여 말을 하게 된다. 다시 말하면, 인간이 가지고 있는 정체성은 사회문화적인 지배적 담론에 영향을 받는다. 세상의 중심이라는 중국인, 선민으로 살아가는 이스라엘인, 최고라는 의식을 가지고 살아가는 미국인, 하나로 뭉쳐서 살아가는 단군 자손인 한국인과 같은 시대적이고 문화적인 지배적 담론이 개개인의 정체성을 형성하는 데 많은 영향을 미친다.

사회문화적 정체성으로서 인간의 이야기는 실제 임상 장면에서 호소문제나 증상을 포함하는 중요한 치료적 주제이다. 푸코에 의해서 영향을 받은 화이트는 권력, 특권, 억압, 통제, 윤리, 사회 정의와 같은 여러 가지 주제를 중요한 치료적 작업으로 삼는다(Goldenberg & Goldenberg, 2000, p. 314). 이야기치료자는 가족으로 하여금 사회와 문화에서 지배적인 이야기에 도전하여 새로운 이야기를 만들어 가면서 자신들이 가지고 있는 문제로부터 자유로워지도록 돕는 치료를 진행한다. 문제를 가지고 오는 가족은 이러한 치료적 과정을 통해서 자신들만의 고유한 이야기를 만들고 이를 통해서 새로운 정체성을 형성한다. 새로운 정체성은 자신들이 지금까지 가지고 있는 증상이나 문제를 해결하는 새로운 방식의 관점이다.

(3) 대행자로서의 인간

인간은 자신의 마음을 스스로 대행할 수 있는 존재이다. 인간은 누군가에 의해서 지배당하는 의존적인 존재가 아니라 자신이 누구인지를 스스로 정의하고 대변할 수 있는 존재이다. 누군가라는 대상은 구체적인 개인일 수도 있고, 개인들의 연합인 사회일 수도 있으며, 사회가 형성하고 있는 분위기와 방향인 문화가 될 수도 있다. 인간은 다른 구체적인 대상과의 관계에서도 자신의 이야기를 통해서 자신의 마음을 대변할 수 있다. 그리고 사회와 문화와의 관계에서도 자신의 마음을 스스로 대변하는 이야기를 만들어서 사회와 문화 속에서 독립적인 존재로 살아갈 수 있다.

자신의 마음을 스스로 대변할 수 있는 대행자로서 인간은 자신의 정체성을 스스로 만들어 낼 수 있다. 이렇게 만들어진 자신의 정체성은 이야기 속에 담기며 이러한 이야기는 자신의 입장이나 심리적 상태 그리고 자신이 처한 상황을 대변하는 대행 현상이다. 자신의 이야기를 스스로 만들어 내는 대행자로서 인간은 이야기를 통해서 자신을 보호하고 지켜 낼 수 있다. 특히 억압적인 사회나 문화에서 자신의 이야기를 만들면서 스스로를 유지하고 보호하며 지탱할 수 있는 존재가 인간이다. 인간의 이러한 대행적 행위는 그 어느 누구도 대신해 줄 수 없다. 오직 자신만이 그렇게 할 수 있으며 자신의 삶을 스스로 지키는 존재가 인간이다.

인간이 자신의 마음을 스스로 대변하는 대행자로서 살아갈 수 있는 이유는 이 세상에는 절대적 진리가 존재하지 않는다는 구성주의자의 신념 때문이다. 이 세상에 절대적 진리가 존재하지 않기 때문에 진리를 받아들이거나 진리를 자신에게 비추어서 자신이 모자라거나 부족한 존재라고 인식하는 것은 불필요하다. 자신이 만들어 내는 이야기는 유일한 이야기고 다른 사람이 옳다거나 그르다거나 하는 등의 판단을 할 수 없다. 그렇기 때문에 인간은 자신이 만들어 내는 이야기를 통해서 단지 다른 사람과 소통을 할 뿐이다. 인간은 누구나 이러한 자신의 이야기를 만들어서 다른 사람과 교류를 하면 그만이다.

3) 주요 개념 및 원리들

(1) 외재화

이야기치료자는 문제 개인이나 문제 가족은 없다고 주장한다. 그들은 가족이나 개인이 문제를 소유하고 있거나 가족이나 개인 자체가 문제라는 인식을 거부한다. 그들은 문제는 문제일 뿐이라는 믿음을 가지고 있다(Goldenberg & Goldenberg, 2000, p. 316; Nichols & Schwartz, 2004, p. 333). 그렇기 때문에 문제 자체가 개인이나 가족을 지배할 수 없다. 문제는 개인이나 가족과 별개로 존재하는 그 무엇이다.

문제는 가족이나 개인의 외부에 존재하는 하나의 현상이다. 이는 마치 교통사고를 당한 것과 마찬가지이다. 만일 누군가가 교통사고를 당하게 되면 자신의 잘못과 관계없이 교통사고를 당할 수 있다. 이 경우에 누가 잘못을 했는가라는 질문을 던질 때 사고는 사고일 뿐이라는 대답을 함으로써 교통사고와 자신의 연결을 끊어 낼 수 있다. 다른 말로 하면, 교통사고는 개인의 생각이나 잘못과 관계없이 외적으로 존재하는 하나의 사회적 현상이다.

교통사고와 마찬가지로 가족의 문제도 이렇게 외적으로 존재한다. 이러한 현상을 외재화(externalization)라고 한다. 이렇게 문제가 외재화되면 가족 구성원들은 자신의 문제와 씨름을 할 수 있다. 문제를 유지하는 상호작용이나 문제를 더 악화시키는 상호작용이 아니라 문제와 대항해서 문제를 줄여 갈 수 있는 상호작용을 하게 된다. 문제를 악화시키거나 유지하는 상호작용 중의 하나가 누가 문제에 기여를 했으며 누가 문제를 확장하고 있는지를 찾아내는 방식이다. 문제를 만든 사람과 문제를 확장시키는 사람 그리고 문제를 유지하는 사람을 찾아내어 이를 바꾸려고 하면 더 많은 문제가 만들어진다. 그렇기 때문에 이야기 가족치료자는 역으로 문제가 가족에게 미치는 영향에 대해서 생각하도록 가족 구성원을 돕는다. 청소년 비행으로 인해서 상담을 받으러 오면 가족치료자는 청소년 비행이나 그에 대한 부모의 기여 쪽에 초점을 맞추기보다는 비행으로 인해서 생긴 영향에 더 초점을 맞춘다. 비행이라는 문제가 외재화되면 비행으로 인해서 청소년이 얼마나 힘든지 그리고 가족이 얼마나 힘든지를 서로 알게 한다. 이렇게 함으로써 가족치료자는 외부의 문제와 가족이 모두 힘을 합하여 대항해 나가도록 돕는 역할을 한다.

(2) 해체와 구성

이야기치료자는 정상과 비정상에 대해서 관심을 두지 않는다. 심리치료자는 DSM-5에 나와 있는 비정상적 증상들에 관심을 가지고 전통적 가족치료자는 가족의 비정상적 상호작용에 관심을 갖는다. 심리치료나 가족치료는 이러한 비정상적 증상이나 상호작용을 줄이거나 없애어서 사람이나 가족을 정상으로 돌려놓는다. 비정상적 대화방식, 가족관계의 경계선에서 엄격하거나 산만한 비정상성, 왜곡된 가족의 이미지 그리고 부모화나 학대와 같은 비실존적 관계, 미분화 상태의 가족 구성원 등과 같은 잘못된 관계를 바로잡는 현상이 가족치료이다. 신경증적 증상이나 정신증적 증상을 줄이는 방식의 치료가 심리치료이다. 이렇게 전통적 심리치료나 가족치료가 모두 비정상을 정상으로 돌려놓는 방식의 치료를 진행한다.

반면 이야기 가족치료는 문제가 있는 가족의 이야기를 해체하고 새로운 이야기로 구성함으로써 치료를 진행한다. 해체(deconstruction)는 문제를 소유한 가족이나 가족 구성원 자체를 문제로 보는 관점을 무너뜨리는 현상이다. 이는 마치 오래된 건물을 해체하듯이 가족이 가지고 있는 문제의식을 없애는 노력이다. 문제로부터 가족을 떼어 놓는 일이 해체이다. 해체를 위해서 치료자는 가족 구성원으로 하여금 자신의 문제에 적극적으로 맞서는 적극적 행위인 대행자로서의 인간을 말한다. 가족치료자는 문제가 자신을 지배하도록 버려두지 말고 자신이 문제를 지배할 수 있도록 돕는 역할을 한다. 이렇게 자신이 문제의 주인이 되면 가족은 여러 가지 방식이나 방향에서 자신의 문제를 새롭게 바라볼 수 있다.

자신의 문제를 새로운 관점으로 바라보면서 만들어 내는 이야기가 구성이다. 구성(construction)은 현재 진행되고 있는 문제중심 이야기를 문제가 해결되는 이야기로 재구성하는 노력이다. 자신이 문제에 대해서 어떻게 생각하는지 그리고 문제에 대해서 어떤 방식으로 대응할 수 있는지 그리고 문제를 대체할 만한 새로운 이야기는 없는지 등과 같은 생각을 하게 된다. 이러한 노력을 하다 보면 자신이 가지고 있는 문제중심의 생각은 대부분 자신이 원해서 갖는 생각이 아니라 누군가에 의해서 심어진 생각이라는 것을 알게 된다. 이러한 생각들을 점검하면서 자신은 어떻게 문제에 대항할 수 있는 새로운 이야기를 만들 수 있는가에 대한 노력을 하게 된다. 새로운 이야기는 자신에 대한 새로운 정체성을 나타낸다. 새롭게 이야기를 구성함으로써 자신은 사회와 문화로부터 독립을 하고 자신만의 삶을 살아갈 수 있게 된다. 이렇게 새로운 이야기를 구성함으로써 문제로부터 벗어날 수 있거나 문제와 더불어 살 수 있게 된다. 문제로부터 벗어날 수 없는 경우에는 마치 친구처럼 문제와 같이 지낼 수도 있게 된다.

(3) 역기능의 가족관계

문제에 젖어진 이야기(problem saturated stories)는 가족관계를 역기능으로 만든다 (Nichols & Schwartz, 2004, p. 335). 이야기 가족치료는 문제에 젖어진 고정된 이야기가 문제를 만들어 낸다고 본다. 이러한 방식의 이야기는 가족 구성원들을 서로 신뢰하지 못하게 만들고 서로를 비난하도록 만든다. 예를 들면, 청소년 비행에 대해서 잘못된 행동에만 관심을 갖는 부모는 자신의 자녀의 행동을 통제하려고 하는 행동을 하게 된다. 이러한 통제행동은 자녀로 하여금 통제로부터 벗어나고 싶어 하는 마음만을 만들어 낸다. 그래서 청소년인 자녀는 부모에게 숨기고 말을 하지 않으면서 은근히 그리고 비밀스럽게 문제행동을 지속하게 된다. 이러한 문제행동이 들키거나 탄로가 나면 청소년과 부모의 갈등은 극에 달하게 된다. 이런 방식의 상호작용은 자녀와 부모 모두에게 해를 입히게 된다. 이런 해 중 하나가 좌절감과 우울이다. 청소년인 자녀는 부모가 변하지 않는다는 확신을 가지고 이러한 이야기만 한다. 부모는 청소년인 자녀가 자신을 믿지 않고 배반했다고 생각하면서 화가 나는 이야기만을 하게 된다. 자녀와 부모는 모두 서로에 대해서 부정적인 문제만을 생각하면서 이야기를 전개하게 된다.

이러한 문제중심의 이야기는 서로의 정체성이 되어서 역기능적 가족관계를 유지하거나 강화하는 역할을 하게 된다. 일단 이렇게 정체성이 형성되면 새로운 이야기가 만들어진다. 새로운 이야기는 실제 경험하지 않은 서로의 행동이 사실로 바뀌어서 만들어진다. 자녀와 부모가 이렇게 서로 다른 이야기를 만들어 내면서 관계는 더욱 악화된다. 그리고 문제행동은 더욱 양산되어서 이제는 돌이킬 수 없는 지경에 이르게 된다. 그리고 나중에는 문제행동을 하지 않거나 문제가 없는 상태에서 대화하는 것이 서로를 어색하게 만들어서 다시 문제행동을 하도록 만든다. 그리고 문제행동을 하면서 역기능적 관계를 만들어 갈 때 서로에 대해서 편안한 느낌을 갖게 된다. 예를 들면, 서로 소리를 지르면서 말을 하는 가족들은 조용하게 말을 하거나 경청하는 행동을 접하게 되면 어색함을 느낀다. 그래서 가족 중 누군가가 이렇게 조용하게 말을 하면 이러한 행동을 하지 못하게 하려고 다시 소리를 지른다. 조용하게 말을 하고 싶어 하는 가족 구성원은 해도 소용이 없다는 느낌을 갖게 되고 다시 소리를 지르거나 우울해진다.

4) 치료의 목표 및 방법

⑴ 치료의 목표

억압적인 자기 이야기를 해체하고 자신과 가족을 자유롭게 하는 이야기 만들기가 치료의 목표이다.

⑵ 치료의 방법

이야기치료는 파괴적인 문제를 해체하고 생산적이고 도움이 되는 이야기를 구축하는 방향으로 상담을 진행한다. 해체와 구축을 위한 여러 가지 절차를 진행하는 방식으로 상담이 이루어진다. 상담이 진행될 때 이야기치료자는 많은 질문을 한다. 단지 질문의 종류만 많은 것이 아니라 질문을 통해서 가족이 자신의 문제로부터 벗어나서 새로운 이야기를 만들 때까지 지속적으로 그리고 반복적으로 질문을 한다. 문제의 원인이나 해결을 위해서 치료자가 일방적으로 설명을 하고 설명을 통한 교육을 통해서 가족이 자신의 문제로부터 벗어나기를 바라는 방식의 상담을 진행하지 않는다. 오히려 치료자는 질문을 통해서 가족이 스스로 생각하도록 돕는 역할을 한다. 이제까지 한 번도 생각해 보지 않았거나 생각을 했다 하더라도 쉽게 문제에 굴복한 역사를 가진 가족에게 새롭게 생각하거나 지속적으로 생각하도록 돕는 질문을 한다. 이러한 질문에 의해서 가족은 문제에 젖어 든 파괴적인 활동, 생각, 습관 등으로부터 벗어나서 새로운 그리고 생산적이고 도움이 되는 새로운 이야기를 만들어 간다.

　이야기치료자는 해체를 진행하는 동안에 가족이 가지고 있을 법한 독특한 결과에 주목한다. 독특한 결과(unique outcome)란 문제로 인해서 지배당한 이야기와 배치되는 새로운 생각, 예외적인 행동, 어떤 특정한 사건 등을 말한다(Goldenberg & Goldenberg, 2000, p. 317). 독특한 결과는 다른 말로 톡 튀는 또는 번쩍이는 사건(sparkling event)이라고 불리기도 한다(Nichols & Schwartz, 2004, p. 336). 가족이 치료자에게 문제를 진술하는 동안 독특한 결과를 잠깐 말하고 지나갈 수 있다. 또한 어떤 가족은 이러한 독특한 결과가 있었음에도 불구하고 문제를 진술하면서 주목을 하지 못하고 있을 수도 있다. 이럴 때 치료자는 가족으로 하여금 독특한 결과에 주목하도록 질문을 하거나 혹시 있을지도 모르는 독특한 결과에 주목하는 질문을 해서 가족으로 하여금 새롭게 생각하도록 돕는다.

　이러한 독특한 결과는 나중에 가족이 새롭게 자신의 이야기를 구성하는 초석 또는 씨앗의 역할을 하게 된다. 새로운 이야기인 새롭게 구성된 이야기는 독특한 결과를 확장하거나 새롭게 여러 가지 방식으로 재구성해서 만들어진다. 예를 들면, 청소년 비행으로 인해서 상담을 받으러 온 가족을 생각해 보자. 가족은 치료자에게 자녀의 비행으로 인해서 얼마나 화가 나며 그리고 어떻게 하면 통제를 할 수 있는지 도움을 요청한다. 이럴 때 치료자는 가족에게 비행을 저지르는 자녀에 대해서 여러 가지 이야기를 나누는 과정에서 부모가 "우울한 아이보다는 낫지요."라는 말을 슬쩍하면 이러한 부분에 초점을 맞춘다. "우울한 아이보다는 낫지요?"라는 말은 독특한 결과일 수 있기 때문에 이 부분에 대해 더 이야기해 달라고 질문을 할 수 있다. 이러한 질문의 결과로 부모가 만일 아이가 비행을 저지르는 행위가 아이의 힘을 동반하고 있다고 말을 하면 치료자는 이러한 힘에 초점을 맞춘다. 그리고 이러한 힘을 바탕으로 하여서 아이에 대해서 새로운 이야기를 써 내려갈 수 있도록 돕는 역할을 한다.

(3) 치료의 기법

이야기치료의 기법을 한 마디로 정리하면 질문이다. 이야기치료자는 질문을 통해서 가족의 문제를 외재화시키고 독특한 결과에 초점을 맞추도록 도우며 새로운 이야기를 만들어 가도록 돕는 역할을 한다. 질문은 가족으로 하여금 스스로 생각하고 느끼면서 자신의 이야기를 주체적으로 해결하도록 돕는 역할을 한다. 치료자의 질문은 가족이 스스로 이러한 질문을 하도록 유도하는 역할을 한다. 여러 번 치료를 받으면서 가족은 이제 치료자처럼 질문을 할 수 있고 이러한 질문에 기초하여 새로운 자신만의 이야기를 만들어 갈 수 있다. 이러한 질문을 어디에 두는가에 따라서 치료기법이 달라진다. 여기서 제안하는 치료기법은 대부분 니콜스와 슈워츠(2004)가 제안한 방법을 기초로 작성되었음을 밝혀 둔다(pp. 338-339).

① 외재화 기법

■ 문제를 문제로 두기 위한 질문기법

해체를 위한 상담 초기의 외재화 기법에서는 주로 문제가 얼마나 큰 파괴적 영향력을 가지고 있는지를 밝히기 위한 질문을 한다. 치료자는 가족으로 하여금 문제가 가지고 있는 파괴적 영향력에 대한 인식을 하도록 질문을 한다. 예를 들면, 우울증을 가진 자녀의 가족을 생각해 보자. 치료자는 우울증이 가족과 자녀에게 어떤 영향을 주는지 질문을 한다. 여기서 질문의 초점은 자녀나 가족에게 있지 않다. 보통은 자녀 자신 또는 가족의 상호작용을 문제시하면서 우울증을 바라보지만 여기서는 자녀나 가족보다는 우울증 자체에 초점을 맞추는 질문을 한다. 우울증으로 인해서 자녀가 얼마나 힘든지 그리고 가족이 얼마나 파괴적 상호작용을 하고 있는지를 질문한다.

이렇게 질문을 하면 자녀나 가족은 모두 우울증을 상대로 자신들의 이야기를 할 수 있다. 예를 들면, 자녀가 우울증으로 인해서 친구를 만나기도 어렵고 가족들도 보기 힘들다고 말을 하면 치료자는 맞다고 확인해 준다. 이렇게 함으로써 자녀가 우울증으로부터 자신의 말을 할 수 있도록 한다. 마찬가지로 가족도 우울증으로 인해서 얼마나 힘들게 살고 있는지를 말하면 치료자는 확인을 해 주고 우울증이 자녀와 가족의 공동의 적임을 인식하는 질문을 한다. 이렇게 함으로써 치료자는 문제와 자녀 그리고 가족을 분리시킨다.

외재화를 위한 질문기법의 초점은 문제를 문제로 두고 사람과 가족을 이러한 문제로부터 분리하는 것이다. 가족이 문제에 대한 이야기를 하기 시작하면 문제는 가족으로부터 분리된 실체가 된다. 문제가 자신이 아니기 때문에 문제를 스스로 탐색할 수도 있고 자신이 왜 문제에 대해서 집중하고 있는지 등과 같은 생각을 할 수 있다. 그리고 더 나아가서는 문제가 아닌 다른 생각을 하면서 새로운 이야기도 만들어 갈 수 있다. 그렇기 때문에 문제에 대해서 이야기하기는 문제와 자신을 분리하여 문제를 외부적 존재로 만들고 문제와의 관계를 여러 가지로 설정할 수 있는 가능성을 만들어 낸다.

■ 가족 상호작용을 외재화하기 위한 질문기법

외재화를 위한 질문기법은 그 대상이 문제에만 국한되지 않는다. 가족이 문제와 어떻게 상호작용하는지도 외재화를 위한 질문기법의 대상이 된다. 앞에서 언급한 우울증을 겪는 자녀와 가족의 상호작용을 보자. 자녀와 가족의 상호작용 중에 살얼음판을 걷는 방식이 있다고 하자. 부모는 자녀의 눈치를 보느라고 말을 가려서 해야 하고 하고 싶은 말을 마음껏 못하고 있으며 자녀도 부모에게 하고 싶은 말을 제대로 하지 못하면서 몇 번씩 생각하여 걸러서 말을 하는 상호작용을 한다. 살얼음판의 상호작용 자체가 이제 외재화의 대상이 된다. 살얼음판의 상호작용으로 인해서 자녀와 부모가 얼마나 하고 싶은 말을 못하고 살았는지를 말하도록 질문을 한다.

이러한 질문의 결과로 자녀와 부모 모두 분노 폭발과 자살에 대한 두려움으로 인해서 말을 못했다고 하면 분노 폭발과 자살 두려움이 이제 자녀와 부모의 외재화 대상이다. 살얼음판의 상호작용이란 결국 분노 폭발과 자살 두려움으로 인해서 발생하고 이러한 상호작용이 자녀와 부모를 모두 얼마나 옥죄고 있는지를 말하도록 질문을 한다.

② 상대적 영향력을 파악하는 기법

외재화가 일단 성공을 하면 치료자는 이제 가족에게 문제가 주인인지 아니면 자신이 주인인지를 확인하고 묻는 질문을 한다. 이 질문은 문제와 자신 중에 누가 더 영향력이 강한지를 파악하도록 돕는 역할을 한다. 이러한 질문을 받으면 가족은 문제와 자신들 중에 누구의 말을 더 신뢰하고 따를지를 결정하게 된다. 치료자와 가족 모두가 서로 토론을 하고 이에 따라서 결정을 한다.

살얼음판의 상호작용과 자신 사이에 누가 더 영향력이 있는가를 묻게 되면 가족 중에는 살얼음판의 상호작용이 더 영향력이 크다고 할 수도 있고 다른 가족 구성원은 자신들이 더 영향력이 크다고 할 수도 있다. 치료자는 이렇게 생각의 차이가 나는 가족 구성원들이 서로 영향력에 대해서 토론을 할 수 있도록 회기를 이끈다. 이렇게 토론을 하다 보면 가족은 살얼음판의 상호작용이 얼마나 자신들을 옥죄고 있는지를 점차로 인식하게 된다. 좀 더 크게 보면 우울증이 자신들을 얼마나 힘들게 하고 어렵게 하고 있는지를 토론하는 동안에 점차로 인식을 하게 된다. 치료자는 가족이 문제의 영향력을 인식하도록 돕는 질문을 하고 질문을 통해서 서로 토론을 하여 이러한 문제의 영향력이 얼마나 되는지를 파악하도록 돕는다.

③ 문제의 행간을 읽는 기법

이 기법은 앞에서 언급한 독특한 결과와 관련이 있다. 문제를 외재화해서 문제가 얼마나 자신들을 힘들게 만드는지를 말하면서 가족은 가끔씩 또는 자신도 잘 인식하지 못하면서 문제에 대항하는 이야기를 할 때가 있다. 독특한 결과는 문제와 문제 사이에 잠깐씩 모습을 드러내기 때문에 치료자가 분명한 인식과 집중을 하지 않으면 놓치는 경우가 종종 발생한다. 이때 치료자는 가족이 이러한 독특한 결과를 언급하게 되면 이를 기억했다가 언급하는 질문을 할 수 있다. 물론 언급이 되면 바로 개입을 할 수도 있지만 가족이 자신의 이야기를 진행하는 과정이기 때문에 관계를 고려하면서 질문을 할 수 있다.

일단 가족의 독특한 결과가 행간을 읽는 질문기법을 통해서 확인이 되면 치료자는 이 부분을 더 상세하게 말하도록 질문을 할 수 있다. 이 질문은 가족으로 하여금 간과하거나 그냥 넘어간 부분을 확실하게 부각시켜서 언급을 하도록 한다. 예를 들면, 우울증 자녀가 있는 가족이 "아이가 우울해하면서도 어디를 나가려고 하더라고요. 그래서 너무 마음을 졸이면서 그러지 말라고 했어요."라고 엄마가 말을 했다고 하자. 이 경우에 엄마는 자신이 우울증이 있는 자녀를 보호하려고 했다는 점을 말하고 싶어 한다. 엄마는 자녀가 우울증이 있기 때문에 밖에 나가서 어려움을 겪거나 힘든 일을 겪을 수 있음을 말하고 있다. 그러나 치료자는 엄마의 염려와 걱정을 이해하고 공감을 하면서 동시에 "아이가 우울증이 있으면서 무슨 일을 하려고 했나요?"라고 질문함으로써 문제와 문제 사이에 있는 독특한 결과를 부각시키고 확인을 시킨다. 이때 독특한 결과란 우울증이 있는 자녀가 무엇인가를 하려고 한다는 점이다. 대체로 우울증이 있는 사람들은 무엇인가를 하려고 하지 않거나 해도 소용없다는 마음을 갖는다. 그런데 자녀가 우울증이 있으면서도 무엇인가를 하려고 하는 점은 염려와 걱정의 대상이 아니라 지지하고 격려를 할 수 있는 대상이다. 치료자는 이러한 독특한 결과에 초점을 맞추지 못하고 걱정하고 염려하여 보호하려고만 하는 엄마에게 질문을 통해서 독특한 결과를 생각하도록 돕는 역할을 할 수 있다. 이러한 질문을 통해서 치료자는 엄마 또는 자녀, 더 나아가서는 모든 가족 구성원이 우울증이라는 공동의 적인 문제와 싸우도록 돕는 역할을 한다.

④ 자신의 이야기의 주인이 되도록 하는 기법

이야기치료자는 사람에게 초점을 맞추는 질문을 사용한다. 독특한 결과를 찾아내면서 알게 된 사실들을 사용하여 치료자는 가족에게 문제와 관련해서 어떤 종류의 사람이 될지에 대해서 질문을 한다. 사람에게 초점을 맞추는 것은 자신의 문제를 자신이 어떻게 처리하고 해결할 수 있는지에 대해서 주인의식을 가지라는 뜻이다. 아무리 문제가 사소해도 문제에 대한 주인의식이 없으면 문제에 지배를 당하게 된다. 반면 아무리 문제가 심각해서 어떤 도움도 소용이 없을 듯해도 자신이 주인의식을 가지면 문제를 다루면서 살아갈 수 있게 된다. 문제를 가지고 있는 가족은 종종 자신의 주인 자리를 문제에게 내어 주고 자신은 문제의 종 노릇을 하는 경우가 많이 있다. 치료자는 가족에게 질문하여 사람에게 초점을 맞추면서 이러한 의식을 일깨우는 역할을 한다.

사람에게 초점을 맞추면 사람은 문제와 관계에서 선택을 할 수 있다. 자신이 미래 지향적으로 문제를 해결해 갈 것인지 아니면 문제에 지배를 당하고 과거에 매이면서 살아갈지에 대한 선택을 할 수 있게 된다. 사람에게 초점을 맞추는 질문은 언제나 미래와 관련이 있다. 문제가 해결될지 안 될지보다 더 중요한 것은 문제에 대한 미래 지향적 방향이다. 문제와 더불어 살아가는 이야기를 쓸 것인지 혹은 문제를 해결하는 삶을 살 것인지에 대해서 결정할 수 있는 주체는 사람이다. 치료자는 이렇게 사람에게 초점을 맞추는 질문을 함으로써 이러한 삶의 방향을 결정하도록 돕는 역할을 한다. 사람이 문제의 주인이 되면 자신의 이야기를 만들어 갈 수 있다. 스스로 자신의 문제에 대해서 이야기를 써 내려가면서 자신은 작가가 된다. 문제에 대한 자신만의 관점을 갖게 되고 이러한 관점이 새로운 이야기를 써 내려갈 수 있도록 만들어 준다. 자신은 문제와 관계해서 새로운 주인으로서 새로운 이야기를 만들어 가는 사람이 된다.

⑤ 새로운 이야기 구성기법

자신의 문제에 젖거나 문제투성이의 이야기로부터 벗어나 새로운 이야기를 만들어 가기 위해서 공동체가 필요하다(Nichols & Schwartz, 2004, p. 341). 이야기치료는 정체성이 사회문화적 산물이라고 주장하고 있기 때문에 새로운 이야기는 공동체 속에서 나오게 된다. 공동체는 자신의 새로운 이야기를 들으면서 확인해 주기도 하고 교정해 주기도 한다. 이렇게 공동체를 만들기 위한 노력이 새로운 이야기를 만들어 가는 과정이다. 예를 들면, 치료자는 이러한 새로운 공동체의 중요한 사람이다. 가족 공동체로부터 가지고 있는 문제나 문제의식은 상담자, 더 나아가서는 치료자와의 공동체를 통해서 만들어진다. 가족 내에서는 문제중심의 또는 문제에 젖어진 이야기가 당연하게 여겨졌지만 상담자를 통해서 이러한 당연한 생각이 도전을 받거나 새롭게 변화된다.

이야기치료는 이렇게 새로운 공동체를 형성함으로써 새로운 이야기를 쓰기 위한 치료적 노력을 하게 된다. 새로운 공동체 형성을 위한 노력은 인증자와 청중, 새로운 팀의 형성과 팀과의 리그전, 편지 쓰기와 수료증 만들기(Nichols & Schwartz, 2004, p. 341)와 같은 치료적 기법을 통해서 이루어진다.

가족이 자신의 새로운 이야기를 인증받기 위해서는 자신의 문제 이야기의 중심에 있는 사람들과 접촉하게 된다. 이러한 접촉에 필수적인 노력 중 하나가 자신의 새로운 이야기를 들어 줄 수 있는 다른 여러 사람을 모집하는 것이다. 예를 들면, 비행을 저지르는 청소년은 자신의 부모에게 자신이 새롭게 쓰고 있는 이야기를 들려줄 필요가 있다. 자신이 비행을 저지를 수밖에 없는 이유나 대상에 대한 이야기보다는 비행을 통해서 얻어진 새로운 생각이나 삶의 방향을 부모와 나눈다. 이렇게 함으로써 청소년은 부모로부터 자신의 새로운 이야기를 확인받는다. 이러한 확인은 부모에게서 끝이 나지 않고 자신의 새로운 이야기를 지지할 수 있는 선생님이나 주변의 친구 그리고 우호적인 사람을 통해서 더욱 확장된다.

인증 절차를 마치면 이러한 비슷한 문제를 가진 청소년들과 교류를 하면서 가족은 자신의 새로운 이야기를 통해서 비슷한 문제를 가진 청소년들이 자신들의 문제를 해결하도록 돕는 역할을 한다. 이러한 노력은 여러 가지 의미를 담는다. 자신의 문제에 대한 새로운 이야기를 비슷한 문제를 가진 청소년을 통해서 확인하고 확장하는 의미가 있고 비슷한 문제를 가진 청소년이나 가족을 돕는 의미가 있다. 새로운 이야기를 가진 청소년은 비슷한 문제를 가진 다른 청소년들과 팀을 이루어서 문제와 싸워 나가는 방법을 실전으로 더욱 경험하게 된다. 이러한 과정을 통해서 자신의 새로운 이야기는 더욱 분명하고 확고한 자리를 잡게 된다.

상담 회기를 넘어서 편지 쓰기 치료적 기법은 데이비드 엡스턴이 개척을 하였다 (Nichols & Schwartz, 2004, p. 341). 치료자는 치료 현장에서 진행된 상담의 언어들을 편지 속에 담아서 가족에게 전달한다. 이러한 편지 쓰기는 치료가 끝났음에도 불구하고 치료를 더 확고하게 만들어 주는 역할을 한다. 가족은 상담을 마치고도 이러한 편지를 읽고 다시 읽으면서 자신의 이야기를 더 확고하게 만들어 간다. 실제로 엡스턴은 이러한 편지에 대한 고마움을 표시하는 많은 가족의 피드백을 가지고 있다. 각각의 상담 회기를 마치거나 전체 상담을 마치면서 치료자가 주는 이러한 편지는 내담자 가족에게는 새로운 정체성을 탄생시키는 이야기를 축하하고 이를 확인하며 분명하고 공고하게 만든다. 가족은 자신들의 새로운 이야기와 치료자의 이러한 노력을 합쳐서 새로운 자신의 정체성을 분명히 하면서 자신의 문제를 해결해 나갈 수 있게 된다.

요약

사회구성주의 철학을 철저하게 반영하는 이론은 해결중심 가족치료이론과 이야기 가족치료이론이다. 해결중심 가족치료이론은 문제의 해결을 위한 이론적 개념과 상담 방식을 가지고 있다. 가족들은 문제를 중심으로 생각하기 때문에 문제로 인한 생각이나 개념을 가지고 상담에 온다. 해결중심 가족치료자는 문제가 왜 생겼는지 그리고 현재 이러한 문제를 어떻게 해결할지와 같은 생각에 빠진 가족이 문제가 아닌 해결된 상태를 바라보도록 돕는 역할을 한다. 많은 가족치료이론이 과거 중심의 또는 현재 중심의 관점을 가지고 있다면 해결중심 가족치료는 미래 중심의 관점을 가지고 있다.

미래 중심의 관점을 잘 보여 주는 이론적이고 실천적인 개념이 기적 질문이나 예외 질문이다. 이러한 질문들은 아직 일어나지 않은 미래에 대한 생각을 하게 한다. '만일 기적이 일어난다면' 그리고 '문제 이외의 상황이 벌어진다면'과 같은 현재에는 없는 것을 바라보도록 만드는 질문이 기적 질문이나 예외 질문이다. 해결중심 가족치료자는 이렇게 가족이 바라보는 관점을 과거나 현재 또는 문제중심에서 미래나 해결중심으로 바꾸도록 돕는 상담을 진행한다.

그렇기 때문에 미래 지향적인 해결중심 가족치료는 인지적이다. 현재에 없는 것을 상상하도록 질문을 하고 이러한 질문을 문제가 해결될 때까지 지속한다. 가족은 자신들이 겪고 있는 문제를 해결하기 위해서 치료자와 같이 토론하는 방식의 활동을 하게 된다. 치료자는 가족이 자신의 문제에 대해서 해결을 찾을 때까지 지속적으로 그리고 집요하게 이러한 질문을 하고 가족과 토론을 진행한다. 이는 마치 회사에서 어떤 문제에 대한 해결책이나 답을 찾기 위해서 회사원들이 모여서 집단적으로 대화하고 토론하는 방식과 같다. 치료자는 가족이 새로운 생각을 하고 이러한 새로운 생각이 자신의 문제를 어떻게 해결할 수 있는지 확인하고 찾을 수 있도록 돕는 역할을 한다.

이야기 가족치료이론은 가족이 문제에 젖어 있거나 문제에 빠져 있는 이야기를 치료자에게 가지고 온다고 본다. 이러한 이야기들은 사회문화에서 지배적으로 진행되는 사상이나 생각이 반영된 신념들이다. 사회문화의 지배적 담론은 보편적 현상을 담고 있지만 개별적 특성을 가지고 있는 가족에게는 맞지 않는 경우가 종종 있다. 가족이 가지고 오는 문제에 젖어진 이야기는 이렇게 각각의 가족의 현실이 사회문화적 담론에 의해서 뒤틀려 변형된 형태의 현상이다. 그렇기 때문에 이야기 가족치료자는 이러한 뒤틀리고 변형된 이야기를 바로잡는 역할을 하게 된다.

이야기는 개인이나 가족이 독자적으로 만들어 낼 수 있는 창조물이다. 이러한 이야기는 가족이 자신이 원하는 방식으로 만들어 갈 수 있으며 이러한 이야기를 통해서 자신들의 정체성을 만들면서 새로운 삶을 살아갈 수 있다. 이러한 과정을 위해서 이야기 가족치료자는 문제에 젖어진 이야기를 해체하고 새로운 이야기를 만들어

가는 상담과정을 진행한다. 이야기치료의 이론적 개념과 상담 방법은 모두 이러한 과정을 반영한다.

이야기 가족치료자는 가족이 자신의 이야기를 써 내려가는 또는 만들어 가는 '저자'라는 철학적이고 이론적인 신념을 가지고 있다. 자신의 삶을 스스로 만들어 가는 그리고 자신의 삶을 스스로 대행할 수 있는 가족은 치료자의 도움을 통해서 문제가 아닌 새로운 이야기를 만들 수 있다. 상담을 진행하다 보면 이러한 새로운 이야기는 문제에 젖어진 이야기에서 부분적으로 또는 살짝 언급되는 경우가 종종 있다. 치료자는 이렇게 살짝 언급된 이야기를 부각시켜서 새로운 이야기로 발전시켜 나가면서 가족이 새로운 정체성을 만들도록 돕는 역할을 한다.

연습문제

1 해결중심 가족치료가 다른 여러 가족치료이론과 구분되는 점을 시간상의 관점에서 논의하시오.

2 해결중심 가족치료는 임상을 할 때 가족과 협력적인데 그 이유를 설명하시오.

3 이야기 가족치료는 가족문제에 대해서 어떤 태도를 가지고 있는지 설명하시오.

4 이야기 가족치료가 정신분석과 어떻게 다른지 이야기에 대한 생각을 통해서 설명하시오.

제12장

통합적 모델의 가족치료이론들

1. 가족치료의 세 가지 입장

가족문제의 복잡성은 복잡한 인간의 특성에서 비롯된다. 인간은 하나의 측면이나 차원으로 설명할 수 없는 복잡한 존재로서 다측면과 다차원을 가진 존재이다. 물질적 세계를 반영하는 생물학적인 인간, 마음의 세계를 반영하는 심리학적인 인간, 인간 이외의 영적 세계를 반영하는 영적인 인간 등과 같은 다양한 측면과 차원을 가진 존재가 인간이다. 물리적·심리적·영적 존재로서 인간은 각각의 측면을 나타내는 영역으로서 인간이면서 동시에 각각의 영역은 다른 차원에 속해 있다. 전인적 존재로서 인간은 생리적 측면, 심리적 측면, 영적 측면을 가진 존재이다. 각각의 측면은 전체로서 인간을 하나로 묶는 역할을 한다. 각각의 측면은 다른 각도로 보면 서로 다른 차원에 존재한다. 물리적 존재로서 생리적 인간은 물질적 차원에 존재한다. 그리고 심리적 존재로서 인간은 마음의 차원에 존재한다. 영적 존재로서 인간은 인간 세계를 넘어서는 차원에 존재한다. 각각의 하나의 인간을 구성하는 측면이지만 동시에 각각은 서로 다른 차원에 존재하는 특성을 보여 준다. 생리적 측면의 인간은 만유인력 법칙에 지배를 받는 시간의 틀에 간힌 존재로서 삼차원을 벗어나기 어렵다. 그러나 심리적 측면의 인간은 시간과 공간을 넘나드는 4차원의 세계에 존재한다. 영적 측면의 인간은 영원을 생각하는 무한한 차원의 세계에 존재한다.

다측면적이고 다차원적인 인간이 모여 사는 사회 중 하나인 가족의 세계 또한 무척 복잡하다. 물리적이고 생리적인 측면으로 인해서 발생하는 수많은 가족의 문제, 마음과 마음이 연결되고 부딪치면서 발생하는 여러 가지 심리적 문제 그리고 서로 방향이 달라서 발생하는 여러 가지 영적인 문제까지 가족은 다양한 문제를 가지고 있다. 인간의 다양한 측면이 서로 교류하면서 발생하는 가족의 여러 현상이나 인간의 다양한 차원에 서로 다른 방식이 존재하면서 발생하는 가족의 여러 현상이 가족문제를 만들어 낸다.

가족치료자는 이러한 다양한 가족의 문제를 다룰 때 자신의 입장을 정할 필요가 있다. 가족이 호소하는 다양한 문제를 다루는 방식은 단일이론 접근, 절충적 접근, 통합적 접근으로 나뉜다(김용태, 2014, pp. 87-97). 임상을 하는 치료자가 자신이 가지고 있는 하나의 입장에 충실하려고 하면 단일이론 접근을 사용하게 된다. 그러나 임상 실제에서는 많은 가족치료자가 단일이론 접근으로 해결할 수 없는 가족의 문제가 많다고 느끼면서 다양한 이론을 사용하려는 노력을 하고 있다(Nichols & Schwartz, 2004, p. 348). 단일이론 접근이 가족치료자의 이론적 입장을 우선하는 노력이라면 절충적 접근은 가족의 문제를 효과적으로 해결하는 데 초점을 두고 있다. 통합적 접근은 이론적 일관성과 가족문제의 효과적 해결이라는 두 마리 토끼를 잡으려는 노력을 하는 방식이다.

단일이론 접근은 가족치료자가 가족이 어떤 종류의 문제를 가지고 오더라도 오직 하나의 입장을 가지고 가족의 문제를 해결해 나간다. 예를 들면, 구조 가족치료이론가는 가족의 문제를 가족의 위계질서의 역기능성을 가지고 접근한다. 부부가 가족 내에서 제대로 된 위치를 가지고 있는지, 자녀들은 자녀들의 위치에 알맞은 자리에 있으면서 부모와 상호작용을 하고 있는지를 확인한다. 그리고 가족 내에서 각각의 자리를 찾고 이에 알맞은 상호작용을 하게 함으로써 가족의 문제를 해결한다. 이야기치료자나 해결중심치료자 역시 자신들의 이론적 입장에 맞게 가족의 문제를 다루어 간다.

절충적 접근은 가족의 문제를 효과적으로 해결하기 위해서 여러 이론을 사용하는 방식이다(김용태, 2014, p. 89). 이 입장을 지지하는 가족치료자는 철저하게 상담의 효과성을 염두에 두고 있다. 가족치료자가 이론적으로 어떤 입장을 가지고 있다 할지라도 가족의 문제에 도움이 되지 않으면 소용이 없다고 생각한다. 그렇기 때문에 어떤 이론적 입장이든지 가족의 문제에 도움이 된다면 이를 사용하여 가족의 문제를 해결하고자 한다. 단일이론 접근이 다양한 가족의 문제와 인간의 복잡성을 한 이론에 다 담을 수 없듯이 절충적 접근도 그 한계가 분명하다. 여러 이론을 사용하다 보면 각각의 이론에서 추구하는 철학적 입장이 다를 수 있다. 이렇게 다른 철학적 입장을 어떻게 소화를 해서 하나의 접근을 하는지가 의문스러워진다. 예를 들면, 구조 가족치료이론과 해결중심 접근을 사용하여 문제를 해결하는 경우를 생각해 보자. 구조 가족치료이론은 가족의 역기능적 구조를 전제로 한다. 그러나 해결중심 가족치료는 역기능적 구조에 대한 가정을 부정하고 가족문제의 해결만을 주장한다. 이렇게 되면 두 이론의 철학적 가정이 충돌을 한다. 이러한 충돌을 어떻게 극복할 수 있는지가 중요한 관건이 된다.

이러한 절충적 접근의 단점을 보완하고 단일이론 접근의 한계를 보완한 방식이 통합적 접근이다. **통합적 접근**은 여러 이론을 사용하되 이러한 이론들을 하나로 묶는 새로운 이론적 틀을 제시한다. 통합적 접근은 메타이론을 사용할 수도 있고 이론을 묶는 모형을 사용할 수도 있다. 통합적 접근은 메타이론을 사용하든 모형을 사용하든 통합적 접근의 내적 일관성을 중요하게 본다. 사용하고 있는 이론들 사이에 개념적 충돌이나 모순이 없어야 한다. 「한국 남성 목회자의 결혼의 질에 대한 생태학적 분석(An ecosystemic analysis of marital quality among Korean male minsters)」이라는 논문은 메타이론을 사용한 통합적 접근을 하고 있다(Kim, 1995). 이 논문은 결혼의 질을 연구하기 위해서 생태학적 모형을 제시하고 있다. **생태학적 모형**은 여러 이론을 담는 메타이론이다. 인간 발달에 관한 생태학적 모형을 메타이론으로 두고 모형과 일관성이 있는 일반체계이론, 역할이론, 사회교환이론을 사용하고 있다. 인간 발달은 생태학적으로 이루어지는데 이러한 생태학적 현상은 일반체계이론의 여러 개념과 맥을 같이한다. 역할이론과 사회교환이론은 생태학적 발달의 역할 측면과 역할을 통한 상호작용을 다루고 있다. 메타이론으로서 생태학적 모형은 일반체계이론의 체계적 현상과 역할에 의한 상호작용을 발달적으로 다루는 통합적 이론이다. 일반체계이론은 체계적 틀을 제공하고, 이러한 체계적 틀 속에 일정한 역할을 부여하는 이론이 역할이론이다. 그리고 역할을 통해서 상호작용을 하고 이러한 상호작용을 다루는 이론이 사회교환이론이다. 인간 발달의 생태학은 이렇게 여러 이론의 상호 연결성을 가지고 이루어지고 있기 때문에 내적 일관성을 갖는다.

가족치료이론의 모형은 아니지만 통합적 모형 중 하나가 성 중독 처치를 위한 창조성과 수치심 줄이기라는 윌슨(Wilson, 2000)의 **창조성 모형이다**(김용태, 2014, p. 92). 이 모델에서는 수치심을 줄이기 위해서 여러 가지 예술인 음악, 춤, 드라마와 같은 창조적 도구를 사용한다. 인간이 이러한 창조적 도구를 사용할 수 있는 이유는 인간 자체가 창조성을 가지고 있기 때문이다. 인간은 정신분석적으로 볼 때 창조를 위한 동기를 갖는다. 생명의 본능을 가지고 있는 인간은 자신 이외의 다른 생명을 창조하기 위한 본질적 동기를 갖는다. 정신분석은 새로운 창조를 위한 본능적 힘을 가지고 있음을 밝혀 주고 있다. 생명 창조의 본능이 실현되는 과정은 아들러(Adler)의 이론에 의해서 지지를 받는다. 아들러의 이론은 창조의 과정을 보여 주고 있다. 열등하다는 본질적 동기를 가진 인간은 우월성을 향한 방향성을 갖는다. 창조의 과정에서 어떻게 인간이 자신의 성격적 결함을 우월성으로 만들어 가는지를 보여 주는 이론이 아들러이론이다. 마지막으로 융(Jung)의 이론은 창조성의 영적 측면을 보여준다. 인간의 깊은 곳에는 영성이 존재한다. 대문자 'Self'인 자기라는 요소는 양극단에 있는 인간의 여러 요소를 통합하여 하나의 일관성이 있는 존재로 만들어 간다. 영성은 여러 요인을 통합하는 능력을 갖추고 있으면서 이러한 능력이 새로운 창조를 만들어 낸다. 창조성 모형은 정신분석의 동기적 측면, 아들러의 과정적 측면, 융의 영적 측면에 기반을 두고 있다. 창조적 존재로서 인간은 이렇게 여러 측면을 가지고 있으면서 창조적 행위를 할 수 있다.

여기서 소개할 다이론적 접근은 통합적 방식이다. 절충적 접근은 가족치료자가 가족의 문제에 맞게 다양한 이론을 사용하면 된다. 각 이론이 가지고 있는 철학적 관념이나 이론적 특성보다는 가족문제의 해결에 초점을 두면서 여러 이론을 사용하기 때문에 가족치료자는 각각의 문제 상황에 알맞게 필요한 이론을 사용하면 된다. 통합적 접근은 사용하는 이론들의 일관성 여부가 중요하다. 각각의 이론들이 서로 모순이 없어야 하고 이들 이론을 묶을 수 있는 하나의 틀이 있어야 한다. 가족치료의 통합적 접근은 개인치료와 가족치료를 통합하는 모델과 가족치료 내에서 통합을 하려는 모델로 나뉜다. 각각의 모델을 몇 가지만 간략하게 소개한다.

2. 가족치료의 통합적 모델들

다이론적 접근으로서 가족치료의 통합적 모델은 개인치료와 가족치료를 통합하는 방식과 가족치료이론들끼리 통합하는 방식이 있다. 전자는 비판적 현실주의 입장의 통합이라고 한다면 후자는 구성주의 입장의 통합이다. 전자의 모델은 두 가지를 소개하고 후자의 모델은 한 가지만 소개한다.

1) 개인치료와 가족치료의 통합적 모델

(1) 단기해결중심 실존주의 모델

이 모델은 엘러먼(Ellerman, 1999)에 의해서 개발되었는데 페르난도(Fernando, 2007)는 자신의 논문에서 이 접근을 소개하고 있다. 엘러먼은 자신의 모델을 **단기해결중심 실존주의 모델**이라고 불렀다. 그는 실존주의 심리치료의 한계를 인식하면서 이 모델을 만들었다.

■ 이론적 입장

실존주의 심리치료의 장점은 인간의 실존적 한계를 깊이 인식하도록 하는 데 있다. 인간은 죽음, 자유, 고립, 무의미와 같은 네 가지 실존적 관심을 가지고 있다 (May & Yalom, 1995, p. 273). 실존주의 심리치료자는 내담자가 이러한 네 가지 관심사에 대해서 많은 생각을 하고 느낌을 갖도록 돕는 상담을 진행한다. 실존주의 심리치료자가 이러한 상담을 진행하는 이유는 인간의 실존적 고민 때문이다. 인간은 이러한 관심사들을 깊이 느끼고 생각하면서 한계를 느낀다. 이러한 한계에 부딪힐 때마다 인간은 실존적 불안을 느낀다. 이러한 불안을 다루는 이론적 접근이 실존주의 심리치료이다.

엘러먼은 실존주의 심리치료자이었지만 단기상담을 진행하기 위해서는 인식과 통찰만이 아닌 구체적인 해결이 필요함을 알게 되었다. 그래서 그는 실존주의 심리치료와 해결중심치료를 통합하여 **단기해결중심 실존주의 치료**(Brief Solution Focused Existential Therapy: BSFET)라는 새로운 통합적 접근을 만들어 내었다. 엘러먼은 자신의 접근을 실용적 실존주의 치료라고 부르기도 하면서 삶의 경험(lived experience), 자기창조(self-creation), 실존적 불안(existential anxiety)에 초점을 맞추었다(Fernando, 2007, p. 234). 그는 스리랑카에서의 자신의 상담 경험을 통해서 이 모델을 만들었다. 스리랑카에서 쓰나미 피해자들을 상담하면서 이들이 실존적 불안을 어떻게 극복할 수 있는지를 고민하면서 만든 접근이 단기해결중심 실존주의 치료라는 통합적 모델이다.

이 접근은 실존주의 심리치료에 해결 가능한 행동적이고 실용적인 행동 계획을 합친 통합적 모델이다. 인식만 하고 있으면 행동이 부족할 수 있고 행동만 하고 있으면 인식이 부족할 수 있다. 인식을 통한 느낌인 불안과 절망을 해결중심치료의 기적적 생각으로 해결할 수 있는 모델이 BSEFT이다. 철학적으로 보면 실존주의 심리치료는 현실주의적이고 실증주의적이다. 반면 해결중심 단기치료는 구성주의적이고 관념적이다. 비판적 현실주의는 이 두 철학적 경향을 통합하는 철학이다. 세상은 요소와 관념으로 이루어져 있다. 그렇기 때문에 요소는 요소대로, 관념은 관념대로 취급할 필요가 있다. 실존주의 심리치료는 요소를 제공하고 해결중심치료는 관념을 제공한다. 인간의 실존적 불안이라는 요소는 인식에 따른 생각과 감정이고 이를 해결하는 방식인 해결중심 심리치료는 관념적 방향을 제시한다.

■ 주요 개념과 역기능

BSFET 모델에서 중요한 개념은 삶의 경험, 자기창조, 실존적 불안이다. 내담자는 자신의 삶의 경험에 대해서 주체적으로 그리고 창조적으로 불안을 해결하는 역할을 한다. 내담자는 자신의 삶의 경험에 대해서 진지하게 살펴보는 역할을 한다. 실존주의 심리치료가 제시하는 것처럼 내담자는 자신의 삶의 경험에서 무엇을 경험하는지 깊이 느끼고 생각하는 역할을 한다. 이러한 삶의 경험에 대한 주체적 인식은 내담자가 자신의 삶의 한계를 느끼도록 만든다. 삶의 한계를 느낀 내담자는 실존에 대한 불안의 문제에 직면하게 된다.

실존의 불안에 직면을 했을 때 자신의 불안을 해결하기 위한 창조적 생각을 하게 된다. 현실에서는 가능하지 않지만 기적이 생긴다면 어떨 것인가와 같은 질문을 통해서 실존적 불안을 해결해 나가는 방향성을 갖는다. 내담자는 불안이 얼마나 있는지에 대해서 스스로 척도로 점수를 매겨 보기도 하고 새로운 일이 일어나면 어떨 것인가와 같은 생각을 하면서 자신의 실존적 불안을 해결하는 역할을 한다.

내담자는 자신이 경험하는 삶의 경험을 주체적으로 인식하고 느끼면서 창조적 행위를 통해서 이를 적극적으로 해결하는 주체이다. 이 통합적 모형은 내담자가 스스로 주체가 될 수 있도록 돕는 역할을 하면서 스스로 해결해 나갈 수 있는 삶의 방향성을 갖도록 하는 치료적 목표를 가지고 있다.

자신의 삶의 주체자가 되지 않으면 내담자는 실존적 불안에 의한 역기능을 갖게 된다. 인간이 한계를 느끼기도 전에 불안으로 인해서 회피하는 방식의 삶을 살게 되면 자신의 삶을 주체적으로 살지 못하게 된다. 불안에 이끌려 다니는 삶(anxiety-driven life)을 살게 된다. 이러한 불안에 의한 삶은 온갖 종류의 신경증과 가족관계의 역기능을 만들어 낸다.

■ 실질적 제언

단기해결중심 실존주의 심리치료자는 강점 듣기, 문제에서 목표로 이동하기, 내담자의 대처 방식을 탐색하기, 척도 질문을 활용하기와 같은 치료적 개입을 한다(Fernando, 2007, pp. 236-238). 첫째, 치료자는 내담자와 가족이 가지고 있는 강점을 듣는다. 치료자는 문제중심으로 생각하고 문제를 해결하기 위해 문제에 빠져 있는 내담자와 가족이 자신들이 가지고 있는 강점을 통해서 해결할 수 있는 일에 초점을 맞추도록 상담을 진행한다. 내담자와 가족은 자신이 가지고 있는 문제로 인해서 절망 상태에 빠져서 아무것도 할 수 없는 상태에서 상담을 받으러 온다. 치료자는 공감과 이해를 통해서 이러한 절망을 줄이면서 내담자와 가족으로 하여금 자신이 가지고 있는 강점과 저항력을 인식하도록 돕는 상담을 진행한다. 치료자는 자신의 긍정적이고 공감적인 자세와 반응을 통해서 내담자와 가족이 자신을 돌아보면서 문제에서 해결 가능성으로 또는 문제로 인한 절망에서 해결을 위한 역량으로 초점을 바꾸도록 돕는 상담을 진행한다.

둘째, 치료자는 문제로부터 벗어나 해결을 위한 목표를 향한 움직임을 갖도록 내담자와 가족을 돕는다. 자신의 강점이나 자원이 발견되면 그것을 통해서 문제를 어떻게 해결할 수 있는지 살펴보도록 한다. 이러한 치료자의 노력은 종종 문제에 익숙하거나 젖어진 내담자와 가족의 해결되지 않은 것 같은 비관적 생각이나 느낌으로 인해서 좌절되거나 방해를 받는다. 이런 때일수록 치료자는 내담자와 가족이 가지고 있는 강점이나 문제 해결 역량을 구체적으로 진술하도록 돕는 상담을 진행한다. 치료자는 내담자와 가족이 피해자라는 생각에 빠질수록 강점과 역량으로 초점을 바꾸도록 돕는 역할을 한다. 이렇게 초점을 바꾸도록 돕는 요인 중 하나가 치료자의 지속적인 공감적 태도와 미래 지향적 생각이다. 이러한 치료자의 요인은 내담자와 가족으로 하여금 자신의 과거의 사건이나 일에 대한 피해자의 마음에서 벗어나서 미래의 긍정적이고 문제가 해결된 상태에 초점을 맞추도록 돕는 역할을 한다.

셋째, 이렇게 문제 해결을 위한 움직임이 생기면 치료자는 내담자와 가족의 문제에 대한 대처 방식을 탐색하도록 돕는다. 이 부분에 대해서 치료자는 내담자와 가족과 같이 고민하고 토론을 한다. 치료자 혼자 하거나 내담자와 가족이 혼자 하도록 내버려 두지 말고 서로 같이 협력을 하면서 토론과 고민을 통해 새로운 방법을 찾아내는 노력을 한다. 치료자와 가족은 이때 해결중심치료의 여러 가지 기법을 사용하여 대처 방법을 찾아낸다. 대처 방법은 먼 미래를 위한 것도 있지만 당장 지금 오늘 이 시간에 필요한 것이다. 이렇게 함으로써 치료자는 내담자와 가족으로 하여금 매일매일 자신의 문제를 해결하고 극복할 수 있도록 돕는 역할을 한다.

넷째, 치료자는 이렇게 대처 방식을 탐식하고 해결하는 방안을 연구하는 동안 내담자와 가족이 스스로 척도 질문을 사용하도록 돕는다. 내담자와 가족은 자신의 변화와 진전에 대해서 스스로 척도로 점수를 매기도록 한다. 달라졌다면 얼마만큼 달라졌는지 그리고 무엇이 달라졌는지를 척도를 통해서 스스로 인식한다. 이러한 척도의 차이가 무엇인지 치료자와 구체적으로 토론을 하고 나눈다. 이렇게 함으로써 내담자와 가족은 자신의 대처에 관한 기능수준에 대해서 스스로 인식하면서 자신감을 가질 수 있다, 내담자와 가족은 달라지는 자신에 대해서 다른 느낌과 생각을 가지면서 앞으로 미래가 밝아질 수 있고 문제가 해결될 수 있다는 희망적 생각을 갖게 된다.

(2) 체계론과 인간중심이론의 통합 모델로서 정서중심치료

이 입장은 캐나다 오타와(Ottawa) 대학교의 교수들인 모저와 존슨(Moser &

Johnson, 2008)에 의해서 만들어졌다. 이들은 정서적으로 어려움을 겪는 커플의 문제를 해결하기 위해서 인간중심이론, 체계이론, 애착이론을 묶어서 통합된 하나의 모델을 만들었다. 이들은 「커플을 위한 정서중심치료의 체계론과 인간중심 접근의 통합(The integration of systems and humanistic approaches in emotionally focused therapy for couples)」이라는 논문을 통해서 이 모델을 소개하고 있다. 모저와 존슨은 자신들의 접근을 **정서중심 커플치료**(Emotionally Focused Therapy: ETF)라고 부른다.

▣ 이론적 입장

이 모델은 경험에 근거한 인간중심이론과 상호작용에 기반을 둔 체계론과 애착이론의 통합이다. 먼저 정서중심 커플치료는 **성인 애착이론**에 근거를 하고 있다. 정서적 욕구를 충족하기 위해서 커플은 서로 여러 가지 방식의 상호작용을 한다. 상호작용이 일어나는 방식은 모두 애착 형태와 관련이 있다. 애착은 커플이 서로 사랑하고 사랑받기 위한 정서적 욕구로 인해서 발생한다. 애착이 안정적으로 이루어지면 욕구 충족이 일어나지만 애착이 안정적으로 일어나지 않으면 욕구 충족이 일어나지 않는다. 안정된 애착의 커플과 불안정한 애착의 커플은 각각 다른 상호작용을 한다. 상호작용을 이해하는 이론적 개념은 체계론에서 가져오고 애착의 형태를 이해하는 이론적 개념은 애착이론을 통해서 이루어진다.

인간중심이론은 커플의 애착 형태 경험을 이해하는 이론적 개념을 제공한다. 정서적으로 안정된 애착 경험을 하기 위해서 커플 각각은 성장과 성숙의 경험을 필요로 한다. 자신이 스스로 성장하거나 성숙함이 없이 자신의 애착 형태만 주장하거나 고집을 부리면 욕구 충족을 위한 정서적 경험을 하기 어렵다. 커플은 서로의 애착 형태를 경험하면서 이러한 경험이 주는 의미를 이해하는 노력이 필요하다. 욕구 충족이 일어나면 왜 일어나는지 그리고 욕구 충족이 일어나지 않으면 왜 일어나지 않는지와 같은 반성적 사고와 이러한 반성적 사고를 서로 나누는 상호작용이 커플에게 필수적으로 요구된다. 커플은 관계 경험을 통해서 자신들에게 무슨 일이 일어나고 있는지를 이해하는 성장과 성숙의 경험을 통해서 안정된 애착관계를 만들어 간다. 안정된 애착관계는 자신들의 불안정한 애착 형태를 경험을 통해서 고치고 바꾸는 성장과 성숙을 통해서 이루어진다. 인간중심이론은 정서적 충족 경험을 하도록 하기 위한 애착의 형태나 방향을 바꾸는 성장과 성숙의 기반을 정서중심치료에 제공한다.

체계론은 커플의 상호작용 방식인 순환적 인과성이 안정된 애착 경험을 할 수 있는 정서적 경험을 만들어 내는 틀을 제공하는 역할을 한다. 체계론은 상호작용의 과정이 일정한 결과를 만들어 낸다고 보는 접근방식을 취하고 있다. 개인은 체계론적 상호작용의 산물이며 인간이 경험하는 여러 현상은 이러한 상호작용 방식에 의해서 만들어진다. 예를 들면, 접근 대 회피의 상호작용은 필연적으로 화와 두려움이라는 정서적 결과를 만들어 낸다. 화와 두려움이라는 정서적 경험은 애착을 불안정하게 만들어서 사랑받고 사랑하고 싶은 욕구를 결핍되게 만든다. 커플의 접근과 회피라는 악순환의 상호작용은 결국 불안정 애착관계를 만들어 내고 성장과 성숙이 아닌 결핍과 미성숙으로 만들어 낸다.

정서중심치료의 애착이론, 체계론, 인간중심이론의 통합 모델은 체계 속의 인간(self in the system)으로 요약된다. 인간은 정서적 욕구를 충족하기 위해서 안정된 애착관계를 형성하고 싶어 한다. 안정된 애착관계를 형성하기 위해서는 자신의 애착 형태나 방향성을 고치고 바꾸는 성장이 필요하다. 이러한 성장 경험은 인간중심이론에서 그 기반을 제공받는다. 그리고 이러한 성장이 일어나기 위한 틀은 순환적 인과성을 제공하고 있는 체계론에 의해서 만들어진다. 정서중심 커플치료는 사랑받고 사랑하기 위한 욕구 충족을 위한 안정된 애착관계를 만들기 위한 상담을 진행한다. 이러한 관계가 만들기 위해서 인간중심이론에 근거를 하면서 체계론의 이론적 틀에 기대는 통합적 모델을 필요로 한다.

■ 주요 개념과 역기능

정서중심 커플치료의 통합 모델에서 가장 중요한 이론적 개념은 안정된 애착관계를 만들기 위한 정서적 경험이다. 이러한 정서적 경험이 이루어지기 위해서는 자신들이 어떤 애착 형태와 방향성을 가지고 있는지 살펴볼 필요가 있다. 커플 각자가 가지고 있는 애착 형태에 따라서 둘의 상호작용의 관계 패턴이 만들어진다. 선순환의 관계 패턴을 가지고 있는 커플은 성장을 하면서 성숙해진다. 자신이 가지고 있는 애착 형태와 방향성을 조정하거나 바꾸는 방식의 성장이 일어난다. 이전에는 미처 충족되지 못한 감정적 욕구를 발견하고 이를 관계를 통해서 충족할 수 있도록 돕는 방식의 선순환 관계가 형성된다.

역기능을 가지고 있는 커플은 감정적 욕구를 충족하기 어려운 악순환의 관계 형태를 갖는다. 예를 들어, 비난하고 도망가는 관계 형태를 가진 커플에 대해서 생각해 보자. 비난하는 사람은 불안하고 외로운 감정적 욕구를 충족하기 위해서 상대방의 행동이나 관계 형태를 바꾸려고 한다. 비난하는 사람은 상대방이 자신의 애착 형태를 바꾸어서 맞추도록 비난을 한다. 이러한 비난은 결국 상대방이 자신의 애착 형태에 따라서 상호작용하지 못하도록 만들어서 상대방이 자신에게서 멀어지게 만든다. 그렇기 때문에 자신이 의도하는 방향이나 방식으로 애착이 일어나기보다는 반대로 애착이 멀어지거나 어려워진다. 도망가는 사람은 상대방으로부터 부드럽고 따뜻한 방식의 애착을 바라는 감정적 욕구를 가질 수 있다. 이러한 감정적 욕구는 상대방의 비난으로 인해서 좌절된다. 도망가는 사람은 회피를 통해서 이러한 좌절을 경험하지 않으려고 한다. 도망을 가면서 부드럽고 따뜻한 방식의 애착관계를 형성하려고 하기 때문에 딜레마에 빠진다. 비난하는 사람과 도망가는 사람은 비난과 도망이라는 악순환의 상호작용을 통해서 더욱더 불안정한 애착 경험을 하게 된다. 비난과 도망 커플의 불안정한 애착 경험은 더 많은 화와 두려움이라는 감정을 만들어 낸다. 이들은 상호작용을 하면 할수록 더욱 화를 내게 되고 더욱 두려움을 갖게 된다. 화와 두려움은 비난자의 자기중심적 애착관계 그리고 도망자의 비현실적인 이상적 애착관계를 더욱 고착화시킨다. 이들 모두는 깊은 좌절로 인한 정서적 외로움을 경험하게 된다. 이들은 악순환의 상호작용으로 인해서 자신들이 원하는 방식의 애착관계를 형성하는 데 실패하여 파국을 맞이하는 관계 경험을 하게 된다.

▣ 실질적 제언

정서중심치료자는 악순환의 상승작용을 줄이기 위해서 도망가는 자로 하여금 정서적 관계를 다시 하도록 만들며 비난하는 자의 비난을 줄이는 방식의 상담을 진행한다(Moser & Johnson, 2008, p. 273). 정서중심치료자는 대화의 내용보다는 과정에 초점을 맞추고 과거나 미래보다는 현재에 중점을 두는 상담을 진행한다. 이러한 상담의 목적은 악순환의 고리를 끊어 성장이 일어나도록 돕는 것이다. 상담은 충족되지 못한 감정적 욕구를 발견하여 충족하는 정서적 경험을 통해서 성장이 일어나도록 돕는 방식으로 진행된다. 정서중심치료자는 치료적 관계의 형성을 통해 이러한 성장의 기본적 조건을 만든다. 치료적 관계는 수용적이고 허용적인 공감적 분위기이다. 이러한 분위기 속에서 충족되지 못한 감정적 욕구를 드러내도록 하고 치료적 상호작용을 통해서 감정적 욕구를 충족하도록 한다.

정서중심치료는 3단계로 진행된다(Moser & Johnson, 2008, pp. 273-274). 첫 번째 단계에서 치료자는 상승하는 악순환의 관계를 멈추도록 하는 상담을 한다. 치료자는 커플과 치료적 관계를 형성하고 갈등관계에서 발생하는 이슈가 무엇인지를 인식한다. 이어서 치료자는 이러한 주제와 관련이 있는 악순환의 상호작용 방식을 확인하고 이를 정서적 욕구라는 관점에서 재구조화한다. 이러한 과정을 통해서 커플은 자신들이 이러한 악순환의 고리에서 어떤 역할을 하고 있는지 알 수 있게 된다. 예를 들면, 비난하는 사람은 상대방의 정서적 욕구를 좌절시켜서 도망가게 만드는 역할을 한다. 도망가는 사람은 상대방으로 하여금 정서적 욕구를 좌절시켜서 비난을 하도록 만드는 역할을 한다.

두 번째 단계에서 치료자는 커플로 하여금 악순환의 고리와 정서적 욕구와의 관계를 알게 한다. 도망가는 사람은 안전에 대한 욕구로 인해서 도망을 가는데 도망의 악순환은 상대방의 친밀감의 욕구를 좌절시킨다. 비난하는 사람은 친밀감의 욕구로 인해서 비난을 하는데, 이는 상대방의 안전 욕구를 좌절시킨다. 치료자는 이러한 악순환의 상호작용의 고리를 끊기 위해서 도망가는 자로 하여금 비난을 받을 때 자신의 어떤 욕구가 좌절되는지 말하도록 돕는 역할을 한다. 치료자는 비난하는 자에게도 같은 대화를 하도록 한다. 치료자는 악순환의 상호작용 속에서 발생하는 정서적 욕구의 좌절을 말하게 하고 이를 수용하도록 만든다. 이때 중요한 것은 서로 비난을 하거나 자신의 말을 하지 않도록 하는 것이다. 상대방의 좌절 욕구를 들을 때 자신의 말을 하게 되면 초점이 흐려진다. 상대방의 좌절 욕구와 자신이 원하는 것이 혼재되어 대화를 진행하기 때문에 대화가 어려워진다. 그리고 상대방의 좌절 욕구를 비난하면 상대방은 다시 악순환의 상호작용을 하게 된다. 치료자는 좌절 욕구를 듣고 공감하고 수용하는 대화를 하도록 돕는 상담을 진행한다.

마지막 단계에서 치료자는 커플로 하여금 악순환의 관계에서 가지고 있는 여러 가지 이슈를 해결할 수 있는 새로운 상호작용을 어떻게 만들 수 있는지 돕는다. 안전 욕구와 친밀감의 욕구가 충돌할 때 치료자는 우선순위에 직면하게 된다. '누구의 욕구를 먼저 수용하게 하여 선순환의 상호작용을 만들 것인가?'라는 질문이 생긴다. 이 경우에 치료자는 누가 상담의 동기가 높은가를 살핀다. 상담의 동기가 높은 사람의 욕구를 잠시 뒤로하고 동기가 낮은 사람의 욕구를 먼저 충족하도록 돕는 역할을 한다. 도망가는 사람에 비해서 비난하는 사람은 상담의 동기가 더 높다. 비난하는 사람으로 하여금 도망가는 사람의 정서적 욕구를 알도록 하고 이를 수용하도록 만든다. 도망가는 사람의 안전 욕구를 먼저 충족하게 하고 나중에 이를 통해서 비난하는 자의 정서적 욕구를 충족하도록 만든다. 도망가는 사람이 회피를 멈추게 되면 이 자체로 비난하는 사람은 비난을 하는 근거가 줄어든다. 그리고 도망가는 사람으로 하여금 비난하는 사람이 얼마나 자신을 좋아하는지 알게 하여 비난하는 자의 친밀감의 욕구를 충족하게 한다. 이러한 방식을 통해서 치료자는 서로의 선순환의 상호작용을 강화한다.

2) 가족치료 내에서 통합하는 모델

(1) 이야기 해결 모델

이 입장의 통합적 모델은 조지프 에런(Joseph Eron)과 토머스 룬드(Thomas Lund)에 의해서 만들어졌다. 에런은 미국 뉴욕의 킹스턴에 있는 캐츠킬 가족연구소(Catskill Family Institute: CFI)를 만들었고, 룬드와 더불어 현재 이 기관을 공동으로 운영하고 있다. 에런은 숙련된 임상심리학자고, 룬드는 학교와 아동 심리학자이다. 이 둘은『단기치료에 있어서 이야기 해결(Narrative Solutions in Brief Therapy)』이라는 책을 1996년에 공동으로 출판하였다. 최근에 이 둘은 스티브 대거먼지언(Steve Dagirmanjian)과 함께「이야기 해결: 개인과 가족의 변화를 동기화하기 위해서 자기의 선호하는 견해를 사용하기(Narrative solutions: Using preferred view of self to motivate individual and family change)」그리고「이야기 해결: 변화를 동기화시키는 데 있어서 자기 관점과 체계의 관점의 통합(Narrative solutions: An integration of self and systems perspectives in motivating change)」이라는 논문을 출판하였다. 니콜스와 슈워츠(Nichols & Schwartz, 2004, pp. 353-357)는『가족치료: 개념과 방법(Family Therapy: Concepts and Methods)이라는 책에서 이들의 접근을 소개하고 있다.

▣ 이론적 입장

이야기 해결 모델은 전략 가족치료의 일환인 MRI 그룹의 재구조화(reframing)와

이야기치료의 재진술(restorying)을 선호하는 견해(preferred view)라는 개념과 연결
시킨 통합적 접근이다(Lund, Eron, & Dagirmanjian, 2016, p. 726). 재구조화란 삶의 사
건이나 행동의 의미를 바꿈으로써 변화를 만들어 가는 MRI의 치료기법이다. 재진
술이란 문제중심의 이야기를 해결중심의 이야기로 바꾸어 가는 이야기치료의 치료
기법이다. 에런과 룬드는 이 두 기법을 사용할 수 있는 이론적 근거로 선호하는 견
해를 제시하였다.

에런과 룬드는 선호하는 견해를 삶의 질을 향상시키는 중요한 개념으로 보고 있
다. 자신과 다른 사람에 대해서 어떻게 보고 있는가에 따라서 사람들은 긍정적 감정
을 가질 수도 있고 부정적 감정을 가질 수도 있다. 이러한 근거를 토대로 자신의 삶
의 이야기를 문제중심이 아니라 해결중심으로 재진술할 수 있다. 문제에 대한 재진
술은 관점의 전환을 필요로 한다. 문제만 생각하는 삶의 태도에서 문제가 없거나 해
결된 상태를 생각하는 삶의 태도로의 전환이 곧 관점의 전환이다. 관점이 전환되면
자연스럽게 기존의 사건이나 문제에 대한 의미가 달라진다. 했어야 할 행동에 대한
생각이 들기도 하고 하지 말았어야 할 행동이 생각나기도 한다. 그리고 다르게 행동
할 수 있는 방식이 생각이 나서 새로운 행동을 할 수 있게 된다. 이러한 방식의 전환
은 재구조화이다.

이야기 해결 모델은 행동, 관점 그리고 근거의 통합이다. 새로운 행동을 하기 위
한 재구조화는 치료적 기술이다. 이야기 해결 모델의 치료자가 재구조화라는 새로
운 기술을 사용하기 위해서는 새로운 관점으로 내담자와 가족의 문제를 바라볼 수
있어야 한다. 이렇게 새로운 관점으로 내담자와 가족의 문제를 바라볼 수 있는 이론
적 근거가 선호하는 견해이다. 내담자와 가족은 자신들이 선호하는 견해에 부합할
수 있는 새로운 관점의 이야기가 필요하고 이러한 이야기를 통해서 자신들의 문제
를 재구조화할 수 있는 치료적 기술이 필요하다.

■ 주요 개념과 역기능

선호하는 견해는 이 모델에서 중요한 개념이다. 인간은 자신에 대해서 자신이 원
하는 방식의 견해가 있고 다른 사람들이 자신을 봐 주기를 바라는 견해가 있다
(Dagirmanjian, Eron, & Lund, 2007; Lund et al., 2016; Nichols & Schwartz, 2004, pp. 353-
354). 인간은 자신이 자신과 타인에 대해서 바라는 생각과 일치된 삶을 살기 원한

다. 이러한 생각과 일치된 삶을 사는 사람들은 행복을 느끼고 그렇지 않은 사람들은 부정적 감정을 느낀다. 부정적 감정이란 실망, 좌절, 절망과 같은 감정으로 인해 발생하는 우울과 같은 정서적 반응을 의미한다. 선호하고 있는 개념과 불일치된 삶을 살면서 느끼는 감정을 부정하는 방식은 화이다. 역기능은 이렇게 화나 좌절에 따른 우울 감정을 통해서 나타난다. 선호하는 견해와 일치되는 행동도 중요하지만 일치되는 해석도 중요하다. 행동은 MRI의 이론적 접근이지만 해석은 이야기치료의 접근이다. 자신이 선호하는 견해와 일치되는 해석을 하고 있으면 사람은 행복해지고 삶의 질이 높은 느낌을 가지고 살지만, 불일치되는 해석을 하고 있으면 사람은 부정적 감정을 가지고 삶의 질이 낮아지는 느낌이 든다.

너그러운 사람이라는 견해를 가진 사람이 있다고 하자. 이 사람은 타인에게 잘해 주는 행동 또는 마음을 가진 사람이 너그럽다고 생각을 하고 있다. 그래서 무엇인가를 타인에게 주려고 하고 타인이 너그러운 사람이라면 기분이 좋아질 것이고 삶을 잘 살고 있다고 생각한다. 그리고 자신 스스로도 자신은 너그러운 사람이라고 해석을 하고 있다고 하면 이는 일치된 견해를 가진 사람이다. 그러나 이 사람이 다른 사람에게 무엇인가를 주려고 하지 않거나 주어도 조금만 주면 자신은 너그럽지 못한 사람이라고 해석을 하게 된다. 행동과 해석이 모두 선호하는 견해인 너그러운 사람과 불일치된다. 이렇게 되면 자신은 역기능의 삶을 살게 된다. 자신에 대해서 부정적 감정을 가지면서 이를 부정적으로 해석하면서 타인도 그렇게 볼 것이라고 생각한다.

인간의 역기능은 선호하는 견해와 행동 그리고 생각의 불일치에서 일어나기 때문에 이를 일치시키는 방향으로 치료가 진행된다. 치료자는 불일치에서 일어나는 이야기를 일치되는 이야기로 다시 쓰도록 돕는 역할을 한다. 너그럽지 못한 행동을 했거나 자신의 행동이 너그럽지 못하다고 해석을 하고 있는 경우를 보자. 치료자는 너그러운 행동을 하도록 치료전략을 짜고 이를 일치시키는 이야기를 쓰도록 돕는 역할을 한다. 그래서 치료는 선호하는 견해와 행동 그리고 이에 따른 해석을 일치시키는 방식으로 일어난다.

■ 실질적 제언

에런과 룬드는 자신들의 이론적 모델에 따라 치료자들에게 도움이 되는 임상적 대화를 제시하고 있다(Dagirmanjian et al., 2007, pp. 79-82; Lund et al., 2016, p. 730; Nichols & Schwartz, 2004, pp. 354-357). 먼저 치료자는 내담자와 가족의 선호와 이에 따른 희망에 관심을 둔다. 치료자는 내담자와 가족이 겪었던 또는 겪고 있는 사건이나 이야기를 통해서 자신과 타인에 대해서 어떻게 생각하고 바라보는지에 주목을 한다. 예를 들면, "당신은 일, 집, 학교 등과 같은 곳에서 당신이 최선이라고 느끼는 때는 언제인가요?"라는 질문은 내담자와 가족으로 하여금 자신들의 선호하는 견해에 주목하도록 돕는 역할을 한다. "당신이 당신의 삶을 되돌아볼 때 최선이라고 느끼는 때가 또 있었습니까? 당신이 어려움을 겪을 때 이러한 어려움을 알아보아 준 사람들이 누구입니까?"와 같은 질문들은 모두 내담자와 가족에게 희망을 주는 선호하는 견해를 밝히도록 돕는 역할을 한다.

둘째, 치료자는 자신과 다른 사람들에게 자신이 하고 있는 행동이 어떤 효과를 내고 있는지 알아보도록 돕는다. "만일 지금 행동이 아닌 다른 행동을 했다고 하면 어떨까요?"와 같은 가상 질문을 통해서 이러한 행동의 효과를 알아본다. "이렇게 다른 행동을 하면 다른 사람들, 즉 가족이나 선생님이나 친구들 그리고 다른 공동체 일원들이 어떻게 반응을 할까요? 이러한 다른 행동이 당신 자신에게 좋게 느껴지나요 아니면 나쁘게 느껴지나요?"와 같은 질문들은 모두 행동의 효과를 알아보기 위한 예들이다.

셋째, 치료자는 내담자와 가족의 문제를 유지하거나 일으키는 행동과 모순이 되는 자신들의 선호하는 견해와 일치되는 현재와 과거의 이야기를 발견한다. 이 방법은 주로 이야기치료에서 사용하는 치료적 기술이다. 내담자와 가족은 자신의 문제를 유지하는 이야기에 익숙하지만 자신들이 문제와 관계없이 쓰고 싶은 이야기가 따로 있다. 이야기 해결 치료자는 선호하는 견해에 일치되면서 문제와 관계없거나 문제와 모순되는 이야기를 발견함으로써 내담자와 가족에게 치료적 도움을 줄 수 있다.

넷째, 미래에 자신이 선호하는 견해와 일치되는 이야기를 상상하도록 돕고 이를 치료자와 토론하도록 한다. 앞에서 치료자는 내담자와 가족에게 현재와 과거에 자신들의 선호하는 견해와 일치되는 이야기를 발견하여 자신들이 문제로부터 벗어날 수 있다는 희망을 주었다. 치료자는 이제 내담자와 가족의 관점을 미래로 옮긴다. 치료자는 만일 자신들이 문제가 없거나 문제가 해결된다면 어떤 상태일까를 상상하도록 치료적 대화를 인도한다. 이러한 대화는 치료자와 가족이 토론을 통해서 진행된다.

다섯째, 신비한 질문을 사용한다. 치료자는 만일 자신이 선호하는 일이나 특성이 자신이 원하는 상황에 있다면 그리고 그러한 상황이 다른 사람에게 보인다면 어떨지에 대해서 생각해 보도록 한다. 치료자는 내담자와 가족에게 이렇게 문제가 해결된 상황을 상상하도록 하면서 긍정적 감정을 경험하도록 돕는다. 그리고 치료자는 이러한 상황이 다른 사람들에게 노출되도록 상상하면서 해결을 적극적으로 할 수 있는 동기를 더욱 갖도록 만든다.

마지막으로, 문제가 해결되는 대안적 설명을 만들어 내도록 한다. 대안적 설명은 자신들의 선호하는 견해와 일치되는 창조적 해결을 말한다. 치료자는 내담자와 가족이 이러한 창조적인 대안적 설명을 만들어 낼 수 있도록 꾸준히 토론을 진행한다. 이렇게 함으로써 내담자와 가족은 문제에서 벗어날 수 있는 새로운 생각을 통해서 행동을 할 수 있게 된다. 이러한 행동은 자신들의 선호하는 견해와 일치되면서 긍정적 감정을 경험하도록 한다.

요약

가족치료의 통합 모델은 이론적으로는 철학적 경향을 반영하지만 임상적으로는 하나의 이론적 접근에 의한 한계로 인해서 발생한다. 단기해결중심 실존주의 모델, 정서중심치료 모델 그리고 이야기 해결 모델은 통합적 가족치료 모델이다. 이 모델들 중에서 단기해결중심 실존주의 모델과 정서중심치료 모델은 개인치료와 가족치료의 통합적 접근이고 이야기 해결 모델은 가족치료 내에서의 통합적 접근이다. 개인치료와 가족치료의 통합적 접근은 철학적으로는 비판적 현실주의를 반영하고 임상적으로는 다이론적 접근이다. 가족치료 내에서 통합적 접근은 철학적으로 볼 때 후기 구성주의 철학을 반영하고 임상적으로는 다이론적 접근이다.

전문가들은 실제로 임상을 하면서 단일이론 접근의 한계를 많이 느낀다. 많은 상담전문가는 여러 이론이 가지고 있는 장점을 활용하면서 상담을 하게 된다. 상담의 효과에 초점을 맞추면서 여러 이론을 사용하는 것이 절충적 접근이다. 여러 이론을 하나의 틀로 묶어서 상담에 활용을 하면 통합적 접근이다. 통합적 접근은 사용되는 이론들 사이에 모순을 없애서 하나의 이론적 체계를 만들어서 이를 임상에 적용하는 방식이다.

단기해결중심 실존주의 모델은 실존주의가 깊이 있는 이해를 제공하지만 해결책을 제대로 제시하지 못하면서 발생한 통합적 접근이다. 실존주의는 인간이 한계에 부딪힐 때 깊은 절망을 느낀다고 주장한다. 이러한 한계를 극복하고 해결하는 방안을 해결중심치료에서 찾는다. 불안에 직면한 사람은 불안을 해결하기 위한 실천적이고 실용적인 방안을 생각하게 된다. 이러한 방식이 단기해결중심 실존주의 모델의 통합적 접근이다.

정서중심치료는 체계론, 인간중심이론, 애착이론이 합쳐진 통합적 접근이다. 인간은 애착을 통해서 안정된 관계를 만들어 간다. 애착의 형태는 체계론적 상호작용이다. 그리고 이러한 애착의 문제, 즉 불안정 애착 형태가 해결되기 위해서는 인간중심이론의 성장이 필요하다. 성장과 성숙을 위한 애착 기반이 형성되지 않으면서 불안정 애착의 상호작용이 해결되지 않는다. 이 모델은 한마디로 하면 체계 속의 인간 또는 자신이다. 인간은 성장과 성숙을 하면서 체계적 변화를 겪고 이러한 변화는 감정과 느낌 속에 저장된다.

이야기 해결 모델은 이야기치료와 해결중심치료를 통합한 방식의 접근이다. 인간은 자신들이 선호하는 견해를 가지고 살아간다. 이러한 선호하는 견해에 맞는 이야기가 만들어지면 건강하고 행복한 삶을 살지만 그렇지 않으면 불행하고 힘든 삶을 살게 된다. 이야기치료는 이야기의 해석적 측면을 제공하고 해결중심치료는 이야기의 행동적 측면을 제공한다. 해석과 행동, 즉 관념과 실천이라는 두 가지가 통합된 관점이 이야기 해결 모델의 통합적 접근이다.

연습문제

1 이 장에서 언급되고 있는 통합적 접근을 모두 언급하시오.

2 통합적 접근이 왜 생기는지 그 배경에 대해서 논의하시오.

3 각 통합적 접근의 주요 개념을 설명하시오.

참고문헌

고미영(1998). 탈근대주의 시대의 가족치료 동향. 한국가족치료학회지, 6(1), 15-34.

김용태(1995). An ecosystemic analysis of marital quality among Korean male minsters. Unpublished doctoral dissertation. Pasadena: Fuller Theological Seminary.

김용태(2000). 가족치료 이론. 서울: 학지사.

김용태(2009). 가족치료의 개념적, 철학적 변화. 상담학연구, 10(2), 1201-1215.

김용태(2013). 제2장 부부 및 가족상담의 이론적 기초. 한국상담학회 상담학 총서: 부부 및 가족 상담(한재희, 김영희, 김용태, 서진숙, 송정아, 신혜종, 양유성, 임윤희, 장진경, 최규련, 최은영 공저), pp. 17-50. 서울: 학지사.

김용태(2014). 슈퍼비전을 위한 상담사례보고서: 이론과 실제의 통합적 관점에서 본 해설과 개념화. 서울: 학지사.

김유숙(1998). 가족치료: 이론과 실제. 서울: 학지사.

김유숙(2002). 가족치료: 이론과 실제(2판). 서울: 학지사.

박성수(1989). 상담이론. 서울: 한국방송통신대학.

송성자(1998). 사회구성주의와 해결중심치료이론의 연관성에 관한 연구. 한국가족치료학회지, 6(1), 35-51.

정문자, 정혜정, 이선혜, 전영주(2012). 가족치료의 이해. 서울: 학지사.

American Psychological Association (2013). *Diagnostic and statistical manual of mental disorders* (5th edition, DSM-5). Washington, DC: American Psychiatric Association.

Anderson, L. K., Murray, S. B., Ramirez, A. L., Rockwell, R., Grange, D. L., & Kaye, W. H. (2015). The integration of family-based treatment and dialectical behavior therapy for adolescent bulimia nervosa: Philosophical and practical considerations. *Eating Disorders, 23*(4), 325-335.

Aponte, H. J., & VanDeusen, J. M. (1981). Structural family therapy. In A. S. Gurman & D. P. Kniskern (Eds.), *Handbook of family therapy* (Vol. I). New York: Brunner/Mazel Publishers.

Arlow, J. A. (1984). Psychoanalysis. In R. J. Corsini (Ed.), *Current psychotherapies* (3rd ed.). Itasca, IL: F. E. Peacock Publishers, Inc.

Balswick, J. O., & Balswick, J. K. (1989). *The family: A christian perspective on the contemporary home.* Grand Rapids, MI: Baker.

Bateson, G., Jackson D. D., Haley, J., & Weakland, J. H. (1981). Toward a theory of schizophrenia. In R. J. Green & J. L. Framo (Eds.), *Family therapy.* Madison, CO: International University Press, Inc.

Beavers, W. R. (1977). *Psychotherapy and growth: A family systems perspective.* New York: Brunner/Mazel Publishers.

Benner, D. G., & Hill, T. C. (1999). *Baker encyclopedia of psychology and counseling* (2nd ed.). Grand Rapids, MI: Baker Books.

Blitsten, D. R. (1953). *The social theories of Harry Stack Sullivan: The significance of his concepts of socialization and acculturation, designed from his various papers and integrated as a selection for social scientists.* New York: The William-Frederick Press.

Boscolo, L., Cecchin, G., Hoffman, L., & Penn, P. (1987). *Milan systemic family therapy: Conversations in theory and practice.* New York: Basic Books, A Division of Harper Collins Publishers.

Boszormenyi-Nagy, I. (1981). Contextual therapy: Therapeutic leverages in mobilizing trust. In R. J. Green & J. L. Framo (Eds.), *Family therapy.* Madison, CO: International University Press, Inc.

Boszormenyi-Nagy, I. (1985). Intensive family therapy as process. In I. Boszormenyi-Nagy & J. L. Framo (Eds.), *Intensive family therapy: Theoretical and practical aspects.* New York: Brunner/Mazel Publishers.

Boszormenyi-Nagy, I. & Krasner, B. R. (1986). *Between give and take: A clinical guide to contextual therapy.* New York: Brunner/Mazel Publishers.

Boszormenyi-Nagy, I. & Spark, G. M. (1984). *Invisible loyalties.* New York: Brunner/Mazel Publishers.

Boszormenyi-Nagy, I., & Ulrich, D. (1981). Contextual family therapy. In A. S. Gurman & D. P. Kniskern (Eds.), *Handbook of family therapy* (Vol. I). New York: Brunner/Mazel Publishers.

Boszormenyi-Nagy, I., Grunebaum, J., & Ulrich, D. (1991). Contextual therapy. In A. S. Gurman & D. P. Kniskern (Eds.), *Handbook of family therapy* (Vol. II). New York: Brunner/Mazel Publishers.

Bowen, M. (1981). The use of family theory in clinical practice. In R. J. Green & J. L. Framo (Eds.), *Family therapy*. Madison, CO: International Universities Press, INC.

Bowen, M. (1990). *Family therapy in clinical practice*. Northvale, NJ: Jason Aronson Inc.

Broderick, C. B., & Schrader, S. (1991). The history of professional marriage and family therapy. In A. S. Gurman & D. P. Kniskern (Eds.), *Handbook of family therapy* (Vol. II). New York: Brunner/Mazel Publishers.

Broderick, C. B., & Smith, J. (1979). The general systems approach to the family. In W. R. Burr, R. Hill, F. I. Nye, & I. L. Reiss (Eds.), *Contemporary theories about the family* (Vol. II). New York: The Free Press.

Bronfenbrenner, U. (1979). *The ecology of human development: Experiments by nature and design*. Cambridge, MA: Harvard University Press.

Brown, F. H. (1991). *Reweaving the family tapestry: A multigenerational approach to families*. New York: W.W. Norton and Company.

Burbatti, G. L., & Formenti, L. (1988). *The milan approach to family therapy*. Northvale, NJ: Jason Aronson Inc.

Campbell, D., Draper, R., & Crutchley, E. (1991). The milan systemic approach to family therapy. In A. S. Gurman & D. P. Kniskern (Eds.), *Handbook of family therapy* (Vol. II). New York: Brunner/Mazel Publishers.

Chapman, A. H. (1978). *The treatment techniques of Harry Stack Sullivan*. New York: Brunner/Mazel Publishers.

Cheung, M. (1997). Social construction theory and the Satir model: Toward a synthesis. *The American Journal of Family Therapy, 25*(4), 331–343.

Colapinto, J. (1991). Structural family therapy. In A. S. Gurman & D. P. Kniskern (Eds.), *Handbook of family therapy* (Vol. II). New York: Brunner/Mazel Publishers.

Dagirmanjian, S., Eron J. B., & Lund, T. W. (2007). Narrative solutions: An integration of self and systems perspectives in motivating change. *Journal of Psychotherapy Integration, 17*(1), 70–92.

de Shazer, S. (1982). *Patterns of brief family therapy: An ecosystemic approach*. New York: The Guilford Press.

Donovan, M. (2003). Family therapy beyond postmodernism: Some considerations on the ethical orientation of contemporary practice. *Journal of Family Therapy, 25*, 285-306.

Ellerman, C. P. (1999). Pragmatic existential therapy. *Journal of Contemporary Psychotherapy, 29*, 49-64.

Elwell, W. A. (2001). *Evangelical dictionary of theology* (2nd ed.). Grand Rapids, MI: Baker Books.

Erikson, E. (1963). *Childhood and society.* New York: W.W. Norton & Company.

Erikson, E. (1964). *Insight and responsibility: Lectures on the ethical implications of psychoanalytic insight.* New York: W.W. Norton & Company.

Erikson, E. (1968). *Identity: Youth and crisis.* New York: W.W. Norton & Company.

Eron, J. B., & Lund, T. W. (1996). *Narrative solutions in brief therapy.* New York: Guilford Press.

Fernando, D. M. (2007). Existential theory and soultion-focused strategies: Integration and application. *Journal of Mental Health Counseling, 29*(3), 226-241.

Flaskas, C. (2004). Thinking about the therapeutic relationship: Emerging themes in family therapy. *Australian and New Zealand Journal of Family Therapy, 25*(1), 13-20.

Foley, V. D. (1984). Family therapy. In R. J. Corsini (Ed.), *Current psychotherapies* (3rd ed.). Itasca, IL: F. E. Peacock Publishers, Inc.

Fox, M. A., Hodgson, J. L., & Lamson, A. L. (2012). Integration: Opportunities and challenges for family therapists in primary care. *Contemporary Family Therapy, 34*, 228-243.

Freedman, J., & Combs, G. (2009). 이야기 치료: 선호하는 이야기의 사회적 구성(*Narrative therapy*). 김유숙, 전영주, 정혜정 공역. 서울: 학지사. (원저는 1996년에 출간).

Friedman, E. H. (1991). Bowen theory and therapy. In A. S. Gurman & D. P. Kniskern (Eds.), *Handbook of family therapy* (Vol. II). New York: Brunner/Mazel Publishers.

Geisler, N. L. (1999). *Baker encyclopedia of christian apologetics.* Grand Rapids, MI: Baker Books.

Gelcer, E., McCabe, A. F., & Smith-Resnick, C. (1990). *Milan family therapy: Variant and invariant methods.* Northvale, NJ: Jason Aronson Inc.

Glasersfeld, E. V. (1984). An introduction to radical constructivism. In P. Watzlawick (Ed.). *The invented reality: How do we know what we believe we know?* New York: W.W. Norton & Company.

Goldenberg, I., & Goldenberg, H. (2000). *Family therapy an overview* (5th ed.). Boston, MA: Brooks/cole.

Goldman, D. (1993). *In one's bones: The clinical genius of Winnicott*. Northvale, NJ: Jason Aronson Inc.

Green, R. J. (1981). An overview of major contributions to family therapy. In R. J. Green & J. L. Framo (Eds.), *Family therapy*. Madison, CO: International University Press, Inc.

Greenberg, J. R., & Mitchell, S. A. (1983). *Object relations in psychoanalytic theory*. Cambridge, MA: Harvard University Press.

Griffin, W. A. (1993). *Family therapy: Fundamentals of theory and practice*. New York: Brunner/Mazel Publishers.

Guntrip, H. (1973). *Psychoanalytic theory, therapy, and the self: A basic guide to the human personality in Freud, Erikson, Klein, Sullivan, Fairbairn, Hartmann, Jacobson, and Winnicott*. New York: Basic Books, Inc.

Guttman, H. A. (1991). Systems theory, cybernetics, and epistemology. In A. S. Gurman & D. P. Kniskern (Eds.), *Handbook of family therapy* (Vol. II). New York: Brunner/Mazel Publishers.

Haley, J. (1967). *Advanced techniques of hypnosis and therapy: Selected papers of Milton H. Erickson*. New York: Grune & Stratton.

Haley, J. (1973). *Uncommon therapy: The psychiatric techniques of Milton H. Erickson*. New York: W. W. Norton & Company.

Haley, J. (1976). *Problem solving therapy: New strategies for effective family therapy*. New York: Harper & Row Publishers.

Hall, C. M. (1991). *The Bowen family theory and its uses*. Northvale, NJ: Jason Aronson Inc.

Hansen, J. C., & L'Abate, L. (1982). *Approaches to family therapy*. New York: Macmillan Publishing Co.

Hinshelwood, R. D. (1991). *A dictionary of Kleinian thought*. Northvale, NJ: Jason Aronson Inc.

Hoffman, L. (1981). *Foundations of family therapy: A conceptual framework for systems change*. New York: Basic Books.

Horner, A. J. (1984). *Object relations and the developing ego in therapy*. Northvale, NJ: Jason Aronson Inc.

Horner, A. J. (1991). *Psychoanalytic object relations therapy*. Northvale, NJ: Jason Aronson Inc.

Isbister, J. N. (1985). *Freud: An introduction to his life and work*. Cambridge, MA: Polity

Press.

Jones, S. L., & Butman, R. E. (1991). *Modern psychotherapies: A comprehensive christian appraisal.* Downers Grove, IL: InterVarsity Press.

Kerr, M. E. (1981). Family systems theory and therapy. In A. S. Gurman & D. P. Kniskern (Eds.), *Handbook of family therapy* (Vol. I). New York: Brunner/Mazel Publishers.

Kerr, M. E., & Bowen, M. (1988). *Family evaluation: An approach based on Bowen theory.* New York: W.W. Norton & Company.

Kim, Y. T. (1995). An ecosystemic analysis of marital quality among male Korean ministers. Unpublished Doctoral Dissertation, Fuller Theological Seminary, Pasadena, California.

Klein, M. (1986). A contribution to the psychogenesis of manic-depressive states. In P. Buckley (Ed.), *Essential papers on object relations.* New York: New York University Press.

Larner, G. (2000). Towards a common ground in psychoanalysis and family therapy: On knowing not to know. *Journal of Family Therapy, 22,* 61-82.

Lederer, W. J., & Jackson, D. D. (1968). *The mirages of marriage.* New York: Norton.

Lee, C. (1986). The social and psychological dynamics of the minister's family: An ecological model for research. Unpublished Doctoral Dissertation, Fuller Theological Seminary, Pasadena, California.

Lidz, T. (1981). The influence of family studies on the treatment of schizophrenia. In R. J. Green & J. L. Framo (Eds.), *Family therapy.* Madison, CO: International University Press, Inc.

Lidz, T., Fleck, S., & Cornelison, A. R. (1965). *Schizophrenia and the family.* New York: International Universities Press.

Linares, J. L. (2001). Does history end with postmodernism? Toward an ultramodern family therapy. *Family Process, 40*(4), 401-412.

Lipchik, E. (2002). *Beyond technique in solution-focused therapy.* New York: Guilford Press.

Lund, T. W., Eron, J. B., & Dagirmanjian, S. (2016). Narrative solutions: Using preferred view of self to motivate individual and family change. *Family Process, 55*(4), 724-741.

Madanes, C. (1981). *Strategic family therapy.* San Francisco, CA: Jossey-Bass.

Madanes, C. (1991). Stategic family therapy. In A. S. Gurman & D. P. Kniskern (Eds.), *Handbook of family therapy* (Vol. II). New York: Brunner/Mazel Publishers.

Mahler, M. S., Pine, F., & Bergman, A. (1975). *The psychological birth of the human* infant: Symbiosis and individuation. New York: Harper Collins Publishers.

Markovic, D. (2013). Multidimensional psychosexual therapy: A model of integration between sexology and systemic therapy. *Sexual and Relationship Therapy, 28*(4), 311–323.

May, R., & Yalom, I. (1995). Existential psychotherapy. In R. J. Corsini & D. Wedding (Eds.), *Current psychotherapy* (5th ed.) Itasca, IL: F. E. Peacock Publishers, Inc.

McCurdy, K. G. (2006). Adlerian supervision: A new perspective with a solution focus. *Journal of Individual Psychology, 62*(2), 141–153.

McGoldrick, M., & Gerson, R. (1985). *Genograms in family assessment.* New York: W. W. Norton & Company.

McGoldrick, M., & Gerson, R. (1992). 가족치료를 위한 가족분석가계도(*Genograms in family assessment*). 이영분, 김유숙 공역. 서울: 홍익제. (원저는 1985년에 출간).

Miermont, J., & Jenkins, H. (1995). *The dictionary of family therapy.* Cambridge, MA: Blackwell Publishers Inc.

Minuchin, S. (1974). *Families and family therapy.* Cambridge, MA: Harvard University Press.

Minuchin, S., & Fishman, H. C. (1981). *Family therapy techniques.* Cambridge, MA: Harvard University Press.

Moser, M. B., & Johnson, S. (2008). The integration of systems and humanistic approaches in emotionally focused therapy for couples. *Person-Centered and Experiential Psychotherapies, 7*(4), 262–278.

Nichols, M. P., & Schwartz, R. C. (1991). *Family therapy: Concepts and methods* (2nd ed.). Boston, MA: Allyn and Bacon.

Nichols, M. P., & Schwartz, R. C. (1998). *Family therapy: Concepts and methods* (4th ed.). Boston, MA: Allyn and Bacon.

Nichols, M. P., & Schwartz, R. C. (2004). *Family therapy: Concepts and methods* (6th ed.). Boston, MA: Pearson.

Nichols, W. C. (1988). *Marital therapy: An integrative approach.* New York: Guilford.

Nichols, W. C., & Everett, C. (1986). *Systemic family therapy: An integrative approach.* New York and London: The Guilford press.

Palazzoli, M. S., Boscolo, L., Cecchin, G., & Prata, G. (1990). *Paradox and counterparadox: A new model in the therapy of the family in schizophrenia treatment.* Northvale, NJ: Jason Arson Inc.

Palazzoli, M. S., Cirillo, S., Selvini, M., & Sorrentino, A. M. (1989). *Family games: General models of psychotic processes in the family.* New York: W. W. Norton & Company.

Papero, D. V. (1990). *Bowen family systems theory.* Boston, MA: Allyn and Bacon.

Roazen, P. (1976). *Erik H. Erikson: The power and limits of a vision.* New York: The Free Press.

Roberto, L. G. (1992). *Transgenerational family therapies.* New York: The Guilford Press.

Satir, V. (1983). *Conjoint family therapy* (3rd ed.). Palo Alto, CA: Science and Behavior Books, Inc.

Satir, V. (1988). *The new people making.* Mountain View, CA: Science and Behavior Books, Inc.

Satir, V., Stachowiak, J, & Taschman, H. A. (1983). *Helping families to change.* Northvale, NJ: Jason Aronson Inc.

Scharff, D. E., & Scharff, J. S. (1991a). *Object relations family therapy.* Northvale, NJ: Jason Aronson Inc.

Scharff, D. E., & Scharff, J. S. (1991b). *Object relations couple therapy.* Northvale, NJ: Jason Aronson Inc.

Scharff, J. S. (1992). *Projective and introjective identification and the use of the therapist's self.* Northvale, NJ: Jason Aronson Inc.

Schoenewolf, G. (1990). *Turning points in analytic therapy: From Winnicott to Kernberg.* Northvale, NJ: Jason Aronson Inc.

Simkin, J. S., & Yontee, G. M. (1984). Gestalt therapy. In R. J. Corsini (Ed.), *Current psychotherapies* (3rd ed.). Itasca, IL: F. E. Peacock Publishers, Inc.

Slipp, S. (1991). *Object relations: A dynamic bridge between individual and family treatment.* Northvale, NJ: Jason Aronson Inc.

Stanton, M. D. (1981). Strategic approaches to family therapy. In A. S. Gurman & D. P. Kniskern (Eds.), *Handbook of family therapy* (Vol. I). New York: Brunner/Mazel Publishers.

Sydow, K. (2002). Systemic attachment theory and therapeutic practice: A proposal. *Clinical Psychology and Psychotherapy, 9,* 77–90.

Toman, W. (1994). *Family constellation: Its effects on personality and social behavior* (4th ed.). Northvale, NJ: Jason Aronson Inc.

Watzlawick, P. (1984). The Invented reality: How do we know what we believe we know? New York: W.W. Norton & Company.

Watzlawick, P., Beavers, J. B., & Jackson, D. D. (1967). *Pragmatics of human communication: A study of interactional patterns, pathologies, and paradoxes.* New York: W.W. Norton & Company.

Watzlawick, P., Weakland, J. H., & Fisch, R. (1974). *Change: Principles of problem formation and problem resolution.* New York: W. W. Norton & Company.

Westheafer, C. (2004). Wilber's 'broad science': A cure for postmodernism? *Australian and New Zealand Journal of Family Therapy, 25*(2), 106-112.

White, M. (2010). 이야기치료의 지도(*Maps of narrative practice*). 이선혜, 정슬기, 허남순 공역. 서울: 학지사. (원저는 2007년에 출간)

White, M., & Epston, D. (1990). *Narrative means to therapeutic ends.* New York: W. W. Norton & Company

Wilson(2000). Creativity and shame reduction in sex addiction treatment. *Sexual Addiction and Compulsivity, 7,* 229-248.

Winnicott, D. W. (1986). *Home is where we start from: Essays by a psychoanalyst.* New York: W. W. Norton & Company.

Wynne, L. C., Ryckoff, I. M., Day, J., & Hirsch, S. I. (1981). Pseudo-mutuality in the family relations of schzophrenics. In R. J. Green & J. L. Framo (Eds.), *Family therapy.* Madison, CO: International University Press, Inc.

찾아보기

내용

저자 소개

김용태(Yong Tae Kim)

서울대학교 사범대학 수학교육과 학사(B.A.)

서울대학교 사범대학 교육학과 상담전공 석사(M.A.)

미국 풀러 신학대학원 신학부 목회학 석사(M. Div.)

미국 풀러 신학대학원 심리학부 가족치료학 박사(Ph.D.)

서울대학교 학생생활연구소(Student Guidance Center) 상담원

미국 밸리 트라우마상담소(Valley Trauma Center) 상담원

미국 아시아태평양 가족상담소(Asian Pacific Family Center) 상담원

미국 트라이시티 정신건강상담소(Tri-city Mental Health Center) 인턴

횃불트리니티신학대학원 기독교상담학과 교수

현   한국기독교상담심리학회 감독

　　　한국상담학회 수련감독급 전문상담사(가족/집단/기독교/심리치료)

　　　한국상담심리학회 상담심리사 1급(주 수퍼바이저)

　　　초월상담연구소 소장

　　　횃불트리니티신학대학원 명예교수

〈저서〉

기독교 상담의 이해와 원리(학지사, 2018)

보웬 이론으로 본 성경 속 가족이야기(공저, 학지사, 2018)

부부 및 가족 상담(2판, 공저, 학지사, 2018)

초월상담의 이론과 실제(학지사, 2018)

남자의 후반전(덴스토리, 2017)

부부 같이 사는 게 기적입니다(덴스토리, 2017)

가짜 감정(덴스토리, 2014)

슈퍼비전을 위한 상담사례보고서(학지사, 2014)

통합의 관점에서 본 기독교 상담학(학지사, 2006)

〈역서〉

변형심리학(학지사, 2016)

심리학에서의 유대-기독교 관점(학지사, 2015)

가족치료이론(2판)
-개념과 방법들-

Family Therapy Theories (2nd ed.)
-Concepts and Methods-

2000년 1월 10일 1판 1쇄 발행
2016년 10월 20일 1판 22쇄 발행
2019년 7월 10일 2판 1쇄 발행
2021년 9월 25일 2판 2쇄 발행

지은이 • 김 용 태
펴낸이 • 김 진 환
펴낸곳 • (주)**학지사**

04031 서울특별시 마포구 양화로 15길 20 마인드월드빌딩 5층
대표전화 • 02) 330-5114   팩스 • 02) 324-2345
등록번호 • 제313-2006-000265호
홈페이지 • http://www.hakjisa.co.kr
페이스북 • https://www.facebook.com/hakjisabook

ISBN 978-89-997-1841-0 93180

정가 23,000원

저자와의 협약으로 인지는 생략합니다.
파본은 구입처에서 교환하여 드립니다.

이 책을 무단으로 전재하거나 복제할 경우 저작권법에 따라 처벌을 받게 됩니다.

이 도서의 국립중앙도서관 출판시도서목록(CIP)은 서지정보유통지원시스템
홈페이지(http://seoji.nl.go.kr)와 국가자료공동목록시스템(http://www.nl.go.kr/kolisnet)
에서 이용하실 수 있습니다.
(CIP제어번호: CIP2019022101)

출판 · 교육 · 미디어기업 **학지사**

간호보건의학출판 **학지사메디컬** www.hakjisamd.co.kr
심리검사연구소 **인싸이트** www.inpsyt.co.kr
학술논문서비스 **뉴논문** www.newnonmun.com
원격교육연수원 **카운피아** www.counpia.com